ein Ullstein Buch

Ullstein Buch Nr. 2995
im Verlag Ullstein GmbH,
Frankfurt/Main – Berlin – Wien

Umschlagentwurf:
Kurt Weidemann
Alle Rechte vorbehalten
Lizenzausgabe mit Genehmigung
des Verlages Valentin
Koerner GmbH, Baden-Baden
Einleitung © 1972 by
Verlag Ullstein GmbH,
Frankfurt/Main – Berlin – Wien
Printed in Germany 1973
Gesamtherstellung:
Ebner, Ulm
ISBN 3 548 02995 7

Leo Balet/E. Gerhard

Die Verbürgerlichung der deutschen Kunst, Literatur und Musik im 18. Jahrhundert

Herausgegeben und eingeleitet
von Gert Mattenklott

ein Ullstein Buch

Gert Mattenklott: Widerspiegelung im Stilwandel

Den Abschluß dieses Bandes bildet das Finale des I. Aktes von Mozarts *Don Giovanni*: »Auf der Bühne spielen drei Orchester auf. Das erste Paar, der feudale Don Octavio und die hocharistokratische Donna Anna fangen an zu tanzen, während das erste Orchester ein Menuett spielt. Nun kommt das zweite Paar, Don Giovanni und das Mädchen vom Lande Zerline, mit der er sich encanailliert hat. Mozart läßt von dem zweiten Orchester in das erste einen Contre hineinklingen, also den halb aristokratischen, halb demokratischen Mischtanz mit stark ländlichem Einschlag. Endlich kommt das dritte Paar an die Reihe: die beiden Burschen Leporello und Masetto. Und nun spielt das dritte Orchester einen schnellen Walzer in das Menuett und den Contre der beiden anderen Orchester hinein. Diese drei Tänze hat Mozart hiermit unzweideutig soziologisch interpretiert.« – Die beiden Autoren haben diesen Schlußpunkt mit glücklicher Hand gesetzt. Denn – wie in einem Medaillon – konzentriert die anmutige Szene jenen historischen Prozeß, den das Buch zum Gegenstand hat: Die Verbürgerlichung der deutschen Kunst, Literatur und Musik im 18. Jahrhundert, dessen Kehraus, stellvertretend für die Schwesterkünste, die Musik mit dem bürgerlichen Walzer spielt. Glücklich ist diese Miniatur auch deshalb an den Schluß gesetzt, weil in ihr nach der Seite des behandelten Gegenstandes sowohl wie der Methode, die seine Bedeutung erschließt, Evidenz sich herstellt, die die Darstellung sonst nicht mit stets gleicher Sicherheit erreicht. Welches sind hier ihre Bedingungen?

Als erste muß genannt werden, auf die Balet und Gerhard lakonischen Hinweis geben: Mozart selbst sei die soziologische Interpretation zu danken. D.h. die historische Perspektive der Verbürgerlichung der Künste als Komplementärerscheinung der Emanzipation der bürgerlichen Klasse im Schoße des Feudalismus wird durch das deutlich artikulierte Bewußtsein des zeitgenössischen Künstlers beglaubigt. Der Verdacht wird entkräftet, die Perspektive könnte – statt eine der Geschichte immanente – bloß eine historiographische sein. Wir werden dieses Problem noch verfolgen müssen, das sich in die Frage kleiden läßt: mit welchen Mitteln unternehmen es Gerhard und Balet, hundert Jahre astronomischer als ein Jahrhundert »historischer Zeit« erscheinen zu lassen;[1] welches sind die Kriterien, die es ihnen erlauben, Verbürgerlichung auch dort zu erkennen, wo das Bewußtsein der Künstler über diese Perspektive, wo also Reflexivität nicht nachgewiesen werden kann.

Evidenz – als Beleg für die These der beiden Autoren über die Verbürgerlichung der Künste – kann die zitierte kleine Szene aus *Don Giovanni* aus einem weiteren Grunde beanspruchen. Die Verbürgerlichung ist in diesem Exempel kein Vorgang, der analogisch zu Prozessen der ökonomischen oder politischen Geschichte gedacht ist, sondern als Auswirkung eines gesamtgesellschaftlichen Prozesses, der auch die Entstehung der Künste bestimmt. Er spiegelt sich in deren Formen als *Stilwandel*. Doch ist diese Spiegelung genauer als es der Begriff, den die Autoren im Vorwort selbst verwenden, vermuten läßt. Unterstellt nämlich der Terminus ›Wandel‹ (bzw. ›-wandlung‹) in diesem Zusammenhang leicht einen einsinnig dynamischen Vorgang, der sich als Reflex auf der Folie der ›realen Geschichte‹ vorstellen ließe, so erscheint in dem Zitat aus dem *Don Giovanni* die Auseinandersetzung der gesellschaftlichen Klassen miteinander als eine auch der künstlerischen Stile. Die Interpreten folgen darin dem Komponisten, daß sie die Ablösung der Stile – wie hier der Tänze – als ein Bild und als einen Teil des Prozesses verstehen, in dem das Bürgertum die Aristokratie abzulösen sucht. Die Absicht von Balet und Gerhard war es, in diesem Sinne eine historisch-materialistische Theorie des Stilwandels an Materialien des 18. Jahrhunderts zu entwickeln. Wo diese Absicht bei der opulenten Darbietung der Materialien in Vergessenheit zu geraten droht, behält der Leser doch an ihr eine Orientierung und einen Maßstab zur Einschätzung der Leistungen dieses Buches.

Der dritte Grund für die Plausibilität, mit der die Verbürgerlichungsthese aus Mozarts Ballszene hervorzugehen scheint, ist in deren Übereinstimmung mit dem Schema zu suchen, auf das die Autoren zur Konzeption ihrer Einzeldarstellungen stets von neuem zurückgreifen: die Unterstellung einer geradlinigen Entwicklung von der aristokratisch zur bürgerlich dominierten Gesellschaft, eine Entwicklung, für die – Balet zufolge – die Mitte des Jahr-

---

[1] In dieser Terminologie hat Erwin Panofsky 1927 die Interrelation des naturzeitlich-räumlichen Bezugssystems zu historischen, insbesondere kunsthistorischen Systemen diskutiert. (In: E. P., Aufsätze zu Grundfragen der Kunstwissenschaft. Hg. Hariolf Oberer und Egon Verheyen. Berlin 1964, S. 77–83)

hunderts den entscheidenden Wendepunkt darstellt, in dem die vorgebliche Omnipotenz feudaler Herrschaft dem Bürgertum grundsätzlich unterliege. Warum nun zwar nach dem Dreivierteltakt des schnellen Walzers von Leporello und Masetto die Aristokraten der Mozartschen Oper, nicht aber schon die feudalen Verhältnisse noch im späten 18. Jahrhundert das Tanzen lernen, ist eine Frage, die zu der Verbürgerlichungsthese auf den ersten Blick so wenig passen will, daß wir noch ausführlicher auf sie zurückkommen müssen; auf wie auf die Bedeutung der hierarchischen Ordnung der Künste, an deren Spitze, als deren »bürgerlichste« die Musik erscheint, die auch insofern nicht zufällig den Schluß des Buches bestimmt.

Mit ›Verbürgerlichung‹ charakterisieren die Autoren einen Stilwandel. Auf welche Probleme antwortet dessen Theorie, wie der vorliegende Band sie zu entwerfen versucht? Es kann als symptomatisch für den Entwicklungsstand der Ästhetik gelten, daß die wichtigsten Fragen für eine Theorie des Stilwandels bereits im ersten Drittel des Jahrhunderts aufgeworfen worden sind, ohne daß es in der Folgezeit zu Antworten von theoretisch dichterer Kohärenz gekommen wäre als den von Balet und Gerhard formulierten. Diese knüpfen an eine Reihe von Versuchen an, Stilbegriffe, die seit Wölfflin[1] in der Kunstwissenschaft entwickelt worden waren, auch auf andere Künste zu übertragen. Charakteristisch für diese ist die Definition der kunst-, bzw. literarhistorischen Bezugssysteme durch die in ihnen vorherrschenden künstlerischen Stilelemente, ein Verfahren, das zumindest insofern mit dem Idealismus zu brechen sucht, als es implizit Theorien wie die von Johannes Volkelt kritisiert, der Stilformen a priori unterschieden hatte: »wirklichkeitsbezogen – weltüberschreitend«, »vernunftgeklärt – elementar« etc.[2]. Anders als Volkelt verankert Wölfflin seine *Kunstgeschichtlichen Grundbegriffe* historisch – in einer »Geschichte des Sehens«. Aus ihr entnimmt er die polarisierend-zuordnende Unterscheidung von linear und malerisch, Fläche und Tiefe, geschlossener und offener Form, Vielheit und Einheit, Klarheit und Unklarheit. So galt die Renaissance ihm als linear, geschlossen, symmetrisch und klar, das Barock als malerisch, unend-

---

[1] Heinrich Wölfflin, Kunstgeschichtliche Grundbegriffe. Das Problem der Stilentwicklung in der neueren Kunst. Zuerst 1915.
[2] Johannes Volkelt, Der Begriff des Stils. In: Zeitschrift für Ästhetik 8 (1913), S. 209 ff.

lich, dynamisch und unklar. Balet und Gerhard folgen dem, wenn sie entsprechend – im Anschluß an ihren Gewährsmann für die Kunst des 18. Jahrhunderts Feulner[1] – die bürgerlich-klassizistische Kunst von Mengs als begrenzt, plastisch, tastbar und unbewegt charakterisieren. Entsprechende Beschreibungen aus den Bereichen von Musik und Literatur stehen dieser zur Seite. Insbesondere für die Literatur hatten bereits Walzel[2] und Strich[3] längst vor Balet die *Kunstgeschichtlichen Grundbegriffe* angewandt. Wenn Balet indessen Strichs Beschreibungen des Stilwandels in der Lyrik vom 17. und 18. Jahrhundert zitiert, so mit einem entscheidenden Unterschied, der um so stärker pointiert zu werden verdient, als er ihm selbst in aller Deutlichkeit nicht bewußt gewesen zu sein scheint. Er läßt sich im Verhältnis zu Wölfflins Verankerung der Grundbegriffe in der »Geschichte des Sehens« bezeichnen, die Walzel und Strich von ihrem Lehrer übernehmen.

Dieser hatte in den »nationalen Verschiedenheiten des ›Auges‹... die Grundlagen des ganzen Weltbildes eines Volkes« enthalten gesehen und daraus gefolgert, »daß die Lehre von den Sehformen nicht nur ein allenfalls entbehrlicher Begleiter in der Gesellschaft der historischen Disziplinen zu sein beansprucht, sondern daß sie notwendig ist wie das Gesicht.«[4] Stilgeschichte als Sehgeschichte also, mit der Konsequenz einer Psychologie der sinnlichen Wahrnehmungen. Die Ausfaltung der stilistischen Erscheinungsformen führt dementsprechend zwar nicht – wie bei Volkelt – zu einer Typologie von menschlichen Grundbefinden, wohl aber zu einer Skala von Sehformen, in der ›barocke‹ Formen auf ›klassische‹ aufgrund eines formalen Mechanismus folgen: »Man versteht durchaus, daß der Begriff der Klarheit zuerst ausgebildet sein mußte, bevor man in einer stellenweise getrübten Klarheit einen Reiz finden konnte.«[5] Jeder ›Klassik‹ schließt sich so ein ›Barock‹

---

[1] Adolf Feulner, Skulptur und Malerei des 18. Jahrhunderts in Deutschland. Potsdam 1929 (= Handbuch der Kunstwissenschaft)
[2] Oskar Walzel, Shakespeares dramatische Baukunst. In: Jb der Shakespeare-Gesellschaft L II (1916), S. 3–35 sowie ders.: Die wechselseitige Erhellung der Künste. Berlin 1917
[3] Fritz Strich, Deutsche Klassik und Romantik oder Vollendung und Unendlichkeit. München 1922, sowie ders.: Der lyrische Stil des 17. Jahrhunderts. Muncker-Festschrift 1916
[4] Wölfflin, Grundbegriffe. 13. Aufl., Basel 1963, S. 275
[5] ebd., S. 266

an. Daß jede neue Periode dennoch nicht einfach die vergangene wiederholt – Wölfflin spricht statt dessen von einer spiralenförmigen Entwicklung – wird aus der Herausbildung neuer Inhalte erklärt. Doch hat es die Kunstwissenschaft nicht eigentlich mit ihnen, die den Werken individuelle Bedeutung verleihen, zu tun, sondern mit dem Aufweis einer Morphologie ästhetischer Produkte, die die Logik ihrer Entwicklung in der Psychologie des Sehens vorgebildet findet.

Die Alternative, die Balet und Gerhard hierzu anbieten: die Verankerung der ›Sehformen‹ in einer Bildungsgeschichte der bürgerlichen Intelligenz, setzt eine Kritik an Wölfflin voraus, die Erwin Panofsky bereits 1915 (vor Erscheinen der *Grundbegriffe*, an einer Vortragsfassung der Stiltheorie) geübt hatte,[1] freilich ohne die Konsequenz Balets zu ziehen. Panofsky anerkennt zwar Wölfflins Versuch der stilgeschichtlichen Kategorienbildung und damit auch die Unterscheidung »zwischen allgemeiner potentieller und besonderer aktueller Form« im Bezugsrahmen einer historischen Epoche (das allgemeine Potential schreibt bei Panofsky ein »Zeitwillen« vor); doch besteht er darauf, »daß die Kunst, indem sie sich für eine (der allgemein gegebenen Möglichkeiten) entscheidet und dadurch auf die anderen verzichtet, sich nicht nur auf eine bestimmte Anschauung der Welt, sondern auf eine bestimmte Weltanschauung festlegt.«[2] Panofsky verwirft Wölfflins Unterscheidung typischer Formen und individualisierender Inhalte mit der These, es gebe keine Identität von Formen ohne eine solche der Inhalte, was bedeute, »daß ein gleicher Gedanke zu verschiedenen Zeiten überhaupt nicht ausgedrückt werden kann, weil schon die Form, die er in der einen Epoche annimmt, an seinem eigenen Wesen solchen Anteil hat, daß er in der Form einer anderen gar nicht mehr er selber wäre.«[3]

Entsprechend verlagert Panofsky die Unterscheidung von variablen Inhalten und periodisch wiederkehrenden Formen zu einer von allgemeinen potentiellen und besonderen aktuellen Formen im Sinne der schon zitierten Formulierungen. Welche Konsequenzen hat das für die Kunstgeschichte? Es wird ihr nicht darum gehen,

---

[1] Erwin Panofsky, Das Problem des Stils in der bildenden Kunst. In: Aufsätze, a. a. O., S. 23–31
[2] Panofsky, ebd., S. 29
[3] ebd., S. 28

(wie bei Wölfflin) vom Individuellen, Inhaltlichen, Ausdruckshaften des Werks ein Allgemeines: seine Sehweise, den Stil, die Form abzuheben, sondern diese als spezifisch aktuelle Variante eines Potentials von Formen zu verstehen; diese Variation aber als eine der Anschauung der Welt wie der Weltanschauung zugleich. Der metaphysische Rang dieses Formenpotentials, das Panofsky als einen Fundus von Wahrnehmungsformen a priori bestimmt, die kantianischen Implikationen dieser Theorie, müssen hier unerörtert bleiben. Statt dessen ist der Punkt in der Panofsky-Kritik zu markieren, in dem – ungeachtet der idealistischen Voraussetzungen dieser Kritik insgesamt – ein Problem bezeichnet ist, dessen Lösung Balet und Gerhard versuchen: die Deutung von ästhetischen Formen als solchen der »Weltanschauung«, das Problem einer *historischen Semantik der ästhetischen Wahrnehmungsformen*. Scheint doch dies eine Konsequenz der Entrückung der allgemeinen Formen in einen Himmel der Anschauungsformen a priori zu sein, daß die besonderen Formen der Kunstwerke als Strukturen ihrer Inhalte aufgefaßt und also »weltanschaulich« interpretiert werden können, ungeachtet ihrer denkbaren Teilhabe am unendlichen Formenpotential. Daß die Rede von Formen stets schon eine über Inhalte ist und diese andererseits der Kunstwissenschaft nur als durch die Struktur der Form vermittelt zum Gegenstand werden – diese Erkenntnis ist für die Darstellung Balets und Gerhards konstitutiv, wenn auch in methodologisch nicht entfalteter Form.

Gleichwohl lassen sich Versuche einer methodischen – und damit an anderem historischen Material nachvollziehbaren – Strukturierung erkennen. Diese ist gebunden an das Interesse, die Literatur- und Kunstentwicklung des 18. Jahrhunderts unter dem Gesichtspunkt ihrer historisch progressivsten Tendenzen zu erfassen. Als Maßstab für diese Progressivität gilt den Autoren nicht irgend eine abstrakte Parteilichkeit, sondern die Geschichte der Emanzipation der bürgerlichen Klasse. (Parteilichkeit, so darf hier unterstellt werden, setzt eine Form von Klassenbewußtsein voraus, die aus verschiedenen historischen Gründen das Bürgertum nie ausgebildet hat.) Die ökonomischen und gesellschaftlichen Hauptmerkmale dieser Emanzipationsgeschichte entwickelt Balet einleitend unter den Aspekten der zunehmenden Kapitalisierung des Wirtschaftslebens sowie der Herausbildung von Institutionen, sozialen Verkehrsformen und ideologischen Konventionen mit bürgerlichem

Klasseninhalt. Diese Orientierung an der historisch fortschrittlichsten Klasse, derjenigen also, deren ökonomische Praxis die Entfaltung der materiellen und ideellen Produktivkräfte relativ am besten gewährleistet, begrenzt zunächst einmal den Blickwinkel hinsichtlich der Gegenstände, über die gehandelt wird. Hauptsächlich von solchen Werken ist die Rede, an denen die ideologischen Entsprechungen der ökonomischen Hauptmerkmale: an denen sich die Verbürgerlichung charakteristisch darstellt. (Daß charakteristisch nicht unbedingt positiv heißen muß, daß der bürgerliche Fortschritt einen Januskopf hatte, dessen zweites Gesicht die unteren Volksschichten bereits schon in der bürgerlichen Frühzeit das Fürchten lehren mochte, haben Balet und Gerhard zum Ärger ihrer bourgeoisen Kritiker nicht verschwiegen.) Die Perspektive der relativen bürgerlichen Progressivität, die gerade auch dort bestimmend ist, wo drastisch die Kehrseite der Frau Welte im Feudalismus entblößt wird, gibt aber nicht nur die Kriterien für die Auswahl der Gegenstände an die Hand, sie prägt auch die Methode.

Verbürgerlichung heißt den Autoren nicht nur Kapitalisierung des Wirtschaftslebens und Durchsetzung bürgerlicher Normen und Verkehrsformen in den Teilbereichen des sozialen und kulturellen Lebens; sie bezeichnen vielmehr mit diesem Terminus auch das innere telos, nach dem im Laufe des Jahrhunderts zunehmend die Künste ihre Stoffe verarbeiten: also den sozialen Inhalt des von Balet und Gerhard konstatierten Stilwandels. Welches sind die stilistischen Symptome, an denen die Verbürgerlichungsthese Anhaltspunkte findet? All solche, die die Autoren glauben, als zumindest tendenziell ›natürlich‹ bezeichnen zu dürfen. Der Verbürgerlichung auf der Ebene manifester ideologischer Gehalte, wie sie sich in der Wahl charakteristisch ›bürgerlicher‹ Themen, Stoffe und Motive niederschlägt, entspricht also eine des Stils, der in dem Maße als ›progressiv‹ eingeschätzt werden kann, wie er *Natürlichkeit* zum Ausdruck bringt. Diese These liegt den methodischen Verfahrensweisen bei der Aufteilung und Interpretation des historischen Materials zugrunde.

Ihr Vorteil ist, den Klassenkampf zwischen Feudalaristokratie und Bürgertum im 18. Jahrhundert nicht nur an der ökonomischen Basis und in den politischen Auseinandersetzungen, sondern auch auf dem Gebiet der Kunstentwicklung zu betreffen; angesichts der deutschen Verhältnisse, in denen aufgrund der relativen ökonomischen und politischen Schwäche des Bürgertums im Verhältnis zu England und Frankreich dem ideologischen Klassenkampf während des 18. Jahrhunderts zentrale Bedeutung zukam, offenbar eine entscheidende Voraussetzung des historischen Verständnisses der kulturellen Produktion der Zeit. – Die Darstellung des Wandels vom ›unnatürlichen‹ Stil des Absolutismus zum ›natürlichen‹ des Bürgertums ist perspektivisch an einen Fluchtpunkt fixiert, der unbedenklicher akzeptiert werden könnte, wenn es den Autoren gelungen wäre, die ›Natürlichkeit‹ des Bürgertums nicht nur ihrer Funktion nach auf die Klassenauseinandersetzungen der Zeit zu beziehen, sondern auch hinsichtlich ihres spezifischen Inhalts. Statt dessen wird ihnen – durchaus gegen die eigene Intention – das bürgerlich Natürliche zum Natürlichen schlechthin. Indem die Autoren es nämlich unterlassen, den spezifischen Klasseninhalt der bürgerlichen Humanität und Natürlichkeit für das 18. Jahrhundert zu bezeichnen, neigen sie dazu, auch den ideologischen Gegner des Bürgertums: die Feudalaristokratie zu mystifizieren. So wird ihnen die Auseinandersetzung von höfischem und bürgerlichem Stil wie zu einer von Unnatur mit Natur so zu einer von Herrschaft mit menschlicher Befreiung. Nun mag das zwar dem Selbstverständnis bürgerlicher Ideologen des 18. Jahrhunderts entsprechen, es verwischt aber die Konturen der gesellschaftlichen Antagonismen der Zeit, die Balet selbst im Einleitungskapitel recht genau gezeichnet hat. Sie verblassen, wenn er absolutistischen »Machtexhibitionismus« und »feudale Naturvergewaltigung« mit dem »natürlichsten Menschsein« des Bürgertums konfrontiert. Denn er unterläßt es, die Stilisationsformen dieser Natürlichkeit als zugleich diejenigen ästhetischen und ethischen Konventionen zu benennen, mit deren Hilfe das Bürgertum wie gegen die feudalen Herrschaftsträger sich zugleich auch stets schon prophylaktisch sowohl gegen schwer integrierbare Erscheinungen an der eigenen ideologischen Peripherie wie gegen Parvenüs aus dem ›Pöbel‹ zu wehren sucht. Zurecht ist der Leser irritiert, wenn er ›Natürlichkeit‹ und ›Gesundheit‹ ohne historische Distanzierung gleichgesetzt findet, wo er gleich darauf die »Unnatürlichkeit direkt an Widernatürlichkeit« grenzen sieht und auf den homosexuellen Winckelmann als den »klassischen Vertreter« derlei »pathologischer Abweichungen« stößt.

Bis hierhin scheint unsere Kritik noch identisch zu sein mit derjenigen, die Joachim Schumacher in einer Besprechung der *Zeit-*

schrift für Sozialforschung formuliert hat: »Mit dem Begriff der ›Natur‹ treiben die Verf. überhaupt ein zwar dialektisch gemeintes, aber reichlich mißlungenes Spiel. Dieser gewiß zentrale Begriff wird nicht etwa auf seinen gesellschaftlichen Gehalt hin erschlossen, sondern in Bausch und Bogen schon dadurch übernommen, daß er in einfachen Gegensatz zur absolutistischen, zur ›unnatürlichen‹ Kunst des Barock gesetzt wird.« Problematischer schon, wenn Schumacher fortfährt: »Aber die bürgerliche Gesellschaft meint ja gar nichts Primäres oder Natürliches, wenn sie von ›Natur‹ redet, sondern immer nur ein Abbild oder Gegenbild zu ihrer gesellschaftlichen Natur.«[1] – Gerade das Verneinen, so ist hiergegen einzuwenden, beansprucht für die Gegenbilder, die es zur gesellschaftlichen Natur des Menschen entwirft, jene »natürlichste Natürlichkeit«, die Balet und Gerhard nun über – statt den Anspruch am ideologischen Gehalt zu messen – als stilistisches Charakteristikum konstatieren. Daß *die Natur* gemeint ist und nicht bloß ein »Gegenbild« begründet allererst die Emphase, mit der das Bürgertum sich zum Anwalt der Menschheit macht. Doch ist die Beschränktheit der bürgerlichen Perspektive der Grund, daß ihre Konventionen über Natürlichkeit sich in Abbildern und Gegenbildern konkretisieren, deren Formen und Gehalte von ihrer Funktion in den historischen Klassenauseinandersetzungen affiziert sind. – Identifizieren Balet und Gerhard sich mit der ›Natürlichkeit‹ des Bürgertums im 18. Jahrhundert, so gibt der Theoretiker aus der Frankfurter Institutszeitschrift mit der berechtigten Kritik an der Identifikation der Autoren mit ihrem Gegenstand gleich den Begriff ›Natürlichkeit‹ überhaupt auf, indem er seinen Inhalt für die bürgerliche Gesellschaft generell als ein kritisch opponierendes Meinen eines Anderen bestimmt. Was Befreiung der Naturkräfte anderes heißen kann als in der bürgerlichen Gesellschaft des 18. Jahrhunderts haben beide, die Autoren wie ihre Kritiker, nicht zu denken vermocht, jene nicht, indem sie sich mit den Ideologen der bürgerlichen Vergangenheit identifizieren, dieser nicht, indem er Natürlichkeit generell als funktionsrelative Metapher interpretiert.

Charakteristisch für Balet und Gerhard ist in diesem Zusammenhang, daß ihnen als progressivster Repräsentant des Bürgertums Wieland gilt als ein Freigeist in Fragen der Sexualität. Charakteristisch, weil diese Favorisierung – statt daß sie sich auf den eingangs

---

[1] Zeitschrift für Sozialforschung 6 (1937), S. 716 f.

bestimmten zentralen Klassenantagonismus bezöge und aus ihm erkennt, was jeweils als fortschrittlich gelten mußte – Herrschaft und Sexualität als einen der wichtigsten Antagonismen unterstellt, Sexualität aber sogleich auch noch durch ihre Abgrenzung von ›Widernatürlichkeit‹ auf ihre kleinbürgerliche Spielart beschränkt. – Kein Wort über politisch weit progressivere Erscheinungen wie den deutschen Jakobinismus, der selbst bei der seinerzeit schwierigen Forschungslage der profunden Materialkenntnis Balets schwer gänzlich entgangen sein kann. Die Ignorierung jener Positionen, die – wenn auch erst nur in Ansätzen – das Bündnis mit den Volksmassen anstreben, ist das Komplement der Projektion der historischen Klassenauseinandersetzungen auf die Ebene des Konfliktes von Sexualität und Herrschaft, mag der Protagonist der Sexualbefreiung, wie Wieland, auch politisch in den Illusionen von der Aufklärbarkeit des Absolutismus gänzlich befangen bleiben.

Auf die problematische Fixierung der Autoren an die Natur-Ideologie des 18. Jahrhunderts bereits unter dem Gesichtspunkt der von ihnen exemplifizierten Theorie des Stilwandels einzugehen, erweist sich darum als nötig, weil wiederum nicht nur die Selektion der historischen Gegenstände – hier also die Ausklammerung der politisch fortgeschrittensten Repräsentanten der bürgerlichen Kultur des Jahrhunderts – auf sie zurückgeht, sondern auch die methodische Erschließung dieser Gegenstände. Es entspricht nämlich der sozial abstrakten Polarisierung von Herrschaft und Befreiung, daß auch der Stilwandel, trotz der unterstellten Identität mit der Verbürgerlichung der deutschen Kunst, Literatur und Musik, weniger als auf einzelne Etappen dieses historischen Prozesses bezogen erscheint, sondern eher als formal seiner allgemeinen Tendenz nach bestimmt: als Dynamisierung der verhärteten Formen feudaler Kunstausübung. Die Kollision mit der stilgeschichtlichen Auffassung des Barock durch Wölfflin und Walzel als einer Epoche, in der die Bewegung »als Ausdruck des Endlosen, Absoluten« vorherrschend sei, vermeidet Balet, indem er diese, als eine »mechanische Bewegtheit«, Entsprechung des expansiven Machtanspruchs des Feudalismus, unterscheidet von der »individuellen, freien, ausdrucksvollen Gefühlsbewegung der bürgerlichen Periode«.

Vorzüge und Schwächen der Balet-Gerhardschen Konzeption des Stilwandels liegen dicht beieinander. Halten wir fest: Unverminderte Aktualität hat ihr Versuch, die soziale Bedeutungslehre eines ästhetischen Stilwandels zu entwerfen. Dieser Versuch zielt darauf, den sozialen Inhalt modaler Wandlungen des Widerspiegelungsverhältnisses zu erkennen, indem die Stilformen der künstlerischen Widerspiegelung der Wirklichkeit aus den Interessen und Bedürfnissen einer Klasse in verschiedenen Stadien ihrer Herausbildung abgeleitet werden. Mit der *Verbürgerlichung* des Kunststils erfassen so die Autoren zugleich ein umfangreiches Feld formalästhetischer Symptome der Veränderung, die sozialethisch normative Interpretation dieser Veränderung (Natürlichkeit) und ihre historische Funktion im Rahmen eines gesamtgesellschaftlichen Prozesses (Durchsetzung der bürgerlichen Klassenherrschaft). – Eine Schwäche bzw. ein Defizit der Theorie liegt darin, daß sie für ein halbes Jahrhundert stilistischer Wandlungen pauschalisierend nur eine Grundtendenz: Durchsetzung von Natürlichkeit, angeben kann und so die Differenzierungen der Kunstproduktion von Gleim bis Goethe nur als quantitative anzugeben neigt: mehr oder weniger natürlich. (Auf Ansätze einer genaueren Bestimmung wird noch einzugehen sein.) Dieses Defizit beruht aber darauf, daß die Autoren den Prozeß der ›Verbürgerlichung‹, seine Widerspiegelung in der Kunst, wie die Funktion dieser Kunst für die Emanzipationsgeschichte der bürgerlichen Klasse zwar historisch zu bestimmen versuchen, seinen bürgerlichen Klasseninhalt aber und damit auch den sozialen Inhalt von bürgerlicher Natürlichkeit nicht genau zu benennen vermögen. Ihnen ist bürgerliche Natürlichkeit der qualitativen Bestimmung nach stets schon »die natürlichste«, das gilt für ihre verschiedenen Entwicklungsstufen ebenso wie für die volle Einlösung des bürgerlichen Stilideals, wie Balet und Gerhard es in der Musik Mozarts finden.

Damit geraten die Konsequenzen ins Blickfeld, die Balet und Gerhard aus ihrer Theorie des Stilwandels sowohl hinsichtlich einer Bestimmung des *Verhältnisses der Künste* zueinander wie der *Periodisierung* der Entwicklung jeder einzelnen ziehen. Sie verdienen besondere Aufmerksamkeit angesichts der Argumente, die zurecht bisher gegen eine ästhetische Periodisierung jeweils unter stilgeschichtlichen bzw. historisch-politischen Gesichtspunkten vorgebracht wurden. Einige von diesen haben Wellek und Warren resümiert: »Die Übertragung der Wölfflinschen Begriffspaare« auf historische Perioden lasse ein wichtiges Problem völlig ungelöst. »Wir können in keiner Weise die unzweifelhafte Tatsache erklären, daß die Künste sich nicht zur gleichen Zeit mit der gleichen

Geschwindigkeit entwickeln. Die Literatur scheint manchmal hinter den anderen Künsten zurückzubleiben. Wir können z. B. kaum von einer englischen Literatur sprechen zu einer Zeit, als die großen englischen Kathedralen gebaut wurden. Zu anderen Zeiten entwickelt sich die Musik langsamer als Dichtung und bildende Künste. ... Schließlich sehen wir uns noch dem Problem gegenüber, daß bestimmte Zeiten oder Nationen außerordentlich produktiv in nur einer oder zwei Künsten waren, dagegen völlig unfruchtbar oder lediglich epigonal in anderen.«[1] Auch wenn man nicht – wie Wölfflin – eine kollektive Psyche für die Entstehung und Wandlung von Stilen verantwortlich macht, sondern – wie Balet und Gerhard – die Auswirkung der Gesetzmäßigkeit der gesamtgesellschaftlichen Entwicklung in einem, dem kulturellen, Teilbereich, stellt sich die Aufgabe, die Wellek und Warren als Untersuchung der Wechselbeziehung von gesellschaftlichen Faktoren und Kunstentwicklung am historischen Einzelfall benennen. Für die amerikanischen Theoretiker steht ihr Ergebnis schon fest: »Die Literatur darf nicht als eine lediglich passive Widerspiegelung oder Kopie der politischen, gesellschaftlichen oder auch intellektuellen Entwicklung der Menschheit verstanden werden. Die literarischen Perioden sollten daher aufgrund rein literarischer Kriterien festgesetzt werden.«[2] So richtig der erste Satz sein mag, so wenig notwendig folgt aus ihm der zweite. Wie verfahren also Balet und Gerhard?

Für sie finden die fortschrittlichsten Tendenzen der Zeit in der *Musik* ihren genauesten Ausdruck. Daß die Evokation Mozarts den Schluß des Buches bildet, ist darum nicht zufällig. Die Musik ist für seine Konzeption der systematische Schwerpunkt, weil sie an der Spitze der Kunsthierarchie steht, ihr untergeordnet die Literatur, schließlich die Architektur und Bildende Kunst. Denn zwar finden die Autoren in jeder der Künste dieselben charakteristischen Wandlungsprozesse des Stils belegt; »dieser stürmische Flug aller Kunstformen über die Grenzen hinweg ins Grenzenlose, der mit dem Drang des Despotismus zur unbegrenzten Macht parallel ging ...«, so bezeichnen sie das Gemeinsame der Kunst im Feudalismus; eine entsprechende Grundintention schreiben sie – ungeachtet der Differenziertheit der Formen aufgrund der materialen

---

[1] René Wellek und Austin Warren, Theorie der Literatur. (Zuerst 1942) Frankfurt und Berlin 1966, S. 117
[2] ebd., S. 240

Individualität und relativen Autonomie in der Entwicklung der Einzelkünste – der Kunstentwicklung in der zweiten Hälfte des 18. Jahrhunderts zu. Doch entspricht es dem Programm einer historischen Semantik der Formen sowohl wie dem wesentlichen Inhalt, den ›Verbürgerlichung‹ für Balet und Gerhard hat – natürliche Entfaltung der Innerlichkeit –, daß diese Grundintention ihre ideale Einlösung in der Musik findet, von der eine Konvention besagt, daß sie die Lyrik an Ausdrucksfähigkeit und subjektiver Spontaneität noch übertreffe. An ihrem Formideal sehen Balet und Gerhard, dieser hierarchischen Gliederung entsprechend, auch die bedeutende Literatur der Zeit orientiert. Schillers Bemerkung über Klopstock als einen ›musikalischen Dichter‹ wird von ihnen durch eine Darstellung des *Messias* interpretiert, die die expressiven Elemente seiner Sprache überwiegend im Bereich des Klanglichen aufsucht auf Kosten des Eingehens auf sprachliche Bedeutung. Klopstock mache seine »Gefühlsmusik nicht *hinter* den Worten, also unhörbar, ... nein, er schreibt hörbare Musik, er macht Musik *mit den Worten*.« Die Behauptung wird belegt mit dem Hinweis auf die Umsetzung visueller in auditive Eindrücke, wie sie gelegentlich schon die Aufmerksamkeit der Forschung über die Sprache des *Messias* fanden: »Das Musikalische Klopstocks zeigt sich vor allem in seiner Übersetzung von Visuellem in Akustisches. Seine Engel fliegen nicht herunter oder hinauf, sie ›rauschen‹, sie ›säuseln‹, ›hauchen dem Sturm entgegen‹,« etc.

Neben Hinweisen wie diesem auf Symptome in der Entwicklung der Schwesterkünste der Musik, steht ein Argument für deren Favorisierung, das aus der materialen Eigentümlichkeit der Sprache dieser Kunst selbst genommen ist: »Musik ist schwingende Luft«. Sind die anderen Künste entweder an konkrete Bildhaftigkeit oder an genau fixierte Gedanken gebunden, so gibt die Musik die Möglichkeit, unabhängig von allem Visuellen und Begrifflichen direkt durch den sinnlichen Reiz auf das Gefühlsleben einzuwirken.« Die pseudomaterialistische Begründung – schließlich ist auch Sprache »schwingende Luft« und, wenigstens unter diesem Aspekt, nicht minder elementar – läßt die entscheidende zurücktreten, die an die unterschiedliche Weise geknüpft ist, in der sprachliche und musikalische Kunstwerke Bedeutung konstituieren. Bedeutung erscheint in der Musik, zumindest dem naiven, historisch ungebildeten Ohr, als unmittelbar eines mit der musikalischen Gebärde, deren inneren Aufbau aus historischen Formelementen, deren Semantik, die an die Geschichte dieser Elemente gebunden ist, in der Regel erst die Analyse entdecken kann. Diese Gebärde gewährt der subjektiven Auslegung um so weiteren Spielraum, als sie – der primären Rezeptionsweise von Musik im Hören entsprechend – nur in der Erinnerung an das Gehörte als Eindruck sich vollständig konstituiert. Anders die Literatursprache. Da die Rezeption ihrer schriftlich fixierten Gestalt stets von der vollständigen Präsenz des Ganzen ausgehen kann, ist Erinnerung als Leistung des Rezipienten in geringerem Maße gefordert. Der Leser hat vielmehr im gedruckten Text jenen Maßstab für die Richtigkeit der Zuschreibung von Bedeutung, den der Hörer erst in der Partitur finden könnte. – Schließlich haben Balet und Gerhard selbst auf das ›Begriffliche‹ der Sprache, auf ihre ›gedankliche Fixierung‹ hingewiesen als auf Hindernisse der direkten Stimulation von Empfindungen.

Die Autoren sehen die Entwicklung der menschlichen Naturkräfte primär unter dem Gesichtspunkt der Förderung des emotiven Vermögens. Indem sie nun aber die solipstistischen Konsequenzen der Empfindungslehre des 18. Jahrhunderts nachvollziehen, für die der Selbstgenuß des Gefühls dessen höchsten Ausdruck verbürge, scheint ihnen Sprachlichkeit als Mitteilung von Inhalten eine eingeschränkte Form von Expressivität zu sein, Musik statt dessen die Krone der Künste – zumindest des 18. Jahrhunderts –, weil sie einen größeren Identifikationsspielraum zu gewähren scheint, den in der Literatur der verlautbarte Inhalt einengt.

Entsprechend emphatisch fallen Gerhards Urteile über Komponisten der Zeit aus: »Haydn und Mozarts Instrumentalmusik stellen die höchst möglichen Gipfelpunkte in der Bereicherung des menschlichen Gefühls dar«, und: »Es gibt bei Mozart keinen Ton, der nicht mit dem lebensvollen Atem der Gefühlsexpression erfüllt wäre.« Die Historizität dieses Ausdrucks wird von Gerhard nicht im Sinne der Relativierung ihres Gehalts bedacht, sondern eher als ein gewisses Ärgernis, das die Identifikationsmöglichkeiten des Hörers einzuschränken droht. Die Nachgeschichte der klassischen Musik ist für ihn Verfallsgeschichte: »Das Zertändeln und Verniedlichen der expressiven Musik des 18. Jahrhunderts (sc. in der modernen Aufführungspraxis; G.M.) ist erst eine Folge der fortschreitenden Differenzierung der Harmonik und der Steigerung des subjektiven Gefühlsausdrucks in der Musik des 19. Jahrhunderts, die wiederum auf die immer größer und differenzierter werdenden

Genußbedürfnisse während des fortschreitenden Kapitalismus zurückzuführen sind. ... Wir müssen uns heute wieder daran gewöhnen, die Expressivität der Musik des 18. Jahrhunderts so zu erfühlen, wie sie zu ihrer Zeit empfunden wurde.« Was bei der Favorisierung der Musik auf Kosten der Sprache bereits zu beobachten war: die Bindung von ›Ausdruck‹ und ›Natürlichkeit‹ an das Ideal einer Spontaneität, die in der Sprache eher die geschichtlich und also auch ideologisch geprägte Einschränkung ihres Vermögens als die Bedingung ihrer differenzierten Artikulation sieht, wiederholt sich tendenziell in der normativen Orientierung der musikhistorischen Perspektive, die ihren Fluchtpunkt in Haydn und Mozart als ›höchst möglichen Gipfelpunkten‹ hat, weil sie – hierin nun im Widerspruch zu Panofskys Wölfflin-Kritik – größere formale Differenziertheit in der Kunst des 19. Jahrhunderts nicht als die angemessene Strukturierung eines komplexeren Gehalts, auch des emotionalen, verstehen kann. – Die ›Erfühlung‹ der Expressivität der Musik des 18. Jahrhunderts überspringt die Distanz zu ihrem Gegenstand statt sie zum Gegenstand der Erkenntnis von dessen Individualität zu machen. Damit setzt sich in der theoretischen Tektonik der Geschichte der Verbürgerlichung ein traditionalistischer Zug durch, wohl als Konsequenz davon, daß sich die Autoren das bürgerliche Ideal von Natürlichkeit und Ausdruck der Subjektivität von keinem fortschrittlicheren als ablösbar vorstellen können. Dieser Zug erscheint als durchaus im Widerspruch stehend zu der dialektischen Darstellungsweise bürgerlicher Progressivität, die für Balet und Gerhard sonst charakteristisch ist und dort die Erkenntnis spiegelt, daß die Kunstproduktion der bürgerlichen Emanzipationszeit unübersehbar die Spuren des Scheiterns der politischen Emanzipation der bürgerlichen Klasse prägt; daß die Formulierung ihrer Ideale den Verzicht auf ihre Verwirklichung schon antizipiert.

Gelegentlich der Darstellung der Klassik hat so Balet sich ebenso scharf gegen den bourgeoisen Goethe-Kult abgesetzt, der anläßlich der Säkularfeiern gerade üppige Blüten getrieben hatte, wie von der Goethe-Auffassung Lukács' und anderer marxistischer Theoretiker, die die Klassik vor ihren falschen Liebhabern in Sicherheit zu bringen wünschten,[1] ohne doch deutlich genug Kriterien für die Unterscheidung des bürgerlichen Humanitätsideals der Weimarer

---

[1] Cf. hierzu das Goethe-Sonderheft der Linkskurve vom Juni 1932

von einem selbst nur kleinbürgerlich-demokratischen oder gar sozialistischen angeben zu können. Insbesondere die These von der Volksverbundenheit Goethes bestreitet Balet zumindest für die reife Phase des Dichters und ausgehend von dessen Klassenlage mit Nachdruck. – Die antimarxistischen Kritiker des Buches während des Faschismus haben – wo sie nicht die seriöse Distanz jener gewissenhaften Methodenkritiker vorzogen, die womöglich ungesäumt sich zum wissenschaftlichen Sozialismus bekennen würden, wenn die ungelöste Basis-Überbau-Problematik es ihnen nicht so schwer machen würde – als »fürchterliche Konsequenz« beklagt, »daß jede geistige Erscheinung in sittlichen Motiven verdächtigt, in den Schmutz gezogen und aus ihm dann ›neu erklärt‹ wird.«[1]

Mit der Transponierung der Klassenkonflikte des 18. Jahrhunderts durch Balet in solche von unnatürlicher Herrschaft und frei sich entfaltender allgemeinmenschlicher Natürlichkeit war auf ein theoretisches Element des Buches hingewiesen worden, das dessen partielle Nähe zur *Kritischen Theorie* anzeigt, wie es in diesem Punkt ein Vergleich mit dem *Strukturwandel der Öffentlichkeit* von Habermas verdeutlichen könnte, denn ähnlich wie bei Balet ist hier der Widerspruch der Klasseninteressen transponiert in den Kampf einer Idee der ›Öffentlichkeit‹ (dem theoretischen Status von ›Natürlichkeit‹ bei Balet unter normativem Aspekt entsprechend), »in der sich Herrschaft überhaupt auflöst«, mit der absolutistischen Staatsgewalt.[2] Ähnlich auch wie bei Balet ›Natürlichkeit‹ wird ›Öffentlichkeit‹ bei Habermas zu einer Idee zwar historischen Ursprungs, doch einer Geltung, die durch die Geschichtlichkeit ihres Ursprungs keine Einschränkung erleidet.

Daran anzuknüpfen legt nun die Bedeutung nahe, die Balet und Gerhard der Musik als angemessenstem Ausdruck des bürgerlichen Subjekts, als Ausdruck seiner gesellschaftlich nicht mehr verstellten Natürlichkeit, beimessen. Gelegentlich einer Reflexion über die ›Unbestimmtheit des Objekts‹ des Naturschönen hat ein anderer Repräsentant der Kritischen Theorie, hat Theodor W. Adorno die Wahrnehmung von Naturschönem und die von Musik in ein analoges Verhältnis gebracht, für das beider Beziehung zur Zeit die Grundlage abgibt: »Wie in Musik blitzt, was schön ist, an der

---

[1] Adolf von Morzé, Rezension in der Zsch. f. dt. Phil. 63 (1938), S. 313
[2] Jürgen Habermas, Strukturwandel der Öffentlichkeit. Neuwied und Berlin, 4. Aufl., 1969, S. 95 (zuerst 1962)

Natur auf, um sogleich zu verschwinden vor dem Versuch, es dingfest zu machen.«[1] Dem entspricht die Behauptung, daß Sprache »Konstituens der Kunst und ihr Todfeind« sei.[2] Konstituens, indem ihr Wesen Mimesis, Todfeind, indem ihr auch in poetischer Sprache noch ein tendenziell diskursiver Charakter eigen sei, Hinweis auf eine kommunikative Funktion, dem reinen Ausdruck – als der wesentlichen Bestimmung von Kunst – abträglich. ›Funktionslosigkeit‹ der Musik – im Sinne und als Folge der Emanzipation der Hof-, Kirchen- und Ratsmusiker und der Ausbildung eines öffentlichen Konzertwesens, das für die Musikentwicklung dieselbe Bedeutung hat wie für Literatur die Entwicklung eines literarischen Marktes – ist auch für Gerhard eine wesentliche Bestimmung des bürgerlichen Stilwandels der Musik um die Mitte des 18. Jahrhunderts.[3] Doch meint ›funktionslos‹ nicht nur die Emanzipation der Musiker aus festen Auftragsverhältnissen, sondern zugleich jene – im strengen Sinne – Undefinierbarkeit des Gehalts, auf die Adorno zielt, wenn er die Sprache der Musik der flüchtigen des Naturschönen vergleicht, die sich dem Zugriff des Begriffs entzieht. Adornos Wendungen von der Naturähnlichkeit der Musik und Gerhards ›Natürlichkeit‹ koinzidieren darin, daß sie beide Musik als am wenigsten verstellten Ausdruck verstehen, ohne daß freilich die moralischen Inhalte, die Balets assoziative Verbindung von Unnatürlichem und Widernatürlichem suggeriert, auch die Adornos wären.

Gebannt durch die ›Unnatur‹ von ›Herrschaft‹, wie sie wohl als die gemeinsame Erfahrung der beiden Autoren, Balets und Adornos, während des Nationalsozialismus unterstellt werden kann, die – beide Juden – vor dem Faschismus nach Amerika emigrierten, mag ihnen Musik als Refugium der bedrohten Spontaneität erschienen sein, die sich in jener unverstellt äußern kann, ohne daß sie zitierbar wäre, weil ihre Sprache sich so flüchtig verliert wie die Erscheinungen des Naturschönen. Diese Flüchtigkeit ist auch als die

---

[1] Theodor W. Adorno, Ästhetische Theorie. Hg. Gretel Adorno und Rolf Tiedemann. Frankfurt a. M. 1970, S. 113 (= Gesammelte Schriften Bd. 7)
[2] ebd., S. 171
[3] vgl. hierzu, im Anschluß an E. Gerhard, Martin Damus, Die Geschichte bürgerlicher Kunst oder die Geschichte ihrer Befreiung als die Geschichte ihrer Entfremdung. In: Funktionen der Bildenden Kunst im Spätkapitalismus. Untersucht anhand der ›avantgardistischen‹ Kunst der sechziger Jahre. Frankfurt a. M. 1973, S. 167, A 54

Begründung anzusehen, die Balet und Gerhard zu so ungleicher Haltung gegenüber literarischen bzw. musikalischen Werken der Klassik bringen. Das Werk Goethes haben sie zwischen den ausdeutenden ideologischen Interlinearversionen seiner Erben kaum mehr zu entziffern vermocht, während die Musik Mozarts und Haydns ihnen durch die Rezeptionsgeschichte nicht in derselben Weise als belastet erschienen sein mag – wohl auch aufgrund der wohl tatsächlich relativ größeren Resistenz des musikalischen Materials gegenüber der Festschreibung von Bedeutungen.

Fragen wir, die Beobachtungen über den Status der Musik in der Verbürgerlichungsthese Balets und Gerhards auswertend, nach den Auswirkungen der Hierarchisierung der Künste für das Problem der Periodisierung, so ergibt sich das Folgende: Die angedeutete Ordnung der Künste ist hier keine chronologische, sondern eine systematische. Sie wird konstituiert durch die für jede der Künste unterschiedlich gegebene Möglichkeit, den Stilwandel zur Geltung zu bringen, der mit der Emanzipation der bürgerlichen Klasse auf der Tagesordnung steht. Diese Möglichkeit ist jeweils abhängig von der Eigenart des künstlerischen Materials und von der bisherigen Verlaufsgeschichte der einzelnen Künste, jedoch auch von ihrer gesellschaftlichen Organisationsform, etwa der unterschiedlich festen Bindung an aristokratisches Mäzenatentum, der unterschiedlichen Geschwindigkeit in der Herausbildung künstlerischer Marktverhältnisse. Das Ziel der ›Verbürgerlichung‹ durch ›Natürlichkeit‹, das die Periode insgesamt als solche konstituierte, wird von der Musik in idealer Form erreicht. – Mit der Berücksichtigung wesentlicher Konstitutionsbedingungen der relativen Autonomie der Einzelkünste: der spezifischen gesellschaftlichen Organisationsform der künstlerischen Produktion, der Besonderheit des jeweiligen künstlerischen Materials, der Traditionsverhaftung, entgegen Balet und Gerhard den Einwänden, die Wellek und Warren gegen die Verwendung der Stilkategorien Wölfflins für die Periodisierung gemacht hatten. Es kann unterstellt werden, daß die Baletschen Argumente nicht nur hinsichtlich des Verhältnisses der Künste zueinander gelten, sondern auch im Hinblick auf die zeitliche Abfolge, vor allem aber auch auf die Gleichzeitigkeit verschiedener Stile in der Geschichte jeder einzelnen Kunst auslegbar sind.

Wir hatten nun bereits angedeutet, daß wesentliche Qualitäten des Buches nicht aus der Orientierung an der Kategorie des Stilwandels, wie etwa Wölfflin sie verwendet, folgen, sondern aus einer

Interpretation dieser Kategorie, die ausdrücklich den historischen Bedeutungsgehalt stilistischer Prozesse zum Thema macht. Versuchen wir auseinanderzuhalten, was bei Balet und Gerhard sich überlagert, so können wir drei Ebenen ausmachen, auf denen dieser historische Gehalt und damit auch der Hauptinhalt der beschriebenen Stilperiode untersucht wird: die Ebene der historisch-gesellschaftlichen *Konstitutionsbedingungen*, des *Widerspiegelungsverhältnisses* und der *gesellschaftlichen Funktion*. Daß die Darstellung trotz der gelegentlich schon angemerkten Schwächen dennoch den ideologischen Prozeß, den die Autoren Verbürgerlichung nennen, so komplex erfassen und als Periode bestimmen kann, hat diese dreiseitige Erfassung des Gegenstandes zur Voraussetzung. Sie vermeidet die falsche Alternative, auf der die Methodenkontroversen zwischen Literarhistorikern und Literaturkritikern im Wesentlichen zu beruhen scheint, ob nämlich die Literatur im historischen Prozeß oder dieser in der Literatur aufzusuchen sei. Als falsch erscheint diese Alternative, weil sie die Möglichkeit unterstellt, eines sei jeweils ohne das andere möglich: die Bestimmung des Wahrheits- und also auch Erkenntnisgehalts eines literarischen Werks ohne den Blick auf das Maß dieser Erkenntnis, den historischen Prozeß; andererseits: die Bestimmung der gesellschaftlichen Funktion der Kunst im historischen Prozeß ohne den Blick auf die Widerspiegelungsform und also Erkenntnisleistung des literarischen Werks[1]. Die Form, in der Geschichte im Werk erscheint, ist selbst geschichtlich konstituiert und andererseits ist die Gestalt und der Verlauf dieses Konstitutionsprozesses stets schon abhängig von den traditionellen literarischen Formen mit ihrer historischen Semantik, gegen die Veränderungen im Gefüge der Konstitution und Funktion der Literatur sich durchzusetzen haben. Weil also das Verhältnis der scheinbar alternativ konzipierbaren methodischen Möglichkeiten zueinander, inhaltlich gewendet, eines der wechselseitigen Konstitution ist, sollte die Alternative lediglich als heuristische, literaturdidaktische gelten dürfen: wovon soll die Darstellung ausgehen.

Balet und Gerhard haben für die ihre den systematischen Weg eingeschlagen, indem sie zunächst die allgemeinsten Gesetzmäßigkeiten und historischen Verlaufsformen des Übergangs vom Feudalismus zum Kapitalismus skizzieren. Aus der Entwicklung eines

---

[1] Vgl. hierzu im Eingehen auf Peter Szondis entsprechende Unterscheidung: G. Mattenklott u. K. Schulte: Literaturgeschichte im Kapitalismus. In: Neue Ansichten einer künftigen Germanistik. München 1973, S. 100f.

quantitativ und wegen ihres Reichtums auch qualitativ bedeutungsvollen Großbürgertums in Hamburg, Leipzig und Frankfurt leiten sie sodann die ideologischen Bedürfnisse dieser neuen Schicht der bürgerlichen Klasse ab. Die spezifischen Bedingungen der bürgerlichen Klassenemanzipation am Anfang des 18. Jahrhunderts konstituieren den Bereich bürgerlicher Kulturtätigkeit seinem Umfang nach: die wesentliche Beschränkung auf Literatur und Musik ihrer relativ größeren Unabhängigkeit vom Hofe wegen; der Form nach: die Anlehnung an französische Vorbilder aufgrund des Mangels an tradierten Formen angemessener Selbstdarstellung; hinsichtlich des Inhalts: die Distanzierung von den unteren Volksschichten und der begrenzte Konflikt mit den feudalen Herrschaftsträgern.

Derart wird die künstlerische Produktion der Zeit, wird die Ausbildung jener Charakteristika, die der Terminus *Verbürgerlichung* sowohl zusammenfaßt wie interpretiert, nicht primär unter dokumentarischem Aspekt betrachtet: was sagt die Kunst über die bürgerliche Emanzipation, sondern unter dem Gesichtspunkt der Tätigkeit historischer Subjekte: mit welchem Interesse verändern Bürger die tradierte Kunst, und: welche Funktion übernimmt die Kunst im Rahmen des neuen Zusammenhangs, in den sie gestellt wird. Die konkrete Gestalt der ästhetischen Produkte ist dabei für die Klärung der gesellschaftlichen Funktion wesentlich, weil die Interpretation der Werke auf den Grad hin, in dem der bürgerliche Stilwandel zum Prinzip ihrer ästhetischen Formkonsistenz wird, zugleich die Möglichkeiten und Grenzen einer Rezeption dieser Werke bezeichnet, unabhängig von der Frage, welche dieser Möglichkeiten dann in der Wirkungsgeschichte realisiert werden. Mit anderen Worten: die Interpretation bezeichnet den historischen Wahrheitsgehalt eines Werkes, an dem dessen potentielle Funktion eine von vielen Bedingungen hat. Der methodische Leitfaden als zugleich der Maßstab jenes Wahrheitsgehalts ist eben die Untersuchung des Anteils am ›Stilwandel‹ bzw. der ›Verbürgerlichung‹.

Zwei Einwände vor allem, die gegen den historischen Materialismus generell und so auch gegen den Versuch von Balet und Gerhard ins Feld geführt werden. Der eine in einer sinistren Rezension des Buches von W. H. Bruford: »To explain features of style, analogies between various phenomena of the age are suggested, in the manner of Spengler, but no causal connexion can usual be proved. Absolutism, for instance, is made responsible for ›das gleichförmige, fast pausenlose, scheinbar unendliche Fortspinnen eines einmal gegebenen thematischen Materials‹, in a fugue of Bach, let us say, because ›endlose Bewegung‹ symbolizes the idea of unbounded power. Surely no sociological study of arts can be satisfactory which does not start from the extremely complex realities of the period under consideration, instead of from abstractions taken over from a ready-made philosophy of history, and which does not attempt to view both individuals and groups with an open mind, free of partisan spirit. The tone of this book is bitter and negative. It is characteristic that almost the only writer who gets a good mark is Wieland, because of what the author considers his sane attitude in matters of sex.«[1]

Fällt der Vorwurf der analogischen Konstruktion statt kausaler Ableitung einmal nicht, dann der nahezu entgegengesetzte – hier sogar über denselben Gegenstand –: der ›monokausaler‹ Ableitung. »Das ihnen eigene Dogma durchgehender Kausalität« lasse die historischen Materialisten, für die E. Gerhard hier stellvertretend gebeutelt wird, »nicht sich damit begnügen, einen individuellen Zusammenhang wahrscheinlich gemacht zu haben. Kaum ist es ihnen geglückt«, fährt der zitierte Kritiker fort, »den Leser ihren Argumenten geneigt zu stimmen, gehen sie rabiat aufs Ganze und warten mit universalen Gesetzmäßigkeiten auf, die den Naturwissenschaften abgelauscht sind. Die Einzelerscheinung wird als die Regel, eine Krise als Modellfall für das Gewöhnliche gedeutet. Aus weltanschaulicher Reflexbewegung wird nicht geduldet, daß die Musik einmal soziologisch aufgehellt werden kann, hingegen das andere Mal nicht.«[2] An Reflexhemmungen allerdings scheint auch keiner unserer beiden Kritiker zu leiden, so prompt und ungehemmt fallen beide den Autoren ins Wort, kaum daß deren Absicht durchschaut ist, Gesetzmäßigkeiten »in the Marxian sense« – wie Bruford zurecht argwöhnt – aufzuweisen. Daß der eine, Kneif, sich mit Analogien womöglich noch abgefunden hätte, wäre nur nicht von Kausalität auch noch die Rede, und der andere, Bruford, die Analogien mißbilligt, aber Verhandlungsbereitschaft für den Fall des Nachweises individueller »causal connexions« durchblicken läßt, daß beide – spontanen ideologischen Reflexen folgend – womöglich die falsche Karte ziehen, läßt doch nicht die

---

[1] W. H. Bruford, Rezension in: Modern Language Review 32 (1937), S. 328
[2] Tibor Kneif, Musiksoziologie. Köln 1971, S. 17 f.

ideologische Identität der Attacken übersehen, die idiosynkratisch auf den Versuch der Konstruktion von historischen Gesetzmäßigkeiten als auf marxistische Partisanentätigkeit reagieren. Als hätten sie die Hoffnung, mit der Leugnung der Gesetze, unter denen sich die Ablösung der Feudalaristokratie durch das Bürgertum vollzieht, den Prozeß zum Stillstand bringen zu können, in dem sich die Ablösung der eigenen, der bürgerlichen Klassenherrschaft »in the Marxian sense« vollzieht.

In der Tat ist nämlich dies das Zentrum der Verbürgerlichungstheorie: die Unterstellung eines systematischen Entwicklungszusammenhangs, eines »großen, einheitlichen, das ganze Leben umfassenden Geschehens«, einer »Totalität des Geschehens«, wie Balet sich in einer terminologischen Anleihe bei der Lebensphilosophie ausdrückt. Die »Synthese der Kunst- und Kulturerscheinungen des 18. Jahrhunderts« ist im Rahmen dieses als gesetzmäßig sich bewegend verstandenen Prozesses zunächst unter dem Gesichtspunkt seiner Ausprägung durch ein kollektives identisches Subjekt gedeutet. Die vorrangige Ausrichtung des Interesses auf den kollektiven Charakter der ideellen Reproduktion der bürgerlichen Gesellschaft und damit auf den Zusammenhang von Institutionen und Stilbildung, Stilbildung und Klassenlage der literarischen Intelligenz, stellt die Analyse einzelner Werke nicht aus Desinteresse zunächst zurück, sondern um in der Darstellung der Gesetzmäßigkeiten in der Strukturierung des kulturellen Bereichs der gesellschaftlichen Organisation auch die objektiven Bedingungen für die Möglichkeit individueller Abweichungen zu analysieren. (Balet fällt dabei hinter den eigenen Anspruch zurück, wenn er etwa – in typischem Leichtsinn – formuliert: »Nichts entwickelt sich platt und planmäßig, wie es nach der obigen Schilderung den Anschein haben könnte, sondern alles ging mit Sprüngen und Stößen, mit unaufhörlichen Abweichungen nach links und rechts. Dafür war es eben ›Leben‹.«) Von der Annahme kontinuierlicher Impulse der ökonomischen und politischen Geschichte als kausalen Bedingungen der kulturellen Entwicklung kann also nicht wohl die Rede sein. Der Versuch des Nachweises eines kulturellen Systems eigener Entwicklungsdynamik mit einem sozialen Inhalt, der über Imponderabilien der Entstehung hinweg zwar den Prozeßcharakter, also die Zielgerichtetheit auch der kulturellen Entwicklung betont, doch den besonderen Charakter dieser Entwicklung des bürgerlichen Stils an die materialen und traditionsgebundenen Eigentümlichkeiten der Künste bindet, belegt vielmehr das Ungenügen an jenem Typus ›materialistischer‹ Forschung, die meint, ihr Wissenschaftsideal zu verfehlen, wenn sie das Bauernelend im 18. Jahrhundert mit den Liebesliedern der Anakreontik nicht innerhalb der Spanne eines Satzes in Zusammenhang bringen kann.

Besser als das »Dogma von durchgehender Kausalität« läßt sich schon der Einwand Brufords belegen, der das *analogisierende Verfahren* betrifft, wie es doch gleichwohl bemerkt zu werden verdient, daß Gleichnis, Metapher und Analogie in der Wissenschaft bürgerlichen Kritikern stets dann erst unangenehm auffallen, wenn sie begründeten Verdacht hegen müssen, daß die Intention jener Figuren darauf gerichtet ist, den Zusammenhang zwischen historischen Klassenkämpfen im ökonomischen und politischen Bereich mit kulturellen Formen herzustellen, diese also auf ihren sozialen Begriff zu bringen. Es scheint nun aber, daß jene Figuren nicht nur die heuristische Antizipation diskursiver Erkenntnis darstellen, sondern deren philologischer Darstellung durchaus wesentlich sind – wenn das Prinzip benannt werden kann, das jene Ähnlichkeit der Gegenstände begründet, auf die Gleichnis und Analogie aufmerksam machen. Es wäre zu bedenken, ob die Evidenz, die sich für jene rhetorischen Figuren gelegentlich herstellt, nicht ihren Gegenstand auch in der Sache haben könnte in dem Sinne, daß diese selbst: die Entwicklung der Künste einerseits, der Geschichte der Ökonomie und des sozialen Lebens andererseits sich in gewisser Weise analogisch vollzieht. Analogisch zunächst einmal aufgrund jener allgemeinen Bestimmungen, die Marx in den *Theorien über den Mehrwert* genannt hat: »Um den Zusammenhang zwischen der geistigen Produktion und der materiellen zu betrachten, (ist) vor allem nötig, die letztre selbst nicht als allgemeine Kategorie, sondern in bestimmter historischer Form zu fassen. Also z. B. der kapitalistischen Produktionsweise entspricht eine andere Form der geistigen Produktion als der mittelalterlichen Produktionsweise. Wird die materielle Produktion selbst nicht in ihrer spezifischen historischen Form gefaßt, so ist es unmöglich, das Bestimmende an ihr der ihr entsprechenden geistigen Produktion und die Wechselwirkung beider aufzufassen.«[1]

Analogisch aber nun doch nicht allein aufgrund derselben Produktionsbedingungen, wie sie sich durch die Durchsetzung kapita-

---

[1] Karl Marx, Theorien über den Mehrwert. MEW Bd. 26, 1, S. 256 f.

listischer Produktions- und Distributionsverhältnisse in allen Künsten gleicherweise, wenn auch phasenverschoben, durchsetzen, sondern auch aufgrund des historisch je dominierenden Wahrnehmungstypus, der für die intellektuelle, also auch ästhetische Aneignung der Wirklichkeit über einen großen historischen Zeitraum hinweg charakteristisch ist.[1] Balet hat so im Gleichnis die Emanzipation der menschlichen Plastik von der Architektur um die Mitte des Jahrhunderts gedeutet: »In der Plastik ereignete sich also genau dasselbe, was wir um diese Zeit im gesellschaftlichen Leben beobachten konnten.« »Der neue Stil, der sich ohne direkten bürgerlichen Einfluß, nur durch die allgemeine Verbürgerlichung des ganzen Lebens durchsetzte, bestand nun, kurz gesagt, darin, daß sich seit der Mitte des Jahrhunderts die menschliche Figur, die bislang eine der Architektur untergeordnete, rein dekorative Stellung einnahm, allmählich aus ihrer Unselbständigkeit erhob und selbständig wurde.« Haltung, Ausdruck und Gebärde, der Stil also der plastischen Kunst Nissls oder Messerschmidts werden in diesem Sinne deutbar, ohne daß primäre Impulse bürgerlicher Ideologie, ohne daß auch Reflexivität für diese Verbürgerlichungstendenzen des Stils charakteristisch wären. Das ist genauso sicher wie der Hinweis Balets auf den Stellenwert solcher Erscheinungen im historischen Prozeß evident ist. – Andere Beispiele ließen sich zitieren: die perspektivische Begrenztheit etwa der Naturwahrnehmung der Zeit, wie sie im Ideal des landschaftlichen Idylls und der rahmenden Strukturierung in der Gartenkunst, in der Ausschaltung der Diagonale zugunsten der Abgrenzung des Vordergrunds in der ganzen Breite der Bildebene, ihr Pendant hat.

Als Aufgabe, für deren Lösung Balet und Gerhard erst Hinweise geben, nicht schon Methoden vorschlagen, stellt sich demnach, nicht nachzuholen, was Bruford vermißt: die ›kausale Ableitung‹ einzelner kultureller Erscheinungen statt sie in der Tendenz der Verbürgerlichung zu analogisieren, sondern die Beschreibung jener Konstellation der bürgerlichen Kulturgesellschaft voranzutreiben, in der ein wichtiges Prinzip der inneren Strukturierung das der Wiederholung und damit auch des Gleichnisses und der Analogiebildung zu sein scheint. Eine Beschreibung, die sich in die Abgründe

---

[1] vgl. vom Verf.: *Über die Historizität der sinnlichen Wahrnehmung.* Als Vorbemerkung zu *Der ›subjektive Faktor‹ in Musils ›Törleß‹.* In: Neue Hefte für Philosophie 4, Göttingen 1973

der Spekulation über die Geschichte der Veränderung psychischer Strukturen und also auch solcher der sinnlichen Wahrnehmung bzw. intellektuellen Habitualisierung stürzen würde, wenn sie nicht einen Anhaltspunkt in der Geschichte jener Institutionen im engeren und weiteren Verstande fände, die als die gesellschaftlichen Instanzen der ideologischen Legitimation und mithin auch Selektion anzusehen sind, in denen sozialethische Normensysteme, regulative Mythen und habituelle Normierungen wie die Favorisierung bestimmter Wahrnehmungsformen Bestätigung oder Kritik erfahren.[1] Auf der Ebene dieser Instanzen, die den Stil der ideologischen Selbstdarstellung als die Parole der jeweils herrschenden Klasse ausgeben, erfocht die bürgerliche Klasse die ersten Siege ihres Emanzipationskampfes.

Dezidierter als Balet und Gerhard hätte also zwar ein neuer Versuch, die Kulturgeschichte der Kunst, Literatur und Musik des 18. Jahrhunderts zu schreiben, die Entwicklung und Funktionsgeschichte bürgerlicher Institutionen einzubeziehen. An das *Verbürgerlichungs*-Buch anzuknüpfen wäre gleichwohl als einem Versuch, das kulturelle Teilsystem in seinem Konstitutions-, Darstellungs- und Funktionszusammenhang mit der gesetzmäßigen Entwicklung der Gesamtgesellschaft darzustellen, wie er am Anfang des Bandes angekündigt ist.

---

[1] Der Band ›Aufklärung‹ der ›Erläuterungen zur deutschen Literatur‹ des Kollektivs für Literaturgeschichte (3. Aufl. Berlin 1971) verwendet für die Bezeichnung dieser Institutionen (im weitesten Sinne) den Terminus ›Literaturgesellschaft‹.

Editorische Notiz

Balet und Gerhard haben in der ersten Ausgabe ihres Buches 1936 auf ein detailliertes Inhaltsverzeichnis, auf Fußnoten, eine Bibliographie und ein Sach-, bzw. Personenregister – zum Teil ausdrücklich – verzichtet. Da die geringe Popularität des Werks wohl auch durch seine mangelhafte philologische Erschließung begründet ist, wurden für die Neuausgabe entsprechende Ergänzungen vorgenommen. Dabei wurde vorwiegend pragmatisch verfahren. – Das Inhaltsverzeichnis summiert die (ergänzten) Kolumnentitel; in der Kolumne wird in eckigen Klammern die Paginierung der Erstausgabe notiert, die Seitentrennung im Text erfolgt durch einen Schrägstrich; in den Fußnoten wurden in der Regel nur solche Quellen nachgewiesen, aus denen die Verfasser zitieren oder auf die sie sich ausführlich beziehen; die Bibliographie stellt die in den Fußnoten in Kurzform genannten Titel in ausführlicher Zitation zusammen.

Abweichend von ihrem sonstigen Verfahren haben Balet und Gerhard für die ökonomischen und sozialgeschichtlichen Passagen kaum Quellen-, bzw. Sekundärliteratur-Hinweise gegeben; die entsprechende Rubrik im Literaturverzeichnis wurde deshalb ergänzt. – Das Sachwortverzeichnis ist kein Schlagwortverzeichnis; es enthält also auch Lemmata, die im Text nicht vorkommen. Das Personenverzeichnis macht ein ausführlicheres Eingehen der Autoren durch kursive Seitenzahl kenntlich.

Druckfehler der ersten Ausgabe, Zitierfehler und bibliographische Irrtümer wurden, wenn möglich, stillschweigend berichtigt.

Der Herausgeber dankt Andreas Catsch, dem Editor dieser Reihe, für seine stets freundlich gewährte Hilfe bei allen technischen Problemen. G. M.

Leo Balet/E. Gerhard

Die Verbürgerlichung der deutschen Kunst, Literatur und Musik im 18. Jahrhundert

Meiner lieben
Käte Balet

Vorwort

Das vorliegende Werk befaßt sich mit der Stilwandlung, die sich um die Mitte des 18. Jahrhunderts in Deutschland vollzog.

Die Analyse des historischen Materials, die der Synthese voranging, festigte immer mehr unsere Überzeugung, daß das Kunstgeschehen *kein* selbständiger Prozeß ist, sondern nur ein Teil des großen, einheitlichen, das ganze Leben umfassenden Geschehens.

Wir folgerten daraus, daß wir zur Verständlichung der Stilwandlung von der *Totalität* des Geschehens auszugehen hatten; und zweitens daß unsere Erkenntnismethode nur eine *dialektische* sein konnte.

Es erscheint uns hier nicht der Ort zu einer näheren philosophischen Begründung unserer Abweichung von der »Einzelwissenschafts«form und der »einzelwissenschaftlichen«, sogenannten exakten Methode. An Hand der Ergebnisse, zu denen wir gelangten – es konnte zum Beispiel zum erstenmal Einheit gebracht werden in die verwirrende Fülle von Einzel-Erscheinungen sowohl der feudalen ersten, als der bürgerlichen zweiten Hälfte des 18. Jahrhunderts – möge der Leser entscheiden, ob der von uns eingeschlagene Weg der richtige war.

Die Zusammenarbeit der beiden Verfasser gestaltete sich folgendermaßen.

Die Synthese der Kunst- und Kulturerscheinungen des 18. Jahrhunderts, wie sie sich nach und nach aus den historischen Tatsachen ergab, ist von Balet.

Nachdem die Synthese feststand, arbeitete Gerhard die musikhistorischen Abschnitte aus./

Die Ausarbeitung der übrigen Abschnitte übernahm Balet, nachdem zwei weitere Fachgelehrte durch äußere Verhältnisse gezwungen waren auszuscheiden, noch bevor ihre Mitarbeit, die einstweilen nur informatorischer Art gewesen, sich aktiv hätte gestalten können. Bemühungen, das Kollektiv wieder auf die ursprüngliche Stärke zu bringen, waren umsonst.

Selbstverständlich fanden in der jahrelangen, engen Zusammenarbeit von Balet und Gerhard Überschneidungen statt. So wurde z. B. der Abschnitt »Lyrik«, wegen der häufigen Vertonungen im 18. Jahrhundert, von Gerhard behandelt, der Abschnitt »Sonatenform«, einschließlich der neuen Auffassung des Wesens der Sonate, ist dafür wieder von Balet. Kleinere gegenseitige Ergänzungen sind nicht erwähnenswert.

Dem Buch wurde kein Register beigegeben, und zwar aus folgendem Grunde.

Wir bringen kein neues Material, nur alt bekanntes und längst veröffentlichtes. Und das vorhandene Material wird weder einer neuen kritischen Prüfung noch einer neuen systematischen oder chronologischen Ordnung unterzogen. In diesen Fällen wäre ein Register oder wenigstens ein detailliertes Inhaltsverzeichnis unerläßlich gewesen.

Für uns hat sich das Hauptgewicht verschoben von den *Tatsachen* auf die *Zusammenhänge* der Tatsachen unter sich und auf die mit der Gesamtheit. Ein Register würde also aufs neue die Vereinzelung herstellen, die wir gerade aufheben wollen.[1]

Allen, die unsere Arbeit förderten, sprechen wir hiermit unseren herzlichen Dank aus./

---

[1] Siehe hierzu die editorische Notiz des Herausgebers (S. XXX).

I. Der Aufstieg des Bürgertums

Die materiellen und die sich daraus ergebenden sozialen Verhältnisse des 18. Jahrhunderts können uns erst dann verständlich werden, wenn wir auf die früheren Verhältnisse zurückgreifen, aus denen sie entstanden sind.

Im frühen Mittelalter herrschte in Deutschland die sogenannte feudale Produktionsweise: Gebrauchswirtschaft im Rahmen der Markgenossenschaft. Es wurde nur das produziert, was man, und soviel, wie man für den eigenen Gebrauch, für den der Gemeinschaft und den des Fronherrn nötig hatte.

Der einzige Handel bestand damals mit Italien. Dieser Kleinhandel hauptsächlich mit Luxusartikeln wie Seidenstoffen, Schmucksachen usw. hatte auch nach dem Untergang des römischen Reiches in Deutschland nie aufgehört. Er hatte aber im frühen Mittelalter so wenig Bedeutung, daß er keine Änderungen in der feudalen Produktionsweise hervorrufen konnte.

Im Laufe der Zeit aber dehnte sich dieser italienische Handel immer mehr aus. Es wurden in der Nähe der Höfe, Pfalzen, Bischofssitze, an den Kreuzpunkten der großen Handelswege und an den geographisch günstig gelegenen Häfen Warenlager errichtet, und es erwies sich bald als notwendig, diese Lager gegen räuberische Überfälle, besonders der Normannen und Ungarn, zu schützen. Man befestigte sie.

So entstanden im 8. Jahrhundert in Deutschland aus den Märkten, wo die Kaufleute (Italiener und Juden) sich trafen um ihre Waren auszutauschen, die Städte. Die Produktionsweise der Städte blieb anfänglich noch die alte markgenossenschaftliche mit gemeinschaftlicher Weide, Wald, Wasser und Weg, und die Stadt blieb ebenfalls nach wie vor unter der Oberhoheit der Fronherren, bis die Kämpfe um ihre politische Selbständigkeit anfingen./

Inzwischen hatten sich in der Gebrauchswirtschaft die ersten Anzeichen einer beginnenden Umwälzung bemerkbar gemacht. An den Fronhöfen hatte eine Arbeitsteilung stattgefunden. Je nach ihrer Geschicklichkeit wurden einzelne Hörige mit der ausschließlichen Ausübung eines Handwerks betraut. Die Handwerker fingen bald an mehr zu produzieren, als für den eigenen Gebrauch notwendig war, mit dem Zweck, das Überzählige zu verwenden, um dafür Dinge einzuhandeln, die auf dem eigenen Fronhof nicht hergestellt wurden, meistens nicht hergestellt werden konnten, weil das

Rohmaterial fehlte oder weil man die Technik garnicht oder nicht so gut beherrschte.

Aus der ursprünglichen reinen Gebrauchswirtschaft entstand auf diese Weise nach und nach zunächst eine Art Kundenwirtschaft, dann eine noch recht primitive Warenwirtschaft, die sich auf dem einmal eingeschlagenen Wege von selbst immer weiter entfaltete.

Eine der ersten Folgen dieser neuen Wirtschaftsform war der bald darauf überall einsetzende Zug der besseren Handwerker nach der Stadt. Sie entflohen der Hörigkeit ihrer Fronhöfe und der Markgenossenschaft, da sie als freie Warenproduzenten in den Handelszentren größere Möglichkeiten als auf dem Lande zu haben glaubten. Das Handwerk wurde nach und nach städtisch. Diese fremden zugezogenen Handwerker waren aber in den städtischen Markgenossenschaften politisch rechtlos. Die für sie daraus entstehenden Unannehmlichkeiten veranlaßten sie, sich mit den ansässigen städtischen Handwerkern, die sich ebenfalls freimachten, zusammenzuschließen und sich zu organisieren. So entstanden im 12. und 13. Jahrhundert überall die Zünfte, als Gegengewicht zu den »Geschlechtern«, die als ehemalige Bauernkommunisten zu städtischen Patriziern geworden waren.

Der Landadel, der nach und nach seine Handwerker verloren hatte, kaufte die benötigten handwerklichen Erzeugnisse von jetzt ab in der Stadt, die Stadt bezog die ihr fehlenden Lebensmittel vom Lande.

Die neue Warenwirtschaft dehnte sich im Laufe des Mittelalters immer mehr aus. Die Absatzgebiete erweiterten sich, bis es endlich soweit kam, daß der Handwerker, der bis jetzt zugleich der Produzent und der Verkäufer seiner Waren/gewesen war, die ganze Arbeit, namentlich den Besuch der vielen Messen, nicht mehr bewältigen konnte. Eine Arbeitsteilung erwies sich als unumgänglich. Zwischen den Produzenten und den Konsumenten schaltete sich der Kaufmann ein.

Von jetzt ab konnte sich der deutsche Auslands- und Seehandel (hauptsächlich mit Bergbauprodukten und Wollwaren) eine Zeitlang weiterentwickeln, bis eine neue Stagnation dadurch eintrat, daß das häufig nur über geringe Mittel verfügende und verhältnismäßig kleine und wenig expansive Handwerk mit dem ständig wachsenden Handel nicht mehr Schritt zu halten vermochte. Die Produktion mußte aber gesteigert werden, damit der Handel nicht ins Stocken geriet. Man überwand in Deutschland seit dem 15. Jahrhundert diese neue Schwierigkeit durch die Gründung von Verlagen, seit der Mitte des 16. Jahrhunderts auch von Manufakturen, die vorläufig jeder Ausbreitung und somit jeder Nachfrage gewachsen waren, die Zünfte aber von jetzt ab immer mehr zurückdrängten.

Der Verleger beschäftigte Heimarbeiter, die noch mit ihren eigenen Produktionsmitteln (Werkzeugen, Webstühlen usw.) das vom Verleger gelieferte Rohmaterial oder das mit dem vom Verleger »vorgelegten« Gelde gekaufte Rohmaterial verarbeiteten.

Der Manufakturier beschäftigte Arbeiter in Werkstätten, die samt dem Rohmaterial und den Produktionsmitteln sein Eigentum waren.

So sah es in Deutschland im 15. und 16. Jahrhundert aus. Die neuzeitliche Warenwirtschaft hatte in den meisten Gebieten die mittelalterliche Produktionsweise vollständig verdrängt, der Grundbesitz hatte sein ursprüngliches Übergewicht im Wirtschaftsleben verloren, das Kaufmannskapital herrschte.

Das ganze materielle und geistige Leben zentrierte sich in den Städten, die sich, je nachdem es die sehr differenzierten Handelsinteressen erforderten, zu größeren kommerziellen Einheiten zusammenschlossen, die sich unter Einschluß der Landgebiete bald zu festgefügten Territorien ausweiteten, oder, wenn keine gemeinschaftlichen Handelsinteressen vorlagen, – wie es in einzelnen Gegenden Deutschlands um diese Zeit noch vielfach der Fall war – in ihren mittelalterlichen Grenzen verharrten. Der deutsche Partikularismus hielt sich bis zur/Zeit Napoleons. Es gab zu Anfang des 19. Jahrhunderts in Deutschland noch 360 ganz souveräne und über 1500 halbsouveräne staatliche Gebilde. Das kleinste war wahrscheinlich wohl die Burgschaft Rheineck, der Herr Burggraf gebot im 18. Jahrhundert über »zwölf Unterthanen und einen Juden«. Die zwei größten Komplexe waren damals Preußen und die österreichischen Erblande. Preußen hatte sich mit Brandenburg, Mecklenburg, Pommern und Schlesien zusammengetan, um einen Schutzwall gegen das drohende Slawentum zu bilden. Die österreichischen Erblande waren durch die Türkengefahr fest zusammengeschmiedet.

Das Heilige Deutsche Reich bot schon im 16. Jahrhundert keine Gewähr für eine Einheit. Im 18. Jahrhundert war es hoffnungslos verfallen.

Der Auslandshandel, der nach und nach eine Reihe von Arbeitsleistungen in Handwerker, Kaufleute, Schiffsbauer, Reeder, Verleger, Manufakturiers notwendig gemacht hatte, nahm bald einen solchen Umfang an, daß eine weitere Arbeitsteilung erfolgen mußte. Nachdem sich die Kaufleute bereits früher auf ihren Reisen zusammenschließen mußten, um sich gegen Überfälle zu sichern und zuletzt sogar diese Handelszüge durch besonders zu diesem Zweck gemietete private Kriegsknechte begleiten ließen, stellte es sich bald heraus, daß auch dieser Schutz noch nicht genügte. Die Kaufleute brauchten eine separate Organisation gegen die Elemente im Inlande, die sich den neuen ökonomischen Verhältnissen entgegenstellten und sie zu schädigen suchten. Zu diesen gehörte der kleine Landadel, der durch die veränderte Produktionsweise sehr heruntergekommen war und sich als Wegelagerer Nebenverdienst zu schaffen suchte, und das Lumpenproletariat, das sich aus verarmten Bauern, entlassenen Landsknechten, weggelaufenen Mönchen usw. zusammensetzte. Der Handel brauchte noch viel mehr Schutz nach außen gegen die mächtigen ausländischen Kaufleute, denen infolge der wachsenden Konkurrenz jedes Mittel recht war, um ihre Profite zu machen und ihre Konkurrenten vom Markte zu verdrängen, zu bestehlen und zu begaunern. Das 16. Jahrhundert war z. B. die Glanzzeit der Seeräuberei, die für manchen Staat die Hauptquelle seiner Einnahmen bildete.

Das Nächstliegende war, daß der Staat den Schutz des Handels übernahm. Das machte eine Reihe von Gesetzen, die landesherrlichen Gerichtsordnungen, sog. Landrechte, die Landesordnungen und territorialen Polizeiordnungen notwendig. So war der Staat im Stande, rücksichtslos je nach Bedarf, Zölle zu erheben, sich gegen die Konfiskationen von Schiffen und Waren anderer Territorien zu sichern, die überall stattfindenden Stapelkämpfe zu bestehen und sich durch Handelssperren gegen die ausländische Konkurrenz zu wehren. Zur Durchführung der Handelspolitik mußte der Staat, der hinter dem Handel stand, möglichst stark sein. Er brauchte also vor allem ein kräftiges Heer, das zu jeder Zeit bereit stand daraufloszuschlagen. Der Heerführer war in Deutschland von jeher der Landesfürst gewesen, er übernahm also auch jetzt die Führung. Und damit er sich überall unbedingte Geltung verschaffen konnte, übertrug man ihm alle übrige Gewalt. In der Person des Fürsten vereinigten sich im 16. Jahrhundert die höchsten uneingeschränkten legislativen, administrativen und feuderativen Befugnisse. So schuf sich der Handel aus der mittelalterlichen »Libertät« der Fürsten den fürstlichen *Absolutismus*.

Im 15. Jahrhundert war Deutschland ein reiches Land, besonders durch seine Bergwerke. »Die Deutschen sind die reichste Nation«, schrieb 1458 Aeneas Sylvius, der spätere Papst Pius II, »da ihr grösster Teil, lüstern nach Handelsprofiten, weithin alle Länder durchstreift .... Und dann bedenke man die Gold- und Silberadern, die, früher unbekannt, bei Euch entdeckt wurden .... Wo gibt es bei Euch ein Wirtshaus, wo man nicht aus Silber tränke? Welches Weib, nicht bloss unter den Edlen, sondern auch unter den Plebejern, glänzt nicht von Gold? Soll ich hinweisen auf die Halsketten der Ritter und die aus reinstem Golde gewirkten Zügel der Pferde, auf die Sporen und Schwertscheiden, die mit Edelsteinen besät sind, auf die Fingerringe und Wehrgehänge, die Panzer und Helme, die von Gold funkeln? Und wie prächtig sind die Geräte der Kirchen, wieviele Reliquien finden wir da mit Perlen und Gold eingerahmt, wie reich ist der Schmuck der Altäre und der Priester.«[1]

Im 16. Jahrhundert, als der Überseehandel sich vom Mittelmeer nach dem atlantischen Ozean verlegte und neue unermeßlich reiche Länder entdeckt wurden, blieb Deutschland/hinter den Seeländern Portugal, Spanien, Frankreich, England und Holland zurück. Diese bereits fest in sich geschlossenen und geographisch günstig gelegenen Staaten hatten das Kolonialreich in verhältnismäßig kurzer Zeit unter sich aufgeteilt. Die Hanseaten wurden aus ihren Stellungen gedrängt. Wo die Holländer nicht ihre »Lieger«, d. h. Geschäftsführer eingesetzt hatten, da seufzten die Hansestädte unter englischer Schildknechtschaft. Die auswärtigen Mächte konnten die Hanse umso leichter zurückdrängen, da sich die einzelnen Hansestädte wegen ihrer Verbreitung über eine zu große Anzahl von Territorien nicht zusammenschließen konnten, sondern selbständig blieben und infolgedessen konkurrenzunfähig wurden. Deutschland war von Holland durch dessen starke Stellung auf dem Rhein und in der Ostsee geschäftsabhängig geworden. Holland war außerdem der Hauptabnehmer der deutschen Rohprodukte und Lieferant der indischen Gewürze und nahm infolgedessen eine gewisse Monopolstellung gegenüber Deutschland ein. Die vollkommene Abhängigkeit Deutschlands von dem holländischen Geld- und Münzmarkt verschärfte Deutschlands Lage noch viel

---

[1] Aeneas Silvius Piccolomini, Pius II.: Geschichte Friedrichs III. In: Geschichtsschreiber der deutschen Vorzeit 90 (1891). Vgl. auch G. Meusel, Aeneas Silvio als Publizist. 1905

mehr. Der hanseatische Handel wurde auf den Märkten der Holländer durch Differentialzölle vollständig zugrunde gerichtet, Schiffskonfiskationen und andere Gewaltmaßnahmen der Holländer und Engländer legten den deutschen Handel nach Spanien und Portugal lahm. Der Rhein stand unter französischer, englischer und spanischer Oberhoheit, auf der Weser und der Oder herrschte Schweden, auf der Elbe Dänemark und auf der Weichsel Polen. Durch den Sundzoll, durch Elbzölle und durch seine Kompagnien war Dänemark bestrebt, die deutsche Schiffahrt, Fischerei und den ganzen deutschen Handel kaputtzumachen. In Bezug auf Industrie- und Kunstprodukte war Deutschland wieder von Frankreich abhängig. Die deutschen Märkte wurden außerdem mit englischen Tuchen überschwemmt. Die italienische, flämische und englische Industrie drängte die deutsche vollkommen in den Hintergrund.

Die bereits stagnierende Entwicklung Deutschlands wurde im 17. Jahrhundert vollends unterbrochen durch den Dreißigjährigen Krieg, von dessen Verheerungen wir uns heutzutage kaum noch einen Begriff machen können.

Die aus dem Jahre 1640 datierte Schrift »Actäon Germanicus/ das ist ein Abbildt wie elendt, erbärmlich das Heylig Römisch Reich .... zerrissen, zerstückt und zertrennt wird« schildert den Zustand folgendermaßen: »Ich will nit melden, dass durch unser unsinnig Wütten und Toben nit mehr der dritte Theil an Menschen vbrig ist, dass man auf viel Meil weder Viech noch Mensch antrifft, die noch stehenden Dörffer öd, lähr und wüst liegen und Inwohner in Wildnussen wie das unvernünftige Viech sich aufhalten und in Mangelung menschlicher Nahrung unmenschliche Speisen zu brauchen gezwungen werden.«

Nach dem Krieg ging es jedoch in Deutschland in schnellem Tempo aufwärts.

Der Staat, der den Schutz des freien Handels übernommen hatte, und dessen Befugnisse zu diesem Zwecke bis zum Absolutismus ausgedehnt waren, übte die ihm vom Handel übertragene Allgewalt auch auf den Handel selbst aus. Er fing im 17. Jahrhundert an, den Handel bis ins kleinste zu reglementieren, und zwar in die Richtung, daß die Privatinteressen der Industriellen und Kaufleute dem Staatsinteresse vollkommen untergeordnet und dienstbar gemacht wurden. Diese absolutistische Handelspolitik wurde mit dem Begriff *Merkantilismus* bezeichnet. Da damals der Staat der Fürst selbst und nur der Fürst war, bedeutete Merkantilismus nichts anderes als eine herzhafte Ausbeutung des ökonomischen Lebens einzig und allein zum Profit der Gewalthaber. Die Tatsache, daß dieses Wirtschaftssystem nebenbei auch den Untertanen zugute kam, kann uns über seinen Hauptzweck nicht hinwegtäuschen, die Selbstbereicherung der Füsten war nämlich ohne gleichzeitige Bereicherung einer Gruppe von Untertanen überhaupt nicht möglich. Der Merkantilismus war also in seinem Wesen eine Zweiheit von Neuzeit und Mittelalter. Neuzeit, insofern die frühere Einnahmequelle der großen Herren, der Grundbesitz, für ihre gesteigerten Ansprüche nicht im entferntesten mehr ausreichte und an ihre Stelle die Ausbeutung des Handels und der Industrie getreten war; Mittelalter, insofern der Landesfürst nach alter Gepflogenheit von der Arbeit seiner Untertanen lebte, ohne selbst zu arbeiten und ohne eigenes Risiko. Die Gegenleistung, die er übernommen, der Schutz des Handels, kam im großen und ganzen darauf hinaus,/daß im 18. Jahrhundert im Kriegsfall die Untertanen selbst ihre Haut zu Markte tragen und den ganzen Spaß aus ihrer eigenen Tasche bezahlen durften.

Die merkantilistischen Maßnahmen des absolutistischen Staats, beziehungsweise der Fürsten, bezogen sich auf die Förderung der Industrie und die Förderung des Handels.

Hier fangen die Schwierigkeiten für uns schon an, denn es gibt bis zum heutigen Tage noch keine deutsche Wirtschaftsgeschichte des 18. Jahrhunderts, die es uns ermöglicht, mit wenigem statistischen Material eine Übersicht über die Entwicklung von Handel und Industrie zu bringen. Wir werden uns also mit den recht lückenhaften, in einer Unzahl von Werken verstreuten Angaben behelfen müssen.

Auf dem Gebiete der *Industrie* war das erste, was dem Staate oblag, den bereits vorhandenen Verlagen und Manufakturen seine angelegentlichste Sorge angedeihen zu lassen.

Friedrich Wilhelm I. hatte in seinem politischen Testament von 1722 die preußische Handelspolitik genau umschrieben: der Zweck der Politik sei Stärkung der Staatsgewalt nach innen und außen, das heißt also Stärkung der persönlichen Macht des Königs. Das ließe sich nicht ohne eine starke Armee und eine zentralisierte Verwaltung erreichen. Dazu brauche man jedoch viel Geld. Um dieses zusammenzutreiben müsse man die steuerzahlende Bevölkerung vermehren und die Pflege der Manufakturen fördern: »Wenn das Land gut peupliret ist, das ist der rechte Reichtum.« Sein Nachfolger solle Manufakturen gründen, »alsdann werdet Ihr sehen, wie Eure Revenuen zunehmen werden und Eure Lande in florissanten Stande kommen.« – »Die Refugiés hatten unsere Nation capable gemachet zu Manufacturen.« »Ergo Manufacturen im Lande ein recht Bergwerk geheissen werden kann«. »Ein Land sonder Manufacturen ist ein menschlicher Körper sonder Leben, ergo ein todtes Land, das beständig power und elendig ist und nicht zum Flor seine Tage nicht gelangen kann. Derowegen bitte ich Euch, mein lieber Successor, conserviret die Manufacturen, protegiret sie und pflanzet sie fort und fort, breitet sie weiter in Eure Lande aus.«[1]

Friedrich II. befolgte diesen Rat. In seiner Instruktion vom 27. Juni 1740 für den neu ernannten Minister des neuen/fünften, des Commercien- und Manufakturdepartements von Marschall, heißt es: »Die Woll- und Leinenfabriken der k. Lande zu heben, dann aber soviel als möglich die fehlenden Manufacturen ins Leben zu rufen, da itzo alle auswärtigen Staaten und fast die ganze Welt sich auf Manufacturen befleissigen.«[2]

Die Fürsten hatten es aber nicht immer leicht. So hören wir in der »Leipziger Sammlung«, die 1745 von Zinken herausgegeben wurde, einen Kameralisten darüber klagen, »dass der Plebs von seiner alten Leyer nicht abgehe, bis man ihn bei Nase und Arme zu seinem Vortheil hinschleppe.«

Als fehlende Industrien bezeichnete Friedrich II. die der französischen Gold- und Silberétoffes, der seidenen Zeuge, der von Kanevas, rohen Zitzen und Nesseltuch, von feinen Papieren, Zucker usw.

Die bestehenden Verlage und Manufakturen wurden beständig kontrolliert, und man setzte alles daran sie zu vergrößern. »Allen Erfindungen wurde durch Privilegium und Protektion zu Hilfe gekommen, des Königs Kasse stand gleichsam an Märkten und Landstrassen und harrte derer, denen nur irgendeine Erfindung zu

---

[1] s. F. Förster, Friedrich Wilhelm I., König von Preußen. 3 Bde. (mit Urkundenband), Potsdam 1834
[2] Acta Borussica, Denkmäler der preußischen Staatsverwaltung im 18. Jahrhundert. Hg. Preußische Akademie der Wissenschaften, Berlin 1892–1931

Gebote stand, um sie zu belohnen«, versichert uns Heinrich Laube.[1]

In der zweiten Hälfte des 18. Jahrhunderts hatten dann auch viele Verlage und Manufakturen eine beträchtliche Ausdehnung erreicht. Im Sächsischen Voigtlande stieg nach einem Bericht (1783) eines Dr. Ackermann über die Krankheiten der Handwerker die Zahl der Weber innerhalb 30 Jahren von 2–3 000 auf 12 000. In Schlesien wurde 1725 in 287 Ortschaften Leinen gewebt. Zu Ende des Jahrhunderts war die Zahl der Weberfamilien auf 30 000, die der Spinner auf 500 000 hinaufgegangen. Die Firma von Leyen beschäftigte in den 60er Jahren im Krefelder Industriebezirk 200 Bandmühlen mit 1 000 und 500 Webstühle mit 1 500 Arbeitern. Die Wollwaren hatten 1784 in Aachen einen Wert von 5$^1/_2$ Millionen Francs. In Elberfeld-Barmen arbeiteten 1767 1 500 Webstühle auf Siamosen mit 18 000 Spinnern, Spulern und Webern, 2000 Webstühle auf Leinenzeug mit 8 000, 2 000 Bandstühle mit 6 000 Arbeitern. Außerdem gab es noch dort 600 Bleichereiarbeiter, 200 Färberknechte, 500 Fabrikbediente und 600 Floretspinner und Wirker. Die kaiserliche Wollfabrik in Linz beschäftigte in/den siebziger Jahren 26 000 Personen, in Plauen gab es eine Kattundruckerei mit 1 185 Arbeitern usw. usw.

Friedrich II. unterstützte seine 58 Wollmagazine mit 132 029 Talern. In der Mark Brandenburg verwendete der Staat nach Krug von 1740–1786 zur Anlegung und Unterstützung von »Fabriken« 2 244 715 Reichstaler, die den Seidenzeug- und Flormanufakturen, den Kattun-, Manchester-, Kanevas- und Barchentmanufakturen, den Manufakturen in Luckenwalde, der Uhrenfabrikation in Berlin und Friedrichstal zukamen.

Besonders die Seidenmanufakturen wurden von Friedrich II. gefördert. Aus Hamburg, Leipzig, Dresden, Amsterdam und vor allem aus Lyon ließ er etwa 100 Kolonistenfamilien einwandern. Die Insassen des Potsdamer Waisenhauses wurden zu Lehrlingen in Seidewebereien ausgebildet. David Hirsch in Potsdam beschäftigte um 1750 140–150 Stühle, der Hoflieferant Christian F. Blume etwa ebensoviele, 1754–1756 waren in Berlin und Potsdam 1050 Stühle eingerichtet, davon 400–500 für Samt- und Seidenstoffe. Um diese Industrie zu fördern, verbot der König die Samteinfuhr, hob die Akzise für Rohseideneinfuhr auf und belegte Seidenwaren mit

---

[1] Heinrich Laube, Gesammelte Werke in 50 Bdn., Hg. H. H. Houden, Leipzig 1908–09 (Bd. 50: Register)

einem Schutzzoll von 18–25% (1754–1755). Strenge Maßnahmen ergriff er gegen den Schmuggel. 1756 wurde die Einfuhr von Seidenwaren vollständig verboten. Die Händler wurden gezwungen, nur einheimische Waren zu kaufen und zu verkaufen. Außerdem zahlte der König 4–8% Exportprämien, die 1756 in Stuhlgelder verwandelt wurden. Für jeden regelmäßig beschäftigten Stuhl wurden jährlich 25 Reichstaler bezahlt. An sogenannten Stuhl-, Douceur- und Prämiengeldern wurden in der Zeit von 1740–1786 1 140 000 Reichstaler verausgabt. An Pensions- und Mietsgeldern flossen französischen und anderen Fabrikanten in derselben Zeit 242 000 Reichstaler zu. Den Fabrikanten wurden Häuser, Stühle, Vorschüsse, den neuen Arbeitern Reisegelder und Pensionen zugewiesen. Um den Einkauf des Rohmaterials zu erleichtern wurde 1749 ein staatliches Seidenmagazin mit einem Betriebskapital von 55 000 Reichstalern gegründet. Der König, sein Minister Marschall und der Kaufmann Gotzkowsky (Friedrichs II. rechte Hand für die Seidenindustrie) taten weiter alles Mögliche, um diese Industrie zu fördern. 1766 gab es bereits 1 450 Stühle, 1780 3 852, 1796 6 061 Stühle. Die Jahresproduktion betrug in/diesem Jahr rund 4,6 Millionen Taler, wovon 25% ins Ausland gingen.

Durch den gesteigerten Luxus des Hoflebens bekam besonders die Luxusindustrie großen Auftrieb. Die Fürsten wurden auch bald selbst Unternehmer: die Staatsmanufakturen, die Staatsbanken waren ihre Privatgeschäfte. So hatte z. B. jeder Fürst seine Porzellan- oder wenigstens seine Fayencemanufaktur. Die wichtigsten Porzellanfabriken waren: Meißen 1710, Wien 1718, Höchst 1746, Nymphenburg 1747, Berlin 1751, Ludwigsburg 1756.

Alles wurde versucht, sogar das Unmögliche. Zum Beispiel: um für die neugegründete Seidenmanufaktur nicht den teuren Rohstoff aus dem Auslande beziehen zu müssen, pflanzte man in Preußen in großem Umfange Maulbeerbäume an und trieb eine ausgiebige Seidenwürmerzucht. 1785 betrug der Reinertrag an Rohseide 17 000 Pfund.

Wo die inländischen Kräfte nicht ausreichten, wurden fremde herangezogen. Besonders die französischen Flüchtlinge wurden überall in Deutschland zur Gründung von Manufactures réunies begünstigt. In Magdeburg beschäftigten schon 1687 zwei französische Fabrikanten eine Wollstoffmanufaktur mit 100 Arbeitern an Webstühlen und 400 Spinnerinnen. Bereits 1690 hatten Wallonen und Franzosen in der Mark nicht weniger als 43 Arten neuer

Gewerbe eingeführt. Besonders in der Luxusindustrie leisteten die Refugiés Außergewöhnliches. Die Fabrikation von Seidenstoffen, Handschuhen, Hüten, Luxusseifen, Glas, Spiegeln, usw. lag vielfach in französischen Händen.

Ein weiteres Mittel zur Steigerung der Produktion war wie immer und überall der Versuch, aus den Arbeitskräften herauszuschinden, was nur herauszuschinden war. Zu diesem Zweck wurden die täglichen Arbeitsstunden auf staatliche Anordnung um ein Beträchtliches verlängert und die vielen Fest- und Feiertage bis auf wenige eingeschränkt.

Die Hauptaufgabe des Staates war die Heranschaffung von geeigneten Arbeitskräften für die ständige Vergrößerung der bestehenden und die Gründung von neuen Manufakturen. Nach dem Dreißigjährigen Kriege war die Bevölkerung Deutschlands auf die Hälfte zurückgegangen. Eine weitere Verminderung erfolgte durch die Wirkung des schwedisch-polnischen/Krieges, den Tatareneinfall in Ostpreußen, die Pestjahre und die Hungersnot infolge der Fischsterbejahre. Die einzigen großen zur Verfügung stehenden Arbeiterreservoirs waren die Zünfte und die Landwirtschaft. Bei der Behandlung der Auswirkungen des Merkantilismus auf diese älteren Produktionszweige werden wir sehen, wie sehr diese in Mitleidenschaft gezogen wurden, wie das Aufleben der Industrie nur auf Kosten des Handwerks und der Landwirtschaft möglich war.

Da die beiden Reservoirs nicht unerschöpflich waren, mußte der Staat es auch als seine Aufgabe betrachten, alles Mögliche zur Vermehrung der Bevölkerungszahl zu tun. Friedrich Wilhelm I. hatte bereits erklärt: »Menschen halte ich vor den grössten Reichtum«. Er suchte neue Arbeiter, Handwerker, Industrielle, Bauern, Gärtner, Spinner und Tagelöhner ins Land zu ziehen. Im weiteren Verlauf des 18. Jahrhunderts förderte der Staat zur Vermehrung der Bevölkerungszahl das eheliche Leben durch Hagestolzensteuer, Belohnung des Kinderreichtums und Unterstützung Jungverheirateter. Er sorgte für eine gesicherte Existenz der Bürger durch Förderung der Gewerbekultur; es wurden Gewerbeschulen errichtet, fremde Lehrer engagiert und auch eine Reihe von sozialen Maßnahmen getroffen, allerdings noch recht primitiver Art. Alles nicht in einer Anwandlung landesväterlichen Wohlwollens, sondern aus reinstem Geschäftsinteresse und aus kältester Berechnung.

Neben der Förderung der Industrie bezogen sich die merkantilistischen Maßnahmen der Fürsten auf den *Handel*. Wie bei der Industrie begünstigte der Staat zur Steigerung seiner eigenen Profite alles, was dem Handel und dem Export dienlich war.

Der Merkantilismus ging von dem Grundgedanken aus, daß die Machtsteigerung eines Landes von der Vermehrung der Bargeldmengen abhängig sei. So führte man die Machtstellung Spaniens und Portugals im 16., sowie Hollands und Englands im 17. Jahrhundert auf die Anhäufung von Edelmetallen in den betreffenden Ländern zurück. Wo keine Gold- und Silberminen von Bedeutung im Lande selbst oder in eigenen Kolonialgebieten vorhanden waren, versuchte man durch die Steigerung des ausländischen Handels möglichst viel Geld ins Land zu bringen. Die staatliche Zoll- und Handels-/politik erstrebte deshalb vor allem eine aktive Handelsbilanz. Zu diesem Zweck wurde die Einführung von fertigen Produkten erschwert oder sogar ganz verboten. »Ich prohibire soviel ich kann«, war Friedrichs II. Grundsatz, »weil dies das einzige Mittel ist, dass meine Untertanen sich dasjenige selbst machen, was sie nicht anderswoher bekommen können.« Gefördert wurde dagegen die Einfuhr von Rohstoffen, wenn diese wieder als Fertigwaren exportiert werden konnten. Der Idealzustand war, die Rohstoffe im eigenen Lande zu erzeugen und zu verarbeiten.

Der Staat gewährte Handelserleichterungen und sorgte für prompte und billige Justiz, was nichts an der Tatsache ändert, daß die ganze deutsche Justiz während des absolutistischen Zeitalters eine willkürliche Kabinettsjustiz war, und daß die Richterämter, wie die übrigen Ämter fast überall käuflich waren. Messen, Märkte und Verkaufsmagazine entstanden überall in großer Zahl, die Verkehrswege und Verkehrsmittel wurden verbessert, Bankgründungen gefördert, das Münzsystem in Stand gesetzt, Erlässe von Zinstaxen und Wuchergesetze wurden proklamiert um das Geld zu verbilligen, Prämien, Vorschüsse und Steuernachlässe gewährt, Handelsverträge abgeschlossen und neue Handelskompagnien gegründet. Zur Erhöhung des Profits begünstigte der Staat die nationale Schiffahrt und entzog fremden Kaufleuten und Schiffen den Austausch der eigenen Landesprodukte.

Das Unmöglichste auf diesem Gebiet wurde in Brandenburg versucht, das im 17. Jahrhundert überhaupt keine Häfen besaß und trotzdem Kolonialpolitik größten Stils treiben wollte. Der Kurfürst Friedrich Wilhelm (1640–1688) gründete eine Brandenburgisch-

Afrikanische Kompagnie. Der Sklavenhandel, der ihm einen durchschnittlichen Gewinn von 85% brachte, war aber wohl kaum »zur Ausbreitung des Heiligen Evangelii in frembden und weit abgelegenen Landen« bestimmt, wie es in den Kurfürstlichen Instruktionen vom 24.IX.1650 hieß, um fromme Leute dazu zu bringen ihr Geld in ein so »gottgefälliges« Unternehmen zu stecken.[1] Die wirklichen Motive der damaligen Staatspolitik hat Decker in seiner Satire »Das Lob der Geld-Sucht« ehrlicher angegeben:/

> Der fromme Aristid
> Verwarff gleich einen Raht, dadurch ihm einer rieht
> Was ihm mehr Fortheilhafft als Recht und Billig schiene:
> Heut aber machet man weit eine andere Miene,
> Und was verhehl' ich's auch? Das Lock-Aas von Profit
> Ist's Auge, wodurch man in's Staats-Geheimnis sieht.[2]

Die Auslandspolitik der europäischen Staaten war besonders im Zeitalter des Merkantilismus nichts anderes als eine konsequent durchgeführte Handelspolitik. Es konnte nicht ausbleiben, daß sie zu einer Reihe von Handelskriegen führte. Der Kampf ging immer um Grenzen, Kolonien und Absatzgebiete. Der spanische Erbfolgekrieg (1701–1714) z.B. hatte im Frieden von Utrecht eine Reihe neuer Besitzverteilungen zur Folge. Schon aus den Vorteilen, die England aus diesem Krieg ziehen konnte, geht der handelspolitische Charakter des Krieges hervor: England erhielt von Frankreich Neu-Schottland, Newfoundland und die Hudson-Bai, und von Spanien Gibraltar und Minorca und einen recht profitlichen Assiento- oder Sklavenhandeltraktat, der einer englischen Gesellschaft das Monopolrecht erteilte, gegen eine mäßige Entrichtung jährlich 5000 Neger nach dem spanischen Indien zu verkaufen.

Im österreichischen Erbfolgekrieg (1740–1748) handelte es sich um die widerrechtliche Annektierung Schlesiens mit seiner Textilindustrie durch Preußen.

Der Krieg Englands gegen Spanien (1739–1748), in dem sich England seit 1744 auch gegen Frankreich richtete, und der der

---

[1] Urkunden und Aktenstücke zur Geschichte des Kurfürsten Friedrich Wilhelm von Brandenburg Bd. 1–23. 1864–1930

[2] Jeremias de Decker: Lof der geldzucht (1667) s. Jeremias de Vries, Oorspronkelijke dichtwerken van J. de D., met eene Levensschets des dichters. Teil 1–2, 1827

überseeischen Macht Frankreichs für alle Zeiten ein Ende bereitete, hatte nur den Zweck, dem englischen Schmuggelhandel nach dem spanischen Amerika freie Bahn zu schaffen. Man sprach damals schon allgemein von dem Schmugglerkrieg.

Der Siebenjährige Krieg hatte nach Gustav Schmoller seinen Ursprung in der Kolonialrivalität Englands und Frankreichs in Nordamerika.[1] Preußen wurde, weil es nicht dulden wollte, daß sein alter Alliierter Frankreich seinen alten Gegner England in Hannover, also in Deutschland angreife, in diesen Handels- und Kolonialkrieg mit hineingezogen.

Im Bayrischen Erbfolgekrieg (1778–1779) versuchte Öster/reich durch seine Ansprüche auf Teile von Bayern sein Gebiet zu erweitern.

Büsch konstatierte 1797, daß England von den letzten 144 Jahren 66 in Seekriegen zugebracht hatte.[2] Es ging ausschließlich um gewaltsame Kolonialeroberung oder um Vernichtung des neutralen Handels, also des Handels der kleineren Staaten.

Nach diesen allgemeinen Betrachtungen über die Förderung der Industrie und des Handels von seiten des Staats werden wir jetzt untersuchen, wie sich der Merkantilismus auf die ursprünglichen Produktionszweige, die Landwirtschaft und das Handwerk auswirkte, um so die Wandlung der durch die Produktion bedingten sozialen Verhältnisse verstehen zu können.

In der *Landwirtschaft* hatte sich die Ablösung der alten feudalen Gebrauchswirtschaft durch die neuzeitliche Produktion für den Markt bereits im ausgehenden Mittelalter in verhängnisvoller Weise bemerkbar gemacht. Zur Steigerung ihres Profits beschränkten die Grundherren die Zahl ihrer Bauern, deren Arbeitskräfte sie bis zum Äußersten ausnutzten. Die unausbleibliche Reaktion gegen diese Gewaltherrschaft bestand in dem jahrzehntelangen Verzweiflungskampf (den Bauernkriegen des 16. Jahrhunderts), zu dem die ausgehungerten deutschen Bauern getrieben wurden.

Was nach den Bauerninsurrektionen, die mit bestialischer Grau-

---

[1] Gustav Schmoller, Umrisse und Untersuchungen zur Verfassungs-, Verwaltungs- und Wirtschaftsgeschichte besonders des Preußischen Staates im 17. und 18. Jahrhundert. Leipzig 1898

[2] Johann Georg Büsch, Bemerkungen auf einer Reise durch einen Theil der vereinigten Niederlande und Englands. Hamburg 1786 (und spätere Aufl.)

samkeit unter Luthers Segen unterdrückt wurden, übrig geblieben war, ging im Dreißigjährigen Krieg vollends zu Grunde. Der größte Teil Deutschlands wurde vollständig verwüstet. Die Bevölkerung war 1660 an vielen Stellen bis auf die Hälfte zurückgegangen. Der Viehstand und somit die Wollproduktion war ruiniert. In der zweiten Hälfte des 17. Jahrhunderts mußte man sich an vielen Orten mit Schubkarrenverkehr und Spatenkultur an Stelle der Pflugkultur behelfen. Das ländliche Schulwesen war verschwunden bis auf wenige Schulen, die von Kriegsinvaliden versehen wurden. Kapital war so gut wie gar nicht mehr vorhanden. Der Zinsfuß betrug um jene Zeit in Deutschland 10–30%, in Holland dagegen zur selben Zeit 3–6%. Die Bodenpreise waren auf ein Viertel gesunken./

Der merkantilistische Staat des 17. und 18. Jahrhunderts mit seiner einseitigen Bevorzugung von Industrie und Handel tat lange Zeit nichts um die darniederliegende Landwirtschaft wieder hoch zu bringen. Die Vernachlässigung der Agrikultur wirkte sich in einem Lande wie Deutschland, das im 18. Jahrhundert noch zu 70 bis 90% Agrarstaat war, besonders katastrophal aus.

Die Grundherren und Gutsherren waren durch die Umstellung des Wirtschaftslebens politisch vollkommen ausgeschaltet. Sie spielten im Produktionsprozeß kaum noch eine Rolle. Die absolutistisch regierenden Landesherren wollten sich in ihren Handlungen nicht mehr vom Adel beeinflussen lassen. Friedrich Wilhelm I. von Preußen übersetzte den Ausspruch von Ludwig XIV.: »L'état c'est moi« folgendermaßen ins Deutsche. »Wir sind Herr und König und können tun, was wir wollen.« »Credo«, sagte der König ein anderesmal, »dass den Junkern ihre Autorität wird ruiniret werden. Ich stabiliere die Souveränetät und setze die Krone fest wie einen Rocher von Bronce!«[1] Als Ersatz für den Verlust seiner politischen Macht erhielt der Landadel erweitertes Wappenrecht, höfisches Monopol, was gleichbedeutend war mit einer Degradation zum rein dekorativen Hofadel, sämtliche Offiziers- und Beamtenstellen, sodann Steuerfreiheit und unumschränkte Macht als Patron und Grundherr. Selbstverständlich versuchte der Adel die Verschlechterung seiner wirtschaftlichen Lage durch eine immer brutalere Ausbeutung und Knechtung der ihm ausgelieferten Bauern wettzumachen.

---

[1] s. Förster, a. a. O.

Im Westen und Süden Deutschlands, wo im großen und ganzen eine grundherrschaftliche Agrarverfassung bestand – der Grundherr benutzte die Leistungen der Bauern im wesentlichen für seinen eigenen Konsumtionsbedarf, er hatte aber wie der Gutsherr Gerichtsbarkeit und Polizeigewalt über die dienenden Besitzer der Grundstücke – waren die Verhältnisse für die Bauern noch nicht so schlimm wie im Osten und Nordosten Deutschlands. Dort gab es fast nur Gutsherrschaften, das heißt landwirtschaftlich-kapitalistische Großbetriebe zum Zweck der Produktion für den Markt. Spann- und Handdienste nahmen zu, je nachdem der Adelsbesitz größer und der bäuerliche Besitz kleiner wurde. Kinder von untertänigen Bauern waren zu mehrjährigem Gesindedienst gezwungen./ Hutungs-, Holz- und Fischrechte wurden nach und nach eingeschränkt. Außerdem konnten die Gutsherren nach Belieben die Bauerngüter privatrechtlich ankaufen. Sie hatten sogar das Recht, einen Bauer gegen Entschädigung von seinem Hof zu vertreiben, wenn er sich mutwillig oder ungehorsam zeigte, wenn er in Zahlungs- oder Abgabenrückstand war oder schon allein, wenn der Gutsherr seinen Besitz zu arrondieren wünschte. Das Bauernlegen wurde überall mit der größten Grausamkeit durchgeführt.

Die Folge dieser Knebelung der Bauern war, daß die Unternehmungslustigsten, also die besten Kräfte, in die Stadt flohen, wo sie bei den überall entstehenden Manufakturen lockende und lohnende Beschäftigung fanden. Die dadurch hervorgerufene weitere Entvölkerung des Landes führte von selbst zu noch größerer Ausbeutung der Übriggebliebenen. Zwei Bauern mußten jetzt leisten, was früher drei oder vier schafften.

Die grausame Behandlung der Bauern ging so weit, daß der Staat endlich eingreifen mußte. 1738 kam in Preußen ein Erlaß heraus, in dem Pächter mit Strafen bedroht wurden, die ihre Untertanen mit Schlägen zur Arbeit antrieben. Friedrich II. verkündete offen, »dass der Zustand, nach welchem der Bauer dem Acker gehöre und der Knecht seines Edelmanns sei, die Menschheit empöre.« Die Schollenpflicht und die Gutsuntertänigkeit bezeichnete er als »die traurigste aller Lebenslagen, die empörendste für ein menschliches Herz«[1].

Um die Flucht in die Stadt zu verhindern, wurde eine Heirat und die Zuwendung zu einem Gewerbe von der Erlaubnis des

---
[1] Acta Borussica, a. a. O. – Vgl. auch J. D. E. Preuß, Friedrich der Große. Eine Lebensgeschichte. 4. Bde. und 5 Tle. Urkunden. 1832–34.

Gutsherrn abhängig gemacht. Aber das alles nutzte nichts. Die Jüngeren ließen sich durch nichts abschrecken. Die Flucht in die Stadt hielt an.

Noch in einer anderen Beziehung drohte der Merkantilismus der Landwirtschaft mit vollständigem Untergang. Die ausländische Handelspolitik, das Prestige des Staats forderte, wie wir sahen, ein starkes Heer. Die Söldnertruppen waren jedoch unzuverlässig und teuer. Seit dem Anfang des 18. Jahrhunderts hatten daher die verschiedenen Staaten ihre Söldnertruppen durch ein stehendes Heer ersetzt, das durch ein gewalttätiges Werbesystem auf die Beine gebracht und ergänzt wurde. 1733 hatte Friedrich Wilhelm I. für Preußen/ein »Kantonreglement« mit allgemeiner Dienstpflicht dekretiert. Dienstfrei waren nur der Adel, Beamte und ihre Kinder, einzige Kinder und – sehr bezeichnend für den Merkantilismus – Bürger, die über ein Vermögen von 6000 bis 10000 Taler verfügten. Frei waren ebenfalls die neuen Einwanderer bis ins dritte Glied und für die Industrie unmißbare Arbeiter, wie Wollweber, Leineweber usw. Die preußische Armee setzte sich also zum größten Teil aus Bauernsöhnen zusammen. Der König berief sich hierbei auf die Bibel, es sei göttliches Recht der Fürsten, »Knechte und Mägde, Söhne und Esel wegzunehmen«.

Wir sehen also, daß nicht nur die Manufakturen, sondern auch die Heere das Menschenreservoir auf dem Lande, besonders zu Kriegszeiten auspumpten. Außer den persönlichen Dienstleistungen traf die Bauernschaft die Hauptlast der berüchtigten »Kontributionen«, der direkten Militärsteuern, die je nach der Provinz zwischen $33^1/_3$ und 45% der Erträgnisse des Bauern verschlangen. Die Bauern zahlten in Preußen jährlich im Durchschnitt 420000 Taler Kontributionen, die Junker im ganzen Staat nur 60000 Taler. Wir können verstehen, daß Friedrich II. das »Bauernlegen« verbot. Die Vergrößerung »steuerfreien« Gutslandes hätte seine Einnahmen nur vermindert. Zu diesen Kontributionen kam später noch die Ausplünderung der Bauern durch Kriegswehrabgaben zur Magazinkasse, Grasung der Kavalleriepferde auf den Dorfwiesen, Lieferung und Transport der Armeefourage usw. Von all diesen Lasten blieb der Adel von selbst so gut wie verschont.

Die Zustände auf dem Lande waren im zweiten Viertel des 18. Jahrhunderts so unhaltbar geworden, daß die Fürsten dringende Maßnahmen als notwendig erachteten. Friedrich Wilhelm I. von Preußen begann zu kolonisieren. Die Ansiedlungen erreichten bald einen ansehnlichen Umfang. Schon 1724-1725 wurden im Distrikt Insterburg und Regnitz 10000 Kolonisten über 2.500 Hufe verteilt. 1732 ließen sich 20000 evangelische Bauern, die der Bischof von Salzburg aus seinem Lande vertrieben hatte, in Litauen nieder. Infolge dieser und anderer Kolonisationen war die Bevölkerung in Preußen 1740 schon um 60000, also um ein Viertel der Gesamtbevölkerung gestiegen. Nach Max Lehrung war 1786 ein Drittel aller/Einwohner des preußischen Staates Eingewanderte oder Abkömmlinge von solchen.

Der Aufstieg des Merkantilismus hatte nicht nur den Niedergang der Landwirtschaft sondern in ebenso erschreckendem Maße den totalen Untergang der *Zünfte* zur Folge. Schon im 15. und 16. Jahrhundert, mit dem Beginn der Gründung von Verlagen und Manufakturen, kam das zünftige, nicht erweiterungsfähige Handwerk mit der wachsenden Produktionssteigerung nicht mehr mit. Die gesteigerte Konkurrenz der englischen und niederländischen Industrie, die den deutschen Handel zurückdrängte, mußte sich auch auf die deutschen Zünfte nachteilig auswirken. Als nun mit dem Eintritt des Merkantilismus Handel und Industrie unter Staatsaufsicht mehr und mehr gefördert wurden, verlor das Handwerk noch mehr an Bedeutung.

Es dauerte nicht mehr lange, bis die Zünfte sich, vor allem durch die Unterbindung jeglicher Gewerbefreiheit, als ein Hindernis für die normale Weiterentwicklung des herrschenden Wirtschaftssystems erwiesen. Der allmächtige Staat mußte eingreifen, um das Hindernis aus dem Weg zu räumen. Die Entwicklungsmöglichkeiten der im neuen Produktionsprozeß an wichtigster Stelle stehenden Industrie konnten nur auf Kosten der im Produktionsprozeß weniger wichtig gewordenen Organisationen gefördert werden.

Zu Anfang des 18. Jahrhunderts erklärte man den Gewerbebetrieb für »droit domanial«. Die Leitung der Gewerbe ging von der Stadt allmählich auf den Staat über. Der preußische Rat Heinrich Boden hatte in seinem Buch »Fürstliche Machtkunst oder unerschöpfliche Goldgrube« 1702 die Ansichten eines braunschweigischen Ministers dahin zusammengefaßt: »Alle Gilden und ihre dem Publico höchst schädlichen Innungsbriefe müssen, sollen die Manufacturen floriren, abgeschafft oder andere Artikelsbriefe formiret werden«, und Marperger meinte in seinem Buch »Das

[27–28] ÖKONOMISCHE VERHÄLTNISSE UND KLASSENPROFIL 23

neu eröffnete Manufacturhaus« (1702): »Wo die Aemter noch über ihre Statuten stark hielten da hinderten sie freilich den Fortgang der Manufacturen«.[1]

Die Befugnisse und Rechte der Zünfte wurden jetzt mehr und mehr beschnitten, insbesondere ihr monopolistischer Geist, der ihre größte Kraft war. Durch die Verschlechterung der/Zunftverhältnisse, unter denen es für die überwiegende Mehrzahl der Gesellen ausgeschlossen war, später selbständig zu werden, brachen im ganzen Reiche Gesellenunruhen aus. So machten in der Zeit von 1712 bis 1722 die »Altgesellen« der Schuhmacher in Wien, Graz, Linz, Prag, Mainz, Stuttgart usw. »Stöhrereyen«, die einen so ernsten Charakter annahmen, daß z. B. in Wien am 27. Oktober 1722 das Standrecht verhängt und bereits am 31. Oktober »zween der halsstörrigsten Schuhknechte als freventliche Verächter der landesfürstlichen Befehle mit dem Strange vom Leben zum Tode befördert« wurden. 1723 fanden in Polnisch-Lissa Gesellenunruhen statt, 1726 Unruhen unter den Ausburger Schuhmachern usw. Das Reichsgewerbegesetz vom Jahre 1731 sollte Abhilfe schaffen. 1732 wurde bestimmt, daß die schwarzen Tafeln, Fahnen, Zunftladen und die darin befindlichen Artikel und Briefschaften der Gesellen auf den Rathäusern abzuliefern seien. Die preußische Handwerksordnung vom 10. Juli 1733 kam einer vollkommenen Verstaatlichung des Handwerks gleich.

Den Gnadenstoß erhielten die Zünfte endlich durch die um die Mitte des 18. Jahrhunderts einsetzende *Mechanisierung der Industrie,* zu der es durch das progressive Fortschreiten der Produktion von selbst kommen mußte. Die steigende Nachfrage hätte allmählich nicht mehr befriedigt werden können, wenn nicht die Produktionsmittel in gleichem Maße gewachsen wären. So fehlte es z. B. um 1750 überall an Spinnern, da durchschnittlich 8 bis 10 Spinner für das Spinnen von Garn benötigt wurden, das ein einziger Weber in der gleichen Zeit verwebte.

Den Beginn der industriellen Revolution bezeichnet die Erfindung der Spinnmaschine durch John Wyatt und Lewis Pauls im Jahre 1735. Schon 1741 wurde statt des Spinnrockens vielfach die Spinnmaschine benutzt, die allerdings erst in den siebziger Jahren

---

[1] Paul Jakob Marperger: Das neueröfnete Manufacturen Hauss. Als 3. Teil (1702) von: Der Geöfnete Ritter. Platz, worinnen die vornehmste ritterliche Wissenschaften ... an das Licht gestellet werden. 3 Teile, Hamburg 1700–05

zur vollen Ausbildung gelangte. Der von Cartwright 1785–1790 erfundene mechanische Webstuhl fand in Deutschland erst nach 1800 Verwendung. In der Hochofenindustrie datiert eine grundlegende Wandlung seit 1760 durch die Benutzung von Koks statt Holz. Die Carronwerke von Röbuk errichteten 1760 die ersten Kokshochöfen. 1783 erfand Henry Cort das Puddelverfahren, also die Gewinnung von Schmiedeeisen und Stahl mittels Koks. Dieses Verfahren ge-/währte eine enorme Abkürzung des Produktionsprozesses. Das Puddelverfahren ermöglichte in ein bis zwei Tagen eine Produktion, die im Frischprozeß drei Wochen in Anspruch nahm. Die allgemeine Verwendung der Kohle statt des Holzes führte 1792 zur ersten Gasbeleuchtung. 1785 wurde in einer englischen Baumwollspinnerei die erste Dampfmaschine in Betrieb genommen; noch im gleichen Jahre ließ Friedrich II. die erste Dampfmaschine in Deutschland aufstellen und zwar im König Friedrich-Schacht des Magdeburger-Halberstädter Bergwerks. In der zweiten Hälfte des 18. Jahrhunderts wurde auch das künstliche Bleichverfahren erfunden, das eine ganze chemische Industrie zur Folge hatte, da die Erzeugung von künstlicher Soda (seit 1784), Schwefelsäure und Chlor (seit 1774) erforderlich wurde.

Die verhängnisvolle Auswirkung der beginnenden Mechanisierung auf das alte Handwerk schildert uns Justus Möser in seinen »Patriotischen Phantasien« 1775: »Man lasse sich die Rollen von unseren Handwerkern seit 100 Jahren zeigen. Die Krämer haben sich geradezu verdreyfacht, und die Handwerker unter die Hälfte verloren. Der Eisenkram hat den Kleinschmidt; der Bureau- und Stuhlkram den Tischler; der Tuchhandel den Tuchmacher; der Goldkram den Bortenwirker verdorben.«[1]

Die Verhältnisse in Deutschland um die Mitte des 18. Jahrhunderts kann man folgendermaßen kurz zusammenfassen:

Großbürger, Kleinbürger und Bauern bildeten in ihrer Unzufriedenheit mit den herrschenden Verhältnissen eine große Gruppe, die aber, sobald es auf ein geschlossenes Vorgehen ankam, auseinanderfiel. Bodmer klagte noch 1746 über die deutsche Zerrissenheit, »wo unter den verschiedenen Ständen und Klassen der Einwohner keine Gemeinschaft sei; wo der hohe Adel nichts mit dem geringe-

---

[1] Justus Möser, Patriotische Phantasien, Berlin 1774–1786 (4 Bde.), Hg. Jenny von Voigt. In: Sämtliche Werke IV–VII, Oldenburg 1944 ff.

ren, der geringere nichts mit dem neueren, dieser nichts mit den Bürgern, die Bürger mit den Bauern nichts Gemeinschaftliches haben, wo einer den anderen ausschließt, vermeidet, wo jeder einen Stand für sich ausmacht, und in seinem Kreise bleibt.«[1]

Der Großbürger, der bis jetzt allen Grund hatte, sich mit dem Merkantilismus abzufinden, empfand um die Mitte des Jahrhunderts die materiellen und sozialen Verhältnisse für die/weitere ökonomische Entwicklung als zu eng. Er wollte und brauchte – wie später noch ausführlicher dargestellt werden wird – ohne jegliche Rücksicht auf die anderen Gesellschaftsklassen, größere ökonomische Freiheit.

Die Kleinbürger spalteten sich in zwei Gruppen; die eine Gruppe hatte die Aspiration, in die Klasse der Großbürger aufzusteigen; die zweite Gruppe dagegen war reaktionär, sie resignierte und sehnte sich nach der guten alten Zeit mit ihren festen zünftlerischen Bindungen zurück und hielt den Großbürger für mitschuldig an der langsamen Verelendung des Handwerks.

Der deutsche Bauer schied für die Bewegung ganz aus. Von dem revolutionären Geist, der während der Bauernkriege so hell aufbrannte, war im 18. Jahrhundert kein Fünkchen mehr übrig geblieben. Er war dumpf, träge, zahm und gottergeben geworden. Er ließ sich knechten und ausbeuten ohne aufzubegehren.

Der Fürst spielte unglaublich geschickt den Bürger gegen den Adel und den Adel gegen den Bürger aus, um beide umso bequemer im Schach halten und seine absolutistische Macht wahren zu können, was soviel heißt, als möglichst große Profite für sich zu gewinnen. Wirtschaftlich stand der Fürst mit seinen Staatsmonopolen (in Preußen z. B. für Salz, Tabak und Kaffee), seinen Staatsbanken (z. B. der Bank in Berlin mit acht Niederlassungen), seiner Hütten- und Eisenindustrie und seinen Staatsmanufakturen, die reine Privatunternehmungen waren, neben seinen Kollegen, dem Großkaufmann und dem Großindustriellen, von denen er bei den ständig wachsenden Staatsschulden auch noch finanziell abhängig war, und in direktem Gegensatz zum Adel, der immer noch mit Landwirtschaft seinen Lebensunterhalt verdiente.

Wie die verschiedenen Produktionszweige ineinanderspielten und damit die sozialen Verhältnisse komplizierten, kann man daraus ermessen, daß in vielen Ländern, u. a. auch in Preußen, der Fürst

---

[1] Johann Jacob Bodmer: Der Mahler der Sitten. Zürich 1746

ebenso wie der Großgrundbesitzer nebenbei Getreideproduzent war. Durch dieses doppelseitige Interesse an Industrie und Landwirtschaft war der Fürst gezwungen, Industrie und Handel zu fördern und zu schädigen und zugleich die Landwirtschaft zu schädigen und zu fördern. Die Monopolisierung des Getreides und die Ausschaltung der auslän-/dischen Konkurrenz auf diesem Gebiet brachte von selbst eine Erhöhung der Getreidepreise mit sich, wovon der Bürger das Opfer war und der Großgrundbesitzer seine Vorteile hatte. Wie der Bürger wieder auf Kosten der Landwirtschaft bevorzugt wurde, haben wir früher gesehen. Der Großgrundbesitz profitierte aber schließlich auch wieder von der merkantilistischen Handelspolitik, denn die Armee und der Beamtenapparat, die der Merkantilismus unbedingt nötig hatte, waren eine Versorgungsanstalt für die Junker. Friedrich II. besetzte die Offiziersstellen und die hohen Beamtenplätze ausschließlich mit Adligen. Nur einmal (1779) hatte er einen bürgerlichen Minister. Dieser starb nach zwei Jahren, und sein Nachfolger war wieder ein Adliger. Zur Führung seiner Armee ließ er lieber Adlige aus dem Ausland kommen, als daß er einen einheimischen Bürger anstellte. Für die Artillerie und sein Ingenieurcorps war er gezwungen, Bürgerliche zu nehmen, da dem Adel die wissenschaftliche Ausbildung fehlte. Die Junker, die durch das Aufkommen der Industrie sehr viel verloren hatten, verdankten zum Teil derselben Industrie also wieder ihre augenblickliche Existenz. Sie hatten allen Grund, den Merkantilismus zu verfluchen und zugleich zu segnen.

Betrachtet man diese Verhältnisse nicht vom ökonomischen, sondern vom soziologischen Standpunkt, so bildete der Fürst mit dem Adel einen Block gegen alles, was nicht adlig war, gegen den »Pöbel«. Es war also ein Kampf Aller gegen Alle. Die Förderung der eigenen Interessen war zugleich eine Schädigung der eigenen Interessen. Die Kompliziertheit der materiellen und gesellschaftlichen Verhältnisse mußte auch eine Komplikation der künstlerischen und kulturellen Verhältnisse hervorrufen.

Der Stärkere war der Großbürger, weil er der hauptsächliche Träger des damaligen Wirtschaftslebens und der vitalere Teil war. Außer den Hauptnutznießern, den Fürsten, war der Großbürger auch der einzige, der vom Merkantilismus direkt profitierte.

Es ging den Großbürgern schon in der ersten Hälfte des 18. Jahrhunderts, besonders in den Handelszentren Hamburg, Frankfurt und Leipzig, vortrefflich.

Noch im 17. Jahrhundert standen in Deutschland zwei geschlossene Klassen einander gegenüber: das »Volk« und der/Adel. Zum »Volk« gehörte das noch nicht differenzierte Bürgertum und die Bauernschaft. Es gab natürlich damals schon Großbürger, aber nur vereinzelt und sehr über das Land zerstreut. Sie hoben sich noch nicht als Klasse vom »Volk« ab und repräsentierten noch keine Macht. Sie hatten keine eigene Kultur, keinen eigenen Lebensstil und am allerwenigsten einen eigenen Kunststil.

Seit dem Beginn des 18. Jahrhunderts änderten sich diese Verhältnisse. Sowohl die Anzahl wie auch der Reichtum der Großbürger hatte sich so vergrößert, daß sie begannen sich von der Volksmasse abzuheben.

Diese Umschichtung in der Gesellschaft machte sich auf kulturellem Gebiet auf dreierlei Weise bemerkbar. Erstens distanzierte sich das Großbürgertum durch eine bewußte Abwendung vom Volkstümlichen; zweitens fand eine bewußte Anlehnung an die französische Kultur und Kunst statt, die drittens mit der allmählichen Heranbildung eines eigenen bürgerlichen Kunststils parallel ging. Das Bürgertum wandte sich erst wieder von Frankreich ab, als es seine eigene Form gefunden hatte.

In der *Literatur* und der *Musik*, also den Künsten, die von den Höfen noch am wenigsten abhängig waren, zeigte sich diese allmähliche Umschichtung der Gesellschaft am klarsten.

Der deutsche Volksroman (Schelmenroman), das Volksdrama und das Volkslustspiel, gespickt mit ›Zoten, Pickelheringspässen und flegelhaften Prügelszenen‹ hatten sich um 1700 überlebt. Es war keine genügende Nachfrage mehr vorhanden. Das maßgebende Publikum, das heißt die reicheren und vornehmeren Bürger, die den Ton angaben, verlangten etwas Anderes. Der Volksdichter Christian Weise (1642–1708) war der Abschluß dieser Richtung gewesen. Auch die Volkslyrik hatte sich ausgesungen. Christian Günther (1695–1723) mit seinen oft rohen und geschmacklosen Trink- und Liebesliedern war der letzte Vertreter dieses Genre. Desgleichen hörte zur selben Zeit die Komposition von Sololiedern mit einem Schlage auf, die im 17. Jahrhundert eine große Blütezeit erlebt hatten und den gleichen Charakter wie die Volkslyrik zeigten.

Im Theater hielt sich das Volkstümliche noch am längsten./ Auf der Bühne wucherte zu Anfang des 18. Jahrhunderts das wildeste Stegreifspiel sowohl in den rohen und plumpen Haupt- und

Staatsaktionen, die zumal mit recht saftigen Hanswurstiaden für den »Pöbel« schmackhaft gemacht werden mußten, wie in den Possen, in denen die wüstesten Zoten gerissen wurden. Einer der beliebtesten Tricks des Pickelhering war z. B. bei Liebeserklärungen auf offener Bühne die Hosen zu verlieren.

Einen ähnlichen Charakter trug auch die erste öffentliche *deutsche Oper*, die 1678 in Hamburg eröffnet wurde. Da diese Oper jedoch in Anlehnung an die französische und italienische Opernkultur entstanden war und höfische Prunkhaftigkeit mit derber volkstümlicher Possenreißerei vermischte, schaffte sie sich auf allen Seiten Feinde: das niedere Volk, der Hauptteil des Publikums, verachtete die höfischen Elemente der Oper, während das sich immer mehr absondernde vornehme Großbürgertum die rohen Haupt- und Staatsaktionen und die blutrünstige Realistik verschmähte. So mußte das eine Zeitlang hochberühmte Unternehmen bald eingehen. Einen Ersatz für die Oper fand das Hamburger Großbürgertum in der großen Kirchenmusik des Oratoriums und der Passion, die sich bald von der Kirche lösten und als selbständige musikalische Formen in Konzertgestalt aufgeführt wurden. Auf diese Säkularisierung der Kirchenmusik kommen wir später noch zurück.

Die Distanzierung des Großbürgertums von allen unter ihm stehenden Gesellschaftsklassen hatte nicht nur zu seiner Abwendung vom Volkstümlichen in der Kunst geführt, sondern auch vor allen Dingen durch die äußere Betonung seiner Vornehmheit und Sonderstellung innerhalb der Bürgerschaft seine Umgangsformen und seinen gesamten Lebensstil entscheidend beeinflußt. Die äußerliche Hervorhebung der eigenen Wichtigkeit und Vornehmheit des Großbürgertums fand in der Prunkhaftigkeit der Fürsten und des Adels das beste Vorbild. So äffte auch die vornehme Kaufmannschaft in den Handelsstädten Hamburg, Leipzig und Frankfurt in der ersten Hälfte des 18. Jahrhunderts alle höfisch französischen Lebensformen nach. Man bemühte sich möglichst nur französisch zu sprechen. Man kleidete sich nach den neuesten/französischen Moden. Man ließ sich Perücken nach Pariser Vorbildern bauen. Man pfiff und trällerte anstelle der alten deutschen volkstümlichen Lieder die neuesten französischen Tanzschlager. Man tanzte den höfischsten aller Tänze, das Menuett. Man nahm Hofmeister zur Erziehung der Söhne, die nach ihrer Reife wie junge Marquis ihre

Kavalierreise machten.

In der Mitte der 40er Jahre scheint die französisierende Strömung, die sich vor allem an den Universitäten breit machte, ihren Höhepunkt überschritten zu haben. 1744 z. B. erschien das komische Heldengedicht »Renommiste« von Zachariä, das nicht nur die Rauf- und Saufbrüder, sondern vor allem die französisierenden Gecken, die an der Leipziger Universität ihr galantes Wesen trieben, aufs köstlichste karikierte.[1]

Auf dem Gebiete der *Literatur* war Johann Christoph Gottsched (1700–1766) einer der typischsten Vertreter dieses aristokratischen Großbürgertums.

Lessing tadelte, daß Gottsched die volkstümliche Bahn verlassen hatte. Das war gut gesehen aber schlecht gedeutet. Gottsched repräsentierte das neue Bürgertum, das sich für all das Platte und Rohe zu vornehm hielt, das aber noch keinen eigenen Stil hatte, und dem einstweilen nichts anderes übrig blieb als sich an das Ausland anzulehnen. Gottsched sah aber in dem französischen Theater nicht den Ausdruck des feudalen Wesens, sondern nur das technisch Vollkommene, das imstande war das deutsche Theater zu reformieren. Das Höfische lehnte der par excellence bürgerliche Gottsched ebenso radikal ab wie das Volkstümliche, was z. B. seine heftige Bekämpfung des Hofopernstils unzweideutig bewies. Gottsched war somit nicht der Abschluß einer alten Zeit, sondern der Anfang der neuen bürgerlichen Zeit.

Die Gottschedsche Reformation des deutschen Theaters fiel in die Jahre 1727 bis 1740 und wurde von der Neuberschen Truppe, die damals in Leipzig spielte, verbreitet. Gottsched wußte die Neuberin dazu zu bringen, französische Stücke in deutscher Übersetzung aufzuführen, aber auch Dramen, die nach dem Muster der französischen Stücke und nach den Rezepten von Gottscheds »Versuch einer critischen Dichtkunst« (1730) angefertigt waren. 1737 wurde der Harlekin auf der Leipziger Bühne von der Neuberin feierlichst verbannt. Das/war eine Farce, die die Neuberin ausgeheckt hatte, um sich aus einer ziemlich peinlichen Situation zu retten. Die Truppe hatte keinen Hanswursten. Neuber selbst hatte eine Zeitlang versucht ihn zu spielen. Er wurde aber ausgejohlt und ausgepfiffen. Nun machte die kluge Neuberin aus der Not eine

---

[1] Friedrich Wilhelm Zachariae, Der Renommiste. In: Bremer Beiträge 2, Hg. Franz Muncker, DNL 44

Tugend, der Hanswurst wurde in seiner Maske vom Theater herausgeprügelt. Der Trick gelang ... aber nur weil die Zeit dazu reif war. Der vornehme Bürger hatte den Hanswursten längst satt. Andere Schauspieltruppen folgten dem Beispiel der Neuberschen Truppe, und damit war das unzeitgemäße, nach bürgerlichem Geschmack zu rohe und plumpe Volkstümliche aus seinem letzten Schlupfwinkel verjagt.

Gottsched blieb aber auf halbem Wege stehen. Er war einer von den Menschen, die in ihrer Jugend von einer neuen Bewegung ergriffen werden, sich dann aber so fest im Neuen verbeißen, daß sie sich selbst für alle Zeit immobilisieren. Die Bewegung floß weiter und ging zuletzt über ihren ehemaligen Führer, den pedantischen deutschen Schulmeister mit dem starren Glauben an die ewige Gültigkeit seiner Reglements glatt hinweg. Um 1750 hatte Gottsched seine Rolle ausgespielt und stand fortan als mürrischer und verbissener Zuschauer abseits von der weiter rollenden bürgerlichen Bewegung.

Eine Parallelbewegung zur Gottschedschen Theaterreform mit ihrer Distanzierung vom Volkstümlichen und ihrer Flucht in den französischen Hofstil finden wir unter der intellektuellen Elite des Bürgertums, den Studenten. Diese Bewegung ging von der damals fortschrittlichsten aller deutschen Universitäten, von Halle aus. War die Kaufmannschaft selbst im großen und ganzen künstlerisch unproduktiv, wenn auch nicht ganz unreproduktiv, so fand das Aktivitätsstreben des Bürgertums unter den Studenten seinen Niederschlag in einer Unmenge von Gedichten.

Der Begründer dieser sogenannten *anakreontischen Dichtung* war der neunzehnjährige Student Johann Wilhelm Gleim (1719–1803). 1738 trat sein »Dichterkränzchen« ins Leben, also zur selben Zeit, als die Gottschedsche Bewegung ihre vollste Kraft entwickelte.

Ihrer Jugend, ihren bescheidenen Mitteln und ihrer studentischen, also unkaufmännischen, mehr ins Bohemehafte hinüberspielenden Art entsprechend, konnten sie ihr gesteigertes/bürgerliches Selbstgefühl nicht in der vornehmen Form der reichen Kaufmannssöhnchen ausleben. Daher war die Nachäffung der französischen Liebeleien und Schäfereien für sie das Gegebene.

Jeder der Burschen wählte sich, wie uns berichtet wird, eine kleine Pompadour vom Lande. Abends versammelten sie sich regelmäßig in einer Laube, bekränzten ihre Häupter und die ihrer Liebsten mit Rosen, und während der geduldige Mond sein romantisches Licht über ihre Kälberei ausgoß, verbrachten sie die Nacht in Schwelgen und Küssen und Kosen in seligster Wonne. Am nächsten Tag wurde ihr »grosses« Erlebnis in einem Gedicht verewigt, das drei Ansprüchen zu genügen hatte: es mußte »ohne Reim, scherzhaft und verlibet« sein.

Die deutsche Anakreontik war also eine Maskerade von jungen Bürgern in französischen Schäfertrachten, weil sie noch kein eigenes Kleid hatten.

Tragisch und komisch zugleich war diese Bewegung. Tragisch durch das große Wollen, das aus allem sprach und das sich erst viel später erfüllen sollte. Komisch durch das Karikaturhafte dieser Miniatur-Sonnenkönige, die billigen Wein tranken und Mädchen abküßten, die leicht nach Kuhstall dufteten. Komisch aber vor allem durch den lächerlichen Widerspruch zwischen ihrem unbändigen Freiheitsdrang, der sich in der revolutionären Verachtung des Reims Luft machte, und ihrer Spießermoral. Denn die schwülen Nächte verbrachten die Jünglinge, wie es sich für die damaligen Bürger geziemte, und wodurch sie sich von ihren unmoralischen Fürsten oppositionell unterschieden, in krampfhafter Tugend und Unschuld. Sie waren – wenn man wenigstens ihren ernsthaften Versicherungen glauben darf – keusch!

Es war vorauszusehen, daß es mit der Anakreontik, der außer Gleim und Uz noch Hagedorn, Weisse, Lessing, Zachariä, Kleist, Cronegk, Gerstenberg usw. angehörten, vorbei sein würde, sobald der selbständige Stil, der sich zur selben Zeit in Zürich, Hamburg, Bremen, Leipzig und anderen Handelstädten heranbildete, bestimmte Gestalt gewonnen hatte. Um 1750 war es dann auch mit der anakreontischen Bewegung zu Ende. 1751 brachte Lessings »Neuestes aus dem Reiche des Witzes« die Grabschrift auf die Anakre-/ontik. »Was Henker soll ich dichten, dass ich ein Dichter werde?« hatte sich ein gewisser Kästner gefragt.[1] Die Antwort lautete:

Gedankenleere Prosa,
In ungereimten Zeilen,
In Dreiquerfingerzeilen,
Von Mädchen und vom Weine,

---

[1] Abraham Gotthelf Kästner, Gesammelte poetische und prosaische Schönwissenschaftliche Werke, 4 Bde., Berlin 1841

Vom Weine und von Mädchen,
Von Küssen und von Trinken,
Von Trinken und von Küssen,
Und wieder Wein und Mädchen,
Und nichts als Kuss und Trinken,
Und immer so gekindert,
Will ich halb träumend schreiben,
Das heissen unsere Zeiten,
Anakreontisch dichten.[1]

Auch auf *musikalischem* Gebiet hatte die Studentenschaft die Initiative zu neuer Kunstpflege ergriffen. Entsprechend ihrer Nachahmung der gesamten französischen Hofkultur ging ihr Ehrgeiz so weit, auch die große höfische Musik, die Kammer-, Konzertmusik und sogar die größte aller höfischen Musikformen, die Oper, selbst zu pflegen. Als geeignete Pflegestätte ihrer Bestrebungen bot sich ihnen die spezifisch bürgerliche Musikorganisation, das Collegium musicum.

Das Collegium musicum war zur Zeit der Reformation zugleich mit der Kantorei als Organisation musikfreudiger Bürger entstanden. Während die norddeutsche Kantorei ein eng an die protestantische Kirche gebundener Verein war, in dem sich die Bürger zusammenfanden um Choräle und Motetten zu singen, entstand das Collegium musicum in der Schweiz als Reaktion gegen die musikfeindlichen Bestrebungen der Reformatoren Calvin und Zwingli und war infolgedessen von der Kirche unabhängiger und weltlicher gesinnt. Beide Organisationen breiteten sich aus und bestanden lange Zeit nebeneinander. Als sich jedoch seit dem Ende des 17. Jahrhunderts das Großbürgertum vom »Volk« abzusondern begann, schieden auch in der Kantorei die höheren bürgerlichen Schichten aus. Die Kirche suchte außerdem seit dieser Zeit der durch den Pietismus drohenden Gefahr der Säkularisierung auf zweierlei Weise zu steuern: einmal durch Verschärfung der Dogmenautorität, sodann aber durch die Steigerung äußerer pomphafter Mittel, die sie vor allen Dingen durch die Übernahme großer weltlicher musikalischer Formen erreichte. Die kleinbürgerliche Kantorei vermochte mit diesen gesteigerten Mitteln und Anforderungen nicht

---

[1] Gotthold Ephraim Lessing, Sämtliche Schriften, Hg. Karl Lachmann und Franz Muncker, Stuttgart 1886–1924, Bd. 1

Schritt zu halten und mußte untergehen. Das Collegium musicum wurde in seiner Unabhängigkeit von der Kirche der gegebene Rahmen für die musikalische Aktivität des Großbürgertums und besonders der Studenten.

Den entscheidenden Anstoß zu einer Reihe von Gründungen solcher Collegia musica gab Georg Philipp Telemann (1681–1767), der 1701 als Student in Leipzig, 1713 in Frankfurt und 1721 in Hamburg Collegia musica gründete, die für viele derartige Unternehmungen vorbildlich wurden. Die Studenten oder Bürger kamen des Abends zwanglos zusammen, rauchten, tranken und musizierten die neuesten französischen und italienischen Suiten und Ouverturen. Zu diesen musikalischen Zusammenkünften fanden sich auch bald Zuhörer ein. Als der Zulauf der Zuhörer immer größer wurde, mußten Eintrittskarten gegen Entgelt ausgegeben werden, und aus den geschlossenen Collegia musica wurden öffentliche Konzerte. Regelmäßige öffentliche Konzerte gab es in Frankfurt seit 1723, in Hamburg seit 1724, in Straßburg seit 1730, in Lübeck seit 1733 und in Leipzig wurden 1743 von einigen unternehmungslustigen Kaufleuten die »Grossen Konzerte« gegründet, die sich später zu den berühmten, noch heute bestehenden »Gewandhauskonzerten« ausweiteten.

Seit jener Zeit war es der Bürgerschaft zum ersten Mal möglich, selbständige musikalische Aufführungen zu hören, die außerhalb der Kirche stattfanden, und die nicht vom städtischen Rat zu repräsentativen Zwecken veranstaltet und von den zünftigen Stadtpfeifern ausgeführt wurden. Anfangs bestanden die Orchester dieser Konzerte nur aus Dilettanten. Auf die Bedeutung des Dilettantismus, die allmähliche Entstehung eines neuartigen Berufsmusikertums und die weitere Entwicklung des öffentlichen Konzertlebens werden wir später noch eingehender zurückkommen.

Während jedoch die Lebensformen des Großbürgertums, die literarischen Bestrebungen Gottscheds und der Anakreontik und die beginnende neue musikalische Aktivität vorwiegend französisch orientiert war, läßt sich ein ganz allmähliches, mühsames und zähes Ringen um eine eigene bürgerliche Kultur und um einen eigenen bürgerlichen Stil verfolgen.

Den Anfang dieser Bewegung bildeten die »Moralischen Wochenschriften«.

In dem demokratischen England entstanden in den Jahren

1709–1714 der »Tatler«, der »Spectator« und der »Guardian« von Steele und Addison. Der Erfolg dieser rein bürgerlichen moralisierenden Zeitschriften war so groß, daß bereits 1713 in Hamburg der Versuch gemacht wurde, dem deutschen Bürger etwas ähnliches zu bieten. Die Zeitschrift »Der Vernünftige« kam heraus, verschwand aber ebenso schnell wieder von der Bildfläche. 1718 wurde ebenfalls in Hamburg ein zweiter Versuch mit der »Lustigen Fama« gemacht, mit dem gleichen negativen Erfolg. Erst in den zwanziger Jahren schien in Deutschland das richtige bürgerliche Publikum für eine bürgerliche moralische Zeitschrift nach englischem Muster vorhanden zu sein. Bodmer und Breitinger eröffneten 1721 in Zürich die Reihe mit ihren »Discoursen der Mahler«, die eine besondere Vorliebe für die englische Literatur an den Tag legten. Der bürgerliche Charakter dieser Zeitschrift geht zur Genüge aus nachfolgender Notiz der Herausgeber hervor: »Gleichwie die Gesellschaft, die sich zusammen verbunden hat, Discourse zu schreiben, zu ihrem Objecte den Menschen genommen hat, so beschäftigt sie ihre Passionen, Capricen, Laster, Fehler, Tugenden, Wissenschaften, Thorheiten, ihr Elend, ihre Glückseligkeit, ihr Leben und Tod, ihre Relationen, die sie mit anderen Entibus haben, endlich alles, was menschlich ist und die Menschen angeht, giebt ihr Materie an die Hand zu gedencken und zu schreiben!« Also die Lebensweisheit in der Westentasche für den jungen Bürger.

1723 mußte die Zeitschrift ihr Erscheinen infolge »polizeilicher Quängeleien« einstellen. Erst im Jahre 1729 wurde sie fortgesetzt. Inzwischen war 1724 in Hamburg der »Patriot« erschienen. 1725–1726 in Leipzig »Die vernünftigen Tadlerinnen« von Gottsched und 1727–1729 »Der Biedermann« von Gottsched. Schon der Titel der letzten Zeitschrift ist ein Beweis dafür, daß Gottsched trotz seines Eintretens für die französische Kunst mit beiden Beinen auf bürgerlichem Boden stand und in Corneille und Racine nicht den Ausdruck des feudalen Wesens, sondern nur das technisch Mustergültige sah und verehrte.

Besonders bezeichnend für den bürgerlichen Charakter dieser Zeitschriftunternehmen sind die Tatsachen, daß die deutsche Bewegung von der republikanischen Schweiz ihren eigentlichen Ausgang nahm, und ferner, daß von den 182 Zeitschriften, die in der Zeit von 1713–1761 in Deutschland zur »Volksbildung« erschienen, ein Drittel in den Handelstädten Leipzig und Hamburg herausgegeben wurden.

Die große Zahl dieser Zeitschriften und ihre allseitige starke Verbreitung lassen sich ohne weiteres dadurch erklären, daß das Bürgertum in der ersten Hälfte des 18. Jahrhunderts schon zu einer Macht angewachsen war. Daß diese Zeitschriften ausnahmslos einen ausgesprochenen moralischen Charakter zeigten, hatte natürlich einen besonderen Grund. Wir werden wohl kaum fehlgehen mit der Annahme, daß gerade diese Zeitschriften die ersten Waffen waren, mit denen sich die Bürger gegen die Fürsten zu Wehr setzten. Das ostentative Herauskehren der bürgerlichen Moralität war eine stillschweigende Verurteilung der fürstlichen Immoralität und damit eine Herabwürdigung der Fürsten selbst.

Neben diesen moralischen Zeitschriften kam eine bürgerliche Literatur auf, die von selbst eine stark moralisierende und didaktische Tendenz hatte. Wir rechnen hierzu die vielen Robinsonaden, deren wertvollste »Die Insel Felsenburg« 1731 von Johann Gottfried Schnabel (1690–1760) war, ferner die neun Bände »Irdisches Vergnügen in Gott« von dem Hamburger Ratsherrn Barthold Heinrich Brockes (1688–1747), in denen der Bürger belehrt wurde, wie zweckvoll Gott die Welt für ihn eingerichtet hatte. Der Luchs z. B. war zwar ein schädliches Raubtier, aber Gott hatte doch für seine braven Bürger gesorgt, denn

Für die Schwerenot und Krampf wird die Luchsklau' uns verschrieben,
Und mit ihren Bälgen werden grosse Handlungen getrieben.[1]

Dann die religiösen und vaterländischen Dichtungen des Ba-/seler Archivarius Karl Friedrich Drollinger (1688–1742), das Gedicht »Die Alpen« 1728 von dem Berner Arzt und Rathaus-Ammann Albrecht von Haller (1708–1777) und endlich die »Schriftmässigen Gedanken über die Eigenschaften Gottes« von Friedrich von Hagedorn (1708–1754), dem Sekretär bei dem English Court in Hamburg. Man sieht also, alles Vertreter des Großbürgertums.

In den vierziger Jahren erfolgte der unausbleibliche Zusammenstoß der französischen Richtung von Gottsched und der – sagen wir – englischen Richtung von Bodmer und Breitinger. Nach außen sah es so aus, als ob der Streit lediglich darum ging, daß die Phan-

---

[1] Barthold Heinrich Brockes, Irdisches Vergnügen in Gott, bestehend in physicalisch- und moralischen Gedichten. Teil 1–9, Hamburg 1721–48

tasie, die Gottsched mit seiner ausgetrockneten Regelhaftigkeit
glaubte entbehren zu können, wieder in ihr Recht eingesetzt wurde.
Es steckte aber viel mehr dahinter. Bodmer hatte das Höfische, also
das Unbürgerliche, der französischen klassischen Literatur entdeckt, über das Gottsched in seiner grenzenlosen Bewunderung der
formalen Vollendung hinweggesehen hatte. Ein Brief, den Bodmer
1732 an Gottsched schrieb, klärt uns über den wahren Grund der
ernsten Differenzen zwischen den Zürichern und dem Leipziger
auf. Es hieß dort: Der Graf Conti habe ihn (Bodmer) von seiner
früheren Anerkennung Corneilles bekehrt, er habe jetzt eingesehen,
das Trauerspiel müsse ein »poema popolare«, das heißt »Vor die
Bürgerschaft« gewidmet sein.[1] Was Bodmer in der französichen
Klassik vermißte, hatte er in der englischen Literatur der damaligen
Zeit gefunden, und von nun an ging es hart gegen hart: hie Frankreich, hie England, was aber, jedenfalls für Bodmer, bedeutete;
hie Feudalität, hie Bürgertum.

Hinter Bodmers Ästhetik verbarg sich also unbewußt, wie paradox es auch klingen mag, fortschrittliche bürgerliche Politik. Wir
wollen damit sagen, daß Bodmer einen so innigen Kontakt mit dem
Leben seiner Zeit hatte, so fest damit verwachsen war, daß seine
Ästhetik sich nicht anders als in der Richtung bewegen konnte, in
der das Ganze, zu dem selbstverständlich die Politik gehörte, sich
unaufhaltsam weiterentwickelte.

Man höre, wie der freie Schweizer mit dem großen Engländer, der
an den deutschen Höfen immer noch als Königsmörder verschrieen
war, sympathisierte. »Milton war der An-/walt von allen Arten der
Freiheit, der Kirchenfreiheit, der häuslichen und der bürgerlichen
Freiheit; er dachte von dem Gemeinwesen wie ein Grieche oder
Römer, mit welchen er vollkommen bekannt war. Er fürchtete vor
allen Dingen die geistliche Sklaverei und trat darin zu Cromwell.«[2]

Auch in seiner Dichtung kam Bodmers politische Einstellung
wiederholt zum Ausdruck, so z. B. in dem vaterländischen Stück
»Karl von Burgund«, das er niederschrieb, nachdem er aus
Aeschylus' »Persern« erkannt hatte, welche ungeheure Wirkungen
sich mit einem »politischen« Trauerspiel erzielen ließen. Bodmer
stand mit beiden Füßen fest und breit auf der Erde, auf Schwei-

---

[1] s. J. Crüger, J. Chr. Gottsched und die Schweizer. Kürschners Nationalliteratur
42 (1884)
[2] s. Hans Bodmer, Die Anfänge des zürcherischen Milton. In: Studien zur Literaturgeschichte. Hamburg und Leipzig 1893

zer Erde. Wie er sein Ländchen liebte, wie stolz er war, ein Schweizer zu sein, bewiesen u. a. auch seine Stücke, die sich mit der Tellsage befassen.

Gottsched fehlte dieser innige Kontakt mit dem Leben. Er glaubte an eine über der Wirklichkeit stehende absolute Gesetzlichkeit und Regelhaftigkeit, er hatte sich so sehr in all das Abstrakte vergafft, daß er das Leben selbst nicht mehr sah. Bodmer und Breitinger, als die Vitaleren, siegten, bis auch für sie die Zeit kam, daß sie nicht mehr mitkamen und zurückblieben.

Die Tendenzen der Entfranzösisierung, die wir auf sovielen Gebieten verfolgten, zeigten sich auch in der Musik, und zwar in dem *Sololied.*

Während zunächst das Großbürgertum nur französische Tanzschlager und italienische Opernarien anerkennen wollte, regte sich seit den dreißiger Jahren besonders in den mittleren bürgerlichen Schichten der Drang nach einem eigenen deutschen Sololied. Das Wort »Lied« war jedoch allmählich in solchen Mißkredit geraten, daß man darunter nur das vom untersten Pöbel gebrauchte Gesangsgut verstand. Die ersten großen Liedersammlungen: »Das Ohren vergnügende und Gemüth ergötzende Tafel-Confekt«, Augsburg 1733 und die »Singende Muse an der Pleisse«, Leipzig 1736, vermieden ganz bewußt das Wort Lied und bezeichneten ihre Sologesänge als Oden. Außerdem wagten die Verfasser sich nicht mit ihrem eigenen Namen hervor, sondern die Sammlungen erschienen unter den fingierten Namen Valentin Rathgeber und Sperontes. Der Erfolg dieser Sammlungen war jedoch so groß, daß in kurzer Zeit mehrere Neuauflagen und Fort-/setzungen vertrieben werden konnten, und seit 1740 begannen riesige Mengen einfacher kurzer Lieder mit Klavierbegleitung zu erscheinen. Das war der Anfang einer großen und zukunftsreichen bürgerlichen Liedproduktion.

So hatten die Bürger um 1750 auf Grund einer jahrhundertelangen Entwicklung ökonomisch und kulturell eine Machtstellung erreicht, wie sie sie niemals vorher innegehabt hatten. Das Bürgertum trug aber um diese Zeit noch größere Entwicklungsmöglichkeiten in sich, die es jedoch nur realisieren konnte, wenn es alle Hindernisse, die ihm jetzt noch im Wege standen, beseitigte./

II. Der Kampf des Bürgertums um die ökonomische Selbständigkeit

Das Hindernis, das die Entwicklungsmöglichkeiten der Bürger hemmte, war der Absolutismus, derselbe Absolutismus, der durch den vom Bürgertum getragenen Handel erzeugt worden war, und der den Aufstieg des Bürgertums erst möglich gemacht hatte. Um die Mitte des 18. Jahrhunderts konnten sich die mächtigen Bürger die ständige Bevormundung und die gewaltsame Einmischung des Staates in das Wirtschaftsleben, die früher ein Segen und eine Notwendigkeit war, unmöglich länger gefallen lassen. Freiheit brauchten sie, ökonomische Freiheit, also freie Verfügung über ihr Eigentum, freie Preisbestimmung, freie Konkurrenz, freie und unbeschränkte Ausnutzung der Arbeitskräfte.

Die Situation war folgendermaßen: Die Produktionsmittel und die Produktivkräfte hatten sich in Deutschland seit der Mitte des 17. Jahrhunderts mächtig gesteigert, die Produktionsverhältnisse jedoch, vor allem das Verhältnis zwischen den Fürsten und den Bürgern, das den Jahren unmittelbar nach dem Westfälischen Frieden vielleicht angemessen war, waren in den darauf folgenden hundert Jahren unveränderlich die gleichen geblieben. Die alten Produktionsverhältnisse, die damals die Entwicklung von Handel und Industrie gefördert hatten, hemmten jetzt die gesunde Weiterentwicklung des Wirtschaftslebens. Da Stillstand Rückentwicklung bedeutet hätte, mußte jetzt endlich etwas geschehen. Das Gleichgewicht mußte unter allen Umständen wieder hergestellt werden, was nicht anders möglich war, als durch eine evolutionäre oder revolutionäre Anpassung der veralteten und überlebten Produktionsverhältnisse an den jetzigen Stand der Produktion. Und so kam es in der zweiten Hälfte des 18. Jahrhunderts zu einem Kampf, dem Endkampf zwischen mittelalterlicher Feudalität und neuzeitlichem Bürgertum, von denen jedes Element von Anfang/an die Ergänzung und zugleich der Widerspruch, die Affirmation und die gleichzeitige Negation des anderen gewesen war.

Die Unzufriedenheit der Bürger mit den unmöglich gewordenen ökonomischen Verhältnissen und damit ihr Freiheitsdrang und ihr Widerstand gegen den Absolutismus wurden noch gesteigert durch zwei wichtige Faktoren, die der Absolutismus mit sich gebracht hatte: einmal der gewaltige aber schlecht funktionierende und somit die Entwicklung von Handel und Industrie hemmende Apparat, mit dem die Fürsten ihre Gewalt ausübten, sodann aber die wahnwitzige Verschwendungssucht und das liederliche Leben der Fürsten.

Nichts konnte den Bürger gerade als Bürger mehr empören, als Tag für Tag machtlos zusehen zu müssen, wie sein »sauer verdientes« Geld mit vollen Händen aus dem Fenster geworfen wurde, und wie die »moralischen Prinzipien«, die den damaligen Bürger, wie aus den »Moralischen Zeitschriften« und der moralisierenden Literatur der dreißiger und vierziger Jahre hervorging, so am Herzen lagen, unaufhörlich an den Höfen in schändlichster Weise verletzt wurden.

Die *Bestechung*, die *Schmuggelei* und die *Korruption* trieben im 18. Jahrhundert ihre üppigsten Blüten. Wer sich einen ungefähren Begriff von der Korruption in Deutschland machen will, der sei auf G. L. Kriegk verwiesen, der in seinen »Deutschen Kulturbildern(!) aus dem 18. Jahrhundert« an Hand der Akten der Stadt Frankfurt eine Aufstellung von den im 18. Jahrhundert durch den Rat bezahlten Bestechungsgeldern gibt.[1] Ratstellen, so weist Kriegk nach, wurden zu Anfang des Jahrhunderts zu 15 000 fl. verkauft. Ein Zwist zwischen der Bürgerschaft und dem Magistrat, der sich von 1705 bis 1732 hinzog, wurde in der Kanzlei in Wien mit Schmiergeldern ausgefochten. Gleich im Anfang zahlte der Rat dem Reichskanzler 4000 fl., seinem Sekretär 220 fl., dem Herrn Rat Binder 440 fl. und zwei nicht genannten Beamten 208 bzw. 245 fl. Damit der Prozeß vorwärts käme und die Entscheidung zugunsten des Rats ausfiele, wurde 1722 der Reichshofrat Graf Stein mit bloß 15 000 fl. bestochen. 1727 bot der Magistrat dem Kaiser selbst, angeb-/lich für seinen Schloßbau, 100 000 fl. an. Die Bürgerschaft, die den Rat schon all die Zeit überboten hatte, versprach sofort 200 000 fl. in Raten von 25 000 fl.

Aus der Zeit von 1740 bis 1750 gibt Kriegk eine weitere detaillierte Aufstellung von den Summen, die die diversen Kanzler, Vizekanzler, Minister, Geheimräte, Hofräte, Sekretäre usw. von Wien und Mainz als Douceurs für kleinere Gefälligkeiten erhielten. Die Gesamtsumme überschritt 25 000 fl.

---

[1] Georg Ludwig Kriegk, Deutsche Kulturbilder aus dem 18. Jahrhundert. Nebst einem Anhang: Goethe als Rechtsanwalt. Leipzig 1874

Frankreich bestach alle deutschen Höfe mit Subsidien und Pensionen, um die deutschen Gebiete mit französischen Waren überschwemmen zu können. Allein an Bestechungsgeldern gab Frankreich von 1750 bis 1772 137 Millionen Francs aus. Die Fürsten dachten nicht daran, sich diese willkommenen Gelder entgehen zu lassen, die sich naturgemäß gegen den eigenen Handel und also gegen das eigene Bürgertum auswirkten.

Um die hohen Zölle zu umgehen, mußte man schmuggeln und bestechen. 1780 lebten in England zwei Millionen Menschen von Schmuggel; von $13^1/_2$ Millionen Pfund Tee wurden allein 7 Millionen geschmuggelt. Von der französischen Einfuhr nach England wurde die Hälfte geschmuggelt. Aus Deutschland haben wir keine genauen Zahlen, aber wir können sicher sein, daß es hier nicht besser aussah. Fest steht, daß unter Friedrich II. ein Drittel des inländischen Konsums an Seidenwaren durch Schmuggel über die Grenze gebracht wurde.

Hinzu kam, daß in den meisten Ländern wirklich große Staatsmänner fehlten und die Beamtenschaft sehr viel zu wünschen übrig ließ, was kein Wunder ist, wenn man bedenkt, daß im 18. Jahrhundert in ganz Deutschland die Ämter stets verschachert wurden. Sogar in Preußen unter Friedrich Wilhelm I. war diese Praxis allgemein üblich. Ein Zöllner z. B. mußte für eine Stelle, die ihm monatlich 7 Taler einbrachte, 800 Taler bezahlen. Man errechne daraus, wie viel »Nebeneinnahmen« ein solcher Zöllner sich verschaffen mußte, um einigermaßen auf seine Kosten zu kommen. Als Karl Eugen von Württemberg wieder einmal ein Ämtchen durch Vermittlung seines Faktotums Wittleder verschachert hatte, notierte er in dem betreffenden Reskript über den anscheinend nicht besonders intelligenten Käufer des Amtes die/denkwürdigen Worte: »Obwohl er nicht viel Talente hat, so ist er doch ein ehrlicher Mann- und 4000 Gulden eine schöne Summe Gelds«.[1] Der Vater von Justinus Kerner, der für die Oberamtei Ludwigsburg 6500 Gulden hatte zahlen müssen, hat sein ganzes Leben lang unter den Schulden gelitten. Wer kein Geld hatte eine Stelle zu kaufen, dem blieb noch ein anderes Mittel übrig, vorwärts zu kommen, er mußte eine ausrangierte Maitresse seines Fürsten heiraten. Sogar Pastoren gaben sich dafür her, wie aus einem Schreiben eines schwäbischen Pastors an einen Kollegen hervorging: »Eine

---

[1] Kriegk, Deutsche Kulturbilder a. a. O.

schwangere Maitresse seines Patronatsherrn heiraten zu können, dünkt manchem als der höchste Glücksfall, der ihm begegnen könnte«.[1] In Süddeutschland war diese Praxis so allgemein verbreitet, daß sich ständige Redensarten gebildet hatten wie: »Die Frau Pfarrerin hat den Konfirmationsunterricht im Bett des Herrn Grafen bekommen«, oder »Konsistorialrat werden ist nicht schwer, wenn man den Herzog zum Bettschwager hat«, usw.

In dem »prozaisch-komischen« Heldengedicht »Wilhelmine oder der vermählte Pedant« (1764) von M. von Thümmel wird die Vermählung eines Landpastors mit einer abgelegten Maitresse nach Gebühr verspottet.

Selbst in Preußen bildeten, wie gesagt, die Beamten keine Ausnahme. Friedrich II. traute nicht einmal seinen Justizbeamten. Von Cocceji hatte dem mit Arbeit überlasteten König vorgeschlagen, das königliche Bestätigungsrecht nur auf die allerwichtigsten Fälle einzuschränken. Am 26. Juni 1743 lehnte das Friedrich II. ab, »weil sonst dabei allerhand Inconvenienzen und daß die Leute in den Provinzen nach Gefallen gehudelt werden, entstehen könnten«[2]. Von der Integrität seiner übrigen Zivilbeamten scheint Friedrich II. ebensowenig eine hohe Meinung gehabt zu haben. E. Brandes, ein »geheimer Cabinettsrath in Hannover«, berichtet uns in seinen »Betrachtungen über den Zeitgeist in Deutschland in den letzten drei Decennien des vorigen Jahrhunderts« (1808), daß der König nur deswegen den »Militär-Mechanismus« in seine Zivilverwaltung einführte, weil er »seiner, selbst zu bedeutenden Posten oft schlecht gewählten Dienerschaft so wenig rechtmäßigen Spielraum als möglich verstattete«[3].

Am 14. April 1766 hatte der König »allergnädigst«/gutgefunden, seine Accise und Zollsachen neu einzurichten. Statt den entsetzlichen Druck auf die Bevölkerung zu lindern, hatte Friedrich II. einen ganzen Stab von »Financiers« und »Fermiers«, die »in noch üblerem Geruche standen, als jemals die Zöllner und Sünder zur Zeit der Römerherrschaft in Judäa« (Forster: »Leben und Thaten Friedrichs des Grossen«) aus Frankreich kommen lassen. »5 Regis-

---

[1] ebd.
[2] Acta Borussica, a. a. O.
[3] Ernst Brandes, Betrachtungen über den Zeitgeist in Deutschland in den letzten Decennien des vorigen Jahrhunderts. Hannover 1808 (Forts. Hannover 1810: Über den Einfluß und die Wirkungen des Zeitgeistes etc.)

seurs, ein jeder mit 12000 Thaler Jahrgehalt und bedeutenden Prämien vom Ueberschusse der Einnahmen, 12 Direktoren mit einem Heer von Inspecteurs, Controleurs, Visitateurs, Plombeurs, Commis rats de cave, Jaugeurs, und zur Bewachung der Gränzen ganze Brigaden von Anticontrebandiers, Gardes à cheval et à pied«, alles Franzosen, wurden auf die Landeskinder losgelassen. Auch Mirabeau (in seiner »Preussischen Monarchie«) sprach Schande von dieser Maßnahme: »Die Zöglinge der französischen Finanzkunst, gebildet in der Wissenschaft der Erpressungen, in einem Königreiche Europas, worin dieselbe den höchsten Gipfel erreicht hat, diese Leute, denen in Preussen nichts am Herzen lag, als die Einkünfte ihrer Stellen, drückten den Handel und das Volk auf eine schreckliche Art. Sie hatten sehr bedrückende Privilegien, z. B. dass sie Häuser, Magazine, Wagen und Personen selbst auf öffentlicher Landstrasse durchsuchen durften. Sie begingen so viele Exzesse, daß ihnen das Recht zum letztern genommen wurde; aber in dem Uebrigen wurden sie mit aller Strenge eines Königs geschützt, der nie sein Wort zurücknahm. Es ist eine schauderhafte Wahrheit, die bis zum Äußersten erwiesen werden soll, dass der Handel viel mehr durch die unerträglichen Fesseln litt, die sie ihm anlegten, als durch die Summen, die sie erpressten. So verschlingt der fiscalische Geist gleich einem reissenden unersättlichen Löwen alles! Es ist kein Handelns mit ihm! Er muss herab vom Throne, oder der Staat geeht zu Grunde, kein Mittelweg! Alle Zeiten, alle Völker, alle Himmelsstriche sind Zeugen gewesen von einen und denselben Uebeln, die das Werk der Zöllner waren. Mit Niederträchtigkeit fingen sie an; dann wurden sie Richter in ihrer eigenen Sache; und endlich öffentliche Unterdrücker der Menschheit, Sittenverderber und Volksplünderer von Profession.«[1]

Hamann, der in seiner zollamtlichen Tätigkeit in Königsberg das preußische Elend direkt aus der Nähe miterlebte,/berichtet darüber am 19. November 1786 in einem Brief an Reichardt: »Bübereien und Eulenspiegelstreiche und Infamien, und alles, was die Sitten eines Volkes verderben kann. Wie mir unter dieser Bande de brigands étrangers zu Muthe gewesen.«[2]

Die Klagen über die Beamten nahmen in allen deutschen Ländern

---

[1] Mirabeau, Honoré Gabriel de Riqueti, De la monarchie prussienne sous Frédéric le Grand. 4 Bde., London 1788 (dt.: 2 Bde. 1790–91)

[2] Johann Georg Hamann, Schriften und Briefe, Hg. M. Petri, 4 Tle., 1872–74

jedes Jahr zu. Die Füsten hatten versucht, das intellektuelle Niveau der Beamtenschaft zu heben durch Errichtung kameralistischer Lehrstühle. 1727 hatte Friedrich Wilhelm I. schon die erste kameralistische Professur in Halle (Peter Gasser) errichtet. Frankfurt a. O. (Justus Christoph Dithmar) folgte bald darauf. In Kaiserslautern entstand eine besondere Hochschule der Kameralwissenschaften. Für die Ausbildung der Beamten erschien weiter eine Reihe von Lehrbüchern, deren wichtigste die von J. H. G. von Justi[1] und von Sonnenfels[2] waren. Trotzdem blieben die Mittel des Merkantilismus höchst unvollkommen. Korruptionen, Betrügereien und Täuschungen waren an der Tagesordnung. 1783 jagte Friedrich II. dem am 14. Juli 1766 ernannten »Generalregisseur« de Launay und die übrigen »Regisseure« über die Grenze, nachdem er endlich zu der Erkenntnis gekommen war: »sie plündern die Provinzen«. Diese Akzisenpächter hatten ihm in den zwanzig Jahren ihrer Verwaltung ein Plus von $23^1/_2$ Millionen Taler eingebracht. Da sie außer ihrer Besoldung von 60 000 Talern eine Tantieme von 5% des Mehrertrages erhielten, kann man sich vorstellen, wie diese Blutsauger im Dienste des Königs gehaust haben.

Die Zolltarife waren ein Mittel der Korruption, sie wurden von den Beamten ganz willkürlich zu falschen Deklarationen angewandt, was dadurch möglich war, daß die Zolltarife Werttarife waren. Der Zollpflichtige war somit vollkommen dem Egoismus der Beamten ausgesetzt. Wie gehaßt und verabscheut die »Cameralisten« 1775 noch waren, geht aus Schubarts »Chronik« hervor. Sie heißen dort »nicht weise Verwalter des Staatsschatzes sondern Plusmacher«. In dem Epigramm »Thraso« beschreibt er sie folgendermaßen:

Der Unterthanen Last erschweren
Um seines Fürsten Schatz zu mehren,
An keinen Jammer sich zu kehren,
Und Städt' und Länder zu verheeren:/
Diess ist die hohe Wissenschaft

---

[1] J. H. G. von Justi: Staats-Wirtschaft, oder systematische Abhandlung aller öconomischen und Cameral-Wissenschaften, die zur Regierung eines Landes erfordert werden; 2 Tle., Leipzig 1755
[2] Josef von Sonnenfels: Grundsätze der Polizey-, Handlungs- und Finanzwissenschaft. Wien 1765–76

Die Thraso Ehr' und Reichtum schafft.
Er hat des Tigers Grausamkeit,
Des Wolfes Raubbegierd, die List
Des Fuchses, eines Hundes Neid,
Nicht seine Treu und Tapferkeit
Und keines Menschen Herz, – er ist
Ein trefflicher Kameralist.[1]

Über die *Verschwendungssucht* der deutschen Potentaten des 18. Jahrhunderts ließen sich Bände schreiben. Wir werden uns mit ein paar charakteristischen Besonderheiten begnügen müssen.

Friedrich II. hat in seinem »Antimacchiavell« seine fürstlichen Kollegen treffend charakterisiert: »Il n'y a pas jusqu'au Cadet d'une ligne apanagée, qui ne s'imagine d'être quelque chose de semblable à Louis XIV; il bâtit son Versailles, il a ses maitresses et entretient ses armées.«[2]

Für jeden der Potentaten Deutschlands war es eine Notwendigkeit der Machtrepräsentation, sein Versailles zu haben. Ulrich König (1688–1744), Hofpoet von August dem Starken, gab die diesbezügliche Ansicht seiner Zeit sehr präzis wieder: Magnifizenz sei einem Fürsten notwendig, da er der Statthalter Gottes ist, Gott aber seine Magnifizenz in allen seinen äußerlichen Werken zu erkennen gibt. Gott beweise sich als groß und mächtig in seinem mächtigen Weltgebäude, in seiner strahlenden Sonne, seinem schrecklichen Donner und Blitz, nebst der steten Abwechslung seiner unbegreiflichen Witterungen; so müsse der Fürst auch in allen seinen äußerlichen Werken strahlen und glänzen.[3]

Die erste Hälfte des 18. Jahrhunderts war die große Zeit der deutschen Schloßarchitektur. Schon aus der bloßen Aufzählung der wichtigsten Bauten kann man sich einen Begriff von dem pharaonischen Größenwahn der deutschen Despoten machen.

1691 wurde das Alte Schloß in Bayreuth gebaut, 1695 Schloß Schönbrunn in Wien, 1695–1703 das Residenzschloß in Bamberg,

---

[1] Chr. Fr. D. Schubart, Deutsche Chronik auf das Jahr 1774. 1775 hg. v. Chr. Fr. D. Sch., Augsburg, sowie: Chr. Fr. D. Schubarts Gedichte. Histor.-krit. Ausg. von Gustav Hauff. Leipzig 1884

[2] Friedrich II. von Preußen, Sämtliche Werke. Hg. Preußische Akademie der Wissenschaften, Bd. 1–31, Berlin 1846–57

[3] Johann Ulrich von König, Theatralische, geistliche, vermischte und galante Gedichte. Dresden 1713

1698–1706 das Schloß in Berlin, 1701 Schloß Nymphenburg, im gleichen Jahre Schloß Schleißheim, 1704 Schloß Ludwigsburg, 1705 das Stadtpalais des Prinzen Eugen/in Wien, 1710–1712 das Trautson Palais in Wien, 1711–1718 Schloß Pommersfelden, 1711–1722 der Zwinger in Dresden, 1713–1716 das Palais Daun-Kinsky in Wien, 1715 das Japanische Palais in Dresden, 1716 das Treppenhaus in Ebrach, 1719 die Orangerie in Fulda, 1719–1744 die Residenz Würzburg, 1720 Schloß Mannheim, 1721–1724 Belvedere in Wien, 1721 Mirabell in Salzburg, 1722 Schloß Bruchsal, 1723–1728 das Palais Freysing, 1731 das Treppenhaus in Bruchsal, 1734–1739 die Amalienburg in Nymphenburg, 1737 Schloß Rheinsberg, 1743–1748 Schloß Augustinenburg in Brühl, 1745–1747 Sanssouci in Potsdam, 1746 das Residenzschloß in Stuttgart, 1748–1764 das Palais des Prinzen Heinrich, 1754–1757 der Erbdrostenhof in Münster. 1759–1761 das Erzbischöfliche Palais in Trier, 1763 das Neue Palais in Potsdam, 1767–1772 Schloß Münster, 1769–1773 Schloß Wörlitz.

Die Geldverschwendung der deutschen Fürsten kann man erst in ihrer wahren Gestalt erkennen, wenn man die ungeheuren Summen, die sie für ihre phantastischen Bauten und ihre Pläsierchen ausgaben, mit der Ausdehnung ihrer Gebiete und der Bevölkerungszahl vergleicht. Das ganze Land Württemberg z. B. hatte damals eine Gesamtoberfläche von 729 Quadratkilometern und eine Bevölkerung von 500 000 Seelen. Das Schloß Ludwigsburg war so groß, daß Karl Eugen v. Württemberg (1744–1793) darin eine Hofhaltung von 2 000 Personen und 800 Pferden bequem unterbringen konnte. Ludwigsburg genügte ihm nicht, er ließ außerdem das enorme Residenzschloß in Stuttgart und eine Reihe von Lustschlößchen, zum Teil für seine Maitressen, bauen, so z. B. Solitude, Monrepos, Favorite, Hohenheim. In seinem Hoftheater in Ludwigsburg hatte er als Ballettmeister den weltberühmten Noverre angestellt, als Kapellmeister den italienischen Komponisten Jommelli, als Tänzer den damaligen Star von Versailles Vestris, der in Württemberg ein Jahresgehalt von 12 000 Gulden bezog. Vestris teilte seine Tätigkeit zwischen Versailles und Ludwigsburg. Opernaufführungen kosteten am württembergischen Hofe häufig die Totalsumme von 100 000 Gulden, für Geburtstagsfeierlichkeiten verausgabte Karl Eugen 300 000 bis 400 000 Gulden. Feuerwerke von einer halben Million Gulden gehörten nicht zu den Seltenheiten. Über Württemberg sind wir besonders gut orientiert durch »Die reine

Wahrheit oder Denkwürdigkeiten/des Hauses Württemberg« vom Jahre 1765[1] und die Memoiren des Barons von Wimpfen[2], der von 1763 bis 1773 das Lustleben Karl Eugens aus nächster Nähe mitmachte. Oft konnten die immensen Gagen für die Opernmitglieder nicht ausgezahlt werden. Forstämter, Rentkammern, Kirchenräte und Privatleute mußten infolgedessen mit Krediten herhalten, die niemals zurückgezahlt wurden.

Die Verschwendungssucht von Karl Philipp (1716–1742) und Karl Theodor (1742–1799) von der Pfalz, von Karl Albert (1726–1745) von Bayern, von Friedrich August II. dem Starken (1694–1733) und Friedrich August III. (1733–1763) von Sachsen, von Friedrich Alexander und Friedrich Christian von Bayreuth und von Karl Friedrich Wilhelm und Karl Alexander von Ansbach stand hinter der prunkhaften Hofhaltung von Württemberg nicht zurück. August der Starke, der trotz der Seelsorge seines Beichtvaters, des Jesuiten Bota, 354 uneheliche Kinder in die Welt setzte, gab im Jahre 1719, als in Sachsen Hungersnot und Teuerung herrschte, 4 Millionen Taler für seine Vergnügungen aus.

Das *Maitressenwesen* florierte an fast allen deutschen Höfen. Es war offiziell sanktioniert. Biedermann berichtet uns z. B., daß die Juristenfakultät der Universität Halle zu Anfang des 18. Jahrhunderts ein Rechtsgutachten dahin abgab, daß Fürsten und Herren den gewöhnlichen, für Private geltenden Gesetzen nicht unterworfen, sondern lediglich Gott für ihre Handlungen Verantwortung schuldig seien, »dass daher auch ein ungeregeltes Liebesverhältnis mit einem Grossen für eine Person nichts Entehrendes enthalte, dass vielmehr auf eine solche Etwas von dem splendeur ihres amanten übergehe.«[3]

Herzog Eberhard III. von Württemberg (1628–1674) war mit drei seiner Maitressen zugleich offiziell vermählt. Er machte es zu einem Sport, seine dreizehn Welpen untereinander zu kopulieren. Eberhard Ludwig von Württemberg (1677–1733) war mit seiner Frau und der Gräfenitz zugleich verheiratet. Am schamlosesten trieb es Friedrich August von Sachsen. Eine von seinen unzähligen

---

[1] Jean H. Maubert de Gouvest, La pure verité. Lettres et mémoires sur le Duc et le Duché de Virtemberg. Par Mme la Baronne Donarière. Augsbourg 1765 (dt.: Köln 1765)

[2] F. L. Wimpfen von Borneburg, Mémoires sur sa vie, écrits par lui-méme. Paris 1788

[3] Karl Biedermann, Deutschland im 18. Jahrhundert. Leipzig 1854–80 (4 Bde.)

Maitressen, die Gräfin Orselska, war seine eigene Tochter, die ihm von einer Schenkwirtin in Warschau geboren wurde. Die Orselska schenkte ihrem Vater und Geliebten noch während seines Lebens ein/Kind von dem Grafen Rutowsky, der ebenfalls ein uneheliches Kind von Friedrich August war.

Das Maitressenwesen hatte allmählich so überhand genommen, daß sich sogar der fromme, bibelfeste und sparsame Friedrich Wilhelm I. von Preußen verpflichtet fühlte, eine Maitresse zu halten, ohne für die ihr gezahlte Apanage eine Gegenleistung zu verlangen. Diese Gräfin von Kolbe-Wartenberg geb. Rückert, eine Schankwirtstochter aus Cleve, war zuerst an einen Kammerdiener verheiratet und Maitresse von Kolbe gewesen, hatte dann nach dem Tode ihres Mannes von Kolbe geheiratet, der bald zum Schloßhauptmann, Oberstallmeister und ersten Kammerherrn des Königs avancierte. Mit ihrem königlichen Geliebten lustwandelte diese »maîtresse en titre« täglich ein Stündchen, mit anderen, z. B. dem englischen Botschafter und August dem Starken trieb sie andere Scherze. Karl Eugen von Württemberg hielt sich einen ganzen Harem von italienischen und französischen Mädchen, zu denen sich häufig die verschleppten Töchter seiner Untertanen gesellten. Wenn eins seiner Landeskinder schwanger wurde, schickte der Herzog es nach Hause mit der »fürstlichen« Entschädigung von 50 Gulden »ein für allemal.«

Wir müssen die Schilderung der Verhältnisse an den deutschen Höfen einen Augenblick unterbrechen, um auf die sehr wichtige Tatsache hinzuweisen, daß die sagen wir äußerst freie Lebensauffassung der hohen Herren den Künsten ihren Stempel aufdrückte.

Es würde viel zu weit führen, wollten wir auch nur einen kleinen Teil der Gemälde, Stiche und Plastiken aufzählen, die durch ihre einmal freche, dann wieder kaschierte Obszönität dem damaligen höfischen Geschmack, der anscheinend in den vierziger und fünfziger Jahren den Gipfel aller Lüsternheit erreicht hatte, zu entsprechen suchten.

Von den mythologischen Szenen erfreuten sich vor allem diejenigen einer besonderen Beliebtheit, in denen die griechischen und römischen Göttinnen Gelegenheit geboten war, ihre Reize zu zeigen, oder in denen der göttliche Schürzenjäger Jupiter sich seinen nicht gerade himmlischen Vergnügungen hingab. Dann kamen die unzähligen Genrestücke: Frauen im Bett in den verfänglichsten Stellungen, legitime und noch/viel mehr illegitime Hochzeitsnächte avant et après, Klistierszenen in allen Variationen, natürlich nur von Frauen, denn die an und für sich unappetitliche Handlung war nur Vorwand, um vollendete Formen zeigen zu können. Diese letzten Darstellungen wurden besonders reizvoll gemacht durch die Hinzufügung eines versteckt aufgestellten Voyeurs, der auch selten bei den ebenso beliebten Badebildern fehlte. »Levers«, am liebsten mit einem kleinen niedlichen Abbé, der mit großen »unschuldigen« Augen den Toilettenintimitäten einer vornehmen Dame zuschaut, waren ein nicht weniger gesuchtes Motiv. Dann Bilder von Kavalieren, die ihren Damen beim Befestigen eines widerspenstigen Strumpfbandes behilflich waren oder sich eifrigst bemühten, ihnen einen lästigen Floh wegzufangen. Diese letzte Art von Bildern wirkten auf die damaligen Beschauer ganz anders als auf die heutigen Betrachter, weil die Schönen, auch wenn sie in großer Toilette paradierten, niemals Höschen trugen. Kußszenen von einer so stürmischen Leidenschaftlichkeit, daß es einem kalt über den Rücken läuft, Windstöße, die gar keine Rücksicht auf die mangelnden Dessous der damaligen Damen nehmen, Mädchen auf der Schaukel, die vollendet schönen Beine weit auseinander, natürlich mit dem obligaten Voyeur, sind uns in unzähligen Abwandlungen erhalten. Ein beliebtes Sujet war auch die berühmte »Enfileuse«, häufig mit einer Unterschrift wie z. B.:

> Cette bonne mère sourit
> De voir sa fille avec esprit
> Remettre à son collier des perles qu'elle enfile.
> Mais quand l'amour s'en veut mêler,
> Une beauté devient habile
> Pour tout ce qu'il faut enfiler.

Dann Hirtenknaben mit einem Vögelchen in der Hand neben einer Schäferin, die den Käfig hält, oder auf dem Käfig sitzt. Endlich seien noch die vielen Mädchen erwähnt, die wegen eines zerbrochenen Spiegels, oder einer jämmerlich zerdrückten Rose, oder eines zerstoßenen Fächers tief betrübt dareinschauen.[1]

---

[1] vgl. hierzu: H. Hayn und A. N. Gotendorf, Bibliotheca Germanorum erotica et curiosa. München, 3. Aufl. 1912 ff., Bd. 9 (München 1929), Hg. P. Englisch

Durch die damalige innige Verquickung von Weltlichem und Geistlichem konnte es nicht ausbleiben, daß auch die kirch-/liche Kunst durch die höfische »Unsittlichkeit« infiziert wurde. Gehörten doch die kirchlichen Auftraggeber, die über die reichsten Geldmittel verfügten, also die Bischöfe und die Äbte, wenn auch nicht zu den 360 ganz souveränen, so doch in den meisten Fällen zu den 1 500 halbsouveränen Potentaten Deutschlands, die durch die Bank Lebemänner waren. Sogar in den Klöstern herrschte damals ein ziemlich mondäner Geist. Konnte es auch anders sein? Die Nonnenklöster waren die Erziehungsanstalten der adligen Mädchen, die Versorgungsanstalten für die sitzengebliebenen adligen Töchter, die Erholungsheime und Sanatorien für die vornehmen Damen, die sich in der Liebe etwas übernommen hatten, die Strafanstalten, in die der Adel seine untreuen Gemahlinnen oder Verwandten, die sich all zu sehr kompromittiert hatten, abschob. Wenn uns in Memoiren (z. B. von Casanova) von Klöstern erzählt wird, in denen die Nonnen dekollettiert gingen und die frommen Insassen, als die Versuchung zu heftig wurde, nachts aus ihren Zellen echappierten, um sich in einer petite maison in den Armen eines Liebhabers von ihrem fortgesetzten keuschen Lebenswandel wieder mal gründlich zu erholen, klingt das durchaus glaubhaft.

Schon die Ausstattung der Kirchen, die in den vierziger und fünfziger Jahren gebaut wurden, besagt uns, wie die Grenzen zwischen Geistlichem und Weltlichem sich durch den Einfluß, der von den Höfen ausging, verwischt hatten. Es ist fast eine Gotteslästerung, diese für den religiösen Kult bestimmten Festgebäude Kirchen zu nennen. Ins Geistliche travestierte Hoftheater waren es, in Weiß und Gold, mit Front- und Seitenbalkonen, in Rängen übereinander, und mit luxuriös ausgestatteten Logen, in denen die privilegierten Kinder Gottes sich vor den Blicken des »gemeinen Pöbels« sicher fühlen konnten. Außerdem waren die Logen häufig mit einem seidenen Vorhang versehen, der zugezogen werden konnte, wenn das Auge Gottes allzu durchdringend auf dem Tête à tête in den lauschigen Ecken ruhte.

Ebenso war die Kirchenmusik eine ins Geistliche travestierte Hoftheatermusik. Nur durch ihren geistlichen Inhalt unterschieden sich die Oratorien von den Opern. Der ganze Pomp der Hofmusik mit ihrem großen Orchester, den Rezi-/tativen, Arien und Chören wurde einfach in die Kirche übertragen.

Die Messe wurde in Opernart dramatisiert und in geschlossene solistische und chorische Partien aufgelöst. Die Pracht festlichen Trompeten- und Posaunenjubels, das Gepränge üppigen Chor- und Orchesterschmuckes, die ganze Affektgeladenheit der Vertonung stand zu dem objektiv gültig sein sollenden Messeninhalt in denkbar schärfstem Gegensatz. Man fühlte diese Diskrepanz sehr wohl und versuchte zeitweilig, durch bewußten Archaismus die kirchliche Würde zu retten.

Im protestantischen Norddeutschland wurde durch einen starken Konservativismus in der Tonsprache und die Einfügung des Chorals der kirchliche Charakter der Figuralmusik gewahrt, obwohl Erdmann Neumeister, der erste Dichter der »geistlichen Kantaten«, diese Kunstform als »ein Stück Opera, von Stylo Recitativo und Arien zusammengesetzt« definiert hatte.[1]

Am evidentesten wird uns die totale Verweltlichung alles Geistlichen, wenn wir uns die gemalten und gebildhauten Marien und Engel in den Kirchen ansehen. Allerdings sie sind nicht nackt, wie die Götter und Göttinnen in den Schloßparken, sie sind bloß partiell entblößt, aber eben deshalb sind sie viel pikanter, als wenn sie nackt wären. Sie wirken mit ihren quasi zufälligen Retroussierungen tausendmal aufregender, als wenn sie sich in ihrer ganzen Natürlichkeit den Blicken der frommen Gläubigen dargeboten hätten. Ihr Nacktes war, sagt Hausenstein, »eine Orgie von Intimitäten«. – »Du siehst nicht eine Schulter. Du siehst in die Höhle einer Achsel hinein. Du siehst nicht nur die reine Plastik eines Knies. Du siehst Politur und Elektrizität eines Knies und denkst an die entzückende Madame des Aubel in jenem Roman des Anatole France. Du siehst das Ueppige, fleischig Modellierte, die Grübchen und in allem die Gefahr bezaubernder Gegenständlichkeit. Du siehst die Kehlen der Knie, die Eleganz der Knöchel und bist versucht, den seidenen Flor eines Strumpfs darüber zu ziehen. Du erkennst die beklemmende Gegenwärtigkeit reizender Ellbogen. Kinn und Arm, Nasenflügel und Ohrläppchen sind rosa bemalt. Schatten sind rot wie bei Rubens. Ringsum ein Garten von Fleischfarben – die umso mehr erregen, je weniger sie wahre Fleischfarben sind, je mehr sie sich mit Fondant und/Maillot zu verwechseln

---

[1] Erdmann Neumeister, Fünffache, Gott und seinem Dienste gewidmete Kirchenandachten, bestehend in theils bisher besonders, theils niemahls gedruckten Cantaten, Oratorien und geistlichen Liedern, auf die Sonn- und Festtage des ganzen Jahres etc. – Leipzig 1716, Fortsetzung 1725

scheinen. Nicht genug. Die Verführung wächst aus einem Körper, den aufreizend ein goldenes Paillettenmieder umspannt – denn diese Engelspanzer sind Korsetts, sind Dessous aus einer Revue, sind Folies-Bergère. Die Frechheit des Barock fügt eine letzte Lüge dazu: es macht diese Wesen geschlechtslos. Nicht Frauen sind sie, nicht Epheben. Dies Unbestimmte, anstatt zu neutralisieren, spielt mit überempirischen Sphären des Erotischen, denen geniessende Enthaltung raffinierter Kleriker einer raffinierten Epoche lächelnd nachflog.«[1]

Die Kirche schreckte damals vor keiner Obszönität zurück. »Diese Heiligen an den Säulen der Kirchen: ihre Hälse renken sich zu verderbten Längen; der Anblick muss, wollend oder nicht, auf ihre Nasenlöcher zielen, die ein frecher Finger modelliert hat. Die Engel, die an Wolken des Hauptaltars lagern wie in Lotterbetten, sind süsse Kreaturen der Lust – umso aufreizender, je weniger ihre Geschlechtlichkeit, nicht einmal hermaphroditisch, sich ausspricht. Um Kanzeln, um Heilige mit galantem Schritt, galanten Beinen, gewagter Augenblicklichkeit der Entblössung an gebauschten Schenkeln und Schultern, um Glassarkophage, in denen unter Edelsteinen und bräutlichen Schleiern Gerippe von legendären Märtyrern auf kostbaren Kissen ruhn, wippt der schlimm-heilige Chahut des blühenden Fleisches der Genien – eine Girlande zauberischer und devoter Unzucht, vom kecken Wind des Augenblicks geworfen, um die unbeirrbare Gestorbenheit der prunkenden Skelette, in denen das Aufregende des Moments dennoch nicht zur Ruhe kommt, weil selbst sie eine stachelnde Mischung von Tugenden und Spitzen sind. Dieser Wind, dieser ewige, nie aussetzende barocke Wind, der in und unter die Gewänder der Engel und Heiligen bläst – ist ein Teil vom Wehen des Heiligen Geistes oder von einem Zephir aus Zypern? Diese süssfarbene Heiligkeit ringsum, Sonne über Anemonenlila, Schlüsselblumengelb, Isargrün, bleu mourant und Rosa – ist dies der Himmel oder das Boudoir der heiligen Magdalena vor ihrer Heiligkeit? Dies alles ist insgeheim so skandalös, dass man denken muss, der gröbere und minder psychologische Eifer der Epigonenkirche von heute habe keine Nerven dafür, da er sonst Alles verhindern würde.«[2]

---

[1] Wilhelm Hausenstein, Rokoko. Französische und deutsche Illustratoren des 18. Jahrhunderts. München 1929
[2] ebd.

Wo die Kirche ihre Heiligen nicht entblößte, sind sie erst/recht Nuditäten, bekleidete Nuditäten. »Die klassische Attitüde, das angeklatschte Kleid, das den antikischen Akt durchscheinen lässt, grenzt an Blasphemie«, sagt Feulner von der Schmerzhaften Mutter Gottes von Christoph Schönlaub in der Schloßkapelle von Schönbrunn. »Die Maria von einer Verkündigung von Joseph Anton Feuchtmayer (1696–1700) des Deutschen Museums in Berlin ist eine Blasphemie«, bemerkt Feulner wieder mit vollstem Recht. »Eine überschlanke Dame in enganliegendem Kleid, das die nach oben verschobenen Brüste durchscheinen lässt, mit goldener Mantille und blauem Spitzenkragen, dekolletiert, neigt das Köpfchen und greift unnachahmlich graziös und kokett mit gespreizten Fingern an Hüfte und Brust. Ein geschminktes Gesicht mit müden, geröteten Augen, sinnlich geöffnetem Mund, hoher Stirn mit wegrasierten Haaren. Schon mehr als »mondän«. Sie lehnt prüde ab, aber die Verkündigung kam nicht unerwartet.«[1]

Verkündigungsszenen gehören in dem klassischen Zeitalter der »Dévirginateurs« zu den beliebtesten Sujets. Nicht die übersinnliche Fleischwerdung des Wortes wurde versinnlicht, wie z. B. in der mittelalterlichen Kunst, sondern der plump sinnliche »grand frisson« wurde verübersinnlicht, das wollüstige Zusammenbrechen der Jungfrau, letzteres aber mit soviel Routine, daß schon eine ungeheure Portion Naivität dazu gehört, auch nur einen Augenblick an die 24-Karätigkeit ihrer jungfräulichen Tugend zu glauben. In den meisten Verkündigungsszenen dieser Zeit hatte sich die heidnische Leda in eine Maria und der unanständige Schwan in eine unschuldige Taube *äußerlich* verchristlicht.

In keiner Zeit war auch die »lactatio St. Bernhardi« so beliebt. Von Cosmas Damian Asam (1686–1739), Franz Ignaz Günther (1725–1775) u. a. sind uns Muster dieser erotischen Religiosität, oder wenn man will, religiösen Erotik erhalten. In Indersdorf, wo Günther diesen Vorgang malte, sehen wir den heiligen Bernhardus in Verzückung zurücklehnen, während ihm aus der Brust der Maria ein feines Strählchen Milch in den wollüstig geöffneten Mund spritzt.[2]

Der Protestantismus, der nicht wie die katholische Kirche

---

[1] Adolf Feulner, Skulptur und Malerei des 18. Jahrhunderts in Deutschland. Potsdam 1929 (= Handbuch der Kunstwissenschaft)
[2] s. Feulner, ebd.

Plastiken und Malereien in seinen Kultusgebäuden duldete, war infolgedessen von den schwülen Darstellungen, die wir um diese Zeit in den katholischen Gotteshäusern antreffen, frei-/geblieben. Um so mehr schlich sich die Erotik in die protestantische Dichtung ein und trieb namentlich in der pietistischen die seltsamsten Blüten. Um 1737 besuchte von Loen Herrnhut. Er berichtet über Zinzendorf u. a.: »Wenn er von der Liebe das Heilandes redet, so treibt er nicht selten die Einbildungskraft so weit, dass er dazu die schlüpfrigsten Vorstellungen der fleischlichen Liebe entlehnt. Diese Bilder sind voller Unreinigkeit und Befleckung, sie erwecken solche Begriffe, die sich zu einer reinen Andacht gar nicht schicken; ja sie machen selbst die Unschuld und Schamhaftigkeit erröten.«[1] Eine einzige Probe aus dem Herrnhuter Liederbuch vom Jahre 1735: »Höhlchen, du charmirst mich so, das macht mich von Herzen froh, springerhaftig, lustig, fröhlich, und so über alles selig; klopfet, klopfet in die Hände! Klopfet, klopfet in die Händ! Und was er im Kabinet oder in dem Ehebett, will mit seinem Bräutel machen, das sind gar geheime Sachen, die unter vier Aeugelein, müssen bleiben ganz allein.«[2]

Nach diesem Abstecher in die Kunst kehren wir zu dem Maitressenwesen an den deutschen Höfen, von dem wir ausgegangen waren, zurück.

Die verhältnismäßig kleinen Staaten waren auf die Dauer natürlich nicht im Stande, das viele Geld für das vergnügliche Leben ihrer Landesväter aufzubringen. Es mußte also nach anderen Mitteln gesucht werden, um die kostbaren Lustbarkeiten zu finanzieren. Das nächstliegende Mittel war das Andrehen der Steuerschraube. Aber auch das hatte seine Grenzen. Dann kamen die einmaligen Abgaben. Von Moser hat uns in seinem Werk »Der Herr und der Diener« (1759) geschildert, wie das gemacht wurde: »In verschiedenen Provinzen Deutschlands habe ich die Handlungen der Landtage in der Nähe zu betrachten Gelegenheit gehabt. Es hat mich ein ordentliches Bedauern gekostet, wie das Landes-Väterliche Herz auf denselben herumgeschleppt wurde. Nach der Proposition der landesherrlichen Kommissarien brach dem theuren Landes-

---

[1] Johann Michael von Loen, Gesammelte kleine Schriften. 1749
[2] N. L. Graf von Zinzendorf, Gesangbuch der Gemeinde zu Herrnhut, nebst VIII Anhängen. Löbau 1735

vater das Herz, dass er mit neuen Anforderungen beschwerlich fallen müsse. Er, der alsdann erst froh sein würde, wenn er seine Unterthanen reich und glücklich machen konnte. Dies einzige tröstet ihn, dass er ganz unvermeidliche und unter der Leitung eines höheren Schicksals stehende Landes-/bedürfnisse seyen, welche in nöthigen, dem Lande mit neuen Anforderungen beschwerlich zu fallen. Nach dieser Charlatans-Predigt geht das Negotiren an. Die Land-Hauptleute, der Erb-Marschall, die Ausschüsse von Prälaten, Ritterschaft und Städten und wie sie nach der verschiedenen Lage der deutschen Provinzen heissen, werden einer nach dem anderen besprochen, gastirt, belobt, bedroht und gewonnen, die mehreren Stimmen machen endlich den Schluss, und es wird ein abermaliges Aderlassen durch das ganze Land resolvirt. Der Land-Tags-Abschied ist so gelehrt wie eine Leichenpredigt, und der Minister mit seinen Maklern und Küch- auch Kellerbedienten kommen in Triumpf nach Hof zurück, Leben und Wonne breitet sich wieder über die Favoriten und Favoritinnen aus, der Jäger bläst auf die freudige Nachricht von den neuen Land-Tags-Geldern noch einmal so mutig ins Horn, die Sängerin, die seit dreizehn Monaten nicht bezahlte Sängerin, steigt so hoch, wie eine Lerche, der Parforce-Hunds-Stall, dem die Renth-Kammer und Creditores schon den Untergang decretirt hatten, ertönt von frohem Geheul, und alle adeliche und unadeliche Müssiggänger rechnen bereits auf die neue Goldgrube. Von den gethanen Bewilligungen sollte den Truppen der rückständige Sold entrichtet, gewisse auf Executionen stehende Landes-Schulden abgetragen und einige mit grossem Vortheil feil gemachte, dem Lande incorporirte Ritter-Güter bezahlt werden. Alles dieses ist im Angesicht des Landes mit Hand und Siegel auf Wort und Treue versprochen worden. Allein, das Gott erbarm! Wie wird der theuersten Zusage gespottet.«[1] – »Alleruntertänigste Vorstellungen« der Landstände wurden meistens als »Kränkungen fürstlichen Respekts« behandelt.

Gab der Landtag nicht nach, so schreckte der Fürst, wie z. B. Karl Eugen von Württemberg, nicht vor einem regelrechten Kassenraub zurück.

Ein besonders erfolgreiches Mittel, aus der Geldnot herauszukommen, war die Ernennung eines Juden zum Finanzminister, der

---

[1] Friedrich Karl Freiherr von Moser, Der Herr und der Diener, geschildert in patriotischer Freyheit. Frankfurt 1759

erst mal auf die Untertanen losgelassen, selbst nach allen Regeln der Kunst ausgesogen und zum Schluß, nachdem sein Vermögen wegen angeblicher Untreue konfisziert war, verbannt oder gar gehängt wurde. Nicht einmal Friedrich II. ekelte sich vor jüdischem Geld. Während des Siebenjäh-/rigen Krieges, als die Staatsmittel vollkommen erschöpft waren, erteilte er ohne Bedenken dem Juden Hertz Moses Gompertz das Recht, »Friedrichsdors« mit geringem Goldwert zu münzen, und 1757 verpachtete er die sächsischen Münzstätten Dresden und Leipzig an die Juden Veitel Emphraim Söhne und Daniel Itzig. Sie prägten im Auftrage des Königs neues Geld, das 40% weniger wert war. Das Geschäft brachte Friedrich II. im Jahre 1757 2–3 Millionen Taler ein. 1759 pachteten Ephraim und Itzig auch die Münzstätten der Provinz Brandenburg, die Geldverschlechterung betrug dort 50%. In Polen, Ungarn und Rußland wurden ungefähr 50 Millionen gutes Geld zusammengeramscht und dann in Preußen in schlechtes umgeprägt. Der König verdiente mit dieser »Industrie«, wie er das unsaubere Gebaren selbst nannte, während der letzten Jahre des Siebenjährigen Krieges jährlich 6–7 Millionen Taler. Bezeichnend war, daß er von seinen Bauern stets gutes Geld verlangte, selbst aber mit jüdischen »Friedrichsdors« zahlte.

Als eine sehr einträgliche Einnahmequelle erwies sich auch das Verschachern von Landeskindern als Kanonenfutter an fremde Mächte.

Die Reihe der sogenannten deutschen Subsidienverträge wurde eröffnet durch den katholischen Bischof von Münster, Bernhard von Galen (1650–1678), der von 1665 bis 1677 6000–8000 Mann nacheinander an England, Frankreich, den Kaiser, Spanien und Dänemark, immer an den Meistbietenden, vermietete.

Die Fürsten des kleinen Ländchens Hessen haben sich wohl am meisten an dem Blut ihrer Landeskinder zu gute getan. Der älteste hessische Subsidienvertrag datiert von Jahre 1677 und wurde vom Landgrafen Karl I. (1677–1730) mit König Christian von Dänemark abgeschlossen. 1702 lieferte Karl I. 9000 Hessen an die Seemächte, 1706 11 500 Mann an Italien, nach dem Utrechter Frieden 12 000 Mann an Georg I. von England. Seit der Thronbesteigung Georgs II. zahlte ihm England jährlich 240 000 Pfund Sterling Subsidien.

Friedrich I. von Hessen (1730–1751) vergrößerte seinen Betrieb ganz beträchtlich. Das stehende Heer wurde auf 24 000 Mann ge-

bracht. Während seiner Regierung erhielt er allein von England
1 249 699 Pfund Sterling./

Wilhelm VIII. von Hessen (1751–1760) verschacherte 6 000 Landeskinder an Georg II. von England, der sich mit Maria Theresia verbündet hatte, und weitere 6 000 Hessen an Karl VII., der mit Maria Theresia Krieg führte. Die Hessen durften sich also gegenseitig abschlachten, zum Profit ihres Landesvaters, der pro Toten im Durchschnitt 30 Kronen, pro Verwundeten 10 Kronen einkassierte. Außer ganz beträchtlichen Lieferungen an Holland stellte der Landgraf während des Siebenjährigen Krieges 20 000 Hessen den Engländern zur Verfügung.

Friedrich II. von Hessen (1760–1785), der eine ausrangierte Maitresse des Herzogs von Bouillon mit einem jährlichen Fixum von 10 000 Talern für ihre Liebe honorierte, die größte Verschwendung trieb, die kostbarsten Bauten ausführen ließ, hatte mit seinem Menschenhandel so viel verdient, daß er nach seinem Tode noch 60 Millionen Taler hinterließ.

Diese Zahlen bekommen erst eine erschreckende Bedeutung, wenn man bedenkt, daß das kleine Hessen-Kassel damals ganze 300 000 Einwohner zählte.

In den übrigen deutschen Staaten blühte der Soldatenhandel nicht weniger üppig.

1685 lieferte Georg III. von Sachsen an Venedig für den Krieg gegen die Türken 3 000 Soldaten, von denen bloß 761 nach zwei Jahren das Vergnügen hatten, ihren Landesvater wiederzusehen. 1702 vermietete Friedrich August II. von Sachsen 8 000 Sachsen an den Kaiser für 200 000 Taler Leihgebühren. Mit den Generalstaaten unterhandelte er wegen der Lieferung von 14 800 Mann. 1707 schloß er einen Subsidienvertrag mit England und den Generalstaaten über drei Regimenter Infanterie und drei Dragonerregimenter. Friedrich Wilhelm I. von Preußen verdiente im ganzen 14 Millionen Taler für Lieferungen an das Schlachthaus Österreich. Maria Theresia erhielt für ähnliche Leistungen 1749 100 000, Bayern 1750–'56 120 000, Sachsen von 1751–'55 128 000 Pfund Sterling von England.

Im ganzen englischen Heer, das während des Siebenjährigen Krieges in Westfalen 48 000 Mann zählte, diente nicht ein einziger Engländer, sondern nur Deutsche, unter anderem 20 000 Hessen und 6 000 Braunschweiger. Die Bundesgenos-/senschaft Friedrichs II. kostete den englischen König 4 Millionen Taler.

An dem Krieg Englands in Amerika waren Hessen-Kassel, Braunschweig, Hessen-Hanau, Ansbach, Waldeck und Anhalt-Zerbst mit im ganzen 30000 Mann beteiligt. 40% starben den »Heldentod für das Vaterland«. Weitaus die meisten gingen an Krankheiten, Überanstrengungen und Entbehrungen zu Grunde. Die Zahl der Gefallenen war verhältnismäßig gering. Wer über das Elend der nach Amerika verkauften Krieger Näheres wissen will, mag die Selbstbiographie des Dichters Gottfried Seume lesen, der zu den Schlachtopfern der fürstlichen Verschwendungssucht und Geldgier gehörte.[1] Schon der Transport war grauenhaft. Vollkommen verlaust wurden die Soldaten auf viel zu kleinen Frachtschiffen »eingepökelt«, wo sie mit Schinken mit Würmern und mit Schiffsfourage genährt wurden, die seit dem Siebenjährigen Krieg in englischen Lagerhäusern gestunken hatte.

Was das Gebaren der Landesväter noch verächtlicher machte, war der Handelskommisgeist, mit dem die deutschen Potentaten bei den kriegführenden Mächten angekrochen kamen, um ihnen ihre Offerten zu unterbreiten. So beteuerte z. B. Friedrich von Waldeck (1763–1812) in einem Brief an Suffolk: »Mit Leib und Seele dem Monarchen ergeben, dessen Minister zu sein Sie das Glück haben, halte ich es für meine Pflicht, was nur in meinen schwachen Kräften steht, aufzubieten, um wenigstens meinen guten Willen zu zeigen, wenn es sich um seinen Dienst handelt.« Er bot dem König ein Regiment von 600 Mann an, »das wie sein Fürst von Verlangen brennt, sich für Sie (die Majestät) zu opfern«.[2]

Die Pfarrer, wie z. B. die in Württemberg, erhielten, sobald irgendein Geschäft in Aussicht stand, den fürstlichen Befehl, Sonntags auf der Kanzel für den Menschenhandel Reklame zu machen. Selbstverständlich gaben sie sich bereitwilligst dazu her.

Die meisten Burschen, die gewöhnlich zwangsweise ausgehoben wurden, waren nach den englischen amtlichen Berichten so jung, daß sie kaum stark genug waren, das Gewehr zu tragen. Da die englische Löhnung doppelt so hoch war wie die deutsche, wurde in den Subsidienverträgen meistens stipuliert, daß die Soldaten ihren Sold nicht direkt von den Engländern, sondern von den deutschen

---

[1] Johann Gottfried Seume, Mein Leben. (1809–10). In: J. G. Seume's sämmtliche Werke. Hgg und mit einem Vorworte begleitet von Dr. Adolph Wagner in Einem Bande. Leipzig 1835

[2] s. Friedrich Knapp, Der Soldatenhandel deutscher Fürsten nach Amerika. Berlin 1874

Zahlmeistern ausbezahlt/bekämen. Sie wurden dann nach deutschen und nicht nach englischen Sätzen entlohnt, und der Fürst steckte die Differenz in die Tasche.

Noch eine Besonderheit, die die landesväterliche Gesinnung der deutschen Fürsten treffend illustriert, ist folgende. Am 17. Oktober 1777 hatten sich 2000 Braunschweiger dem amerikanischen General Gates bei Saratoga ergeben müssen. Der Herzog Karl I. von Braunschweig (1735–1780) bat, nachdem er von der Niederlage erfahren hatte, den englischen König, doch um Gotteswillen dafür sorgen zu wollen, daß die gefangenen Truppen, wenn sie ausgewechselt werden sollten, ja nicht in die Heimat zurückkehrten. Sie würden dem Landesvater das Rekrutierungsgeschäft vermasseln, wenn sie von dem Elend drüben erzählten.

Wir müssen noch kurz auf Württemberg zurückkommen, von dem wir ausgingen.

1752 schloß Karl Eugen einen Subsidienvertrag mit Frankreich ab. Er verpflichtete sich, gegen eine jährliche Entschädigung von 325000 Livres eine Armee von 6000 Mann zur Verfügung Frankreichs zu halten. Der Herzog steckte das Geld gewissenhaft ein, dachte aber nicht daran, seinen Verpflichtungen nachzukommen. Als 1756 der Siebenjährige Krieg ausbrach, und Frankreich die Truppen reklamierte, um sie gegen die Preußen zu verwenden, war nicht ein einziger Soldat vorhanden. 1758 war der Subsidienvertrag abgelaufen. Schon im nächsten Jahre erbot sich Karl Eugen fortan 12000 Mann gegen eine entsprechend höhere Entschädigung zu liefern. Im ganzen brachte ihm das Geschäft mit Frankreich 9 Millionen Livres ein. 1760 verkaufte Karl Eugen 11 000 Landeskinder an Österreich und erhielt dafür 50000 Gulden. 1786 schloß er einen Vertrag mit der Holländisch-Ostindischen Kompagnie ab. Er verpflichtete sich, ein Regiment Infanterie und eine Kompagnie Artillerie für 65000 Gulden pro Jahr zu liefern. Karl Eugen benutzte diese Gelegenheit, um sich eine Reihe seiner natürlichen Söhne vom Halse zu schaffen, indem er sie mit einem Teil der Offiziersstellen dieses Kapregiments versorgte. Die übrigen Offizierstellen verkaufte er nach Aussage Schubarts in der Preislage von 700–1000 Gulden. Was er von den Holländern bereits bezahlt bekommen hatte, ließ er sich also von seinen lieben Landeskindern noch einmal bezahlen.

Während des amerikanischen Freiheitskrieges bot er England seine Dienste an. Er bekam wie Bayern und Sachsen-Hildburghausen einen abschlägigen Bescheid, weil sich seine Armee in einem zu deplorablen Zustand befand. Das Grenadierregiment zu Pferde von Phull z. B. hatte einen Bestand von 150 Mann und nicht ein einziges Pferd. Von den 250 Mann des Husarenregiments von Bouwinghausen waren ganze 50 Mann beritten. Obgleich Karl Eugen vom englischen König einen Fußtritt erhielt, besaß er die Frechheit, sein Angebot noch einmal zu wiederholen.

Gülich berechnete, daß die deutschen Fürsten von 1750–1815 an Frankreich 33, an England 311 Millionen Taler mit ihrem Schacher mit Landeskindern verdienten.[1]

Wir haben uns bei dem Soldatenhandel etwas länger aufgehalten, weil kaum etwas mehr geeignet sein dürfte, die sozialen Verhältnisse des 18. Jahrhunderts zu beleuchten, als dieses menschenentehrende Verhalten der deutschen Despoten.

Die Schlachtopfer dieses Verbrechens waren hauptsächlich Söhne von Bauern und Kleinbürgern. Die etwas besser situierten Bürger blieben von den Zwangswerbungen, wie auch von der durch die bald überall eingeführten Kantonreglements dekretierten Wehrpflicht verschont. Das dürfte wohl der Grund sein, weshalb im 18. Jahrhundert in Deutschland von bürgerlicher Seite so wenig Stimmen laut wurden, die gegen die fürstlichen Anmaßungen protestierten.

Friedrich II. war über diese Praxis empört. Am 18. Juni 1776 schrieb er z. B. über seinen württembergischen Kollegen an Voltaire: »S'il était sorti de mon école, il n'aurait vendu ses sujets aux Anglais, comme on vend du bétail pour le faire égorger.« Und in einem Schreiben vom 24. Oktober 1777 an den Markgrafen Karl Alexander von Ansbach hieß es: »Ich gestehe Ew. Hochfürstlichen Durchlaucht, dass ich niemals an den gegenwärtigen Krieg in Amerika denke ohne von der Gier einiger deutscher Fürsten (zu denen der Adressat gehörte) unangenehm berührt zu werden, welche ihre Truppen einer sie gar nichts angehenden Sache opfern.«[2] Wir dürfen diese Empörung Friedrichs II. aber nicht allzu tragisch nehmen. Er brauchte selbst zuviel Truppen, um auch nur an einen Verkauf ins Ausland denken zu können. Seine Armee erhöhte er 1751 auf 132 000 Mann, wovon nur 50 000 Landeskinder waren.

---

[1] G. von Gülich, Geschichtliche Darstellung des Handels, der Gewerbe und des Ackerbaus der bedeutendsten handeltreibenden Staaten unserer Zeit. Bd. 2, Jena 1830

[2] Friedrich II. von Preußen, Sämtliche Werke a. a. O.

Noch im Jahre 1780 verausgabte er jährlich 500 000 Taler, um jedes
Jahr 6 000 Mann im Auslande anwerben zu können. Sein eigenes
Land war trotz Zwangswerbungen und Kantonreglement nicht im
Stande, das nötige Kontingent zu liefern. Was er getan hätte, wenn
die Verhältnisse anders gewesen, und die »Staatsraison« ihn gezwungen hätte, sich auch um diesen Preis Geld zu schaffen, ist
sehr fraglich. Fest steht jedenfalls, daß er zu den Käufern, wenn
auch nicht zu den Verkäufern von Soldaten gehörte. Er kaufte z. B.
im ersten Jahre seiner Regierung Truppen von Eisenach, Württemberg, Anhalt und Braunschweig.

Da die höheren und mittleren Schichten des Bürgertums unter
diesen Verhältnissen nicht selbst zu leiden hatten, haben sie sich in
ihrer bourgeoisen Selbstgenügsamkeit auch nicht über den Menschenhandel besonders aufgeregt. Und von den Klassenbewußteren
hatten nur sehr wenige den Mut, diese »Industrie« der hohen Herrn
anzuprangern. Am unerschrockensten ging Schiller vor, der in
»Kabale und Liebe« seine grenzenlose Empörung ausließ. In der
Szene zwischen der Lady Milford und dem Kammerdiener kommt
die ganze Scheußlichkeit der Verhältnisse zum Ausdruck. Sie sei
hier deshalb vollständig wiedergegeben:

Kammerdiener: Seine Durchlaucht der Herzog empfehlen sich
  Mylady zu Gnaden und schicken ihnen diese Brillanten zur
  Hochzeit. Sie kommen soeben erst aus Venedig.
Lady (hat das Kästchen geöffnet und fährt erschrocken zurück):
  Mensch! Was bezahlt dein Herzog für diese Steine?
Kammerdiener (mit finsterem Gesicht): Sie kosten ihn keinen
  Heller!
Lady: Was? Bist du rasend? Nichts? – Und (indem sie einen
  Schritt von ihm wegtritt) du wirfst mir ja einen Blick zu, als
  wenn du mich durchbohren wolltest. – Nichts kosten ihn diese
  unermeßlich kostbaren Steine?
Kammerdiener: Gestern sind siebentausend Landeskinder nach
  Amerika fort, die zahlen alles.
Lady (setzt den Schmuck plötzlich nieder und geht rasch durch
  den Saal, nach einer Pause zum Kammerdiener): Mann, was ist
  dir? Ich glaube, du weinst?
Kammerdiener (wischt sich die Augen, mit schrecklicher Stim-/me,
  alle Glieder zittern): Edelsteine, wie diese da – ich hab auch ein
  paar Söhne drunter.

Lady (wendet sich bebend weg, seine Hand fassend): Doch keine gezwungenen?

Kammerdiener (lacht fürchterlich): O Gott! – Nein – lauter Freiwillige! Es traten wohl so etliche vorlaute Bursch' vor die Front heraus und fragten den Obersten, wie teuer der Fürst das Joch Menschen verkaufe. – Aber unser gnädigster Landesherr liess alle Regimenter auf dem Paradeplatz aufmarschieren und die Maulaffen niederschiessen. Wir hörten die Büchsen knallen, sahen ihr Gehirn auf das Pflaster spritzen, und die ganze Armee schrie: Juchhe! Nach Amerika! –

Lady (fällt mit Entsetzen in den Sofa): Gott! Gott! – Und ich hörte nichts? Und ich merkte nichts?

Kammerdiener: Ja, gnädige Frau – warum musstet ihr denn mit unserem Herrn auf die Bärenhatz reiten, als man den Lärmen zum Aufbruch schlug? – Die Herrlichkeit hättet Ihr doch nicht versäumen sollen, wie uns die gellenden Trommeln verkündigten, es ist Zeit, und heulende Waisen dort einen lebendigen Vater verfolgten, und hier eine wütende Mutter lief, ihr saugendes Kind an Bajonetten zu spiessen, und wie man Bräutigam und Braut mit Säbelhieben auseinanderriss, und wir Graubärte verzweiflungsvoll dastanden und den Burschen auch zuletzt die Krücken noch nachwarfen in die neue Welt – oh, und mitunter das polternde Wirbelschlagen, damit der Allwissende uns nicht sollte beten hören –

Lady: ..... Mässige dich, armer alter Mann. Sie werden wiederkommen. Sie werden ihr Vaterland wiedersehen.

Kammerdiener (warm und voll): Das weiss der Himmel! Das werden sie! – Noch am Stadttor drehten sie sich um und schrieen: »Gott mit Euch, Weib und Kinder! Es leb unser Landesvater – Am jüngsten Gericht sind wir wieder da.« (II. 2).

Auch Schubart rächte in einigen Liedern den Soldatenhandel, und Caroline geb. Michaelis, später verehelichte Böhmer, A. W. Schlegel und Schelling scheute sich nicht, in einem Brief vom 16. April 1782 den Herrscher von Hessen-Kassel,/»der in Münden Menschen verkaufte um in Kassel Paläste zu bauen... mit allem Respekt gesprochen, den Landgrafen, das Vieh« zu nennen.[1]

---

[1] Caroline Schelling, Briefe aus der Frühromantik. Hg. G. Waitz, 2 Bde. 1881, verm. hg. v. Erich Schmidt, 1913

Das Ausland und ausgerechnet die Länder, denen die deutschen Fürsten ihre Landeskinder auslieferten, also England, Holland und Frankreich, hat am nachdrücklichsten seine Verachtung für die deutschen Despoten ausgesprochen. So erhielt der Markgraf zu Brandenburg-Ansbach am 20. April 1777 einen Brief aus Bordeaux, der so anfing: »Durchlauchtiger Barbar, Gnädiger Menschen-Verkäufer!« In diesem Brief kam u. a. folgender Satz vor: »Man sagt, dass man... zu Ew. Durchlaucht Schande ein ewiges Ehrendenkmal aufrichten und Ihnen darinnen als Menschen Verkäufer unter den Elendesten der Verbrecher setzen wird. So wie man bereits in England und Frankreich von dem Menschen Handel der Teutschen Fürsten Comödien schreibt, so wird man auch bald davon Tragödien aufführen. Es wird nicht lange an Stoff dazu fehlen. Die Unterthanen werden zu klug, als nicht solche Tyrannen, die ihnen wie das Vieh verkauffen, abzusetzen und fortzujagen.«[1]

Mirabeau veröffentlichte 1777 seinen »Avis aux Hessois et autres peuples de l'Allemagne. Vendus par leurs Princes à l'Angleterre«. Es hieß darin: »Wollt Ihr die wahren Beweggründe kennenlernen, welche Euch die Waffen in die Hand gaben? Eitler Luxus und übermässige Verschwendung haben die Finanzen der Fürsten, die Euch beherrschen, zu Grunde gerichtet... Euer Blut ist der Preis der Verderbtheit und der Spielball des Ehrgeizes. Das Geld, welches der Schacher mit Eurem Leben einträgt, wird zur Bezahlung schädlicher Schulden verwendet oder zur Kontrahierung neuer benutzt werden. Ein gieriger Wucherer, eine verächtliche Maitresse, oder ein gemeiner Comödiant wird die Guineen in die Tasche schieben, welche gegen Euer Leben eingetauscht wurden.«[2]

Die Schrift war anscheinend dem Rekrutierungsgeschäft nicht gerade förderlich, sonst hätte der Landgraf nicht versucht, sie in dem Aufruf »Vernünftiger Rath an die Hessen« zu widerlegen. Er berief sich auf die feudalen Legitimitätslehren. Mirabeau, unterstützt von dem Abt Raynal, fertigte darauf in seiner »Erwiderung auf den vernünftigen Rath« den Landgrafen gehörig ab./

Wer sich für weitere Besonderheiten über dieses traurige Kapitel interessiert, den verweisen wir auf das Buch von Friedrich Knapp. Diese Einzelheiten, die sich ins Unendliche vermehren ließen,

---

[1] s. Friedrich Knapp, Der Soldatenhandel deutscher Fürsten nach Amerika a. a. O.
[2] s. Knapp, ebd.

genügen, um die Verbitterung des Volkes gegen den Absolutismus und seinen Freiheitskampf verständlich zu machen.

Der Kampf des Bürgertums gegen den Absolutismus trat um die Mitte des 18. Jahrhunderts offen an den Tag. Um 1750 hatten die Fürsten den Höhepunkt ihrer Macht überschritten und die Bürgerschaft eine Machthöhe erreicht, die der absolutistischen die Waage hielt. Da in dieser Zeit Macht Kapital und Kapital Macht war, dürfen wir wohl annehmen, daß diese gesellschaftliche Machtverschiebung durch eine Kapitalverschiebung verursacht war. Die Kapital-Macht des einzelnen Bürgers konnte selbstverständlich die Kapital-Macht des Fürsten niemals erreichen, noch viel weniger überragen. Der Fürst aber stand in seinem Territorium immer vereinzelt da. Die Zahl der bürgerlichen Kapitalisten vermehrte sich dagegen ständig, so daß zuletzt der Moment eintreten mußte, daß die Kapital-Macht des gesamten Bürgertums die Kapital-Macht des Einzelfürsten überflügelte, und diese in Abhängigkeit von jener geriet. Es ist natürlich sehr schwer zu bestimmen, wann diese Überschneidung stattfand, weil Deutschland damals auf wirtschaftlichem Gebiet keine einheitliche Entwicklung zeigte und uns, wie gesagt, eine übersichtliche Wirtschaftsgeschichte des 18. Jahrhunderts fehlt. Aus einer großen Reihe von Symptomen geht jedoch hervor, daß der entscheidende Wendepunkt um die Mitte des 18. Jahrhunderts lag.

Für den Zusammenbruch der fürstlichen Omnipotenz möchten wir auf nachfolgende Tatsachen hinweisen.

Es gab bekanntlich keine klarere Manifestierung und keinen exakteren Gradmesser des gesteigerten Machtgefühls der deutschen Potentaten als ihre Bautätigkeit, die geradezu an Bauwut grenzte. Die Blütezeit der deutschen *Schloßarchitektur* fiel in die Jahre 1700 bis rund 1750. Seit 1750 wurden fast gar keine Paläste mehr gebaut, nur einzelne wenige Gebiete, die erst verspätet den Gipfel ihrer Macht erreichten, wie z.B. Preußen, machten hiervon eine Ausnahme. Aus der bereits gegebenen Aufstellung der wichtigsten Schloßbauten des ganzen 18. Jahrhunderts wird der Leser sich unschwer eine Vorstellung von dem Nachlassen der Schloßarchitektur in der zweiten Hälfte des 18. Jahrhunderts machen können.

Auch die Periode der großen italienischen *Opera seria*, die neben der Schloßarchitektur die pompöseste Manifestation der fürstlichen Allgewalt war, hatte ihr Ende erreicht. Wie die Fürsten sich statt der prunkvollen Paläste mit kleinen Lustschlößchen begnügten, so wandten die Herrscher sich jetzt der ursprünglich volkstümlich-demokratischen Opera buffa zu, die sie in den kleinen Theatern ihrer Lustschlößchen zur persönlichen Vergnügung und zur Unterhaltung ihrer Gäste aufführen ließen.

Seit der Mitte des 18. Jahrhunderts nahmen daher auch die Entlassungen höfischer Musiker immer mehr zu. Die Hofkapellen wurden reduziert, die Aufführungszahl der Opern gekürzt, bis schließlich die Hoftheater entweder ganz eingingen oder bürgerlichen Unternehmern übertragen und den Bürgern zugänglich gemacht wurden. Der Wiener Hof stand hier an erster Stelle. Mit dem Tode Karls VI. 1740 und seines letzten Hofkapellmeisters J. J. Fux 1741 war die Blütezeit der Hofmusikpflege vorbei. Unter Maria Theresia folgte der schnelle Verfall. 1744 wurde am Wiener Hof zum letztenmal eine große italienische Prunkoper gegeben. 1752 übertrug die Kaiserin die Administration der beiden Hoftheater der Stadt Wien. Die Hofmusikkapelle wurde ständig reduziert und vergreiste allmählich, da neue Mitglieder nicht mehr eingestellt wurden. 1772 waren nur noch 20 alte Mitglieder vorhanden, während sie 1740 noch 130 Köpfe zählte.

Genau dasselbe spielte sich an den anderen deutschen Höfen ab. Am Hofe Karl Eugens in Stuttgart wurde der Adel besonders seit dem Fortgehen des Hofkapellmeisters Jommelli (1769) der großen prunkhaften Opera seria überdrüssig. Aus Prestigegründen mußten aber die Aufführungen noch fortgesetzt werden. Karl Eugen ließ sich daher herab, die Vorstellungen dem bürgerlich-städtischen Publikum zugänglich zu machen, das aber an den unzeitgemäßen höfischen Aufführungen keinen Gefallen hatte. Damit das Theater nicht ganz leer bliebe, sah sich der Herzog gezwungen, einige Kompagnien Militär in bürgerlicher Kleidung in die Oper zu befehlen. Von/1772 ab wurde die ganze Hofkapelle innerhalb weniger Jahre entlassen. In Dresden wurde 1763 die große italienische Oper aufgelöst, stattdessen engagierte der Hof reisende Schauspieltruppen und Singspielgesellschaften, deren Aufführungen öffentlich stattfanden. Von der gleichen Zeit ab datiert auch der Rückgang am Hofe Friedrichs II. Die künstlerischen Anschauungen des Königs waren in den siebziger Jahren längst überholt. Der Hofkapellmeister Reichardt kümmerte sich nicht um die Vorschriften des Königs, der seit 1780 das Theater überhaupt nicht mehr betrat. Wie in Stuttgart mußten auch in Berlin die Soldaten das Opernhaus füllen. Das höfische Theater, die höfische Oper und Musik waren überall zu Ende.

Schema von den Zusammenhängen der Hauptmerkmale der Kunst des Absolutistischen Zeitalters

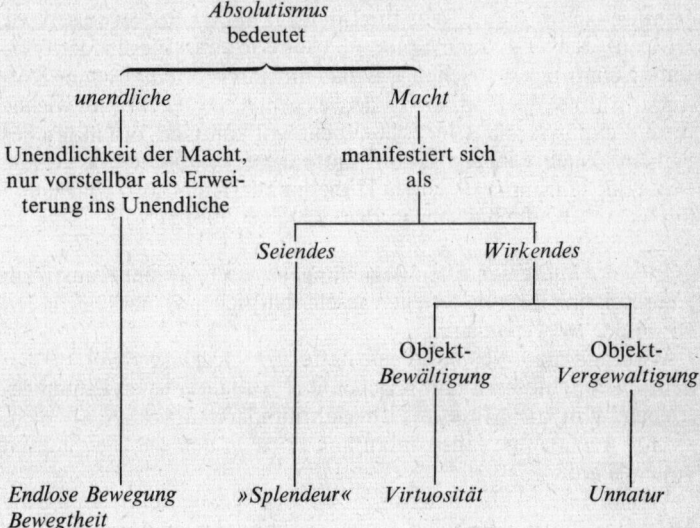

Nicht nur der auf dem Absolutismus beruhende Kunstbetrieb stagnierte, auch die *direkt* auf ihm beruhenden Kunstformen (vergl. Schema) verschwanden.

Zu den bald nach der Mitte des 18. Jahrhunderts verschwindenden Kunstformen gehörte z. B. die *China-Mode*.

Der ausgesprochen orientalische Charakter, den die Lebenshaltung der Fürsten in der ersten Hälfte des 18. Jahrhunderts angenommen hatte – wie die Sultane hatten sie ihren Harem,/ihre Kastraten, ihre Leibmohren, ihre chinesischen Festen und Messen, usw. – hatte von selbst auch seinen Niederschlag in den verschiedenen Künsten, wie Architektur, Malerei, Plastik, Literatur, Musik, Gartenkunst, Ballett usw. gefunden. Die Paläste und Pavillons bekamen um die Zeit häufig chinesisch geschweifte Dächer und Türmchen. Zur Zeit der Lustschlößchen baute man in den französischen Parks ganze chinesische Dörfer mit allerhand Pagoden und Pavillons. Schloß Rheinsberg z. B. besaß ein chinesisches Lusthaus, eine chinesische Fischerhütte und sogar einen chinesischen Flügelhof. In den Schlössern wurden fast überall einzelne Zimmer mit Lackwerken, chinesischen Porzellanfiguren (jede deutsche Porzellanmanufaktur machte in der Zeit »Chinoiserien«) und Vasen »à la chinoise« eingerichtet. Was die Literatur anbetrifft, verweisen wir z. B. auf den »Goldnen Spiegel« von Wieland. Wegen der Verwandtschaft der deutschen Paschas mit ihren orientalischen Kollegen, wählte Wieland, als er den Regenten zeigen wollte, wie sie waren und wie sie sein sollten, ein vollkommen orientalisches Milieu.[1] Nach Richard Graul[2] hatte dieser exotische Stil um die Mitte des Jahrhunderts seinen Höhepunkt erreicht, von der Zeit an fing er an abzuflauen, um in den achtziger Jahren vollständig zu verschwinden.

Eine der interessantesten Beziehungen zwischen einer Kunstform jener Zeit und ihrer materiellen gesellschaftlichen Grundlage finden wir in der *Deckenmalerei*.

Während des Absolutismus hatte die Deckenmalerei in den deutschen Schlössern und Kirchen ihre wundervollsten Blüten getrieben. Um die Mitte des 18. Jahrhunderts überlebte sie sich, siechte noch einige Jahre dahin und hörte in den siebziger Jahren vollends auf.

Wir dürfen uns über den entscheidenden Wendepunkt, der um die Mitte des Jahrhunderts lag, nicht irreführen lassen durch die Tatsache, daß die Höfe und Kirchen noch eine Zeitlang, wenn auch in immer geringerem Umfang, diesbezügliche Aufträge erteilten. Es gab eine Menge von großen und vor allem kleinen Schlössern und eine noch viel größere Zahl von Kirchen, die um die Mitte des 18. Jahrhunderts im alten Stil so weit fertig gebaut waren, daß mit der die Ar-/chitektur ergänzenden und durchaus zur Architektur gehörenden Deckenmalerei erst angefangen werden konnte. Dann waren die Fürsten selbst die allerletzten, die um die Jahrhundertmitte glaubten, daß sie ihre höchsten Trümpfe ausgespielt hatten

---

[1] Christoph Martin Wieland, Der goldne Spiegel oder die Könige von Schechian. In: Sämmtliche Werke, Leipzig 1853–58 (Bd. 7 und 8)
[2] Richard Graul, Ostasiatische Kunst und ihr Einfluß auf Europa. Leipzig 1906 (= Natur und Gesellschaft 87)

und ihre Macht jetzt im Niedergang begriffen wäre. Sie verkannten vollkommen die neue bürgerliche Macht, die in demselben Maße stärker, wie ihre eigene Macht schwächer wurde, und sie waren fest überzeugt, daß sie sich endlos in der gleichen Weise weiter betätigen konnten. Sie erteilten infolgedessen noch eine Zeitlang Auftrag über Auftrag und hielten dadurch noch eine Weile künstlich einen Stil aufrecht, der sich eigentlich schon längst überlebt hatte.

Wir haben bereits gesehen, daß sich die kirchliche Kunst jener Zeit von der weltlichen formal kaum unterschied. Auch die Freskenmalerei ist stilistisch und künstlerisch in den Schlössern und Kirchen genau die gleiche. Ob die Frauen, die den Beschauer entzücken, nun Maria, Magdalena, Theresia hießen oder Venus, Juno, Helena ändert an der Sache selbst nicht das geringste.

Die dekorativen Großmaler der ersten Hälfte des 18. Jahrhunderts arbeiteten ohne Ausnahme nach den Rezepten der damals überall verbreiteten Schrift: »Der Maler und Baumeister Perspektiv«, die 1719 von Johann Boxbarth als Übersetzung von Andrea Pozzo's (1642–1709) »Perspectiva pictorum et architectorum« veröffentlicht wurde. Man malte an den Decken und Kuppeln Scheinarchitekturen, die die wirkliche Architektur fortsetzten. Um die Grenzen von wirklicher und Scheinarchitektur noch mehr zu verwischen und die optische Täuschung möglichst vollkommen zu machen, wurden die Übergänge, z. B. Balkone, Gesimse, Draperien, Figuren, oft auch nur die Glieder einer gemalten Figur, in Stuck ausgeführt. Für einen Beschauer von unten war es häufig kaum möglich, die Übergänge von der Kirchenwand zu den Zwischengliedern und von diesen wieder zu der Malerei festzustellen. Und hoch über den Scheingebäuden und Türmen dehnte sich der endlose Himmel, der wie die Estraden, Terrassen und Balkone mit dicht zusammengeballten, später lockeren mythologischen, allegorischen oder religiösen Figurengruppen ausstaffiert war.

Der größte Freskenmaler der älteren Periode war Cosmas/Damian Asam (1686–1739). Zu der neueren Periode gehörten vor allem Daniel Gran (1694–1757) und Paul Troger (1698–1762). Das wichtigste über ihre Person und über ihre Werke, wie überhaupt die beste Materialzusammenstellung der Kunst des 18. Jahrhunderts findet man bei Feulner.[1] Die neuere Periode unterschied sich von

---

[1] Adolf Feulner, Skulptur und Malerei des 18. Jahrhunderts in Deutschland, a. a. O.

der älteren durch hellere Farben, die Ausführung war im allgemeinen auch viel sauberer, die Scheinarchitekturen und die Zwischenglieder unterblieben vielfach, so daß es dann aussah, als ob die Kirche oben offen wäre und goldene Wolken vorbeizögen, auf denen sich von der Sonne umstrahlte Figuren tummelten.

Die Plafond- und Kuppelmalerei der ersten Hälfte des 18. Jahrhunderts zeigt also bei näherer Betrachtung eine seltsame Einheit der kraßesten Widersprüche. Sie war Deckenfüllung und zugleich Deckenöffnung, Raumabschluß und zugleich Raumerweiterung, Grenze und Grenzenvernichtung; nennen wir es noch anders, damit man gleich sieht, worauf wir hinaus wollen: Endliches und Unendliches, Relativität und Absolutheit. Diese Widersprüche standen in dem Werk nicht schroff und unverbunden nebeneinander, sondern sie bildeten eine feste Einheit. Es gab also nicht Grenze *und* Grenzenloses nebeneinander, sondern die Grenze, die sich selbst setzte, *war* Grenzenloses. Das Deckenbild war also unendliche Endlichkeit, absolute Relativität.

Es wird uns jetzt klar, daß die Freskenmalerei eine der interessantesten optischen Versinnlichungen des abstrakten Begriffes Absolutismus war. Denn was ist Absolutismus? Unbegrenzte, absolute Macht. Macht selbst aber ist immer begrenzt. Macht setzt immer ein zu bemächtigendes Gebiet voraus, wo Macht sich als Macht betätigen, wo Macht Macht sein kann. Fehlt das Betätigungsfeld, was z. B. der Fall wäre, wenn jeder Einzelwille mit dem Willen des Machthabers vollkommen und unlöslich gleichgeschaltet wäre, so hätte Macht aufgehört Macht zu sein. Zum Wesen der Macht gehört also Grenze, Relativität. Absolutismus wäre demnach genau wie das Deckenbild unendliche Endlichkeit, absolute Relativität.

Es ist natürlich kein Zufall, daß die Erfindung der Infinitesimalrechnung (zusammenfaßender Name für Differential- und Integralrechnung in der Mathematik) durch Leibniz und Newton in die Periode des Absolutismus fiel, wie auch die Erfin-/dung des Teleskops und des Mikroskops, mit deren Hilfe man die Grenzen des Sichtbaren ins Unendliche zu verlegen suchte.

Der Begriff: unendliche Endlichkeit, enthält genau so wie der Begriff: unendlich große oder unendlich kleine Zahl, statisch genommen, nicht nur einen Widerspruch, sondern einen offenbaren Widersinn. Nehmen wir aber den Absolutismus dynamisch, also als Bewegung, was er auch tatsächlich nur war, so fällt der Widersinn weg. Der Widerspruch löst sich sofort: Absolutismus ist danach eine sich rastlos in die Richtung des Unendlichen übersteigernde, überbietende Endlichkeit. Absolutismus war also vor allen Dingen stürmische Bewegung.

Da der Absolutismus der kardinale Punkt der damaligen materiellen und gesellschaftlichen Verhältnisse war, konnte es nicht anders sein, als daß seine Haupteigenschaft, die Bewegung, sich überall manifestierte. Wölfflin bestätigt uns das voll und ganz in seinen »Kunstgeschichtlichen Grundbegriffen«. Als die Hauptmerkmale der Kunst des 17. Jahrhunderts bezeichnet er: das Malerische, das Tiefenhafte, die offene Form, das Einheitliche und die relative Klarheit, und am Ende seiner Ausführungen kommt er zu dem überraschenden Ergebnis, daß diese fünf Kategorien »sich gegenseitig bedingen und, wenn man den Ausdruck nicht wörtlich nehmen will, eigentlich nur fünf verschiedene Ansichten einer und derselben Sache sind.«[1]

Diese eine Sache nennt er die Bewegung.

Am deutlichsten mußte sich die Bewegung in den Künsten offenbaren, die ein zeitliches Nacheinander darstellen, also besonders in der *Musik*.

Jede Musik ist Bewegung. Und der Schnelligkeitsgrad dieser Bewegung ist das Tempo, das Zeitmaß. Das Tempo, die rein motorische Ablaufsgeschwindigkeit eines Tonstückes, ist aber wohl zu unterscheiden von der dem Klangverlauf immanenten Bewegung, also der durch die eigentümliche melodische, harmonische und rhythmische Gestaltung hervorgerufenen inneren Bewegung, die man besser Bewegtheit nennt. Die Musik des absolutistischen Zeitalters ist zunächst gekennzeichnet durch das gleichförmige, fast pausenlose, scheinbar unendliche Fortspinnen eines einmal gegebenen thematischen Materials. Ein fest umrissenes, in sich geschlossenes Thema kennt/die Zeit Johann Sebastian Bachs (1685–1750) noch nicht. Die Themen jener Zeit entstehen meist aus einer Reihung kleinster Motive, so daß man eher von einem Themenkomplex sprechen kann, der aber keinen Abschluß findet, sondern unmittelbar in die Fortspinnung dieser Motive übergeht. Auf diese Weise entsteht die scheinbare Unendlichkeit der melodischen

---

[1] Heinrich Wölfflin, Kunstgeschichtliche Grundbegriffe. Das Problem der Stilentwicklung in der neueren Kunst (1915), Basel und Stuttgart 1963

Linien. Sehr häufig kann man in Bachschen Fugen nicht bestimmen, wo das Fugenthema aufhört und das »Kontrasubjekt«, d. h. die Fortführung des Themas nach dem Einsatz der zweiten Stimme, anfängt, da beide völlig ineinander übergehen. Bei dieser einfachen inneren Bewegtheit blieb man aber nicht stehen. Charakteristisch für diese Zeit ist vor allen Dingen das innere Beschleunigen und Vorwärtstreiben des schon Bewegten, nicht im Sinne einer allmählichen Entwicklung, wie erst in der Musik nach 1750, sondern immer als reine abstrakte Bewegtheit. Die Mittel dazu waren sehr vielfältig. Man begnügte sich nicht allein mit ständigen Imitationen, d. h. mehrere gleichberechtigte Stimmen setzen in bestimmten Abständen mit dem gleichen Thema ein und scheinen sich infolgedessen zu »fliehen« (Fuge). Eine Beschleunigung dieses innerlich bewegten Klanggeschehens wurde erst durch für diese Zeit besonders typische »Engführungen« erreicht, d. h. die Abstände der Themeneinsätze sind so verengert, daß sich die verschiedenen Stimmen gegenseitig zu überstürzen scheinen. Gerade vor Schlüssen wurden Engführungen sehr häufig angewandt. Weiterhin ist das möglichst weite Hinausschieben der Schlüsse charakteristisch. Durch Trugschlüsse, Vorhalte und lange Orgelpunkte wurde ein scheinbar endloses, sich immer mehr zusammenballendes Vorwärtsdrängen erreicht. Damit aber noch nicht genug, schob man den allerletzten Schluß noch einmal durch ein breites, bekräftigendes Allargando, also ein Verlangsamen des Tempos hinaus.

Andere Mittel zur inneren Beschleunigung des schon Bewegten waren die Sequenzen, d. h. das mehrmalige Wiederholen einer Tonfolge auf gleichmäßig auf- und absteigenden Tonstufen. Ebenso bewirkte, besonders in langsamen Sätzen, die ständige Wiederholung eines fundamentierenden Baßthemas, des sogenannten Basso ostinato, über dem sich die anderen Stimmen frei bewegen, ein anscheinend grenzenloses Weiterspinnen./

Die scheinbare Pausenlosigkeit in der Musik jener Zeit, worin sich das unendliche Vorwärtsdrängen äußert, ergab sich weiterhin durch eine typische Verhakungstechnik. In Arien mit einem obligaten Instrument, in Sonaten für ein Soloinstrument (Violine, Flöte, Viola da Camba) und Cembalo und auch in den Concerti grossi, in denen sich ungleich geartete Klangkörper gegenüberstanden, ließ man es nicht bei einem gegenseitigen Ablösen der jeweils dominierenden Stimme bzw. Stimmgruppe bewenden, sondern ließ *vor* dem Abschluß einer melodischen Linie die andere

Stimme einsetzen, so daß – schematisch dargestellt – folgendes Prinzip entstand:

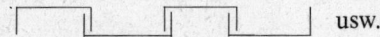 usw.

Auf diese Weise entstand eine ununterbrochene, sich durch die Spannung der Gegensätzlichkeit beider Stimmen oder Stimmgruppen ständig steigernde Bewegtheit. Dazu kam nun noch die Spannung des harmonischen Geschehens, das durch seine oftmals bizarren Konturen das fortwährende Drängen noch weiter steigert.

Im ganzen ergibt sich so ein gewaltiges Drängen und Fluten von elektrisierender Wirkung.

In der *Literatur* des absolutistischen Zeitalters und insbesondere in der Lyrik finden wir genau dieselben Tendenzen wie in der Musik und den übrigen Künsten wieder. Auch hier unbändige Bewegung, »nervöse Mimik«, »wilde Gestikulation«, »letzte Steigerung zur Überdynamik«, »orgiastische Bewegung«.[1] Die Poeten, besonders des 17. Jahrhunderts, konnten sich nicht genug ergötzen an einer Häufung der bewegtesten Bilder, an einem Auskosten der überraschendsten Effekte, an einer maßlosen Schwellung aller Mittel. Gryphius z. B. dichtet:

O Gott, was rauhe Not! Wie schäumt die schwarze See
Und sprützt ihr grünes Saltz! Wie reisst der Zorn die Wellen
Durch nebel-volle Luft! Wie heult das wüste Bellen
Der tollen Stürm uns an! Die Klippe kracht von Weh,
Wir fliegen durch die Nacht und stürzten von der Höh
In den getrennten Grund! Die often Stösse fällen
Den halb-zuknickten Mast: Die schwache Seiten prellen
Auf die gespitzte Klipp. O Himmel, ich vergeh.[2]/

Man beachte, wie die Satzenden immer in der Versmitte liegen und der gleichmäßige jambische Rhythmus den Leser geradezu in den nächsten Satz stürzen läßt. Nur Verben der krassesten Bewe-

---

[1] Herbert Cysarz, Deutsches Barock in der Lyrik. 1936
[2] Dies und das Folgende bei: Fritz Strich, Der lyrische Stil des 17. Jahrhunderts. In: Abhandlungen zur deutschen Literaturgeschichte. Franz Muncker zum 60. Geburtstag dargebracht von Eduard Berend u. a., München 1916

gung genügen zur Ausmalung der Szene. Alles ist maßlos überspitzt.

Üppige Wucherung gehäufter Worte ist ein beliebtes Mittel zur stürmischen Bewegung:

> Ach und Weh!
> Mord! Zetter! Jammer! Angst! Kreutz! Marter! Würmer!
> Plagen!
> Pech! Folter! Henker! Flamme! Stank! Geister! Kälte! Zagen!
> Ach Vergeh
> Tief und Höh!
> (Gryphius).

Wie in der Musik jener Zeit alles daran gesetzt wird, den Schluß eines Stückes möglichst zu pointieren, die Spannung bis kurz vor das Ende anwachsen zu lassen, den Schluß weit hinauszuschieben, um ihn dann umso glanzvoller in die Erscheinung treten zu lassen, so wenden die Lyriker genau die gleichen Mittel zu genau dem gleichen Zweck an. Die Zuspitzung zur Schlußpointe sei an einem Übersetzungsbeispiel demonstriert: den Vers des Lucian: »Bella geri placuit nullos habitura triumphas?« übersetzte Seckendorff folgendermaßen:

> Hat man da Krieg beliebt,
> Davon kein Teil mit Ruhm sich niemals darf anmaßen
> Triumph und Siegespracht.

Infolge der Zusammenballung und des komplizierten Satzbaus der vorletzten Zeile tritt die Schlußpointe nur mit umso größerer Wucht ein.

Die Unendlichkeit der Bewegung ist für die Dichtung jener Zeit charakteristisch. Opitz z. B. baut Satzungetüme von über vierzehn Verszeilen.

An einem Einzelding kann sich die bewegte Phantasie nicht entzünden. Jedes Ding wird in Beziehung zu seinem Gegenteil gesetzt. Die polare Spannung erzeugt dann die Bewegung. Wie in der Musik der absolutistischen Zeit die spezifische Orchestertechnik im »Konzertieren« bestand, das heißt, im Gegenein-/andermusizieren getrennter und kontrastierender Klanggruppen (»Konzert« kommt von concertare-streiten), so lebt auch die Lyrik von der aus krassen Antithesen entspringenden Bewegung. Farben werden möglichst kontrastreich gewählt. Empfindungen wechseln sprunghaft. Erst durch die Gegenüberstellung zu seiner Negation erhält ein Gedanke, ein Bild oder ein Gefühl seinen Sinn. Bei Angelus Silesius z. B. heißt es:

> Der Himmel senket sich, er kommt und wird zur Erden:
> Wann steigt die Erd empor und wird zum Himmel werden?[1]

Alles drängt sich, schwebt, springt, tanzt, überschlägt sich.

Wer weitere Beispiele für die Erscheinung des Bewegten in der Poesie (wenn auch nicht die *Ursache* ihrer Existenz) sucht, möge den Aufsatz von Fritz Strich lesen.

Nicht nur in der Kunst des zeitlichen Nacheinander äußerte sich dieser Grundcharakter des ganzen absolutistischen Zeitalters, sondern sogar in den Künsten, die keinen Ablauf, sondern unabhängig von der Zeitkategorie ein unbewegliches Sein, ein Nebeneinander darstellen, also in der Architektur, Plastik und Malerei.

In der *Architektur* zeigt sich die Bewegung bereits in den Grundrissen, die so voller Spannung sind, daß sie die geometrischen Grundformen sprengen und durch eigenwillige Kurven und Knickungen, Vor- und Rücksprünge alles Starre in Fluß bringen. Die oft fünffach geteilten Kirchenfassaden, die sich schlangenartig windenden Wände, die sich wölbenden Dächer und die an- und abschwellenden Türme drängen sich, springen und rücken mit immer neuen Anläufen empor, und wenn man glaubt, daß sich ihre Unbändigkeit endlich ausgetobt hat, schießen sie übermütig noch ein paar Spitzen wie Raketen über die von Konvulsionen zukkenden Baumassen hinaus in die Unendlichkeit des Himmels. Wo es nur einigermaßen tunlich war, wurden den Kirchen und Schlössern ein System von Freitreppen vorgelagert, die wie steinerne Kaskaden aus dem Innern hervorzubrechen scheinen und breit und schwer auf die Erde hinunterstürzen. Sogar das statischste aller Bauelemente, die tragende Säule, wurde belebt. Sie schraubte sich jetzt in Spiralen an den Altären empor. Alles Harte erweichte sich. Friesen traten bauchig aus den Flächen heraus,/Haken krümmten sich, Voluten überschlugen und rollten sich wie Meereswellen zusammen. Das Interieur der Gebäude war überwuchert durch Blatt-

---

[1] s. Fritz Strich, Der lyrische Stil, a. a. O.

und Rankenwerk und später durch Rocaillen, die über die Einrahmungen hinwegkriechen. Kein Möbel »stand« zuletzt noch. Alles schwebte und tänzelte auf geschwungenen Beinen durch die von mysteriösem Leben zitternden Räumen, die mit ihren Spiegelwänden unfaßbar, unbegrenzt, unendlich waren. Alles war gebaut auf Licht und Schatten, um so die Illusion der sich in allen seinen Teilen bewegenden und atmenden Gebäude zu vervollständigen.

Auch die *Plastik* strotzte vor innerer sinnloser Bewegung. Die angespannten Posen, die krampfhaft zitternden Gebärden und namentlich die spielenden Gewandmassen, die nicht einmal bei den marmornen Heiligen, die auf ihrem Totenbett aufgebahrt lagen, zur Ruhe kommen, fanden in den unfaßbaren, sich stets verschiebenden und wandelnden, niemals eindeutigen Konturen und Flächen, die durch Licht und Schatten weiter aufgewühlt und verwischt wurden, ihr formales Korrelat.

In der *Landschaftsmalerei* äußerte sich dieser Unendlichkeitsdrang wieder auf andere Weise. Im Vordergrund des Bildes vor 1750 finden wir meistens als Maßstab, als Kontrast und gewissermaßen als Reservoir der Bewegung eine massive Baumgruppe. Von dort setzt dann die Bewegung ein, natürlich in der Diagonale, weil diese die Tiefe noch tiefer macht. Ein sich schräg nach hinten ausrollender Weg, ein Fluß oder eine Brücke, zusammen mit sich endlos verjüngenden Terrainkulissen und Wolkenmassen führen uns immer weiter vom Vordergrund weg, bis sich unser müder Blick, ohne irgendwo aufgehalten zu werden, in den Nebel, der durch die atmosphärische Verschmelzung von Himmel und Erde entstanden ist, verliert.

Im *Porträt und Gruppenbild* läßt sich das gleiche beobachten. Niemals das Seiende, immer das Werdende, das Sich-Wandelnde, das nicht zu haschende Momentane, das nicht in Grenzen zu Zwingende, das sich in die Tiefe Verlierende, das sich in Licht Auflösende, das über sich hinaus Weisende, kurz und gut das sich Ewig-Bewegende.

Dieser stürmische Flug aller Kunstformen über alle Grenzen hinweg ins Grenzenlose, der mit dem Drang des Despotismus zur unbegrenzten Macht parallel ging, mußte von selbst/abflauen, als der alles motorisierende Absolutismus endlich auf einen Widerstand stieß, der die Bewegung zunächst bremste, und an dem er zuletzt zerschellte.

Die stürmische Bewegung ließ nach. Mit der Verbürgerlichung

des Gesellschaftslebens gewann der sehr materielle, praktische, berechnende und solide Kaufmannsgeist die Übermacht. Dieser Geist der neuen bürgerlichen Zeit mit seinem selbstgenügsamen Sich-Abgrenzen und seinem selbstzufriedenen Sich-Abschließen stand in denkbar schärfstem Kontrast zu dem ewig ruhelosen, nimmersatten Geist des höfischen Lebens.

Auf *musikalischem Gebiet* zeigt sich dieser Wandel am deutlichsten in der melodisch-thematischen Gestaltung. An die Stelle des unabgeschlossenen, sich ewig fortspinnenden Themenkomplexes tritt in der neuen Musik der bürgerlichen Zeit das in sich vollkommen abgeschlossene komplexive Thema. Diese Abgeschlossenheit hat ihre Ursache in dem das Thema bestimmenden harmonischen Spannungsablauf, der von dem Ausgang von der Grundtonart bis zu der kadenzierenden Rückkehr in dieselbe ein unteilbares, fest umrissenes Ganzes darstellt, wie es jede Achttaktperiode beweist. Im Gegensatz zu dem unaufhörlichen Strömen, das früher die Spannungen und Lösungen des harmonischen Ablaufs in ihrer freien Auswirkung hinderte, treten gerade diese jetzt in den Mittelpunkt des musikalischen Geschehens und bewirken die Ausformung klar begrenzter Themen und Perioden. Genaueres über diesen Umschwung und seine Gründe wird bei der systematischen Behandlung der Stilwandlung der Musik zu sagen sein.

Hier möchten wir nur noch auf eine Erscheinung hinweisen, die für die Mentalität des Bürgers so bezeichnend ist: wir meinen die kleinen häufig nur sechs oder acht Takte langen Lieder, die in unzähligen Sammlungen verbreitet und in jedem Bürgerhause gesungen wurden. Der Anspruchslosigkeit und dem engen Horizont des Durchschnittsbürgers entsprach die Simplizität dieser Miniaturliedchen.

Diese typisch bürgerliche Freude am Begrenzten und Abgeschlossenen läßt sich an vielen Beispielen in der *Gartenkunst* und der *Literatur* nachweisen. Flemming hat diese Beispiele in seinem Buch »Der Wandel des deutschen Naturgefühls vom 15. zum 18. Jahrhundert« vortrefflich zusammen-/gestellt.[1] Da er von der falschen Voraussetzung ausging, daß jedes Jahrhundert, das 16., das 17. und auch das 18. ein geschlossenes Ganzes war mit einem für die nächsten 100 Jahre gleichbleibenden Naturgefühl, das sich merk-

---

[1] Willi Flemming, Der Wandel des deutschen Naturgefühls vom 15. zum 18. Jahrhundert. Halle a. d. S. 1931

würdigerweise, nach Flemming, jedesmal prompt um die Jahrhundertwende wandelte, mußte ihm jegliche versuchte Erklärung der Erscheinungen des 18. Jahrhunderts fehlschlagen.

Hirschfeld beschrieb 1779 den neuen bürgerlichen Geschmack in Bezug auf die Gartenkunst mit folgenden Worten: »Lange Alleen (wie man sie in der absolutistischen Zeit bevorzugte) ermüden durch das *Leere des unmessbaren Raumes* .... und die unangenehme Empfindung, die das Leere einflösst, wird durch Szenen, die am Ende unkenntlich in der Dämmerung liegen, nicht gemildert.« Er wollte auch keine weite Ebene, wo nicht »die Natur den sichtbaren Horizont wenigstens auf einer Seite mit Waldungen und Gebirgen bekränzt.« Er ist entzückt von abgegrenzten Gegenden, wo »Tannenwälder den dunklern Gesichtskreis *abschliessen*.«[1]

Eckermann rühmte die Aussicht, die das Gartenhäuschen Goethes gewährte: »Der Horizont wird gegen Mittag und Abend in erfreulicher Entfernung *begrenzt*.«[2]

Wie die Dichter dieser Zeit für den abgeschlossenen Hain schwärmten, dürfte zur Genüge bekannt sein. Die Natur soll nach Claudius intim sein:

> Als eine stille Kammer,
> Da ihr des Tages Jammer
> Verschlafen und vergessen sollt.[3]

Haller dichtete:

> Wie angenehm ist doch der Büsche Stille ....
> Wenn dort im roten Glanz halbnackte Buchen glühn
> Und hier der Tannen helles Grün
> Das bleiche Moos beschattet.[4]

Auch Kleist liebte das Intime:

> So sehn' ich mich, grüne Finsterniss
> Im dichten Hain – nach eurem Reiz.

---

[1] Christian Caius Hirschfeld, Theorie der Gartenkunst. Leipzig, Bd. 1–5, 1779–85
[2] J. P. Eckermann, Gespräche mit Goethe in den letzten Jahren seines Lebens. Teil 1–3, Leipzig und Magdeburg 1836–48
[3] Matthias Claudius, Werke. Hg. P. Suhrkamp Berlin 1941, 3 Bde.
[4] s. Willi Flemming, a. a. O.

In seinem Gedicht »Frühling« heißt es:

> Heilige Schatten, ihr Wohnungen süsser Entzückung,
> Ihr hohen Gewölbe voll Laub.

Und später noch einmal:

> Ihr dichten Lauben von Händen
> Der Mutter der Dinge geflochten! ihr dunklen einsamen Gänge,
> Die ihr das Denken erhellt, Irrgarten voller Entzückung
> Und Freude, sei mir gegrüsst![1]

Hagedorn ist beglückt von dem »Schattengewölbe der breiten Eiche« und Uz von dem Platz, den »einsam und versteckt mit breiter Finsterniss der alte Nussbaum deckt«.

Bürger gibt eine Landschaftsschilderung:

> Dort Aehrenfelder
> Und Wiesengrün
> Und blaue Wälder
> *Die Grenze ziehn,*

Hagedorn fühlt sich im Tal zu Haus, »wo wir von Berg und Buchen *umschlossen* sind«.[2]

Garve kann keine Fernsicht ertragen: »Diese Deutlichkeit wird immer unvollkommener, je höher der Berg ist, – und wird nur von den Spitzen der letzten Vorberge bei den Auslaufen der Gebirgsketten in die Ebene genossen.« – »Das Vergnügen der Aussicht, deren man von so hohen Bergspitzen, als die Schneekoppe, der Blocksberg und die noch höheren Gipfel der Alpen sind, geniesst, ist mehr ein Vergnügen, das aus Ideen, als eines, das durch den sinnlichen Anblick der Gegenstände entsteht .... Unser Auge kann so große Entfernungen nicht mehr messen, so wenig es so entfernte Gegenstände unter deutlichen Umrissen fassen kann.«[3]

Wie die endlosen Fernen dem Bürger unbehaglich waren, so

---

[1] Ewald von Kleist, Werke. Hg. A. Sauer, Bd. 1–3, Berlin (Hempel) 1882, Bd. 1
[2] s. Flemming, Der Wandel des Naturgefühls, a. a. O., sowie: Feulner, Skulptur und Malerei, a. a. O.
[3] Christian Garve, Ueber einige Schönheiten der Gebirgsgegenden. In: Vermischte Aufsätze 2 (Breslau 1800)

paßte auch das Enorme des Hochgebirges durchaus nicht zu seinem in jeder Beziehung kleinen Lebensformat. Alles Große zerdrückte ihn, weil ihm jegliche Herrenhaltung fehlte. Das Hochgebirge wurde dann auch in der Landschaftsmalerei fast gar nicht mehr dargestellt, und wenn schon einmal, dann zeichnete man die Alpen hübsch rundlich, so daß sie fast wie Mittelgebirge aussahen, wie z. B. Gessner und I. A. Koch (Schmadribachfall).[1] Meistens begüngte man sich mit dem Vorland des Hochgebirges. Je seltener die Hochgebirgsbilder nach 1750 waren, umso zahlreicher sind die Gemälde des/Mittelgebirges. Die bedeutendsten Maler auf diesem Gebiet waren Schütz, Rauscher (Thüringen), Reichardt (Appenin), Kobell (Odenwald, Bergstraße, Pfalz). In Heydenreichs ästhetischem Wörterbuch kommt diese Vorliebe für das Mittelgebirge unverhohlen zum Ausdruck: »So bemächtigt sich oft des empfindsamen Betrachters landschaftlicher Vorstellungen ein schauerliches Gefühl bei dem Anblicke der Gebirge und Felsen, der Fluthen und Klüfte, die er schön nachgeahmt sieht.«[2] Und Garve war der Ansicht, »daß nur der erste Anblick schön und groß zugleich, und der zweite schauderhaft und nur auf kurze Zeit dem Auge erträglich und dem menschlichen Körperbau aushaltbar sei.« – »Was bei dem täglich erneuerten Anblicke gefallen soll, braucht nicht gross oder neu, aber es muss schön sein. Und gerade dies ist der Fall und die Absicht der mittleren und kleineren Gebirge.«[3]

Gegenüber der unbeherrschten Bewegtheit in der Lyrik des absolutistischen Zeitalters tritt in der neuen bürgerlichen Lyrik ein Stil auf, »dessen Wesen man als Gleichmass, Klarheit, Sachlichkeit, Ruhe und *Begrenzung* charakterisieren kann. Der Blick ist wieder auf Dauer und Sein gerichtet, man sieht einen ruhenden Pol in der Flucht der Erscheinungen. Die antithetische Beziehung der Dinge, Gedanken und Gefühle weicht einem plastisch sondernden und *begrenzenden* Erlebnis«.[4]

Die Gegenüberstellung zweier Gedichte gleichen Vorwurfs möge die Wandlung illustrieren.

---

[1] s. Feulner, Skulptur und Malerei, a. a. O.
[2] K. H. Heydenreich, Ästhetisches Wörterbuch über die bildenden Künste. Leipzig 1783–95
[3] Chr. Garve, Ueber einige Schönheiten der Gebirgsgegenden, a. a. O.
[4] Fritz Strich, Der lyrische Stil, a. a. O. (ebenso das Folgende)

Das absolutistische Zeitalter:

> Karfunkeln sind im Dunkeln
> Viel lichter, viel erpichter
> Und dichte Glut Anrichter,
> Weil sie noch klärer funkeln:
> So sind auch deine Sterne,
> Die Sterne, die von ferne
> Mein krankes Herz bestrahlen,
> In's Dunkle meiner Seelen
> Zumal hinunterstrahlen
> Und meine Geister quälen
> Mit tausend-tausend Schmerz.
> O Brand in meinem Herzen!/

Und der bürgerliche Gleim dagegen:

> Des Abends funkeln Sterne,
> Und ist der Himmel helle,
> So seh ich gern ihr Funkeln.
> Doch seh ich meines Mädchens
> Recht feuervolle Augen
> Zugleich im Fenster funkeln,
> So lenk ich schnell mein Auge
> Vom Himmel nach dem Fenster.
> Da seh ich bessre Sterne,
> Da schimmert meinen Augen
> Die allerschönste Venus.[1]

Parallelerscheinungen finden wir in den bildenden Künsten. Die ruhelos bewegten *Architektur*formen erstarrten um die Mitte des Jahrhunderts. Die Spannung in den Bögen und Rundungen gab nach. Alle Linien begannen sich wieder zu strecken. Die Flächen, die kurz vorher ihre geschwungenen Ornamente über die Umrahmungen hinwegspülten, glätteten und beruhigten sich wieder. Feste, gerade Einfassungen machten jeden Versuch einer Regung schon von vornherein unmöglich. Der Raum wurde gegliedert und

---

[1] J. W. L. Gleim, Sämmtliche Werke, Hg. Wilhelm Körte, Bd. 1–8, Halberstadt 1811–13

fest umgrenzt. Das ganze Gefüge der Baumassen wurde wieder hart und starr. Auch die antiken Formen waren Ruhe gewesen, aber eine Ruhe, in der die vorangegangene Bewegung aufgehoben war, also lebendiger Ausgleich von Bewegung und Ruhe. Die deutsche Baukunst der zweiten Hälfte des 18. Jahrhunderts, die sich an die klassischen Formen anlehnte, war Ruhe ohne jegliche Bewegung, tote Ruhe, weil das Neue nicht restlos aus dem Leben selbst hervorwuchs, sondern vor allem nach dem abstrakten Vitruvschen Lehrbuch[1] errechnet und konstruiert war.

Auf die Beruhigung der *Plastik* kommen wir später noch ausführlich zu sprechen.

In der *Landschaftsmalerei* zeigte sich kurz nach der Mitte des 18. Jahrhunderts der bürgerliche Geist vor allem darin, daß der unendliche Raum zu einem endlichen verkleinert und eingeengt wurde. Der Bürger fühlte sich nur behaglich in einer übersehbaren Abgeschlossenheit.

In den Landschaftsbildern finden wir von jetzt ab fast immer eine flache Vordergründigkeit. Charakteristisch hierfür/sind u. a. die »Grotte« und »das Gespräch an der Quelle« von Gessner.[2] Die Ästhetiker, die sich über die Ideallandschaft verbreiteten, stellten allgemein die Sperrung der Landschaft als Bedingung. »Das gleichsam vorhängende Gebirge der gesperrten Ferne gestattet dem Auge nicht weiter zu dringen«, meint z. B. Hagedorn. Und an einer anderen Stelle: »Immer wird das Feld der hirtenmässigen Behandlung mit Bergen und Sträuchern eingeschlossen.«[3] Es war zu dieser Zeit allgemein üblich, den Vordergrund mit einer Felswand, einem Waldrand oder einem Wasserfall zuzumauern. Wenn eine Brücke zur Darstellung gelangte, so wurde sie nicht mehr wie in der Landschaftsmalerei vor 1750 in die Diagonale, sondern quer über die Breite des Bildes gelagert, wie z. B. bei dem »Blick auf die Mainbrücke« von Kobell, wo die Brücke die rechte Hälfte des Bildes einnimmt, während die linke Hälfte durch eine Häuserwand in der Höhe der Brücke gesperrt wird.[4] Wie Kobell haben auch Hackert, Züngg, Schütz (Ansicht von Weisenau), Koch (Berner Oberland),

---

[1] Pollio Marcus Vitruvius, De architettura libri decem nuper maxima diligentia castigati atque excusi, additi, Julii Frontini de aueductibus libris propter materiae affinitatem. Florentia 1522
[2] s. Feulner, Skulptur und Malerei, a. a. O.
[3] s. Feulner ebd.
[4] s. Feulner ebd.

Aberli (in seinen Schweizer Bildern), Gessner, Reinhart, Tischbein
(Goethe in der Campagne) jegliche Raumvertiefung ausgeschlossen
und den Vordergrund fest verriegelt. Wenn sich dem Vordergrund
noch ein Mittelgrund anschloß, so wurde der Horizont, der in der
vorangegangenen Zeit möglichst tief lag, jetzt hochgerückt, und
außerdem – man könnte fast sagen aus einer unbewußten Raum-
angst – durch links und rechts herangeschobene Waldstreifen,
Gebirgsketten oder Gebüsche verengert. Der Horizont wurde
niemals mehr atmosphärisch verschwommen gemalt, sondern hart
und scharf behandelt. Jede auflösende Wirkung durch Luftper-
spektive war von jetzt ab verpönt, man verlangte einen festen
Abschluß.

Auch in der höfischen und kirchlichen *Deckenmalerei* läßt sich
in den fünfziger und sechziger Jahren eine allmähliche Verbürgerlichung feststellen. Die alte Form hielt sich noch eine Weile, sie war
aber nach der Mitte des Jahrhunderts nur eine fertig übernommene,
also tote Form, eine Schablone. Von irgendwelcher Weiterentwicklung konnte schon gar keine Rede sein, nachdem der absolutistische Nährboden, aus dem die Deckenmalerei bis zur Jahrhundertmitte ihre Säfte zugeführt bekam, nach und nach vertrocknete.
Das erste, was sich in der dekorativen Großmalerei änderte, war
der Inhalt. Feulner hat das wesentlich Neue im Inhalt scharf gesehen.[1] Die kühnen, in die Unendlichkeit gesteigerten Gedanken
kehrten zum Menschlichen zurück (wir werden später sehen, wie
das Menschliche in dieser Zeit eine eminent bürgerliche Erscheinungsform war). Die menschliche Figur löste sich, trat nach vorn
und wurde das wichtigste Thema. Die früheren metaphysischen
Inhalte wichen einer betonten Diesseitigkeit. Der Realismus wurde
so gegenständlich, daß man von nun an gelegentlich sogar auf
volkstümliche Verbrämungen, Genre und Landschaft stieß. Das
Visionäre verschwand zuletzt ganz. Das Deckenbild war Tafelbild
geworden, längst bevor es sich von der Decke löste. Von der früheren Unendlichkeitsbewegung war nichts mehr übrig. Der Himmel
hatte sich geschlossen, er war nur noch Hintergrund. Der typischste
Vertreter dieser letzten Periode war Franz Anton Maulbertsch
(1724–1796), der dramatische Begebenheiten mit oft drastischen
Stellungen und Gebärden malte, die nicht mehr abstrakte Bewegtheit, sondern durch den Vorgang selbst bedingte Bewegung waren.

---

[1] Feulner, Skulptur und Malerei a. a. O.

Durch ein Helldunkel suchte er das Geheimnisvolle der Szene zu erhöhen und die Aufmerksamkeit des Beschauers festzuhalten und auf den Vorgang selbst zu konzentrieren.[1]

Um 1775 war es mit der Freskenmalerei vorbei. Der neue Inhalt gab die alte Form vollends auf und schuf sich eine eigene neue Form. Die höfische Deckenmalerei wurde abgelöst von dem inhaltlich und formal durch und durch bürgerlichen Historienbild.

Wir könnten noch auf eine endlose Reihe von Erscheinungen aufmerksam machen, die den um die Mitte des 18. Jahrhunderts stattgehabten Frontwechsel dartun. An einige wenige, auf die wir später noch zurückkommen werden, sei hier noch erinnert.

Das große Format in der Malerei, das dem Lebensstil der Fürsten mit ihren wirklich überlebensgroßen Dimensionen so sehr entsprach, verschwand um die Mitte des Jahrhunderts. Das *kleine Format*, das den gar nicht hohen und steilen und den am allerwenigsten distanzierten Verhältnissen des kleinen Mannes mit seinen engen und niederen Wohnräumen so vollkommen angepaßt war, lebte um die selbe Zeit wieder auf und behauptete sich von jetzt ab./

Auch die deutsche *Buchillustration* datiert aus dieser Zeit. Daß diese tausendmal vervielfältigten und recht billigen Bildchen in den Büchern, im Gegensatz zu den einmaligen und teueren Bildern in den Schlössern einen typisch bürgerlichen Charakter haben, braucht wohl nicht besonders unterstrichen zu werden. Über alles beliebt waren in der zweiten Hälfte des 18. Jahrhunderts die miniaturhaft kleinen Illustrationen von Daniel Chodowiecki (1728–1801), der ungefähr alle Bücher illustrierte, die damals in keiner Bibliothek eines einigermaßen gebildeten Bürgers fehlten: »Minna von Barnhelm«, »Fabeln und Erzählungen« von Lessing, »Sebaldus Nothanker« und die »Anekdoten Friedrichs II.« von Nicolai, Pestalozzis »Lienhard und Gertrud«, Goethes »Werther« und »Hermann und Dorothea«, Schillers »Kabale und Liebe«, Rousseaus »Héloise«, den »Don Quichote«, den »Prediger von Wakefield«; Richardsons »Clarisse«, Smollets »Peregrine Pickle« und Sternes »Empfindsame Reise«.

Um die Mitte des 18. Jahrhunderts fing die Zeit an der *Miniaturporzellan*püppchen für die kleinen Börsen und den kleinkalibrigen Geschmack. So z. B. die von der Ludwigsburger Porzellanmanu-

---
[1] Feulner, ebd.

faktur hergestellten Meßbuden mit der Aufschrift »Marchand d'Epiceries« oder »Marchand de Mode«, dann eine Zeuglerbude, ein Antiquar, eine Bude mit Leder, eine mit Waschstoffen und Strümpfen, ferner liliputartige Handwerkerfigürchen: Metzger, Hausierer mit Mäusefallen und Küchengeräten, Schmiede, Schuster, Schneider, Schlossermeister, Apotheker und die wenigen Zentimeter großen Kleinbürgerinnen wie Putzfrau, Büglerin, Schustersfrau usw.

Es war auch die Zeit der winzigen Streublümchen, die nicht viel größer waren als eine Hausfliege und mit denen die Porzellantäßchen dekoriert waren.

Es war die Zeit der kleinen *Handarbeiten*, mit denen die ehrsamen Bürgertöchter sich die Augen verdarben, der Perlenstickereien und Perlenstrickereien, die von einer solchen Feinheit waren, daß man sie heutzutage nicht mehr reparieren kann, weil es keine so dünne Nähnadeln zum Auffädeln der winzigen Glasperlchen mehr gibt.

Es war die Zeit der *Schattenrisse*, des bürgerlichen Ersatzes der höfischen Miniaturen, der 8, 6 und sogar 4 taktigen *Liedchen*, speziell für das Bürgerhaus komponiert,/die Zeit des *Musikdilettantismus*, der Renaissance des *Clavichördchens*, des kleinsten aller Tasteninstrumente, das man bequem unter den Arm mitnehmen konnte, die Zeit des ersten bürgerlichen Schmuckes, die Zeit des ersten bürgerlichen Tanzes, des Walzers, usw.

Dann wollen wir noch an die Tatsache erinnern, daß die bereits in der ersten Hälfte des 18. Jahrhunderts einsetzende Verbürgerlichung der deutschen *Literatur* sich um die Mitte des Jahrhunderts restlos vollzog. 1745 fing die Verbürgerlichung des deutschen Lustspiels durch Gellert an. 1747–1748 erschien der erste deutsche bürgerliche Familienroman: »Das Leben der schwedischen Gräfin G***« von Gellert und 1755 das erste bürgerliche Schauspiel »Miss Sara Sampson« von Lessing. Von der Zeit ab wurde nur noch für den Bürger gedichtet. Die Höfe existierten für die Literatur nicht mehr.

Wenn wir kurz zusammenfassen, was wir in den letzten Seiten gesagt haben, so ergibt sich erstens aus dem allmählichen Aufhören des direkt vom Absolutismus abhängenden Kunstbetriebs, und zweitens aus dem Absterben und Verschwinden einer Reihe von Kunstformen, die die direkte Widerspiegelung des absolutistischen Gedankens waren, und endlich aus dem Aufkommen von einer Unzahl von bürgerlichen Kunstformen, daß um die Mitte des

18. Jahrhunderts eine grundlegende Verschiebung der gesellschaftlichen Machtverhältnisse stattgefunden haben muß. Die alte feudale Gesellschaftsklasse war im Untergang, die neue bürgerliche Gesellschaftsklasse war im starken Aufstieg begriffen.

Ein weiterer Beweis für die allmählich zunehmende Dekadenz der Fürsten um die Mitte des 18. Jahrhunderts waren die immer häufiger werdenden Meldungen, daß an vielen deutschen Höfen eine gewisse Regierungsmüdigkeit, eine Erschlaffung, eine Gleichgültigkeit eingetreten war. In den vierziger Jahren waren die Fürsten im allgemeinen mehr Lebemänner als Herrscher. In der Schloßarchitektur zeigte sich dieser Umschwung darin, daß nicht mehr der repräsentative »escalier des ambassadeurs« das Zentrum war, um den sich alle anderen Prunkräume gruppierten, sondern das Boudoir.

Was von Ludwig XV. gesagt wurde: »Le roi règne, mais ne gouverne plus« galt auch von seinen kleinen deutschen Kol-/legen. Johann Michael von Loen hat 1740 in seinem Roman »Der redliche Mann am Hofe oder die Begebenheiten des Grafen von Ribera« den Typus des damaligen Fürsten geschildert, der es als eine allzu große Bemühung für einen König erachtete, wenn er an einem Morgen zehn- bis zwanzigmal seinen Namen unterzeichnen mußte, und der ganz in dem Glauben war, die Ehre der Krone und das Vergnügen wäre für ihn und die Last der Regierung für seine Räte.[1] Von August III. von Sachsen wird berichtet, daß er anfing zu gähnen, wenn man über Politik sprach und sichtlich aufatmete, wenn die Rede wieder auf die nächste Opernpremiere oder Wildschweinejagd kam.

Endlich wollen wir in diesem Zusammenhang auch noch darauf weisen, was ebenfalls für die Dekadenz des Absolutismus bezeichnend ist, daß die Fürsten von der Mitte des Jahrhunderts ab fast ohne Ausnahme sich zu einer Reihe von Konzessionen (z. B. Rechtsreformen) herbeiließen, zu denen sie sich niemals entschlossen hätten, wenn ihre Macht noch ungeschwächt und ungebrochen gewesen wäre. Wir kommen später hierauf zurück.

Die um die Mitte des Jahrhunderts immer offener zutage tretenden Bestrebungen nach Befreiung des Handels von der absolu-

---

[1] Johann Michael von Loen, Der Graf von Ribera oder Der redliche Mann am Hofe. (1742) Fak.-Neudr. 1966

tistischen Bevormundung waren nicht auf Deutschland beschränkt. Man findet zu dieser Zeit ähnliche Bestrebungen in allen Ländern mit einem merkantilistischen Wirtschaftssystem, am ausgesprochensten dort, wo der Handel am weitesten entwickelt und die Denk- und Redefreiheit am wenigsten geknebelt war, also besonders im demokratischen England.

Schon um 1700 hatten die Tories mit Bolingbroke (1678–1751) an der Spitze Forderungen gestellt, die den neuen gesteigerten Produktionsformen Rechnung trugen. Und David Hume (1711–1776), der vor seiner philosophischen Tätigkeit Kaufmann gewesen war, bekämpfte dann um die Mitte des Jahrhunderts nicht nur die merkantilistischen Handelsbilanztheorien, sondern er bereitete damals schon die modernen Anschauungen vor, die sein Schüler Adam Smith später wissenschaftlich formulieren sollte.

Deutschland wagte sich erst viel später aus seiner Reserve heraus. Ein Empfehlungsschreiben des Grafen von Manteuffel an Gottsched aus dem Jahre 1737 dürfte wohl eines der/ältesten Dokumente sein, die etwas über ökonomische Freiheitsbestrebungen in Deutschland verlauten lassen: »Je m'étais imaginé qu'on ne se départirait jamais à Leipsic d'un principe que j'y croyais reçu comme généralement vrai, savoir qu'il en est des sciences comme du commerce, et que pour les faire fleurir, il faut laisser une entière liberté à ceux qui les professent«.[1] Die *ersten konkreten ökonomischen Freiheitsregungen* machten sich um die Jahrhundertmitte dahin bemerkbar, daß das Recht des Kaufmanns auf Konkurrenz, also auf freie Preisbestimmung proklamiert und praktisch durchgeführt wurde.

Bis um diese Zeit war das Geschäftsleben eng an religiöse und moralische Vorstellungen gebunden. Die wirtschaftliche Tätigkeit des Einzelnen hatte stets unter dem Gesichtspunkt zu stehen, daß sie dem gesamten gesellschaftlichen Organismus dienlich sei. Man hielt an der Idee des »gerechten Preises« fest: der Einzelne hatte kein Recht der Preisfestsetzung. Daher galt jegliches Unterbieten des Preises oder eine andere gegenseitige Übervorteilung der Handelsleute als verpönt und schmutzig. »Es soll kein Cramer dem anderen seine Kaufleute von seinen Buden oder Cram Laden ab-

---

[1] E. Chr. Freiherr (Graf) von Manteuffel: s. Gustav Waniek, Gottsched und die deutsche Literatur seiner Zeit. Leipzig 1897, sowie: Georg Steinhausen, Der Kaufmann in der deutschen Vergangenheit. Jena 1912; ebenso: G. von Gülich, Geschichtliche Darstellung des Handels, der Gewerbe etc., a. a. O.

ruffen, noch mit Wincken oder anderen Geberden und Zeichen vom Kauf abhalten.« Wie es im Kleinhandel war, so war es auch im Großhandel.[1]

In Preußen wehrten sich die Seidenfabrikanten mit aller Kraft gegen die Schau und Inspektion, die technischen Vorschriften, das Verbot, Vorschüsse zu geben, den Zwang, auf vier Stühlen einen Meister zu halten und gegen die zweimonatige Kündigungsfrist. Sie forderten die schrankenlose Verfügung über ihre Arbeitskräfte, weil nur dann eine Konkurrenz mit Lyon möglich sei.

Ein weiteres Zeichen, daß der Handel in Deutschland neue Wege ging, war z. B. der ziemlich plötzliche Umschlag in der Einstellung der Kaufleute zu der Geschäftsanzeige. Noch um 1750 wurde der Frankfurter Buchhändler Varrentrapp mit Protesten überschüttet, weil er in seiner Zeitung Wechselkurse veröffentlichte. Während sich vorher alles im Dunkeln abspielte, will man jetzt genaue Kenntnis über die Konjunkturverhältnisse erhalten. Seit 1753 erschien in Hamburg der Krusesche »Comptorist« mit ausführlichen Handelsnachrichten.[2] /Jeder Kaufmann richtete jetzt seine Preise so ein, daß er seinen Konkurrenten übervorteilen konnte. Überall entstanden von nun an Handelszeitungen, die der Kaufmannschaft genaue Kenntnis aller Marktverhältnisse vermittelten. Ebenso wandte sich jetzt der Kaufmann in seinen Bestrebungen nach freier Konkurrenz gegen Monopole, mit denen die Fürsten bisher fremde Manufaktoriers angelockt hatten.

Zur selben Zeit als der Handel in Deutschland anfing sich mehr Ellenbogenfreiheit zu schaffen und das Geschäftsleben von allen Bindungen an Sitte und Moral zu lösen, wurde in Frankreich natürlich unter englischem Einfluß, vor allem von Catillons »Essai sur la nature du commerce en général« 1734, der erste Versuch gemacht, die freiheitlichen Bestrebungen in einem neuen ökonomischen System wissenschaftlich zu fundieren.

Das neue französische System, der *Physiokratismus*, bekämpfte die zwei größten Fehler, die dem Markantilismus anhafteten: erstens die einseitige Bevorzugung von Handel und Industrie und die damit verbundene totale Vernachlässigung der Landwirtschaft, zweitens

---

[1] s. von Gülich, a. a. O.
[2] J. E. Kruse, Allgemeiner und besonders Hamburgischer Contorist etc., Hamburg 1753

die das ganze Wirtschaftsleben hemmende Bevormundung durch den absolutistischen Staat.

Nach Ansicht der Physiokraten ist das gesellschaftliche Leben der Menschen ebenso wie das physische Leben natürlichen Gesetzen unterworfen, die sich aus der Vernunft ergeben. Die Vollkommenheit kann die Gesellschaft nur dann erreichen, wenn sie sich der natürlichen Ordnung anpaßt. Die Aufgabe des Staats sei es demnach, ohne Eingriffe in die Entwicklung lediglich für die freie Entfaltung der natürlichen Gesetze zu sorgen.

Der Physiokratismus machte aber in bezug auf die Landwirtschaft den gleichen Fehler, den der Merkantilismus gemacht hatte. Auch er ging viel zu weit, aber nach der entgegengesetzten Richtung. Für den Merkantilismus war die Landwirtschaft nichts, für den Physiokratismus war sie alles.

Das physiokratische System ging von dem Grundgedanken aus, daß die Hauptquelle des Nationalreichtums nicht wie beim Merkantilismus der Besitz von Edelmetallen und barem Gelde sei, sondern der Grund und Boden sowie dessen Bewirtschaftung. Die Grundzüge des Systems stammen sämtlich von/François Quesnay (1694–1774). In seinem »Tableau économique« 1756 versuchte er zum ersten Mal den Zusammenhang aller Produktionsverhältnisse als geschlossenen Kreislauf von Produktion, Distribution und Reproduktion der Waren darzustellen. Den Namen Physiokratismus prägte nicht Quesnay sondern Dupont de Nemours in seiner »Physiocratie ou constitution essentielle des sociétés politiques« aus dem Jahre 1767.

Nach Quesnay schafft nur der Boden neue Werte, die Manufaktur trennt, verbindet und verarbeitet lediglich die bereits vorhandenen Stoffe. Sie ist nützlich, indem sie dem Landwirt Arbeiten abnimmt und die Produktion der Landwirtschaft dauerhaft macht.

Quesnay teilt die Bevölkerung in vier Klassen ein:

1. Die einzige produktive Klasse der Landwirte und Bauern, die allein ein produit net erzeugt.

2. Die Klasse der Grundbesitzer, die das produit net bekommt und den Austausch mit Industriellen und Händlern gegen Fabrikate und Dienste bewerkstelligt.

3. Die sterile Klasse der Gewerbetreibenden und Kaufleute, die keinen gesellschaftlichen Reichtum erzeugt. Sie schafft zwar Werte, die sie aber bei der Arbeit selbst wieder konsumiert. Sie stellt also keinen Überwert her.

4. Die Klasse der Besitzlosen, die nur ihre nackte Existenz verdient.

Die Konsequenz dieser Theorie war, daß nur das produit net durch den impôt unique besteuert werden durfte, und alle anderen Steuern abzuschaffen seien.

In Deutschland gab es eine ganze Reihe von Anhängern des physiokratischen Systems wie z. B. Iselin, Schlettwein und Krug. Schlettwein war badischer Beamter unter dem Markgrafen Karl Friedrich, der selbst theoretisch und praktisch für die neue Lehre eintrat. 1772 schrieb der Markgraf einen »Abrégé de l'économie politique«, der zuerst in Duponts »Ephémérides« und 1776 in Buchform erschien. Wie Turgot in Frankreich, versuchte auch Karl Friedrich die physiokratischen Grundsätze in die Wirklichkeit umzusetzen. Seit 1770 führte er in Dietlingen, Balingen und Thelingen den impôt unique ein, der ein Fünftel des produit net der Bodenprodukte ausmachte. Außerdem wollte er für das ganze Land Gewerbe- und Handelsfreiheit verkünden. Schon nach einigen Jahren gab der Markgraf jedoch seine Versuche mit der Alleinsteuer auf, weil die Gewerbe- und Handeltreibenden alle ihre Steuern auf die Grundbesitzer abgewälzt hatten. Durch diesen Mißerfolg eingeschüchtert, wagte er es nicht mehr seine weiteren Pläne durchzuführen.

Der Physiokratismus war also, wie aus dem Gesagten zur Genüge hervorgeht, eine in der Hauptsache rückwärts gerichtete Theorie, für die es nicht schwer war, unter den damaligen Malkontenten eine handvoll Anhänger zu rekrutieren, die aber in kürzester Zeit versanden mußte, wie alle ökonomischen Systeme, die sich der gesunden Entwicklung entgegenstellen und gewaltsam ein Stück toter Vergangenheit zu neuem Leben erwecken wollen. Neue ökonomische Formen sind nur dann lebensfähig, wenn sie von der Gegenwart ausgehen, auf die Gegenwart weiterbauen, die Widersprüche der Gegenwart, die allein die treibenden Kräfte für alles Kommende sind, aktivieren und so Neues zu schaffen suchen.

Das tat Adam Smith (1723–1790) mit seiner *individualistischen Handelstheorie*. Adam Smith hat 1776 die Grundlagen seines Systems in dem »Inquiry into the nature and the causes of the wealth of nations« niedergelegt. Smith ging von Turgot aus, der schon über den Merkantilismus hinaus einen vom Staat unabhängigen Austauschverkehr von freien Individuen mit freiem

Eigentum verlangt hatte.

Der Grundgedanke der individualistischen Handelstheorie von Smith ist folgender: nicht bares Geld (Merkantilismus), ebensowenig der Boden (Physiokratismus), sondern die Arbeit ist die Grundlage des Nationalreichtums. Jede Art nützlicher Arbeit muß daher vom Staat gefördert werden, dessen einzige Aufgabe es ist, alle der freien Entwicklung der Produktivkräfte entgegenstehenden Hindernisse und Schranken zu beseitigen. Smith verurteilte die damaligen Staatenlenker, die nichts weiter als »listige, verschlagene Tiere« seien und deren Maßnahmen stets eine Störung der natürchen Ordnung wären. Ein idealer Naturzustand sei die bürgerliche Ordnung. Individuelles Selbstinteresse, das sich innerhalb der Schranke der Gerechtigkeit halte, sei die Bewegkraft des wirtschaftlichen Handelns und des sozialen Mechanismus. Einzelinteressen fügen sich nicht durch staatliche Oberaufsicht, die auch der Physiokratismus noch für/unerläßlich hielt, sondern ganz von selbst zu einem Ganzen, dank der natürlichen Triebe, die Gott in seiner Weisheit so geschaffen hätte, daß sie sich automatisch abspielen. Alle Eingriffe der Gesetzgeber sowie der unter sich verschworenen Kaufleute und Unternehmer sollen beseitigt werden. Alle Privilegien, Handels-, Zoll- und Zunfteinrichtungen sollen aufgehoben werden.

Diese Theorie stellte die Verwirklichung aller Bestrebungen der bürgerlichen Handels- und Kaufleute dar. Smith selbst sah noch zu seinen Lebzeiten einen Teil seiner Forderungen in die Praxis umgesetzt. Deutschland hinkte in der Entwicklung etwas hinterher. Die Ideen von Smith gewannen zwar bald an Boden, erst 1807 jedoch kam es hier zu einer allgemein anerkannten Gewerbefreiheit./

III. Der Kampf des Bürgertums um die politische Freiheit*

Politik ist – am deutlichsten in einem Lande mit merkantilistischem Wirtschaftssystem – nichts anderes als die durch den Staat organisierte und realisierte Ökonomie.

Folglich konnte der deutsche Bürger der zweiten Hälfte des 18. Jahrhunderts die für seinen weiteren Aufstieg notwendige ökonomische Freiheit niemals erringen, ohne zugleich seine politische Freiheit zu erkämpfen.

Dieser politische Kampf hatte zwei Seiten, eine negative: Beseitigung des Absolutismus, und eine positive: Ersatz des Absolutismus durch eine den wirtschaftlichen Interessen des Bürgers mehr Rechnung tragende Staatsform.

Wir werden uns zunächst mit dem negativen Kampf beschäftigen.

A. Anti-Absolutismus

Der Absolutismus konnte direkt nur in dem Apparat angegriffen werden, den er sich geschaffen hatte, um sich selbst zu behaupten und zu betätigen, also im *Staat* und im *Recht*. Zugleich mit diesem direkten Kampf war aber noch ein indirekter Kampf verbunden, der mit größter Erbitterung gegen die *Kirche* und die *Moral* geführt wurde, weil beide bislang die stärksten Stützen des Absolutismus gewesen waren. Der Haß gegen den Absolutismus war aber so groß und so all-/gemein, daß der Kampf sich nicht auf die Philosophie und die Religion beschränkte; er griff von selbst auch auf die *Zeitungen,* die *Zeitschriften,* das *Theater* und die *Literatur* über.

Die absolutistische *Staatstheorie* fand ihre schärfste Formulierung bei dem englischen Philosophen Thomas Hobbes (1588–1679) in seinen Werken »Elementa philosophica de cive« (1642) und »Leviathan or the matter, form and power of a commonwealth

---

* Wir machen auf das nebenstehende Schema aufmerksam. Es ist klar, dass die darin angegebene logische Ordnung nichts über die chronologische besagen will. In Bezug auf letztere tasten wir überhaupt völlig im Dunkeln. Zum Beispiel ist es jetzt nicht mehr möglich, festzustellen, wieviel Jahrzehnte verlaufen sind zwischen der Entstehung von einzelnen Erscheinungen und ihrer ersten begrifflichen Formulierung und Dokumentierung, durch die wir von ihrem Vorhandensein überhaupt erst Kenntnis bekommen.

Schema von den Zusammenhängen der Wichtigsten Kulturerscheinungen der 2. Hälfte des 18. Jahrhunderts in Deutschland.

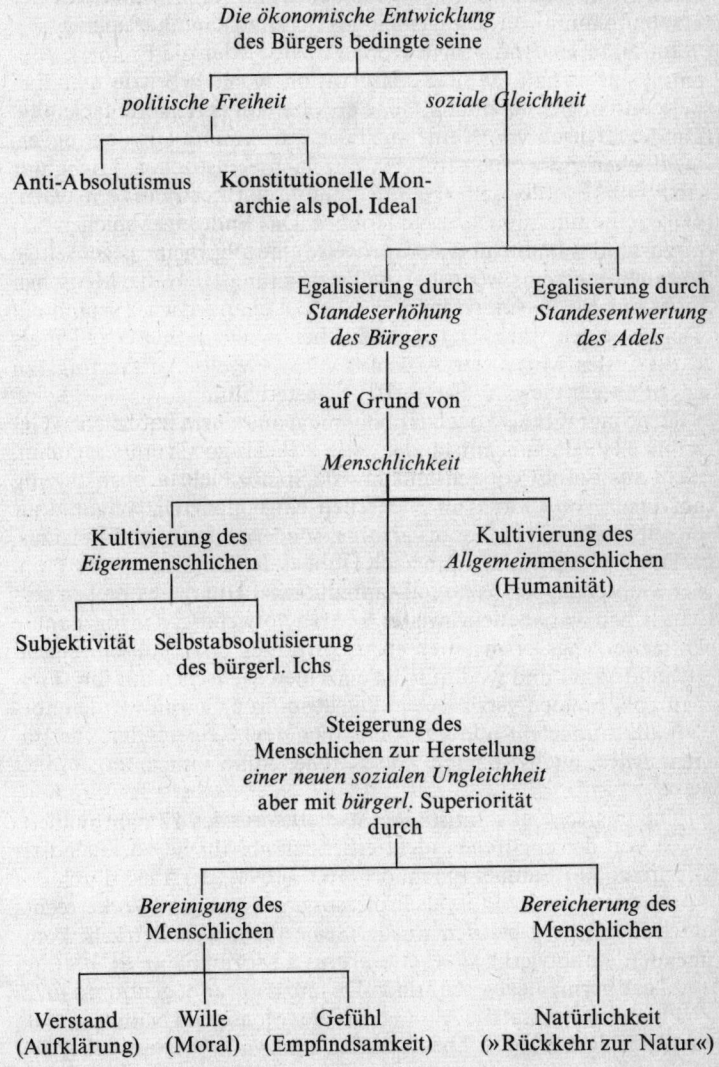

ecclesiastical and civil« (1651).

Hobbes war der damals allgemeinen Ansicht, daß der Staat durch einen Gesellschaftsvertrag entstanden wäre. Der Zustand vor der Staatenbildung wurde allgemein als Naturzustand bezeichnet.

Im Naturzustand, lehrte Hobbes, hatte jeder die Freiheit, »potentia sua ad naturae suae conservationem suo arbritrio utendi et per consequens illa omnia, quae eo videbuntur tendere, faciendi«. Da der Mensch von Natur aus böse war, konnte aus dem unvermeidlichen Zusammenstoß der einzelnen egoistischen Triebe nur ein »status hostilis«, ein »bellum omnium contra omnes« entstehen. »Homo homini lupus«, sagte Hobbes. Das Ende eines solchen Naturzustandes mußte notwendigerweise eine allgemeine gegenseitige Vernichtung sein, wenn der Selbsterhaltungstrieb die Menschen nicht auf Mittel sinnen ließ, wie diesem chaotischen Zustand ein Ziel zu setzen wäre. Der menschlichen »recta ratio« erschien als wirksamstes Mittel der Abschluß eines Gesellschaftsvertrags zu gegenseitiger Gewährleistung der Selbsterhaltung.

Der Staat war also nach Hobbes nicht aus einem natürlichen Geselligkeitsbedürfnis entstanden, wie z. B. Hugo Grotius annahm, nicht aus Furcht vor Einsamkeit, wie Spinoza lehrte, ebensowenig aus einer von Gott dem Menschen eingepflanzten Neigung zur Gesellschaft, wie Pufendorf glaubte, sondern aus purem Egoismus.

Das Ziel des Staats wäre nach Hobbes der Schutz und das Wohl der Menschen, »salus populi suprema lex«. Um dieses Ziel zu verwirklichen war aber ein zweiter Vertrag notwendig, der sogenannte Unterwerfungsvertrag, der ebenso wie der erste stillschweigend zustande kam und wodurch die einzelnen Menschen auf ihre Freiheit vollkommen verzichteten. Die abso-/lute Gewalt wurde unbeschränkt, ungeteilt und unwiderruflich dem Regierenden übertragen. Alles, auch Religion und Kirche, sollte ihm untergeordnet sein.

Die deutsche absolutistische Staatstheorie des 17. Jahrhunderts wich von der englischen nicht erheblich ab. Ihr hervorragendster Vertreter war Samuel Pufendorf (1632–1694), der 1660 durch den Kurfürsten von der Pfalz als Professor des Natur- und Völkerrechts nach Heidelberg berufen wurde. Seine für uns in Betracht kommenden Hauptwerke sind: »Severinus a Mozambano, de statu rei publicae germanicae« 1667 und »De jure naturae et gentium« 1672.

Pufendorf vertrat die Ansicht, daß der Mensch im Naturzustande weder schlecht, wie Hobbes annahm, noch gut, wie Rousseau später lehrte, sondern eine Mischung aus Gutem und Bösem sei. Durch den bösen Kern seiner Veranlagung wurde er genötigt, durch den guten Kern befähigt, einen Gesellschaftsvertrag abzuschließen, zu dem die Unzuträglichkeiten des Naturzustandes ihn veranlaßten. Wie Gott dem Menschen die Neigung zur Gesellschaft eingepflanzt hatte, so vollzog sich auch der Vertrag nach Gottes weiser Vorsehung und wurde durch den Allerhöchsten selbst für alle Zeiten sanktioniert.

Pufendorf unterschied in diesem Vertrag drei Stufen.

Die erste Stufe nannte er den eigentlichen Gesellschaftsvertrag, der aber nur dann Rechtskraft haben würde, wenn der Beschluß einstimmig gefaßt sei.

Die zweite Stufe war der sog. Herrschafts- und Unterwerfungsvertrag, für dessen Zustandekommen die Majorität genügte, nachdem einmal der erste Vertrag von der Gemeinschaft einstimmig getätigt worden sei.

Die dritte Stufe umfaßte den konstitutiven Prozeß der Gesellschaftsordnung, den Verfassungsvertrag: zwischen dem Herrscher und den freiwillig Unterworfenen wurde kontraktlich festgelegt, daß dem Fürsten die souveräne Gewalt uneingeschränkt und unwiderruflich übertragen wurde.

Während der ersten Hälfte des 18. Jahrhunderts erfuhr die Pufendorfsche, also im Grunde Hobbessche Staatstheorie in Deutschland keine grundlegende Änderung.

Christian Wolff (1679–1754) hat sie nur etwas ergänzt. Er hatte aus dem Recht der einzelnen Individuen auf Vervollkommnung (Leibniz), die nur durch Aufklärung zu erreichen war,/ um so zu größter Glückseligkeit zu gelangen, die Forderung abgeleitet, daß der Staat sich nicht damit begnügen dürfe, Leib und Gut seiner Untertanen zu sichern und zu schützen, sondern überdies die Pflicht habe, sich angelegentlichst um das Wohlergehen der Bürger zu kümmern.

Kant ließ sich in seiner Schrift »Theorie und Praxis« (1794) folgendermaßen über den »väterlichen« Despotismus des wohlwollenden Polizeistaates aus: »Eine Regierung, die auf dem Princip des Wohlwollens gegen das Volk als eines Vaters gegen seine Kinder errichtet wäre, d. h. eine väterliche Regierung, wo also die Unterthanen als unmündige Kinder, die nicht unterscheiden können, was ihnen wahrhaft nützlich oder schädlich ist, sich bloss passiv zu verhalten genöthigt sind, um, wie sie glücklich sein sollen, bloss von dem Urtheile des Staatsoberhaupts und, dass dieser es auch wolle, bloss von seiner Gütigkeit zu erwarten, ist der grösste denkbare Despotismus, ist eine Verfassung, die alle Freiheit der Unterthanen, die alsdann gar keine Rechte haben, aufhebt.«[1]

Wolff hat also nach Kant die absolutistische Staatstheorie noch verschärft.

Da der Staat faktisch nichts anderes ist, als die herrschende Klasse, die sich als Staatsmacht konstituiert hat, und jede Staatstheorie nichts anderes sein kann, als die ausgeklügelte Rechtfertigung der bevorstehenden oder bereits erfolgten Machtübernahme, ist es klar, daß die Staatstheorie sich jedesmal ändern wird, ändern muß, sobald das Klassenverhältnis im Staat infolge der fortschreitenden ökonomischen Entwicklung sich wesentlich verschiebt oder auch nur anfängt zu verschieben.

Man könnte die ganze Staatengeschichte der Welt als Beleg für diese Wahrheit anführen. Wir wollen nur auf zwei markante Fälle aus dem 17. Jahrhundert hinweisen. Als Holland sich auf revolutionärem Wege von der spanischen Unterdrückung befreite, paßte sich die neue Staatstheorie von Hugo Grotius (1583–1645) und von Baruch Spinoza (1632–1677) der aristokratisch-republikanischen Staatsform des Landes an. Als England um die Mitte des 17. Jahrhunderts gegen den Absolutismus rebellierte, und die demokratische Staatsform durch die Verfassung von 1688 stabilisiert wurde, hatte Hobbes mit seinen Theorien glatt abgewirtschaftet, und man huldigte seitdem/nur noch der neuen Staatstheorie von John Locke (1632–1704).

Der Naturzustand war nach Locke kein Kriegszustand. Nicht Willkür, sondern Natur und Vernunft hätte damals geherrscht. Der Naturzustand war für die Menschen »a state of perfect freedom to order their actions and dispose of their possessions and persons, as they think fit within the bounds of the law of nature«.[2] Um eine noch größere Sicherheit und Zuträglichkeit zu erreichen, waren die Menschen auf den Gedanken gekommen, einen Richter und Herrscher zu erkennen, der für die Erhaltung der persönlichen Freiheit, des Lebens und des Eigentums zu sorgen hatte. Die Souveränität

---

[1] I. Kant, Über den Gemeinspruch: Das mag in der Theorie richtig sein, taugt aber nicht für die Praxis (1793). In: Kant's Werke. Hg. Königliche Akademie der Wissenschaften, Bd. I–XXVIII, Berlin 1910 ff (Bd. VIII)

[2] John Locke, Two treatises of government (1690). In: Sämtliche Werke, 9 Bde., 1853

ruhte aber nicht bei dem Herrscher, sondern blieb nach wie vor beim Volk. Die legislative Gewalt wurde durch eine Korporation (Parlament) ausgeübt. Der Staat beeinträchtigte also nicht im geringsten die ursprüngliche Freiheit der Natur.

In Deutschland hatte sich das Klassenverhältnis zwischen Bürgertum und Feudalismus um die Mitte des 18. Jahrhunderts sehr wesentlich zu Gunsten des Bürgers und zum Nachteil des Fürsten verschoben. Die Verschiebung war zwar noch nicht so entscheidend, daß die jüngere bürgerliche Klasse die Macht übernehmen, was soviel heißt, als einen neuen Staat z. B. einen konstitutionellen Staat formieren konnte, aber immerhin war die Machtverschiebung schon so weit gediehen, daß der ideologische Kampf, der jedem politischen vorangeht, einen Anfang nehmen konnte. Die alte absolutistische Staatstheorie wurde also in dieser Zeit vom Bürgertum entwertet und eine neue bürgerliche an ihre Stelle gesetzt.

Hettner faßte die deutschen Verhältnisse um die Mitte des Jahrhunderts in folgenden Worten zusammen: »Um 1750 trat eine bedeutsame Wendung in die deutsche Staatswissenschaft ein ... Nachdem sich allmählich das deutsche Bürgertum von den traurigen Nachwirkungen des Dreißigjährigen Krieges erholt und wieder zu Wohlstand und Bildung emporgeschwungen hatte, regte sich natürlich das Gefühl, daß das Verhältnis von Fürst und Volk nicht lediglich nur das Verhältnis von Hammer und Ambos sei. Jenes faule und gewalttätige, vom Mark des Volks zehrende Lotterleben der Höfe und des Hofadels, das man bis dahin dumpf und entsagend als unabwendbares Schicksal, vielleicht sogar als unmittelbare göttliche Einsetzung betrachtet hatte, wurde jetzt als schnöder Mißbrauch/und rechtswidriger Frevel empfunden und verurteilt. Der Widerstand war zuerst nur langsam und schüchtern, aber begünstigt durch die Zeitverhältnisse gewann er schnell Macht und Verbreitung.«[1]

Die neue deutsche bürgerliche Staatstheorie der zweiten Hälfte des 18. Jahrhunderts ging von John Locke aus, der zuerst die Lehre von der Trennung der drei Staatsgewalten, der legislativen, der exekutiven und der föderativen aufstellte. Von weiterem Einfluß auf die bürgerliche Staatstheorie in Deutschland war Montesquieu (1689–1755), der sich in seinem »Esprit des Lois« (1748) wieder auf

---

[1] Hermann Hettner, Geschichte der deutschen Literatur im 18. Jahrhundert. 3 Teile in 6 Bdn., 1856–70 (Berlin 1961)

Locke stützte. Die Rechtsprechung in Frankreich erschien Montesquieu so verrottet, daß er für den Richter vollste Selbständigkeit forderte. Die exekutive und föderative Gewalt, also die Verwaltung nach außen und innen, wollte Montesquieu nach wie vor dem Monarchen lassen.[1] Den größten Einfluß auf Deutschland übte jedoch Jean Jacques Rousseau (1712–1778) aus. Er ging viel weiter als Montesquieu. Er verlangte die volle Ausübung der Souveränität für die Gesamtheit des Volkes.

Der Begriff der Volkssouveränität war aber nicht eine Erfindung von Locke und Rousseau. Wir treffen ihn bereits im Mittelalter an. Die Monarchomachen (Hotomanus, der Anonymus von »De jure magistratuum« (1576), Salomonius, Languet, Rossaeus, Boucher, Danaeus, Buchanan und Mariana) hatten diesen Gedanken in ihrem hauptsächlich religiösen Kampf gegen den Absolutismus in der Zeit von 1573 bis 1599 wieder aufgenommen und somit mit ihrer Forderung: Dem Volke kommt die legislative, dem princeps die exekutive Gewalt zu, bereits Locke und Rousseau vorgegriffen.

Die Ideen nun von Locke, Montesquieu und Rousseau fanden in der zweiten Hälfte des 18. Jahrhunderts in Deutschland allgemeine Verbreitung.

Kant hat sie in seiner Schrift über »Theorie und Praxis« (1794) zusammengefaßt. Die drei Grundrechte, nach denen allein eine Staatseinrichtung möglich sei, wären nach Kant:

1. Freiheit eines jeden Staatsmitgliedes als Mensch,
2. Gleichheit mit allen als Untertan,
3. Selbständigkeit als Bürger.

Über die Freiheit schreibt Kant u. a.: »Niemand kann mich zwingen, auf eine Art, wie er sich das Wohlsein anderer/Menschen denkt, glücklich zu sein, sondern ein jeder darf seine Glückseligkeit auf dem Wege suchen, welcher ihm selbst gut dünkt, wenn er nur der Freiheit Anderer, einem ähnlichen Zwecke nachzustreben, nicht Abbruch thut.«

Über die Gleichheit meinte Kant: »Jedes Glied muss zu jeder Stufe eines Standes in demselben gelangen dürfen, wozu ihn sein Talent, sein Fleiss und sein Glück hinbringen können, und es dürfen ihm seine Mituntertanen durch ein erbliches Vorrecht, als Privilegiaten für einen gewissen Stand, nicht im Wege stehen, um

---

[1] Charles Louis Montesquieu de Secondat, De l'esprit des lois (1748), Teil 1–2, Paris 1961 (= Classiques Garnier)

ihn und seine Nachkommen ewig niederzuhalten«.

Über die Selbständigkeit der Bürger lesen wir: »Alles Recht hängt von Gesetzen ab. Ein öffentliches Gesetz aber, welches für Alle das, was ihnen rechtlich erlaubt oder unerlaubt sein soll, bestimmt, ist der Actus eines öffentlichen Willens, von dem alles Recht ausgeht und der also selbst Niemanden muss Unrecht thun können: hierzu ist aber kein anderer Wille als der des gesamten Volkes, da Alle über Alle, mithin ein Jeder über sich selbst beschliesst, möglich, denn nur sich selbst kann Niemand Unrecht thun.«

»Die gesetzgebende Gewalt kann nur dem vereinigten Willen des Volks zukommen. Denn da von ihr alles Recht ausgehen soll, so muß sie durch ihr Gesetz schlechterdings Niemanden Unrecht thun können. Nun ist es, wenn Jemand etwas gegen einen Anderen verfügt, immer möglich, dass er ihm dadurch Unrecht thue, nie aber in dem, was er über sich selbst beschliesst. Also kann nur der übereinstimmende und vereinigte Wille Aller, sofern ein Jeder über Alle und Alle über einen Jeden eben dasselbe beschliessen, mithin nur der allgemein vereinigte Volkswille gesetzgebend sein.«[1]

Auch Kant verlangte also die vollste Volkssouveränität. Wenn überhaupt noch von einem Monarchen die Rede sein kann, dann höchstens als »Agent des Volkes«.

Es ist begreiflich, daß Kant in seinem Haß gegen den Despotismus und seiner Sehnsucht nach Freiheit die Umwälzung in Frankreich mit gespanntestem Interesse verfolgte. Die Revolution hatte auf den Fünfundsechzigjährigen einen überwältigenden Eindruck gemacht. Nicht weniger begeistert waren Fichte und Hegel. Als die französische Republik gestiftet war, rief Kant in Gegenwart von mehreren Freunden mit/Tränen in den Augen aus: »Jetzt kann ich sagen wie Simeon, Herr! lass Deinen Diener in Frieden fahren, nachdem ich diesen Tag des Heils gesehen!« Und als so viele von den anfänglich Begeisterten wie Klopstock, Wieland, Herder und Schiller, sich entsetzt von Frankreich abwendeten, sobald die Guillotine ihre Arbeit zu verrichten begann, verharrte Deutschlands größter Philosoph unerschütterlich in seiner revolutionären Gesinnung. Er scheute sich nicht, offen zu bekennen, daß alle Greuel, die jetzt in Frankreich geschähen, unbedeutend seien gegen das fortdauernde Übel der Despotie, das vorher in Frankreich be-

---

[1] I. Kant, Theorie und Praxis, a. a. O. (Bd. VIII)

stand, und daß die Jacobiner wahrscheinlich in allem, was sie gegenwärtig täten, Recht hätten.

In Kants Schrift »Streit der Fakultäten« 1798 lesen wir: »Die Revolution eines geistreichen Volkes, die wir in unseren Tagen haben vor sich gehen sehen, mag gelingen oder scheitern, sie mag mit Elend und Gräuelthaten dermassen angefüllt sein, dass ein wohldenkender Mensch sie, wenn er sie zum zweiten Male unternehmend glücklich auszuführen hoffen könnte, doch das Experiment auf solche Kosten zu machen niemals beschliessen würde, diese Revolution, sage ich, findet doch in den Gemüthern aller Zuschauer .... eine Theilnehmung ..., die nahe an Enthusiasmus grenzt .... Diese Begebenheit ist das Phänomen nicht einer Revolution, sondern der Evolution einer naturrechtlichen Verfassung. Nun behaupte ich, dem Menschengeschlecht, nach den Aspecten und Vorzeichen unserer Tage, die Erreichung dieses Zwecks und hiermit zugleich das von da an nicht mehr gänzlich rückgängigwerdende Fortschreiten desselben zum Besseren auch ohne Sehergeist wahrsagen zu können. Denn ein solches Phänomen in der Menschengeschichte vergisst sich nicht mehr, weil es eine Anlage und ein Vermögen der menschlichen Natur aufgedeckt hat, dergleichen kein Politiker aus dem bisherigen Laufe der Dinge herausgeklügelt hätte .... Aber wenn der bei dieser Begebenheit beabsichtigte Zweck auch jetzt nicht erreicht würde, wenn die Revolution oder Reform der Verfassung eines Volkes gegen das Ende doch fehlschlüge, oder nachdem diese einige Zeit gewährt hätte, doch wiederum Alles ins vorige Gleis zurückgebracht würde, wie Politiker jetzt wahrsagen, so verliert die philosophische Vorhersagung doch nichts von ihrer Kraft. Diese Begebenheit ist zu gross, zu sehr mit dem Interesse der/Menschheit verwebt und, ihrem Einfluss nach, auf die Welt in allen ihren Teilen zu ausgebreitet, als dass sie nicht den Völkern bei irgendeiner Veranlassung günstiger Umstände in Erinnerung gebracht und zu Wiederholung neuer Versuche dieser Art erweckt werden sollte, da dann bei einer für das Menschengeschlecht so wichtigen Angelegenheit endlich doch zu irgendeiner Zeit die beabsichtigte Verfassung diejenige Festigkeit erreichen muss, welche die Belehrung durch öftere Erfahrung in den Gemütern aller zu bewirken nicht ermangeln würde.«[1]

---

[1] Kant, Der Streit der Fakultäten. (1798) In: Akademie-Ausgabe Bd. VII (Berlin 1907)

Über die absolutistische *Rechtsauffassung*, die bis rund 1750 galt (die absolutistische Rechtspraxis hielt sich von selbst viel länger) und die bürgerliche Rechtsauffassung, die nach 1750 in Deutschland aufkam und erstere zu verdrängen suchte, können wir uns kurz fassen.

Da Recht und Staat so eng zusammenhängen – das Recht ist eigentlich nur eine Funktion des Staats – ist alles, was wir über die absolutistische und die bürgerliche Rechtstheorie feststellen wollten, schon gesagt, als vorhin von den beiden Staatstheorien die Rede war.

Alles dreht sich hierbei um die eine Frage: ist der Fürst souverän, oder das Volk?

Im ersten Fall (Hobbes) hat der Fürst die unbeschränkte legislative Gewalt.

Im zweiten Fall (Locke, Montesquieu, Rousseau) steht die legislative Gewalt der Volksgesamtheit zu.

Je nach der Interpretation des Gesellschaftsvertrags hat sich also das Volk für alle Zeiten seiner Freiheit begeben und ist es für immer wehrlos der Willkür eines Einzelnen ausgesetzt, oder aber hat das Volk seine Freiheit bewahrt.

Die bürgerliche Rechtsauffassung der zweiten Hälfte des 18. Jahrhunderts basierte auf Freiheit und Gleichheit. Die Freiheit oder Unabhängigkeit von der Willkür eines Anderen war nach bürgerlicher Anschauung ein dem Menschen angeborenes, unveräußerliches Privilegium. Damit die Freiheit des Einzelnen nicht so weit ginge, daß er die Freiheit der Anderen schmälere, mußte der Freiheitsbegriff notwendigerweise den Gleichheitsbegriff einschließen.

Recht wäre dann »der Inbegriff der Bedingungen, unter denen/ die Willkür des Einen mit der Willkür des Anderen nach einem allgemeinen Gesetz der Freiheit zusammen vereinigt werden kann«.[1]

Man ließ um jene Zeit keine Gelegenheit unbenutzt, um dem Absolutismus Abbruch zu tun. Das plötzliche Auftauchen einer Reihe von *völkerrecht*lichen Werken um die Jahrhundertmitte ist nur damit zu erklären, daß man über das Fürstenrecht ein höheres, ein internationales Recht anerkannt wissen wollte, dem sich das

---

[1] Kant: Die Metaphysik der Sitte und Rechtslehre (1797). In: Akademie-Ausgabe Bd. VI (Berlin 1907)

Fürstenrecht unterzuordnen hatte, was einer empfindlichen Einschränkung des Absolutismus gleichkam.

Die Praxis war bis jetzt so, daß kein Fürst irgend ein internationales Recht anerkannte. Es gab für ihn nur die berühmte Staatsräson. Die Staatsräson verlangte ständige Machterweiterung. Man lese, was der vernünftigste unter den Potentaten, Friedrich II. darüber sagt: »Die Politik der grossen Monarchien ist immer dieselbe gewesen. Ihr fundamentales Prinzip war es beständig, alles anzugreifen, um sich unaufhörlich zu vergrössern, und ihre Weisheit hat darin bestanden, den Kunststücken ihrer Feinde zuvorzukommen und das feinste Spiel zu spielen.« »Prägen Sie es Ihrem Geiste gut ein«, sagte er zu seinem Nachfolger, »dass es keinen grossen Fürsten gibt, der nicht die Idee in seinem Kopfe hege, seine Herrschaft auszudehnen«.[1]

J. G. Fichte in seinem »Beitrag zur Berichtigung der Urtheile des Publicums über die französische Revolution« vom Jahre 1793 umschrieb diese Tendenz noch deutlicher: »Es ist eine durch Gründe a priori und durch die ganze Geschichte bestätigte Wahrheit: Die Tendenz aller Monarchien ist nach innen uneingeschränkte Alleinherrschaft, und nach aussen Universalmonarchie.«[2]

Infolgedessen war jeder Krieg erlaubt. Die Staatsräson billigte jede Machts- und Gebietserweiterung. So hat auch Friedrich II. ohne jeglichen Rechtsgrund den Österreichischen Erbfolgekrieg angefangen. In der ersten Redaktion der »Histoire de mon temps« vom Jahre 1743 bekennt er schamlos: »L'ambition, l'intérêt, le désir de faire parler de moi l'emportèrent, et la guerre fut résolue.«[3] Die Rechtsfrage kümmerte ihn nicht im geringsten. Am 7. November 1740 erklärte er, sie sei Sache der Minister: »Es ist Zeit, daran insgeheim zu arbeiten, denn die Befehle für die Truppen sind gegeben.«

Die Staatsräson berechtige auch zu jedem Vertragsbruch. »Verträge sind, um die Wahrheit zu sagen, nur Eide des Betrugs und der Treulosigkeit«, meinte Friedrich II. im Avantpropos zur »Histoire de mon temps« (1743). Er war der Ansicht, daß man Ver-

---

[1] Friedrich II. von Preußen, Politisches Testament von 1752. In: Sämtliche Werke a. a. O.
[2] Johann Gottlieb Fichte, Beitrag zur Berichtigung der Urtheile des Publicums über die französische Revolution. (1793) In: Sämmtliche Werke, Hg. J. H. Fichte, Berlin 1845–46 (Bd. 6)
[3] Friedrich II. von Preußen, Sämtliche Werke a. a. O. (ebenso das Folgende)

träge brechen dürfe. »Man darf Verträge nur aus wichtigen Motiven brechen« (1752). »Das Interesse des Staates muss den Herrschern (dabei) als Regel dienen« (1775). Und dann zählt er auf, unter welchen Umständen Allianzen zu brechen, alles Fälle, die auf den Generalnenner: Staatsräson zurückzubringen sind. Friedrich II. ging noch viel weiter, er war sogar der Ansicht, daß die Staatsräson jeden Betrug und jede Gaunerei entschuldigte. Am 12. Mai 1741 erklärte er für seine Maxime: »S'il y a à gagner à être honnête homme, nous le serons, et s'il faut duper, soyons donc fourbes.«

Es ist begreiflich, daß der deutsche Bürger sich infolge dieser allgemein verbreiteten fürstlichen Praxis höchst unbehaglich fühlte, und daß er durch das energische Eintreten für die Unverbrüchlichkeit des Völkerrechts diese Machtgelüste, die auf seine Kosten gingen, einzudämmen versuchte. 1744 hatte der Abbé de Mably seine zwei Bände »Le droit public de l'Europe fondé sur les traités conclus jusqu'en l'année 1740« und 1750 J. J. Moser seine »Grundsätze des jetzt-üblichen Europäischen Völker-Rechts in Friedenszeiten« erscheinen lassen. Dessen Sohn F. C. von Moser glaubte 1758 bereits von einem Staatenbund und einem Senat der Nationen sprechen zu dürfen. In Lessings »Briefen, die neueste Literatur betreffend« vom Jahre 1759 kommt ein Projekt zu einem ewigen Frieden vor. Es wäre »ein allgemeines Tribunal zu errichten«, heißt es dort, »dessen Ausspruch sich alle europäischen Staaten gefallen liessen«.[1] Also eine Art Völkerbund.

Die Reaktion ließ nicht lange auf sich warten. 1758 versuchte Eméric de Vattel in seinem Buch »Le droit des gens« diese indirekten Angriffe auf den Absolutismus abzuwehren. Es ist anzunehmen, daß dieses Werk eine bestellte und bezahlte Arbeit war, da die Fürsten ungeheures Interesse dafür zeigten und das Buch weiter propagierten. De Vattel anerkannte das/internationale jus pacis ac belli, nebenbei aber hielt er an der unlimitierten Souveränität der Fürsten fest, von denen jeder allein darüber zu entscheiden hätte, ob seine Handlungen und Maßnahmen mit dem internationalen Recht in Übereinstimmung oder in Konflikt seien.

Trotz aller Gegenwirkung setzte sich das Völkerrecht durch. Ein wichtiges praktisches Ergebnis dieser Bestrebungen ist die Dekla-

---

[1] Gotthold Ephraim Lessing, Briefe, die neueste Literatur betreffend 1759–65. Sämtliche Schriften, a. a. O., Bd. 8

ration vom 9. III. 1780, in der sich acht Großmächte gegen die alleinige Seeherrschaft Englands zusammenschlossen.

Kant hatte seine völkerrechtlichen Ideen, die den Ideen seiner Zeit entsprachen, in der Abhandlung über »Theorie und Praxis« 1794 und in der kleinen Schrift »Zum ewigen Frieden«, die 1795 großes Aufsehen erregte, kurz zusammengefaßt. Sein Ideal ist ein freies Bündnis freier Staaten, das seiner Ansicht nach trotz der Spötteleien der Staatsmänner und Staatsoberhäupter früher oder später einmal Wirklichkeit werden mußte.

Der ewige Frieden wird nach Kant von zwei Bedingungen abhängig sein. Einmal von der freien Staatsidee. »Wenn, wie es in dieser Verfassung nicht anders sein kann, die Beistimmung der Staatsbürger dazu erfordert wird, um zu beschliessen, ob Krieg sein solle oder nicht, so ist nichts natürlicher, als dass, da sie alle Drangsale des Krieges über sich selbst beschliessen müssten, als da sind: selbst zu fechten, die Kosten des Krieges aus ihrer eigenen Habe herzugeben, die Verwüstung, die er hinter sich lässt, kümmerlich zu verbessern, zum Uebermass des Uebels endlich noch eine den Frieden selbst verbitternde, nie wegen naher und immer neuer Kriege zu tilgenden Schuldenlast selbst zu übernehmen, sie sich sehr bedenken werden, ein so schlimmes Spiel anzufangen, da hingegen in einer Verfassung, wo der Unterthan nicht Staatsbürger, die also nicht republikanisch ist, es die unbedenklichste Sache von der Welt ist, weil das Oberhaupt nicht Staatsgenosse, sondern Staatseigenthümer ist, an seinen Tafeln, Jagden, Lustschlössern, Hoffesten u. dergl. durch den Krieg nicht das Mindeste einbüsst, diesen also wie eine Art von Lustpartie aus unbedeutenden Ursachen beschliessen und der Anständigkeit wegen dem allzeit dazu fertigen Corps die Rechtfertigung desselben gleichgültig überlassen kann«.[1]/

Sodann hängt nach Kant der ewige Frieden von den materiellen Interessen ab. »Es ist der Handelsgeist, der mit dem Kriege nicht zusammen bestehen kann und der früher oder später sich jeden Volks bemächtigt. Weil nämlich unter allen der Staatsmacht untergeordneten Mächten die Geldmacht wohl die zuverlässigste sein möchte, so sehen sich die Staaten freilich nicht durch die Triebfedern der Moralität gedrungen, den edlen Frieden zu befördern

---

[1] Dieses und das folgende Zitat: I. Kant, Zum ewigen Frieden. Ein philosophischer Entwurf. (1795) In: Akademie-Ausgabe Bd. VIII (Berlin 1912)

und, wo auch immer in der Welt Krieg auszubrechen droht, ihn durch Vermittlungen abzuwehren, gleich als ob sie deshalb in beständigem Bündnis ständen. Auf diese Art garantiert die Natur durch den Mechanismus in den menschlichen Neigungen selbst den ewigen Frieden.«

Die höchste Menschheitsidee wird also nach Kant erst in einem freien Völkerbund verwirklicht werden.

Der deutsche Bürger beschränkte sich aber nicht auf eine Bekämpfung des Absolutismus durch die Verkündung von neuen philosophischen staats-, natur- und völkerrechtlichen Ideen, die in den vielen Zeitschriften dieser Zeit in popularisierter Form verbreitet wurden, sondern neben diesem direkten politischen Kampf sind die Angriffe auf die *Religion* und die *Moral* als indirekter politischer Kampf zu bewerten. Ausführlicher wird über die Irreligiosität, die Antikirchlichkeit und die Verweltlichung der Moral an anderer Stelle zu sprechen sein. Vorläufig beschäftigt uns dieser Kampf nur insofern er einen unverkennbaren politischen Hintergrund hatte.

Im späten Mittelalter hatte die katholische Kirche eine strenge Wertscheidung zwischen Geistlichem und Weltlichem durchgeführt. Den Staat betrachtete die Kirche demnach nicht als eine göttliche, sondern als eine rein weltliche Institution. Er war durch einen Vertrag zwischen den Menschen zustande gekommen und infolgedessen widerruflich und sein Oberhaupt absetzbar.

Die protestantische Kirche hob im 16. Jahrhundert den Unterschied zwischen Geistlichem und Weltlichem auf. Sie »entprofanisierte« die weltliche Lebenssphäre. Daraus folgte, daß sie den Staat als eine von Gott gewollte Ordnung und den Fürsten als einen weltlichen Machthaber von Gottes Gnaden betrachtete./

Damit verkaufte sich die protestantische Kirche den Fürsten und erniedrigte sich zu einem willenlosen Werkzeug in der Hand eines Herrschers. Sie mußte das damals tun, da sie sich sonst dem katholischen Kaiser gegenüber niemals hätte behaupten können. Der staatliche Schutz, den sie durch diese Unterwerfung erhielt, bedeutete für sie also eine unbedingte Lebensnotwendigkeit. Die Folge davon aber war, daß die protestantische Kirche alle Willkür, alle Gewalttaten der Fürsten von vornherein sanktionieren mußte und daß sie verpflichtet war, die Gläubigen zu unbedingter Passivität gegenüber der »von Gott gewollten Ordnung« anzuhalten. Die Ausgebeuteten sollten in der Welt nur leiden, um sich für den Himmel umso größere Schätze zu sammeln.

In welchem Umfang die Fürsten, und sogar die aufgeklärten, die offen zugaben, daß sie weder an Gott noch an den Teufel glaubten, die Kirche bis in die neunziger Jahre hinein zu ihren politischen Zwecken mißbrauchten, veranschaulichen nachfolgende Tatsachen.

Vom Jahre 1769 datiert eine interessante Äußerung des Freidenkers Friedrich II. in bezug auf seine Ansicht, daß »dem Volk die Religion erhalten bleibe«, natürlich nur im Interesse des Staates: »In Absicht der Landesschulen muss notwendig dahin gesorgt werden, dass die Kinder der Bauern und Landleute einen vernünftigen und deutlichen Unterricht in der Religion erhalten, damit ihr Verstand mehr aufgeklärt und ihnen richtige Begriffe von ihren *Pflichten* beigebracht werden.«[1]

In der Revolutionszeit predigte Pfarrer Richter in Berlin: »Gewiss es wären manche Einrichtungen nicht allgemein heilsam und nützlich, o, so ist es dennoch Christenpflicht, stillschweigend zu gehorchen und sich auch nicht durch Murren und Ungehorsam an dem König zu versündigen.«[2] Der Oberhofprediger Reinhard in Dresden verkündete von der Kanzel: »Die Verfassung unseres Vaterlandes ist eine schöne Mischung von Freiheit und Einschränkung, von Selbständigkeit und Abhängigkeit, bei welcher die Völker am glücklichsten sind.« Superintendent Fock in Wien deklamierte: »Der Vernünftige und Billigdenkende ist überzeugt, in dem Staate, in welchem er lebt, ein solches Mass von Glückseligkeit zu finden, als die Vorsehung gerade für ihn bestimmt hat und überlässt die/Staatsbesserung ihrer höheren Leitung.« Diese Zitate ließen sich bis ins Unendliche vermehren. In dem Buch »Der politische Thierkreis« von Huergelmer findet der Leser weiteres hierüber.

Wie die protestantischen Fürsten für ihren Despotismus eine Stütze gefunden hatten in den Staatstheorien von Luther, Calvin, Zwingli und Melanchton, so fanden die katholischen Fürsten zur Zeit der Gegenreformation die gleiche Stütze in den katholischen Staatstheorien, deren wichtigste Vertreter Bodin und Barclay waren, und die die Jesuiten übernahmen.

Bodin lehrte, daß das ursprünglich souveräne Volk sich durch

---

[1] Friedrich II. von Preußen, Sämtliche Werke a. a. O.
[2] Dieses und die folgenden Zitate nach Huergelmer, Der politische Thierkreis oder die Zeichen unserer Zeit von Huergelmer. Straßburg (1800)

den Herrschaftsvertrag seiner Souveränität begeben und diese dem Fürsten unwiderruflich übertragen habe, der z. B. im Erlassen von Gesetzen völlig unbeschränkt sei. Aktives Widerstandsrecht gegen den Fürsten, der seine Allgewalt mißbraucht, stehe dem Untertan nicht zu.

Auch Barclay hielt die Macht des Königs für schrankenlos. Das Volk hätte sich nur zu fügen, sogar dem schlechten Fürsten, dessen Bestrafung allein Gott zustehe.

Diese Staatstheorien fanden in allen katholischen Staaten vollste Anwendung. Ein Zeugnis Bossuets beleuchtet diesen Standpunkt: »Die Fürsten«, so schreibt er zur Belehrung des Dauphins, »sind Götter nach dem Zeugnis der Schrift und haben in gewisser Weise an der göttlichen Unabhängigkeit teil. Der königliche Tron ist nicht der Tron eines Menschen, sondern der Tron Gottes selbst. Der ganze Staat ist in dem Fürsten beschlossen.« – »Der, welcher Könige den Menschen gegeben, hat gewollt, dass man sie als seine Statthalter achte. Sein Willen ist, dass, wer als Untertan geboren ist, ohne Unterscheidung gehorche.«[1]

Und in Deutschland wagte noch 1785 der Fürstbischof von Speyer in einem Katechismus für das Volk drucken zu lassen: »Untertanen sollen sich wie die Diener verhalten, weil der Landesfürst ihr Herr ist, und sowohl über unser Leben als über unsere Güter die Gewalt hat.«

Es ist erklärlich, daß die Fürsten die Jesuiten, die ihre treuesten Lakaien waren, zu ihren Beichtvätern wählten und gleichfalls, daß die ganze Wut des unter diesem religiösen Terror leidenden Volkes sich in der zweiten Hälfte des 18. Jahrhunderts auf die Jesuiten entlud, bis es endlich so weit/kam, daß der verhaßte Orden vom Papst aufgehoben wurde.

Seit der Reformation und der Gegenreformation hatten sich also sowohl die protestantische wie die katholische Kirche mit dem Absolutismus solidarisch erklärt. Es konnte nicht ausbleiben, daß in dem Augenblick, als der Bürger sich gegen die von Gottes Gnaden richtete, auch der Gnadenspender selbst und die Gnadenvermittlerin auf Erde, die Kirche, mit angegriffen wurden.

Die Lakaiendienste, die die Kirchen dem Absolutismus leisteten, haben wohl wenige so schonungslos angeprangert, wie der deutsche

---

[1] Jacques Bénigne Bossuet, Discours sur l'histoire universelle. (1681) In: OEuvre de J. B. B., Paris 1862 ff.

Philosoph Johann Gottlieb Fichte, der seine Schrift »Zurückforderung der Denkfreiheit von den Fürsten Europens, die sie bisher unterdrückten« vom Jahre 1793 mit folgender Fanfare anfängt: »Die Zeiten der Barbarei sind vorbei, ihr Völker, wo man euch im Namen Gottes anzukündigen wagte, ihr seyet Heerden Vieh, die Gott deswegen auf die Erde gesetzt habe, um einem Dutzend Göttersöhnen zum Tragen ihrer Lasten, zu Knechten und Mägden ihrer Bequemlichkeit, und endlich zum Abschlachten zu dienen; dass Gott sein unbezweifeltes Eigenthumsrecht über euch an diese übertragen habe, und dass sie kraft eines göttlichen Rechts, und als seine Stellvertreter, euch für eure Sünden peinigten: ihr wisst es, oder könnt euch davon überzeugen, wenn ihr es noch nicht wisst, dass ihr selbst Gottes Eigenthum nicht seyd, sondern dass er euch sein göttliches Siegel, niemandem anzugehören als euch selbst, mit der Freiheit tief in eure Brust eingeprägt hat.«[1]

Alles bisher Gesagte motiviert zwar die Antikirchlichkeit des Bürgertums, aber nicht seine Irreligiosität. Auch der Pietismus der ersten Hälfte des 18. Jahrhunderts war in gewissem Sinne antikirchlich. Weshalb flüchtete der Pietismus in eine geradezu leidenschaftliche Bejahung der Religion und die Antikirchlichkeit der zweiten Hälfte des 18. Jahrhunderts in eine ebenso leidenschaftliche Verneinung der Religion? Der Grund kann nur darin liegen, daß die Vorstellung von der Bindung (Religion ist Bindung) von Gott und Mensch in allen Ländern und zu allen Zeiten die exakte Widerspiegelung ist von den jeweils herrschenden gesellschaftlichen Bindungen. Nicht Gott hat den Menschen geschaffen, sondern der Mensch macht sich stets seinen Gott zurecht, nach seinem eigenen menschlichen Eben-/bild. In einer Gesellschaft, wo nur ein allmächtiger Fürst regierte und wo es weiter nur rechtlose Untertanen gab, die dem Herrscher blind Folge zu leisten hatten, konnte die religiöse Vorstellung keine andere sein, als die von einem allmächtigen *Herr-Gott* und einer menschlichen Gottes-*Knecht*schaft. In der ersten Hälfte des 18. Jahrhunderts dachte noch niemand in Deutschland an eine Umgestaltung des Staatssystems, das gerade den Höhepunkt seiner Macht erreicht hatte, und so ließ die Antikirchlichkeit des Pietismus die überweltliche Ideologie, die den

---

[1] J. G. Fichte, Zurückforderung der Denkfreiheit von den Fürsten Europens, die sie bisher unterdrückten. Heliopolis, im letzten Jahre der alten Finsternis, 1793. In: Sämmtliche Werke a. a. O., Bd. 6

weltlichen Verhältnissen vollkommen entsprach, intakt. Nach der Mitte des Jahrhunderts setzte in Deutschland der Kampf ein, nicht gegen den Herrscher, sondern gegen den Absolutismus des Herrschers, der den Kampf um die Erlösung aus der menschenunwürdigen Knechtschaft und um die Erreichung der menschlichen Freiheit und Gleichheit einschloß. Die Wandlung der irdischen Anschauungen mußte von selbst auch eine Wandlung der himmlischen Anschauungen hervorrufen. Die alte religiöse Ideologie hatte ihre materielle Basis verloren. Und so wurde aus dem persönlichen *Herr*-Gott ein bartloser und zahnloser unpersönlicher Geist (der Deismus), der die Welt und die Menschen ihrem Schicksal und ihrer freien natürlichen Entwicklung überließ. In Frankreich, wo der vorrevolutionäre Kampf viel radikaler war und sich nicht nur gegen den Absolutismus, sondern gegen die Monarchie selbst richtete, mußte die Irreligiosität sich von selbst über den Deismus hinaus zum Atheismus steigern.

Wie das Recht, so ist auch die *Moral* Gemeinschaftsregelung.

Moral und Recht unterschieden sich in der Hauptsache dadurch, daß die Bindungen der Moral vor allem innere (Gewissensbindungen), die des Rechts äußere Bindungen sind.

Da sich die Gemeinschaften voneinander unterscheiden und jede einzelne Gemeinschaft im Laufe der Zeit einen Entwicklungs-, einen Wandlungsprozeß durchmacht, schließt die Verschiedenheit und Wandelbarkeit der Gemeinschaften eine einzige für alle Gemeinschaftsformen und alle Zeiten geltende, also eine absolute Moral vollkommen aus. Die Geschichte bestätigt die Verschiedenheit und Wandelbarkeit der Moral in vollem Maße. Was in einzelnen Gegenden für sittlich, das heißt für innerlich bindend gehalten wurde, wurde zur selben Zeit in anderen Gegenden als unsittlich verabscheut. Was in einer und derselben Gemeinschaft zu einer bestimmten Zeit als moralisch galt, wurde oft in einer folgenden Periode von derselben Gemeinschaft als unmoralisch verschrien.

Gemeinschaftsregelungen fallen nicht vom Himmel. Sie werden von Menschen gesetzt. Nachträglich werden sie allerdings häufig dem einen oder dem anderen Gotte in die Schuhe geschoben, um durch diese Fetischisierung die Bindung umso stärker, fester und zwingender zu machen.

Gemeinschaftsregelungen werden von Menschen gesetzt mit dem Zweck der Aufrechterhaltung der Ordnung. Ordnung ist Negation von Unordnung. Ordnung setzt also eine bestehende oder eine befürchtete, eine kommende Unordnung voraus und richtet sich immer gegen die Elemente in der Gesellschaft, die entweder die Ordnung bereits stören oder eventuell stören könnten. Gemeinschaftsregelungen werden also immer gegen Menschen gesetzt.

Die Regelung einer Gemeinschaft kann niemals von einem Einzelnen, sondern nur von einer Gruppe durchgeführt werden, die sich natürlich in einem einzelnen Menschen personifizieren kann. Die regelnde Gruppe ist immer die stärkste Gruppe. Regelung setzt Macht voraus.

Da die regelnde Gruppe unter den vielen möglichen Gemeinschaftsformen eine bestimmte für die beste hält, was gleichbedeutend ist mit: für sie selbst am vorteilhaftesten, so wird sie durch ihre Regelung stets bezwecken, daß die ihr entsprechende Gemeinschaftsform beständigt und geschützt wird.

Moral trägt also immer das Gepräge der sie setzenden Gruppe.

Die erste und wichtigste Aufgabe jeder Gemeinschaftsregelung kann nichts anderes sein als die Förderung des Wohles der Gemeinschaft (Hugo Grotius, Pufendorf).

Das primäre Wohl ist zweifellos die Sicherung der Fortexistenz, mit anderen Worten, des nackten materiellen Daseins der die Gemeinschaft bildenden Individuen, also Sicherung und Schutz der Produktion der zum Dasein notwendigen Mittel.

Da die Regelung niemals durch die ganze Gemeinschaft, sondern stets durch eine Gruppe erfolgt, ist es klar, daß nur *die* Produktionsform gesichert wird, von der an erster Stelle die regelnde Gruppe profitiert.

Die Gruppen, die im Produktionsprozeß auf Grund von entgegengesetzten Interessen einander gegenüberstehen, werden zur Unterscheidung von anderen, sich nur aus sekundären Zwecken bildenden Gruppen, gewöhnlich Gesellschaftsklassen genannt.

Aus allem vorher Gesagten folgt also, daß Moral immer Klassenmoral ist, und nur Klassenmoral sein kann, genau so wie Recht immer Klassenrecht ist.

Schreitet die Entwicklung der Gesellschaft weiter, das heißt, entwickeln und ändern sich die materiellen Produktionsmittel und Produktivkräfte, und ändern und verwandeln sich infolgedessen die gesellschaftlichen Produktionsverhältnisse, so wird die jüngere Gesellschaftsklasse, die die Trägerin der neuen Entwicklung und somit der vitalere Teil der Gesellschaft ist, von selbst versuchen, der älteren, die Entwicklung hemmenden Klasse die Macht zu entreissen, um die Gesellschaft neu zu regeln. Ein neues Recht und eine neue Moral bilden sich dann zu gleicher Zeit heran.

Die alte offizielle Moral wird während der Umschichtung der Gesellschaft, also während der Klassenkämpfe, die aufkommende neue Moral als Unmoral oder als Räubermoral zu disqualifizieren suchen, uneingedenk der Tatsache, daß sie selbst einmal als Räubermoral angefangen hatte. Nach der Machtübernahme durch die jüngere Klasse wird die neue Moral von der Räubermoral zur offiziellen Moral hinaufrücken. Die alte Moral wird in der ehemals herrschenden, jetzt unterdrückten Klasse noch eine Zeitlang weitervegetieren, das heißt, ein vom Produktionsprozeß und damit vom Leben abgeschnittenes, also unlebendiges, verdinglichtes Dasein führen.

Die führende Moral in Deutschland während des ganzen Zeitalters des Absolutismus war die christliche, also eine Moral, die ihre Erkenntnisquelle, ihr Kriterium, ihre Sanktion und ihre Motive in der von Christus offenbarten Religion fand. Die herrschende Fürstenklasse hatte die alte christliche Moral, die durch eine elastische Interpretation der Offenbarung den augenblicklichen absolutistischen Verhältnissen angepaßt war, übernommen, die christliche Moral zur Staatsmoral gemacht,/und forderte nun deren Befolgung von ihren Untertanen in rigorosester Weise. Sie wußte sehr gut, daß die christliche Moral neben der Kirchenlehre die kräftigste Stütze ihrer Gewalt und damit des Wirtschaftssystems war, von dem sie an allererster Stelle profitierte.

Zu einer Erkenntnis von der Bedeutung der kirchlichen Moral für die damalige weltliche Politik gelangte nicht erst die Nachwelt. Aus Lessings »Emilia Galotti« und Schillers »Kabale und Liebe« geht das, wie bereits Korff nachwies, unzweideutig hervor.[1]

Weshalb kam bei Odoardo überhaupt nicht der Gedanke auf, in gerechter Notwehr den Tyrannen zu erdolchen, statt seine eigene Tochter umzubringen, um sie vor der Schändung durch diesen Unmenschen zu bewahren? Weil der brave Bürger sogar einen fürstlichen Schuft für etwas Heiliges hielt, an dem er sich um keinen Preis versündigen durfte. Der Fürst war doch »das lebende Abbild

---

[1] A. Korff, Geist der Goethezeit. Versuch einer ideellen Entwicklung der klassisch-romantischen Literaturgeschichte, Bd. 1: Sturm und Drang, 1923 (mit neuer Einleitung Leipziig 1954)

der Gottheit auf Erden«, wie sogar Friedrich II. in seiner »Réfutation du prince de Macchiavel« sich selbst nannte.[1] So konnten es die Herrscher wagen, ihre Verbrechen auf die Spitze zu treiben, weil sie sicher waren, daß dieselbe Moral, mit der sie Schindluder trieben, sie vor jeder Gefahr, jeder Vergeltung und Rache von seiten ihrer christlichen Untertanen schützte.

In Schillers »Kabale und Liebe« hätte die Luise Millerin bloß den ihr mit Gewalt abgezwungenen Eid zu brechen brauchen, und das ganze Intrigen- und Lügengerüst des Hofes wäre zusammengebrochen. Die Moral aber, obwohl ein erpreßter Eid überhaupt kein Eid ist, hielt sie davon zurück. Lieber ging sie selbst zu Grunde, als ihr einmal gegebenes Wort zu brechen.

Solange der Bürger die kirchliche Moral für absolut bindend hielt, hatten die Fürsten für sich und ihr Gewaltsystem nichts zu befürchten.

Die einzige Waffe, die dem Bürger in der Zeit seiner kirchlichen Befangenheit blieb, um gegen die Fürsten zu operieren, bestand darin, die Moral selbst gegen die Fürsten auszuspielen, m. a. W. die Immoralität der Fürsten und Höfe anzuprangern.

Die politischen Verhältnisse waren aber bis ungefähr um die Mitte des 18. Jahrhunderts dergestalt, daß der Bürger einen direkten Angriff auf seine Herren niemals hätte riskieren können. Nur indirekt konnte er angreifen. Was er auch tat. Statt die Immoralität der Fürsten zu plakatieren, exponierte er sein eigenes hoch moralisches Leben, und damit nicht genug, seine Sehnsucht nach einer noch weiteren Steigerung dieser bereits (allerdings nur theoretisch) überspitzten Moralität.

Der deutsche Bürger hatte bis jetzt, so oft er in der Weltgeschichte nach vorne trat, immer geschulmeistert und gepredigt, wahrscheinlich weil er unbewußt fühlte, daß die Moral die größte Stärke der einstweilen noch physisch Schwächeren ist.

Als die Städte sich um 1300 anstelle der verfallenden Ritterhöfe zu Kulturzentren heranbildeten, machte der deutsche Bürger seine joyeuse entrée in die Literatur mit Lehrgedichten.

Als der Bürger um 1500 zum erstenmal als Individuum in Erscheinung trat, war Hans Sachs in der Literatur der typische Repräsentant der deutschen Spezies.

Als der deutsche Bürger sich in der ersten Hälfte des 18. Jahrhun-

---

[1] Friedrich II. von Preußen, Sämtliche Werke a. a. O.

derts zu dem entscheidenden Endkampf um die Macht rüstete, fing er selbstverständlich wieder an zu belehren und zu moralisieren.

Er wurde diesmal darin bestärkt durch die strenge Regelhaftigkeit, die das absolutistische 17. und die absolutistische erste Hälfte des 18. Jahrhunderts beherrschte. Den notwendigen inneren Zusammenhang zwischen Despotismus und Regelhaftigkeit sah man damals schon ein. So schrieb z. B. Möser in seiner Abhandlung »Der jetzige Hang zu allgemeinen Gesetzen ist der gemeinen Freiheit gefährlich« (1773): »In der Tat entfernen wir uns dadurch von dem wahren Plan der Natur, die ihren Reichtum in der Mannigfaltigkeit zeugt, und bahnen den Weg zum *Despotismus,* der Alles *nach wenig Regeln* zwingen will und darüber den Reichtum der Mannigfaltigkeit verliert. An den griechischen Künstlern lobt man es, dass sie ihre Werke nach einzelnen schönen Gegenständen in der Natur ausgearbeitet und es nicht gewagt haben, eine allgemeine Regel des Schönen festzusetzen und ihren Meissel nach dieser zu führen.«[1]

Die Zeit des Despotismus war die Zeit der Regelhaftigkeit./Man philosophierte nach mathematischen Grundsätzen, bis Kant um 1760 der sogenannten mathematischen Methode endgültig ein Ziel setzte. Man dichtete nach den u. a. von Opitz und zuletzt von Gottsched (»Versuch einer critischen Dichtkunst vor die Deutschen« 1730) verfaßten Poetiken. Man komponierte stur nach den Regeln der unzähligen Generalbaßschulen. Athanasius Kirchers »Musurgia« galt als mathemathische Musikbetrachtung und Lorenz Mizler erklärte noch 1740: »Die Mathematik ist das Herz und die Seele der Musik.«[2] Man zeichnete Fassaden »als ein System trigonometrischer Abmessungen«.[3] Man legte seine Gärten an und baute Städte z. B. Ludwigsburg, Mannheim, Karlsruhe, nach geometrischen Mustern. Man tanzte Balletts nach den fast mathematischen Mentrierschen Tabellen. Man schrieb Briefe nach den in den allgemein verbreiteten Briefstellern festgelegten Schablonen. Alles war reglementiert, paragraphiert, mechanisiert, mathematisiert, geometrisiert. Nichts war frei. Konnte das anders sein in einem Land, wo 360 Volldespoten und 1500 Halbdespoten ihre Unter-

---

[1] J. Möser, Sämtliche Werke, a. a. O.
[2] Mizler von Kolof, Anfangsgründe des Generalbasses, nach mathematischer Lehrart abgehandelt und vermittelst einer hierzu erfundenen Maschine auf das deutlichste vorgetragen. Leipzig 1739
[3] Wilhelm Hausenstein, Vom Geiste des Barock. München 1924

tanen ständig unter der Knute hielten?

Diese durch den Absolutismus erzeugte Reglementierungsbesessenheit im allgemeinen, die sich in der ersten Hälfte des 18. Jahrhunderts von selbst auch erstreckte auf die bürgerlichen Sitten, den bürgerlichen Anstand, die bürgerlichen Bräuche, die bürgerliche Etikette, kurz auf alles, was damals unter der Flagge Moral segelte, kam also der alten, typisch bürgerlichen Taktik: moralisieren um den Gegner zu demoralisieren, aufs allerglücklichste entgegen.

Der Roman »Die Insel Felsenburg« (erschienen von 1731–1743) von Johann Gottfried Schnabel (1692–1750), eines der merkwürdigsten Bücher der ersten Hälfte des 18. Jahrhunderts, ist zugleich eines der erschütterndsten Dokumente dieses bürgerlichen Kampfes mit den Waffen der Moral.[1]

Der erste Teil spielt sich zwischen vier Personen ab: einem Monsieur van Leuven, dessen Frau, der Kaufmannstochter Concordia Pluers, dann dem bürgerlichen Privatsekretär von van Leuven, einem gewissen Albert Julius, und endlich dem adligen französischen Schiffskapitän Lemelie. Die kleine Gesellschaft wurde durch einen Schiffbruch auf eine einsam gelegene Robinson-Insel verschlagen. Schon bald nach der Katastrophe stellte der adlige Lemelie die in seinen Augen selbstverständliche Forderung, daß mangels Weiber Frau van Leuven allen drei Männern gehören sollte. Van Leuven und Concordia weisen dieses Ansinnen mit Entrüstung zurück. Albert schließt sich den beiden an und gelobt feierlichst Enthaltsamkeit. Lemelie denkt aber nicht daran, seine vermeintlichen Ansprüche aufzugeben. Er macht jetzt den Versuch, Concordia zu vergewaltigen, was ihm aber nicht gelingt. Um nun das wichtigste Hindernis gegen seine finsteren Pläne aus dem Weg zu räumen, tötet er van Leuven. In einer der darauffolgenden Nächte überfällt Lemelie Concordia zum zweitenmal, um sie zu notzüchtigen. Albert tritt aber dazwischen und verteidigt die Tugend der jungen Witwe mit Löwenmut. In dem Kampf, der sich darauf entspinnt, werden die beiden Männer verwundet; Lemelie so schwer, daß er sein liederliches Leben den beiden Anwesenden beichtet und sich danach ersticht. Nach dem Selbstmord des adligen Verbrechers bleiben der Bürger Albert und die Bürgerstochter Concordia übrig, die sich leidenschaftlich lieben, aber aus einem nicht ersichtlichen Grund ihre Liebe voreinander verbergen. Nun

---

[1] J. G. Schnabel, Die Insel Felsenburg. DLG 1902, Hg. H. Ullrich.

fängt der Autor in raffinierter Weise an, das Verhältnis der beiden zuzuspitzen, um die übermenschliche Tugend seiner beiden bürgerlichen Helden weiter zu verklären. Concordia wird eine Tochter nachgeboren, Albert pflegt Mutter und Kind! Albert erkrankt an den Wunden aus dem Kampfe mit Lemelie. Concordia pflegt ihn und rettet ihm das Leben mit .... ihrer Milch! Erst nach einem Jahr gestehen sie sich gegenseitig ihre Liebe, und noch mußte ein Zufall zu Hilfe kommen, sonst hätten sie ihre höchst überflüssige Enthaltsamkeit, unter der sie beide namenlos litten, fortgesetzt. Ein Schiff war plötzlich vor der Insel aufgetaucht. Albert steht am Strand und singt ein selbstgedichtetes Lied, in dem er klagt, daß er weg will, weg muß, weil er sonst an seiner Liebe zu Grunde gehen würde. Zufällig ist Concordia in der Nähe, die aus dem Gesang erfährt, was sie längst wußte. Das nehmen wir wenigstens an, sonst hätte uns Schnabel ihre grenzenlose Dummheit wahrscheinlicher machen müssen. Sie gesteht jetzt dem keuschen Albert ebenfalls ihre Liebe, aber selbstverständlich mit jungfräulicher Verschämtheit: sie schreibt ihrem braven Albert einen Brief. Das Ende vom Lied ist, daß die sinnlose Qual der beiden endlich ein Ende nimmt und sie sich verheiraten. Der Leser atmet erleichtert auf, aber halt! noch ist es nicht so weit. Der Keuschheitskrampf geht noch eine Weile weiter. Nach der Hochzeit verbringt das glückselig vereinte Paar erst noch mal drei Nächte in Gebet, Gesang und Bibellesen, und dann endlich, endlich wird die Ehe »consumiret«.

Der Roman erzählt weiter, wie Albert und Concordia »mit Gottes Hilfe« die Insel Felsenburg bevölkern. Die Familie bleibt aber viele Jahre für sich. Kontakt mit der schlechten Außenwelt wurde zuletzt nur im äußersten Notfall gesucht, als es darum ging, den Nachwuchs vor Blutschande zu bewahren. Die neuen Bürger (ja keine Adligen!), die sich zu ihnen gesellten, wurden zuvor sorgsamst geprüft, ob sie zur moralischen Elite gehörten, und vor ihrer endgültigen Aufnahme in die Gemeinschaft mußten sie einen Eid schwören, die Existenz der Insel der bürgerlich Seligen niemandem zu verraten.

Die große Bedeutung der »Insel Felsenburg« liegt nicht in der Tatsache, daß das Buch die erste deutsche Robinsonade war, sondern in der versteckt sozial-revolutionären Tendenz, in der demonstrativen Flucht aus einer Welt, die von den Mächtigen der Erde hoffnungslos demoralisiert und korrumpiert war.

Obgleich diese indirekte bürgerliche Opposition gegen die Fürsten und damit gegen das von ihnen repräsentierte System zu gar keinen praktischen Ergebnissen führen konnte, war sie doch äußerst bedeutungsvoll, weil sie Anzeichen der inneren Stärkung des deutschen Bürgertums und zugleich der Auftakt zu den eigentlichen Kämpfen war, die bald mit anderen Waffen geführt werden sollten.

Um die Mitte des 18. Jahrhunderts schien die Zeit endlich dafür gekommen. Industrie und Handel hatten sich so weit entwickelt, daß die absolutistische Bevormundung der Wirtschaft nicht nur überflüssig, sondern sogar hinderlich geworden war. Was jetzt unbedingt nottat, um weiter zu kommen, war unbeschränkte individuelle Freiheit des längst mündig gewordenen Kaufmanns und Industriellen und erst und vor allem politische Freiheit, denn ohne diese war ökonomische Freiheit nicht denkbar. Der Erlangung der politischen Freiheit widersetzte sich u. a. die herrschende Moral, die Ungehorsam und Auflehnung gegen die von Gott gewollte absolutistische Ordnung und die von Gott gesetzte Obrigkeit/als schwere Sünde betrachtete. Mit der alten Moral mußte also gebrochen werden. Sie war aber auch noch in anderer Hinsicht unzeitgemäß. Die Moral schrieb vor, seinen Nächsten zu lieben, wie sich selbst. Wie sollte der Kaufmann aber Geschäfte machen, wenn er seine Lieferanten, seine Kunden, seine Konkurrenten und vollends seine Arbeiter wie sich selbst geliebt hätte? Er hätte also seine Geschäftsfreunde nicht übervorteilen, seine Konkurrenten nicht an die Wand drücken und seine Arbeiter nicht nach allen Regeln der Kunst ausbeuten dürfen. Die Moral verlangte, daß sich der Kaufmann an den »gerechten« Preis hielt. Wenn er sich unter den vollkommen veränderten Umständen länger danach richten wollte, so hätte das seinen Ruin bedeutet. Die Moral verbot jeden Betrug. Was sollte der Bürger aber anfangen, wenn das ökonomische System ihm nur die Wahl ließ, wie die anderen zu schmuggeln, falsch zu deklarieren, zu bestechen und zu gaunern, oder das Schlachtopfer seiner Ehrlichkeit zu werden? Es blieb dem Kaufmann nichts anderes übrig, als die alte Moral aufzugeben, und sich eine neue Moral zurechtzustutzen, die der neuen Zeit entsprach und den neuen Forderungen gerecht wurde. Es fiel ihm umso leichter, sich von der alten Moral zu trennen, als diese um die Mitte des 18. Jahrhunderts durch den Zusammenbruch der christlichen Religion sowieso das Fundament, auf dem sie ruhte, verloren hatte.

Anstelle der christlichen Moral trat um diese Zeit der sogenannte »Utilitarismus«, der »die Triebbefriedigung des Individuums zum

Wertmass der ethischen Funktionen erhob«.[1] Erlaubt war jetzt, was persönlichen Nutzen brachte. Da unter Nutzen auch Profit fiel, konnte man sich für den Kaufmann, der die zweite Jahrhunderthälfte beherrschte, keine geeignetere Moral ausdenken, als diese Nützlichkeitsmoral. Die innere Gebundenheit des Bürgers dem Absolutismus gegenüber hatte damit aufgehört.

In den kommenden Jahrzehnten der Gesellschaftsumschichtung, der Klassenkämpfe zwischen Feudalismus und Bürgertum, stießen die beiden Moralströmungen heftig aufeinander. Die Fürsten verteidigten die alte christliche Moral und zwar mit umso größerer Hartnäckigkeit, als ihre Macht abnahm und ihre politische Stellung immer labiler wurde, während die Macht des Bürgertums immer mehr wuchs. Der Bürger be-/kannte sich voll und ganz zu der neuen Moral oder entschied sich zum mindesten für eine recht bequeme Art Doppelmoral: eine für den Sonntag, als er zur Kirche, und eine für den Werktag, als er ins Geschäft ging.

Wie die Fürsten mit allen Mitteln versuchten, ihre Stellung zu wahren, geht aus folgendem typischen Fall hervor, den wir den »Staats-Anzeigen« des Fürsten von Anhalt-Zerbst entlehnen, in denen im Mai 1791 ein »Consistorial-Rescript« an die »Special-Superintendenten« erschien. Am 21. März hatte das Jeverländchen durch einen Sturm großen Schaden erlitten. Der Landesvater verordnete deswegen, daß ein »Buss-, Bet- und Fasttag extraordinär« angesetzt werden sollte. Seine Special-Superintendenten mußten die Geistlichen anweisen, »wie sie hierbei solchen Schaden, zumal am 21. März geschehen, als Strafe der Gottlosigkeit und Irreligion und Nachhängung der Laster und Meineidigung gegen die Gottheit darzustellen hätten.« Welche schweren Sünden das Jeverländchen begangen haben sollte, daß der liebe Gott es seiner Gerechtigkeit schuldig zu sein glaubte, den armen Bauern ein paar Strohdächer über ihren Köpfen wegzufegen, wissen wir nicht genau. Wir werden aber kaum fehlgehen in der Annahme, daß die französische Revolution die Untertanen ein wenig zum Nachdenken und vielleicht sogar zum Murren gebracht hatte. Das findet in dem weiteren Text des »Consistorial-Rescripts« seine Bestätigung. Die Geistlichen sollen nämlich weiterhin angehalten werden, »davon Gelegenheit

---

[1] Wilhelm Windelband, Die Geschichte der Neueren Philosophie in ihrem Zusammenhange mit der allgemeinen Kultur und den besonderen Wissenschaften. Bd. 1–2, Leipzig, 3. Aufl. 1904

zu nehmen, die Unterthanen zur Tugend und Treue gegen die Landes-Herrschaft und Vollstreckung der Tugenden anzumahnen.«[1] Während also eben noch von den Sünden der Christen die Rede war, geht es jetzt um die Untreue der Untertanen. Mit der »Meineidigung gegen die Gottheit« dürfte demnach kaum etwas anderes als »Untreue gegen die Landesherrschaft« gemeint sein.

Aber das Spiel mit der kirchlichen Moral verfing nicht mehr. Johann Heinrich Schulz, bis 1789 Prediger in Gielsdorf bei Berlin, bestätigt uns dies: »Die Vorsteher der Staaten irren gar sehr, wenn sie sich einbilden, dass die Religion ein unentbehrlicher Zügel und Zaum für das Volk sei, um es gehorsam gegen die Landesgesetze und Landesobrigkeit zu/erhalten; der grosse Haufe beginnt ohnehin schon gegen die kirchliche Religion Verdacht zu schöpfen.«[2]

Also nicht nur der Bürger, sondern sogar schon »der grosse Haufe«!

Zur Durchführung dieses politischen Kampfes war in erster Linie die allgemeine Verbreitung der freiheitlichen Ideen und des Hasses gegen den Despotismus erforderlich. Nichts wäre dazu ein geeigneteres Mittel gewesen als die *Zeitungen und Zeitschriften,* die auch in Deutschland infolge des allgemeinen bürgerlichen Bildungsdranges während des ganzen 18. Jahrhunderts wie Pilze aus dem Boden schossen. Jede Stadt von einiger Bedeutung erhielt ihre eigene Zeitung. Zu den wichtigsten gehörten: die »Berlinische Privilegierte Zeitung« 1721 (die spätere »Vossische Zeitung«), der »Hamburgische unpartheyische Correspondent« 1731, die »Berlinischen Nachrichten von Staats- und gelehrten Sachen« 1740, die »Magdeburgische Zeitung«, die »Schlesische Zeitung« in Breslau 1742, die »Königsberger Hartungsche Zeitung« und das in Frankfurt erscheinende »Ristretto« 1772. Die süddeutschen Zeitungen waren durchweg jämmerliche Käseblättchen.

Die Zensur war der Hauptgrund, warum die Zeitungen für den politischen Kampf anfangs nur in beschränktem Umfang nutzbar gemacht werden konnten. Dazu kam, daß sich die Zeitungsschreiber die Spießereigenschaften der mittleren und niederen bürger-

---
[1] Sammlung landesherrlicher Verordnungen, welche in dem Fürstentum Anhalt-Dessau ergangen 1691–1818. Bd. 1–2, Dessau 1784 und 1819
[2] Johann Heinrich Schulz, Über Religion, Deismus, Aufklärung und Gewissensfreiheit. Berlin 1788 (s. auch AdB)

lichen Schichten geschäftlich zunutze machten, ja sie bildeten selbst die Elite des damaligen Spießbürgertums. Welchen Charakter die Zeitungen noch in den sechziger Jahren hatten, schildert uns Schubart: »Eine Zeitung sieht aus wie die andere; da machen sie dir beständig vor den grossen Herrn knix, lassen keinen Geburts-, Namens- oder Vermählungsfest vorbeygehn, ohne mit dem Hütlein unter dem Arm in der demüthigsten Stellung sich im Vorsaale der Grossen einzufinden, und sie im niedrigsten Gratulanten-Tone zu complimentieren.« – »Unter allen kriechenden Kreaturen des Erdbodens ist der Zeitungsschreiber der kriechendste. Wie er da mit kindischer Bewunderung den Pomp der Grossen anstaunt! Wie er in pedantischer Ehrfurcht, wie weyland Magister Sebaldus Nothanker nach dem Schlafrockzipfel eines ausgetrockneten Hofmarschalls schnappt und ihn demüthig küsst! Wie/er mit dem Hütlein unter dem Arm krumm und sehr gebückt im Vorsaal steht, und dem niessenden Fürsten und Höfling sein Salus entgegen keucht! Wie jedes Hoffest wichtiger für ihn ist, als das Fest der Andacht vor einem frohen Volk dem Herrn geweiht! – Alle unsere Schriften haben das Gepräge unseres sklavischen Jahrhunderts, und die Zeitungen am meisten.«[1]

Diese Schilderung Schubarts von dem unselbständigen Zeitungswesen bis gegen 1770 wird von allen Seiten bestätigt. So klagt Moses Mendelssohn in den Literatur-Briefen: »Unter einer eingeschränkten Regierung muss sich Minerva selbst nicht selten den Helm in die Augen rücken, damit ihr durchdringendster Blick nicht weiter sehe, als ihr erlaubt wird.«[2] 1751 schrieb Lessing aus Berlin an seinen Vater, daß die Zeitungen wegen der scharfen Zensur so unfruchtbar und trocken seien, daß ein Neugieriger wenig Vergnügen darin finden könne.[3] Selbst als die Fürsten an die Freiheitsbewegung des Bürgertums Konzessionen zu machen begannen, war es mit der Pressefreiheit noch recht trostlos bestellt. Lessing schrieb am 25. August 1769 an Nicolai, die Freiheit zu denken und zu schreiben sei in Berlin die einzige Freiheit, gegen die Religion soviel Sottisen zu Markt zu bringen als man wolle; falls aber einer einmal

---

[1] Cr. Fr. D. Schubart, Zeitungsschreiber. In: Vermischte Schriften Bd. 1–9, Stuttgart 1839–40 (Bd. 6)
[2] M. Mendelssohn, Gesammelte Schriften Bd. 1–7, Hg. G. B. Mendelssohn, Leipzig 1843–45. (Bd. IV, 1 und 2)
[3] G. E. Lessing, Sämtliche Schriften a. a. O. Bd. 17

in Berlin versuchen würde, über andere Dinge so frei zu schreiben, als Sonnenfels in Wien geschrieben, und dem vornehmen Hofpöbel so die Wahrheit zu sagen, als dieser sie ihm gesagt habe, oder gegen Aussaugung und Despotismus seine Stimme zu erheben, wie es itzt sogar in Frankreich und in Dänemark geschehe, so werde er bald die Erfahrung machen, welches Land bis auf den heutigen Tag das sklavischste Land in Europa sei.[1]

Dabei war Preußen noch das fortschrittlichste Land Deutschlands. Man kann sich vorstellen, wie es um diese Zeit in den kleinen Duodezstaatchen ausgesehen haben mag.

Anfang der siebziger Jahre, als die Autorität der Despoten immer mehr ins Wanken geriet, mußten sich die Fürsten herbeilassen, auch das Verbot der Pressefreiheit allmählich etwas zu lockern. Sogleich machte sich in den Zeitungen ein etwas mutigerer Ton bemerkbar. Besonders in den freien Reichsstädten Frankfurt und Hamburg wurde der Presse größere Bewegungsfreiheit eingeräumt, ebenso wie Hannover, wo/Schlözers noch recht milde Publikationen bereits Aufsehen erregten. Auch in Preußen wurde das Zensuredikt Friedrichs II. nicht mehr so rigoros durchgeführt. Selbst in kleineren Staaten wie Sachsen-Meiningen, Braunschweig, Holstein, Baden und Dessau wehte seit dieser Zeit ein frischerer Wind.

Dennoch ging es sehr langsam vorwärts. Noch 1779 fand, wie in Schlözers »Briefwechsel« berichtet wird,[2] in Prag eine »Press-Inquisition« statt, wobei nicht nur Buchhandlungen sondern auch private Bibliotheken auf verbotene Bücher hin durchsucht wurden, zu denen selbst harmlose Veröffentlichungen von Wieland, Basedow, Mendelssohn oder Iselin gezählt wurden. Von 100 neu erschienenen Büchern wurden kaum 20 erlaubt. Die mit der Untersuchung beauftragten Beamten taten dabei lieber etwas zuviel des Guten, nur um sich selbst bei ihrem Herrn ins rechte Licht zu setzen. Auch in Österreich dauerte es bis 1781, ehe eine größere Pressefreiheit durchgeführt wurde.

Die Zeitschriften waren dem Charakter der »Moralischen Wochenschriften« so lange ziemlich treu geblieben, bis sie seit 1770 ebenfalls anfingen, sich intensiver mit Politik zu befassen. Die erste Zeitschrift »für Politik, Literatur und Kunst«, die sich vollkommen

---

[1] G. E. Lessing, a. a. O.
[2] August Ludwig Schlözer, Briefwechsel meist historischen und politischen Inhalts. 60 Hefte, Göttingen 1776–82

auf Politik umstellte, war der »Teutsche Merkur«, der seit 1772 von Wieland in Weimar herausgegeben wurde.

Wieland war ein viel zu heller Kopf, um für die miserablen Verhältnisse in den absolutistisch regierten Ländern in Europa blind zu sein. »Noch immer«, heißt es in »Das Geheimnis des Kosmopoliten-Ordens« (1788), »liegt der größere und schönere Theil von Europa unter einem die edelsten Kräfte der Menschheit erstickenden Drucke, dem schweren Druck der Ueberreste der barbarischen Verfassung, der Unwissenheit und der Irrthümer eines rohen und finsteren Jahrtausends. Noch sind in einigen unsrer mächtigsten Reiche die Rechte des Throns nicht aus einander gesetzt, nicht gegen einander abgewogen und dem ersten Grundgesetz aller bürgerlichen Gesellschaft gemäss bestimmt. Noch giebt es Staaten, wo nicht die allgemeine Vernunft, sondern der oft sehr blödsichtige Verstand und der schwankende Wille eines Einzigen, oder der wenigen, die sich seiner Autorität zu bemächtigen wissen, die Quelle der Gesetze ist. Noch wird das, was man Justizpflege nennt, in den meisten Ländern durch barbarische oder schlecht zusammenhangende, und auf der Zeit und Umstände übel passende Gesetze geschändet. Noch ist in vielen Staaten nichts ungewisser, als die Sicherheit des Eigenthums, der Ehre, der Freyheit und des Lebens der Bürger.«[1] Wieland spricht hier zwar über Europa im allgemeinen, aber er macht keine Ausnahme für Deutschland. In seinen »Betrachtungen über die gegenwärtige Lage des Vaterlandes« bestätigt er uns, dass sogar noch im Jahre 1793 »in manchen Gegenden das Joch des politischen und religiösen Despotismus noch hart genug auf den Halsen des Volkes liegt .... die unverletzlichen Rechte der Vernunft und des Gewissens, aus Beschränktheit oder Verkehrtheit derer, die am Staatsruder sitzen und das Ohr des Regenten haben, zu wenig geachtet und nicht selten gröblich verletzt werden.«[2] So fordert Wieland Beseitigung des Despotismus. Dieser ist, schreibt er in »Das Geheimniss des Kosmopoliten-Ordens«, »eine barbarische Regierungsform, welche, um lange bestehen zu können, Umstände und Bedingungen voraussetzt, die bey den aufgehelltern Nazionen Europas nicht mehr denkbar sind« ....

---

[1] C. M. Wieland, Das Geheimnis des Kosmopolitenordens. In: Sämmtliche Werke, a. a. O., Bd. 30

[2] C. M. Wieland, Betrachtungen über die gegenwärtige Lage des Vaterlandes. In: Sämmtliche Werke, a. a. O., Bd. 31

»Kann nicht .... aus der Geschichte deutlich dargethan werden, dass alles, was der Thron in einigen Staaten über die unläugbaren Rechte der Nazion gewonnen hat, entweder hinterlistig erschlichen, oder gewaltsamer Weise usurpiert und erzwungen worden ist? Aber könnte man beweisen, dass unsre Vorfahren jemahls dumm genug gewesen wären in ihre Unterdrückung einzuwilligen, und es auf die blosse Willkühr Eines oder mehrerer Menschen ankommen zu lassen, wie er oder sie über ihre Personen und ihr Eigenthum schalten wollten: was könnte eine solche Thatsache im Wege des Rechts den Ansprüchen ihrer Nachkommenschaft schaden? Gegen die ewigen Gesetze der Vernunft, gegen die wesentlichen Rechte der Menschheit, gilt kein Verzicht, keine Verjahrung, keine Verabsäumung der Gelegenheit sie geltend zu machen oder anzusprechen. Das erste, was Menschen, unter welcher Regierungsverfassung sie leben, zu fordern haben, und was ihnen nur ein erklärter Tyrann streitig machen könnte, ist »Menschen zu seyn«, und Menschen können sie nicht seyn, wenn sie Sklaven sind.«[1]

Infolgedessen fordert Wieland Freiheit und Gleichheit, die er »für das heilige Palladium des ganzen Menschengeschlechts«/hielt. Was er unter Freiheit und Gleichheit versteht, erklärt er uns in seinem »Sendschreiben an Herrn P. E. in K.« (1792): »Ich verstehe unter der Freyheit .... Befreyung von willkürlicher Gewalt und Unterdrückung; gleiche Verbindlichkeit aller Glieder des Staats den Gesetzen der Vernunft und Gerechtigkeit zu gehorchen; ungehinderten Gebrauch unserer Kräfte, ohne irgend eine Einschränkung, als die der letzte Zweck der bürgerlichen Gesellschaft nothwendig macht; Freyheit zu denken; Freyheit der Presse; Freyheit des Gewissens in allem was den Glauben an das höchste Wesen und die Verehrung desselben betrifft.« – »Ich verstehe unter Gleichheit der Rechte keine absolute Gleichheit, die allen Unterschied zwischen Klassen und Ständen, Armen und Reichen, Optimaten und Idioten, gebildeten und rohen Menschen in der bürgerlichen Gesellschaft aufhebt: sondern nur, dass alle Bürger des Staats ohne Ausnahme vor dem Gesetze gleich seyen; dass keine privilegierte Klasse vorhanden sey, die sich einer den übrigen Ständen lästigen Ausnahme von den Bürden des Staats, oder eines angebornen ausschliesslichen Rechts an die höheren Aemter und Würden desselben anzumassen habe; sondern dass Talente, vorzügliche Ge-

---

[1] C. M. Wieland, Das Geheimnis des Kosmopolitenordens a. a. O.

schicklichkeit und persönlicher Werth einem jeden, ohne Rücksicht auf Geburt, Geschlechtsnahmen und andere zufällige Umstände, zu jeder Stelle, worin er dem Staat am nützlichsten seyn kann, so gut den Zugang öffnen sollen, als ob er in gerader Linie von Nabukodonosor oder Konfuzius abstammte.«[1]

Wie soll Deutschland nun zu dieser Freiheit und Gleichheit gelangen? Wieland geht selbst so weit, daß er (in den Jahren vor der französischen Revolution), allerdings nur theoretisch, das Recht zur Revolution in Erwägung zieht. Noch 1793 schreibt er in seinen »Betrachtungen über die gegenwärtige Lage des Vaterlandes«: »Die Menschheit hat in Europa die Jahre der Mündigkeit erreicht«. – »Sie können nicht mehr alles glauben was ihre Grossväter glaubten, und wollen nicht mehr alles dulden was ihre Väter duldeten. Missbräuche, Kränkungen, Bedrückungen, die man ehemals seufzend und murrend ertrug, aber doch ertrug, weil man maschinenmässig glaubte es könne nicht anders seyn, fängt man an unterträglich zu finden, weil man sieht dass es anders seyn könne. Man fragt sich selbst; warum man sie ertragen müsse? und man findet, es sey kein/Grund zu einer solchen Notwendigkeit vorhanden. Man sieht sich um, ob es nicht möglich sey sich davon zu befreyen, und fängt an eine Möglichkeit zu ahnen, dass man sich vielleicht selbst helfen könne, wenn man sich in der Hoffnung getäuscht finden sollte von denen Hülfe zu erhalten, denen man noch immer so viel guten Willen zutraut, dass sie gern helfen möchten wenn sie könnten, die aber auch diesen Zutrauen nothwendig verscherzen müssten, wenn man sähe, dass sie nichts thun wollten, um es zu verdienen.« Am deutlichsten war Wieland in »Das Geheimnis des Kosmopoliten-Ordens« 1788. Es gibt zwei Fälle, daß »die guten und ruhigen Bürger« Partei ergreifen müssen. »Der erste ist, wenn er moralisch gewiss ist, dass ihr öffentlicher Beytritt der guten Sache wirklich den Ausschlag geben würde: der andere, wenn eine offenbar Unrecht leidende Partey in Gefahr wäre, ohne ihren Beystand gänzlich unterdrückt zu werden; oder wenn eine Partey die andere mit einer die Menschlichkeit empörenden Grausamkeit behandelte.« Wieland billigte ausdrücklich den Aufstand der Niederländer gegen Spanien. Von Frankreich meint er: »So würde, wenn die künftigen Repräsentanten der Französischen Nazion auf den

---

[1] C. M. Wieland, Sendschreiben an Herrn Professor Eggers in Kiel. In: Sämmtliche Werke a. a. O., Bd. 31

guten Gedanken kämen, der willkührlichen Gewalt des Königs und seiner Minister zweckmässige und der Natur ihres Staates angemessene Schranken zu setzen, kein Kosmopolit (zu dem er sich selbst rechnet) einen Augenblick anstehen könne, diese Partey, so lange sie in den oben bezeichneten Grenzen bliebe, aus allen seinen Kräften zu unterstützen.«[1]

Wielands Zweck ist mehr, die Fürsten zu warnen, endlich vernünftig zu werden, und ihren Absolutismus aufzugeben, als das Volk gegen sie aufzuhetzen. Er ist gegen »fysische Gewalt«, er findet »alle gewaltsame Mittel, um in kürzester Zeit durch Sprünge zu bewirken, was nach dem ordentlichen Gange der Natur nur in viel längerer Zeit erwachsen konnte« schlecht. Und vor allem, er erwartete keine Besserung von einer Demokratie. Nein, lieber den einen »Tollkopf« des Fürsten als »Millionen schwindligen Köpfe« des Pöbels. Und die Vorgänge in Frankreich, denen er zujubelte, so lange es aussah, als ob das Volk nur aufgestanden wäre, um sich eine Konstitution zu erzwingen, und die er später, als das Volk über seine anfänglichen Forderungen hinausging und die ganze/ Macht an sich riß, verabscheute, gaben ihm, so glaubte er wenigstens, in seinen anti-demokratischen Auffassungen Recht. Er versucht jetzt zu beruhigen: in der deutschen Verfassung »überwiegen die wohltätigen Wirkungen die nachtheiligen«, Deutschland befinde sich »bereits im wirklichen Besitz eines grossen Theils der Freyheit, die unsre westlichen Nachbarn erst erobern mussten«, Deutschland geniesse »grössten Theils milder gesetzmässiger und auf das Wohl der Unterthanen aufmerksamer Regierungen«. – »Hätten wir nicht mehre Hilfsmittel gegen Bedrückungen als die ehemaligen Franzosen; waren unsre Abgaben so unerschwinglich, unsre Finanzen in so verzweifeltem Zustande, unsre Aristokraten so unerträglich übermütig, so gegen alle Gesetze privilegiert, wie in dem ehemaligen Frankreich?« Sogar die deutschen Despoten nimmt er in Schutz: »Auch die Herrscher sind Menschen, alle tendieren nach Ausdehnung ihrer Macht. Dies ist in allen Regierungsformen der Fall. Man sollte den Regenten kein Verbrechen aus dieser Erbsünde machen, und man soll sie mit Vorwürfen über diesen Punkt verschonen. Also uns das Fell über die Ohren ziehen lassen? Keineswegs! Aber so arg steht es auch wahrlich nicht im

---

[1] C. M. Wieland, Das Geheimnis des Kosmopolitenordens, a. a. O., Bd. 30 (ebenso die folgenden Zitate)

letzten Zehend des achtzehnten Jahrhunderts in Europa, – wenigstens nicht im christlichen. Trotz der besagten Erbsünde, womit alle Gewalthaber ohne Ausnahme, so gut wie jeder Privatmann in seinem kleinen Winkelchen mehr oder weniger angesteckt sind, geht es aus mancherlei bekannten Ursachen und besonders in unserem deutschen Vaterlande . . . . verhältnismässig ganz leidlich zu; und mehr als eine leidliche Existenz von aussen ist niemand berechtigt, von diesem Leben zu fordern . . . .«

Woher sollte also eine Besserung kommen? Nur durch »eine Art von allgemeiner, intellektueller und moralischer Revolution.« In den »Worten zur rechten Zeit an die politischen und moralischen Gewalthaber. Ueber die Robespierrische Konstituzion« (1793) entwickelt er diese Ideen ausführlich. »Soll es jehmals besser um die Menschheit stehen, so muss die Reform nicht bey Regierungsformen und Konstituzionen, sondern bey den einzelnen Menschen anfangen. So wie diese in allen Ständen und Klassen vernünftig genug seyn werden ihr wahres Interesse zu kennen, so werden sie auch besser, und so wie sie besser sind, werden sie auch glücklicher seyn.«[1]/

Mit diesen Theorien schwenkte Wieland in den berühmten deutschen Idealismus ein. Hatte man bislang in Deutschland versucht, sowohl auf moralischem als auf politischem Wege eine Besserung der unerträglichen Verhältnisse herbeizuführen, so gab man jetzt nach den Schrecken erregenden Erfahrungen der französischen Revolution den letzten Weg vollends auf. Man stürzte sich mit aller Kraft auf die ausschließliche Besserung des einzelnen, in dem törichten Glauben, daß eine politische und soziale Besserung dann wohl von selbst kommen würde. Die Folge aber war, daß der Absolutismus von neuem den Kopf erhob, immer frecher wurde, und alles Gewonnene wieder verloren ging. Zu dieser Trostlosigkeit kam dann noch die Verarmung und Verelendung Deutschlands infolge der napoleonischen Kriege und der französischen Okkupation, die das deutsche Volk vollends zur Verzweiflung brachte. Es wußte nichts Besseres zu tun als aus der schrecklichen Wirklichkeit zu flüchten und sich eine Überwirklichkeit zusammenzuträumen, in der es das Glück suchte, das die Gegenwart ihm versagte (die Romantik). Aber hiermit sind wir bereits in einer Periode angelangt, die außerhalb unseres Themas liegt.

---

[1] C. M. Wieland, a. a. O., Bd. 31

Außer Wielands »Teutschem Mercur« ragen noch folgende deutsche Zeitschriften durch ihre relative Aufrichtigkeit hervor: die »Chronologen«, das »Graue Ungeheuer« und die »hyperboreischen Briefe« (alle aus der Zeit von 1778 bis 1782) von Weckherlin, und der »Briefwechsel meist historischen und politischen Inhalts« (1776–1782) von August Ludwig Schlözer. Auch Weckherlin und Schlözer waren gezwungen, in ihrem Ländchen alles wunderschön zu finden. Sie durften höchstens einmal eine abfällige Bemerkung über den »ausländischen« Despotismus wagen. Und als sich Schlözer in seinen »Staatsanzeigen« (1793), den Fortsetzungen des »Briefwechsels«, erfrechte, diese Kompromißhaltung ein wenig zu überschreiten, wurde seine Zeitschrift sofort verboten.

Die deutschen Journalisten der zweiten Hälfte des 18. Jahrhunderts waren wahrhaftig in keiner beneidenswerten Lage, denn die Gefahren, denen sie sich bei der geringsten Äußerung gegen ihre Regierungen aussetzten, waren furchtbar, wie es das Schicksal des mutigsten von allen, des viel-/seitigen Christian Friedrich Daniel *Schubart* (1739–1791) zeigt.

Die Berufsgefahren der damaligen Journalisten schildert Schubart in seiner »Deutschen Chronik« vom Jahre 1775 folgendermaßen: »Den Zeitungsschreiber möchte ich sehen, der vors Publikum hinträte und mit Gewitterberedtsamkeit spräche: Dieser Fürst legt seinen Unterthanen unerträgliche Lasten auf; jener Staat verkennet die Grundsätze der Menschlichkeit; dort klirren die Fesseln des schrecklichsten Despotismus; da leckt ein gieriger Selbstherrscher an den Gränzen einer friedsamen Republik; in jenem Freystaat ächzt der Freygeborene unterm Fusstritt des Archonten; .... dort gilt Tyranney des Herkommens mehr als Weisheit; hier wird das Ebenbild der Gottheit, der Mensch, durch schlechte Erziehungsgrundsätze zum Vieh herabgewürdigt; dort schleicht ein Gerippe von einem Unterthan oder Bürger, der gen Himmel ächzt, und den letzten blutigen Heller seinem Regenten hinzählt; in jenem Eichenwalde irren die Künste mit aufgelöstem Haar, werfen Pinsel, Meissel, Griffel, Rastral, Feder weg, und jammern zum Eichenwipfel 'nauf: Alles ist verloren! Hier vor meinem Fenster hämmert der Handwerker, und mit jedem Hammerschlage rieseln Thränen übers öffentliche Ungemach auf den Ambos ....!! Eine solche Zeitung möchte ich lesen .... Aber wo ist der Curtius, der sich fürs Vaterland in den Pestschlund stürzt? Wo ist der Märtyrer, der mit vaterländischer Glut im Gesicht auch den Fürsten heisse Wahrheiten ins Anlitz spritzt? Da heisst's immer; Setz dich hin, Zeitungsschreiber, sey kalt wie Alpenschnee, und schreib' was die Handwerksbursche auf den Bierbänken leyern, kriech vor jedem goldrockichten Schurken, verbräm' deine Zeitungen mit Steckbriefen auf Spitzbuben und Lottozahlen; erzähl Hanswurstpossen, dass der Müssiggänger im Kaffeehaus laute Lache darüber aufschlägt.«[1]

Wenn man von Schubarts Schwulst und Pathos absieht, muß man gestehen, daß er einer der wenigen ist, der auszusprechen wagte, was alle seine Mitbürger empfanden und dachten, und uns damit das wahre Gesicht des damaligen Deutschland enthüllt. »Träume nicht von Freyheit, so lange noch an jedem Hof jeder Laut des Muths verstummt, so lange unser Eigenthum nur von einer Schatzverordnung zur/anderen sicher ist, so lange unser Blut eine Lands- und Domänware bleibt, so lang wir auf jeden Wink wie Cäsars Kriegsknechte ausrufen: Pectora si fratrum, gravidare in viscera matris Imperat, invita peragam tamen omnia dextra. Gebite! den Bruder zu tödten! Zu wühlen im Leibe der Mutter! Zwar bebt unsre Rechte! – Doch thun wirs! –«[2]

Schubart hatte als »Musik Rector und Stadt Organist« im Dienste Karl Eugens in Ludwigsburg vier Jahre lang das wüste Hoftreiben des Herzogs aus nächster Nähe kennengelernt. Als er sich in seinem Abscheu gegen den Despotismus satirische Ausfälle gegen seinen Herrn erlaubte, verwies ihn Karl Eugen 1773 aus Württemberg. Schubart gründete daraufhin die »Deutsche Chronik« und griff die deutschen Despoten in der kühnsten Weise an. Er hatte es dabei besonders auf Karl Eugen abgesehen, dem er von Ulm aus, also in unmittelbarer Nähe der württembergischen Residenz, die schärfsten Wahrheiten ins Gesicht zu sagen wagte.

Schubart hat jedoch bald die Freiheit, die er sich in seinem antiabsolutistischen Pressekampf erlaubte, bitter büßen müssen. Der aufgebrachte Karl Eugen wußte 1777 seinen gefährlichen Gegner über die württembergische Grenze zu locken. Schubart wurde sofort verhaftet und zehn Jahre lang auf der Festung Hohenasperg eingekerkert. Damit hatte der Herzog Schubart auf die gleiche Weise unschädlich gemacht, wie er es mit seinen mißliebigen Sujets zu tun pflegte. 1756 hatte er die Sängerin Marianne Pirker auf dem

---

[1] Chr. Fr. D. Schubart, Deutsche Chronik auf das Jahr 1775, Augsburg 1776
[2] Chr. Fr. D. Schubart, Deutsche Chronik a. a. O.

Hohenasperg eingesperrt, die nach neunjähriger Gefangenschaft irrsinnig wurde. Von 1759 bis 1766 schmachtete der berühmte Rechtsgelehrte Johann Jacob Moser auf dem Hohentwiel und zu gleicher Zeit der Dichter Ludwig Huber auf dem Hohenasperg.

Ein Jahr lang lag Schubart in der Zelle des alten Turmes auf Stroh. Der Schlafrock war ihm zuletzt am Leib verfault. Für die nächsten Jahre wurde dem Gefangenen ein etwas erträglicherer Raum angewiesen, aber Bücher und Schreibzeug blieben ihm versagt, und er durfte mit niemandem sprechen. 1779 war es ihm endlich gestattet dem Festgottesdienst beizuwohnen. Nach $2^{1}/_{4}$ Jahren Haft erlaubte man ihm, sich in der freien Luft zu bewegen. 1780 durfte er zum ersten Mal mit seiner Frau und seinen Kindern korrespondieren, und/im selben Jahre wurde die enge Haft in Festungshaft verwandelt. Nach zehnjähriger Haft wurde er endlich freigelassen, nachdem sich der König von Preußen, Prinz Heinrich und die Prinzessin Friederike von Preußen und eine Reihe von Gelehrten und Künstlern Deutschlands für ihn eingesetzt hatten. Unter diesen Umständen mußte Karl Eugen schließlich nachgeben.

Übrigens hatte der Herzog schon vorher mit den Geistesprodukten seines Delinquenten Geschäfte gemacht. Oberst C. D. Seeger hatte 1784 Karl Eugen den Rat erteilt, die »Schreibsucht« und die »Schreiberey« seines Gefangenen für »Höchstdero Casse« auszubeuten und Schubarts Werke in der herzoglichen akademischen Druckerei zu veröffentlichen. Tatsächlich gab Karl Eugen 1785 den ersten und 1786 den zweiten Band der Gedichte seines Gefangenen Schubart heraus[1] und steckte von dem Reingewinn 2000 Gulden in die Tasche.

Nach der Freilassung im Jahre 1787 empfing der Herzog Schubart in gnädiger Audienz, und um dem verbitterten Despotenhasser die Gelegenheit zu nehmen ins Ausland zu ziehen und sich an seinem Peiniger zu rächen, ernannte er ihn zu seinem »Hof- und Theatraldichter«. Schubart wurde Direktor des Schauspielhauses und der deutschen Oper. Man weiss nicht, über wen man mehr staunen soll, über den Herzog, der das Angebot machte, oder über Schubart, der – wie D. Fr. Strauss ihn nennt[2] – mehr Blut als Knochen, und mehr Temperament als Charakter besaß und das

---

[1] Chr. Fr. D. Schubarts sämmtliche Gedichte. Von ihm selbst herausgegeben. Erster Band, Stuttgart, in der Buchdruckerei der Herzoglichen Hohen Carls-Schule 1785, 2. Band 1786

[2] D. F. Strauss, Schubarts Leben in seinen Briefen. Bd. 1 und 2, 1849

Angebot annahm. Von diesem Augenblick an war aus Schubarts Herzens aller Groll gegen den Mann, den er vorher wie den »Satan« haßte, wie weggeblasen, und er verfertigte begeisterte Carmina zur Feier der Durchlauchtigsten Geburts- und Namenstage, Genesungen und Wiederkünfte.

Von 1787 an durfte Schubart auch seine »Chronik« wieder herausgeben, selbstverständlich jedoch mit grundsätzlich anderem Inhalt, da die Zeitschrift von nun an in der akademischen Druckerei Karl Eugens hergestellt wurde, der sich $^2/_3$ der Einnahmen ausbedungen hatte.

Bis zu seinem Tode im Jahre 1791 kämpfte Schubart unermüdlich für die Freiheit weiter, gab sich aber zugleich zu den widerlichsten Lakaiendiensten her. Eine Tirade aus/seiner Chronik vom Jahre 1787 mutet wie ein unbewußtes Selbstporträt an: »Diese Freiheitsraser werden um geringen Sold Fürstenknechte, sklavische Schmeichler, niedrige Söldner von Tirannen .... Ihr seid Fürstenknechte, zittert vor den Bütteln, die auf euch lauern, macht erlogene Päanen und Panegyren auf einen Despoten – um euren Kohl in Ruhe zu verzehren, und fühlts wie Leute, die ein unflätiges Gewerbe treiben, nicht mehr, – dass ihr stinkt.«[1] Auch sein Epigramm auf den deutschen »Freiheitsgeist« (1789) klingt wie eine unbewußte Selbstpersiflage:

Der Teufel hohl, sprach Mezger Pfund,
Den ganzen Rath! – Er sprachs mit tobendem Gebrülle.
Doch plötzlich kam – Des Bürgermeisters Hund;
Der Prahler Pfund stand auf – beugt sich – war mäuslein stille.[2]

Trotz dieser zweifelhaften Haltung kämpfte Schubart weiter gegen die schlechten Despoten, seinen eigenen Brotgeber natürlich ausgenommen.

Mit seinen freien Meinungsäußerungen vor seiner Gefangenschaft hatte Schubart überall unter der Bürgerschaft begeisterte Anerkennung gefunden, da endlich jemand den Mut gezeigt hatte, den allgemeinen Haß öffentlich zu bekennen und weiter anzustacheln. Vor allen Dingen erhielt der junge Schiller durch Schu-

---

[1] Chr. Fr. D. Schubarts Vaterländische Chronik 1787. Stuttgart
[2] Gedichte, Hg. Hauff, a. a. O.

barts Publizistik die stärksten Impulse für seine mutigen Dichtungen.

In welchem Maße die *Literatur* als Propagandamittel den Zeitungen und Zeitschriften überlegen war, da sie in getarnter Form den Freiheitskampf viel ungehinderter entfalten konnte, hat niemand schärfer erkannt als der junge Schiller selbst. In seinem Jugendgedicht »Die schlimmen Monarchen« schleuderte er den Fürsten folgende Worte entgegen:

> Berget immer die erhabne Schande
> Mit des Majestätsrechts Nachtgewande!
> Bübelt aus des Thrones Hinterhalt!
> Aber zittert für des *Liedes* Sprache:
> Kühnlich durch den Purpur bohrt der Pfeil der Rache
> Fürstenherzen kalt.[1]/

An der zunehmenden Politisierung der Literatur läßt sich der bürgerliche Freiheitskampf am besten verfolgen.

Er fing mit Gottsched an. Sein »sterbender Cato« war ein Freiheitsheld, der über den Verlust der republikanischen Freiheit nicht hinweg kam, und zuletzt in die Freiheit des Todes flüchtete.

Außer dem Cato tauchten in der deutschen Literatur nach und nach die übrigen Freiheitshelden des klassischen Altertums auf. Besonderer Beliebtheit erfreute sich das Brutus- und Cäsar-Thema. Es war bestimmt kein Zufall, daß das erste ins Deutsche übersetzte Werk von Shakespeare sein »Cäsar« war. Das erste deutsche Brutus-Drama stammte von Brawe (1758). Der Gedanke des Tyrannenmordes, der auch von Klinger dramatisiert wurde, spukte so in den Köpfen der jungen Bürger, daß sogar Goethe lange Zeit die Absicht hatte, ein Cäsar-Drama zu schreiben.

Ein interessantes literarisches Dokument dieser bürgerlichen Emanzipationsbestrebungen ist der bereits erwähnte Roman von Johann Michael *von Loen:* »Der redliche Mann am Hofe oder die Begebenheiten des Grafen von Rivera« aus dem Jahre 1740. Durch die Schilderung des höfischen Lotterlebens, die Beschreibung der schlechten Fürstenerziehung und die krasse Gegenüberstellung des charakterfesten »redlichen« bürgerlichen Mannes, der sich an einem

---

[1] In: Sämtliche Werke, Säkular-Ausgabe in 16 Bdn., Stuttgart und Berlin, Bd. 2

Hof zurechtzufinden hat, und des adligen Müßigganges hat Loen vor allen Dingen die qualitativen Unterschiede zwischen der Dekadenz der Fürsten und der Aufrichtigkeit der Bürger zeichnen wollen. Das bedeutete aber bereits, daß sich der Bürger seiner Stellung der herrschenden Klasse gegenüber voll und ganz bewußt war.

Zu den ersten, die es nicht bei einer Beschreibung der schlechten Zustände bewenden ließen, sondern den Despotismus in ihren Schriften direkt attackierten, gehört Friedrich Carl *von Moser* (1723–1798). Im gleichen Jahre (1759), als sein Vater, der berühmte Staatsrechtslehrer Johann Jacob Moser von Karl Eugen auf dem Hohentwiel festgesetzt wurde, veröffentlichte Moser das zu seiner Zeit Aufsehen erregende Buch »Der Herr und der Diener«. Obwohl es sich hier hauptsächlich nur um rechtliche, moralische und philosophische Darlegungen darüber handelt, wie ein Herr regieren *sollte,* sucht Moser im Grunde bei jeder Gelegenheit/den »von Fürstlicher Hoheits-Sucht aufgeblähten und um fremdes Geld ihre eigenen Kinder erwürgenden angeblichen Landesvätern und ihren Cabinetts Speichelleckern« eins auszuwischen. Wie schon Loen, so kritisiert auch Moser die schlechte fürstliche Erziehung: »Nur allzuoft werden vor die Wohlfarth eines ganzen Landes so kostbare Lehr-Jahre mit Wollüsten, Jagen, Spielen, Trinken und einem läppischen Soldatiziren zugebracht.«[1]

Wie Moser selbst berichtet, wollte er mit diesem Buch »das despotische Wesen vieler unserer teutschen Herren, die harte Behandlung ihrer Unterthanen, die mannigfaltige Uebertretung der heiligsten Versprechungen und Verbindungen mit ihren Landständen, die Unwissenheit der meisten Regenten in ihren eigentlichen Pflichten, deren oft wissentliche Hintansetzung und die übertriebene Erhöhung ihrer billigen und in sich allemal unverletzlichen Rechte« unter die Lupe nehmen. Indem Moser die Fürstenrechte als »billig und in sich allemal unverletzlich« bezeichnete, wußte er sich klug vor der scharfen Zensur den Rücken zu decken.

Als strenggläubiger Protestant glaubte Moser mit dieser Schrift und der Abhandlung »Von dem deutschen Nationalgeist« (1765) die Despoten zu einer vernünftigen Regierung und zur Durchführung der Rechtsverfassung bewegen zu können. Als er jedoch zu der Einsicht gelangte, daß auch an die geringste Besserung der Für-

---

[1] Friedrich Carl Freiherr von Moser, Der Herr und der Diener, geschildert in patriotischer Freiheit. a. a. O.

sten selbst nicht zu denken war, versuchte er 1766 mit seinen »Reliquien« und mit seiner Erzählung »Daniel in der Löwengrube« auf die Beamten einzuwirken, natürlich ebenso erfolglos. Als erster Staatsminister und Präsident sämtlicher Kollegien in Hessen-Darmstadt wurde er nach achtjähriger Tätigkeit des wüsten Hoftreibens des Landgrafen Ludwigs IX. so überdrüssig, daß er 1780 seine Entlassung aus dem Staatsdienst einreichte, um die Hände für einen erbitterten Kampf gegen die korrupte Kamarilla und die schändliche Rechtspflege frei zu haben. Der Landgraf lohnte den 57 Jahre alten Mann – den Goethe einen gründlich-sittlichen Charakter nannte, obgleich Moser auf Goethes Mäzen Karl August sehr schlecht zu sprechen war – damit, daß er ihn auf die Folter spannen ließ und im Jahre 1781 verbannte.

Wie Moser hatte auch Moritz August *von Thümmel* (1738–1817) als höfischer Minister das frivole Treiben der kleinen deutschen Despoten zur Genüge kennengelernt. Thümmel bekam trotz eines sehr schnellen Aufstieges am sächsisch-coburgischen Hofe ebenfalls großen Abscheu vor der fürstlichen Mißwirtschaft, so daß er sich 1783 von allen Staatsgeschäften lossagte und auf sein Rittergut zurückzog. Thümmel hatte sich selbst schon 1764 mit seinem prosaischen Heldengedicht »Wilhelmine oder der verliebte Pedant« von seiner eigenen Klasse distanziert, indem er in dieser komischen Epopöe das höfische Leben in seiner ganzen geschminkten Schamlosigkeit entblößte. Auch hier wird, wie schon bei Loen, durch die Herausarbeitung des Ländlich-Unschuldigen in der Titelperson die komisch dargestellte höfische Sphäre heruntergemacht. Thümmel ist somit das erste Beispiel dafür, daß innerhalb des Adels selbst bereits Stimmen gegen die höfische Dekadenz laut wurden. Kurz sei hier noch des bekannten Pestalozzi (1746–1827) gedacht, der in seinem »Agis« eine bittere Satire gegen die herrschende Aristokratie losließ.

Selbstverständlich ließ auch auf literarischem Gebiet die Reaktion nicht lange auf sich warten. Diesmal kam sie von einem Vertreter der älteren Generation, dem 1708 in Bern geborenen Albrecht *von Haller*. Haller hatte schon als Zwanzigjähriger mit seinem Gedicht »Die Alpen« die junge didaktische bürgerliche Dichtung bereichert, seit 1736 aber nur wissenschaftliche Werke geschrieben. Als Rathaus-Ammann in Bern zeigte er jedoch großes Interesse für die Staatsgeschäfte. Und als seit Anfang der siebziger Jahre die freiheitliche Gesinnung des Bürgertums immer mehr ins Revolutionäre umschlug, packte es den inzwischen 63 Jahre alt gewordenen Mann, und in kurzen Zwischenräumen gab er drei hochpolitische Romane heraus: »Usong« 1771, »Alfred« 1773 und »Fabius und Cato« 1774. Haller wollte, wie er selbst erklärte, »die Sache der Regierungen, die Rechte der Sozietäten wider die unersättlichen Ansprüche der Fürsprecher der Rechte einzelner Bürger und wider die allgemeine Gleichheit der Menschen vertheidigen.«

Abgesehen von ihrem künstlerischen Wert sind diese Romane historisch bedeutsam, da sie ein weiterer Beweis dafür sind, wie sehr es um diese Zeit im Bürgertum gärte, wie die Ideen von Freiheit und Gleichheit bereits die Allgemeinheit/ergriffen hatten. Trotz seines Konservatismus war aber der alte Haller selbst auch von der Freiheitsbewegung angesteckt, denn er hielt die aufgeklärte Despotie nur noch für die ideale Staatsform des Morgenlandes, für Deutschland schien ihm die konstitutionelle Monarchie die geeignete Staatsform zu sein.

Als Hallers Romane erschienen, hatten bereits die größten deutschen Dichter jener Zeit mit ihren Mitteln aktiv in den Freiheitskampf eingegriffen. Allen voran ging Friedrich Gottlieb *Klopstock* (1724–1803).

Klopstock war der große Begeisterte. Er war immer auf der Jagd nach Erhabenem, um sich daran zu berauschen. Nichts aber hat von seiner Schulzeit ab bis ins hohe Greisenalter hinein so tief auf ihn gewirkt, wie die Idee der Freiheit. Er wurde der große Sänger der Freiheit, die er zunächst in mystische und mythische Formen kleidete und verherrlichte, bis er in den siebziger Jahren diese Hüllen von sich warf und die Freiheit endlich zur politischen Freiheit seines Vaterlandes konkretisierte.

Seine erste und größte Freiheitsdichtung war der »Messias« (1746–1773). Er besang darin die Erlösung, also die Befreiung des ganzen Menschengeschlechts von der Tyrannei der Sünde und der Knechtschaft des Teufels. Die Revolutionsszenen in der Hölle gehören zum besten, was Klopstock geschrieben hat. Aber schon in den fünfziger Jahren war Klopstock nicht weniger begeistert von dem Freiheitskampf von Hermann dem Cherusker. Mit seiner Ode »Hermann und Thusnelda« (1752) war er der Vorläufer des deutschen Hermannkultes, der sich bis tief in die zweite Hälfte des 18. Jahrhunderts fortsetzen sollte. In den sechziger Jahren nahm der freiheitstrunkene Klopstock eine dritte Maske an. Gottfried Schütze hatte bereits 1750 eine lateinische Übersetzung aus der alten Edda und 1758 eine »Beurtheilung der verschiedenen Denkungsarten bei den alten Griechischen und Römischen und bei den alten Nordischen und Deutschen Dichtern« veröffentlicht. 1756 wurde der erste Teil der jüngeren Edda von Mallet ins Französische und 1765 aus dem Französischen ins Deutsche übersetzt. 1764 war der Macphersonsche »Ossian« in deutscher Sprache erschienen. Und als 1766 Heinrich Wilhelm von Gerstenberg seine »Gedichte eines Skalden« herausgab, wurde Klopstock Barde wie so viele andere Dichter/dieser Zeit. Karl Friedrich Kretschmann z. B. produzierte sich als der Zittauer Barde Rhingulph, der Wiener Jesuit Michael Denis stülpte seine Soutane und seinen Namen um und bemühte sich als der Barde Sined in die edle Schar der Barden und Skalden aufgenommen zu werden, wie seine schmeichelnden Lieder »an den Obersten der Barden Teut's« (Klopstock), »an den Bardenführer der Breunerheere« (Gleim). »An Friedrichs Barden« (Ramler), »an den Oberbarden der Pleisse« (Weisse), und »an Rhingulf« (Kretschmann) beweisen.

Klopstock entdeckte sogar, daß reines Cheruskerblut in seinen Adern floß. Die Malerin Angelika Kauffmann mußte sich für ihn als Thusnelda malen. Sie trägt ein wallendes Leinengewand mit Purpuraufschlägen, einen Köcher an der Schulter. Die Arme sind bloß, den Kopf schmückt ein Kranz von Feldblumen und Eichenlaub und verklärt blickt sie herab auf einen mit beiden Armen umfaßten römischen Adler.

Es ist begreiflich, daß zur selben Zeit, als die Barden in Deutschland ihr Lied von der Freiheit anhuben, auch eine stattliche Reihe von Malern, wenn auch nicht ihr kostbares Blut, so doch wenigstens ihre Ölfarben für die hehre Freiheit vergossen. Die für Klopstock gemalte Thusnelda blieb nicht das einzige germanische Kunstwerk der Angelika Kauffmann. Es folgten: »Arminius«, »Herrmannsschlacht« usw. Alle gleich überspannt und schwülstig. Außer Angelika Kauffmann machte vor allem Friedrich Müller, der »Teufelsmüller« (1749–1825) die bardisch-ossianische Schwärmerei mit.

Klopstocks Begeisterung für die keltischen und skandinavischen Heroen tat seiner Begeisterung für den Freiheitskampf des jüdischen Messias und seiner teutschen Helden nicht den mindesten Abbruch. Er dichtete z. B. 1767 ein Trauerspiel »Hermanns Schlacht«. Im selben Jahre fing er »Hermann und die Fürsten« an und bald darauf »Hermanns Tod«, das erst 1784 vollendet wurde.

Seit der Mitte der siebziger Jahre, wohl unter dem Einfluß der amerikanischen Unabhängigkeitserklärung, wurden Klopstocks Oden fast ausschließlich politisch.

Er prüfte mit unnachsichtlicher Strenge, was die Fürsten zur Erfüllung ihrer hohen Pflichten getan hatten. Er haßte Friedrich II. wegen dessen zunehmenden Despotismus. Er war begeistert von Josephs II. Freiheitsbestrebungen und von/Friedrich von Baden, der die Leibeigenschaft abschaffte. Er pries die ersten Regentenhandlungen des Zaren Alexander, er jubelte als 1775 der nordamerikanische Freiheitskrieg ausbrach, und 1789 begrüßte er als 65-jähriger Greis die französische Revolution.

Schon 1788 hatte er in seinem Gedicht »Die états généraux« gesungen:

Der kühne Reichstag Galliens dämmert schon,
Die Morgenschauer dringen den wartenden
durch Mark und Bein; o komm, du reine
labende, selbst nicht geträumte Sonne!

Gesegnet sey mir du, das mein Haupt bedeckt,
Mein graues Haar, die Kraft, die nach sechzigen
fortdauert; denn sie war's, so weit hin
Brachte sie mich, dass ich dies erlebte!

Er nannte 1789 die Franzosen seine »Brüder« und leistete öffentlich Abbitte, daß er die Deutschen einst »mahnte das zu fliehen, warum er sie jetzt anfleht, sie nachzuahmen.« Hatte er bislang den Siebenjährigen Krieg für die größte Tat des Jahrhunderts gehalten, so schien ihm jetzt die französische Revolution der Höhepunkt seines Zeitalters zu sein. Frankreich habe sich mit dem Bürgerkranze gekrönt, meinte Klopstock, wie ihn noch kein Volk getragen habe. »Kennt euch selbst« ermahnte er seine Landgenossen, »Frankreich schuf sich frei!« – »Des Jahrhunderts edelste Tat hub sich da zu dem Olympos empor! Durchwandre die Weltannalen und finde etwas darin, das ihr ferne nur gleicht, wenn du kannst! O Schicksal! Das sind sie also, das sind sie, unsere Brüder, die Franken! und wir? Ach, ich frage umsonst; ihr verstummet Deutsche.«

Mit einer Freiheitsmütze auf den grauen Locken und einer Na-

---

[1] Friedrich Gottlieb Klopstock, Saemmtliche Werke Bd. 1–12, Leipzig 1823 (ebenso die folgenden Zitate)

tionalkokarde auf der schwellenden Brust, deklamierte er in Hamburg seine Ode »Sie und nicht wir«:

> Ach, du warest es nicht mein Vaterland, das der Freiheit
> Gipfel erstieg, Beispiel strahlte den Völkern umher;
> Frankreich war's! du labtest dich nicht an der frohsten der Ehren,
> Brachest den heiligen Zweig dieser Unsterblichkeit nicht./
> 1792 schrieb Klopstock an Larochefoucauld: »Da ich, mein ver-

ehrungswürdiger Freund, nicht das Glück habe, mit Ihnen sagen zu können »Die Konstitution oder der Tod«, so sage ich dennoch mit der innigsten Ueberzeugung meiner Beharrsamkeit, dass ich für die Konstitution bis an meinen Tod sein werde.«[1] Wie Schiller erhielt Klopstock das Bürgerdiplom der französischen Republik. Empört war er, als die deutschen Fürsten sich rüsteten um »das Volk, das der Freiheit Gipfel erstieg, von der furchtbaren Höhe herunterstürzen zu wollen.«

Als die Jacobiner aber 1793 die letzten Konsequenzen zu ziehen begannen, und die Guillotine ganze Arbeit verrichtete, war es mit Klopstocks Begeisterung aus. »Ich empfinde das Alter, all mein Frohes, ach meine Wonn' ist dahin! denn die Freiheit ist in den Himmel wiedergekehrt!« Er beklagte und bereute seinen »Irrthum« und rächte sich mit den blutrünstigsten Oden an dem »Kannibalen-Volk«.

Während Klopstock den Kampf um die Freiheit zunächst im bardischen Kostüm, dann aber fast ausschließlich in seinen Oden führte, begab sich Gotthold Ephraim *Lessing* (1729–1781) mit seinen Ideen über die politische Freiheit auf das Gebiet des Theaters.

Bereits als Zwanzigjähriger entwarf Lessing seine erste große politische Tragödie »Samuel Henzi«. Leider sind hiervon nur die ersten beiden Akte ausgeführt, aber sie geben uns schon genügend Aufklärung über die Empörung des jungen Lessing gegen die Tyrannenherrschaft. Ganz Europa war 1749 über die Folterung und Enthauptung des Berner Revolutionärs Samuel Henzi aufgebracht. Henzi war das Haupt einer Verschwörung, die den Sturz des Schweizer Patriziats bezweckte, aber verraten und vorzeitig entdeckt wurde. Im gleichen Jahre noch begann Lessing sein Trau-

---

[1] F. G. Klopstock, Briefe von und an Klopstock. Hg. J. M. Lappenberg, Braunschweig 1867

erspiel, das »den Unterdrücker im Gegensatz mit dem wahren Oberhaupte schildern« sollte. Über Henzi, der bei Lessing wie auch in Wirklichkeit ein sanftmütiger, edler, aber entschlossener Charakter war, schrieb Lessing: »Henzi sucht nichts als die Freiheit bis zu ihren alten Grenzen zu erweitern und sucht es durch die allergelindsten Mittel, und wenn diese nicht anschlagen sollten, durch die allervorsichtigste Gewalt.«[1] Wenn auch noch sehr gemäßigt, so ist doch hier bereits (1749!)/eine Gesinnung klar ausgesprochen, die es im äußersten Notfall auf eine Revolution ankommen lassen will.

Die Personen des Fragments sind nur die Verschwörer, die sich alle über die Notwendigkeit der Änderung der bestehenden Verhältnisse einig sind, aber über das Wie dieser Änderung teilweise verschiedene Ansichten haben. Im Gegensatz zu dem milden Henzi ist sein Gegenspieler Ducret ein konsequenter Revolutionär. Ducret ermahnt Henzi mit folgenden Versen:

Erschrecke, morde, brenn', vertilge Kind und Haus,
Und lösch', mit Feu'r und Schwert Berns Schimpf und Knechtschaft aus.

Lessing selbst steht natürlich auf Henzis Seite und sieht in Ducret nur einen Mörder und Rebellen, den er auch demgemäß überzeichnet hat.

Es ist begreiflich, daß Lessing mit der Veröffentlichung des Fragments ungeheures Aufsehen erregte. Leider sind zwei andere Entwürfe, die eine gleich antidespotische Tendenz hatten, nicht zur Vollendung gelangt. In »Massaniello« (1754), einem neapolitanischen Rebellenführer, wollte Lessing einen »modernisierten rasenden Herkules« und in der »antityrannischen Tragödie« »Spartakus« (1770) einen Verfechter der Menschenrechte zeigen.

Alle diese Versuche waren aber nur Vorstufen zu einem Trauerspiel, das, erst nach langen Plänen vollendet, 1772 der Öffentlichkeit übergeben wurde: »Emilia Galotti.«

Für die Schändung der persönlichen Freiheit bei Aushebungen und Werbungen, für die rücksichtslose Erpressung beim Eintreiben von Steuern und Abgaben, für die Verhaftung, die grausame Tor-

---

[1] G. E. Lessing, Samuel Henzi (1749). In: Werke, Hg. Boxberger, 20 Tle. in 14 Bdn., Berlin (Hempel) 1868–81 (XI, 2)

tur und Hinrichtung von Gegnern ließ sich von seiten der Fürsten zur Not noch ein Schein von Berechtigung nachweisen. Für die gewaltsame Entführung und Vergewaltigung eines bürgerlichen Mädchens konnte es jedoch keine Entschuldigung geben. Lessing wußte, wie die dramatische Schilderung eines solchen Vorfalls, der damals zu den Alltäglichkeiten gehörte, den bereits erbitterten Bürger empören würde. Zu diesem Zweck stellte Lessing den Fall in seiner ganzen Schamlosigkeit dar, mit einem fürstlichen Wüstling, mit einem Kammerherrn als Kuppler, der um zu/seinem Ziel zu kommen selbst nicht vor einem Meuchelmord zurückschreckt, und mit einer Justiz, die bereit ist, jegliche Komödie aufzuführen, um das fürstliche Verbrechen zu decken. Und im Gegensatz dazu die reine und entschlossene Bürgerstochter, ihr schlichter, aufrechter Liebhaber und ihre würdigen, etwas beschränkten Eltern. Durch diesen Gegensatz erscheinen die Gemeinheiten des Hoflebens nur umso widerlicher.

Das Stück spielte in Italien, aber jeder Deutsche wußte, daß Deutschland gemeint war. Lessing camouflierte dieses Trauerspiel, wie er es früher mit seiner »Miss Sara Sampson« gemacht hatte, um die Fürsten nicht rabiat zu machen. Mit deutschen Namen wäre die »Emilia Galotti« niemals in Deutschland aufgeführt worden, und ihr Verfasser hätte sich auf das Schlimmste gefaßt machen müssen.

Alle Zeitgenossen Lessings haben den politischen Hintergrund der »Emilia Galotti« verstanden und ihm begeistert zugejubelt. Ramler schrieb in der Berliner Zeitung, daß er Lust habe, das Stück mit den königlichen Worten zu überschreiben: »Jetzt, Ihr Könige, öffnet Euer Herz, Ihr, die Ihr auf Erden richtet, lasst Euch belehren.« Herder ersann für das Trauerspiel das Motto: »Discite justitiam moniti, Lernet durch diese Mahnung, Gerechtigkeit zu üben.« Der Hofgünstling Goethe sah in der »Emilia Galotti« nur ganz allgemein »den entscheidenden Schritt der sittlich erregten Opposition gegen die tyrannische Willkürherrschaft«.[1] Als Diener eines »aufgeklärten« Despoten glaubte er aber keineswegs, daß sich die deutschen Höfe im geringsten getroffen zu fühlen brauchten. Schröder berichtet jedoch, daß man in Braunschweig darauf anspielte, daß mit dem Prinzen und der Gräfin Orsina der Herzog

---

[1] Dieses und die vorangegangenen Zitate nach: Lessings Emilia Galotti. Erläutert von Heinrich Düntzer. 4., neu durchges. u. verm. Aufl., Leipzig 1895 (= Erläuterungen zu den Deutschen Klassikern VI, 4)

und die Marquise Branconi gemeint seien. In Gotha hielt der Hof die »Emilia Galotti« für so gefährlich, daß er die Aufführung kurzerhand verbot.

Eine Besserung der unmöglich gewordenen deutschen Zustände konnte nach Lessings Meinung nicht durch die Beseitigung des absolutistischen Staates erreicht werden. »Wer des Feuers geniessen will, muss sich den Rauch gefallen lassen«, meinte er. Die Besserung konnte für den Idealisten nur durch die Verbreitung des Geistes der Humanität kommen, durch einen geistigen Bund der Besten, wie das Freimaurertum, und hing von der Entwicklung, mit anderen Worten,/von der »Erziehung des Menschengeschlechts« ab, von der auch Herder alles erwartete.

Im Gegensatz zu dem konsequent antidespotischen Lessing nahm Christoph Martin *Wieland* (1733-1813) – wie wir bereits gesehen haben – eine gemäßigte Haltung an. Die Entwicklung seines Lebens ist in mancher Hinsicht ein Gegenstück zu Klopstocks Leben.

Bereits mit 15 Jahren hatte Wieland, durch die Lektüre von Bayle, Fontenelle, d'Argens und Voltaire die pietistische Grundlage seiner Erziehung stark erschüttert, und mit 16 Jahren war er schon so »reif«, daß er öffentlich die Meinung vertrat, daß die »Entstehung der Welt ohne Hilfe Gottes nach den eigenen Gesetzen der Atome sehr gut möglich wäre«. Von seinem deistischen Glauben blieb bald kaum noch ein Schatten übrig, und mit 18 Jahren war der kleine Sokrates »mit dem Kopf ein Freidenker, im Herzen« aber versuchte er »der tugendhafteste Mann zu sein«.

Der Rückschlag folgte schon zwei Jahre darauf. Mit 20 Jahren erging es Wieland wie Klopstock mit seiner »heimgekehrten Meta«, nur mit dem Unterschied, daß Wielands Sophie nicht heimkehrte, sondern ihn schmählich verriet. Der Verratene stürzte sich verzweifelt in die Tiefe der christlichen Religion. Genau wie Klopstock. 1757 beglückte er die Welt mit »Empfindungen eines Christen« und sogar mit seraphischen Dichtungen à la Klopstock. Aber keiner von seinen Freunden, kein Nicolai, kein Lessing, kein Gellert glaubte an den religiösen Spuk, den Wieland ihnen vorgaukelte. Und sie bekamen bald recht. 1758 war Wieland wieder der alte Sünder. Er schloß sich an Voltaire, Helvétius, Diderot, d'Alembert und die Enzyklopädisten an. Den heiligen Augustinus schimpfte er »den grössten Antipoden der gesunden Vernunft und der Philosophie« und den heiligen Hieronymus »einen miserablen Deklamateur«. Klopstock, der schwermütige Young und der kreuzbrave

Richardson, die er in seinen frommen Jahren verehrt hatte, wurden ad acta gelegt. Rousseau und Shakespeare wurden von nun an seine vergötterten Vorbilder.[1]

Auf Wieland als Shakespeare-Übersetzer, als Begründer der neuen Romanform und als Vertreter einer gesunden und natürlichen Sexualität kommen wir noch zu sprechen. An dieser/Stelle sei nur noch Wielands politische Dichtung »Der goldene Spiegel oder die Könige von Scheschian« erwähnt.

Schon während des Siebenjährigen Krieges hatte Wieland in dem Epos »Cyrus« Friedrich II. im persischen Kleide gezeigt mit der stillen Nebenabsicht, in Preußen eine Anstellung zu erhalten, jedoch erst mit dem »Goldenen Spiegel«[2] sollte sich im Jahre 1772 seine Hoffnung erfüllen. Wenn er auch nicht nach Preußen kam, so wurde er wenigstens als Erzieher von Karl August nach Weimar berufen.

In diesem Roman wollte Wieland, wie er in einer Selbstanzeige bekannt gab, den deutschen Despoten die Gelegenheit geben, sich selbst wie in einem Spiegel zu betrachten. Um seine Kritik zu mildern, hatte er seinen »Regentenspiegel vergoldet«, das heißt, er hatte aus den deutschen Paschas orientalische Paschas gemacht und die Gegenwart in die graue Vergangenheit verlegt. Im ersten Teil geißelt Wieland in schonungslosester Weise die deutschen Mißstände, die Maitressenwirtschaft, das korrumpierte Beamtentum, die Kabinettsjustiz, die Ausbeutung und die Rechtlosigkeit der Untertanen, den Mißbrauch der Religion, kurz und gut das ganze Elend des 18. Jahrhunderts. Im zweiten Teil schildert er uns, wie er sich einen Idealfürsten dachte, was ungefähr auf Christian Wolffs »väterlichen Despotismus« hinauskam. Er plädierte hier für das Vier-Stände-System, für Billigung der Adelsprivilegien und für das stehende Heer, also für ziemlich reaktionäre Begriffe. Fortschrittlich war er jedoch, insofern er für Beschränkung der Zahl der Adelsfamilien, für Gewerbefreiheit und Freihandel eintrat. Mehr konnte man auch von einem Dichter, der zeitlebens die Aspiration hatte, Hofmann zu werden und zu bleiben, wirklich nicht erwarten.

Der Superintendent von Karl August in Weimar, Johann Gottfried *Herder* (1744–1803), mußte sich politisch nach außen auf

---

[1] vgl. J. G. Gruber, C. M. Wielands Leben, Bd. 1–4. In: Sämtliche Werke Bd. 50–53, Leipzig 1827–28

[2] C. M. Wieland, Sämmtliche Werke, a. a. O., Bd. 7 und 8

Seiten der Fürsten stellen, wenn er es nicht vorzog, sich jeder Politik zu enthalten. Herder wählte den zweiten Weg. Wenn er sich über Politik ausließ, war es nur in dem Sinne: »Die Besserung muss vom Haupt kommen, nicht von den Füssen und Händen.«[1] Mit dieser Weisheit gab Herder aber zu, daß eine Besserung notwendig war.

Wir dürfen an dieser Stelle einen kleinen Vorfall in Herders Leben nicht unerwähnt lassen, aus dem hervorgeht, daß,/wenn es darauf ankam, selbst Herder seinen Freiheitssinn durch die Tat bewies. Am Ende seines Lebens war Herder bei Karl August in Ungnade gefallen, angeblich, weil in seinen Predigten ein schwacher Widerhall der Revolution laut geworden war. Karl August rächte sich bei der nächstbesten Gelegenheit. Er hatte sich verpflichtet, für Herders Kinder zu sorgen, und dieser Verpflichtung kam er nach, indem er Herders Sohn eine Pachtung überließ, jedoch unter der Bedingung, daß der Junge die wenig appetitliche Witwe des vorigen Pächters heiratete. Karl August hoffte damit zwei Fliegen mit einer Klappe zu schlagen: der junge Herder war versorgt, und der Herzog brauchte der Witwe keine Pension zu bezahlen. Es kam aber anders. Herders Sohn sah sich die Witwe an und lehnte das Angebot dankend ab, und sein Vater kaufte für ihn ein Gut in Bayern, das der Sohn aber nur übernehmen durfte, wenn seine Familie dem Adelstand angehörte. Der alte Herder suchte den Adel in Bayern nach, der ihm anstandslos gewährt wurde, er ließ sich aber im Diplom ausdrücklich bescheinigen, daß er nur wegen des junkerlichen Privilegiums diese Bitte eingereicht hätte. Als Karl August das alles erfuhr, weigerte er sich, Herders Adel anzuerkennen, und um seinen alten Superintendenten besonders zu ärgern, adelte er sofort den viel jüngeren Schiller.

Goethe könnten wir in diesem Abschnitt gefügig übergehen. Er war, wie wir später sehen werden, zu sehr mit seiner eigenen über alles wichtigen Persönlichkeit und seiner privaten Lebensgestaltung beschäftigt, um sich auch für das politische Schicksal und die Kämpfe seiner Mitbürger zu interessieren. Er kümmerte sich, wie er selbst wiederholt versicherte, in dieser vorrevolutionären Zeit überhaupt nicht um Politik. Selbst in dem scheinbar revolutionären »Götz von Berlichingen« war das Volk nur Staffage und die Freiheit auf die Person des Titelhelden beschränkt. Von der französischen Revolution konnte Goethe in seinen Selbstbespiegelungen

---

[1] J. G. Herder, Sämmtliche Werke, Hg. Bernhard Suphan, Berlin 1877–1913

nur ganz peripher berührt werden. Allein das kleine Vorspielchen der Revolution, die Pariser Halsbandgeschichte, hatte »schon im Jahre 1785«, wie er in seinen Tagesheften notierte, »einen unaussprechlichen (!!!) Eindruck auf ihn gemacht.« »Um alle Betrachtungen los zu werden«, fühlte er sich genötigt, das kleine Ereignis im »Grosskophta« zu drama-/tisieren. Das Stück war ebenso läppisch, platt und seicht wie »Der Bürgergeneral« und »Die Aufgeregten«, in denen er später die Revolution von seinem erhabenen Standpunkt aus behandelte. Auch in der »Natürlichen Tochter«, die den Anfang einer geplanten Trilogie über die Revolution darstellt, treten die Verhältnisse, die zu diesem Weltereignis geführt haben, vor den Gedanken und Schicksalen der Einzelpersonen, sowie vor der antikisierenden Sprache ganz in den Hintergrund.

Unter »liberté« verstand er, wie aus seiner Übersetzung von Voltaires »Tancred« hervorgeht: »jenes hohe Recht sich selbst Gesetze zu geben«, was selbstverständlich nur dem »ausserordentlichen Mann« zustand. Und wo Voltaire über »égalité« schrieb, da strich Goethe in seiner Übersetzung diese Stelle. »Egalité« gab es für ihn überhaupt nicht.[1]

Wie wenig Interesse Goethe der Revolution entgegenbrachte, geht zur Genüge aus den seichten Worten hervor, mit denen der Edelmann im »Bürgergeneral« seine Bauern anspricht, nachdem er die Ordnung im Dorf wieder hergestellt hat: »Fremde Länder lasst für sich sorgen und den politischen Himmel betrachtet allenfalls einmal Sonn- und Festtags .... In einem Lande, wo der Fürst sich vor Niemand verschliesst, wo alle Stände billig gegeneinander denken, wo niemand gehindert ist, in seiner Art thätig zu seyn, wo nützliche Einsichten und Kenntnisse allgemein verbreitet sind, da werden keine Partheien entstehen .... und (indem er Schnaps aus dem Hintergrund hervorzieht) wie viel will das schon heissen, dass wir über diese Cocarde, diese Mütze, diesen Rock, die so viel Uebel in der Welt gestiftet haben, einen Augenblick lachen konnten.«[2]

Wenn auch Goethe selbst sich der politisierenden Dichtung vollkommen fernhielt, so schildert er uns doch in »Dichtung und Wahrheit« den bewußt politisch tendenziösen Charakter der deutschen Dichtung der siebziger und achtziger Jahre des 18. Jahrhunderts: »Der Deutsche, gut- und grossmütig von Natur, will niemand ge-

---

[1] J. W. v. Goethe, Sämtliche Werke, Propyläen-Ausgabe, München o. J., Bd. 13
[2] J. W. v. Goethe, Sämtliche Werke a. a. O., Bd. 7

misshandelt wissen. Weil aber kein Mensch, wenn er auch noch so gut denkt, sicher ist, dass man ihm nicht etwas gegen seine Neigung unterschiebe, auch das Lustspiel überhaupt immer etwas Schadenfreude bei dem Zuschauer voraussetzt oder erweckt, wenn es behagen soll, so geriet man auf einem natürlichen Wege zu einem bisher für/unnatürlich gehaltenen Benehmen; dieses war, die höheren Stände herabzusetzen und sie mehr oder weniger anzutasten. Die prosaische und poetische Satire hatte sich bisher immer gehütet, Hof und Adel zu berühren. Rabener enthielt sich nach jener Seite hin alles Spottes und blieb in einem niedern Kreise. Zachariä beschäftigte sich viel mit Landedelleuten, stellt ihre Liebhabereien und Eigenheiten komisch dar, aber ohne Mißachtung. Thümmels Wilhelmine, eine kleine, geistreiche Komposition, so angenehm als kühn, erwarb sich großen Beifall, vielleicht auch mit deswegen, weil der Verfasser, ein Edelmann und Hofgenosse, die eigne Klasse nicht eben schonend behandelte. Den entschiedensten Schritt jedoch that Lessing in der Emilia Galotti, wo die Leidenschaften und ränkevollen Verhältnisse der höheren Regionen schneidend und bitter geschildert sind. Alle diese Dinge sagten dem aufgeregten Zeitsinne vollkommen zu, und Menschen von weniger Geist und Talent glaubten das gleiche, ja noch mehr thun zu dürfen; wie denn Grossmann in sechs unappetitlichen Schüsseln (in Grossmanns »Nichts mehr als sechs Schüsseln« 1780 wird die deutsche Maitressenwirtschaft, die Kamarilla, die Gewalttätigkeit und die Korruption der Beamten, die Goethe nicht im geringsten aufregten, gegeißelt) alle Leckerspeisen seiner Pöbelküche dem schadenfrohen Publikum auftischte. Ein redlicher Mann, Hofrat Reinhard, machte bei dieser unerfreulichen Tafel den Haushofmeister zu Trost und Erbauung sämtlicher Gäste. Von dieser Zeit an wählte man die theatralischen Bösewichter immer aus den höheren Ständen; doch musste die Person Kammerjunker oder wenigstens Geheimsekretär sein, um sich einer solchen Auszeichnung würdig zu machen. Zu den allergottlosesten Schaubildern aber erkor man die obersten Chargen und Stellen des Hof und Civiletats im Adresskalender; in welcher vornehmen Gesellschaft denn doch noch die Justitiarien, als Bösewichter der ersten Instanz, ihren Platz fanden.«[1]

Zu den Dichtern, auf die Goethe anspielte, gehörten außer den bereits besprochenen noch Bürger, Voss, Leisewitz, Miller und

---

[1] J. W. v. Goethe, Sämtliche Werke a. a. O., Bd. 25, Buch 13

F. A. von Stolberg.

Bürgers »Bauer« apostrophierte »seinen durchlauchtigsten Tyrannen« folgendermaßen: »Wer bist du, Fürst, dass ohne Scheu zerrollen mich dein Wagenrad, zerschlagen darf/dein Ross; ha, du wärst Obrigkeit von Gott? Gott spendet Segen aus; du raubst! Du nicht von Gott, Tyrann!«[1]

In *Vossens* »Trinklied für Freie« (1774) klagt ein Bräutigam um seine Braut, die von einem fürstlichen Kuppler entführt wurde, spricht eine Witwe, deren Mann und Sohn den Tod fanden, eine Waise, deren letztes Stück Brot ein fürstlicher Hund zu fressen bekam. Sie rufen »den freien deutschen Mann zur Rache«. Und als der Tyrann ermordet war, labten sich die Befreier beim Freudenfest mit einem Trunk »Tyrannenbluts«.[2]

Leisewitz läßt einen Bauer mit seinem Weib ein Gespräch führen, bevor sie sich zum letzten Mal in ihr altes Brautbett schlafen legen. Am anderen Morgen soll das Möbel im fürstlichen Auftrag gepfändet werden. In seinem »Besuch um Mitternacht« erscheint Hermann der Cherusker einem deutschen Fürsten und wirft ihm vor, dass Varus' Blut nicht vergossen sei, damit er der »Tyrann von Sklaven und Sklave einer Hure« sei. »Aber höre, was ich rede: So gewiss jetzt dein Knie vor einem Geiste und der Wahrheit zittert, so gewiss kommt eine Zeit, in der es Hermann nicht gereuen wird, dass er für Deutschland starb. Verstehst du mich? Nicht? Despotismus ist der Vater der Freiheit! Verstehst du mich jetzt?«[3]

In einem Gedicht von *Miller* erscheint der »Todesengel am Sterbelager eines Tyrannen« und kündet ihm: »Ihr Blut zu trinken, zogst du die Menschheit aus, schufst Tier aus Menschen, dass sie dich huldigten .... ha, du röchelst! Weit tut dich zu empfahen sich der Hölle Schlund auf.«[4]

Das wildeste Gedicht von F. A. *von Stolberg* ist wohl sein 1775 niedergeschriebener »Freiheitsgesang aus dem 20. Jahrhundert über den deutschen Rhein«. »Der Tyrannen Rosse Blut, der Tyrannen Knechte Blut, der Tyrannen Blut, der Tyrannen Blut, der Tyrannen Blut färbte deine blauen Wellen, deine Felsen wäl-

---

[1] G. A. Bürger, Sämmtliche Werke a. a. O., Bd. 1–3
[2] J. H. Voß, Werke, Hg. A. Voß, Leipzig 2. Aufl. 1850, 5 Bde.
[3] J. A. Leisewitz, Die Pfandung (1775). In: Sturm und Drang, Dramatische Schriften 1, Hg. E. Loewenthal und L. Schneider, Heidelberg o. J. (Der Besuch um Mitternacht, 1775, a. a. O.)
[4] J. M. Miller, Gedichte, Ulm 1783

zenden Wellen.« – »Willkommen, Jahrhundert der Freiheit! Göttin willkommen, die schönste Tochter der spät gebärenden Zeit ... Donner entrollen Deinem Fusstritt, und es stürzen dahin die Throne, in die goldenen Trümmer Tyrannen dahin! Du giessest aus, mit blutiger Hand, den Freiheitsstrom; er ergeusst sich über Deutschland. Segen blüht an seinen Ufern.«[1]/

Stolberg gehörte zum »*Göttinger Hain*«, einer Gruppe von Studenten, die ständig von Freiheit delirierten. 1772 hatte F. A. Stolberg eine alcäische Ode gedichtet. In jeder Strophe kam das Wort »Freiheit« vor. Der Bund war so begeistert, daß er für den 5. Dezember 1772 einen Ehrenabend für Stolberg ansetzte. Ein Danklied nach dem anderen stieg aus den gerührten Seelen der Versammelten auf. Das Danklied von Voss spannte die Krone, denn in jeder Strophe kam das Wort »Freiheit« zweimal vor. Wir möchten eine einzelne Strophe zitieren, um einen Begriff von dem ganzen Lied zu geben. »Ach nah' ich mich dem edlen Manne? ich zittr'! umarm' ich ihn, den Freiheitsrufer? Ich thu's und sag' umarmend ihm, nicht fein, nach Franzensbrauch, nein, frei und deutsch: dich liebt mein Herz, und ist dein wert!«[2]

Der Göttinger Bund faßte den Begriff »Freiheit« ziemlich weit. Meistens war es die Versklavung unter den deutschen Tyrannen, aber auch die Versklavung unter Frankreich konnte die Göttinger in eine poetische Wut versetzen. Schönborn machte 1773 auf seiner Reise nach Algier Station in Göttingen. Als Überraschung für die Dichterkollegen und Bundesbrüder hatte er einen frischen republikanischen Dithyrambus mitgebracht. Sofort loderte die heilige Freiheitsflamme im Bund hoch auf. Voss »schnauzte« die Franzosen in einer Ode »an«. Hahn faßte an dem Abend den Entschluß, einen Hermann den Cheruskern, und Cramer, einen Brutus zu dichten, und Voss entwickelte seine Pläne zu einem Band blutrünstiger vaterländischer Idyllen, in denen u. a. ein Bauer vorkommen sollte, der auf dem Winfeld pflüge und einem Reisenden die Hermannschlacht schildere, ein Invalide, der bei Rossbach gegen die Franzosen gekämpft hätte usw.

Die dritte Art von Versklavung, die das Bundesblut zum Sieden bringen konnte, war die geistige Versklavung Deutschlands unter

---

[1] Fr. L. Graf zu Stolberg, Freiheitsgesang aus dem zwanzigsten Jahrhundert (1775), In: Gedichte der Brüder Chr. u. Fr. L. Gr. zu Stolberg, Hg. Chr. Boie, 1783
[2] J. H. Voß, Werke, a. a. O.

Rom. Voss ermahnte Deutschland, nicht zu stolz zu sein auf seine Geschichte. »Hörst du der Sklavenkette Gerassel nicht? die uns der Franke – Fluch dir, o Mönch, der ihn den Grossen pries! – um unsern Nacken schlang, als mit triefendem Stahl der Wütrich in unsre Heimat stürzte, die Druden vor der Irmensäule würgte, und Wittekind statt Wodan seinen Wurmstichbildern Reihen der Opfer und Gold zu weihn zwang! Verderben brütend laurte schon dazumal Roms/Götzenpriester! Ha der Bezwinger kroch zu seinem Stuhl und schenkt' – O Hermann! – deine Cherusker dem Welttyrannen! .... O weine Stolberg! weine! sie rasselt noch der Franken Kette. Wenige konnte nur selbst Luther, Klopstock selbst, ein Heiland, von dem belastenden Joch erretten.«[1]

Klopstock, der »Heiland«, tröstete seine Jünger immer wieder; so weissagte er aus den Bewegungen des heiligen Rosses, daß die Freiheit nun wohl bald kommen würde: »Im Hain brauset' er her, gehobnen Halses, und sprang, Flug die Mähne dahin, – und ein Spott war der Sturm ihm, und der Strom ihm! Auf der Wiese stand es und stampft', und blickte wiehernd umher; sorglos weidet' es, sah voll Stolz nach dem Reiter nicht hin, der im Blut lag an dem Grenzstein! Nicht auf immer lastet dein Joch! Frei, o Deutschland wirst du dereinst! Ein Jahrhundert nur noch, so ist es geschehen, so herrscht der Vernunft Recht vor dem Schwertrecht.«[2]

Auch Friedrich Maximilian *Klinger* (1752–1831) fühlte sich verpflichtet, »die Rasereien, Vexationen, Tyranneien, den aufgeblasenen lächerlichen Stolz, die unzählbaren Torheiten« der deutschen Fürsten zu geisseln, wie er es z. B. in seinem Drama »Stilpo und seine Kinder«[3] tat, bis der tapfere Freiheitskämpfer, der aus kleinsten Verhältnissen stammte (sein Vater war Konstabler und Holzhacker, seine Mutter Wäscherin) als Vorleser der Gemahlin des Großfürsten Paul in Petersburg landete. Da war es auf einmal aus mit der Politik wie bei so vielen Deutschen jener Zeit, die in eine Staatsstellung gelangten. Klinger wurde nach einer längeren Europareise als großfürstlicher Begleiter Leutnant beim Flottenbataillon, unter dem Zaren Paul Generalmajor und Direktor des Kadettenkorps, unter Zar Alexander Kurator der Universität Dorpat

---

[1] J. H. Voß, a. a. O.
[2] Klopstock, Saemmtliche Werke, a. a. O.
[3] F. M. Klinger, Stilpo und seine Kinder, Basel 1780. In: Werke in 12 Bdn., Leipzig 1832

mit dem Range eines Generalleutnants. Und derselbe Klinger, der in seinem Gymnasium als Schuljunge die Öfen heizen mußte, weil er das Schulgeld nicht aufbringen konnte, heiratete endlich eine sehr reiche natürliche Tochter der Kaiserin Katharina und belehrte die Welt dann in dankenswertester Weise, wie man es machen soll, wenn man Karriere machen will. In seinen »Betrachtungen und Gedanken über verschiedene Gegenstände der Welt und Literatur« heißt es: »Man muss sich vor allem Reformationsgeist und seinen Zeichen hüten.«[1] In einer Reihe von Romanen und Dramen, in denen er sich gelegentlich noch für eine papierne Freiheit erhitzte, versuchte er, den zweifellos schmerzlichst von ihm empfundenen Widerspruch in seinem Leben zu überkompensieren.

In den siebziger Jahren gab es fast keinen Dichter, der nicht in irgend einer Weise zu den politischen Verhältnissen in Deutschland Stellung nahm. Interessant ist noch, was Wilhelm *Heinse* am 7. August 1772 an Gleim schrieb, als er nach Hause gekommen war und sein Dorf eingeäschert fand: »Die Thüringer Bauern fangen an, bei diesen entsetzlichen Drangsälen das Recht der Menschheit zu fühlen. Die Regierungen vom Thüringer Walde beschäftigen sich nur damit, dessen Wildpret zu erlegen und alte und neue Abgaben von den armen brotlosen Einwohnern zu erpressen; die armen Teufel merken jetzt erst den Nutzen, daß ihre Urväter sich in Gesellschaft begeben haben. Meine alte Eiche ruft mir die Freiheit meiner Vorfahren, der alten wilden Teutonen in die Seele, und mein Gleim-Tyrtäus die Freiheit der alten Griechen.«[2]

Und vor allem in den achtziger Jahren tobte sich der Freiheitsdrang der Deutschen in einer Reihe von »vaterländischen Stücken« aus, die so heftig waren, daß sie in einzelnen Ländern (z. B. Bayern) verboten wurden. Über Babos Dramatisierung der Geschichte Ottos von Wittelsbach heißt es in Zimmermanns Dramaturgie: »Wer in solcher Kraft der Seele lebt, in so klarem festem Bewußtsein eigener Rechtlichkeit und Überzeugungstreue, der darf auch Kaisermörder werden, wie Otto es ward, geächtet von Fürsten und Reich, doch geachtet und geehrt von der richtenden Nachwelt und gerechtfertigt dort oben. Wir haben dies Stück nie anders als mit

---

[1] F. M. Klinger, Betrachtungen und Gedanken über verschiedene Gegenstände der Welt und Literatur (1803–05). In: Werke a. a. O., Bd. 12
[2] J. J. W. Heinse, Sämtliche Werke, Hg. Carl Schüddekopf (Bd. 8 von Albert Leitzmann), 10 Teile in 13 Bdn., Leipzig 1902–25. Briefe Bd. IX und X

ernsten und frommen Gedanken ansehen können.«

Die kleinbürgerlichen Dramen, die vor allem die Standesunterschiede geißelten, waren ebenso aufrührerisch.

Die Charakterlosigkeit und Schwäche eines Mannes wie Klinger und die politische Gleichgültigkeit Goethes erscheinen gegenüber der mutigen Konsequenz und Aufrichtigkeit eines Friedrich *Schiller* (1759–1805) in besonders ungünstigem Licht.

Den Unterschied zwischen Goethe und Schiller in Bezug auf ihr Verhältnis zu dem Leben ihrer Zeit kann man in wenigen Worten folgendermaßen zusammenfassen:

Goethe war, so lange er sich überhaupt mit seiner Gegen-/wart auseinandersetzte, der typische Bourgeois, – Schiller war der typische Citoyen.

Goethe stellte alle Fragen des gesellschaftlichen Seins vom Privatleben des bürgerlichen Individuums, beziehungsweise seines bürgerlichen Ichs aus, und die Beantwortung war unbewußt stark beeinflußt von dem Vorteil, den er persönlich davon erhoffte.

Schiller stellte die Fragen des gesellschaftlichen Seins vom Standpunkt des öffentlichen, allgemeinen, politischen Lebens seiner Klasse und beantwortete sie unbekümmert um eventuellen privaten Nutzen.

Da Goethe alles auf sich bezog, konnte er sich selbstverständlich nur so lange für die Wirklichkeit interessieren, als er für sich persönlich etwas dabei gewinnen oder verlieren konnte. Trug sie, zum Beispiel zu seinem Ruhm, nichts bei, so verwandelte sich seine Aktivität in Passivität. Er stellte sich dann neben die Wirklichkeit, oder besser gesagt, darüber, und von seinem Olymp herab betrachtete er mit kalten, unbewegten Augen das Weltgeschehen. Nur das beschäftigte ihn, was in seine persönliche Lebenssphäre eingriff oder was Material für seine Kunst lieferte. Die berühmte Hehrheit und Erhabenheit von Goethes Kunst ist im Grunde nichts anderes als Distanz, die allmählich so groß geworden war, daß der Olympier am Blut der lebendigen Dinge nicht mehr warm werden konnte.

Schiller dagegen lebte in der Wirklichkeit. Er stand niemals wie Goethe abseits vom Leben als innerlich unbeteiligter Zuschauer. Er stand stets mitten darin. Er erlebte seine Wirklichkeit so intensiv, daß er mit innerer Notwendigkeit versuchen mußte, sie zu reformieren, sie neu zu gestalten, die treibenden Kräfte, die er in ihr spürte, zu aktivieren. Er mußte unbedingt daran mitbauen, nicht für sich, sondern einzig und allein für die bürgerliche Zukunft.

POLITISIERUNG DER LITERATUR

Goethe war politisch kurzsichtig, immer rückwärts gerichtet, konservativ. Er kämpfte noch für den Despotismus, als die Despoten selbst schon den Despotismus aufgegeben hatten.

Schiller war politisch weitsichtig, vorwärts gerichtet, revolutionär. Er bekämpfte von Anfang an den Despotismus mit allen ihm zur Verfügung stehenden Mitteln. Schillers Jugendwerke »Die Räuber«, »Fiesco«, »Kabale und Liebe« und/»Don Carlos« waren revolutionäre Kunst. Seine »Geschichte des Abfalls der vereinigten Niederlande von der spanischen Regierung« war eine revolutionäre Schrift. Man lese nur die einleitenden Worte: »Eine der merkwürdigsten Staatsbegebenheiten, die das sechzehnte Jahrhundert zum glänzendsten der Welt gemacht haben, dünkt mir die Gründung der niederländischen Freiheit. Wenn die schimmernden Thaten der Ruhmsucht und einer verderblichen Herrschbegierde auf unsere Bewunderung Anspruch machen, wie vielmehr eine Begebenheit, wo die bedrängte Menschheit um ihre edelsten Rechte ringt, wo mit der guten Sache ungewöhnliche Kräfte sich paaren und die Hilfsmittel entschlossener Verzweiflung über die furchtbaren Künste der Tyrannei in ungleichem Wettkampf siegen. Gross und beruhigend ist der Gedanke, dass gegen die trotzigen Anmassungen der Fürstengewalt endlich doch eine Hilfe vorhanden ist, dass ihre berechnetsten Pläne an der menschlichen Freiheit zu schanden werden, dass ein herzhafter Widerstand auch den gestreckten Arm eines Despoten beugen, heldenmütige Beharrung seine schrecklichen Hilfsquellen endlich erschöpfen kann.«[1]

Leider hat Schiller später nachfolgende Stelle in seiner Freiheitsouvertüre gestrichen, vielleicht streichen müssen: »Die Kraft, womit das niederländische Volk handelte, ist unter uns nicht verschwunden; der glückliche Erfolg, den sein Wagstück krönte, ist auch uns nicht versagt, wenn die Zeitläufte wiederkehren und ähnliche Anlässe uns zu ähnlichen Thaten rufen.« Das läßt an Deutlichkeit wahrhaftig nichts zu wünschen übrig.

Bei der späteren Besprechung von Goethe werden wir sehen, daß seine Klassenlage und seine Jugendverhältnisse mitbestimmend waren für seine bourgeoise Selbstgenügsamkeit. Schiller wurde durch seine Verhältnisse zur Aufständigkeit getrieben.

Schillers Jugend in der »Sklavenplantage« Karl Eugens von

---

[1] F. Schiller, Geschichte des Abfalls der vereinigten Niederlande von der spanischen Regierung. Sämtliche Werke, Säkular-Ausgabe, a. a. O., Bd. 14

Württemberg war furchtbar. Er haßte »den alten Herodes«, wie er seinen Landesvater nannte, mit aller Inbrunst und verminderte seinen Haß auch nicht, nachdem dieser Heuchler anläßlich seines 50. Geburtstages (1778) eine Generalbeichte coram populo getan und versprochen hatte, fortan besser zu regieren. »Württembergs Glückseligkeit,« hieß/es in dem Manifest, »soll von nun an für immer auf der Beobachtung der echtesten Pflichten des getreuen Landesvaters gegen seine Untertanen und auf dem zärtlichsten Gehorsam die Diener und Untertanen gegen ihren Gesalbten beruhen.«[1] Selbstverständlich blieb der Gesalbte nach wie vor derselbe widerliche Winkeltyrann. Man denke nur an Schubart. Und seinen Schacher mit Menschenfleisch trieb er bis 1786 ungestört weiter. Besonders über dieses Verbrechen war Schiller empört: »Der gegenwärtige Kitzel, mit Gottes Geschöpfen Christmarkt zu spielen, diese berühmte Raserei, Menschen zu drechseln ... verdiente es mehr als jede andere Ausschweifung der Vernunft, die Geissel der Satire zu fühlen.«[2]

Seine unbändige Wut gegen die unmenschliche Tyrannei seiner fürstlichen Zeitgenossen hatte Schiller schon in seinem Jugendgedicht »Die schlimmen Monarchen« ausgelassen. Diese Erdengötter fragt er dort:

Soll vielleicht im Schimmer goldner Reifen,
Götter, euch die kühne Hymne greifen,
Wo in mystisch Dunkel eingemummt
Euer Spleen mit Donnerkeilen tändelt,
Mit Verbrechen eine Menschlichkeit bemäntelt
Bis – das Grab verstummt?
Und ihr rasselt, Gottes Riesenpuppen
Hoch daher in kindisch stolzen Gruppen,
Gleich dem Gaukler in dem Opernhaus? –
Pöbelteufel klatschen dem Geklimper,
Aber weinend zischen den erhabnen Stümper
Seine Engel aus.[3]

---

[1] In: A. L. Schlözer, Staatsanzeigen vom Jahre 1778, Göttingen
[2] s. F. Knapp, Der Soldatenhandel deutscher Fürsten a. a. O.
[3] F. Schiller, Sämtliche Werke, Säkular-Ausgabe a. a. O., Bd. 2

Mit den »Räubern« (1781) fing Schiller die offene Rebellion an. Nicht die beschönigende Vorrede klärt uns über Schillers Absichten auf. Er mußte wohl so schreiben, sonst wäre sein Erstlingswerk von allen Regierungen gleich beim Erscheinen unterdrückt worden. Was die »Räuber« wollten, besagt uns die Titelvignette der zweiten Ausgabe, die einen grimmig aufspringenden Löwen zeigt mit der zornigen Inschrift »In tyrannos«. Das ganze Jugendwerk Schillers war »in tyrannos«, und bis zu seinem letzten Werk blieb er seiner revolutionären Überzeugung treu :/

Der alte Urstand der Natur kehrt wieder
Wo Mensch dem Menschen gegenübersteht,
Zum letzten Mittel, wenn kein andres mehr
Verfangen will, ist ihm das Schwert gegeben«

(Wilhelm Tell)

Lange Zeit war der Freiheitskampf in Deutschland hauptsächlich nur gegen Religion, Moral, Sitten und Gewohnheiten, Gebräuche, Anstand usw. gerichtet gewesen. Seit ungefähr 1770 trat er – wie wir gesehen haben – in sein letztes Stadium, er wurde politisch. Schillers Jugenddramen waren nichts anderes als politische Agitationsreden. Die Worte Karl Moors: »Mir ekelt vor diesem tintenklecksenden Säkulum« waren Schiller aus der Seele gesprochen. »Pfui! pfui über das schlappe Kastraten-Jahrhundert, zu nichts nütze, als die Thaten der Vorzeit wiederzukäuen und die Helden des Altertums mit Kommentationen zu schinden und zu verhunzen mit Trauerspielen! .... Stelle mich vor ein Heer Kerls wie ich, und aus Deutschland soll eine Republik werden, gegen die Rom und Sparta Nonnenklöster sein sollen.«

Als Karl sich gegen das Unrecht, das ihm die Gesellschaft zugefügt hatte, nicht anders zu helfen weiß, erklärt er der ganzen Gesellschaft den Krieg.

Der Titel des Dramas »Räuber« ist wohl ebenso wie die Vorrede eine Konzession Schillers an die herrschende Klasse zum Schutze seines Geistesprodukts. Die Fürsten und der Adel versuchten stets jeden, der sich gegen sie und die von ihnen zu ihrem Schutze eingesetzte Rechtsordnung auflehnte und »wenn kein anderes Mittel mehr verfangen will«, gar Gewalt übte, mit dem verächtlichen Namen »Räuber« zu disqualifizieren. Die Bande, die sich um Karl Moor scharte, bestand tatsächlich aus Räubern. Karl nennt sie selbst so: »Ihr seid nicht Moor! Ihr seid heillose Diebe! elende Werkzeuge meiner größeren Pläne, wie der Strick verächtlich in der Hand des Henkers!« Karl selbst ist alles andere als ein Räuber, er ist ein ehrlicher, gerader, freiheitssüchtiger Mensch mit hohen Idealen, der »nicht um des Raubes willen mordet . . . ., sein Drittteil an der Beute an Waisenkinder verschenkt, oder damit arme Jungen von Hoffnung studieren lässt. Aber soll er dir einen Landjunker schröpfen, der seine Bauern wie das Vieh/abschindet, oder einen Schurken mit goldnen Borten unter den Hammer kriegen, der die Gesetze falschmünzt und das Auge der Gerechtigkeit übersilbert, oder sonst ein Herrchen von dem Gelichter – Kerl! da ist er dir in seinem Element und haust teufelsmässig, als wenn jede Faser an ihm eine Furie wäre.« Karl überfällt einen Grafen, der »einen Prozess von einer Million durch die Pfiffe seines Advokaten durchgesetzt hat. Der Kutscher, der nicht halt machen wollte, musste vom Bock herabtanzen; der Graf schoss aus dem Wagen in den Wind, die Reiter flohen – Dein Geld, Canaille! rief er donnernd – er lag wie ein Stier unter dem Beil – und bist du der Schelm, der die Gerechtigkeit zur feilen Hure macht? Der Advokat zitterte, daß ihm die Zähne klapperten, – der Dolch stak in seinem Bauch wie ein Pfahl in dem Weinberg – Ich habe das Meine gethan! rief er und wandte sich stolz von uns weg; das Plündern ist eure Sache. Und somit verschwand er in den Wald.«

Kirchen durften ohne weiteres geplündert werden. »Was soll auch der Plunder in einer Kirche? Sie tragens dem Schöpfer zu, der über den Trödelkram lacht, und seine Geschöpfe dürfen verhungern.«

Karl duldete aber kein Verbrechen. Einer von seiner Bande fand einmal in einem brennenden Haus ein Kind auf dem Boden unterm Tisch. »Armes Tierchen«, sagte er, »du verfrierst ja hier« – und warfs in die Flamme. Als Karl Moor das erfuhr, jagte er ihn davon: »O pfui über den Kindermord! den Weibermord! den Krankenmord! – Wie beugt mich diese That! Sie hat meine schönsten Werke vergiftet . . . . Geh! geh! du bist der Mann nicht das Rachschwert der oberen Tribunale zu regieren.«

Karl rühmte sich aber, einen Minister getötet zu haben, »der sich auf der Jagd zu den Füssen seines Fürsten niederwarf. Er hatte sich aus dem Pöbelstaub zu seinem ersten Günstling emporgeschmeichelt, der Fall seines Nachbars war seiner Hoheit Schemel.« Karl prahlte damit, einem Finanzrat das Handwerk gelegt zu haben,

»der Ehrenstellen und Aemter an die Meistbietenden verkaufte und den trauernden Patrioten von seiner Thür stiess. Er bildete sich etwas darauf ein, einen Pfaffen erwürgt zu haben, »als er auf offener Kanzel geweint hatte, dass die Inquisition so in Zerfall käme.« Gegen/die Pfaffen wütete er besonders. »Da donnern sie Sanftmut und Duldung aus ihren Wolken und bringen dem Gott der Liebe Menschenopfer, wie einem feuerarmigen Moloch – predigen Liebe des Nächsten und fluchen den achtzigjährigen Blinden von ihren Thüren hinweg – stürmen wider den Geiz und haben Peru um goldner Spangen willen entvölkert und die Heiden wie Zugvieh vor ihre Wagen gespannt. – Sie zerbrechen sich die Köpfe, wie es doch möglich wäre, dass die Natur hätte können einen Ischariot schaffen, nicht der schlimmste unter ihnen würde den dreieinigen Gott um zehn Silberlinge verraten. – O über euch Pharisäer, euch Falschmünzer der Wahrheit, euch Affen der Gottheit! Ihr scheut euch nicht vor Kreuz und Altären zu knieen, zerfleischt eure Rücken mit Riemen und foltert euer Fleisch mit Fasten; ihr wähnt mit diesen erbärmlichen Gaukeleien demjenigen einen blauen Dunst vorzumachen, den ihr Thoren doch den Allwissenden nennt, nicht anders, als wie man der Grossen am bittersten spottet, wenn man ihnen schmeichelt, dass sie die Schmeichler lassen; ihr pocht auf Ehrlichkeit und exemplarischen Wandel, und der Gott, der euer Herz durchschaut, würde wider den Schöpfer ergrimmen, wenn er nicht eben der wäre, der das Ungeheuer am Nilus erschaffen hat.«

»Ich bin kein Dieb«, sagt Moor ein andermal, »der sich mit Schlaf und Mitternacht verschwört und auf der Leiter gross und herrlich thut – Was ich gethan habe, werd ich ohne Zweifel einmal im Schuldbuch des Himmels lesen .... Mein Handwerk ist Wiedervergeltung – Rache ist mein Gewerbe.«

Natürlich werden auch die Fürsten angeprangert. Einer von ihnen hat sich gegen die Mißheirat eines Edelmanns mit einem bürgerlichen Mädchen zur Wehr gesetzt, den Mann ins Gefängnis geschleppt und die Braut zu seiner Maitresse erniedrigt: eins von den tausend Verbrechen, die von den damaligen Fürsten ohne mit der Wimper zu zucken verübt wurden.

Und wenn Moor am Ende seiner Laufbahn zu der Erkenntnis kommt, daß er gefehlt, daß er »die Gesetze durch Gesetzlosigkeit aufrecht zu halten« versucht hätte, so bedeutet das keineswegs eine Absolution für die Sünden und das Unwesen der damaligen herrschenden Klasse, sondern nur Schillers Furcht vor dem »Pöbel, der weit umwurzelt und den Ton/angibt« und alles nur noch schlimmer machen könnte, wenn er sich in Deutschland gegen die Gesellschaft kehren würde. Aber zugleich liegt darin Schillers Wunsch eingeschlossen, daß sein Buch »mit Recht einen Platz unter den moralischen Büchern« einnehme, denn »das Laster nimmt den Ausgang, der seiner würdig ist.« Schillers und unsere Sympathien bleiben aber nach wie vor auf der Seite des »erhabenen Verbrechers«, des »majestätischen Sünders«, des »hohen Gefallenen«.

Karl Eugen hatte Schiller gedroht: »Ich sage ihm, bei Kassation schreibt er keine Komödien mehr.«

Schiller antwortete 1783 seinem Fürsten mit der »Verschwörung des Fiesco zu Genua«. Damit seine Absichten an Deutlichkeit nichts zu wünschen übrig ließen, erhielt das Stück den Untertitel: »Ein republikanisches Trauerspiel«.

Der revolutionäre Kampf der Räuber war von vornherein zu völliger Ergebnislosigkeit verdammt, er mußte zuletzt in sich zusammenbrechen, denn er war von einer wilden Planlosigkeit, er war richtungslos und ziellos. Die Bewegung war anarchisch, wollte nur zertrümmern und dachte nicht daran, daß auf den Trümmern doch wieder etwas Neues aufgebaut werden mußte.

Im »Fiesco« ging Schiller weiter. In diesem Trauerspiel wurde zum ersten Mal der Grundsatz klar ausgesprochen: ein Freiheitskampf kann nur auf politischem Terrain ausgefochten werden. Die Räuber revoltierten gegen die Gesellschaft, Fiesco revoltiert gegen den Staat.

Vorsichtshalber hatte Schiller für seinen Rebellen und für seine Despoten Italiener und für die Zeit der Handlung das 16. Jahrhundert gewählt, sonst wäre sein Trauerspiel in Deutschland bestimmt nicht zur Aufführung gelangt. In dieser Maske brauchte Schiller kein Blatt vor den Mund zu nehmen. Aber jeder wußte, daß nur die hassenswürdigen deutschen Verhältnisse gemeint waren, und daß nicht Genua sondern Deutschland selbst von seinen Tyrannen erlöst werden mußte.

Deutsche Hofintrigen werden im »Fiesco« geschildert. Mörder werden von Fürsten gedungen, um für eine Handvoll Geldes unliebsame Elemente zu beseitigen. Kuppler werden mit gut bezahlten Hofstellen belohnt. Mädchen werden landesväterlich geschändet. Überall werden Rechtsbefugnisse über-/treten. Alles Tatsachen, wie sie in Deutschland damals gang und gäbe waren. Im letzten Akt kommt es dann endlich zu einem gloriosen Aufstand, der in der

Mannheimer Bühnenbearbeitung folgendermaßen ausgeht: Die Tyrannen werden ermordet, und Fiesco, der den Umsturz geleitet hatte, lehnt die ihm angebotene Krone von Genua ab, weil es für ihn eine höhere Befriedigung ist, der glücklichste Bürger als der Fürst seines Volkes zu sein.

In »Kabale und Liebe« (1784) wird Schiller noch dreister. Ohne die geringste Konzession an die Fürsten verlegt er die Handlung in die deutsche Gegenwart und wagt damit nichts weniger als eine Abrechnung mit dem »alten Herodes«. Schiller hat dieses »bürgerliche Trauerspiel« als eine »Verspottung der vornehmen Narren- und Schurkenart« ausgegeben. Wer die Schurken waren, erzählt uns Schillers Freund, der Musiker Andreas Streicher, mit dem er in der Nacht vom 22. zum 23. September 1782 aus Stuttgart geflüchtet war. Das Wesentlichste des Trauerspiels, verrät uns Streicher, sei fast porträthaft den Persönlichkeiten und Verhältnissen des Stuttgarter Hof- und Beamtenlebens entnommen.[1]

Die ganze Widerwärtigkeit und Gemeinheit des damaligen Hoflebens ersteht hier in blutvoller Wirklichkeit. Die teuflischen Listen des nichtswürdigen Präsidenten und seiner Helfer, die ganze sittliche Verkommenheit des Hofes stellt Schiller der unaussprechlichen Wut der unterdrückten und ausgesaugten Untertanen gegenüber. Nirgends kommt die Scheußlichkeit der damaligen Verhältnisse klarer zum Ausdruck als in der bereits mitgeteilten Szene, in der Schiller den Handel mit Menschenfleisch schildert. So konnte nur einer schreiben, der das Elend aus allernächster Nähe kennengelernt hat.

Schillers klare Absicht, mit »Kabale und Liebe« die Empörung des Bürgertums zu schüren, führte zum vollsten Erfolg. Diese revolutionärste aller Tragödien wurde von der ganzen Bürgerschaft mit stürmischer Begeisterung aufgenommen.

»Don Carlos, Infant von Spanien, ein dramatisches Gedicht« (1787) schloß sich der Reihe »Räuber«, Fiesco«, »Kabale und Liebe« würdig an.

Schon 1783 begann Schiller am »Don Carlos« zu schreiben. Er wollte es sich anfänglich, wie er am 14. April 1783 Reinwald schrieb, in diesem Drama zur Pflicht machen, in/der Darstellung der Inquisition die prostituierte Menschheit zu rächen und ihre Schand-

---

[1] Andreas Streicher, Schillers Flucht von Stuttgart und Aufenthalt in Mannheim von 1782–1785. Stuttgart und Augsburg 1836 (1968)

flecken fürchterlich an den Pranger zu stellen. »Ich will, und sollte mein Carlos auch für das Theater verloren gehen, einer Menschenart, welche der Dolch der Tragödie bisher nur gestreift hat, den Dolch auf die Seele stossen.«

Im Verlaufe der Arbeit wurde aber allmählich etwas anderes daraus. Der Titel blieb der gleiche, aber das Schwergewicht des Dramas wurde von Don Carlos auf den Marquis von Posa verlegt. Der Infant ist jetzt nur ein Instrument in der Hand des Marquis, der den Motor der ganzen Handlung darstellt. Die Achse, um die sich alles dreht, ist nicht mehr die Liebe des Infanten, sondern die Ideen, die der Marquis von Posa im zehnten Auftritt des dritten Aktes dem König gegenüber entwickelt.

Posa schlägt einen ihm zur Wahl gestellten Posten in Philipps Königreich ab:

Was Eure Majestät durch meine Hand
Verbreiten – ist das Menschenglück? Ist das
Dasselbe Glück, das meine reine Liebe
Den Menschen gönnt? – Vor diesem Glücke würde
Die Majestät erzittern – Nein! Ein neues
Erschuf der Krone Politik – ein Glück,
Das sie noch reich genug ist auszuteilen
Und in dem Menschenherzen neue Triebe,
Die sich von diesem Glücke stillen lassen.
In ihren Münzen lässt die Wahrheit schlagen,
Die Wahrheit, die sie dulden kann – ist das
Auch mir genug? Darf meine Bruderliebe
Sich zur Verkürzung meines Bruders borgen?
Weiss ich ihn glücklich – eh er denken darf?
Mich wählen Sie nicht, Sire, Glückseligkeit,
Die Sie uns prägen, auszustreuen. Ich muss
Mich weigern, diese Stempel auszugeben. –
Ich kann nicht Fürstendiener sein.
.... Das Jahrhundert
Ist meinem Ideal nicht reif. Ich lebe
Ein Bürger derer, welche kommen werden.

Er macht dem König klar, daß er nicht mehr menschlich denken kann:/

Die Menschen zwangen Sie dazu; die haben
Freiwillig ihres Adels sich begeben,
Freiwillig sich auf diese niedre Stufe
Herabgestellt. Erschrocken fliehen sie
Vor dem Gespenste ihrer innern Grösse,
Gefallen sich in ihrer Armut, schmücken
Mit feiger Weisheit ihre Ketten aus,
Und Tugend nennt man, sie mit Anstand tragen....
Wie könnten Sie in dieser traurigen
Verstümmlung – Menschen ehren? ....
Da Sie den Menschen aus des Schöpfers Hand
In Ihrer Hände Werk verwandelten
Und dieser neugegossenen Kreatur
Zum Gott sich gaben – da versahen Sie's
In etwas nur: *Sie* blieben selbst noch Mensch –
Mensch aus des Schöpfers Hand. *Sie* fuhren fort,
Als Sterblicher zu leiden, zu begehren;
Sie brauchen Mitgefühl – und einem Gott
Kann man nur opfern – zittern – zu ihm beten!
.... Aber Ihnen
Bedeutet dieses Opfer nichts. Dafür
Sind Sie auch einzig – Ihre eigne Gattung –
Um diesen Preis sind Sie ein Gott. – Und schrecklich
Wenn das nicht wäre – wenn für diesen Preis,
Für das zertretene Glück von Millionen
Sie nicht gewonnen hätten! wenn die Freiheit,
Die Sie vernichteten, das Einzige wäre,
Das Ihre Wünsche reifen kann? ....
Jüngst kam ich an von Flandern und Brabant. –
So viele reiche blühende Provinzen!
Ein kräftiges, ein grosses Volk – und auch
Ein gutes Volk – und Vater dieses Volkes,
Das, dacht ich, das muss göttlich sein! – Da stiess
Ich auf verbrannte menschliche Gebeine. –
.... Sie wollen –
Allein in ganz Europa – sich dem Rade
Des Weltverhängnisses, das unaufhaltsam
In vollem Laufe rollt, entgegenwerfen?
Mit Menschenarm in seine Speichen fallen?
Sie werden nicht! Schon flohen Tausende/

Aus Ihren Ländern froh und arm. Der Bürger,
Den Sie verloren für den Glauben, war
Ihr edelster. Mit offenen Mutterarmen
Empfängt die Fliehenden Elisabeth,
Und fruchtbar blüht durch Künste unsers Landes
Britanien. Verlassen von dem Fleiss
Und jauchzend sieht Europa seinen Feind
An selbstgeschlagenen Wunden sich verbluten.
.... Geben Sie
Was Sie uns nahmen wieder! Werden Sie
Von Millionen Königen ein König!
.... Geben Sie
Die unnatürliche Vergötterung auf,
Die uns vernichtet .... Geben Sie
Gedankenfreiheit.

Das einzige Bestreben des Marquis von Posa, zu dem ihm jedes Mittel, sogar Betrug und Verstellung recht war, ist von jetzt ab, die Niederlande zu retten. Und als der ganze Hof sich gegen diesen Plan verschwört, bereitet er heimlich alles vor, um wider den Willen des Königs den Infanten Don Carlos dorthin zu entsenden, der »das bedrängte Volk von Tyrannenhand« retten, also die Revolution vorbereiten wird. Der Plan wird entdeckt, Posa fällt von der Kugel eines Meuchelmörders, und Don Carlos wird der Inquisition übergeben.

Es sah so aus, als ob Schiller am Vorabend der französischen Revolution die Monarchen zum letzten Mal warnen wollte, daß die Zeit des Despotismus unwiderruflich vorbei sei, und daß es eine Torheit wäre, »sich dem Rade des Weltverhängnisses, das unaufhaltsam in vollem Laufe rollt, entgegenzuwerfen.«

Ein Jahr nach dem »Don Carlos« erschien 1788 Schillers »Abfall der Niederlande«. Das Werk ist eine Bekräftigung der im »Don Carlos« entwickelten Ansichten und verfehlt dann auch nicht die beabsichtigte starke agitatorische Wirkung, die schon zur Genüge aus dem Anfang der oben erwähnten Vorrede hervorgeht.

»Durch alle Werke Schillers«, sagte Goethe im Jahre 1827, »geht die Idee der Freiheit, und diese Idee nahm eine andere Gestalt an, sowie Schiller in seiner Kultur weiterging und selbst/ein anderer wurde. In seiner Jugend war es die physische (lies: politische) Freiheit, die ihm zu schaffen machte und die in seine Dichtungen überging, in seinen späteren Werken die ideelle.«[1]

B. Die konstitutionelle Monarchie als politisches Ideal

Schillers vorrevolutionäre Werke bedeuteten den Höhepunkt des antiabsolutistischen politischen Freiheitskampfes des deutschen Bürgertums.

Wenn wir alles, was wir über die politische Bewegung in den Zeitungen, Zeitschriften und in der Literatur der zweiten Hälfte des 18. Jahrhunderts gesagt haben, kurz zusammenfassen wollen, so kommen wir zu folgendem Ergebnis.

Um 1770 war die Stellung des Bürgers so gefestigt, daß er in den Zeitungen, Zeitschriften und in der Literatur zu offener Opposition gegen den Absolutismus überging. Wir irren uns aber gewaltig, wenn wir etwa glauben wollten, daß wir uns aus den vorliegenden Gazetten und Journalen auch nur annähernd eine Vorstellung davon machen können, was der Bürger fühlte und wollte. Wenn wir ein klares Bild über die bürgerliche Denkungsart gewinnen wollen, müssen wir die niedergeschriebene Empörung über die herrschenden Verhältnisse und die Sucht nach politischer Befreiung, die man meist nur zwischen den Zeilen herauslesen kann, um ein Vielfaches potenzieren. Der Terror des Despotismus war so gewaltig, daß nur ein Bruchteil von der revolutionären Gesinnung des Bürgertums laut werden konnte. Dazu kam, daß der eine Teil der Zeitungsschreiber eine Hofuniform, der andere Teil einen Maulkorb trug. Was Knebel in einem Brief vom Jahre 1798 an Böttiger über seine politisierenden Zeitgenossen schrieb, galt noch viel mehr für deren Vorgänger aus den siebziger und achtziger Jahren: »Wir, die wir noch das Brod der kleinen Fürsten Deutschlands essen, sollten von politischen Dingen lieber schweigen. Erstens sieht man uns den bornirten Horizont gar zu sehr an, und überdiess spürt man doch immer die unterthänige Nachschleicherei.«[2]

Das ganze Volk: Großbürger, Kleinbürger, Handwerker und Bauern war in seinem Haß gegen den Despotismus vollkommen einig. Diese Einheit fiel aber sofort auseinander, wenn die Frage

---

[1] J. W. v. Goethe, Sämtliche Werke, Propyläen-Ausg., a. a. O., Bd. 39
[2] Karl Ludwig von Knebel, Literarischer Nachlaß und Briefwechsel. Hg. K. A. Varnhagen von Ense und Th. Mundt, Bd. 1–3, Leipzig 1835–36

auftauchte, welcher *positive* politische Weg einzuschlagen sei, um zu der geforderten Freiheit zu gelangen. Es herrschte in der zweiten Hälfte des 18. Jahrhunderts in Deutschland eine allgemeine Unklarheit über das Wesen der Staatsformen, durch welche die bestehenden ersetzt werden könnten. Eine vollständige Umwälzung aller bisherigen politischen Verhältnisse in ganz Deutschland war unmöglich, da das Land keine Einheit bildete. Die Schwäche des deutschen Reiches war damals so groß, daß die Notwendigkeit seiner Existenz angezweifelt wurde. »Warum soll Deutschland einen Kaiser haben?« hieß eine anonyme Flugschrift aus dem Jahre 1787. Wozu soll Deutschland überhaupt ein Oberhaupt haben? Die souveränen Einzelstaaten würden viel besser daran sein, das Wohl des Volkes also größer sein, wenn der Reichsverband vollständig aufhörte. Der deutsche Partikularismus war unüberwindlich, und jedes Ländchen war gezwungen, sich selbst nach einer Reform umzusehen.

Die Despoten, »die sich Mühe geben, jedes Gefühl der Menschheit zu unterdrücken, und ihr Volk zum Vieh herabwürdigen« – wie Schubart sagte – wurden allgemein bekämpft. Nicht aber die monarchische Staatsform als solche. Die Angriffe gegen den Despotismus richteten sich hauptsächlich gegen die schlechten Despoten, die damals das Übergewicht hatten, meistens aber nicht gegen das Staatssystem selbst. »Die despotische Gesellschaft widerspricht den natürlichen Gesetzen«, aber die »Unterwerfung widerspricht der Menschlichkeit nicht«, schrieb Scheidemantel 1770 in seinem Buch »Das Staatsrecht«.[1] Die antiabsolutistischen Angriffe richteten sich auch vor allen Dingen gegen den staatlichen Verwaltungsapparat und das Hofwesen, also besonders gegen den Adel. Während Schubart vor seiner Asperger Gefangenschaft den Adel respektierte, weil er in ihm ein gewisses Gegengewicht gegen den überspitzten Absolutismus sah, war sein Respekt zuletzt vollkommen verschwunden. Dem »Müssiggänger mit Stern und Ordensband« stellte er den »Arbeiter im Zwilchkittel« gegenüber. »Der liebe Gott«, meinte Schubart, »nahm gewiss nicht Tortenteig, um einen Adel zu bilden.« »In unseren Zeiten ist der Adelstand ein noch verehrtes (aber von wem ausser sich selbst?« beeilte er sich

---

[1] Heinrich Gottfried Scheidemantel, Staatsrecht nach der Vernunft und den Sitten der vornehmsten Völker betrachtet. 3 Teile, Jena 1771–73

hinzuzufügen) »doch unentbehrliches Trümmerstück barbarischer Vorzeit.«[1]

Selbst ein Mann wie Joseph von Sonnenfels (1733–1817), ein getaufter und geadelter Jude, der als Professor der Staats-, Finanz- und Polizeiwissenschaft an der Wiener Universität und als Wirklicher Hofrat der österreichischen Hofkanzlei gänzlich vom Hof abhängig war, wagte es, Übergriffe, besonders des kleinen Adels und der Geistlichkeit, zu rügen. Deshalb wie auch wegen seines scharfen Kampfes gegen die mittelalterliche Justiz, die in Österreich noch von außerordentlicher Grausamkeit war, schaffte er sich viele Feinde. Dennoch dienerte er genau wie die übrigen Hofschranzen vor der Kaiserin und den höchsten Regierungsmitgliedern.

Daß die Hauptforderung des Bürgertums, die persönliche staatsbürgerliche Freiheit, in stärkerem Maße als bisher erfüllt werden mußte, damit die Wohlfahrt des Volkes sichergestellt sei, darüber war sich selbst ein Sonnenfels klar. Was verstand man nun aber unter Freiheit? Schubart definiert sie folgendermaßen: »Staatsbürgerliche Freiheit besteht bloss darinnen, alles das thun zu können, was den Rechten anderer und der öffentlichen Sicherheit nicht schadet.«[2] Zu dieser Forderung nach persönlicher Freiheit, die sich vor allen Dingen gegen den damals üblichen Soldatenverkauf richtete, kam die Forderung nach der Freiheit des Eigentums, Freizügigkeit und staatsbürgerlicher Gleichheit, die man auch auf die Juden ausgedehnt wissen wollte. Zur persönlichen Freiheit gehörte selbstverständlich auch das Recht der freien Meinungsäußerung in Wort und Schrift.

Über all diesen Forderungen kam man aber niemals zu der Frage, wie nun diese Forderungen realisiert werden konnten. Selbst der schärfste Denker und konsequenteste Revolutionär des damaligen Deutschlands, Immanuel Kant, kam nirgends zu einer praktischen Grundlegung. Sogar die Forderung der Gleichheit ist bei Kant nur formal-theoretisch festgelegt, sie bedeutet nur die Unterstellung aller Staatsbürger unter das gleiche Recht, ohne aber über den Inhalt dieses Rechts etwas auszusagen. Wegen der streng formalen Natur der Kantschen Bestimmungen können sich

---

[1] Chr. Fr. D. Schubart's, Des Patrioten gesammelte Schriften und Schicksale. Stuttgart 1839–40
[2] Schubart, a.a.O.

daraus keine inhaltlichen Gesetze entwickeln lassen. Kant hatte nur eine Verfassung im Auge, nach deren rechtlichen Grundsätzen zu streben die menschliche Vernunft durch einen kategorischen Imperativ gebietet./

Dazu kam noch, daß das Bürgertum selbst gespalten war. Auch das reaktionäre Kleinbürgertum wollte seine Freiheit wieder haben. Jedoch suchte es diese nicht durch die Neugestaltung der gegenwärtigen Verhältnisse, sondern durch Rückkehr zum mittelalterlichen Ständewesen zu erreichen. Justus Möser (1720–1794) zum Beispiel, der seit 1766 die politischen »Wöchentlichen Osnabrückischen Intelligenzblätter« herausgab, teilte mit allen seinen Zeitgenossen die Unzufriedenheit mit den herrschenden Verhältnissen. Sobald er aber daranging, positive Vorschläge zu machen, verfiel er in einen mittelalterlichen Obskurantismus. Er sehnte die gute alte Zeit wieder herbei mit »erbrecht gesessenen« Bauern und sogar Leibeigenen, die das »Zugvieh der Gutsbesitzer« seien. Nur sollte man sie möglichst schonend behandeln, weil ihre Arbeitskraft sonst Einbuße erleiden könnte.[1] Auch von Benekendorf war der Ansicht, daß ein Untertan der Herrschaft so viele Dienste zu verrichten schuldig sei, »als er leisten kann, ohne dabei zu Grunde zu gehen.«[2] Alle Landfremden und Besitzlosen sollten nach Möser rücksichtslos aus dem Staat verjagt werden. Möser war also das Sprachrohr der Gutsbesitzer, die wie die Zünfte aus reinem Selbsterhaltungstrieb reaktionär sein mußten. Das Leben ging jedoch über alles Rückwärtsgerichtete und also auch über derartige Bestrebungen einfach hinweg.

An die konsequenteste Verwirklichung aller freiheitlichen Forderungen, eine republikanische Volksregierung, dachte damals in Deutschland kaum jemand. Und wenn jemand daran dachte, dann wandte er sich sofort mit Grausen von einem solchen Gedanken wieder weg. »Ein Souverän mit 25 Millionen schwindlichen Köpfen ist schlimmer als einer, der nur einen Tollkopf hat«, meinte Wie-

---

[1] J. Möser, Werke, a. a. O.
[2] Karl Friedrich von Benekendorf, Oeconomia forensis, oder kurzer Inbegriff derjenigen landwirtschaftlichen Wahrheiten, welche allen Gerichtspersonen zu wissen nötig sind. Berlin 1775–84 (8 Bde.) (s. auch: ders., „Zufällige Gedanken über die Frage: Warum der heutige Landmann, obgleich die Landgüter gegen die Zeiten unsrer Vorfahren eine weit stärkere Einnahme gewähren, dennoch...mehr arm als reich wird? Halle 1786)

land von der Demokratie.[1] Als jedoch die französische Revolution losbrach, die staatsbürgerliche Gleichberechtigung, die neue Verwaltungsordnung und die Heeresreform in Frankreich eingeführt wurde, die königliche Gewalt auf die Exekutive beschränkt, alle Titel und der Adel abgeschafft und die geistlichen Güter eingezogen wurden, da waren alle deutschen Vorkämpfer der Freiheit begeistert und fühlten sich selbst armselig gegenüber diesem gewaltigen Sturm. So schrieb Schubart in einem Brief vom 18. August 1789 an seinen Sohn: »Jetzt da die Freiheitsgluth so weit um/sich frisst, da es scheint, das menschliche Geschlecht wolle den Tirannen die Ketten ums Ohr schmeissen .... Mein Gott, was für eine armseelige Figur machen wir krumme und sehr gebückte Deutsche – jetzt gegen die Franzosen! – Ihre Beredtsamkeit ist ein Donnersturm, ihr Geist der Handlung ein Wetter, vor dem die Thronen zittern. Mein Patriotismus hat seit einiger Zeit das Schwindfieber. Wir Deutsche sind in Wort und That nicht mehr die alten. Der Orient lacht über die feigen deutschen Kerls, die die Hosen voll scheissen, wenn ein Türke gegen sie die Zähne blökt.«[2]

Als jedoch die Guillotine in Frankreich in Tätigkeit gesetzt wurde, war es in Deutschland ganz aus mit der Erringung der bürgerlichen Freiheit von unten her. In der Furcht vor einer deutschen Revolution kapitulierten selbst die begeistertsten Freiheitsapostel.

So hielt der deutsche Bürger konsequent an dem monarchischen Gedanken fest und suchte ihn mit seinen Freiheitsforderungen in Einklang zu bringen. Er wählte zu seinem Ideal die goldene Mitte zwischen Absolutismus und Demokratie. Er verzichtete darauf, das Staatswohl selbst in die Hand zu nehmen und zählte sich – um mit Schubart zu reden – zu den »bidern Deutschen, die gerne ihr Sauerkraut in Frieden verzehren«, und die zu den »besten Unterthanen unter allen Völkern der Erde gehören.« Numerisch fühlte er sich nicht stark genug um die ganze Regierung für sich zu verlangen, ein Zusammengehen mit der großen Masse kam nicht in Frage, weil er vom Volk noch mehr befürchtete als vom Despoten. Also war es sein Ideal, sich mit diesem zu verbinden, weil er sich von dieser Verbindung den größten Profit versprach. Eine konstitutionelle Monarchie bedeutete für den Bürger ein Staatsoberhaupt

---

[1] C. M. Wieland, Sämmtliche Werke, a. a. O., Bd. 32
[2] Chr. Fr. D. Schubart's Leben in seinen Briefen. Ges., bearbeitet und hhg. von D. F. Strauß, a. a. O.

mit einem bürgerlichen Parlament, oder besser gesagt, ein bürgerliches Parlament, dem in Zukunft der Machtapparat des Monarchen zur Verwirklichung der bürgerlichen Forderungen zur Verfügung stehen sollte./

IV. Der Kampf des Bürgertums um die soziale Gleichheit

Wir stellten im vorigen Abschnitt fest, daß die ökonomische Weiterentwicklung des Bürgers seine politische Freiheit erforderte. Die Verwirklichung der neuen bürgerlichen Ökonomie war aber außerdem von seiner *sozialen Gleichstellung* abhängig, ohne die andererseits auch die politische Freiheit nicht erreicht werden konnte. Solange der Bürger gesellschaftlich als ein inferiores Wesen angesehen wurde, solange der Mensch erst beim Baron anfing, hatte er im Staat keine Möglichkeit, jemals aus seiner armseligen Untertanenstellung herauszukommen und somit wirtschaftlich das zu erreichen, was seinen gesteigerten Bedürfnissen entsprach.

Welches Ansehen die Bürgerschaft in den Augen der Despoten hatte, geht z. B. aus dem Testament des Herzogs Eberhard Ludwig von Württemberg hervor, der seine Untertanen mitten unter den Pferden, Schafen, Steuern und Gehölzen als »Zubehör« der Städte, Märkte, Schlösser und Festungen aufzählt und über sie verfügt.[1] Ein weiteres Beispiel: Karl Friedrich Wilhelm von Ansbach (1723 bis 1757) schoß einmal einen Schornsteinfeger vom Dach des Bruckberger Schlosses herunter, um seiner Maitresse eine kleine Freude zu bereiten. Sie hatte den Wunsch geäußert, so einen Menschen einmal herunterpurzeln zu sehen. Die Schornsteinfegerwitwe bekam die fürstliche Entschädigung von 5 Gulden.

Die soziale Ungleichheit beruhte einzig und allein auf der Vormachtstellung des Adels. Wollte der Bürger also egalisieren, so gab es für ihn zwei Wege. Entweder mußte er aus seiner niederen Stellung in die höhere hinaufsteigen, oder er mußte die Höherstehenden zu seinem Niveau herunterdrücken. Beide Wege beschritt er./

A. Egalisierung durch Standeserhöhung des Bürgers

Den gesellschaftlichen Aufstieg suchte der Bürger einmal durch seine Nobilitierung zu erreichen. Er krümmte und wand sich in dieser Zeit – man lese nur die widerlichen Schmeicheleien in Eingaben, Petitionen, Widmungen usw. – vor seinem Fürsten so lange, bis er

---

[1] Eberhard Ludwig, Herzogs von Württemberg Testament mit weiteren Zubehörden. In: Patriotisches Archiv 3 (1785)

endlich hinaufgekrochen war. In keiner anderen Zeit wurde eine so beträchtliche Zahl von Bürgern in den Adelstand erhoben, wie in der zweiten Hälfte des 18. Jahrhunderts. Allein zu den nobilitierten Dichtern und Literaten gehörten: Dohm, Goeckingk, Goethe, Herder, Hippel, Klinger, Kotzebue, Kurz, Matthison, F. C. Moser, J. Müller, Nicolai, Schiller und Sonnenfels, der Sohn eines Rabbiners. Der Höhepunkt wurde in den achtziger Jahren erreicht, als sich jeder reich gewordene Kaufmann im kaiserlichen Wien für 20000 Gulden einen Grafentitel kaufen konnte.

Sogar die Kleinbürger, die für den Adel selbstverständlich nicht in Frage kamen, hatten ihre diesbezüglichen Aspirationen. Mehr denn je zuvor strengten sie sich an, »Hofbäcker«, »Hofschuhmacher« usw. zu werden oder wenigstens im Titel zu »avancieren«.

Besonders gehoben fühlte sich auch der Bürger, wenn irgend ein verarmter Junker seinen bürgerlichen Geldsack heiratete und die Tochter mit in den Kauf nahm. Chamfort persiflierte diese damals zahlreichen Mesalliancen mit den Worten: »Das Bürgertum sucht eine närrische Ehre darin, seine Töchter als Dünger für die Ländereien der hohen Herrschaften herzugeben.«[1]

Die bedenklichste Standeserhöhung jedoch hatte bereits Pater Abraham a Santa Clara in seinem »Gehab dich wohl« festgenagelt: »Dergleichen Eltern seynd noch zu jetzigen Zeiten zu finden, so da ihr eigenes Fleisch und Blut, will sagen, ihre leiblichen Kinder, die Unschuld auf des Teufels Schlachtbank führen ... ja wohl selbsten an grosse Herren verkuppeln, damit sie durch ihrer Töchter verkauffte Jungfernschaft den Stammen ihrer Papiernen Familie desto besser erweitern und zu ansehnlichen Aemtern gelangen.«[2] Casanova wußte von einem solchen Fall zu berichten: »Ich traf in dem Gasthof, wo ich abstieg, eine Schauspielerin, namens Toscani, die mit/ihrer sehr jungen und sehr schönen Tochter nach Stuttgart zurückreiste. Sie kam von Paris, wo sie ein Jahr zugebracht hatte, um ihrer Tochter von dem berühmten Vestris Unterricht im Charaktertanz geben zu lassen .... Die Mutter war ungeduldig, zu sehen, wie der Herzog ihre Tochter finden würde, die sie von Kindheit an für diesen wollüstigen Fürsten bestimmt hatte.«[3]

---

[1] S. R. Nicolas, gen. Chamfort, Pensées, maximes, anecdotes, dialogues. In: OEuvres, 4 Bde., Paris 1795
[2] Abraham a St. Clara, Sämmtliche Werke Bd. 1–11, Passau 1834–37 (Bd. 11)
[3] Giacomo Casanova, Histoire de ma vie. dt.: Hg. Erich Loos, Berlin 1964–67, 12 Bde.

Das Über-sich-hinaus-Wollen des Großbürgers und Kleinbürgers, das Bestreben, die Distanz zwischen Adel und Bürgertum wenigstens zu verkleistern, wenn es auch nicht ganz gelingen würde sie zu überbrücken, hatte eine Reihe von Kulturerscheinungen zur Folge, auf deren wichtigste wir kurz hinweisen müssen.

Hierzu gehört das um die Mitte des 18. Jahrhunderts immer stärker werdende *Schmuck*bedürfnis der Bürger, das nur als ein Versuch zur Selbsterhöhung, vielfach auch als Ersatz für eine unerreichbare Standeserhöhung gedeutet werden kann. In England war schon vor der Jahrhundertmitte ein bürgerlicher Schmuckstil aufgekommen, der mit dem englischen, von der Pariser Mode emanzipierten Gewandstil eng zusammenhing. Zeichnete sich dieser neue englische Schmuck schon durch seine derbe Üppigkeit aus, so war der deutsche Schmuck, von dem englischen inspiriert, von einer geradezu an Überladenheit grenzenden Fülle. Begreiflich war das durchaus. Kam es doch darauf an, aufzufallen, zu wirken, um den sozialen Unterschied zwischen Adel und Bürgertum zu vertuschen.

Das steigende Schmuckbedürfnis der Bürgerin einerseits und das häufig recht bescheidene Budget ihres Herrn Gemahl hatten wieder zur Folge, daß die Ohrringe, Anhänger, Uhrketten, Colliers und Fingerringe nur recht lieblos und grob gearbeitet waren. Was das Material anbetrifft, so konnte die Quantität natürlich nur auf Kosten der Qualität gesteigert werden. Zu diesem Zweck erfand 1758 ein gewisser Herr Strass in Paris einen Diamantersatz aus geschliffenem Quarz, der nach ihm benannt wurde. Die Strasssteinchen wurden die Diamanten des Bürgers. In Rom tauchten um dieselbe Zeit falsche Perlen aus einem Wachspräparat auf, in Venedig fabrizierte man Perlen aus Glas, und in Deutschland selbst/ stellte man als Ersatz für das teure Goldemail Schmuck mit Maleremail auf Kupfer her.

Eine andere Erscheinung, die ebenfalls zum größten Teil auf die Selbsterhöhung der Bürger als Ersatz für die nicht erfolgte oder als Unterstreichung der wirklich erfolgten Standeserhöhung zurückzuführen ist, ist die seit 1750 unter den deutschen Bürgern ständig wachsende Freude an *Porträts*.

Ließen zuvor im allgemeinen nur die Fürsten und der Adel ihre Bildnisse malen, so ruhten die besseren Bürger jetzt nicht, bis ihr und ihrer Frau Gemahlin lebensgroßes Konterfei im Salon an der Wand hing. Wie im fürstlichen Schloß.

Es fing mit den »besseren« Bürgern an, also den reichen Kaufleuten und Ratspersonen, den Gelehrten und Künstlern. Anton Graff (1736–1813) hat in diesem Genre ganz Vorzügliches geleistet. Mit einer fabelhaften Treffsicherheit und außerordentlichen Prägnanz hat er z. B. allein im Auftrage des Leipziger Buchhändlers Philipp Erasmus Reich für dessen Galerie berühmter Zeitgenossen – eine für diese Zeit besonders typische Verbürgerlichung der Ahnengalerie – 26 Bildnisse gemalt, u. a. von Lessing, Gellert, Chr. F. Weisse, Hiller, Mendelssohn, Hagedorn, Minister von Fritsch, Spalding, Ramler und Sulzer. Außer Graff gehörten Justus Juncker (1703–1767), Johann Heinrich Tischbein (1722–1789), Johann Georg Edlinger (1741–1819) und Angelika Kauffmann (1741 bis 1819) zu den bürgerlichen Porträtmalern.

Nach den Großbürgern kamen von selbst die Kleinbürger an die Reihe, die sich mit Malern minderen Ranges zufrieden geben mußten. Diese bürgerliche Porträtkunst fand aber erst allgemeine Verbreitung, als der *Schattenriß* erfunden wurde, der in dem Bereich der bescheidenen Börsen einen Ersatz für die unerschwinglichen Miniaturen darstellte.

Auch diese Neuigkeit kam aus England. Bereits in den vierziger Jahren war dort der Schattenriß bekannt. In den fünfziger Jahren wurde er nach Frankreich und wahrscheinlich von dort nach Deutschland eingeführt. In Frankreich gab es damals einen Finanzminister Etienne de Silhouette (1709–1767), der wegen seiner Knauserigkeit und Knickrigkeit bestgehaßte Mann Frankreichs. Alles was damals ärmlich, billig und schäbig war, schalt man in Paris Silhouette oder à la/Silhouette. Auch der Schattenriß bekam diesen Namen und behielt ihn für alle Zeiten. »L'on prétend que la misère les a fait inventer, aussi on les nomme d'après l'auteur«, schrieb 1760 Karoline von Hessen an eine preußische Prinzessin unter Beifügung einiger Spezimina.[1]

Die Silhouette wurde für den Bürger der Ersatz für die teuren Miniaturen auf Elfenbein, er konnte sich jetzt über seinem Sofa eine kleine Ahnengalerie einrichten und bei passenden Gelegenheiten Tombak-Tabatieren mit seinem Bildnis verschenken. Genau wie der Fürst.

---

[1] Karoline Henriette Christiane, Landgräfin von Hessen Darmstadt: Briefwechsel der ›Großen Landgräfin‹ Caroline von Hessen. Hg. Ph. A. F. Walther, 2 Bde., Wien 1877

Die Haltung des Großbürgers und des Kleinbürgers scheint in ihrem Über-sich-hinaus-Wollen mit der ganzen bürgerlichen Bewegung der zweiten Hälfte des 18. Jahrhunderts im Widerspruch zu stehen. Bei näherer Betrachtung zeigt es sich jedoch, daß diese Tendenz für den Bürger ein Aufgeben seiner selbst war, nur um sich selbst erst recht zu finden, mit anderen Worten, sie bedeutete die Anwendung eines allerdings unbürgerlichen Mittels, um einen sehr bürgerlichen Zweck, nämlich den der allgemeinen Nivellierung zu erreichen.

Das von ihm angewandte Mittel war zudem äußerst mangelhaft. Erstens konnte es immer nur vereinzelt Anwendung finden, zweitens aber konnte niemals eine vollständige Gleichheit, sondern höchstens eine scheinbare Verringerung der Ungleichheit dabei herauskommen. Denn der Uradel distanzierte sich selbstverständlich wieder von dem Briefadel und versäumte keine Gelegenheit, sich über die neugebacknen Grafen von 20000 Gulden zu mokieren.

B. Egalisierung durch Standesentwertung des Adels

Das zweite Mittel jedoch, das der Bürger anwandte, um die soziale Ungleichheit aufzuheben, war von entscheidender Wirkung. Er versuchte die Egalisierung durch die Standesentwertung des Adels zu erreichen, indem er Adel und Bürgertum auf den Generalnenner »Mensch« brachte. Die *»Humanität«* wurde die allgemeine Plattform, von der aus jedes Individuum von jetzt ab bewertet wurde, und die damit die Klassenunterschiede zwischen Adel und Bürgertum zunichte machte./Der Bürger war nicht weniger Mensch als sein Fürst, und der Fürst war nicht mehr Mensch als der Bürger. Beide waren gleich, beide hatten die gleiche Menschenwürde, die gleichen Rechte, die gleichen Pflichten. Und »die wesentlichen Rechte der Menschheit können weder durch Zufall, noch Gewalt, noch Vertrag, noch Verzicht, noch Verjährung, sie können nur mit der menschlichen Natur verloren werden« (»Der Goldne Spiegel«).[1]

Wir können uns heutzutage kaum noch einen Begriff machen von der enormen Bedeutung, die der Humanitätsgedanke in der zweiten Hälfte des 18. Jahrhunderts im ganzen Westeuropa hatte, wie er auch in Deutschland alle Denk-, Lebens- und Schöpfungsformen völlig beherrschte. Bevor wir dazu übergehen, dies bis ins einzelne

---

[1] C. M. Wieland, Sämmtliche Werke, a. a. O., Bd. 7 und 8

nachzuweisen, wollen wir nur auf zwei Ereignisse aufmerksam machen, die die ganze Welt damals aufs tiefste erschütterten, und die letzten Endes nichts anderes als die praktische Durchführung des Humanitätsgedankens waren: die Unabhängigkeitserklärung der Vereinigten Staaten von Amerika vom 4. Juli 1776 und die französische Revolution vom Jahre 1789.

Einen einzigen Paragraphen der amerikanischen Unabhängigkeitserklärung lassen wir unverkürzt folgen, der das Ganze illustriert: »Wir halten die nachfolgenden Wahrheiten für in sich überzeugend (to be selfevident), nämlich, daß alle Menschen gleich geboren sind, daß sie von ihrem Schöpfer mit gewissen unveräußerlichen Rechten ausgestattet sind, dass zu diesen Leben, Freiheit, und das Streben nach Glückseligkeit gehören, dass, um diese Rechte zu sichern, Regierungen unter den Menschen eingesetzt sind, die ihre gerechten Befugnisse von der Einwilligung der Regierten ableiten; dass so oft eine Regierungsform gegen diese Ziele zerstörend wirkt, es das Recht des Volkes ist, sie zu ändern oder abzuschaffen, eine neue Regierung einzusetzen und sie auf solche Grundsätze zu bauen und deren Gewalten derart zu ordnen, wie es ihm zu seinem Glück und seiner Zweckmäßigkeit am sichersten erscheint.«

Den »Déclarations des *droits de l'homme* et du citoyen«, die von Lafayette entworfen und am 11. Juli 1789 der französischen Nationalversammlung vorgelegt wurden, lag die amerikanische Unabhängigkeitserklärung zu Grunde./

In Deutschland kam es durch allerlei widrige Umstände, deren Schilderung uns zu weit von dem eigentlichen Thema unseres Buches abführen würde, nicht zu dem politischen Endkampf um die Realisation der »Droits de l'homme«, dafür wurde, gemäß der Mentalität eines »Volkes von Dichtern und Denkern«, der *ideologische* Kampf, der jedem politischen vorangeht, mit um so größerer Hartnäckigkeit geführt. Man kann ruhig behaupten, daß alle großen Geister der zweiten Hälfte des 18. Jahrhunderts, alle Philosophen, alle Staatsrechtler, alle Dichter, alle Künstler geschlossen und entschlossen den reaktionären Mächten des Feudalismus und seines treuen Bundesgenossen, der Kirche, gegenüberstanden.

Die allmähliche Umschichtung, die sich infolge der Realisierung des Humanitätsgedankens in der Gesellschaft vollzog, machte sich um die Mitte des 18. Jahrhunderts vor allem in der *Porträtmalerei* bemerkbar.

Bis ungefähr um die Jahrhundertmitte war die Bildnismalerei eine rein feudale Angelegenheit. Man malte fast nur Fürsten und deren Satelliten, von denen die Machthaber an den Höfen umschwirrt wurden.

Der französische Ästhetiker Roger de Piles hatte bereits während der Regierung Ludwigs XIV. die Forderungen aufgestellt, denen das höfische Porträt entsprechen mußte: »Die Bildnisse müssen zu uns zu sprechen scheinen und uns etwa sagen: Halt! beachte auch wohl, ich bin jener unbesiegbare König, erfüllt von meiner Majestät; oder: ich bin jener tapfere General, der überall Schrecken um sich verbreitet; oder: ich bin jener große Minister, der alle Schliche der Politik gekannt hat; oder: ich bin jener Magistrat von vollendeter Weisheit und Redlichkeit.«[1]

Diese Forderungen kann man in einem Wort zusammenfassen: Repräsentation. Das Bildnis mußte vor allen Dingen repräsentativ sein. Es bildete sich somit in Frankreich und ebenso in Deutschland, wo im 17. und in der ersten Hälfte des 18. Jahrhunderts die französische Kultur, allerdings etwas vergröbert, nachgeahmt wurde, insofern die materiellen Voraussetzungen die gleichen waren, eine Art von Schema für das absolutistische Porträt aus.

Der Dargestellte wurde möglichst in den Vordergrund gerückt. Er stand oder saß in Dreiviertelansicht und hatte den Kopf kräftig, wie mit einem Ruck, nach der Seite über die Schulter geworfen, so daß sein Antlitz in seiner ganzen Fülle von vorn sichtbar wurde. In dieser heroischen Pose lag also eine interessante Mischung von hautainer Abwendung von dem »gemeinen Pöbel« und zugleich imperativer Zuwendung. Das Herrische wurde weiter betont durch den durchdringenden Blick, der auf den Beschauer gerichtet war und irgend eine theatralische Geste, die zu ordonnieren schien. Die andere Hand umklammerte energisch das Zepter, griff gewaltsam in den herunterwallenden Mantel oder war herausfordernd in die Hüfte gestemmt.

Die kostümliche Aufmachung war dabei von großer Wichtigkeit. Etwas anderes als Galatracht kam nicht in Frage. Die enorme Perücke und die Paradeschuhe mit den hohen Absätzen mußten dazu dienen, die Gestalt zur Überlebensgröße zu steigern. Der pompöse Mantel verlieh der Erscheinung die nötige Fülle. An die Künstler

---

[1] Roger de Piles, Idée du peintre parfait, Paris 1699

wurden die höchsten Forderungen auf dem Gebiet der Stoffwiedergabe gestellt. Samt und Seide, Spitzen, Juwelen und Orden mußten als Symbole des unermeßlichen Reichtums und damit der Macht des Porträtierten in vollendetster Weise wiedergegeben werden.

Zu der ganzen Theatralik paßte natürlich nur ein opernhafter Hintergrund. Eine immense Säule wurde zu diesem Zweck als Versatzstück herangeschoben, die oben meistens von einer gewaltigen Draperie, wie von einer Gewitterwolke, verdeckt war. Oder der Hintergrund wurde zusammengestellt aus wuchtigen Bäumen, Felsenungeheuern und sich ins Endlose verjüngenden Terrainkulissen, die mit der übrigen Aufmachung und vor allem der alles andere als rustikalen Maskierung der hohen Herren und Damen nicht das geringste zu tun hatten. Man war aber nun einmal der Ansicht, daß zu diesen Übermenschen das Gewaltigste gehörte, was die Natur hergab. Das Ganze sollte imponieren, bluffen.

Die Faktoren aber, die ein Porträt eigentlich erst zu einem Porträt machen, der individuelle Charakter, die Seele, das Menschliche, fehlten vollkommen. Die Fürstenbildnisse waren somit mehr pretiöse Aushängeschilder für ihr absolutistisches Geschäft als Porträts.

Gegen die Mitte des 18. Jahrhunderts, als die Fürsten den/ Höhepunkt ihrer Macht überschritten hatten und der genießerische Kavaliercharakter das Übermenschliche zurückzudrängen begann, wurde das höfische Porträt etwas eleganter, mondäner, reservierter, aber es blieb repräsentativ.

Erst die zweite Jahrhunderthälfte brachte eine grundsätzliche Änderung. Einzelne Künstler fingen an, das Höfische leicht zu vulgarisieren, das Erhabene und Überirdische zur Erde herunterzuziehen, die alten Götzen zu entgöttern, kurz und gut, die Fürsten zu vermenschlichen. Der Stilwandel vollzog sich begreiflicherweise nur langsam. Denn die Despoten hatten sich trotz der allgemeinen Verbürgerlichung des Lebens in ihrem Wesen nicht geändert. Sie waren die gleichen arroganten Potentaten geblieben und schrieben nicht nur den von ihnen abhängigen Hofmalern, sondern auch den Gelegenheitskünstlern, denen die hohe Ehre zuteil wurde, ihre vielfach unbedeutenden Visagen zu konterfeien, genau vor, wie sie im Bilde verewigt zu werden wünschten. Die repräsentative Hofkunst, die also eigentlich der Zeit des untergehenden Absolutismus nicht mehr entsprach, konnte sich somit noch eine Weile halten. Aber selbst in den Porträts jener Hofkünstler, die ihre Eigenart und ihre künstlerischen Auffassungen für eine Handvoll Geldes verkauften, machte sich die neue Zeit bemerkbar.

Das erste, was uns in der zweiten Hälfte des 18. Jahrhunderts auffällt, ist die Tatsache, daß die ehemals prunkhafte Galakleidung verschwindet und einem einfacheren Kostüm Platz macht. Die Pose wird weniger theatralisch. Die Hintergründe mit den Opern-Versatzstücken hören auf. Wo man sie – wahrscheinlich auf allerhöchsten Befehl – noch einmal vom Trödelboden herunterholte, wurden sie ziemlich nonchalant behandelt. Man nahm die Requisiten nicht mehr ernst. Man sah der obligaten Säule mit der Draperie und der heroischen Landschaft an, daß sie nicht mehr als Ergänzung und Erweiterung der überirdischen Majestät galten, sondern meistens recht schwunglos und gleichgültig, gewissermaßen stillebenmäßig, dazugepinselt wurden. An die Stelle des dekorativen Hintergrundes tritt jetzt eine neutrale Folie, deren einziger Zweck ist, die ganze Aufmerksamkeit des Beschauers auf den Porträtierten selbst zu lenken. In den siebziger und achtziger Jahren war das Rembrandtsche Helldunkel besonders beliebt, weil die Kanalisation des Lichteinfalls so glücklich die Aufmerksamkeit des Beschauers ausschließlich auf den Kopf konzentrierte.

Die wichtigste Neuerung der Porträtkunst in der zweiten Hälfte des 18. Jahrhunderts bestand aber darin, daß die Maler bestrebt waren, das Menschliche, das Seelische, und wo das in den Originalen selbst nicht in ausreichendem Maße vorhanden war, wenigstens die Individualität des Betreffenden festzuhalten. Das eben skizzierte Idealporträt wird man unter den vielen Fürstenporträts dieser Zeit nur in vereinzelten Exemplaren antreffen. Die Gründe dieser relativen Seltenheit sind einleuchtend. Die besten Proben der Fürstendämmerung, beziehungsweise Fürstenvermenschlichung lieferten Anton Graff (1736–1813) und Johann Georg Edlinger (1741–1819).

»Wahrheit der Natur« wollte Graff, wie sein Schwiegervater, der Ästhetiker Sulzer, berichtet.[1] Also objektive Wiedergabe von dem, was den höchsten, ja den einzigen Wert eines Menschen ausmacht, von seinem Innern. Man darf Graff nicht nach seinen Fürstenporträts im alten Stil beurteilen, in denen er sich als sächsischer Hofmaler dem Geschmack seiner Brotherren zu fügen hatte, sondern vor allem nach seinen bürgerlichen Bildnissen, in denen er, durch

---

[1] nach Adolf Feulner, Feulner, Skulptur und Malerei a. a. O.

keine Äußerlichkeiten gehemmt, seiner eigenen Auffassung von Porträtkunst freien Lauf lassen konnte.

Noch bürgerlicher als Graff war Edlinger. Er fing im höfischen Stil des de Marées an. In vielen seiner Porträts begegnen wir noch dem alten Requisitenkram, aber in der Behandlung der Köpfe machte Edlinger keine Konzessionen. Er malte die Großen der Erde, wie sie waren, mit einer fast übertriebenen Gewissenhaftigkeit. Als charakteristische Beispiele seiner Kunst weist Feulner auf das Porträt der Kurfürstin Elisabeth Auguste (1781) hin, die »trotz Purpurmantel und Orden und Puder die gutmütige, häßliche Matrone mit den kleinen Augen bleibt« und das Bildnis des Herzogs Wilhelm II. von Birkenfeld (1788) mit »einem klobigen fast brutalen Kopf mit stechendem Blick, ohne einen Schimmer der verfeinerten Kultur.«[1]

Meusel erzählte 1971,[2] daß die vornehmen Damen durchaus nicht darauf versessen waren, von dem ehrlichen bürgerlichen Edlinger konterfeit zu werden. Dafür war er aber der Mode-/maler der reichen Münchener Bourgeoisie. Bezeichnend für Edlingers Charakterisierungsfreude ist, daß er gerne Straßentypen, Bettler, Soldaten, alte Männer vor sich posieren ließ, um in ihren groben verwitterten Zügen ihrem oft rohen Inneren nachzuspüren und es auf die Leinwand zu bannen.

Neben den fortschrittlichen Graff und Edlinger gab es auch noch in der zweiten Hälfte des 18. Jahrhunderts sehr geschäftstüchtige, ausgesprochen höfische Porträtisten. Zu diesen gehörten die älteren, noch ganz in der Vergangenheit wurzelnden Georg de Marées (1698–1776) und Johann Georg Ziezenis (1716–1777), dann die jüngeren Friedrich August Tischbein (1750–1812), Heinrich Friedrich Füger (1751–1818) und Friedrich Oelenhainz (1745–1804), die ihre Kundschaft hauptsächlich in der aristokratischen Damenwelt suchten. Sie malten diese Damen nicht wie sie waren, sondern wie sie gerne aussehen wollten: mit ovalen Gesichtchen, sentimentalen, mandelförmigen Augen, einem blendenden Teint und mit dem süßesten Lächeln der Welt. Nur selten taucht aus den tausenden von langweiligen glatten Puppengesichtern irgend ein Gesicht auf, das uns durch einen menschlichen Zug, durch etwas Geistvolles fasziniert. Diese Damen waren nur »schön«, wie die männlichen

---

[1] Feulner, Skulptur und Malerei a. a. O.
[2] nach Feulner, a. a. O.

Pendants nur vornehm und elegant waren. Wir dürfen die Maler
für diesen fast vollständigen Mangel an Innerlichkeit nicht immer
verantwortlich machen. Wo nichts Innerliches vorhanden war,
konnten sie es schwer hinzuphantasieren.

Es ist durchaus begreiflich, daß der Gedanke der Standesentwertung des Adels auch in der *Literatur* zum Ausdruck kam. Eine
Reihe von Romanen und Dramen beschäftigte sich mit diesem
aktuellen Problem, kämpfte mit aller Macht gegen die vermoderten
Standesbegriffe und versuchte den Adelsstolz ins Lächerliche zu
ziehen. Man denke z. B. an Schillers »Kabale und Liebe«. Eines
der seltsamsten Produkte auf diesem Gebiet war wohl der Roman
von Jung »Die Geschichte des Herrn von Morgenthau« 1779, in
dem ein Königssohn seinen Stand selbst entwertete, indem er eine
Pastortochter heiratet.

Die ganz andere Bewertung des Menschlichen in der zweiten
Hälfte des 18. Jahrhunderts zeigte sich vor allem in der Menschen-
darstellung in der *Komödie.*/

Vor 1750 wurden keine Menschen sondern nur feste Schablonen
von Menschen auf die Bühne gebracht. Maßgebend war La Bruyère,
der 1688 nach dem Muster von Theophrasts »Ethikoi charakteres«
die Menschheit in bestimmte Charaktere aufgeteilt hatte. Diese
waren so starr schematisiert, daß z. B. weder die Mischung von verschiedenen Eigenschaften, noch ihre psychologische Begründung,
die doch von selbst wieder eine große Verschiedenheit von Wirkungen erzeugt, und ebensowenig eine Entwicklung der Veranlagung
zum Guten oder zum Schlechten in Betracht kamen.

In Frankreich erreichten die Chargenrollen ihren Höhepunkt in
den Komödien von Regnard und Destouches, in Deutschland in
den Lustspielen der Bremer Beiträger (1744–1748).

Gellert war der erste, der das Bruyèresche Schema durchbrach.
Auch er schilderte allerdings noch keine Menschen. Seine Figuren
blieben Typen, aber sie verloren etwas von ihrer Starrheit, da er sie
feiner nuancierte. Er schilderte z. B. nicht einfach den Tugendbold,
sondern den melancholischen Tugendbold, den gerissenen Ver-
leumder, den falschen Schamhaften, den hochmütigen Demütigen
usw.

Rabener erschütterte das Bruyèresche Schema weiter, indem er
die Typen karikierte. Sein Gelehrter war nicht gelehrt, sein Ehr-
würdiger alles, nur nicht ehrwürdig, sein Menschenfeind, der jedem

rücksichtslos die Wahrheit ins Gesicht schleuderte, im Grunde ein Menschenfreund. Rabener blieb aber negativ, seine Figuren waren noch weit davon entfernt, wirkliche Menschen zu sein.

J. E. Schlegel ging noch einen Schritt weiter. Er fing an, das Statische der Bruyèreschen Typen aufzuheben. In seinem »Triumph der guten Frauen« (1747) erkennt er, wie bereits aus dem Titel hervorgeht, die Möglichkeit, daß die Typen sich sittlich bessern. Der Bruch mit der ursprünglichen Starrheit wird aber hier mehr den stark moralisierenden Bestrebungen dieser Zeit als dem Bedürfnis nach Vermenschlichung zuzuschreiben sein.

Lessing war der erste in Deutschland, der sich ganz von La Bruyère lossagte. Seine ersten Stücke, z. B. »Der junge Gelehrte« (1748), brachten noch Charaktertypen. In seiner »Minna von Barnhelm« (1767, aber »verfertiget« im Jahre 1763) haben/die Hauptpersonen alles Typenmäßige abgelegt, nur die Nebenfiguren spielen noch Chargenrollen.

Seit Lessing traten auf der deutschen Bühne nur noch Vollmenschen auf.

Die konsequente Anwendung des Humanitätsgedankens in der zweiten Hälfte des 18. Jahrhunderts konnte bei der Gleichstellung aller Glieder *eines* Staates nicht stehen bleiben.

Sie mußte notwendigerweise zum *Internationalismus* führen.

Wo immer der Menschheitsgedanke dominierte, z. B. in der Stoa, einer philosophischen Schule, die gegen Ende des 4. Jahrhunderts v. Chr. in Athen gegründet wurde, und im Mittelalter, mußte der Internationalismus zum Durchbruch kommen. In Athen hieß er Kosmopolitismus, im Mittelalter Katholizismus, in der zweiten Hälfte des bürgerlichen 18. Jahrhunderts Weltbürgertum, und in unseren Tagen Internationalismus. Alles verschiedene Bezeichnungen, die aber in bezug auf das Verhältnis des Menschen zur Nation das gleiche besagen.

Den Typ des Weltbürgers schildert Wieland im »Merkur« vom Jahre 1774, als er den ersten Teil seines Romans »Geschichte der Abderiten« veröffentlichte: »Es gibt eine Art von Sterblichen, deren schon von den Alten hier und da unter dem Namen der Kosmopoliten Erwähnung getan wird; und die, ohne Verabredung, ohne Ordenszeichen, ohne Loge zu halten, und ohne durch Eidschwüre gefesselt zu sein, eine Art von Bruderschaft ausmachen, welche fester zusammenhängt als irgend ein anderer Orden der Welt. Zwei

Kosmopoliten kommen, der eine von Osten, der andere von Westen, sehen einander zum erstenmal und sind Freunde; nicht vermöge einer geheimen Sympathie, die vielleicht nur in Romanen zu finden ist, sondern weil sie Kosmopoliten sind.«[1]

In »Dem Geheimniss des Kosmopoliten-Ordens« (1788) teilt Wieland uns mit, was er unter Weltbürgertum versteht: »Die Kosmopoliten führen den Nahmen Weltbürger in der eigentlichsten und eminentesten Bedeutung. Denn sie betrachten alle Völker des Erdbodens als eben so viele Zweige einer einzigen Familie, und das Universum als einen Staat, worin sie mit unzähligen andern vernünftigen Wesen Bürger sind, um unter allgemeinen Naturgesetzen die Vollkommenheit des/Ganzen zu befördern, indem jedes nach seiner besonderen Art und Weise für seinen eigenen Wohlstand geschäftig ist.«[2]

Der deutsche Weltbürger des 18. Jahrhunderts war aber nicht anti-national. Er bekämpfte nicht das Staatsbürgertum. Er ließ es gelten. Aber er bekämpfte die Vorurteile und Auswüchse eines extremen Nationalismus, also staatsbürgerliche Auffassungen, die mit dem Weltbürgertum, das ihm über alles ging, in Konflikt kamen. So geißelte z. B. Zimmermann in seinem Buch »Ueber den Nationalstolz« (1758) die Schwächen des spezifischen Nationalgefühls, nachdem er – Zimmermann war Schweizer – bereits 1754 geäußert hatte: »Die Vorurteile der Jugend und Auferziehung, diese grausamen Tyrannen der Vernunft, lehren uns einen Europäer einem Irokesen, einen Schweizer einem Spanier vorzuziehen.«[3]

»Der Weltbürger«, sagt Wieland in »Dem Geheimniss des Kosmopoliten-Ordens«, »meint es wohl mit seiner Nation; aber er meint es eben so wohl mit allen anderen, und ist unfähig den Wohlstand, den Ruhm und die Grösse seines Vaterlandes auf absichtliche Uebervortheilung und Unterdrückung anderer Staaten gründen zu wollen.«[4]

So waren für Wieland und alle selbständig denkenden Menschen seiner Zeit Patriotismus, Vaterlandsliebe, nationale Ehre, Nationalstolz usw. ziemlich leere Begriffe. »Vaterlandsliebe ist eine mit den kosmopolitischen Grundbegriffen, Gesinnungen und Pflichten un-

---

[1] C. M. Wieland, Geschichte der Abderiten. In: Sämmtliche Werke, a. a. O., Bd. 13 und 14
[2] Wieland, Sämmtliche Werke, a. a. O., Bd. 30
[3] Johann Georg Zimmermann, Leben des Herrn von Haller. Zürich 1755
[4] Wieland, Sämmtliche Werke, a. a. O., Bd. 30

verträgliche Leidenschaft«, meint Wieland. Und in seinem Aufsatz »Ueber den deutschen Patriotismus« (1793) schreibt er: »Ich habe seit einigen Jahren so viel schöns von Deutschem Patriotismus und Deutschen Patrioten rühmen hören, und die Anzahl der wackeren Leute, die sich für diese Modetugend erklären und nützlichen Gebrauch von ihr machen, nimmt von Tag zu Tag so sehr überhand, dass ich – wäre es auch um nicht zuletzt allein zu bleiben – wohl wünschen möchte, auch ein deutscher Patriot zu werden. An gutem Willen mangelt es mir ganz und gar nicht: nur habe ich es bisher noch nicht so weit bringen können, mir von dem, was man einen Deutschen Patrioten nennt, und von den Pflichten desselben, und wie diese Pflichten mit einigem Erfolg in Ausübung zu bringen und mit denjenigen zu vereinigen seyn, die ich (vielleicht aus einem Vorurtheil der Erziehung) auch den übrigen Völkern – schuldig zu seyn vermeine, – einen/deutlichen und rechtgläubigen Begriff zu machen. In meiner Kindheit wurde mir zwar viel von allerley Pflichten vorgesagt; aber von der Pflicht, ein Deutscher Patriot zu seyn, war damals so wenig die Rede, dass ich mich nicht entsinnen kann, das Wort Deutsch (Deutschheit war noch ein völlig unbekanntes Wort) jemahls ehrenhalber nennen gehört zu haben.«[1]

Er gibt zu, daß es in Griechenland mal vorübergehend so etwas gegeben hat, was man als Patriotismus ansprechen könnte. »Insonderheit will und kann ich nicht läugnen, dass die Vorstellungsart, die ich über Vaterland und Vaterlandsliebe und über den schönen Tod fürs Vaterland .... aus dem Lesen der alten Griechen und Römer unvermerkt einsog, nicht sehr geschickt war, mich auf den Gedanken zu bringen, dass diese Altgriechischen Tugenden und Gefühle so leicht auf Deutschen Grund und Boden verpflanzt werden könnten, oder, falls man es ja versuchen wollte, sonderliche Früchte tragen würden.«[2] Man könne in Deutschland höchstens von »Märkischen, Sächsischen, Baierischen, Würtembergischen, Hamburgischen, Nürnbergischen, Frankfurtischen Patrioten« reden. »Aber Deutsche Patrioten«, fährt Wieland fort, »wo sind sie? Wer zeigt, wer nennt sie uns? Was haben sie bereits gewirkt? und was kann man noch von ihnen erwarten?« Wie hätte auch deutscher Patriotismus gedeihen können in einer Zeit, die immer wie-

---

[1] C. M. Wieland, Ueber den deutschen Patriotismus. In: Sämmtliche Werke, a. a. O., Bd. 31
[2] Dieses und die folgenden Zitate ebd.

der das furchtbare Schauspiel bot, daß Deutsche mit Deutschen im Kriege lagen und die Fürsten, wenn ihr persönlicher Vorteil es mit sich brachte, ihre deutschen Untertanen ausländischen Mächten (Frankreich, England usw.) zur Verfügung stellten, um ihre eigenen deutschen Brüder auf den Schlachtfeldern niederzumetzeln.

Aber nicht einmal den sogenannten Lokal-Patriotismus ließ Wieland gelten. »Der Privat-Patriotismus verschlang den allgemeinen eben so, wie endlich der *Privat-Eigennutz* auch den Privat-Patriotismus verschlang.« Wieland kommt dann zu der Schlußfolgerung: »Patria est ubi bene est«.

Lessing dachte nicht anders. Er hat in seiner Vorrede zu den »Grenadierliedern« Gleims (1758) seinen internationalen Standpunkt umschrieben: »Vielleicht zwar ist der Patriot auch bei mir nicht ganz erstickt, obgleich das Lob eines eifrigen Patrioten nach meiner Denkungsart das allerletzte ist, wonach/ich geizen würde: des Patrioten nämlich, der mich vergessen lehrte, dass ich ein Weltbürger sein sollte.« – »Ich habe überhaupt von der Liebe des Vaterlandes (es tut mir leid, dass ich Ihnen vielleicht meine Schande gestehen muss) keinen Begriff, und sie scheint mir auf's höchste eine heroische Schwachheit, die ich recht gern entbehre.«[1] Lessing war also, wie alle großen Geister seiner Zeit, vor allem Weltbürger und dann erst Staatsbürger, erst und vor allem Mensch und dann erst Deutscher.

»Glaubst du, daß die Menschen für die Staaten erschaffen werden? Oder dass die Staaten für die Menschen sind?« fragt Falk in Lessings Freimaurergesprächen. Die selbstverständliche Antwort war: »Die Staaten vereinigen die Menschen, damit in dieser Vereinigung jeder einzelne Mensch seinen Teil von Glückseligkeit desto besser und sicherer genießen könne.«[2] Was hier vom Staat gesagt wird, gilt ebenfalls von den Nationen, von den Kirchen, von der bürgerlichen Gesellschaft überhaupt. Aber die bürgerliche Gesellschaft kann die Menschen nicht vereinigen, ohne sie zu trennen; nicht trennen, ohne Klüfte zwischen ihnen zu beseitigen, ohne Scheidemauern durch sie hin zu ziehen.« Eine Trennung zwischen Nationen, Staaten, Kirchen, Ständen hält Lessing also für unver-

---
[1] G. E. Lessings, Vorrede zu Gleims Grenadier-Liedern: Sämtliche Schriften, a. a. O., Bd. 7
[2] G. E. Lessing, Ernst und Falk, Sämtliche Schriften, a. a. O., Bd. 13 (ebenso die folgenden Zitate)

meidlich. Diese Trennung sei aber ein notwendiges Übel. Damit sich das Übel nun nicht verhängnisvoll auswirke, sei eine weltbürgerliche, von Nation, Staat, Kirche, Stand unabhängige Organisation notwendig, die nach Lessings Ansicht in der Freimaurerei bestand.

Mit der Idee des Weltbürgertums machte der deutsche Bürger dieselbe interessante Wandlung durch wie mit der Religion. Solange es darauf ankam, sich dem Feudalismus gegenüber eine Position zu erobern, spielte er sein Menschsein aus, das ihm so heilig war, daß es über die Nation ging. Mit Schiller wollte er Millionen umschlingen und der ganzen Welt seinen Bruderkuß verabreichen. Als der deutsche Bürger aber zu Anfang des 19. Jahrhunderts infolge der Napoleonischen Kriege, der französischen Okkupation, der Kontinentalsperre usw. sein Eigentum und überhaupt seine Existenz ernstlich gefährdet sah, hing er das Weltbürgertum an den Nagel. »Der stärkste Antrieb«, sagt Wieland, »zum wärmsten und thätigsten Patriotismus ist unstreitbar dieser, wenn wir uns in/einer solchen Lage befinden, dass wir nur salva de publica salvi seyn können.«[1] Was bedeutet das anderes als: Nationalismus ist Geschäft, ganz egal ob ein dynastisches oder ein kapitalistisches? Und so war das Weltbürgertum der zweiten Hälfte des 18. Jahrhunderts letzten Endes auch nur ein Mittel zu einem ebenso materiellen Zweck.

Das Weltbürgertum fand auf musikalischem Gebiet eine sehr bezeichnende Parallele. Bis gegen die Jahrhundertmitte unterschieden die Musiker streng eine »italienische«, eine »französische«, eine »deutsche«, eine »polnische Schreibart« und andere Nationalstile. Telemann brüstete sich, in allen diesen Stilen getrennt schreiben zu können. Eines der typischsten Kennzeichen der musikalischen Stilwandlung um 1750 ist nun die Vermischung aller dieser Nationalstile zu einem neuen, allen Erdenbürgern gemäßen Musikstil.

Der Opernreformator Christian Willibald Gluck schrieb stolz: »Ich habe eine allen Nationen gleich ansprechende Musik vor Augen, um den lächerlichen Unterschied der National-Musiken

---

[1] C. M. Wieland, Ueber den deutschen Patriotismus, Sämmtliche Werke, a. a. O., Bd. 31

aufzuheben.«[1] Haydn und Mozart wurden in London und Paris ebensogut verstanden wie in Wien oder Berlin. Der neue expressive Musikstil war international. Aber auch er verlor im 19. Jahrhundert seinen weltbürgerlichen Charakter, um vor neuen stilistischen nationalen Gegensätzen das Feld zu räumen.

Der Humanitätsgedanke beherrschte, wie wir sehen werden, das ganze deutsche Kulturleben der zweiten Hälfte des 18. Jahrhunderts. Als Folge davon machte die *Philosophie* einen grundlegenden Objektwandel durch. Hatte die Philosophie noch im 17. Jahrhundert einen kosmologisch-metaphysischen Charakter, so wurde sie im 18. Jahrhundert anthropologisch. Der Mensch rückte in den Mittelpunkt des Interesses. Insofern diese Philosophie theoretisch war, beschäftigte sie sich mit Erkenntnismethoden und bekannte sich hierbei zur empirischen Psychologie. Die Erfahrungsseelenlehre wurde nach Windelband zur Lieblingswissenschaft dieses Zeitalters und zugleich zur Vermittlerin zwischen der Wissenschaft und der allgemeinen Literatur. Wie Seelenmalerei und Selbstspiegelung in der Dichtung die Hauptsache waren,/so sollte die Philosophie den Menschen und seine Bewußtseinstätigkeit durchforschen.

Die Wandlung der deutschen Philosophie läßt sich am besten an der Wandlung verfolgen, die Immanuel Kant im Laufe der zweiten Hälfte des 18. Jahrhunderts durchmachte. Er fing als Wolffianer an. Die rationalistische Metaphysik der Haller-Schule führte er bis zu ihren letzten Konsequenzen durch. Er setzte sich wie alle seine Zeitgenossen mit der Naturphilosophie von Newton auseinander. Er trieb Empirismus an Hand der großen englischen Philosophen mit gleicher Gründlichkeit und befaßte sich mit der schottischen Moralphilosophie. Nachdem er das alles überwunden hatte, wurde er endlich Kant. Er war zu der Einsicht gelangt, daß die ganze Philosophie in der wichtigen Frage zentrierte: »Was ist der Mensch?« oder wie Pope es formuliert hatte: »The proper study of mankind is man.«

Rousseau wurde von dem Moment an sein Führer. Der Genfer hatte, nach Kant, den »Menschen an sich« entdeckt, den von allen zeitlichen und räumlichen Kategorien losgelösten Menschen. »Newton sah zu allererst Ordnung und Regelmässigkeit mit grosser Einfachheit verbunden, wo vor ihm Unordnung und schlimm

---

[1] Chr. W. Gluck: s. A. B. Marx, Gluck und die Oper. Berlin 1863

gepaarte Mannigfaltigkeit anzutreffen wahren, und seitdem laufen die Kometen in geometrischen Bahnen. Rousseau entdeckte zu allererst unter der Mannigfaltigkeit der menschlichen angenommenen Gestalten die tiefverborgene Natur des Menschen und das versteckte Gesetz nach welchem die Vorsehung durch seine Beobachtungen gerechtfertigt wird.«[1] Auf dieser ihm von Rousseau vorgezeichneten Bahn schritt Kant und auch Herder weiter. Kant als Erkenntniskritiker, Herder als Psychologe und Geschichtsphilosoph. »Kant suchte durch vergleichende Analyse,« stellt Korff fest, »Herder durch vergleichende Synthese die Erkenntnis des Menschen.«[2] Die weitaus wichtigsten philosophischen Probleme der neuen bürgerlichen Zeit.

Zur besseren Gruppierung aller durch den Humanitätsgedanken grundsätzlich beeinflußten Kunst- und Kulturformen müssen wir jetzt eine Trennung zwischen der Kultivierung des Eigenmenschlichen und der Kultivierung des Allgemeinmenschlichen vornehmen./

1. KULTIVIERUNG DES EIGENMENSCHLICHEN

a. Subjektivität

Wir haben gesehen, wie sich auf Grund der materiellen Umstände das Interesse des deutschen Bürgers in der zweiten Hälfte des 18. Jahrhunderts auf den Menschen konzentrierte. Mit der Hervorkehrung des Menschlichen überhaupt war von vornherein eine Spezialisierung in Eigenmenschliches und Allgemeinmenschliches gegeben, denn das Interesse für das Menschliche richtete sich natürlich zuerst auf den Menschen, der dem sich Interessierenden am nächsten stand, also auf das eigene Ich. »Der Blick der Seele in sich selber« soll »geschärft« werden, sagt Moritz in der Vorrede seines »Anton Reiser« (1785). »Freilich wird das Bestreben nie ganz unnütz sein, die Aufmerksamkeit der Menschen mehr auf den Menschen selbst zu heften und ihm sein individuelles Dasein wichtiger

---

[1] I. Kant, Bemerkungen zu den Beobachtungen über das Gefühl des Schönen und Erhabenen. Handschriftlicher Nachlaß. In: Akademie-Ausgabe, Bd. XX (Berlin 1942)

[2] H. A. Korff, Geist der Goethezeit, a. a. O., Bd. 1

zu machen.«[1] Da das Grundprinzip der neuen kapitalistisch-bürgerlichen Gesellschaft die volle und selbständige Entwicklung jedes Individuums zum Zwecke des rücksichtslosen freien Konkurrenzkampfes um den höchsten Profit war, und damit aus materiellen Gründen einem schrankenlosen Egoismus Tür und Tor geöffnet wurden, ergab sich auch auf ideologischem Gebiet eine maßlose Egozentrik. Die zum Standesausgleich erforderliche Menschlichkeit ging somit in reinste *Subjektivität* über.

Es ist für uns heute sehr schwer, uns eine Vorstellung davon zu machen, wie sich der deutsche Bürger in der zweiten Hälfte des 18. Jahrhunderts gefühlt haben mag, nachdem er sich jahrhundertelang von oben alles hatte diktieren lassen müssen, sein Ich gar nichts galt, und er jetzt plötzlich seiner gewaltigen Expansionskraft und Selbständigkeitssucht freien Spielraum zu schaffen begann und sich als Träger einer überall aufblühenden neuen Kultur, als die große kommende Macht wiederfand. Das so lange unterdrückte und verachtete bürgerliche Ich mußte jetzt, besonders in seinem ersten geistigen Freiheitsrausch, sich selbst für etwas eminent Wichtiges, ja als das Kostbarste und Wertvollste der ganzen Welt betrachten. Nichts ging dem Bürger über seine Bespiegelungen, über seine Empfindungen, seine Auffassungen, seine Gedanken. Er konnte/ nicht genug davon bekommen, in sich selbst herumzuwühlen, alle Regungen seines Innersten bis ins kleinste zu zerfasern und zu zerpflücken. Und er war so damit überfüllt, daß er das alles unmöglich in sich allein aufspeichern konnte. Er mußte sich äußern, sonst wäre er an der Überfülle seines Ich zugrunde gegangen. Nicht der Öffentlichkeit, dafür war alles zu intim, zu heilig, aber einem einzelnen Menschen, einem Freund, der gleich fühlte, mußte er sich anvertrauen. Und nicht nur in Worten, die doch gleich wieder verwehen. Seine Mitteilungen mußten etwas Dauerhaftes, etwas Bleibendes haben, so daß der Freund selbst Gelegenheit hätte, sich intensiver in das sich ihm offenbarende Ich zu vertiefen, immer wieder von neuem zu vertiefen. Gesprochene Worte waren auch nicht feierlich genug für solche unerhörte Seelenenthüllungen. Sichtbare Zeichen brauchte er. Heilige Zeichen. Ein Sakrament.

Das Sakrament war der *Brief*.

---

[1] K. Ph. Moritz, Anton Reiser. Ein psychologischer Roman. 1785–90 (4 Bde.) (München 1961)

In der zweiten Hälfte des 18. Jahrhunderts war der Brief eine der charakteristischsten Erscheinungen des aufblühenden bürgerlichen Lebens. Steinhausen, der eine vortreffliche zweibändige »Geschichte des deutschen Briefes« geschrieben hat,[1] nannte die zweite Hälfte des 18. Jahrhunderts »das klassische Zeitalter« des Briefes. Er stellte nur die Tatsache fest. Eine Erklärung hielt er nicht für möglich: »Für diese neue Wandlung fehlen Anhaltspunkte durchaus«, meinte er. Allerdings, sagen wir, wenn man solche Anhaltspunkte nur innerhalb oder in schmalem Umkreis eines Spezialgebietes sucht und nicht auf die Totalität des Geschehens zurückgreift.

Der Briefkult wurde in dieser Zeit im wahrsten Sinne des Wortes eine Besessenheit. Frau von Kalb spricht in einem Brief an Charlotte Schiller von der »bösen Schreibsucht«. Was Hippel an Scheffner schrieb, konnte fast jeder Gebildete von sich selbst behaupten: »Ich lasse keinen Posttag ungebraucht.« Caroline Böhmer, die sich später mit Schlegel verheiratete, hatte »einen schreibseeligen Rappel, wo sie die Briefe dutzendweis expedirt«. Jeder schrieb »Dreybogenbriefe«, »doppelt und dreyfache«, »klafterlange«, »colossale« Briefe. Jacobi schildert den Empfang seiner Betty, den er selbst »diese kleine Familienanekdote« nannte, in nicht weniger als sieben Druckseiten. Man schrieb tagelang an einem/Brief. Friedrich Heinrich Jacobi über eine Woche: »Jetzt will ich ihn zu Ende bringen, es koste was es wolle, damit er nicht die frische Woche anrunzle«. Die Lucius schrieb sogar mehrere Wochen an Gellert: »Ich will immer heute schreiben, weil ich so große Lust dazu habe. Hernach kann ich ja meinen Brief acht oder vierzehn Tage, oder so lange es das Ceremoniel .... erfordern wird, liegen lassen.« Klopstock läßt einen Brief noch länger liegen, weil er ihn »noch immer nicht dick genug« findet. Wieland möchte weinen, daß er seinem Intimus Gleim »auf seinen lieben grossen Brief von drey voll überschriebenen Blättern nicht antworten kann«.

Man schrieb zu Hause, im Wirtshaus, bei Fremden, im »Freien«, im »Wäldchen«, im »Garten«. Jacobi schrieb einmal, »auf einem walddichten Hügel in rauschendem Schatten«, und als der Regen ihn zwang, seinen Kram zusammenzupacken und zu flüchten, setzte er seine Schreiberei »in der Gartenlaube eines Eremiten« fort. Man schrieb sogar Briefe im Dunkeln ohne Papier, ohne Feder, ohne

---

[1] Georg Steinhausen, Geschichte des deutschen Briefes. Zur Kulturgeschichte des deutschen Volkes. Teil 1 und 2. Berlin 1889–91 (danach auch die folgenden Zitate)

Bleistift: »Hier sitze ich«, erzählte die Lucius dem Gellert, »bey einem dunkeln Lichte unter einer grünen Maye, die vortrefflich riecht; höre Fledermäuse schreyen, und sinne nach, was ich Ihnen morgen schreiben will.« Schlegel verriet Bürger: »Das Briefschreiben mach' ich zu einem meiner Hauptgeschäfte.« Der älteste Stolberg hatte direkt eine Schreibmanie. Klopstock erzählte einmal von ihm: »Feder und Dinte! ist das erste, wornach der ruft, sobald er in ein Wirtshaus tritt. Zu Hause, auf Reisen, wo es auch sey!« Auch Gleim mußte überall schreiben. Herder berichtet von ihm: »Wohin man sich in Deutschland wendet, fliegen Halberstädtische Liebesbrieflein.« Und Jung-Stilling trieb es so toll, daß er mehr an Postgeld ausgab, als er als Arzt verdiente.

Man schrieb an Freunde, die man gar nicht kannte. Gellert und Lucius schrieben sich viele Jahre, bevor sie sich persönlich kennenlernten. Goethe und Auguste Stolberg, die einander passionierte Briefe schrieben, haben sich nie in ihrem Leben gesehen.

Es ging so weit, daß man seinen intimen Freunden nicht nur selbst schrieb, sondern wie z. B. Lavater an Herder »einen Haufen wichtiger und unwichtiger Copien seiner Briefe an andere« schickte. »Ich weiss keinen kürzeren, einfältigern, natür-/lichern Weg, Dir liebster Bruder, auf einmal einen Theil meiner innersten Denk- und Handelsweisen klar vor die Seele zu bringen, als diesen.«

Und was enthielten die Briefe? »Ein abentheuerlich Ragout, Reflexionen, Empfindungen«, belehrt uns Goethe. »Herzblut in Briefcouvert«, spottete später Heine. Die Briefe waren ein »Abdruck der Seele« (Herder), »die freye, ungeheuchelte Sprache des Herzens oder der Seele« (Gleim), »Herzbriefe« (Jacobi), »seelenvolle Briefe« (Bürger). Charlotte Schiller möchte ihre »ganze Seele diesen Zeilen einhauchen können«. Herder »schwärmt und schwatzt in den Briefen die Seel von den Lippen«. Schönborn nannte seine Briefe »Seelenbesuche«. Der Brief hatte eine »Physiognomie«, »Runzeln«, »Falten«. Baggesen gab darin seine »ganze Seele«. Frau Rat Goethe machte in ihren Briefen ihren »Empfindungen Luft«. Herder schrieb seiner Braut: »Unsere Seelen haben sich, obgleich freilich schwarz auf weiss, so vielfach kennen gelernt«. Und ein anderes Mal: »Die besten Silberlaute des Herzens und Theilempfindungen lassen sich nicht schreiben.« Vielfach fanden die unschreibbaren »Silberlaute« einen Ersatz in vielen »O!« und »Ach!«, vielen Gedankenstrichen, zahllosen Wortwiederholungen, schmachtenden Fragezeichen, Ausrufungszeichen wie Seufzern, geschluchzten Unterbrechungen und in einem plötzlichen Abbrechen, das wie Weinen anmutet.

Gegen Ende des 18. Jahrhunderts hatte sich die unbändige Freude über das endlich befreite und aufs Piedestal gehobene bürgerliche Ich etwas gelegt, und damit fing das Briefschreiben an abzuflauen. Und wie es immer geht, gerade diejenigen, die am meisten davon hingerissen waren, verleugneten jetzt auf einmal ihre früheren Exzesse. Klopstock nannte sich plötzlich einen »Nichtschreiber«, Wieland tut Buße für seine Extravaganzen: »Ein beynahe unüberwindlicher Abscheu vor allem Briefschreiben ist mir schon von langem her nach und nach so habituel geworden, dass mir vor dem blossen Gedanken einen Brief beantworten zu müssen angst und bang wird.« Johann Heinrich Voss kokettierte mit seiner »gewöhnlichen Briefscheu«. Auch Heinse bekam einen »Abscheu vor dem Briefschreiben«. Gleim, dessen »Halberstädtische Liebesbrieflein« noch wenige Jahre zuvor über ganz Deutschland herumflatterten, schimpfte jetzt: »Ach! Das elende Briefgeschreibsel,/lieber Ebert.« Und Goethe, dessen jetzt noch erhaltene Briefe Bände füllen, war auf einmal angeblich ein »Briefhasser« geworden.

Was der Brief für den Bürger der zweiten Hälfte des 18. Jahrhunderts bedeutete, läßt sich aus der Literatur dieser Zeit vielleicht noch besser ermessen als aus den Briefen selber. Wenn wir auch nur eine dürre Aufzählung bringen wollten von den Werken aus jener Zeit, die dem Brief ihre Form verdanken, könnten wir Seiten ausfüllen. Wir werden uns auf Steinhausens Erwähnung der wichtigsten beschränken müssen.

Es erschienen zunächst eine Reihe von *Briefen in Versen*. Die ältesten sind: »Versuch einiger moralischen Briefe« von Johann Christian Cuno (1747); die künstlerisch wertvollsten sind wohl die »Zwölf moralischen Briefe in Versen« (1751) und »Briefe von Verstorbenen an hinterlassene Freunde« (1753) von Wieland. Weiter versuchten sich noch auf diesem Gebiet Eberhard Freiherr von Gemmingen, Michaelis, Uz, Gleim, Ebert, Nicolai und Sangerhausen.

Die weitaus stärkste Einwirkung hatte der Brief auf den *Roman*.

Die um 1700 erschienenen Briefromane kommen für uns nicht in Betracht. Es war damals die Blütezeit der Briefsteller. Man dichtete, komponierte, malte, tanzte nach bestimmten Regeln, und so war damals auch die Form des Briefes reglementiert. Die Verfasser der Briefsteller wie Bohne, Hunold und Rost, die die Namen Talander, Menantes und Meleaton angenommen hatten, schrieben zum weiteren Unterricht ihrer Schüler in der Kunst, in der sie sich Meister deuchten, auch eine Reihe von sogenannten Romanen in Briefen. Diese Werke sind also mehr als Lehrbücher denn als schöne Literatur zu betrachten und zu werten.

Teils zu demselben Zweck und teils weil sich die damalige galante Welt besonders an Liebesbriefen erfreute, die nach französischem Muster zusammengeschustert waren, wurden zu Anfang des 18. Jahrhunderts viele Romane mit solchen künstlich gestellten Briefchen gespickt.

Musäus' »Grandison der Zweite« (3 Bände 1760–1762) und Hermes' »Sophiens Reise von Memel nach Sachsen« (5 Bände 1769–1773) waren Richardsons »Pamela« (1740) nachgebildet/und hatten den für jene Zeit typischen moralisierenden Charakter. Auch diese beiden Romane gehören noch sehr entfernt zur Briefstellerperiode, insofern die »Pamela« als Briefsteller geplant und nur zufällig zu einem Roman ausgewachsen war. »Die Geschichte des Fräuleins von Sternheim« (1771) von Sophie Laroche und die »Geschichte des armen Herren von Mildenburg« von Knigge waren ebenfalls noch unter Richardsons Einfluß entstanden.

Als aber 1761 Rousseaus Briefroman »La nouvelle Héloise« erschienen war, brach in Deutschland die Flut los. Die »Héloise« war der erste Roman, in dem die Briefform sozusagen die Entschuldigung für die sonst kaum statthafte Enthüllung des Allerintimsten war. »Une lettre ne rougit pas.«

Das wichtigste Werk dieser ganzen Periode war unbedingt Goethes »Die Leiden des jungen Werthers« (1774). Dieser Roman war die vollkommenste Kristallisation der Seele jener Zeit, weil er die höchste Materialisation des damaligen bürgerlichen Ich darstellte. Werther war nämlich nicht nur ein Ich, das sich behaupten, sich frei ausleben, seine ihm angeborenen Rechte voll gelten lassen wollte, sondern ein Ich, das sich so übersteigert hatte, daß es keine Rechte, Pflichten, Bindungen von anderen mehr anerkannte, ein Ich, das sich bis zur Vernichtung von allem, was sich ihm in den Weg stellte, behaupten wollte; ein Ich, das sich lieber selbst aufgab, als daß es auf seine vollste Souveränität verzichtete. Also ein so hoch hinaufgeführtes bürgerliches Ich, daß es wieder in Absolutismus umschlug, das die Verbürgerlichung bis zur Unbürgerlichkeit trieb. In dem Werther fand sich der deutsche Bürger selbst wieder, aber mythisiert, kanonisiert.

Wir können uns vorstellen, wie Goethes Zeitgenossen beim Erscheinen dieses Romans entzückt gewesen sein mußten, als sie das jahrhundertelang verschmähte und verkannte bürgerliche Ich so überirdisch verklärt sahen. Und das alles in der denkbar wirksamsten, das heißt hier bürgerlichsten Form. Dieser Roman bringt nämlich keine Korrespondenz, sondern enthält nur Briefe von Werther selbst, also subjektivste Subjektivität. Dazu kam die geniale Verschmelzung von Inhalt und Form zu einer so fest gefügten Einheit, daß wir die Zweiheit, die in der Einheit bis zum allerletzten aufgehoben ist, nicht einmal mehr gedanklich trennen können, ohne das Ganze als Kunstwerk zu zerstören. In keinem anderen Werk war Goethe in der Wirklichkeit seiner Zeit so stark verwurzelt, so bürgerlich wie in seinem »Werther«.

Es wundert uns jetzt nicht mehr, daß nach dem Erscheinen dieses Romans in Deutschland eine Werther-Epidemie ausbrach, deren harmloseste Erscheinungen noch die berühmte Werther-Mode und die unzähligen Nachdichtungen und Nachahmungen in den verschiedensten Variationen waren. Bereits in den 60er Jahren war Selbstmord ziemlich Modesache geworden, eine Folge der maßlosen Wichtigkeit, die der junge Bürger seinem pretiösen Ich beimaß. In seinem »Phädon oder über die Unsterblichkeit der Seele in drei Gesprächen« (1767) glaubte Mendelssohn es an der Zeit, gegen das grassierende Übel des Selbstmordes auftreten zu müssen. Er verwarf das Recht dazu, weil der freiwillige Tod mit der Bestimmung des Menschen, seiner Vervollkommnung, im Widerspruch sei. Nach dem Erscheinen von Goethes »Werther« nahm die Zahl der Selbstmorde in so erschreckender Weise zu, daß sich die Redensart bildete: Werther habe mehr Selbstmorde auf dem Gewissen als die gefährlichste Schöne.

Die wichtigsten literarischen Werther-Nachahmungen waren »Allwills Briefsammlung« (letzte Fassung 1792) von Jacobi und die drei Romane von Miller (1750–1814): »Beitrag zur Geschichte der Zärtlichkeit, aus den Briefen zweier Liebenden«, »Briefwechsel dreier akademischer Freunde« und »Geschichte Karls von Burgheim und Emiliens von Rosenau; ein Original in Briefen«. Dann gehören hier noch dazu der »Waldbruder« von Lenz (1751–1792) und »Abelard und Heloise« von Jean Paul (1763–1825).

In den achtziger und neunziger Jahren erreichte die Flut von

Briefromanen ihren Höhepunkt. Dusch schrieb »die Geschichte Karl Ferdiners«, Timme »Faramonds Familiengeschichte«, Thilo »Emilie Sommer«, Friedel »Eleonore«, ein Unbekannter »Julie von Hirtenthal«, Bouterwek die beiden Romane »Graf Donamar« und »Gustav und seine Brüder«, Johann Gottwerth Müller »Sara Reinert«, Nicolai »Vertraute Briefe von Adelheid B. an ihre Freundin Julie S.«, Armin »Hollins Liebesleben«, Tieck »William Lovell« usw. usw. usw. usw.

Die Briefform war in der zweiten Hälfte des 18. Jahrhunderts so beliebt, das heißt sie war so sehr der höchste Ausdruck/des Bürgerlichen, daß außer dem Roman noch alles Mögliche und sogar das Unmögliche in Briefform gekleidet wurde. Es gab satirische Briefe von Rabener, Hamann, Claudius, Lichtenberg und Jean Paul. Es gab eine Unmenge von belehrenden Briefen von Bodmer, Breitinger, Schiller »Ueber die ästhetische Erziehung von Menschen«, theologische und religiöse Briefe von Haller, Bahrdt, Laroche, Goethe, Herder, Lavater, Jacobi, philosophische Briefe von Schiller, Weisse, Herder, historische und staatsrechtliche, kosmopolitische, naturwissenschaftliche Briefe, »Chemische Briefe an ein Frauenzimmer« von Hochheimer, medizinische, forstwissenschaftliche Briefe, »Briefe zur Beförderung der Humanität« von Herder, »Briefe über Freundschaft« von Sulzer, über Moral, »Briefe eines Biedermannes an einen Biedermann«, Reisebriefe en masse, Briefe über das »Blatterbelzen« von Henseler und »Briefe bei Gelegenheit des Eisbruchs und der Ueberschwemmung von Köln«. Eigene Kategorien bildeten die literarisch polemischen Briefe von Lessing, Lichtenberg, Hamann u. a. und die politischen Briefe. Sogar ganze Zeitschriften in Briefform gab es, um von den endlosen gedruckten Veröffentlichungen von Briefsammlungen ganz zu schweigen. Diese wuchsen so unheimlich an, daß man zuletzt diese ganze Sucht als »Waschzettelanbetung« verspottete. Den Anfang machte Lange, der bereits 1746 nicht nur die Korrespondenz mit seinen Freunden Gleim, Kleist, Sulzer, sondern sogar die Liebesbriefe seiner Frau Doris publizierte.

In dieser Zeit, als der Bürger eine solche Potenz geworden war, daß seine winzigsten »Reflexionen« und »Empfindungen« unbedingt mitgeteilt werden mußten, war es begreiflich, daß die prominenstesten Vertreter dieser emporgekommenen Klasse sich selbst für so unerhört wichtig hielten, daß sie der Öffentlichkeit auch ihren

Werdegang, ihre Entwicklung, ihre Kämpfe, kurz und gut ihr ganzes Leben nicht vorenthalten durften. So sehen wir in der zweiten Hälfte des 18. Jahrhunderts neben dem bürgerlichen Brief auch die bürgerliche *Autobiographie* in höchster Blüte stehen.

Es würde zu weit führen, wollten wir auf die zahlreichen Autobiographien auch nur ganz kurz eingehen. Für unsere Zwecke genügt es, auf die wichtigsten hinzuweisen. Sie stam-/men von Nicolai, Feder, Spalding, Semmler, Bahrdt, Jung-Stilling, Voss, Moritz, Brandes, Seume, Fr. Wagner, Mich. Denis, Semler, Chr. Graf v. Pfeil, Goethe, Philipp Emanuel Bach, Hasse und Dittersdorf. Den Rekord jedoch hält der Komponist Telemann, der sich gezwungen fühlte, nicht weniger als dreimal im Laufe seines Lebens in Autobiographien der Mit- und Nachwelt seine eigene unerhörte Wichtigkeit zu enthüllen.

Ebenso war das Zeitalter der Briefe und Autobiographien das Zeitalter *der Tagebücher*. Diese waren vielfach ein Ersatz für die besonderen Fälle, daß keine Freunde oder nicht genügend Freunde vorhanden waren, denen man seine pretiösen Selbstbespiegelungen und Selbstverhätschelungen anvertrauen konnte. Das Tagebuch war dann der Brief an den vertrauten Unbekannten.

Nach all dem bisher Gesagten ist es begreiflich, daß die dichterische Kunstgattung, die sich fast ausschließlich auf das Ich des Dichters beschränkt, um die Mitte des 18. Jahrhunderts eine starke Ausbreitung und Vertiefung erfahren mußte: die *Lyrik*.

Wie alle Künste, so hatten die Fürsten auch die Poesie zur Ausschmückung ihres Hofzeremoniells benutzt. Alle die Huldigungen und Festlichkeitscarmina der großen Zahl höfischer Poeten schwelgten in aufgebauschter Prunkhaftigkeit, genau wie die Architektur, Malerei und Musik durch pomphafte Schwere die fürstliche Macht zu dokumentieren hatten. Die höfisch-poetische Sprache suchte sich von der Ausdrucksweise des »Pöbels« möglichst zu entfernen und strebte nach Außergewöhnlichem, Hohem, Espritvollem. Durch Metaphern, blumige Umschreibungen, gelehrte Vergleiche und schmeichelnde Übertreibungen geriet die Hofpoesie in einen unerträglichen und geschmacklosen Schwulst. »Meer« war für die höfischen Dichterlinge »der Wellen Salzschaum«, »Mond« wurde zur »güldnen Nachtlaterne« oder zum »Printz der Silberknechte«, »Blut« zur »Purpurtinte« oder zur

»Milch des Lebens«. Der »Tag« ist »Apollens Kind« und die »Nacht« »der Thetis Schoss«.[1] Als Beispiel dieser Art sei hier erwähnt:/

> Brecht, ihr Wolken, donnert, schüzzet,
> schwizzet ganze Seen, schwizzet,
> weil mein Nord-Stern ist verblizzet.
> Du vergöldtes Radt der Sonnen,
> dunkle deiner Reise Bahn,
> ziehe schwarze Kleider an,
> Lune, weil mein Licht verbronnen.

Während jedoch dieser affektierte Schwulst die Erhabenheit und Aristokratie der höfischen Gesellschaft repräsentierte, gefielen sich besonders die Hofdamen in geistreicher Galanterie, denn ihre durch die vielen Hofbelustigungen und pikanten Intermezzi überreizten Nerven drängten nach immer feinschmeckerischerer Zerstreuung. Für sie mußten die Hofdichter schäferlich maskierte Liebesscherzchen in zierlich-wollüstige Worte kleiden. Etwa folgendermaßen:

> Du süssbeliebtes Honig-Kind,
> Barbillchen, Labnüss meiner Seelen,
> Der Indiens süsse Zukker-hölen
> an Anmuth nicht zugleichen sind.
> Ich will es, dass es alle wissen,
> warum ich dich so offt muss küssen.

Oder:

> Die Haut wird doch nicht ringer
> und bleibet unbeflekkt,
> ob sich schon je ein Finger
> darüber aussgestrekkt.
> Man wird diss an nicht sehen,
> ist schon ein Ehren-griff wohin geschehen.

---

[1] s. hierzu und zum Folgenden: Fritz Strich, Der lyrische Stil des 17. Jahrhunderts, a. a. O.

Die Volkslyrik bis in die erste Hälfte des 18. Jahrhunderts unterschied sich von der höfischen höchstens dadurch, daß der Schwulst nicht aus geistreichen Umspielungen, sondern eher aus derben, groben und blutrünstigen Bildern bestand wie in den Haupt- und Staatsaktionen. Die bewußte Distanzierung der Großbürger von allen unter ihnen stehenden Klassen und ihr Standesdünkel bewirkten später in der Lyrik einen gelehrten, didaktischen, anempfundenen Grundzug.

So ergibt sich im ganzen eine merkwürdige Mischung von Schwulst, Galanterie und Gelehrsamkeit, die der Lyrik auch jeden Schein von Subjektivität nahm. Die festen Vers- und/Reimformen, von denen der Alexandriner den Vorrang hatte, erschwerten ausserdem jede persönliche Entfaltung. Wenn ein Dichter noch während der ersten Hälfte des 18. Jahrhunderts seine Liebesempfindungen in Lyrik wiedergab, so begann er meist mit langen Reflexionen *über* diese Empfindungen und berichtete nachher seine Erlebnisse, oft sogar noch im Imperfekt. Darstellungsgegenstand, dichterisches Erlebnis und schließlich das fertige Kunstprodukt bilden auf diese Weise gedanklich leicht trennbare Faktoren, während in der Zeit der Subjektivität gerade diese verschiedenen Elemente zu einer untrennbaren Einheit verschmelzen.

Der Anfang zu einer ichdurchglühten neuen Poesie lag auf dem Gebiet des geistlichen Liedes. Unter der Einwirkung des Pietismus haben seit dem letzten Viertel des 17. Jahrhunderts eine große Reihe von Dichtern in ihrem mystischen Hang nach persönlicher, freier, undogmatischer Hingabe an den Glauben ihre echten religiösen Gefühle in Versen wiederzugeben verstanden. Unter dem dichterischen Einfluß von Paul Gerhardt, der zeitlebens gegen den Schwulst kämpfte, und dem schon sehr mystischen Angelus Silesius (Johann Scheffler), und dem geistigen Vorbild Speners, des eigentlichen Begründers des Pietismus, entstanden eine Unmenge geistlicher Lieder und mystischer Poesie. In den vielen Sekten und Brüdergemeinden der ersten Hälfte des 18. Jahrhunderts verehrten die einzelnen Mitglieder Jesus als ihren »Bruder Lamm«. Die persönliche Gottesverehrung äußerte sich in einer stark sinnlich gefärbten Heilandsliebe. Nur zu oft geriet diese Dichtungsart in geschmacklosen Schwulst. Besonders der Graf Zinzendorf (1700 bis 1760) ließ sich in seinen hochgespannten christlichen Gefühlen zu Liebesbeteuerungen seinem Jesus gegenüber verleiten, deren erotische Sinnlichkeit später von der zünftigen Literaturgeschichte als

Profanierung und widerliche Heiligkeitsschändung verdammt wurde. Diese überspannte persönliche Gottesliebe ist ein äußerst charakteristisches Zeichen der aufkommenden Subjektivität. Die Bezeichnung Jesus' als »Mann«, und der Kirche als »des blut'gen Mannes Eheweib«, die Verherrlichung der Seitenwunde, des »lieben Seitenhöhlchens«, die »Liebestollheit« des Menschen zu seinem Heiland, das ganz sinnliche Erleben des Blutes der Seitenwunde, beweisen die unerhörte Intensität der persönlichen/Gottesverehrung, die der Kirche den Boden unter den Füßen wegnahm.

In seinen letzten Lebensjahren ging Zinzendorfs seelische Gespanntheit in eine geradezu krankhafte Überspanntheit über, so daß er in seinen Dichtungen bei der ständigen Steigerung seiner subjektiven Gefühle in eine morbide Weichlichkeit verfiel.

Den Wendepunkt bildete Klopstock. Sein »Messias« und seine Oden waren nicht mehr an erster Stelle religiöse Poesie, die durch die besondere persönliche Einstellung des Dichters zu seinem Gott nebenbei stark subjektiv akzentuiert war, sondern direkte Ich-Poesie, für die das Religiöse nur noch sekundäre Bedeutung hatte. Das Religiöse war nur noch dazu da, um das Ich in Wallung zu bringen.

Neben der religiösen Poesie unterlag auch die weltliche Lyrik dem Einfluß, den das allmähliche Aufkommen des Bürgers und damit das Bewußtwerden des bürgerlichen Ich ausübte.

Mit Christian Weise (gest. 1708) war die weltliche Volkspoesie zu Ende gegangen. Obwohl das Großbürgertum sich an höfische Vorbilder klammerte, nahm die neue Lyrik von hier aus ihren Anfang.

Johann Christian Günther (1695–1723) nimmt in der Zeit der Abkehr vom Volksgeschmack eine eigenartige Mittlerstellung ein. Obwohl er in seinen fürstlichen Huldigungsgedichten, die er wegen seiner dauernden finanziellen Not schreiben mußte, noch mit derbem Schwulst und hohler Prunkhaftigkeit belastet ist, zeigen sich bei ihm in Anlehnung an die alte Volkspoesie viele eigene neue Züge. Infolge seines unseligen heimatlosen Schicksals, das ihn zu lebenslangem Vagabundieren zwang, richtete sich sein ganzes Denken und Fühlen um so mehr auf sein eigenes Selbst, auf sein Inneres. Das Unglück der Lebensumstände führte bei ihm einmal zu trotziger, heftiger Selbstbehauptung und auf der anderen Seite zu grenzenloser Einsamkeit. Besonders in seinen schwersten Tagen gelangen ihm dann Verse, die ihrer Zeit schon weit vorauseilten, wie diese:

Denn hängt der Himmel gleich nicht immer Geigen voll,
So find ich gleichwohl Ruh', wo jeder suchen soll,
Ich mein' in eigner Brust, da lern ich im Betrachten/
Viel, was die Welt erhebt, gering und schädlich achten
Und will es, was sie schillt, ganz gut und anders sehn,
Das Fernglas darf ich auch nicht gleich gen Himmel drehn:
Ich bin der Erden nah, hier leben grosse Wunder,
Die grössten in mir selbst.[1]

Wenn sich auch Günther noch nicht von der Alleinherrschaft des höfischen Alexandriners zu trennen vermochte und seine Poesie noch mit allerlei Gelehrsamkeit beschwert, erreichte er in seiner Lyrik zum ersten Mal ein gewisses Aufgehen des Ich.

Es sollte nicht mehr lange dauern, bis die Stellung des Alexandriners erschüttert wurde. Schon der Hamburger Ratsherr Barthold Heinrich Brockes (1680–1747) begann die enge Versform als Fessel seiner subjektiven Ergüsse zu empfinden und sich von ihr freizumachen. Dieser geruhsame vornehme Großbürger konnte im Gegensatz zu Günther sein Leben in vollem Genuß verbringen. Als ausgeprägter Sinnenmensch war sein Verdienst für die Poesie die Öffnung der Empfänglichkeit der Sinne für die Schönheiten der Natur, die er mit wahrer Wollust in sich aufnahm. Im Frühling »schmeckt« seine »aufmerksame Zunge die Süßigkeit der balsamierten Luft«. Sobald er »den Geruch der frischen Rosen spüret, dehnt sich« ihm »die gewölbte Brust«.[2]

Nicht die Schilderung der Natur selbst ist das wesentliche an Brockes' Dichtungen, sondern der starke subjektive Sinnenreiz, den die Natur auf ihn ausübt, und den er so intensiv wiederzugeben weiß, daß der Leser ihn an sich selbst zu spüren vermeint.

Albrecht von Haller, der – mehr Gelehrter als Dichter – in seiner Poesie fast stets belehrend bleibt, und Friedrich von Hagedorn waren gleichfalls einer großen Naturliebe ergeben, die in stärkster subjektiver Reflexion zu einem Hauptmerkmal der neuen Lyrik wird.

Der Weltmann Hagedorn stand in seinem ganzen Wesen den

---

[1] Johann Christian Günther, Sämtliche Werke. Histor.-krit. Gesamtausgabe, Hg. Wilhelm Krämer, Leipzig 1930–37 (6 Bde.) (= Bibliothek des Literarischen Vereins Stuttgart)

[2] B. H. Brockes, Irdisches Vergnügen in Gott, a. a. O.

Anakreontikern sehr nahe, deren eigenartige Mischung von subjektiv-schwärmerischem Sichausleben, höfischer Schäfermanier und revolutionärer Bekämpfung des Reims wir bereits kennengelernt haben.

In bezug auf das subjektive Naturerlebnis führte der Ana-/kreontiker Ewald von Kleist (1715–1759) weit über Haller und Hagedorn hinaus. Sein Gedicht »Der Frühling« (1749) ist zum Teil in Monologform gehalten. Das »Empfangt *mich, heilige* Schatten« gemahnt schon an Goethe. Kleist beschränkt sich also nicht auf die Schilderung der Natur und ihre Reflexionen im Menschen mit allerlei »Ach wie schön!« und »O wie herrlich!«. In seinen Gedichten beginnt bereits der Gegensatz Außenwelt und Ich zu einer Einheit zu verschmelzen. Kleist identifiziert seine subjektiven Gefühle und Empfindungen mit Naturstimmungen. Die Natur wird für ihn zum Mittel, seine individuellen Empfindungen zu vergegenständlichen, ihnen eine sinnlich greifbare Gestalt zu verleihen. Freilich ist das alles bei Kleist erst in Andeutungen und nur stellenweise vorhanden, aber immerhin ist die subjektive Naturdurchglühung in der Lyrik schon weit gediehen.

Seit Klopstock und Kleist hatte sich in der Lyrik die schon lange latent vorhandene Subjektivität Bahn gebrochen. Von der Jahrhundertmitte an hatte alle Nur-Betrachtung, Gelehrsamkeit und Galanterie der frei geschaffenen Ichpoesie weichen müssen. Die im Kampf gegen Gottsched aufgestellten Forderungen der Schweizer Bodmer und Breitinger nach freier Tätigkeit der schöpferischen Phantasie und subjektiver Gestaltung der schaffenden Persönlichkeit wurden hier zum großen Teil verwirklicht.

Klopstocks Einfluß auf seine Zeitgenossen war ungeheuer. Jeder aus der Unzahl von kleinen und kleinsten Dichtern entdeckte jetzt plötzlich seine höchst individuelle Messiasekstase und alle die intensiven Gefühle und Gefühlchen seines eigenen tieferregten Busens. Alle Klopstocknachahmer hegten und überhitzten ihre subjektiven Empfindungen und kleideten ihre leidenschaftlichen Ergüsse in mehr oder weniger schlechte poetische Worte. Die Devise lautete: »Die Fülle des Herzens, sie allein kann Wunder wirken.«

Mehrere begeisterte Jünglinge, die sich unter dem Namen »Göttinger Hain« 1772 in einem stillen Eichenwalde bei Vollmondschein ewige Treue schwuren, feierten in pathetischen Oden ihre freude- und freiheitstrunkenen, überschäumenden Gefühle. Sie konnten von der gegenseitigen Mitteilung ihres übervollen Herzens nicht genug bekommen. Während jedoch Voss, Miller und die beiden Stolberg ihre Empfindungen mit/großer Geste und aufgeblasenem Pathos ausposaunten, zog sich der sanfte und kranke Ludwig Christoph Hölty (1748–1776) ganz in sein Ich zurück. Die Innigkeit seiner Empfindung gibt seinen Versen tiefe, beseelte Herzlichkeit:

> Wie dem Pilger der Quell silbern entgegen rinnt,
> Wie der Regen des Mai's über die Blüten träuft,
> Naht die Liebe: Des Jünglings
> Seele zittert, und huldigt ihr.[1]

Auch Gottfried August Bürger (1748–1794) gehört zum »Göttinger Hain«. Als innerlich unausgeglichener und zwiespältiger Charakter reflektiert er in seiner Lyrik über seine Leidenschaften, ohne diese selbst immer zu vergegenständlichen. Und doch dreht sich alles um ihn selbst, um seine Leidenschaften und seine unglückliche Liebe:

> Ich habe was Liebes, das hab ich zu lieb,
> Was kann ich, was kann ich dafür?
> Ich spinne ja leider nicht Seide noch Gold,
> Ich spinne nur Herzeleid mir![2]

Hier ist bereits Gerstenbergs Forderung nach Originalität jeder Dichtung voll erfüllt. Alles wurde von nun an auf seine absolute Eigenart hin beurteilt. Diese Eigenart konnte jedoch nur durch die vollständige Lösung des Dichtenden von allen außer ihm stehenden und ihn hemmenden Faktoren erreicht werden. Wie in der neuen Musik dieser Zeit der einmalige schöpferische Einfall geradezu vergöttert wurde, so konnte auch in der Lyrik nur die individuelle Phantasietätigkeit, die etwas einzig Dastehendes gestaltete, Beifall finden. Der Wert einer Dichtung hing allein von dem Vermögen des Dichters ab, seine subjektivsten, stärksten Erlebnisse und Gefühle in den seiner Eigenart am meisten entsprechenden Worten wiederzugeben.

Herder erweiterte diese Erkenntnis noch, indem er behauptete,

---

[1] L. Chr. H. Hölty, Werke. Krit. Ausg. von W. Michael, 2 Bde., Weimar 1914–18
[2] G. A. Bürger, Sämmtliche Werke, a. a. O., Bd. 1–3

daß die Grundbedingung der neuen Poesie: subjektive, ursprüngliche, lebhafte Empfindungen, eigentlich nur ganz rein in der Lyrik durchgeführt werden könnte, und deshalb die Lyrik Anfang und Ende, Wurzel und Krone jeglicher Dichtkunst sei. Herder war es dann auch, der 1770 in Straßburg dem jungen Goethe diese wesentlichen Erkenntnisse vermittelte und ihm damit auf den richtigen Weg half./

In Goethe nun erreichen alle die bisherigen neuen Tendenzen der subjektivistischen Lyrik ihren Höhepunkt.

Auch Goethe fing als tändelnder Anakreontiker an. Seit seiner Begegnung mit Herder jedoch war der Durchbruch zu seinem eigenen, in seinen Augen über alles andere erhabenen innern Wesen vollendet. Die Lyrik des jungen Goethe seit jener Zeit ist der unmittelbare Ausdruck seines Selbst. Wie Goethe als typisch bürgerlicher Mensch die Subjektivität so übersteigerte, daß er alles, seine gesamte Umwelt, die Natur, ja selbst Gott nur auf sich selbst bezog, daß ihn das alles nur interessierte soweit es ihn selbst anging, das gerade unterscheidet seine Lyrik sogar von der seiner unmittelbaren Vorgänger und Zeitgenossen.

Während bisher alle Lyrik den Zustand des Dichters, den er in Poesie zu kleiden sich gedrungen fühlte, darstellte als ein möglichst abgeschlossenes, einheitliches, greifbares Gebilde, gibt Goethes Lyrik das Ganze, das Erlebnis, den Zustand selbst in seiner Unmittelbarkeit wieder. Seine Lyrik ist dieses Sprache gewordene Erlebnis selbst. Dem Lyriker ist die Welt der Objekte, die Außenwelt nur soweit gegeben, sie geht ihn nur insofern an, als er sie *restlos* in Subjektivität, in sein innerstes Selbst verwandeln kann. Sein Inneres, Natur, Gott, Geist, alles verschmilzt schließlich zu einer Einheit: der spinozistischen »Substanz«, zum Pantheismus.

Durch dieses vollkommene Nach-innen-Gerichtetsein wird der Ausdruck des Inneren, die Poesie zum Selbstzweck. Die Dichtung *ist* das dichterische Erlebnis selbst, das sich nicht mehr an beliebigen äußerlichen Dingen entzündet, sondern diese äußerlichen Dinge nur soweit in Betracht zieht, als sie eine Form, einen Gegenstand bieten, um dieses Selbstzweck gewordene Icherlebnis zu versinnbildlichen. Erlebnisgegenstand, Erlebnis und Erlebnisdarstellung verschmelzen zu einer untrennbaren Einheit.

Zur Sprachwerdung dieser subjektiven Erlebnisse wendet Goethe am liebsten Naturbilder an, die sich mit dem inneren Zustand des Dichters identifizieren. Die Natur in Goethes Lyrik ist das symbolisierte subjektive Empfinden des Dichters selbst, die Natur wird ein Spiegel des dichtenden Ich, die Natur wird beseelt. Das Schwankende und Schwebende, das Beben und Glühen, das Drängen und Zögern, kurz, das gesamte/Fühlen und Empfinden eines Augenblickserlebnisses in seiner ganzen Mannigfaltigkeit findet in einem Naturzustand sein adäquates Sinnbild. So zum Beispiel im »Ganymed«:

> Wie im Morgenglanze
> Du rings mich anglühst,
> Frühling, Geliebter!
> Mit tausendfacher Liebeswonne
> Sich an mein Herz drängt
> Deiner ewigen Wärme
> Heilig Gefühl,
> Unendliche Schöne!
> Dass ich dich fassen möcht'
> In diesem Arm![1]

Die Unfaßbarkeit, das Bewegte eines solchen Gefühlszustandes liebt Goethe besonders in dämmerigen und schummerigen Naturbildern wiederzugeben. So z. B. in »An den Mond«:

> Füllest wieder Busch und Tal
> Still mit Nebelglanz,
> Lösest endlich auch einmal
> Meine Seele ganz,
> Breitest über mein Gefild
> Lindernd deinen Blick,
> Wie des Freundes Auge mild
> Ueber mein Geschick.
> Jeden Nachklang fühlt mein Herz
> Froh- und trüber Zeit,
> Wandle zwischen Freud' und Schmerz
> In der Einsamkeit.[2]

---

[1] J. W. v. Goethe, Ganymed (1774), Sämtliche Werke (Propyläen) a. a. O., Bd. 2
[2] Sämtliche Werke, a. a. O., Bd. 3

Ist es verwunderlich, daß bei der ausschließlichen Konzentration Goethes auf sein Ich letztlich immer die Liebe der eigentliche Ausgangspunkt, der innerste Kern seiner Lyrik bleibt?

> Wie soll ich fliehen?
> Walderwärts ziehen?
> Alles vergebens!
> Krone des Lebens,
> Glück ohne Ruh,
> Liebe, bist du![1]/

Goethe mit seinen poetischen Ichergüssen, mit seiner Umwandlung der Welt in einen Spiegel seiner selbst, bedeutet den unübersteigbaren Höhepunkt der langen Entwicklung der vollkommen subjektivierten Lyrik.

Die Sprachwerdung der subjektiven, ständig fluktuierenden Empfindungen geschieht bei ihm in einer Auflösung der metrischen Regelmäßigkeit. Die Bewegung des dargestellten einmaligen Erlebnisses erfährt seine adäquate Materialisation in der unstarren, fließenden, jedesmal wechselnden Form. Formte früher der äußere Klang den Inhalt, so formt bei Goethe der Inhalt den Klang (Korff).[2] Der Wechsel des Rhythmus, des sprachlichen Klanges und des Tempos geben jedem Gedicht sein individuelles Profil. Die Bewegung der Sprachmelodie entspricht in vollkommenem Maße der impulsiven Bewegung des Erlebnisses. Eine starke Affektentladung gibt Goethe durch einen regellos dahinstürmenden Rhythmus mit gehäuften Betonungen wieder, einen schwebenden seelischen Zustand aber durch relative Akzentlosigkeit und ausgeglichenen Versbau. Ebenso durchbricht Goethe den logisch korrekten Satzbau und formt die Sprache je nach dem Impuls der einmaligen Empfindung. Auf diese Weise bilden Inhalt und Form ein unzertrennbares Ganzes.

Bei der Gegenüberstellung der Persönlichkeiten Goethes und Schillers haben wir gesehen, wie Goethe alles nur auf sich bezog, während Schiller umgekehrt als Glied seiner Klasse, als Mensch der Wirklichkeit, sein Ich ganz in den Dienst des revolutionären Bürgertums stellte. Aus diesem Verhalten ergibt sich auch Schillers Verhältnis zur Lyrik.

---
[1] Rastlose Liebe (1776), a. a. O., Bd. 3
[2] H. A. Korff, Geist der Goethezeit, a. a. O., Bd. 1

Da Schiller für andere schaffte, konnte für ihn eine derartig ichzentrierte Kunst, wie sie die Lyrik ist, nur eine nebensächliche Bedeutung haben. Bis 1789 hat sich Schiller lediglich in seinen Lauraoden und einigen vereinzelten Gedichten auf lyrischem Boden bewegt. Die Lauraoden sind als Wunschgebilde, als Träume eines lebenshungrigen, aber von aller Welt abgeschnittenen Jünglings zu betrachten, denn sie stammen aus der Zeit, in der Schiller noch unter der Knute Karl Eugens stand.

In Schillers übrigen Gedichten ist die Außenwelt nicht Reflex des Innern wie bei Goethe, sondern er sucht in freudigem Erregen umgekehrt die ganze Welt zu umfassen. Die/Ode »An die Freude« ist daher keine subjektivistische Lyrik, sondern ein Gefühlserguß des »Weltbürgers«. Die gesamte Menschheit läßt er an seinem Jubel teilnehmen.

Zwischen den beiden Extremen, dem ganz auf sein Ich gerichteten Goethe und dem völlig selbstlosen Schiller stand eine Reihe von Dichtern, die ihre privaten Gefühle zwar in subjektivistischer Lyrik wiedergaben, diese aber bewußt auf die Bedürfnisse des meist kleinbürgerlichen Publikums zuschnitten, das selbst unproduktiv war, aber auch gerne seine Gefühle in Worten widergespiegelt sehen wollte. Denn auch dem Unterstadtschreiber Friedrich Schmidt in Posemuckel und dem Gemüsewarenhändler Gottfried Heinersdorff wurden seine eigenen winzigen Erlebnisse unerträglich schwer, sein Interesse ging wie bei den angebeteten »großen Genies« in sein inneres und unbedeutendes Ich. Da er aber selbst seine Gefühle nicht in eigenen Gedichten ausdrücken konnte, nahm er sich Gedichte von Claudius oder kleine Liedchen von Johann Peter Abraham Schulz vor, vergrub sich in sein Kämmerlein und befreite seinen aufgewühlten Busen von den inneren Spannungen seiner weltumstürzenden Empfindungen, indem er laut deklamierte, beziehungsweise sich an sein Clavichördchen setzte und sang.

Diese eigenartige Mischung von poetischen Selbstdarstellungen und ihrer Zurechtstutzung, damit jeder einzelne Bürger sich in ihnen wiederfinden konnte, bewirkte eine etwas platte und spießige Herzlichkeit und Innigkeit, in der sich gerade das Kleinbürgertum gefiel.

Bevor wir von der Subjektivität in der Dichtung zu der Subjektivität in der Musik übergehen, möchten wir noch mit ein paar Worten darauf hinweisen, wie die Subjektivität der zweiten Hälfte des 18. Jahrhunderts den Erzählungen und den Romanen eine ganz ungewöhnliche Prägung gab, die sie bis zur Zeit Heines behielten. Am deutlichsten tritt diese bei Wieland hervor, weil er die Abwechslung von gebundener und ungebundener Rede und in den Erstausgaben oft sogar das Schriftbild zu Hilfe rief, um diese neue Erzählungsform zu markieren. Sie bestand darin, daß Wieland jedesmal gewaltsam die Handlung unterbricht, seine Personen sozusagen, oft bevor sie ausgesprochen hatten, hinter die Kulissen schiebt,/ dann selbst nach vorne tritt, um uns seine persönlichsten Betrachtungen, seine eigensten Reflexionen und seine privatesten Gefühle zu unterbreiten. Seitenlang geht das oft so weiter. Wenn er endlich ausgesprochen hat, nimmt er den Faden seiner Erzählung wieder auf, aber niemals für lange Zeit, plötzlich sind seine Helden wieder verschwunden und steht Wieland wieder vor uns, um aufs neue darauf los zu empfinden, zu philosophieren, zu meditieren.

Sterne hatte diese halb epische, halb reflexive Kunstform inauguriert, und sie war in Deutschland bald ebenso beliebt wie in England. Der Grund dieser Freude am »Sternisieren« war natürlich, daß den Lesern das Ich des Dichters unendlich viel interessanter war als alles andere. Was Sterne, Wieland und die übrigen Dichter und Literaten über ihre Helden und ihre Taten dachten, erschien dem Bürger tausendmal wichtiger als die größten Heldentaten, die diese selbst verrichteten. Es sah oft so aus, als ob die Handlung eigentlich nur noch ein Vorwand war für den Dichter, um sich selbst zu enthüllen. Wie gleichgültig z. B. die Handlung Wieland war, geht aus dem Schluß von »Idris und Zenide« (1768) hervor, der überhaupt kein Schluß ist. Wieland bricht plötzlich mitten in einem Satz ab und beschließt das Buch mit den lakonischen Worten: »Der Pinsel fällt mir willig aus den Händen; Wer Lust hat, mag das Bild und .... dieses Werk vollenden.«[1]

Wir sprachen vorhin über die Vermischung von stärkster Subjektivität mit bewußter Volkstümlichkeit. Diese Vermischung kennzeichnet zum Teil auch die neue *Musik*.

Da wir an anderer Stelle eingehend über die Stilwandlung der Musik sprechen werden, sollen hier nur die spezifisch subjektivistischen Merkmale erwähnt werden.

Genau wie in der Lyrik zeigten sich auch in der Musik die ersten

---

[1] C. M. Wieland, Sämmtliche Werke, a. a. O., Bd. 12

Anregungen zu einer stärkeren Ichbetontheit im Pietismus. Zur gleichen Zeit, als die mystische Heilandsliebe alle dogmatischen Anschauungen über den Haufen warf, richtete sich auch das *Kirchenlied* immer mehr an den einzelnen Gläubigen. Das seit der Wende zum 18. Jahrhundert oftmals aufgelegte Leipziger Gebetbuch »Der andächtige Student« z. B. enthielt Abend-, Morgen-, Buß- und Danklieder, Lieder während und nach einer Krankheit, vor und nach einer Reise/oder einer Prüfung. Alle diese Lieder sind Anwendungen des Gotteslobes zu rein persönlichen Zwecken. Sie sind also schon eigentlich keine Kirchenlieder mehr. Es gab um diese Zeit eine Unzahl derartiger Sammlungen.

Mit ihnen wurde der mehrstimmige Kirchenchoral als geistliches Sololied mit Klavierbegleitung (Generalbaß) in das Bürgerhaus verpflanzt. Mehr und mehr wurde dieses geistliche Sololied den alltäglichen Stimmungen dienstbar gemacht und verfiel einer immer stärker an die weltliche Liedmusik angelehnten Verweichlichung und Galanterisierung. Seitdem die französischen Tanzschlager ganz Deutschland überschwemmt hatten, trugen auch die geistlichen Sololieder unverfälschten Sarabanden-, Gavotten- oder Menuettcharakter.

Wir hatten schon gesehen, daß unter den antivolkstümlichen Französisierungsbestrebungen des Großbürgertums das *weltliche deutsche Lied* völlig darniederlag. Seit den dreißiger Jahren jedoch begann das mittlere und kleine Bürgertum mit neuen Liedproduktionen, die bald in unglaublichen Mengen konsumiert wurden. Die neuen Lieder waren ganz bewußt schlicht und einfach gehalten, da sie nicht wie im 17. Jahrhundert bei geselligen Zusammenkünften gemeinsam gesungen wurden, sondern hauptsächlich für den einzelnen bestimmt waren, der sich in besinnlichen Augenblicken ans Klavier setzte und derartige Lieder zur persönlichen »Gemüthsergötzung« mit mehr oder weniger großer Unvollkommenheit sang. Aber schließlich kam es nicht auf eine vollkommene Ausführung an, denn der oder die Betreffende sang ja nur, um seinem oder ihrem höchst persönlichen bedrängten Herzen ein Ventil zum Ausfluß der inneren Überfülle zu geben. So entstanden z. B. in der zweiten Hälfte des 18. Jahrhunderts »Lieder für Freimaurer«, »für Damen«, »für das schöne Geschlecht«, »für Frauenzimmer«, »für Junggesellen«, »für Studenten« und für jeden möglichen und unmöglichen Lebensaugenblick. »Für gute deutsche Mütter« oder »deutsche Ammen« gab es spezielle »Wiegenliederchen«. Auf diese

Weise konnte jeder kleinste Kleinbürger seinen ach so wichtigen Subjektivitätsdrang äußern. Er tat damit auf *seine* Weise im Grunde nichts anderes, als was Goethe tat, wenn er seine Lebensgefühle in poetischen Worten niederschrieb.

Die Musik wurde überhaupt seit der Mitte des 18. Jahr-/hunderts zur Lieblingskunst des Bürgers. In ihr konnte er alle seine Gefühle »ausdrücken«, da sie, unabhängig von aller Gegenständlichkeit und Begrifflichkeit, die innersten, in Worten nicht wiederzugebenden Empfindungen darzustellen vermochte. So entstanden nicht nur eine Unmasse von Liedern, sondern ebensoviele Sammlungen – oft als periodische Zeitschriften – mit reiner Instrumentalmusik, von der als subjektivste Form die Klaviersonate den Vorrang hatte. Die »Sonaten für Kenner und Liebhaber« von Philipp Emanuel Bach z. B. sind bewußt für den einzelnen Bürger bestimmt, der seine allerprivatesten »Affekte« in ihnen ausdrücken konnte.

Es ist eines der hervorstechendsten Kennzeichen der neuen Musik, daß die menschlichen »Affekte«, also z. B. Schmerz, Freude, Trauer, Wut, nicht mehr objektiv in fest umrissener Gedanklichkeit und in bestimmten Tonformeln wiedergegeben werden wie bis zu Johann Sebastian Bach, sondern die »Affekte« jetzt direkt subjektiv als Gefühlsausdruck im Klang vergegenständlicht werden, so wie Goethe seine Erlebnisse nicht mehr reflektiv, sondern direkt als Erlebnisse in der Poesie wiedergab.

Genau wie man in der Literatur die freie schöpferische Phantasietätigkeit des einzelnen als höchsten Grundsatz der neuen Kunst betrachtete, wurde auch die Musik seit der Jahrhundertmitte das Mittel, einzig das Innenleben, die Empfindungen der Persönlichkeit des Komponisten auszudrücken. Während die Musik bis 1750 fast ausschließlich Zweckkunst war, das heißt im Auftrage eines Fürsten, der Kirche oder des städtischen Magistrats geschrieben wurde, war es von nun an das Ideal der Komponisten, möglichst ungezwungen und frei von äußeren Bindungen ihre eigenen Gefühle in Musik umzusetzen. Das Schaffen aus dem freien Erlebnis heraus wurde die Grundforderung der Zeit. Zumsteg schreibt nur »Ergiessungen seines Herzens« und fühlt sich nicht durch »Geld und Celebrität« zum Komponieren gedrängt.[1] Ph. E. Bach nennt die Werke seine besten, die er ganz für sich allein verfertigt hat, und

---

[1] J. R. Zumsteg: s. hierzu und zum Folgenden: Ernst Bücken, Handbuch der Musikwissenschaft. Musik des Rokoko und der Klassik. Potsdam 1927

sein älterer Bruder Friedemann kann nur unaufgefordert improvisieren, er läßt sich völlig von seiner »Stimmung« beherrschen. Oft kann er aber, wenn er allein ist, stundenlang ununterbrochen an der Orgel oder am Klavier/improvisieren. Der einmalige geniale schöpferische Einfall wurde geradezu als »Geschenk des Himmels« vergöttert.

Es ist bezeichnend, daß viele große deutsche Musiker jener Zeit ins Ausland gingen, da sie dort freiere Entfaltungsmöglichkeiten ihrer Eigenpersönlichkeit hatten als in den despotisch regierten deutschen Staaten. Händel, Johann Christian Bach und später auch Haydn fanden im fortschrittlichen England eine ungehinderte Wirkungsstätte. Gluck und Stamitz wurden in Paris gefeiert. Glucks bahnbrechende Reformen wurden von den deutschen Höfen ignoriert.

Das Amtskomponieren kam allmählich völlig in Verruf. Die Komponisten emanzipierten sich immer mehr von ihren Brotherren. Schon J. S. Bach machte sich durch seine Eigenwilligkeiten bei der ihm übergeordneten städtischen Behörde unbeliebt. Ewige Streitereien mit der Obrigkeit vergällten ihm seine ganze Amtsperiode als Leipziger Thomaskantor. Bei Mozart führte dieser Selbstbehauptungsdrang zu einem schweren Konflikt mit seinem Auftraggeber, dem Erzbischof von Salzburg. Mozart konnte die Schikanen des »Erzlümmels«, wie er seine Eminenz in seinen Briefen zu bezeichnen pflegte, nicht länger aushalten. Und als der hohe Herr eines Tages seinen ungehorsamen »Diener« mit »einem Tritt in den Hintern« hinauszubugsieren geruhte, läuft Mozart die Galle über. Er bricht endgültig alle Beziehungen ab und hungert sich seit dieser Zeit (1781) bis zu seinem Tode (1791) mehr schlecht als recht durch. Das Ideal des freien schöpferischen Musikers konnte in Deutschland erst das 19. Jahrhundert verwirklichen.

Die Betonung der Subjektivität der neuen Musik und die Einmaligkeit des schöpferischen Einfalls führte von selbst zu einem genauen Vorschreiben aller Vortragsbezeichnungen. Da bis zu Bach hin die Musik meist nur zu bestimmten Anlässen, sei es bei Hofe oder in der Kirche, geschrieben wurde, fand die Aufführung in der Mehrzahl der Fälle unter persönlicher Leitung des Komponisten selbst statt, so daß ein Ausschreiben der Vortragsbezeichnungen überflüssig war. Die neue Musik war für unendlich häufige Wiedergabe bestimmt, und der selbstbewußte Musiker suchte daher seine Intentionen durch genaue Vorschriften über Tempo, Dynamik und Phrasierung möglichst eindeutig festzulegen. Nur mittels dieser spezialisierten Niederschrift konnte der Komponist dafür sorgen, daß/seine singulären Absichten auch wirklich überall respektiert wurden.

b. Selbstabsolutisierung des bürgerlichen Ich

Die Hervorhebung des Eigenmenschlichen, die typisch bürgerliche Betonung der Einzelpersönlichkeit blieb nicht bei der einfachen Steigerung stehen. Es fand eine Übersteigerung statt, die soweit ging, daß sie wieder ins Absolutistische umschlug. Die scheinbare Unbürgerlichkeit war dann aber nichts anderes als konsequenteste Bürgerlichkeit.

Der potenziert bürgerliche Bürger, der demnach auch von dem gesamten Bürgertum bis zum heutigen Tage als sein Heros verehrt wird, ist *Johann Wolfgang von Goethe* (1749–1832).

Als wir über Goethes Briefroman »Die Leiden des jungen Werthers« sprachen, bezeichneten wir das Werk als eine der klarsten Widerspiegelungen der damaligen Zeit. Der Roman konnte aber nur deswegen eine in Form und Inhalt so starke Reproduktion dieser Zeit sein, weil die Zeit selbst den Autor gestaltet hatte, bevor dieser in dem Werk sich selbst und mit sich selbst seine Zeit gestaltete.

Zum vollen Verständnis von Goethes Werken ist es also notwendig, auf seine Zeit zurückzugehen, die letzten Endes das formende Prinzip war. Mit dem allgemeinen Begriff »Zeit«, der nichts von seiner Allgemeinheit verliert, auch wenn wir versuchen diesen Begriff als »Goethes Zeit« zu begrenzen, können wir aber nicht viel anfangen. Auf die Konkretisierung dieser Zeit kommt es an. Diese Konkretisierung war für den Anfang von Goethes spezieller Entwicklung der Komplex von sehr bestimmten materiellen und sich daraus ergebenden gesellschaftlichen und geistigen Verhältnissen seiner Familie, mit anderen Worten, seine besondere Klassenlage, auf die wir also zurückzugreifen haben.

Da wir nicht an erster Stelle künstlerisch werten wollen – das ist im Falle Goethe oft genug geschehen – bleibt Goethes individuelle Veranlagung, z. B. seine unerhörte Gestaltungskraft, die allein für das Graduelle, nicht aber für das Essentielle seiner Werke bestimmend war, für uns außer Betrachtung.

Goethe war rein bürgerlicher Herkunft./

Sein Großvater war ein ehrsamer Schneider, später Gastwirt.

Sein Vater war in den Jahren des allgemeinen Aufstiegs des Bürgertums wie so viele andere von der Sucht nach einem höheren Lebensniveau ergriffen. Er hielt sich für zu gut, sein Leben lang in einer Kneipe hinter der Theke zu stehen und den Kutschern Bier und Schnaps einzuschenken. Er zog infolgedessen nach Absolvierung des Gymnasiums nach Leipzig, um dort Rechtswissenschaft zu studieren. Nachdem er in Gießen promoviert hatte, kehrte er nach seiner Vaterstadt Frankfurt zurück mit dem festen Vorsatz, dort um jeden Preis Karriere zu machen.

Goethe gibt uns in »Dichtung und Wahrheit« eine Charakteristik seines Vaters, aus der wir ihn als einen Mann mit dem verbissenen Ehrgeiz des Emporkömmlings kennenlernen, dem jedes Mittel, sogar eine Geschäftsehe, recht war um vorwärtszukommen: »Mein Vater hatte .... nach seiner eigenen Sinnesart .... den Gedanken gefasst, dass er, um sich zum Dienste der Stadt fähig zu machen, eines der subalternen Aemter übernehmen und solches ohne Emolumente führen wolle, wenn man es ihm ohne Ballotage übergebe. Er glaubte nach seiner Sinnesart, nach dem Begriffe, den er von sich selbst hatte, im Gefühl seines guten Willens, eine solche Auszeichnung zu verdienen, die freilich weder gesetzlich noch herkömmlich war. Daher, als ihm sein Gesuch abgeschlagen wurde, geriet er in Aerger und Missmut, verschwur, jemals irgend eine Stellung anzunehmen, und um es unmöglich zu machen, verschaffte er sich den Charakter eines Kaiserlichen Raths, den der Schultheiss und die ältesten Schöffen als einen besondern Ehrentitel trugen. Dadurch hatte er sich zum Gleichen der Obersten gemacht und konnte nicht mehr von unten anfangen. Derselbe Beweggrund führte ihn auch dazu, um die älteste Tochter des Schultheissen zu werben, wodurch er auch von dieser Seite von dem Rathe ausgeschlossen war.«[1]

Wir können uns unschwer vorstellen, wie dieser ehrgeizige Mann, nachdem ihm jämmerlich mißglückt war, was er sich in den Kopf gesetzt hatte, sich im stillen geschworen haben mag, an seinem einzigen Sohn Wolfgang ›realisiert zu sehen, was ihm selbst abgegangen‹, wie Goethe in seiner Selbst-/biographie sagt,[2] und mit sei-

---

[1] J. W. v. Goethe, Dichtung und Wahrheit, Sämtliche Werke (Propyläen), a. a. O., Bd. 24, 2. Buch

[2] Goethe, a. a. O., Bd. 24, 1. Buch

nem Jungen um jeden Preis gesellschaftlich aufzusteigen, koste es, was es wolle.

Das Glück war ihm günstig. Wolfgang zeigte sich schon früh ungewöhnlich begabt. Der Vater unterrichtete ihn selbst, denn kein Lehrer war ihm gut genug. Wie vernarrt er in das Wunderkind war, geht daraus hervor, daß er seine ersten Schreibversuche, seine Niederschriften, seine Gelegenheitsreimereien wie kostbare Reliquien sorgfältigst aufhob. Er tat, was er konnte, um dem Jungen vorwärts zu helfen. Er trieb ihn unausgesetzt zu immer höheren Leistungen an. Gute Aufsätze ›belohnte er mit manchem für einen Knaben bedeutenden Geldgeschenke‹.[1] Und er erreichte, was er sich vorgestellt hatte. Wolfgang wurde tatsächlich ein Faß von Gelehrtheit. Aber die Kehrseite der Medaille war, daß der Vater in seinem Sohn neben all den ungeheuren Kenntnissen ein geradezu unbändiges Selbstgefühl erzeugt hatte, das durch die staunende Verehrung der Mutter, der Schwester und der nächsten Umgebung nur noch immer höher geschraubt wurde.

Dieses das normale Maß weit übersteigende Selbstgefühl bildet den Schlüssel zu Goethes Leben und Werken, die Einheit von allen Widersprüchen, den Grund von Goethes Schwäche und von Goethes Stärke. Es zwang ihn zu einer ausschließlichen Konzentration alles Geschehens auf sein souveränes Ich. Es zwang ihn zu der ausschließlichen Projektion dieses Ichs oft in prahlender Form im täglichen Leben. Es zwang ihn aber ebenso zu der künstlerischen Gestaltung dieses überlebensgroßen Ichs in seinen Werken.

Wenn wir es wagen über Goethes Schwächen zu sprechen, so könnte es den Anschein haben, als ob es uns darum zu tun wäre, Goethe zu entheroisieren. Wir tun es aber nur, weil wir glauben, daß ein stillschweigendes Übergehen seiner Schwächen einer Fälschung seiner Persönlichkeit gleichkäme. Jede Mythisierung eines Menschen ist doch pietätvolle oder betrügerische Entstellung. Im übrigen kann die Bedeutung von Goethes Schwächen niemals eine Verringerung seiner Person sein, weil doch gerade seine menschlichen Schwächen seine überragende künstlerische Größe konstituieren.

Wir müssen nun zunächst versuchen, uns ein Bild von Goethes Selbstgefühl und dessen vielen Erscheinungsformen zu machen, was nicht schwer ist, weil er uns selbst in »Dich-/tung und Wahr-

---

[1] Goethe, a. a. O., 24, 1. Buch

heit« Material in Hülle und Fülle an die Hand gibt.

So läßt sich gleich einwandfrei feststellen, daß Goethe, als er 1766 als Student nach Leipzig kam, ein maßlos eitles und unausstehlich eingebildetes Bürschlein war.

Er war verliebt in sich selbst, verliebt sogar in seinen Namen. »Ich schrieb ihn überall an«, gesteht er.[1] Er genierte sich nicht im geringsten wegen seiner Eitelkeit: »Da mich nun überhaupt das, was man Eitelkeit nennt, niemals verletzte, und ich mir dagegen auch wieder eitel zu sein erlaubte, das heisst dasjenige unbedenklich hervorkehrte, was mir an mir selbst Freude machte, so kam ich mit ihm (Zimmermann) überein. Wer sich an seinen Naturgaben nicht im stillen erfreuen kann, wer sich bei Ausübung derselben nicht selbst seinen Lohn dahin nimmt sondern erst darauf wartet und hofft, dass andere das Geleistete erkennen und es gehörig würdigen sollen, der findet sich in einer übeln Lage, weil es nur allzu bekannt ist, dass die Menschen den Beifall sehr spärlich austheilen, dass sie das Lob verkümmern, ja, wenn es nur einigermassen thunlich ist, in Tadel verwandeln.«[2]

Aus jeder Seite von »Dichtung und Wahrheit«, die er der Leipziger Zeit widmete, sprechen »Selbstgefälligkeit, Bespiegelungslust, Eitelkeit, Stolz und Hochmut«, die »stets in ihm ruhten und wirkten«.

Goethes Eitelkeit und Ehrgeiz werden uns auch von anderen Seiten bestätigt. So schrieb sein Freund I. A. Horn in einem Brief vom 12. August 1766 an W. C. Moors, dass ihm »sein Umgang alle Tage unerträglicher« wurde.[3] Professor Metzger schildert uns Goethe aus der Straßburger Zeit in einem Brief vom 7. August 1771 an Ring mit folgenden Worten: »Jeune homme enflé de son érudition. On s'est moqué de lui«. Pfeffel berichtet 1772 über Goethe: »Génie à ce qu'on dit, mais d'une suffisance insupportable.« Und aus der Weimarer Zeit liegt ein Brief vom Grafen Putbus vom 29. Juli 1776 an einen Grafen Wartenberg vor, der uns bestätigt, daß Goethes Eitelkeit sich inzwischen um kein Haar gebessert, eher nur verschlimmert hatte: »Uebrigens hat er alle Arten von Ehrgeiz. Er hält sich für einen Alcibiades. Und man hat ihn genug ver-

---

[1] a. a. O., 7. Buch
[2] a. a. O., Bd. 25, 15. Buch
[3] Dieses und die folgenden Zitate s. Wilhelm Bode, Goethe in vertraulichen Briefen seiner Zeitgenossen 1749–1832, Bd. 1–3. Berlin 1921–23

wöhnt, um ihn in allen seinen Prätentionen zu be-/stärken. Ein massloser Ehrgeiz wird ihn stets hindern völlig glücklich zu sein.«

Diese ihm von seinem geltungsbedürftigen Vater anerzogenen Eigenschaften, seine enorme Eitelkeit und sein heftiger Ehrgeiz gingen von selbst mit einer ebenso großen Selbstsucht gepaart. In seiner Autobiographie versucht Goethe allerdings den Schein von Selbstlosigkeit zu wecken. So renommierte er: »Uneigennützig zu sein in allem, am uneigennützlichsten in Liebe und Freundschaft, war meine höchste Lust, meine Maxime, meine Ausübung.« Hier sprach er aber über den Goethe, der er sein wollte. Er vergaß, daß er kurz vorher (im 7. Buch) und bereits den wahren Goethe geschildert hatte, und wie »Uneigennützlichstes in Liebe« bei ihm aussah. Es heißt dort: »Weil aber dergleichen (Liebes-) Verhältnisse, je unschuldiger sie sind, desto weniger Mannigfaltigkeit auf die Dauer gewähren, so ward ich von jener bösen Sucht befallen, die uns verleitet, aus der Quälerei der Geliebten eine Unterhaltung zu schaffen und die Ergebenheit eines Mädchens mit willkürlichen und tyrannischen Grillen zu beherrschen. Die böse Laune über das Misslingen meiner poetischen Versuche, über die anscheinende Unmöglichkeit, hierüber ins klare zu kommen, und über alles, was mich hie und da sonst kneipen mochte, glaubte ich an ihr auslassen zu dürfen, weil sie mich wirklich von Herzen liebte, und was sie nur immer konnte, mir zu gefallen tat.«[1]

Es ist klar, daß für einen Menschen mit einem so stark zentrierten Ich nur dasjenige bestand, was dieses Ich in irgendeiner Weise betraf. Alles also, was das Ich weder direkt noch indirekt lust- oder leidvoll berührte, existierte für ihn nicht.

So gab es für den jungen Goethe keine Politik. »Politische Discurse« hatten für ihn »wenig Interesse«. »Ich selbst und mein engerer Kreis befassten uns nicht mit Zeitungen und Neuigkeiten.«[2] Was gingen ihn überhaupt die deutschen Verhältnisse an, unter welchen er doch für seine Person gar nicht zu leiden gehabt hatte? Er hatte seine Jugend in der freien Reichsstadt Frankfurt, außer dem Bereich der Knute eines Duodezfürstchens, vollkommen ungestört und ungetrübt, sorgenlos und in Freuden verlebt. Wozu sich also aufregen?

Mit Schiller verhielt es sich ganz anders. Schiller mußte/seine

---

[1] J. W. v. Goethe, Dichtung und Wahrheit, a. a. O., Bd. 24, 7. Buch
[2] a. a. O., Bd. 25, 17. Buch

Jugend in der Karlsschule, der »Sklavenplantage« des widerlichsten aller Despoten verbringen. Und auch von Winckelmann war es begreiflich, daß er wie Schiller später revolutionär auftrat. Winckelmann war der Sohn eines armen Schuhflickers in Stendal und verlebte seine Jugend in einer strohgedeckten Hütte mit nur einem Raum, der zugleich Küche, Wohnstube, Schlafraum und Werkstatt war. Er mußte sich später elendiglich durchhungern, um es überhaupt zu etwas zu bringen. Für Goethe jedoch war nicht der geringste Anlaß da, sich mit den ökonomischen, politischen und sozialen Verhältnissen zu beschäftigen oder gar mit ihnen unzufrieden zu sein.

Auch die Literatur seiner Zeit, mit der er sich doch sehr intensiv beschäftigte, konnte ihm die Augen für die wirkliche Wirklichkeit nicht öffnen. Er interpretierte den ungestümen Freiheitsdrang in den Dichtungen von Klopstock und dessen Nachfolgern, die doch nur gestalten, was das ganze Volk aufs tiefste bewegte, mit einer solchen Naivität, daß es fast aussieht, als ob er nur scherzte: »Weil keine äusseren Feinde zu bekämpfen waren, bildete man sich Tyrannen(!) und dazu mussten die Fürsten und ihre Diener ihre Gestalten erst im allgemeinen, sodann nach und nach im besonderen hergeben; und hier schloss sich die Poesie an die oben gerügte Einmischung in die Rechtspflege mit Heftigkeit an, und es ist merkwürdig, Gedichte aus jener Zeit zu sehen, die ganz in einem Sinne geschrieben sind, wodurch alles Obre, es sei nun monarchisch oder aristokratisch aufgehoben wird.«

Ebensowenig wie die Literatur konnte das Theater, das lauteste Echo der Stimmung des ganzen Volkes, ihn zur Besinnung bringen. Man lese Goethes Verkennung der furchtbaren Wirklichkeit, die sich hinter dem Spiel verbarg, in dem bereits zuvor gebrachten Zitat aus »Dichtung und Wahrheit«. Nach dem Menetekel des deutschen Theaters orakelte Goethe nach wie vor von dem »beruhigten Zustand des deutschen Vaterlandes«. »Von dem Höchsten bis zu dem Tiefsten, von dem Kaiser bis zu dem Juden herunter schien die mannigfaltigste Abstufung alle Persönlichkeiten anstatt sie zu trennen sie zu verbinden.« Die »altgegründeten Familien« seien eine »grosse Masse von bedeutenden Menschen«. »Es fehlte dieser Klasse nicht an geistiger Kultur.« »Auch/durch Literatur und Philosophie« hatten sie »die Geister zu gewinnen und auf einen hohen, der Gegenwart nicht allzugünstigen Standpunkt zu versetzen gewusst. In Deutschland war es noch kaum jemand eingefallen, jene ungeheure privilegierte Masse zu beneiden oder ihr die glücklichen Weltvorzüge zu missgönnen .... Wenn man die gewöhnlichen Schwankungen des Tages nicht beachten will, so durfte man wohl sagen, es war im ganzen eine Zeit eines reinen Bestrebens, wie sie früher nicht erschienen, noch auch in der Folge wegen äusserer und innerer Steigerungen sich lange erhalten konnte.« (17. Buch.)

Wie es in der Zeit in Wirklichkeit aussah, haben wir von allen anderen großen Geistern gehört. Nur Goethe allein merkte nichts. Denn was ihn persönlich nicht traf, war für ihn überhaupt nicht da. Bekanntlich gibt es keine schlimmere Kurzsichtigkeit, als die, welche durch Selbstkontemplation verursacht ist.

Hatte Goethe vor seiner Weimarer Zeit durchaus keinen persönlichen Anlaß, mit den politischen Verhältnissen in Deutschland unzufrieden zu sein, so hatte er seit Weimar noch mehr Grund, sich mit dem Absolutismus zufrieden zu geben, dessen Perpetuierung für sein persönliches Fortkommen günstiger war, als seine Beseitigung oder auch nur Bekämpfung.

Es wird oft so vorgestellt, z. B. von Georg Lukács, als ob Goethe sich trotzdem die unerträglichen Verhältnisse in Deutschland zu Herzen nahm und nach Weimar ging »um dort wenigstens die ärgsten Überreste des Feudalismus durch seinen persönlichen Einfluss auf den Herzog auszumerzen, um wenigstens auf diesem beschränkten Gebiete die bürgerlich revolutionären Ziele zu verwirklichen.«[1]

Etwas Phantastischeres ist wohl selten von Goethe behauptet worden. Er ging nach Weimar, weil ihn das Hofleben, der Ruhm, die Karriere, also ein geeigneter Boden für die unbegrenzten Entwicklungsmöglichkeiten seines Ich lockten. Man lese nach, was er in »Dichtung und Wahrheit« über seinen Übergang aus dem Privatleben in den Hofdienst schrieb. Schon die schnodderige Bemerkung in seinem Brief an Merck vom 22. Januar 1776 besagt alles: »Meine Lage ist vorteilhaft genug und die Herzogtümer Weimar und Eisenach immer ein Schau-/platz, um zu versuchen, wie einem die Weltrolle zu Gesichte stünde.«[2]

Auch die Art und Weise, wie er sich das erste Jahr in Weimar

---

[1] Georg Lukács, Goethe und die Dialektik. In: Der Marxist, Bd. 2,5 (1932) (s. auch das Goethe-Sonderheft der ›Links-Kurve‹ 1932 mit Beiträgen von Lukács und Wittfogel)

[2] In: Goethes Sämtliche Werke (Propyläen) a. a. O., Bd. 3

aufführte, zeigt, wie wenig die Mutmaßung zutrifft, daß Goethe mit bürgerlich-revolutionären Zielen nach Weimar gekommen war. Der unverdächtigste Zeuge aus dieser Zeit ist gewiß Charlotte von Stein, mit der Goethe eng befreundet war. »Wie sehr wünschte auch ich, lieber Goethe«, schrieb sie ihm, »daß Sie Ihr wildes Leben etwas ablegten. Damit machen Sie, dass die Leute hier Sie so schief beurteilen. Welchen Sinn hat es dann: dies wilde Jagen, scharfe Reiten, dies Klatschen mit der großen Peitsche, wobei alle, die in der Nähe sind, zusammenschrecken? Das sind Jungensstreiche!«[1] Mit Vorliebe übte Goethe diese Flegelei mit der Chambrière auf dem Marktplatz mitten in Weimar, weil es dort so herrlich schallte. In einem anderen Schreiben urteilt Charlotte von Stein über ihn: »Warum auch sein beständiges Pasquillieren? .... Und dann sein unanständiges Betragen, sein Fluchen, seine pöbelhaften, niederen Ausdrücke.«

Nach einem Jahr schien sich das »wilde Wesen« ausgetobt zu haben. Goethe trat in den Weimarer Staatsdienst. Aber nicht aus irgend einem sozialen Gefühl. Nichts anderes als purer Ehrgeiz trieb ihn. Er gefiel sich als siebenundzwanzigjähriger Geheimer Legationsrat, als dreißigjähriger Geheimrat, vor dem sich die im Staatsdienst ergrauten Beamten jetzt ehrfurchtsvoll zu verneigen hatten. Goethe freute sich vor allem, daß er eine Gelegenheit hatte zu brillieren. Gab es doch schon als Student für ihn kein Wissens- und Kunstgebiet, in dem er nicht eine Zeitlang liebhaberte, und das er wieder von sich warf, sobald er eingesehen hatte, daß sein Ehrgeiz darin niemals befriedigt werden konnte. In einem Brief vom Jahre 1779 an Lavater gesteht er es selbst. Er warf »einen stillen Rückblick aufs Leben, auf die Verworrenheit, Betriebsamkeit, Wissbegierde seiner Jugend, wie sie überall herumschweift, etwas Befriedigendes zu finden; .... wie er alles Wissenschaftliche nur halb habe angegriffen und bald wieder habe fahren lassen; wie eine Art von demütiger Selbstgefälligkeit durch alles geht, was er damals schrieb.«[2]

Goethes Hauptaufgabe in Weimar war seit 1781, die zer-/rütteten finanziellen Verhältnisse des Ländchens wieder in Ordnung zu bringen. An eine Vermehrung der Einnahmen war nicht zu denken.

---

[1] s. Goethes Briefe an Frau von Stein nebst dem Tagebuch aus Italien und Briefen der Frau von Stein. Mit Einleitung von K. Heinemann. 4 Bde., Stuttgart u. Berlin o. J.
[2] Goethes Sämtliche Werke (Propyläen), a. a. O., Bd. 3

Aus den Bauern war einfach nicht mehr herauszuschinden. Wie wenig »bürgerlich-revolutionär« Goethe hierbei verfuhr, geht schon daraus hervor, daß er sich obstinat weigerte, den Weimarischen Ständen die Rechnungsablage über sein Verwaltungsdepartement vorzulegen, worauf die Stände ein verfassungsmäßiges Recht hatten. Da die Einnahmen nicht mehr vergrößert werden konnten, blieb dem Herrn Finanzminister nichts anderes übrig, als zu versuchen die Ausgaben zu verringern. Der Herzog aber, der weit über seine Verhältnisse lebte und sein Land allmählich dem Staatsbankrott entgegenführte, dachte nicht im entferntesten daran, auch nur auf eines seiner teuren, ihm lieb und unentbehrlich gewordenen Pläsierchen wie Soldatenspielerei, Jagen, usw. zu verzichten. Goethe klagte, daß »oben immer an einem Tage mehr verzehrt wird als unten in einem beigebracht werden kann,« nicht aus Mitleid mit den Bauern, sondern aus Mitleid mit sich selbst, denn er sah mit Schrecken die fürchterlichste Blamage für sich herankommen, die dann auch prompt eintraf. Und was tat er, als der Karren festgefahren war? Was er immer tat. Er schmiß den ganzen Krempel hin und flüchtete, seine übliche Taktik, Konflikte zu lösen. Wie wenig sozial er empfand, geht noch daraus hervor, daß er als Bedingung für seine Rückkehr die Befreiung von allen Staatsgeschäften stellte.

Von dann ab zog er sich auf seinen Olymp zurück und dichtete. Es ist selbstverständlich, daß Goethe während seiner Ministerzeit hier und da etwas neu organisiert und einiges umorganisiert hat, um die Rentabilität des Ländchens zu steigern. So hat er einige Privilegien abgeschafft, für etwas größere Bewegungsfreiheit der Bauern gesorgt usw. Wenn man aber aus solchen Maßnahmen, die in diesen Jahren überall durchgeführt wurden, eine »bürgerlich-revolutionäre« Handlungsweise konstruieren will, könnte man mit gleichem Recht Friedrich II. und Joseph II. als bürgerliche Revolutionäre stempeln.

Allen, die bis jetzt noch blind für die Gärung im deutschen Volke gewesen waren, gingen plötzlich die Augen auf, als 1789 die französische Revolution ausbrach. Wenn es nicht schon längst klar war, worauf der verdeckte Kampf hinauswollte, der sich in Deutschland in allen Lebens-, Denk- und Schöpfungsformen Luft machte, dem fiel es jetzt wie Schuppen von den Augen. Kant, Schiller, Wieland, Klopstock, Schubart, der junge Hegel, Fichte, usw. usw. jubelten auf, daß nun endlich eine bessere Zeit anbrechen und die despotische Unterdrückung auch wohl bald in Deutschland ein Ende nehmen würde. Sogar unter dem deutschen Adel, der durch eine Revolution im eigenen Lande gewiß nichts zu gewinnen, sondern nur alles zu verlieren hatte, fanden die Vorgänge in Frankreich begeisterte Anhänger. Goethe berichtet uns selbst darüber: »Was mir aber noch mehr auffiel, war, dass ein gewisser Freiheitssinn, ein Streben nach Demokratie sich in den hohen Ständen verbreitet hatte; man schien nicht zu fühlen, was alles erst zu verlieren sei, um zu irgend einer Art zweideutigen Gewinnes zu gelangen.«[1]

Goethe allerdings war sich vollkommen bewußt, was für seine Person erst alles zu verlieren sei, um zu irgend einer Art zweideutigen Gewinnes zu gelangen. Er konnte in einer Revolution nur die Bedrohung seiner sicheren Existenz sehen, die ihm so über alles wichtig war, daß der Gedanke an ein allgemeines Interesse überhaupt nicht bei ihm aufkommen konnte. Und folglich nahm er sich auch nicht von dem in den Kreisen der Regierenden herrschenden »Hass und Verachtung des revolutionären Frankreich« aus.[2] »Es ist bekannt«, sagte der Goetheverehrer Hettner, »wie tief es die erregten Zeitgenossen schmerzte, dass er, der Grösste aller Deutschen, kein Herz hatte für ihre heiligsten Bestrebungen, dass er kühl ablehnend war gegen den hochherzigen Aufschwung der Freiheitskriege, dass er sich unter die Gegner des unverweigerlichen Volksrechts stellte. Gegen das Drängen des Volks auf selbsttätige Beteiligung an den höchsten Anliegen des Staatslebens war er ungerecht, weil sein Regierungsideal in den Ueberlieferungen und Gewohnheiten des durch Friedrich II. aufgekommenen aufgeklärten Despotismus lag.«[3]

Die Besetzung Deutschlands durch die französischen Armeen berührte Goethe nicht im geringsten. Sie wurde ihm erst unbehaglich, als er durch den frechen Übermut seiner französischen Einquartierung in persönliche Lebensgefahr gekommen war. Äußerst bezeichnend ist es, daß er gerade jetzt mit/seiner langjährigen Haushälterin, die kaum schreiben konnte, und die ihm neben einer ganz exquisiten Küche auch einen Sohn geschenkt hatte, die Ehe schloß.

---

[1] J. W. v. Goethe, Kampagne in Frankreich. 1792. Aus meinem Leben. II. Abteilung, fünfter Teil. Auch ich in der Champagne! (1820–21). In: Sämtliche Werke, a. a. O., Bd. 34, Nov. 1792
[2] Goethe, Kampagne in Frankreich, a. a. O., August 1792
[3] Hermann Hettner, Geschichte der deutschen Literatur im 18. Jahrhundert, a. a. O.

Goethe verehrte Napoleon, den Todfeind Deutschlands. Diese Verehrung für Napoleon, den Erben und Vollstrecker der Revolution, wurde neuerdings als »inhaltlich klassenmässig bedingt« hingestellt. Wie das übereinzubringen ist mit Goethes notorischem »Hass und Verachtung des revolutionären Frankreichs«, ist uns unverständlich. Goethe sah in Napoleon nur das dämonische Genie, und darauf beruhte in der Hauptsache seine Verehrung. Sicher war dabei seine Eitelkeit auch mit im Spiel, denn Napoleon hatte an Goethe Gefallen gefunden und gelegentlich einer Unterhaltung in Weimar bewundernd zu ihm gesagt: »Voūs êtes un homme!«

Goethes Napoleonverehrung ging so weit, daß er es für einen Idealzustand hielt, wenn sich damals ein Weltreich, eine Art Völkerbund bilden würde unter der Führung Frankreichs, was bedeutet hätte, daß Deutschland eine französische Provinz geworden wäre. Man lese zur Charakterisierung von Goethes Verhältnis zum deutschen Volk auch das servile Huldigungsgedicht an die Kaiserin Frankreichs (1812). Während der Befreiungskriege höhnte Goethe sogar das deutsche Volk: »Schüttelt nur an Eure Ketten! Der Mann ist Euch zu gross, Ihr werdet sie nicht zerbrechen.« Er erlaubte auch nicht, daß sein Sohn dem »Rufe des Vaterlandes« Folge leistete und in der Armee Dienst nahm. Die für Deutschland freudigen Ereignisse des Brandes von Moskau und der Schlacht bei Waterloo hielt Goethe nicht einmal der Mühe wert, in seinen Briefen zu erwähnen. Und nach dem Sturz Napoleons schrieb er das Festspiel »Epimenides«, »dass die Zeitgenossen aufs tiefste verletzte, und das noch heute jedem warmen Vaterlandsfreund ein Aergernis ist«.[1]

Auch später änderte sich Goethes durch Selbstsucht vollkommen verblendetes Verhältnis zum Volk nicht. Als die Fürsten anfingen ihr Versprechen einzulösen und hier und da Verfassungen bewilligten, zeigte sich Goethe als ein heftiger Gegner des Verfassungslebens, das er als »eine ausländische Neuerung, eine Verflachung und Versandung des deutschen Wesens, eine politische Fratze« betrachtete. Nach wie vor blieb er im 19. Jahrhundert ein Vorkämpfer oder eher ein Nachkämpfer des aufgeklärten Despotismus, nachdem sich sogar der Despotismus selbst längst aufgegeben hatte.

---

[1] H. Hettner, Geschichte der deutschen Literatur im 18. Jahrhundert, a. a. O.

Dieser Konservativismus zeigte sich bereits im »Götz von Berlichingen« und »Egmont«. Beide Helden wollten die tote Vergangenheit gegenüber der anstürmenden neuen Zeit lebendig machen, Götz das Ritterwesen, Egmont seine historischen Privilegien. Beide sind Freiheitshelden, aber sie kämpfen nicht für die Freiheit im allgemeinen, sondern ausschließlich für ihre persönliche Freiheit, von der sie glauben, daß sie nur dann zu ihrem vollsten Recht kommen könnten, wenn das tote Alte wieder auferstünde, bzw. perpetuiert würde. Götz, der junge Goethe, war wenigstens noch aggressiv, Egmont, der arrivierte Goethe, raffte sich nicht einmal mehr zu einer gewissen Aggressivität auf, er blieb in der Defensive.

Nach allem, was wir bis jetzt feststellen konnten, war die Potenzierung von Goethes Ich so stark, daß er äußerlich von seiner eigenen Klasse abrückte und ihr gegenüber eine Position einnahm, die oft in Opposition überging. Sein Ich war ihm so kostbar, er glaubte es so hüten zu müssen, daß er vermeintliche Sünden gegen die Aristokratie, die ihm bei der ersten Niederschrift seiner Werke entschlüpft waren, und von denen er glaubte, daß sie ihm eventuell verübelt werden und also schaden könnten, später mit serviler Beflissenheit ausmerze oder zu beschönigen suchte.

Im »Götz von Berlichingen« hatte er in der ersten Fassung ein paarmal auf die Unterdrückung und Ausbeutung der Bauern angespielt, was die hohen Herren Deutschlands hätte unangenehm berühren können. Und im »Werther« hatte er die Zurücksetzung seines Helden von seiten des sinnlosen adeligen Kastengeistes geschildert, was ebenfalls an höchster Stelle als anstößig angesehen werden konnte.

In der Ausgabe von 1773 hatte Goethe die verfänglichen Stellen im »Götz« gestrichen. Und in Weimar versuchte er den schlechten Eindruck, den die inkriminierte Stelle im »Werther« gemacht haben könnte, wegzunehmen. Im 17. Buch von »Dichtung und Wahrheit« schrieb er: »In dieser Zeit war meine Stellung gegen die oberen Stände sehr günstig. Wenn auch im Werther die Unannehmlichkeiten an der Grenze zweier bestimmter Verhältnisse mit Ungeduld ausgesprochen sind, so ließ man das in Betracht der übrigen Leidenschaftlichkeiten des/Buches gelten, indem jedermann wohl fühlte, dass es hier auf keine unmittelbare Wirkung abgesehen sei.« Der Sicherheit halber gibt er sich in bezug auf den »Götz« noch einmal ein Leumundszeugnis, indem er dienernd hinzufügt: »Durch den Götz von Berlichingen aber war ich gegen die oberen

Stände sehr gut gestellt.«[1]

Und doch war Goethe der bürgerlichste von allen seinen Zeitgenossen, trotz, oder besser gerade wegen seiner Unbürgerlichkeit. Denn das Ich, das er so ängstlich kultivierte, und für dessen Expansion er so bemüht war, war ein bürgerliches Ich. Keiner hatte es bisher gewagt, das bürgerliche Ich zu einer solchen Souveränität hinaufzuführen, es so zu absolutisieren, wie Goethe es tat.

In Straßburg hatte der große Umschwung stattgefunden. 1771 wurde hier Goethe durch Herders Vermittlung zum ersten Mal mit Rousseaus Evangelium der Natur und der Freiheit bekannt. Wir können uns denken, was das für den jungen ichbezogenen Menschen für ein Erlebnis, für eine Offenbarung gewesen sein muß. Ja, natürlichste Natürlichkeit und selbstverständlich nur in ihm, denn außer ihm bestand nichts, oder besser, alles andere bestand nur in ihm.

Haller hatte den Naturzustand in den Alpen, Kleist im deutschen Landleben, Schnabel auf einer Insel Felsenburg, Gessner in einem geträumten Arkadien, Wieland in Griechenland und im Orient, Klopstock im Ossian oder in den Hermannswäldern gesucht, Goethe konnte den Naturzustand nur in sich selbst, in der vollen Entfaltung seines Ich suchen, die sich aber nur dann realisieren ließ, wenn das Ich sich in vollkommenster Freiheit über alle Schranken und Hemmungen, alle religiösen, sittlichen und sozialen Vorurteile erheben konnte. Also unbeschränkte Freiheit, aber auch diese nur für ihn, denn außer ihm existierten für ihn keine Eigenwesen. Die Freiheit formulierte er so, daß in der Formulierung selbst der Rechtstitel, auf Grund dessen er die vollste Freiheit für sich forderte, festgelegt war. Goethe verlangte Freiheit für den außerordentlichen Mann, für das Genie, das wieder nur er war. Das Genie brauchte sich keinem Zweck und keiner Regel unterzuordnen; im Gegenteil »durch Handeln und Tun gibt es selbst Gesetz und Regel«. Damit hatte er das bürgerliche Ich zum einzigen Gesetz, zum Maß aller Dinge gemacht./

Das gesamte Jugendwerk Goethes – und nur dieses kommt für uns hier in Betracht – konnte von dieser Weltanschauung, die im Grunde Selbstanschauung war, nichts anderes sein, als Verklärung seiner selbst, also Verherrlichung des absolutisierten bürgerlichen

---

[1] J. W. v. Goethe, Dichtung und Wahrheit, Sämtliche Werke (Propyläen), a. a. O., Bd. 25

Ich. Er bestätigt uns das selbst im 7. Buch von »Dichtung und Wahrheit«: »Alles was von mir bekannt geworden, sind nur Bruchstücke einer großen Konfession«.[1] Wie er bereits als Kind in seinem Puppentheater in verschiedenen Rollen auftrat, dann als Student, z. B. in Sesenheim, und auch noch in späteren Jahren, z. B. 1777, als er in dem Harz vor Plessing einen Landschaftsmaler markierte, so fand er auch in seinen Dichtungen eine besondere Freude daran, sich zu maskieren und eine Rolle zu spielen. So kostümierte und grimierte er sich einmal in der Doppelmaske Götz und Weislingen, ein anderesmal in der Doppelmaske Faust und Mephistopheles oder Clavigo und Carlos, dann wieder als Werther, als Fernando, als Prometheus oder als Egmont. In der Maske konnte er noch viel ungezügelter er selbst sein als in Wirklichkeit.

Gellert war der erste gewesen, der das deutsche Lustspiel verbürgerlicht hatte. 1745 erschien seine »Betschwester«, im Jahr darauf »Das Loos in der Lotterie«, dann »Die zärtlichen Schwestern«, »Die kranke Frau« usw. »Es sind wahre Familiengemälde«, berichtet uns Lessing, »in denen man sogleich zu Hause ist; jeder Zuschauer glaubt einen Vetter, einen Schwager, ein Mühmchen aus seiner eigenen Verwandtschaft darin zu erkennen.«[2]

1747–1748 erschien der erste deutsche bürgerliche Familienroman: »Das Leben der schwedischen Gräfin G***« von Gellert.

Lessing selbst vollendete 1755 das erste deutsche bürgerliche Trauerspiel »Miss Sara Sampson«, das für die damalige Zeit ein unerhörtes Ereignis war. Der Bürger hatte bis vor kurzem gar nichts gegolten, und nun erschien auf einmal auf der Bühne, wo bisher nur Götter und Göttinnen, Heroen und Heroinen ihre große Tragik erlebten, ein leibhaftiges simples Bürgermädchen. Das allein war schon eine revolutionäre Tat.

Goethe war wieder die Steigerung von Lessing, weil er es war, der zum ersten Mal das bürgerliche Ich zu dramatisieren wagte./

Schon in Straßburg beschäftigte ihn der »Götz« und der »Faust«.

Goethe stellt uns selbst Götz vor als »den wohlmeinenden Selbsthelfer in wilder anarchischer Zeit«, also als den außerordentlichen Mann, der in Konflikt kommt mit seiner Umgebung, sich über alles Herkömmliche hinwegsetzt und nur sich selbst ist, sich selbst hilft.

---

[1] Goethe, a. a. O., Bd. 24
[2] G. E. Lessing, Sämtliche Schriften, a. a. O., Bd. 6

Wenn Götz am Schluße stirbt mit dem Schrei »Freiheit, Freiheit!«, bedeutet das nicht Freiheit für die anderen, z. B. für die Bauern, die überhaupt in dem Drama ganz jämmerlich wegkommen, sondern Freiheit für Götz selbst. Kurz vorher hat er noch zu Elisabeth gesagt: »Sie haben mich nach und nach verstümmelt, meine Hand, meine Freiheit, Güter und guten Namen.«

Im »Clavigo« dramatisierte Goethe seine ebenso schuldvolle wie schuldlose Untreue gegen Friederike von Sesenheim. Wie er im »Götz von Berlichingen« sich selbst in Götz und Weislingen spaltete, in seiner Faustdichtung zugleich Faust und Mephistopheles war, so spaltete er sich hier in Clavigo und Carlos. Clavigo war die Verkörperlichung von Goethes Pflichtgefühl sich selbst gegenüber als Mensch, Carlos die Personifizierung von Goethes Pflichtgefühl sich selbst gegenüber als Genie. Es folgen ein paar Zitate aus »Clavigo«, die das Recht für die Überhebung des Genies in seinem Verhältnis zur Frau, zur Liebe und zur Ehe dokumentieren:

Clavigo: »Man wird der Weiber gar bald satt.«
Carlos: »Du wärst versauert. Sie sind gar zu einförmig. Nur dünkt mich, wärs wieder Zeit, dass du dich nach einem neuen Plan umsähest, es ist doch auch nichts, wenn man so ganz aufm Sand ist .... Ich kann nie ohne Weiber leben, und mich hindern sie an garnichts. Auch sag ich ihnen nicht so viele schöne Sachen, röste mich nicht Monate lang an Sentiments und dergleichen; wie ich denn mit honetten Mädchen am ungernsten zu tun habe. Ausgeredt hat man bald mit ihnen; hernach schleppt man sich eine Zeit lang herum, und kaum sind sie ein bisschen warm bei einem, hat sie der Teufel gleich mit Heiratsgedanken und Heiratsvorschlägen, die ich fürchte wie die Pest.«[1]/

Das Genie ist sich also verpflichtet, sich über alle Hindernisse hinwegzusetzen, die sich ihm in den Weg stellen, in diesem Fall eine Frau von sich zu stoßen, wenn sie seinem »ruhmvollen Leben«, seiner Karriere hinderlich ist. »Ausserordentliche Menschen«, sagt Carlos, alias Goethe, »sind eben auch darin ausserordentliche Menschen, weil ihre Pflichten von den Pflichten des gemeinen Men-

---

[1] J. W. v. Goethe, Clavigo. Ein Trauerspiel. In: Sämtliche Werke (Propyläen), a. a. O., Bd. 2

schen abgehen . . . . Dessen Werk es ist ein grosses Ganzes zu übersehen, zu regieren, zu erhalten, braucht sich keinen Vorwurf zu machen, geringe Verhältnisse vernachlässigt, Kleinigkeiten dem Wohl des Ganzen aufgeopfert zu haben.« Ist das vielleicht etwas anderes als die berühmte »Staatsräson« des 18. Jahrhunderts, nur ins Bürgerliche übersetzt?

Der Anlaß zum »Werther« war an erster Stelle Goethes unglückliche Liebe für Charlotte Buff, die verlobte Braut seines Freundes Kestner. In diesem Roman schildert Goethe die Maßlosigkeit und die Unbändigkeit des empfindsamen Menschen, der sich gegen alles, was sich seinem Unendlichkeitsstreben entgegensetzt, ankämpft, für den es kein Recht eines Dritten, keine Moral, keine Sitte, keinen Anstand gibt, und der lieber aus der Welt scheidet, als das absolutistische Recht seines Gefühlslebens zu verleugnen.

»Stella« mit dem Untertitel »Ein Schauspiel für Liebende« (1775) war der travestierte Werther. Diesmal lieben nicht zwei Männer eine Frau, sondern zwei Frauen einen Mann, der beide verlassen hatte aus Drang nach Freiheit, aus Sehnsucht nach einer volleren Betätigung seiner Kräfte, als eine bürgerliche Ehe es erlaubte. Das Schauspiel endet nicht mit einem Selbstmord sondern mit einer vergnüglichen Doppelehe, die bereits Goethes Freund Merck als die Verteidigung der ungezügelten sophistischen Selbstsucht des Herzens- und Sinnentaumels rügte. In »Stella« finden wir also wieder einmal das rücksichtslose und hemmungslose Sichausleben eines Übermenschen.

1774 begann Goethe seinen »Prometheus«, der sich selbst Gott ist, sich seine eigene Erde schöpft und gegen alles, was nicht er ist, sogar gegen seine Götter trotzig rebelliert. Nur der titanische Held und seine eigene Selbstmultiplikation in dem Heldengeschlecht *sind:*/

Bedecke deinen Himmel, Zeus,
Mit Wolkendunst
Und übe, dem Knaben gleich,
Der Disteln köpft,
An Eichen dich und Bergeshöhn!
Musst mir meine Erde
Doch lassen stehn
Und meine Hütte, die du nicht gebaut,
Und meinen Herd,

Um dessen Glut
Du mich beneidest.

Ich kenne nichts Ärmeres
Unter der Sonn', als euch, Götter!
Ihr nähret kümmerlich
Von Opfersteuern
Und Gebetshauch
Eure Majestät,
Und darbtet, wären
Nicht Kinder und Bettler
Hoffnungsvolle Thoren.[1]

»Egmont« wurde 1775 angefangen und könnte somit auch noch zu Goethes Jugenddichtungen gerechnet werden. Wie Goethe im »Götz von Berlichingen« nichts daran lag, den Freiheitskampf der Bauern, sondern nur den Kraftmenschen Götz zu schildern, so ging es ihm im Egmont nicht um den Freiheitskampf der Niederländer gegen die Spanier, sondern um den Helden Egmont in seiner ganzen Maßlosigkeit und Ungebundenheit und das volle Ausleben seines ungestümen Dranges. An Egmont behagte Goethe, sagte er selbst, seine menschlich ritterliche Größe. Er fälschte die geschichtlichen Tatsachen, nur um diese Größe besser hervortreten zu lassen. Egmonts Alter, seine Frau, seine neun Kinder macht er rückgängig. »Als ich ihn so in meinen Gedanken verjüngt und von allen Bedingungen losgebunden hatte, gab ich ihm die ungemessene Lebenslust, das grenzenlose Zutrauen zu sich selbst, die Gabe alle Menschen an sich zu ziehen und so die Gunst des Volkes, die stille Neigung einer Fürstin, die ausgesprochene Liebe eines Naturmädchens, die Theilnahme eines/Staatsklugen zu gewinnen, ja selbst den Sohn seines grössten Widersachers für sich einzunehmen.«[2] Egmont war somit wieder Goethe in neuer Verkleidung. Egmont ging an seiner maßlosen Lebenslust zu Grunde, wie Werther an seiner maßlosen Empfindungslust zu Grunde gegangen war.

»Faust«, der höchstens in seiner Urfassung noch hierher gehört, ist die höchste Selbstapotheose Goethes. H. A. Korff hat in wenigen

---

[1] J. W. v. Goethe, Prometheus, III. Akt, in: Sämtliche Werke, a. a. O., Bd. 2
[2] J. W. v. Goethe, Dichtung und Wahrheit, Sämtliche Werke (Propyläen), a. a. O., Bd. 25, 20. Buch

Worten eine äußerst treffende Charakteristik Fausts gegeben: »Faust ist der individualistische Uebermensch, der sich kraft des Ausnahmerechts seiner grossen Natur über alle Vernunftsformen der Gesellschaft, Wissenschaft, Sitte, Recht und Gesetz hinwegsetzt, und dessen urgewaltiger Lebensdrang vor Schuld und Verbrechen nicht zurückschrickt. Er ist nicht nur ein Frevler an der Gesellschaft, sondern überdies ein Frevler gegen Gott, der sein Uebermenschentum mit einem Teufelsbündnis krönt, und gewissermassen auch ein Ausnahmerecht gegen Gott für sich in Anspruch nimmt.«[1] Die bereits außerordentliche Glorifizierung Fausts bzw. Goethes wird durch die Tatsache noch besonders gesteigert, daß sich ihm gerade ein Geschöpf wie Gretchen hingibt. Wenn ein Naturkind wie Clärchen, das sich durch nichts gebunden fühlt, Egmont um den Hals fällt, so erfährt Egmonts Übermenschentum dadurch keine wesentliche Steigerung. Wenn aber ein Mädchen wie Gretchen, das durch Familie, Religion, Moral, Sitte, Milieu usw. äußerst stark gebunden ist, und trotzdem im ersten Augenblick von Faust so fasziniert wird, daß sie ihm bedenkenlos alles opfert, so erscheint uns dadurch Faustens Übermenschentum nur noch übermenschlicher.

Wenn wir die Erscheinung »Goethe« zusammenfassen, so kommen wir zu folgendem Ergebnis:

Goethe war der größte Repräsentant des deutschen Bürgertums, daher die überschwängliche Verehrung seiner Person und seines Werkes während des ganzen bürgerlichen 19. Jahrhunderts trotz seines in mancher Hinsicht unbürgerlichen Verhaltens.

Dieses Verhalten war aber unvermeidlich. Goethe war nämlich so bürgerlich, daß er vor lauter Bürgerlichkeit das Bürgerliche wieder negierte und unbürgerlich wurde. Das Bür-/gerliche schlug bei Goethe durch die Übersteigerung wieder ins Absolutistische um, das mit dem fürstlichen Absolutismus eine widerspruchsvolle Einheit bildete.

Goethe bedeutet die Affirmation des fürstlichen Absolutismus, insofern er auf seinem eigenen Gebiet die gleiche unbeschränkte Gewalt des Ich für den Bürger reklamierte, die der Feudalismus für sich selbst beansprucht hatte. Wegen dieser Bejahung des Absolutismus im allgemeinen verehrten die Fürsten Goethe, und das um

---

[1] A. Korff, Geist der Goethezeit, a. a. O., Bd. 1

so mehr, weil sie sich nicht nur rechtens ihrer Geburt sondern auch vom menschlichen Standpunkt aus für die Außerordentlichen hielten, denen nach Goethe alles erlaubt sein soll.

Goethe bedeutete aber zugleich die Negation des fürstlichen Absolutismus, insofern er diesem unbewußt und ungewollt eine Gewalt entgegenstellte, an der der Despotismus zuletzt zerschellen mußte.

Die Absolutisierung des bürgerlichen Ich durch den jungen Goethe war keine vereinzelte Erscheinung.

Wir leiteten sie aus den allgemeinen und aus den für Goethe besonderen gesellschaftlichen Verhältnissen her. Diese letzteren sind jedoch, wie wir am Beispiel Goethes gesehen haben, nichts anderes als je nach den individuellen Umständen verschiedene Konkretisierungen der ersteren, im Wesen also dieselben.

Da die gleichen Bedingungen die gleichen Wirkungen zeitigen, die nur je nach der Beschaffenheit der Objekte, in denen sie sich auswirken, variiert erscheinen, ist es klar, daß die Erscheinung »Goethe« in dieser Zeit noch in allerlei Abwandlungen, hie und da sogar bis zur Karikatur entstellt, vorhanden gewesen sein muß.

Wir finden »Goethe« überall wieder, aber nur bei einer ganz bestimmten Kategorie von jungen Leuten. Es fällt sofort auf, daß die nur wenig älteren Generationen Lessings (1729), Hamanns (1730) und sogar Jacobis (1743) und Herders (1744) von dieser sich übersteigernden Selbstüberhebung, die wir fast als eine akute Bürgertollheit ansprechen können, frei blieben. Wir treffen sie nur bei einer Reihe von allerdings ziemlich explosiv und eruptiv veranlagten Naturen an, die alle in Goethes Alter standen. Wenn wir uns die Jahreszahlen etwas genauer ansehen, so ist des Rätsels Lösung bereits gefunden./Die betreffende Generation war gerade in der Zeit der beginnenden bürgerlichen Freiheitsbewegung, also um 1750 geboren: Heinse 1746, Wagner 1747, Goethe und Müller 1749, Lenz 1751, Klinger und Leisewitz 1752. Ihre Jugend fiel in die Jahrzehnte der sich allmählich vollziehenden bürgerlichen Befreiung. Rousseaus Hauptwerke erschienen gerade in den geistigen Pubertätsjahren dieser heranwachsenden Jugend und mußten diesen Unfertigen die Köpfe vollends verdrehen. Und als sie in den siebziger Jahren Mann wurden, hatte die Spannung in Deutschland, Frankreich und Amerika – man denke an die Unabhängigkeitserklärung – ihre kaum noch zu überbietende Intensität erreicht.

Es war somit die selbstverständlichste Sache von der Welt, daß diese Generation von 1750 in der Zeit um 1770 von dem Taumel des Neuen unwiderstehlich mitgerissen wurde, daß sie sich sofort rüstete, mit einer ihrer Jugend entsprechenden bravourösen Wildheit gegen das immer mehr verfallende und verfaulende Alte anzustürmen, und daß sich das immer steiler anwachsende bürgerliche Selbstbewußtsein bei ihr in tollster Weise überschlug.

Diese Bewegung konnte von selbst nur von kurzer Dauer sein, wie jeder Gärungsprozeß. So wie sich die Jugend mit dreißig Jahren gewöhnlich ausgetobt hat, begann auch um 1780 der Sturm in Deutschland abzuflauen und sich endlich zu legen.

Wir glauben, daß dies die Erklärung des sogenannten »Sturmes und Dranges« ist, die uns die Literaturgeschichte bis heute schuldig blieb.*/

In den Literaturhandbüchern werden Lenz, Klinger, Wagner usw. häufig mit dem Etikett »Goethianer« beklebt. Diese Bezeichnung ist ebenso richtig wie falsch. Wenn man nämlich darunter versteht, was in ideengeschichtlichen Abhandlungen auch vielfach darunter verstanden wird, daß Goethe diese Geistesbewegung ausgelöst hat, mit anderen Worten, daß es ohne Goethe niemals zu der stürmischen Überbewertung des bürgerlichen Ich gekommen wäre, ist die Bezeichnung Goethianer vollkommen daneben. Auch wenn Goethe niemals existiert hätte, würde das überschäumende bürgerliche Lebensgefühl um 1770 zu einer Eruption gekommen sein. Die Bezeichnung Goethianer ist aber insofern zutreffend, als keiner von dieser wilden Generation eine so starke Persönlichkeit war wie Goethe, keiner das Format eines Goethe hatte, und es

---

* Auf das Schlagwort »Sturm und Drang« möchten wir im übrigen lieber verzichten. Der Begriff wurde so sehr verallgemeinert, daß er heutzutage in seiner zu weit gehenden Simplizität nur noch Verwirrung hervorrufen kann. Zum »Sturm und Drang« wird nämlich alles gerechnet, was in dieser Zeit lebte und webte. Sogar Hamann und Herder werden dazu gezählt! Es ist nicht zu bestreiten, daß Hamann und Herder vieles mit den eigentlichen »Stürmern und Drängern« gemeinsam haben. Aber das Gemeinsame sind nur sekundäre Eigenschaften, wie z. B. Empfindsamkeit und Natürlichkeit, die mit dem eigentlichen Wesen des »Sturmes und Dranges« nichts zu schaffen haben. Empfindsamkeit und Natürlichkeit gab es längst vorher. Was aber gerade zum Wesen des »Sturm und Drang« gehörte, und weshalb man diese Rabiaten wie Lenz, Klinger, Wagner schon im 18. Jahrhundert als »Stürmer und Dränger« verschrie, fehlte den übrigen. Wollten wir also das Schlagwort »Sturm und Drang« weiter verwenden, so müssten wir jedesmal den Vorbehalt machen, dass wir etwas anderes darunter verstehen als die offizielle Literaturgeschichte und notabene Kunst- und Musikgeschichte! Also verzichten wir lieber auf die Bezeichnung.

somit nicht ausbleiben konnte, daß diese Unselbständigen in eine gewisse Abhängigkeit von dem großen Selbständigen gerieten und vielfach für ihr innerliches Erleben die äußere Form übernahmen, die Goethe ihnen vorgeprägt hatte.

Der goethischste Goethianer war zweifellos Jacob Michael Reinhold Lenz (1751-1792). Karl August von Weimar nannte ihn mit vollem Recht Goethes »Affen«. Lenz trottete nicht nur brav hinter Goethe her in dessen glühender Verehrung für Rousseau, Shakespeare und Ossian, sondern er folgte sogar Goethes Fußstapfen auf den Pfaden der Liebe. Als Goethe aus Straßburg fort war, glaubte Lenz, daß sich Friederike Brion nun wohl in den geistigen Doppelgänger ihres untreuen Freundes verlieben würde. Lenz soll sich sogar gelegentlich seines Besuches in Weimar erdreistet haben, Charlotte von Stein »avances« zu machen. Lenz kopierte den »Götz von Berlichingen« in »Der Hofmeister oder die Vortheile der Privaterziehung« (1772-1773) und die »Leiden des jungen Werther« in seinem Romanfragment »Der Waldbruder«. Das war aber noch nicht alles. Um sich auch vor der Nachwelt als Goethes geistiger Zwillingsbruder zu etablieren, schrieb Lenz einen Aufsatz mit dem anspruchsvollen Titel »Unsere Ehe«. In »Dichtung und Wahrheit« urteilte Goethe über dieses überspannte Geschreibsel folgendermaßen: »Das Hauptabsehen dieser weitläufigen Schrift war mein Talent und das seinige nebeneinander zu stellen, bald schien er sich mir zu subordinieren, bald sich mir gleich zu setzen«.[1] Im »Pandaemonium germanicum«, das gleich in der ersten Szene eine geradezu pathologische Selbstüberschätzung an den Tag legt, führte Lenz diese »Ehe« mit Goethe weiter aus.

War Goethe tatsächlich ein Genie, so bestand Lenzens Genialität allein in seiner kranken Phantasie. Er litt an Geniewahn, der solche Formen annahm, daß er einen großen Teil seiner letzten 15 Lebensjahre in einer Irrenanstalt verbringen mußte. Goethe *war* der außerordentliche Mensch, für den er sich hielt. Und wenn man anerkennt, daß der Ausnahmemensch auch Anspruch auf ein Ausnahmerecht hat, so gilt das zweifellos für Goethe. Wenn aber der kleine Gernegroß Lenz ein gleiches Ausnahmerecht für sich beansprucht, dann kommt er uns vor wie ein schmächtiges Knäblein, das den Rock seines Vaters angezogen hat. Goethe machte in seinen Jugendwerken den Versuch, die Gültigkeit eines Ausnahmerechts für den Aus-

---

[1] Goethe, Sämtliche Werke, a. a. O., Bd. 25, 14. Buch

nahmemenschen nachzuweisen. Weder im »Götz«, noch im »Clavigo«, noch im »Werther«, noch im »Egmont« vermochte er diesen Nachweis vollkommen überzeugend zu erbringen. Erst dem menschlich reifen Goethe gelang dies in seinem »Faust«. Es ist klar, daß aus der dichterischen Selbstpotenzierung und Selbstglorifizierung des kleinen Lenz und seiner ebenso kleinen, aber umso lauter polternden Kollegen nur eine lächerliche Kraftprotzerei herauskommen konnte.

Welcher Platz Lenz und den übrigen Goethianern im Pantheon der deutschen Dichtung gebührt, erscheint uns in diesem Zusammenhang gleichgültig. Uns interessieren sie nur als Zeiterscheinungen. Und in dieser Beziehung sehen wir jeden von ihnen als einen Vertreter und infolgedessen als eine weitere Bestätigung des in der damaligen Zeit so allgemein stark empfundenen Bedürfnisses, das bürgerliche Ich zu heroisieren. Der wesentliche Unterschied zwischen Goethe und den Goethianern besteht nur darin, daß Goethe der Versuch gelang, und Lenz und Konsorten mißlang. Bei Goethe schlug, wie wir gesehen haben, das Bürgerliche ins Selbstabsolutisierte und damit ins Aristokratische um. Bei Lenz und den übrigen Goethianern schlug die versuchte Steigerung wieder ins Bürgerliche und noch tiefer ins Kleinbürgerliche zurück. Aus dem Goetheschen Kraftmenschen wurde bei seinen Nachahmern ein Kraftmeier, der mit 1 000-Kilo-Gewichten aus Pappe herumfuchtelt./

Die Hauptwerke von Lenz beweisen das zur Genüge. Hier seien kurz erwähnt: »Der Hofmeister«, »Der neue Menoza« und »Soldaten«. Im ersten Drama verführt ein Hofmeister die ihm anvertraute Schülerin. Er kastriert sich aus Reue und heiratet dann ein gesundes kräftiges Bauernmädchen. Die Moral von der Moritat: Der Große Geist kommt über alles hinweg, sogar über seine lädierte Männlichkeit.

In »Der neue Menoza oder die Geschichte des cumbanischen Prinzen Tandi« (1774), einem zweiten Aufguß des dänischen Romans »Menoza«, schildert Lenz – natürlich mit brüllendem Bombast – einen Rousseauschen Naturmenschen, dem es vor der damaligen Bildung und Kultur ekelt.

Über den Sinn der »Soldaten« (1776) klärt uns Lenz selbst auf: »Ich habe allezeit eine besondere Idee gehabt, wenn ich die Geschichte der Andromeda gelesen; ich sehe die Soldaten an wie das Ungeheuer, dem schon von Zeit zu Zeit ein unglückliches Frauenzimmer freiwillig geopfert werden muss, damit die übrigen Gattinnen und Töchter verschont bleiben.«[1] Lenz zog den Schluß daraus, daß »Pflanzschulen von Soldatenweibern« gegründet werden sollen!!

Der zweite Goethianer war Friedrich Maximilian *Klinger* (1752–1831), dessen Drama »Sturm und Drang« der ganzen Bewegung den Namen gab.

In dem Abschnitt »Kampf des Bürgertums um die politische Freiheit« haben wir diesen Vielschreiber schon kennengelernt. Schon als Schüler debütierte er mit Dramen. Nach seiner Schulzeit setzte er die Produktion von wildestem Zeug in phrasenhaftem und schwülstigem Stil fort. Später versuchte er zwar diese Schreibereien als »Explosionen seines jugendlichen Geistes und Unmutes« gewissermaßen zu entschuldigen, aber auch seine Mannsprodukte haben kaum mehr Rückgrat. Im Jahr 1776 schrieb Klinger nicht weniger als fünf Dramen.

Sein bedeutendstes Stück, »Die Zwillinge«, ist zur Illustration der ichprotzerischen Kraftmeierei der damaligen Zeit besonders charakteristisch. Klinger behandelt darin den Konflikt zwischen Naturordnung und Rechtsordnung, also den Gegensatz des auf sein natürliches Recht pochenden Ausnahmemenschen, zu denen sich auch Klinger rechnete, und seiner Umwelt. Die Hauptpersonen des Dramas sind zwei Brüder, von denen sich der stärkere zweitgeborene auf die Naturordnung beruft; er ist/also ein Vertreter des Faustrechts. Der erstgeborene schwächere dagegen sucht sein Vorrecht durch die überlieferte Rechtsordnung zu begründen. Der stärkere pfeift aber auf das Erstgeburtsrecht und hält sich schließlich für berechtigt, seinen Bruder aus dem Weg zu räumen. Als der Mörder von seinem Vater mißhandelt wird, versteigt sich ein anwesender Freund des selbstherrlichen Sohns zu der »Räuber«moral: »In diesem Augenblick überfällt mich Menschenhass, dass meinem Gaumen nach ihnen gelüstet. Lass uns die Menschen anfallen, wenn das Eltern tun! Lass sie uns zerreissen! Leg deinen Degen weg und schärfe deine Zähne! Ha, ich werde wahnsinnig mit dir über das Geschick.«[2]

Der dritte im Bunde war Heinrich Leopold *Wagner* (1747–1779),

---

[1] J. M. R. Lenz, Über die Soldatenehen. Hg. Karl Freye, Leipzig 1914
[2] F. M. Klinger, Die Zwillinge. Ein Trauerspiel in fünf Aufzügen, III, 1 (1776). In: Sturm und Drang. Dramatische Schriften Bd. 2, Hg. E. Loewenthal und L. Schneider, Heidelberg o. J.

dessen Dramen »Die Reue nach der Tat« (1775) und »Kindesmörderin« (1776) damals am meisten von sich reden machten. Auch sie waren die reinsten Moritaten. Im ersten verhindert eine standesbewußte Justizrätin die Ehe ihres Sohnes mit der Tochter eines Kutschers. Der Sohn wird wahnsinnig, und die Mutter vergiftet sich.

Im zweiten Stück schändet ein Offizier ein Bürgermädchen, nachdem er der Mutter nach Goetheschem Rezept einen Schlaftrunk verabreicht hatte. Der Offizier entmannt sich nicht, im Gegenteil, er will das Mädchen heiraten. Die Ehe wird jedoch verhindert, das Mädchen erstickt ihr Kind, ebenfalls nach Goetheschem Rezept, und verfällt damit der Justiz.

Die Kindesmörderin war ein Thema, das die Geister damals sehr beschäftigte. Außer in Wagners Drama wurde es in Bürgers Ballade »Die Pfarrerstochter von Taubenhain«, in Schillers Gedicht »Die Kindesmörderin« und auch noch von dem Dichter und Maler Johann Friedrich *Müller* (1749–1825) in der Idylle »Das Nusskernen« behandelt. Nur bei Müller wurde eine Anklage gegen die Gesellschaft daraus, die einzig und allein die Mädchen zu einem solchen Verbrechen treibt: »Ihr seid ärger als Tiere! Ist denn das so etwas Erschreckliches ein Jungfernkind? Absonderlich so in wahrer Liebe gezeugt! Hab' so meine eignen Glossen drüber!«[1]

Maler Müller oder der Teufelsmüller, der mit biblischen, mythologischen und volkstümlich deutschen Idyllen, Liedern und Balladen angefangen hatte, stürzte sich in den siebziger Jahren selbstverständlich auch auf Dramen, weil diese Literatur-/gattung dieser überspannten Generation eine so prachtvolle Gelegenheit zum Schwadronieren bot. In »Faust« (1776) und »Niobe« (1778) delirierte Müller vom Übermenschentum. Sein Faust verschreibt dem Teufel seine Seele bloß für ein Leben voller Ausschweifungen. »Niobe« ist in Prometheusstimmung gehalten. Das Drama geifert vor Rachedurst gegen die strafenden Götter.

Der »Julius von Tarent« von Johann Anton *Leisewitz* (1752–1806) gehört ebenfalls zu der Kategorie der Himmel und Hölle stürmenden und stürzenden Dramen. Sämtliche Pflichten des Individuums gegen die Gesellschaft, die in unnatürlicher Weise die individuelle Freiheit untergräbt, werden in dem Drama verneint.

---

[1] Maler (Friedrich) Müller: Idyllen. Hg. O. Heuer, 2 Bde., 1914

Auf keinem Gebiete aber ist die typisch bürgerliche Theorie des Ausnahmerechts für den Ausnahmemenschen so in eine Sackgasse geraten, wie auf dem *Sexualgebiet*.

Die besten Beweise dafür liefern uns Klinger mit seinem Drama »Simsone Grisaldo« und Heinse mit seinem Roman »Ardinghello«.

Die Hauptperson des Klingerschen Dramas läßt sich mit keinem Titel besser charakterisieren als mit Deckhengst. Mit Vorliebe beschälte Simsone Prinzessinnen. Kaum ist er von einer Prinzessin heruntergestiegen, so besteigt er schon wieder eine andere. Wenn zur Zeit keine frischen fürstlichen Stuten vorhanden sind, kehrt er auch gerne mal wieder zu irgend einem alten Stall zurück, wird dann zärtlichst abgeklopft und aufs neue freundlichst angenommen. »Immer noch so zauberhaft, so wandelbar und lieb. Tausend Untreue begangen und doch so lieb«, hören wir eine der aufs neue zu beglückenden Mädchen königlichen Geblütes lispeln. Ein König im Drama ist Augenzeuge, wie Simsone sich an seine Tochter, die blühende Prinzessin Almerine, heranmacht und sie entjungfert. Ob er wohl den Dolch zückt, um die Ehre seiner Tochter zu rächen? Aber nein! Stolz meint der königliche Papa: »Nun denn! Lässt er mir einen Knaben zurück, will ich's ihm danken. Hätt' ich der Mädchen mehr, er sollte sie nach der Reihe liebhaben, und ich weiss er tät's.«[1]

Das Beispiel des Simsone wirkte ansteckend. Der Bruder der Almerine möchte auch mal ein kleiner Simsone sein, er/wendet sich an seinen Freund Bastiano: »Ich komme da soeben.... ich habe gestern ein Mädchen, ein schönes Mädchen gesehen, wie eine Huri schön. Man sagte mir, Bastiano, es sei eure Schwester, und so will ich diese Nacht bei ihr schlafen.« – »Aber das geht hier nicht so wie in Afrika.« – »Seid ihr auch von denen, die immer übers andere Wort sagen: es schickt sich nicht? Es ist doch ein verfluchtes Land, wo ihr innewohnt. Ich kann euch nicht begreifen. Wie soll ich hier durchkommen? mit meinem heissen maurischen Blut? Ich will ja lieber unter wilden Tieren leben, da darf ich doch zugreifen, was ich unter mich bringen kann. Das ist eine Anständigkeit, Sittlichkeit, womit hier alles überschmiert ist; es scheint, ihr habt Offenheit und Natur mit Fleiss von euch gejagt.... Wie? Der General hat meine Schwester liebgehabt, und sie ist die schönste Prinzessin in

---

[1] F. M. Klinger, Simsone Grisaldo. Ein Schauspiel in fünf Akten (1776). In: Sturm und Drang, Dramatische Schriften Bd. 2, a. a. O. (ebenso das Folgende)

Afrika, und ich sollte nicht bei dieser schlafen? Ist das Erwiderung des Gastrechts? Aber so seid ihr! Immer Dunst, immer heuchlerischer Glanz, und in den Winkeln seid ihr Schweine und nennt uns doch Barbaren!«

Man sollte glauben, das wäre nicht mehr zu überbieten. Und doch wurde es übertroffen von Wilhelm *Heinse* (1746–1803). 1773 kam sein »Laidion oder die Eleusinischen Geheimnisse« heraus, eine Hetärenphilosophie, von der Goethe in einem Brief an Schönborn behauptete, dass sie »mit der blühendsten Schwärmerei der geilen Grazien geschrieben« worden sei.

Heinse schildert uns in seinem »Laidion« das Leben der Hetäre Lais im Jenseits, deren schöner Körper auch nach dem Tode seine extravagante Genußfähigkeit nicht im geringsten eingebüßt hatte. Lais erscheint vor einem Totengericht, das sich aus Orpheus, Solon und Aspasia zusammensetzt, und plädiert dort für ihre Unschuld: Ja, sie habe sich zwar aller Welt hingegeben, aber durch ihre wahllose Hingabe habe sie die Jugend zu Helden erzogen und die Alten des höchsten Erdenglücks teilhaftig werden lassen. Und was sie mit ihrem Körper verdiente, habe sie stets den Armen geschenkt. Auf Grund dieses tugendsamen Lebenswandels glaube sie, Anspruch auf die ewigen Freuden im Elysium zu haben.

Heinse serviert uns diese an und für sich schon recht/saftigen und pikanten Szenen mit einer noch reichlicher gewürzten Sauce von sehr wollüstigen Stanzen.

Wieland, den man für alles andere als prüde halten kann, war außer sich. Um ihn zu besänftigen und ihn wieder günstig zu stimmen, schrieb Heinse ihm am 2. Januar 1774 einen langen Brief, in dem er alle Schuld von sich abwälzte und einem gewissen Hauptmann aufbürdete, »der stündlich an meiner Seele, wie ein Lavater des Priapus arbeitete. Den Unverständlichen werde ich niemals begreiflich machen, dass man der unschuldigste Mensch sein und doch in seinem 20. Jahr, von brausender Jugend berauscht, zu einer solchen Ausschweifung seinen Genius von elenden Menschen deren Phantasie ein ewiger Cunnus ist, verführen lassen könne.« Die Stanzen entschuldigte er: »weil ich die Szene selbst noch nicht geschrieben hatte, und mein Phantasie mir ein lebhaftes Gemälde der Empfindungen vorträumen lassen wollte, die ich wirklich – Sie können es glauben, ob es gleich unbegreiflich sein wird, und ob ich gleich in dieser argen Welt schon 24 Jahre lebe – noch nicht genossen habe. Eine Dame von unverdächtiger Tugend sagte mir:

dies Gemälde ist zu kräftig, zu übertrieben; vermutlich weil Sie noch zu unschuldig sind, kommen Sie dazu, so etwas zu glauben.«[1]

Den Psychiatern bleibe die Entscheidung darüber, in wiefern Heinse pathologisch veranlagt war, ob z. B. seine literarische Onanie vielleicht als die Überkompensation eines in den Pubertätsjahren steckengebliebenen Wüstlings zu betrachten sei, für uns ist es wichtig, daß Bücher wie Laidion damals geschrieben, gedruckt und gelesen wurden, was beweist, daß die souveräne Erhebung des außerordentlichen Menschen, des »Kerls«, über alle sogenannten spießerhaften sittlichen Vorurteile, damals ziemlich allgemein als eine Selbstverständlichkeit angesehen wurde. Sogar Wieland revidierte später seine Ansicht über Laidion. Er fand sich mit dem Buch ab.

Der Höhepunkt aber war Heinses Roman »Ardinghello und die glückseligen Inseln« (1786 vollendet).

In dem Buch handelt es sich nicht um das freie Liebesleben von gesunden Menschen, für welche Liebe eine ganz natürliche und selbstverständliche Sache ist, über die man keine Worte zu verlieren braucht, sondern nur um Ausschweifungen./Heinse glaubte sein Ausnahmemenschentum dadurch zu beweisen, daß er oder vielmehr sein Wunschbild in Form eines Romanhelden die gleichen pikanten Privaterlebnisse, die bei den damaligen deutschen Fürsten gang und gäbe waren, in aller Öffentlichkeit zur Schau stellte. Den sittsamen Kleinbürger Heinse plagte jedoch das böse Gewissen über diese bewußten Ausschweifungen. Durch lautes und wüstes Wortgepolter suchte er sein besseres Ich zu übertönen. »Wie bin ich strafbar, dass ich mit dem Schönen zu vereinigen suche, wo ichs finde! ist dies nicht der edelste Trieb unseres Geistes? ist der nicht ein Elender, ein von Gott Verworfener der diesen Trieb nicht hat, nicht ausübt? In was für einer Welt bin ich, wo diese Naturlaster sein soll? den Menschen zerrüttende blosse bürgerliche Ordnung ist es.« Oder: »Ein Frauenzimmer, das mit einer Gestalt, die gefällt, erwuchs und Vermögen besitzt, ist unklug, wenn es sich das unauflösliche Joch der Ehe aufbinden lässt. Eine Göttin bleibt es, unverheirathet, Herr von sich selbst und hat die Wahl von jedem wackern Manne, auf so lange es will.«

Unbeschränkte Weibergemeinschaft wünscht sich Heinse: »Brüder und Helden, jeder werth ein Mann zu seyn, sollten sich eine

---

[1] J. J. Heinse. Sämmtliche Werke, a. a. O., Briefe Bd. IX und X

Freude daraus machen, ein schönes Weib gemeinschaftlich zu lieben.... (und dann kommt das schlechte Gewissen wieder) wir können uns von dem Krebsschaden der Vorurtheile vieler Jahrtausende noch nicht heilen.« Als einziges Regulativ der Ausschweifungen läßt Heinse die Rücksicht auf die eigene Gesundheit gelten. Sonst aber immerwährende Abwechslung: »Sobald etwas ganz genossen ist, weg davon!« Und als Entschuldigung fügt er schnell hinzu: »Dieses ist das allgemeinste Gesetz der Natur, wodurch sie sich ewig lebendig und unsterblich erhält.«[1]

Immer und immer wieder erscheint der blöde und bleiche Kopf der Sünde zwischen den Gardinen des Himmelbettes, hinter denen Ardinghello-Heinse so herzlich gerne ein Nur-Heide sein möchte: »Hier neigte sie ihre Lippen nach den meinigen, ich ward von einem süssen Blitz durchschlängelt, und meine Seele schwebte in der Herrlichkeit des Entzückens wie aufgelöst von allen Banden. So hielten wir uns lange umschlungen, bis unsere Blicke in Wollustthränen ergingen und sie ausrief, rosenroth und lilienblass, und sich losriss: »Oh du,/mein Abgott, was wird noch aus mir werden!« ohne mir mehr zuzugestehen.« – »Warum sollten wir uns«, heißt es ein anderesmal, »von Gewohnheiten und Gesetzen im Zaume halten lassen, die bloss für den Pöbel sind, eben weil er der Pöbel ist, der sich selbst nicht regieren kann?« Hier spricht er es offen aus, daß dieses Idealleben seines Romanhelden nur dem Ausnahmemenschen gestattet ist.

Besonders charakteristisch ist das Bacchanal, das der Dichter uns am Ende des ersten Buches seines Romans serviert: »Die Mädchen waren ächte Römerinnen an Wuchs und Gestalt mit der erhabenen antiken noch republikanischen Gesichtsbildung, die auch auf fremde Fürsten wie nur Barbaren herunterschaut. Sie hatten, wie die alten, dem hohen Senat berichten lassen, wenn sie das Verbot gegen eine gewisse Lustbarkeit von ihnen nicht aufhüben, dass sie nicht mehr gebären wollten.«

Das war die Ouvertüre. Hören wir weiter: »Nach Mitternacht ging es in ein ächtes Bacchanal aus; das erhitzte Leben blieb nicht mehr in den gewohnten Schranken, und jedes tobte nach seinem Gefühl und seiner Regung. Demetri machte seinen Einfall zu einem Spartanischen Tanz laut, und dieser wurde mit Jauchzen ausgeführt. Doch machte man vorher den feyerlichen Vertrag, nichts schänd-

---

[1] J. J. Heinse, a. a. O., Bd. IV (ebenso die folgenden Zitate)

liches zu beginnen, und die Leidenschaften bis ans lange Ziel gleich Olympischen Siegern im Zügel zu halten, wies braven Künstlern gezieme.

Man entkleidete die Jungfrauen, die, Gluth in allen Adern, sich nicht mehr sträubten, zuerst bis auf die Hemder, und schlitzte diese an beyden Seiten auf bis an die Hüften; und die Haare wurden losgeflochten. Demetri schlug die Handtrommel, und ich spielte die Zithar.

Sie schwebten in Kreisen, einzelne drückten ihre Empfindungen aus, und jede enthüllte in den süssesten Bewegungen ihre Reize, bis Paar und Paar wieder sich fassten und hoben, und wie Sphären herumwälzten. Es war gewiss ein Götterfest, so viel mannichfaltige Schönheit herumwühlen und herumtaumeln zu sehen, und ich habe in meinem Leben noch kein vollkommner weiblich Schauspiel genossen.

Man holte hernach.... Epheu zu Kränzen und belaubte Weinranken zu Thyrsusstäben; und jeder Jüngling warf alle Kleidung von sich. Es ging immer tiefer ins Leben, und das Fest wurde heiliger; die Augen glänzten von Freudenthränen, die Lippen bebten, die Herzen wallten vor Wonne.

Wir führten auf die letzt allerley Scenen auf, aus Fabel, komischen und tragischen Dichtern und Geschichte in himmlischen Gruppen, wo eine wahrhaftige Phyrne an Schöhheit darunter mit erröthendem und lächelndem Stolze sich endlich ganz nackend zeigte, in den verschämtesten und muthwilligsten Stellungen.

.... Die Phyrne riss alsdann der anderen schönsten das Hemde weg, und beyde den übrigen; und nun ward ich von ihr wie von einer wüthenden Penthesilea gefasst, der höchste bacchantische Sturm rauschte durch den Saal, der alles Gefühl unaufhaltbar ergriff, wie donnerbrausende Katarakten, vom Senegal und Rhein, wo man von sich selbst nichts mehr weiss, und gross und allmächtig in die ewige Herrlichkeit zurückkehrt.«

Auch hier grinst uns wieder zwischen jeder Zeile die Sünde an, die nicht durch »le charme du péché mortel« verklärt und dadurch entsündigt wird, sondern das schmuddelige Schuldgefühl des kleinen Spießers ist.

Die durchschwitzten Barchenthemdchen, in denen die »Römerinnen mit der republikanischen Gesichtsbildung« eine Zeitlang herumhopsen, sind ebenso typisch dafür wie der Huch-nein!-Augenaufschlag der Phyrne »in den verschämtesten und muthwilligsten Stellungen«. Die Hemdchen sollen beileibe nicht griechische Tanzgewänder vortäuschen, um dem Hoppla-Hoppla einen antiken Anstrich zu verleihen. Nein, es sind die üblichen katholischen Feigenblättchen, die die Trägerinnen vorbehalten, auch wenn sie alle ihre anderen Hüllen abgeworfen haben, und mit denen sie demonstrieren, daß sie sich ihrer ganz ordinären bürgerlichen Unzucht bewußt sind.

Heinse versuchte in seinem Ardinghello den Ausschweifungen des kleinen Bürgermannes die Form zu verleihen, um die er die Fürsten des 18. Jahrhunderts beneidete. Denn das muß man Karl Eugen lassen, Format hatte der Kerl immer, auch wenn er sich ohne Culottes präsentierte. Was aber Heinse mit seinem literarischen Bombast erreichte, war nichts anderes als ein monströses Überformat, also gar kein Format. Es war nicht die Heroisierung des deutschen Bürgers, sondern seine Verjämmerlichung. Aber nicht so sehr das Resultat/interessiert uns hier, als vielmehr der Versuch selbst. Und dann ist es doch sehr erstaunlich, daß sich jetzt Figuren wie Simsone Grisaldo und Ardinghello, die wenige Jahrzehnte früher in der deutschen Literatur überhaupt nicht denkbar waren, in aller Öffentlichkeit breit machen durften. Sie zeigen jedenfalls, daß der deutsche Bürger in den siebziger Jahren zu einer enormen Potenz gewachsen sein muß, daß er es wagen konnte, sich so bis zur Lächerlichkeit zu übersteigern.

2. KULTIVIERUNG DES ALLGEMEINMENSCHLICHEN

Wir haben der besseren Übersicht halber eine Trennung vorgenommen zwischen der Kultivierung des Eigenmenschlichen und des Allgemeinmenschlichen. Nach der Besprechung der durch die damaligen gesellschaftlichen Verhältnisse bedingten bürgerlichen Subjektivität in ihren wesentlichsten Erscheinungsformen und in ihrer Übersteigerung bei Goethe und den Goethianern kehren wir jetzt zum Allgemeinmenschlichen zurück.

Wir werden jetzt zu untersuchen haben, welche weitgehenden Folgen die Wiedererweckung und Wiederentwicklung des Menschlichen, dieses gewaltige Kampfmittel der emporkommenden Bürgerklasse zur Erreichung ihrer sozialen Gleichstellung mit der Adelsklasse, für die deutsche Kultur und Kunst hatte, wie beide in wesentlichen Punkten durch den Humanitätsgedanken umgewandelt wurden.

Der Hauptvertreter der neuen *Humanitätsphilosophie* war Lessing. Seine Gedanken darüber hat er in drei Werken niedergelegt: In der »Erziehung des Menschengeschlechts« (1780), in den Freimaurergesprächen »Ernst und Falk« und in seinem Drama »Nathan der Weise« (1778–1779). Herder führte Lessings Gedanken weiter aus in den »Ideen zu einer Philosophie der Geschichte der Menschheit« (1784–1791) und den »Briefen zur Beförderung der Humanität« (1793).

Lessing glaubte an die Perfektibilität des Menschengeschlechtes, das heißt an die endgültige Beherrschung der natürlichen Triebe des Menschen durch eine alle menschlichen Handlungen regulierende Ethik. Herder nannte die fortschreitende Vervollkommnung der menschlichen Rasse »die Annähe-/rung an das Göttliche«. Dieses höhere Ideal, glaubte Lessing, wurde der Menschheit im Laufe der Jahrhunderte je nach dem Stand ihrer Entwicklung und folglich je nach ihrer geistigen Empfänglichkeit durch Gott offenbart. So unterschied Lessing in der Entwicklung der Menschheit drei große Stadien, drei Reiche. Das erste Reich war das Zeitalter des Alten Testaments. Der Mensch verkehrte damals noch in einem so primitiven Zustand, daß er nur durch Drohungen und irdische Verheißungen zu einem sittlichen Lebenswandel angehalten werden konnte. Das zweite Reich war das Zeitalter des Neuen Testaments. Nicht mehr irdische Strafen und Belohnungen waren nötig, um den Menschen zur Flucht vor dem Bösen und Ausübung des Guten zu bringen. Die Motive seines Handelns konnten jetzt in das jenseitige Leben verlegt werden. Die Hoffnung auf die ewige Glückseligkeit und die Furcht vor den höllischen Strafen waren von jetzt ab für seine Handlungen bestimmend. Das kommende dritte Reich würde sich nach Lessing erst dann verwirklichen, wenn die ganze Menschlichkeit so weit wäre, das Gute zu lieben und das Böse zu verabscheuen nicht um irgendwelchen Profit, der jetzt oder später aus einem moralischen Lebenswandel geschlagen werden könnte, sondern einzig und allein um des Guten selbst willen (Spinoza). Damit wäre die höchste Humanität erreicht, der höchste Idealismus, das vollkommene Aufgehen des menschlichen Willens in den göttlichen Willen, des menschlichen Bewußtseins in das göttliche Bewußtsein, die letzte Fleischwerdung des Wortes, das heißt des Geistes Gottes auf Erden. Die Verwirklichung dieses dritten Reiches würde nicht nur den Gegensatz zwischen Gott und Menschen aufheben, sondern auch das Trennende zwischen Mensch und

Mensch endgültig verschwinden lassen. Das dritte Reich wäre also ein Reich der allgemeinen Menschenverbrüderung.

Nun war Lessing der Ansicht, daß zu seiner Zeit schon die Elite der Menschen diesen Idealzustand erreicht hätte und es nunmehr darauf ankäme, diese Elite zusammenzufassen, damit sie an dem Aufbau des dritten Reiches Gottes mitarbeiten könnte. Das war nach seiner Ansicht die große Aufgabe der Freimaurerei./

Die *Freimaurerei* war 1717 in England entstanden, fand aber erst 1737 in Deutschland einen soweit vorbereiteten Boden vor, daß sie darauf gedeihen konnte. In diesem Jahre wurde die erste deutsche Loge »Absalom« in Hamburg gegründet. Um die Mitte des Jahrhunderts verbreitete sich diese Bewegung über ganz Deutschland. Nach Hamburg wurden allmählich auch in Berlin, Charlottenburg, Leipzig, Dresden, Frankfurt a. M., Altenburg, Bayreuth usw. Logen errichtet. Eine große Zahl der bedeutendsten Männer der zweiten Hälfte des 18. Jahrhunderts waren Freimaurer: Friedrich II., Klopstock, Lessing, Wieland, Herder, Goethe, die beiden Stolberg, Voss, Kleist, Nicolai, Bürger, Mozart, Karl August von Weimar, Christian Ludwig von Hessen, Friedrich August III. von Sachsen, usw. usw. Selbst viele katholische Geistliche, darunter sogar kirchliche Würdenträger, waren Mitglied, so z. B. der Fürstbischof Maximilian Friedrich (gest. 1784), der in der 1778 in Münster gegründeten Loge »Friedrich zu den drei Balken« einen höheren Grad bekleidete.

Während heutzutage die Freimauererei jeglichen Kontakt mit den vitalen Kräften des sich entwickelnden Lebens verloren hat und zu einem Institut zur Pflege bürgerlicher Geselligkeit und gegenseitiger materieller Förderung herabgesunken ist, war sie in der zweiten Hälfte des 18. Jahrhunderts eine der mächtigsten Faktoren zur Pflege und Verbreitung des Menschheitsgedankens, zur Überwindung aller die Menschheit trennenden Gegensätze wie Nationen, Stände, Berufe usw., und somit eine der wichtigsten Kampforganisationen des sozialrevolutionären Bürgertums.

Diese äußeren Trennungen waren nun einmal da, sagte sich Lessing. »Werden sie aber darum heilig, jene Trennungen, dass es verboten sein sollte, Hand an sie zu legen? In Absicht, sie nicht grösser einreissen zu lassen als die Notwendigkeit erfordert? In Absicht, ihre Folgen so unschädlich zu machen als möglich? Es wäre recht sehr zu wünschen, dass es in jedem Staat Männer geben möchte, die dem Vorurtheil ihrer angeborenen Religion nicht unterlägen, nicht glaubten, dass alles notwendig gut und wahr sein müsse, was sie für gut und wahr erkennen; dass es in jedem Staat Männer geben möchte, welche bürgerliche Hoheit nicht blendet und bürgerliche Geringfügigkeit nicht ekelt, und in deren Gesellschaft der Hohe/sich gern herablässt und der Geringe sich dreist erhebt.«[1] Man sieht hier, wie Lessing die soziale Aufgabe der Freimaurerei und damit des Humanitätsgedankens unterstreicht. Die Freimaurerei vereinigte seiner Ansicht nach diese Männer »in einer unsichtbaren Kirche«. »Sie wollen jede Trennungen, wodurch die Menschen einander so fremd werden, so eng als möglich zusammenziehen.« Und deshalb soll die Freimaurerei »jeden würdigen Mann von gehöriger Anlage, ohne Unterschied seines bürgerlichen Standes in ihren Orden aufnehmen.«

Denselben Gedanken der allgemeinen Menschenverbrüderung dramatisiert Lessing in sublimster Weise in seinem »Nathan der Weise« (1778–1779), nach dem er schon 1749 in dem Lustspiel »Die Juden« das christliche Vorurteil gegen das geächtete Volk gegeißelt hatte. Der »Nathan« wurde zu einem Evangelium der *Toleranz*.

Lessing wußte, daß zu seiner Zeit keine Trennung zwischen den Menschen so schroff war wie die religiöse. Und von allen religiösen Trennungen wurde keine mit einer solchen sinnlosen Grausamkeit durchgeführt wie die zwischen Christen und Juden. Der Jude war damals der Paria der deutschen Gesellschaft. Nehmen wir zum Beispiel Frankfurt, das doch zweifellos mit Hamburg und Leipzig zu den fortgeschrittensten Städten des damaligen Deutschland zu rechnen ist. Bis zu Anfang des 18. Jahrhunderts mußten die Juden dort einen gelben Ring am Rock und die Jüdinnen einen blauen Schleier tragen, damit jeder sie sofort als Auswurf der Menschheit erkenne. Als diese Tracht in Verfall geraten war, schrieb der Frankfurter Magistrat 1757 vor, und 1781 und 1786 wurde diese Vorschrift aufs neue eingeschärft, daß der Jude sich nicht ohne schwarzen Mantel als Abzeichen in der Öffentlichkeit zeigen durfte. Das Tragen eines Spazierstockes war ihm verboten. Ihre Gassen durften die Juden an Sonn- und Festtagen nicht verlassen, bevor die christlichen Nachmittagsgottesdienste beendet waren. Das Betreten der Allee, des jetzigen Goetheplatzes, wurde ihnen 1756 vollständig

---

[1] G. E. Lessing, Ernst und Falk. In: Sämtliche Schriften, a. a. O., Bd. 13

verboten, ebenso 1769 der Aufenthalt in dem um die Stadt herumführenden Glacis. Noch im Jahre 1776 verweigerte der Rat dem Hoffaktor von Karl August, dem Schutzjuden Elias Löb Reiss, die Ausstellung/eines Sonn- und Feiertags-Passes, obgleich Goethe selbst deswegen bei seinem Onkel, dem Senator Textor, im Auftrage des Herzogs vorstellig geworden war. Diese Besonderheiten dürften genügen, um uns in Lessings Zeit zurückzuversetzen. Es braucht wohl kaum besonders erwähnt zu werden, daß ähnliche Verhältnisse in allen deutschen Städten vorlagen.

Die Tatsache, daß die Lage der Juden in Deutschland auch in der zweiten Hälfte des 18. Jahrhunderts kaum besser geworden war, scheint mit den Humanitätsbestrebungen des aufsteigenden Bürgertums in offenem Widerspruch zu stehen. Die Unhumanität des deutschen Judenhasses jener Zeit scheint eine absolute Verneinung der Tendenz zu sein, stets das Allgemeinmenschliche hervorzukehren, um die gesellschaftliche Distanz zwischen Adel und Bürgertum zu verringern. Dieser scheinbare Widerspruch löst sich jedoch sofort, wenn wir nach den allgemeinen Ursachen des Judenhasses forschen, die sich in der zweiten Hälfte des 18. Jahrhunderts als stärker und vitaler als der Humanitätsgedanke erwiesen haben.

Der Knotenpunkt des orientalischen Handels der vorchristlichen Zeit war Palästina gewesen. Die Juden waren also von Anfang an zu einem Handelsvolk ersten Ranges bestimmt und erreichten infolge der jahrtausendelangen Praxis auf dem Gebiet des Geld- und Handelswesens eine äußerst hohe Intelligenz. Im Mittelalter wurden die Juden in Deutschland wegen ihrer Religion als ungläubig verschrien und durch das Verbot, »ehrliche Gewerbe« zu treiben, demoralisiert. Nur der Trödelhandel und der damals recht riskante Geldhandel, der den Christen wegen des kirchlichen Verbots des Zinsnehmens nicht erlaubt war, waren ihnen zugestanden. Dadurch wurde der deutsche Jude gezwungen, seine angestammte Geschäftsintelligenz immer weiter zu schärfen. Als nun in der Zeit des Absolutismus die Fürsten alles daran setzten, durch die Arbeit ihrer Untertanen ihren eigenen Profit zu erhöhen, wurden bezeichnenderweise häufig Juden zur Führung der Finanzgeschäfte und zur Organisation des Handels an Fürstenhöfe gezogen. Mit dem Anwachsen des bürgerlichen Freiheitskampfes im 18. Jahrhundert, mit der zunehmenden Tendenz zur freien ungehinderten Konkurrenz jedes einzelnen, mit der beginnenden Anarchie des rücksichtslosen Wettlaufs um den höchsten Profit mußte sich aber die jüdische Handels- und/Geschäftsintelligenz als eine äußerst gefährliche Konkurrenz des christlichen Bürgertums fühlbar machen. Der deutsche Bürger des 18. Jahrhunderts mußte also trotz aller Humanitätsschwärmerei Judenhasser bleiben, da er instinktiv die Überlegenheit der jüdischen Intelligenz in geschäftlicher Hinsicht fühlte und fürchtete, ohne es sich selbst einzugestehen; denn auch wenn sich der Bürger für humanitäre Ideen und überhaupt für ein Ideal einsetzt, so bleibt er doch im Grunde Bürger, Bourgeois, das heißt, kämpft er für seinen Profit. Der deutsche Judenhaß war also im 18. Jahrhundert ein nationaler bürgerlicher Minderwertigkeitskomplex, dessen Auswirkungsstärke mit dem Grad der Prosperität in reziprokem Verhältnis stand.

Im »Nathan der Weise« bringt Lessing einen von den allgemein geächteten Juden auf die Bühne. Von diesem Juden erklärte er – denn die Worte des simplen Klosterbruders sind Lessings persönliche Ansichten –, daß er mehr Christ sei als die Christen selbst, weil er mehr Mensch sei:

Nathan! Nathan!
Ihr seid ein Christ! – Bei Gott, Ihr seid ein Christ!
Ein bessrer Christ war nie!

Damit offenbarte der Klosterbruder eine Weisheit, zu deren höherer Göttlichkeit der durch die Theologie verblödete Patriarch niemals gelangen konnte. Und Nathan antwortet dem Klosterbruder:

Wohl uns! Denn was
Mich Euch zum Christen macht, das macht Euch mir
Zum Juden! (IV.7).

Also keine Verherrlichung oder Verächtlichmachung irgendeiner Konfession, sondern nur Betonung der überkonfessionellen, gottwirklichen und gottwertvollen Menschlichkeit. Die praktisch ethische Folgerung dieser allgemeinen Menschlichkeit hat Nathan in den Worten zum Tempelherrn ausgesprochen:

Wir müssen, müssen Freunde sein! –Verachtet
Mein Volk, so sehr Ihr wollt. Wir haben beide

Uns unser Volk nicht auserlesen. Sind
Wir unser Volk? Was heisst denn Volk?/
Sind Christ und Jude eher Christ und Jude
Als Mensch? Ah! Wenn ich einen mehr in Euch
Gefunden hätte, dem es g'nügt, ein Mensch
Zu heissen! (II.5).

Also Toleranz!

Wir brauchen wohl keine Worte darüber zu verlieren, daß Lessings Anti-Antisemitismus noch kein Prosemitismus war. Er brachte Juden auf die Bühne nicht um zu zeigen, daß sie durch die Bank bessere Menschen als Christen, sondern daß sie Auch-Menschen seien. Lessing kam es also lediglich auf Duldsamkeit an.

Wieland dachte genau wie Lessing, nur viel schärfer, logischer. Für ihn war die absolute Gleichheit aller Menschen, also auch der Juden, eine solche Selbstverständlichkeit, daß er sich sogar über das schlecht gewählte Wort »Toleranz« empörte. Darin lag, nach seiner Ansicht, trotz der guten Absichten, doch immer noch eine Ungleichheit, ein Unterschied zwischen höher stehenden Menschen und einer inferioren Kategorie, die »geduldet« wurde. Wieland wollte sogar von dem Schein einer Ungleichheit nichts wissen.

Die sich aus der bürgerlichen Humanität ergebende, aber auch, wie wir später sehen werden, aus der bürgerlichen Unkirchlichkeit resultierende religiöse Duldsamkeit war demnach eine typisch bürgerliche Erscheinung, und trotz ihrer gelegentlichen praktischen Verneinung durch die Bürger selbst ein indirektes Kampfmittel der neuen Klasse, um sich der alten herrschenden Klasse gegenüber durchzusetzen.

Diese Toleranz verliert nicht ihren bürgerlichen Charakter durch die Tatsache, daß auch einzelne aufgeklärte Despoten der zweiten Hälfte des 18. Jahrhunderts ihr nicht nur theoretisch beipflichteten, sondern sie auch praktisch durchführten. So dekretierte z. B. Friedrich II. bereits bei seinem Regierungsantritt: »Die Religionen müssen alle toleriert werden, und muss der Fiscal nur das Auge darauf haben, dass keine der anderen Abbruch thue; denn hier muss ein Jeder nach seiner Façon selig werden.« – »Ein jeder kann bei mir glauben, was er will, wenn er nur ehrlich ist. Aber die Priester müssen die Toleranz nicht vergessen; denn ihnen wird keine Verfolgung gestattet werden.«[1] Friedrichs Toleranz bezog sich auf alle Sekten, allzu/fanatische Theologen bezeichnete er zuweilen als »Tiere sonder Vernunft«.

Fast alle bürgerlichen Kulturerscheinungen fanden unter der Herrscherklasse Anhänger, und gerade das beweist die Unselbständigkeit und Konzessionsbereitschaft des sterbenden Feudalismus. Was wir im übrigen von der fürstlichen Toleranz in den meisten Fällen zu denken haben, schildert uns der bereits vielfach erwähnte J. J. Moser, der wie kaum ein anderer seiner Zeitgenossen seine Zeit durchschaute: »Ein Fürst wird zuweilen wegen Gesetzen, Landesanstalten und Verordnungen gelobt, und ihnen Gründe der Weisheit, Billigkeit, *Menschen-* und Volks*liebe* unterlegt, woran kein wahres Wort ist, und die weder der Fürst selbst, noch seine Minister, sondern nur die Toren glauben. In dieser Kunst, das Volk zu betrügen, waren die Franzosen in den Prologen ihrer Finanzedikten vorlängst Meister. Was für ein Freudengeschrei hallte nicht durch ganz Deutschland über Kaiser Josephs *Toleranz*anstalten, wodurch so viele Leichtgläubige betrogen, und die täglich von den eigenen Länderstellen eingeschränkt und nach Möglichkeit untergraben wurden. Der *Sitz der Toleranz war auf der Mauth*. So weit und so tief sahen aber die wenigsten. Ebenso machte es König Friedrich mit dem den Jesuiten vergönnten Schutz und der allgemeinen kirchlichen Freiheit; so Russland mit den Kolonien der evangelischen Brüder-Gemeinden; so verschiedene protestantische Fürsten mit der anderen Kirchengenossen vergönnten Religionsübung usw. *Eigennutz* war's, sonst nichts; denn was fragen die Könige und Fürsten nach der Religion, wenn sie ihnen nichts einträgt? Welche Folgen und Wirkungen dem ungeachtet nach dem grossen Zusammenhang der allerweisesten göttlichen Weltregierung daraus entstanden, kann nicht auf Rechnung menschlicher Absichten und Klugheit gesetzt werden.«

Eine weitere Bestätigung, daß die Fürsten mit ihrer »Toleranz« Geschäfte machten, finden wir in der Schrift »Ueber die bürgerliche Verbesserung der Juden« von Christian Wilhelm Dohm, die 1781, also im Jahre von Lessings »Nathan«, in Berlin im Verlag von Fr. Nicolai erschien. Er schrieb u. a.: »Nur einer gewissen Anzahl jüdischer Familien ist es meistens erlaubt, sich in einem Lande niederzulassen, und diese Erlaubniss muss allemal mit einer

---

[1] Friedrich II. von Preußen, Sämtliche Werke, a. a. O.

ansehnlichen Summe Gelds erkauft/werden.« – »Hat man dem Juden die Erlaubniss, sich in einem Staate aufzuhalten, bewilligt, so muss er dieselbe jährlich durch eine starke Abgabe wieder erkaufen, er darf sich nicht ohne besondere Bewilligung, die von gewissen Umständen abhängt, und nicht ohne neue Kosten verheyrathen; jedes Kind vermehrt die Grösse seiner Abgaben, und fast all seine Handlungen sind damit belegt.«

Eine der wichtigsten Durchführungen des Humanitätsgedankens war die »Erziehung des Menschengeschlechts« durch die neuartige *Erziehung* der Jugend.

Die neue pädagogische Bewegung ging von Johann Bernhard *Basedow* (1723–1799) aus und wurde damals schon als Philantropismus charakterisiert, weil sie auf Menschenliebe und Menschenverbrüderung basierte.

1752 hatte sich Basedow durch seine Doktordissertation »Inusitata et optima honestioris juventutis erudiendae methodus« bemerkbar gemacht. 1758 gab er seine Schrift »Praktische Philosophie für alle Stände« heraus, der bald als wichtigste Arbeiten das »Methodenbuch für Väter und Mütter der Familien und Völker« und das vierbändige »Elementarwerk« folgten. Mit einer »Vorstellung an Menschenfreunde und vermögende Männer über Schulen, Studien und ihren Einfluss in die öffentliche Wohlfahrt« hatte er 1768 um tatkräftige Unterstützung seiner Bestrebungen an die Öffentlichkeit appelliert, und 1774 konnte er in Dessau das berühmte Philantropinum, eine Musterschule zur »Bildung von Künstlern der Erziehung«, eröffnen. Mit Religion wurden die Schüler nicht besonders belästigt. Man glaubte an einen Allvater, der die allgemeine Menschenverbrüderung symbolisierte. Größtes Gewicht wurde auf den Begriff und die Verwirklichung einer werktätigen Menschenliebe gelegt.

Wie sehr diese neuen Bestrebungen einen Teil der allgemeinen bürgerlichen Bewegung ausmachten, beweist nicht nur die Gleichzeitigkeit dieser Tendenzen in Frankreich – Rousseaus bahnbrechender Erziehungsroman »Emile« erschien 1762 –, sondern vor allem auch der große Anhang, den Basedow unter allen Kreisen fand. Zu seinen tatkräftigsten Verehrern gehörten die Philosophen Kant, Mendelssohn, Garve, der Ästhetiker Sulzer, der Philosoph und Politiker Iselin, die/Dichter Lessing und Gellert, der Menschenfreund und Gottsucher Lavater, aber auch Berufstheologen wie Sack, Spalding und Büsching. Kant nannte die Bewegung eine Revolution auf dem Gebiete der Pädagogik. Ein weiterer Beweis, wie sehr Basedow mit seinem Werk die allgemeinen bürgerlichen Bestrebungen durch die Tat unterstützte, sind die vielen Anstalten, die nach dem Muster des Dessauer Philantropinums in Deutschland entstanden. Wir erwähnen nur das Philantropin zu Marschlins unter Ulysses von Salis, das Philantropin zu Heidenheim unter dem berüchtigten Bahrdt, die Militärschule zu Colmar unter Pfeffel und Lerse, die Erziehungsanstalten von Campe, Trapp, Feder, Olivier, Spazier, Rudolf und die Stiftung Salzmanns zu Schnepfenthal.

Johann Heinrich Campe (1746–1818) war 1776 Nachfolger von Basedow in Dessau geworden. Wie alle Philantropen vergötterte er Rousseau. In seinem Studierzimmer stand eine Büste des großen Jean Jacques, auf der Campe eine Inschrift angebracht hatte, die er als die größte Ehrung Rousseaus erachtete, die aber zugleich den innigen Zusammenhang zwischen der pädagogischen Bewegung und der damaligen bürgerlichen Politik treffend illustriert: »Er zerknickte die Ruten der Kinder und Völker.«

Dem Philantropismus, oder besser dem Humanitätsgedanken, daß die Erziehung des Menschengeschlechts für die lebende Generation bereits in der Schule und in der Kinderstube ihren Anfang nehmen sollte, verdankte eine bis jetzt in Deutschland unbekannte Art von Literatur, die sogenannte *Kinderliteratur,* ihre Entstehung. Und ihr Aufblühen ging so rapid, daß es eine Zeitlang aussah, als ob sie die Literatur für Erwachsene überwuchern würde.

Christian Felix Weisse (1726–1804) machte 1766 mit seinen »Liedern für Kinder« den Anfang. Zur leichteren Erlernung der Melodien erfand ein gewisser Horstig aus Bückeburg eine vereinfachte dreilinige Notenschrift für Kinder. Neben reiner Literatur und Liedern für Kinder entstanden Kindersingspiele von Hiller (1728–1804) und André (1741–1799), und Haydn (1732–1809) schrieb sogar eine Kindersinfonie.

Auch noch in einer anderen Richtung machte sich die Humanität in der damaligen Literatur bemerkbar. Noch 1746 klagte Bodmer, daß »die Bürger mit den Bauern nichts Gemeinschaftliches haben«, daß sie die Bauern ausschließen, vermeiden, einen Stand für sich ausmachen und in ihrem Kreise bleiben wollen.[1] In der zweiten

---

[1] J. J. Bodmer, Der Mahler der Sitten, a. a. O.

Hälfte des 18. Jahrhunderts war es anders geworden. Der Bürger war zu der Einsicht gekommen, daß es inkonsequent sei, sein Menschsein dem Adel gegenüber auszuspielen und sich über die unteren Volksklassen und die Landbevölkerung stolz zu erheben. Der Kleinbürger und der Bauer wären ebenfalls Menschen. Also bezöge sich die Erziehung des Menschengeschlechts auch auf sie. Als Gleim 1772 seine »Lieder für das Volk« herausgab, hat Lessing in einem Brief an den Dichter diesen Standpunkt genau präzisiert. Er schrieb: Die Dichter haben schon einmal versucht, sich zu dem Volk herabzulassen. »Keinem sei es eingefallen, es auf die Art zu tun, wie Sie es getan haben: und doch denke ich, dass diese die vorzüglichste, wo nicht die einzig wahre ist. Sich zum Volk herablassen, hat man geglaubt, heisse: gewisse Wahrheiten (und meistens Wahrheiten der Religion) so leicht und fasslich vortragen, dass sie der Blödsinnigste aus dem Volk versteht. Diese Herablassung also hat man lediglich auf den Verstand bezogen, und darüber an keine weitere Herablassung zu dem Stande gedacht, welche in einer täuschenden Versetzung in die mancherlei Umstände des Volks besteht. Gleichwohl ist diese letztere Herablassung von der Beschaffenheit, dass jene erstere ohne diese letztere nichts als ein schaales Gewäsch ist, dem alle individuelle Applikation fehlt. – Ihre Vorgänger haben das Volk bloss für den schwachdenkendsten Teil des Geschlechts genommen, und daher für das vornehme und für das gemeine Volk gesungen. Sie nur haben das Volk eigentlich verstanden, und den mit seinem Körper tätigeren Teil im Auge gehabt, dem es nicht sowohl am Verstande als an der Gelegenheit fehlt, ihn zu zeigen. Unter dieses Volk haben Sie sich gemengt: nicht um es durch gewinnstlose Betrachtungen von seiner Arbeit abzuziehen, sondern um es zu seiner Arbeit zu ermuntern, und seine Arbeit zur Quelle ihm angemessener Begriffe, und zugleich zur Quelle seines Vergnügens zu machen. Besonders atmen die meisten von Ihren Liedern das, was den alten Weisen ein so wünschenswertes, ehrenvolles Ding war, und was täglich mehr und mehr aus der Welt sich zu verlieren scheint: jene/fröhliche Armut, bei der es wenig darauf ankommt, ob sie erzwungen oder freiwillig ist.«[1]

Der bürgerliche Menschheitsgedanke ist die einzige Erklärung der sonst befremdenden Erscheinung, daß in den 60er und 70er

---

[1] G. E. Lessing an Gleim: Sämtliche Schriften, a. a. O., Bd. 18

Jahren eine Flut von Büchern, die für die unteren Volksklassen bestimmt waren, Deutschland überschwemmten.

Gleim hatte bereits 1756 mit seinen Romanzen, die regelrechte Berliner und Leipziger Moritaten waren, angefangen. Er wünschte, daß Bänkelsänger sie auf Kirmessen und Jahrmärkten vortrügen. »Je mehr die Geschichten von den rühmlichen Virtuosen mit Stäben in der Hand künftig gesungen werden, desto mehr wird der Verfasser glauben, dass er die rechte Sprache dieser Dichtart getroffen habe«, schrieb er selbst.[1]

Gleims »Preussische Kriegslieder in den Feldzügen 1756 und 1757. Von einem Grenadier. Mit Melodien«, die 1758 von Lessing herausgegeben wurden, bewegten sich in der gleichen Richtung. Hans Kaspar Lavater veröffentlichte von Gleims Grenadierliedern angeregt 1767 seine »Schweizerlieder«.

Die wichtigsten Literaturerscheinungen speziell *für* das Land dürften wohl sein »Die Wirtschaft eines philosophischen Bauern« von Johann Kaspar Hirzel, »Lienhard und Gertrud« (1781) von Pestalozzi und »Noth- und Hilfsbüchlein oder lehrreiche Freuden und Trauergeschichten des Dorfes Mildheim« (1788), der Hausschatz des deutschen Bauernhausstandes, von Rudolf Zacharias Becker. Endlich sei hier noch des »Kinderfreundes, Lesebuch zum Gebrauch für Landschulen« (1776) von von Rochow gedacht, worin der berühmte Musterbauer Wilhelm vorkommt. In derselben Zeit fingen die deutschen Bauernkalender an zu erscheinen.

Die Literatur *über* das Landleben erreichte um 1780 ihren Höhepunkt. Merck schrieb 1778 seine »Geschichte des Herrn Oheim«, 1779 »Die Landhochzeit«, 1780 »Brief eines Landedelmanns«. Von Albertine von Grün sind uns »Dorfgeschichten« erhalten. Iselins »Ephemeriden der Menschheit« enthalten ebenfalls allerlei, was hierhergehört. Und Voss plante sogar ein großes Epos »Luise« zur Verherrlichung des deutschen Ackerbaus. Er kam aber nicht dazu. »Der siebzigste Geburtstag« (1780) und die Idyllen »Die Heimat«, »Die Kirschenpflückerin«,/»Der bezauberte Teufel«, alle aus dem Jahre 1780, sind Bruchstücke von der unvollendeten »Luise«.

Als Parallele zu dieser Bauernliteratur erfreuten sich in der deutschen Malerei Bauernszenen à la Greuze einer besonderen Beliebtheit. Diese bürgerlich verlogenen Vorstellungen schwitzen

---

[1] J. W. L. Gleim, Sämmtliche Werke, a. a. O.

Friede, Zufriedenheit, inneres Glück, vollkommene Gottergebenheit aus. Sie verherrlichen »die fröhliche Armut, bei der es wenig darauf ankommt, ob sie erzwungen oder freiwillig ist«.

Auch das *Strafrecht* wurde infolge des Humanitätsgedankens im Laufe der zweiten Hälfte des 18. Jahrhunderts reformiert. Bis um die Jahrhundertmitte war der Zweck des Strafrechts Abschreckung und Vergeltung gewesen, in der zweiten Jahrhunderthälfte wurde er Verhütung. Solange der Untertan als Mensch nichts bedeutete, war es begreiflich, daß die Person des Verbrechers schon garnichts galt und er kein Recht auf menschliche Behandlung hatte. Die Todesstrafe wurde in Deutschland in der grausamsten Weise vollzogen, meistens nach vorhergegangenen Mißhandlungen und Leibesstrafen. Die Strafgesetze selbst waren möglichst vieldeutig gehalten, sodaß sie allerlei Willkürlichkeiten Tür und Tor öffneten; der Strafprozeß wurde auf primitivste Weise, vielfach aber auf höheren Befehl überhaupt nicht geführt. In diesem Fall wurde bloß eine von oben herab diktierte Strafe vollstreckt.

Die neue Strafrechtsbewegung nahm ihren Anfang in Deutschland selbst. Schon Thomasius (1655–1728) hatte in einer Dissertation gegen die Hexenprozesse – die letzte Hexe wurde 1749 in Augsburg verbrannt – die Folter und die grausamen und entehrenden Strafen gekämpft. Um die Jahrhundertmitte erhoben sich in ganz Europa maßgebende Stimmen gegen das herrschende Strafrecht. Montesquieu richtete sich 1748 in seinem »Esprit des lois« gegen die übliche Willkür und gegen die unmenschlichen Strafen. Rousseau verurteilte aufs heftigste die Grausamkeit, mit der man den Verbrecher allerwegen behandelte, und Voltaire setzte sich 1762 energisch für den unschuldig verurteilten und hingerichteten Jean Calas ein. Der größte Einfluß auf die Strafrechtsreform ging jedoch von C. Beccaria (1738–1749) aus, dessen 1764 veröffentlichtes Hauptwerk »Dei Delitte e delle pene« gleich nach dem Er-/scheinen Aufsehen erregte und in viele fremde Sprachen übersetzt wurde.

Es ist natürlich in diesem Rahmen nicht möglich, die Durchführung der Strafrechtsreform in den einzelnen deutschen Ländern auch nur zu skizzieren. Wir werden uns mit wenigen charakteristischen Daten begnügen müssen.

Friedrich II. setzte sich gleich nach seinem Regierungsantritt dafür ein, daß zunächst wenigstens das Allergrauenhafteste der preußischen Justiz beseitigt wurde. Am 3. Juli 1740 ließ er die Anwendung der Folter auf Majestätsverbrechen, Landesverrat und große Mordtaten beschränken. Interessant ist, daß Friedrich II. in seiner »Dissertation sur raisons d'établir ou d'abroger les lois« ausdrücklich als Grund dieser Maßnahmen die »Menschlichkeit« angab. 1754 schaffte er die Folter für Preußen und 1756 für Schlesien vollständig ab. Die anderen deutschen Staaten folgten bald: 1767 Baden, 1769 Mecklenburg, 1771 Kursachsen, 1776 Österreich.

Kindesmörderinnen pflegte man in Deutschland lebendig in einen Sack zu nähen und dann wie Tiere zu ertränken. Am 31. Juli 1740 verfügte Friedrich II., daß sie fortan »bloss« enthauptet werden durften. Diebstahl wurde seit 1741 in Preußen nicht mehr durch den Strang sondern nur noch durch Freiheitsstrafen geahndet, es sei, daß »über den Diebstahl etwas mörderliches verübt worden ist«. 1751 erfolgte die Aufhebung der Strafen wegen Selbstmordes und 1753 wurden die Strafen gegen Wilddieberei gemildert.

All diese Reformen sind nur darauf zurückzuführen, daß man auf Grund der bürgerlichen Bestrebungen allmählich einen ganz anderen Begriff von Menschenrecht und Menschenwürde bekommen hatte. Diesem Begriff ist es ebenfalls zuzuschreiben, daß dem menschenentehrenden Hofnarrentum ein Ziel gesetzt wurde. Der letzte Hofnarr starb 1763.

Es würde zu weit führen, wenn wir auf die übrigen humanitären Maßnahmen, die man in der zweiten Hälfte des 18. Jahrhunderts überall ergriff, auch nur hinweisen wollten. Es sei hier nur an drei für das Schulwesen wichtige Tatsachen erinnert: 1769 gründete Oberlin in Steiltal im Elsaß die erste Kinderbewahranstalt, 1773 begann Fr. E. von Rochow die Volksschulreform in der Mark Brandenburg durchzuführen, und 1778 wurde von Samuel Heinicke in Leipzig die erste deutsche Taubstummenanstalt eröffnet.

Wir müssen noch mit ein paar Worten auf die deutsche *Geschichtsschreibung* eingehen, die infolge der Leitwertverschiebung in der damaligen Gesellschaft durch die exklusive Hervorkehrung des Menschlichen eine gründliche Umgestaltung, was so viel heißt wie Verbürgerlichung, erfuhr.

Geschichte war bis ins 17. Jahrhundert Theologie. Pufendorf löste sie, als der Absolutismus immer mächtiger wurde, von der Theologie ab und nahm sie für das Staatsrecht in Anspruch. Sie wurde dann Regentengeschichte, Darstellung von Haupt- und

Staatsaktionen mit keinem anderen Zweck als »die Fürsten zu mainteniren«, ihre Rechte zu begründen und ihre Handlungen zu rechtfertigen.

Der erste, der in Deutschland im 18. Jahrhundert andere Wege ging, war der Graf von Bünau in Nöthewitz bei Dresden, der 1728 den ersten Band seiner »Deutschen Kaiser- und Reichshistorie« herausgab. Bünau schrieb Geschichte nicht mehr als Hilfswissenschaft des Staatsrechts, sondern um ihrer selbst willen. Hierbei waren englische und französische Einflüsse im Spiel. Bolingbroke hatte bereits lange Zeit hervor die Forderung gestellt, und Voltaire hatte diese Forderung in seinen Geschichtswerken verwirklicht, daß Geschichte nicht für einige wenige Fürsten, sondern für die Menschheit bestimmt sei. Sie sollte also nicht länger ausschließlich Haupt- und Staatsaktionen und diese dann häufig noch in einseitiger Beleuchtung bringen, sondern auch die Entwicklung der Kultur, der Sitten, der Industrie und des Handels, der Künste und Wissenschaften. Die Aufgabe der Geschichte war, wie Bolingbroke auseinandersetzte, das Volk von nationalen Vorurteilen zu befreien – also Menschenverbrüderung –, die Leser zu besseren Menschen und Bürgern zu machen – also »Erziehung des Menschengeschlechts«, Humanität – und sie in den ewigen Grundsätzen der Moral und des Staatslebens zu unterweisen.

Thomas Abbt (1738–1766) bewährte sich als ein gelehriger Schüler von Bolingbroke und Voltaire. Nebenbei hatte er sich auch an Sallust, Tacitus, Lucian, Montesquieu, Hume und Winckelmann gebildet. Justus Möser berichtet, Abbt habe die Geschichte der Kunst mit der politischen in Verbindung bringen wollen, die Werke der Freiheit mit den Werken der sklavischen Völker verglichen, die Wirkungen jeder politischen Verfassung auf den Stil, auf die Kühnheit und den Adel der Kunst zeigen, und die Reife eines jeden Staates und überhaupt eines jeden Nationalgenies auch aus der Geschichte der Kunst erweisen wollen. Auch für Abbt war Geschichte nicht mehr Regentengeschichte, sondern Geschichte der Zustände und der inneren Entwicklung, lebendige Wechselwirkung von Politik, Gesellschaft, Sitte und Bildung. Abbt stellte den Begriff des historischen Pragmatismus auf, das heißt die Erkenntnis der inneren Gesetzmäßigkeit des geschichtlichen Geschehens. Er starb zu früh, um seine wertvollen Theorien in die Praxis umsetzen zu können.

Justus Möser, der 1765 seine »Osnabrückische Geschichte« vollendete, die er erst 1768 herausgab, gehörte ebenfalls zu den Neuerern der Geschichtsschreibung. Geschichte war für ihn Naturgeschichte der politischen Staatsverfassung. In der Vorrede seines Werkes schreibt er u. a.: »Das Costüm der Zeiten, der Stil jeder Verfassung, jeden Gesetzes, ich möchte sagen, jeden antiken Werkes muss den Kunstliebenden vergnügen. Die Geschichte der Religion, der Rechtsgelehrsamkeit, der Philosophie, der Künste und schönen Wissenschaften, ist von der Staatsgeschichte unzertrennlich und würde sich mit diesem Plan gut verbinden lassen. Von Meisterhänden versteht sich. Der Stil aller Künste, ja selbst der Depeschen und Liebesbriefe eines Herzogs von Richelieu steht gegeneinander in einem Verhältnis. Jeder Krieg hat seinen eignen Ton, und die Staatshandlungen haben ihr Colorit, ihr Costüm und ihre Manier in Verbindung mit der Religion und den Wissenschaften. Russland gibt davon tägliche Beispiele, und das französische eilfertige Genie zeigt sich in Staatshandlungen wie im Roman. Der Geschichtsschreiber wird dieses fühlen und allemal soviel von der Geschichte der Künste und Wissenschaften entnehmen, als er gebraucht, von den Veränderungen der Staatsmethoden Rechenschaft zu geben.«[1]

Auch Gatterer[2] und Joh. M. Schroeckh[3] theoretisieren in dieser Richtung: »Staatsgeschichte kann nur entstehen, wenn man auf das Ganze sieht und dessen Einfluss auf Gesetze, Religion,/Wissenschaften, Künste, Handlung auf grosse Männer jeder Art.«

Es blieb aber in Deutschland beim Theoretisieren. Ein großes Geschichtswerk, das neben Winckelmanns Kunstgeschichte, den Werken der Engländer, oder auch nur Mosheims Kirchengeschichte stehen konnte, gab es einstweilen noch nicht.

An dieser Stelle wollen wir noch auf ein merkwürdiges Werk hinweisen, das den Titel »Physiognomische Fragmente« trägt, in den Jahren 1775–1778 in vier dicken Folianten erschien und Johann Caspar Lavater (1741–1801) zum Verfasser hat. Was Lavater mit seiner *Physiognomik* bezweckte, sagt uns der Untertitel: »Zur Beförderung der Menschenkenntnis und der Menschenliebe.« Das

---

[1] J. Möser, Osnabrückische Geschichte, allgemeine Einleitung. Osnabrük 1768. Neue vermehrte und verbesserte Aufl. in 2 Tln. – Berlin und Stettin 1780 (Sämtliche Werke, a. a. O.)
[2] J. Chr. Gatterer, Weltgeschichte in ihrem ganzen Umfange. Göttingen 1787
[3] J. M. Schroeckh, Allgemeine Weltgeschichte für Kinder. 1779–84 (4 Tle.)

Werk hatte also einen doppelten Zweck. Erstens wollte Lavater intuitive Anthropologie treiben, und zweitens hatte er die Absicht, Humanität zu pflegen und seine Mitmenschen zur Humanität anzuregen. In der Vorrede führt Lavater diesen Gedanken weiter aus: »Wenn du aus dieser Schrift nicht gelernt hast, dass dir eine neue Quelle von edlen, menschlichen Vergnügungen aufgeschlossen ist; wenn du nicht *Achtung für die menschliche Natur,* mehr heilsames Mitleiden mir ihrem Verfalle, mehr Liebe zu einzelnen Menschen.... gelernt hast; wenn du am Ende in sehr nützlicher *Menschenkenntnis* nicht weiter gekommen bist; – O so habe ich umsonst geschrieben; so hat die lächerlichste Thorheit mich blind gemacht; so sage,.... dass ich dich betrogen habe – so verbrenne dies Werk, oder send es mir zu, und ich will dir – deine Auslage erstatten!«[1]

Sowohl vom thematischen als vom motivischen Standpunkt fügte sich das Werk also in die große bürgerliche Bewegung der zweiten Hälfte des 18. Jahrhunderts ein, deren Philosophie im allgemeinen anthropologisch, im besonderen psychologisch und erkenntnistheoretisch war, und die durch die Betonung des Menschlichen soziale Gleichheit und indirekt politische Freiheit zu erreichen suchte.

Ob Charles Bonnet (1720–1793), der die Hypothese eines mit der Seele verbundenen und sich nach außen im Organismus gestaltenden ätherischen Leibes aufgestellt hat, Lavater zu seinen physiognomischen Studien veranlaßt hat, ist für uns unwichtig. Ebensowenig interessiert uns der fragwürdige/wissenschaftliche Wert der »Physiognomischen Fragmente«. Aber über alles wichtig ist für uns die erneute Feststellung, daß alle, auch die scheinbar divergierenden Kräfte dieser Zeit gleichgeschaltet waren und alle unverrückbar in die Richtung eines und desselben Zieles strebten: der endlichen allseitigen Befreiung des Bürgertums.

Die Überbewertung des Menschlichen, die sich im Gegensatz zu der Unterbewertung in der ersten Hälfte des 18. Jahrhunderts von der Jahrhundertmitte an auf allen Lebensgebieten durchsetzte, mußte auch in den Künsten, die die Gestaltung des menschlichen Körpers zu ihrer Hauptaufgabe hatten, namentlich in der *Plastik,* einen radikalen Stilwandel hervorrufen. Bevor wir diesen Stil-

---

[1] Johann Caspar Lavater, Physiognomische Fragmente zur Beförderung der Menschenkenntnis und Menschenliebe. 4 Bde., Leipzig und Winterthur 1775–78

wandel untersuchen, müssen wir ein paar allgemeine Betrachtungen vorausschicken.

Der besseren Übersicht halber lassen wir die Denkmäler, die unter Bildniskunst zur Besprechung gelangen, an dieser Stelle außer Betrachtung. Wir berücksichtigen hier also nur die Schloß- und Gartenplastik, sowie die Heiligenfiguren und -gruppen, die in Kirchen Aufstellung fanden.

Die Masse von Kunstwerken dieser Art ist schier endlos. Bildhauer, Holzschnitzer, Modelleure gab es damals legionenhaft. Was jedoch einen Querschnitt durch die fast unübersehbare Fülle von Material noch besonders erschwert, ist die Tatsache, daß in der Zeit von 1750–1780 neben dem neuen Stil auch noch alle Stile der hundert vorangegangenen Jahre vorhanden sind. Wir finden z. B. unter den Werken von Joseph Anton Feuchtmayer (1696–1770) Plastiken, die dem deutschen Stil des 17. Jahrhunderts näher stehen als irgend einem Stil des 18. Jahrhunderts. Johann Baptist Straub (1704–1784) und Ignaz Günther (1725–1755) setzten nach der Jahrhundertmitte den Stil der vierziger Jahre unverändert fort. Wir haben hier nur ein paar von den größeren Meistern erwähnt; was sich die kleineren stilistisch leisteten, spottet jeder Beschreibung. Trotz der Unterscheidung von Barock, Spätbarock, Régence, Rokoko, Louis XVI, Rokoko-Klassizismus, Louis XVI-Klassizismus und reinem Klassizismus ist es nicht einmal Feulner gelungen, in dieser babylonischen Stilverwirrung Ordnung zu schaffen.

Mit dem Hinweis darauf, daß viele Künstler der zweiten/Hälfte des 18. Jahrhunderts einer früheren Generation angehören und anscheinend zu alt waren, sich noch umstellen zu können, ferner daß die Lehrzeit einer Reihe von jüngeren Künstlern noch in die Zeit vor 1750 fiel und die weniger starken Persönlichkeiten unter ihnen die alte angelernte Tradition bis zu ihrem Lebensende fortsetzten, ist die Formenvielheit der fünfziger bis siebziger Jahre nicht erklärt. Der eigentliche Grund lag tiefer. Wir haben gesehen, daß um die Mitte des 18. Jahrhunderts der große Wandel des Lebensstils und damit des Kunststils durch das Aufkommen des Bürgertums hervorgerufen wurde. Das Entscheidende war nun, daß der Bürger auf die damalige Großplastik keinen *direkten* Einfluß hatte und überhaupt keinen *direkten* Einfluß haben konnte, da er keine Räume, keine Parks hatte, in denen er Großplastiken aufstellen konnte und er somit als Auftraggeber wegfiel. Die einzigen Auftraggeber für diese Art von Kunstobjekten blieben also nach wie vor die Höfe und die Kirchen. Und weil diese beiden Kategorien von Kunstkonsumenten in der unlebendigen feudalen, beziehungsweise kirchlichen Vergangenheit, statt in der lebendigen, d. h. verbürgerlichten Gegenwart standen, ist es nur allzu verständlich, daß ihr völlig veralteter Geschmack maßgeblich blieb und der plastische Stil der ersten Jahrhunderthälfte sich an manchen, besonders in den von den bürgerlichen Kulturzentren weiter entfernten Orten, noch jahrzehntelang ungetrübt fortsetzen konnte.

Daraus ergibt sich, daß wir, um eine Übersicht über die Plastik der fünfziger und sechziger Jahre zu gewinnen, eine scharfe Trennung vornehmen müssen. Alles zu jener Zeit Gestrige und Vorgestrige muß außer Betrachtung bleiben, obgleich manches unverkennbar ein größeres handwerkliches Können bewies, als das damalige Heutige. Bei einer Untersuchung des Stilwandels einer Periode geht jedoch die Betrachtung und Deutung von Kunstwerken, die einer impulsiven Vitalität entsprungen sind, über eine ästhetische Wertung, die doch immer nur subjektiv sein kann. Nur das Heutige, wie schwach es anfänglich auch sein und wie schüchtern es sich hervorwagen mag, ist lebendig und entwicklungsfähig. Alles Alte, wenn es auch noch so virtuos und bravourös ist, kann gerade wegen seiner im Vordergrund stehenden blendenden/Technik, die die mangelnde Vitalität doch nur zu übertünchen sucht, nur noch verblühen und absterben.

Der neue Stil, der sich ohne direkten bürgerlichen Einfluß, nur durch die allgemeine Verbürgerlichung des ganzen Lebens durchsetzte, bestand nun kurz gesagt darin, daß sich seit der Mitte des 18. Jahrhunderts die menschliche Figur, die bislang eine der Architektur untergeordnete, rein dekorative Stellung einnahm, allmählich aus ihrer Unselbständigkeit erhob und selbstwertig wurde.

In der Plastik ereignete sich also genau dasselbe, was wir um diese Zeit im gesellschaftlichen Leben beobachten konnten. Der Deutsche war bis um die Jahrhundertmitte nichts als ein untergeordnetes, unselbständiges Etwas, ein Stück Dekoration zur Glorifizierung seines Fürsten, ein »Zubehör«, wie der württembergische Herzog ihn in seinem Testament so geschmacklos, aber der Wirklichkeit entsprechend bezeichnete. Jetzt wurde sich der deutsche Bürger seiner selbst bewußt, er fühlte sich als Mensch, er bestand fortan auf seiner Menschenwürde und seinen unverbrüchlichen Menschenrechten.

In der ganzen höfischen Plastik war die menschliche Figur also wie gesagt ein unselbständiges, rein dekoratives Teilchen des ihm übergeordneten Architekturganzen. Sie war bewegt, aber die verkrampfte Haltung war keine Bewegung, in die sich ein gequältes Innere entlud, sondern abstrakte Bewegtheit, unpsychologisches Mitschwingen in der wilden besessenen Dynamik, die alle Architekturformen aus der festen Statik herausgerissen hatte. Die gespreizten, verzerrten und verrenkten Arme, Hände und Finger waren keine Gebärden, die uns über ein verzücktes Innere etwas aussagen, sondern es war dieselbe abstrakte Expressivität, in der die ganze Architektur aufging. Das Gewand war nicht dienende Hülle eines Körpers. Der Körper selbst galt nichts. Mit einem menschlichen Körper ließ sich nicht im entferntesten soviel Musik machen wie mit Gewandmassen. Der Körper war somit nur der unentbehrliche Ständer, an dem die wallenden Samte, Seiden und Brokate aufgehängt wurden, mit denen dann ein überirdischer Wind sein tolles Spiel trieb. Unwirklich schwarze Schattenlöcher haute er in die irrational aufgewühlten und zerknitterten Gewandmassen, und die in den Raum hineinragenden Zipfel bog er so gespensterhaft um und rollte sie wieder so eigenwillig/auf, wie man es nur in Fieberträumen vorgezaubert bekommt. Die einzelnen Plastiken glichen mit ihren wilden zackigen Konturen aufzüngelnden Flammen mitten in dem großen Brand, der die ganze Architektur verzehrte. Die Verflechtung von Architektur und Plastik wurde weiter vervollständigt durch Wolken, die um die Heiligenfiguren kreisten, durch Spruchbänder, die von unsichtbaren Kräften getragen im Raum herumschwirrten, durch Embleme und andere Symbole, sodann durch ein Heer von Engelchen, die sich auf den Altären niedergelassen hatten oder durch den Raum schwebten oder flatterten.

So war die Kunst in der Schlüter-Zeit (1664–1714), so schufen Balthasar Permoser (1651–1732), Franz Matthias Hiernle (1677–1732), Jacob van Auvera (1672–1760), Balthasar Esterbauer (1677–1722) und Egid Quirin Asam (1692–1756).

In den dreißiger Jahren des 18. Jahrhunderts, als das Leben der Höfe sich etwas entspannte, der Machtwahnsinn und theatralische Heroismus der Fürsten in eine gewisse weltmännische Verfeinerung und in eine laszive Sinnlichkeit verebbte, trat in der Architektur, der Plastik und der Malerei ebenfalls eine Beruhigung ein. Das Krampfige löste sich, alles wurde leichter, heller, spielerischer, oberflächlicher, mondäner, sogar die kirchliche Kunst. Die massigen Proportionen wurden schlanker und graziler, die Haltung weniger stürmisch, dafür mehr schwebend und tänzelnd, außerdem begann sich die Bewegtheit der Gewandmassen auf den Körper zu übertragen. Sie blieb aber abstrakte Bewegtheit und wurde noch nicht Bewegung von innen heraus. Die Figur ist jetzt nicht mehr eine unbändige Flamme, sondern sie wird zur Blume, die aus der grilligen Vegetation des architektonischen Ganzen hervorblüht. Die Verbundenheit mit der Architektur blieb aber noch bestehen, wenn sich auch bei einzelnen Künstlern, wie z. B. bei dem sich bereits stark an die Antike anlehnenden Georg Raphael Donner (1693–1741), die Symbiose der Plastik mit der Architektur etwas lockerte. Das waren die ersten Anzeichen einer neuen Zeit.

Der große Wandel vollzog sich um die Mitte des Jahrhunderts. Die neue Idealität, die neue Menschlichkeit fing an, auch in der Plastik um den Ausdruck des Innern zu ringen. Die menschliche Figur löste sich allmählich aus ihrer der/Architektur dienenden Stellung, sie wurde immer freier und zuletzt souverän. Sie wurde sich ihres Körpers bewußt, der nicht länger ein Gerüst war, an dem zerwühlte Gewandmassen herumflatterten und das durch die schweren Stoffe entwertet und vergewaltigt wurde. Der Körper, die Materialisation der Menschlichkeit, wurde jetzt alles und das Gewand nur noch eine diskrete Begleitung, ein Hilfsmittel, um die schöne menschliche Gestalt zu akzentuieren und ihre aus allem Architektonischen und Rahmenden herausgeschälten Umrisse weiter zu isolieren. Das Selbstbewußte des neuen Menschen zeigte sich in der Plastik in der Betonung der Frontalstellung, während die Figur noch bis vor kurzem in dem kreisenden Strudel aller Architekturformen aufgegangen war. Die Haltung, der Gesichtsausdruck, die Gebärden waren nicht mehr äußerliche Pose, schnörkelhafte Dekoration, sondern Versinnlichung eines inneren, meist stark empfindsamen Erlebens. Charakteristische Beispiele dieser neuen Art von Kunstauffassung finden wir in dem Werk von Franz Xaver Nissl (1731–1804), der die Ekstase, das hohe Pathos und alles rein Ornamentale der vorigen Zeit abgestreift hat und uns mit seinem Realismus, der oft an Verismus grenzt, erschüttert.

Nachdem die menschliche Figur in der Plastik wieder zu ihrem Recht gelangt war, gab es zwei Entwicklungsmöglichkeiten, zwei einander scheinbar entgegengesetzte Wege, das wiederauferstandene Menschliche zu feiern, zu steigern. Der eine Weg war Ausbau des Eigenmenschlichen, was von selbst zu einer outrierten Individualisierung führen mußte. Der andere Weg war Betonung des Allgemeinmenschlichen, also Typisierung, Kanonisierung der menschlichen Gestalt.

Typische Beispiele für die Individualisierung bietet Franz Xaver Messerschmidt (1736–1783) in den 49 Charakterköpfen, die er in der Zeit von 1770 bis 1783 modellierte, meistens Selbstdarstellungen mit einer ziemlichen Portion Selbstironie. Die Kunstgeschichte weiß mit diesen Plastiken, die so ganz aus dem Rahmen der zeitgenössischen Kunst zu fallen scheinen, nicht viel anzufangen. Man betrachtete sie als eine Grille, als die Kaprize eines Sonderlings. Feulner versucht sie folgendermaßen zu erklären: »Treibende Kräfte des beginnenden Klassizismus sind hier auf ein spezielles Thema abgelenkt, das von einem pedantischen Naturalisten mit absurder Kon-/sequenz ausgebaut ist, von einem seelisch infizierten Künstler auf psychopathische Nebenwege getrieben wird. Die Charakterköpfe wären Ausgeburten einer schizophrenen Phantasie, wenn nicht die Art der Darstellung, das Studium der eigenen Maske die Selbstironie in den Dienst der künstlerischen Leistung gestellt worden wäre.«[1] Betrachtet man diese Köpfe in ihrem Zusammenhang mit der Totalität des Lebens, so erweisen sie sich für die Zeit als ebenso selbsverständlich, wie die an sich noch viel krasseren Ichprojektionen des jungen Goethe.

Das andere Extrem war die Idealisierung, die Typisierung des menschlichen Körpers, für die man in der Antike das höchst Erreichbare auf diesem Gebiet zu sehen vermeinte und nachzuahmen suchte. Die Schönheit des Menschen beruhte nach Ansicht dieser zweiten Gruppe von Künstlern auf Ordnung und Gesetzmäßigkeit. Der Führer dieser sogenannten Klassizisten war Alexander Trippel (1774–1793) in Rom, bei dem Zauner, Füger, Schadow und Dannecker in die Lehre gingen.

Das Streben nach Typisierung ging so weit, daß man sogar das Individuellste, was es gab, das Porträt, verallgemeinern wollte. Alles Zufällige wurde aus den Zügen eliminiert, die Kleidung entstofflicht, die Haare stilisiert, die Muskeln nur angedeutet, gewisse Details, wie z. B. die Adern, weggelassen. Ein charakteristisches Beispiel dieser typisierten Porträtkunst ist Danneckers Schillerbüste, die der Künstler selbst bezeichnenderweise eine »Apotheose« nannte.

---

[1] Adolf Feulner, Skulptur und Malerei des 18. Jahrhunderts in Deutschland, a. a. O.

Die allgemeine Durchführung des Humanitätsgedankens bewirkte auch eine vollständige Reformierung der großen tragischen *Oper*.

Die große Oper beanspruchte innerhalb der höfischen Musikpflege das Hauptinteresse, da sie mit ihrem umfangreichen Aufgebot von pompöser Dekoration, ins Überdimensionale gesteigerter Szenerie, von berühmten Primadonnen und Kastraten, von Ballett und Massenaufzügen die fürstliche Pracht am glänzendsten entfalten konnte. Es war der sehnlichste Wunsch eines jeden Serenissimus von Gottes Gnaden, eine Oper mit allem Drum und Dran sein eigen nennen zu können. Die deutschen Höfe hatten keine eigenen musika-/lisch-dramatischen Formen entwickelt, sondern die in Italien entstandene große Opera seria unverändert übernommen mit dem ganzen dazugehörigen Stab von italienischen Komponisten, Textdichtern, Sängerinnen, Kastraten, Musikern, Bühnenbildnern und Maschinenmeistern. In der ersten Hälfte des 18. Jahrhunderts betrieben die deutschen Fürsten diese Übernahme mit besonderem Eifer, da die Opera seria dieser Zeit nichts anderes war als eine Verherrlichung hervorragender fürstlicher Eigenschaften und Taten in mythologischer Verkleidung. Die Oper bedeutete also für den Fürsten in erster Linie ein Hauptmittel zur Dokumentierung seiner Macht und Superiorität. Daß sie außerdem zu den erlesensten Pläsieren des Hoflebens gehörte und bei keiner Festlichkeit fehlen durfte, ist ohne weiteres klar.

Die Haupthelden in den Opern des vielgefeierten Pietro Metastasio (1698–1782), der den Hauptanteil aller Seriatexte seiner Zeit produzierte, sind Figuren der griechischen und römischen Mythologie und Geschichte und repräsentieren stets den Fürsten selbst oder eine andere zu feiernde fürstliche Persönlichkeit. Wenn im »Catone in Utica« der Sieg des despotischen Cäsar über den demokratischen Cato verherrlicht wird, so bezieht sich das genauso auf den in der Loge sitzenden Fürsten, als wenn in »La clemenza di Tito« die Mildtätigkeit und Gnade des Titus glorifiziert wird. Meistens sogar sind die Personen der Oper nur allegorische Träger einzelner außerordentlicher Eigenschaften. Der Handlungsverlauf ist dabei zu dem Mittel herabgesunken, diese Eigenschaften möglichst deutlich hervortreten zu lassen. Für den Textdichter bestand die ganze Aufgabe in den verschiedenen Kombinationen der von vornherein festgelegten Personaltypen, wie in einem Klötzchenspiel. Das Hauptmittel dazu war die Intrige. Metastasios Texte sind ziemlich alle über denselben Leisten geschlagen, nach einem Grundschema aufgebaut.

Man begnügte sich jedoch oft nicht mit den allegorischen Verkleidungen, sondern redete die Fürsten in Prologen oder Nachspielen direkt an. Am württembergischen Hofe z. B. stellte die Prologszene häufig den Garten und das Schloß Karl Eugens dar. Die personifizierten Künste traten auf und schmierten dem Landesherrn schmeichelnde Lobeshymnen um den Bart. Oder das gesamte darstellende Personal richtete sich am/Schluß der Oper in der sogenannten Licenza an die gefeierte Person selbst. Diese Licenza wurde meist schon im Gange der Handlung durch vielfache Anspielungen vorbereitet; oft war die ganze Oper nichts anderes als eine erweiterte Licenza.

Der Typik in der Darstellung entsprach die Typik der musikalischen Gestaltung. Vertonungen eines Operntextes durch verschiedene Komponisten unterschieden sich nicht wesentlich voneinander. Und da die Texte alle sehr ähnlich waren, glichen sich schließlich alle großen Opern in starkem Maße.

Die ganze Oper wurde fast vollständig in Recitative und Arien aufgeteilt. Das »Recitativo secco«, eine Art Sprechgesang, bestand in einem schnellen, sinnlosen, »trockenen« Herunterplappern der Worte auf einigen wenigen, ständig wiederkehrenden Tonformeln und wurde nur durch harmonisch unterstützende Akkordeinwürfe des Cembalos (Kielflügels) begleitet. Das Recitativ hatte die Aufgabe, die für das Ganze so unwichtige aber notwendige Handlung möglichst schnell fortzuführen. Die Nebensächlichkeit, mit der das Recitativ behandelt wurde, kann man allein aus der Tatsache ermessen, daß die Komponisten häufig die Ausarbeitung dieser Partien der Oper jungen Hilfskräften übertrugen oder gar der Willkür der Sänger überließen.

Die Hauptsache waren stets die Arien, in denen die Helden des Werkes Betrachtungen über ihre Eigenschaften und Gefühle anstellten, meist in Form irgendeines Bildes oder Gleichnisses. Auch die Arien waren streng typisiert. Sie besaßen immer Dacapoform, das heißt der erste Teil der Arie wurde nach einem oftmals kontrastierenden Mittelteil wiederholt, nur mit dem Unterschied, daß in der Wiederholung der Sänger seine Improvisationskunst in beliebigen »Manieren« und Variationen zeigen konnte. Wie im Text die Figuren nur Träger einer bestimmten Eigenschaft oder eines »Affektes« waren, erschienen beim Auftritt derselben Personen immer wieder die gleichen oder nächstverwandten Tonarten. Jede Oper enthielt eine Rache-Arie in D-Dur, gesungen von einem Haupthelden, der über die Intrigen seiner Gegner empört ist. Diese Gegner aber übergeben sich gewöhnlich irgendwelchen obskuren Geistern, die sie fast stets feierlichst in Es-Dur beschwören. Sodann aber hat die Geliebte des Haupthelden meist einen ahnungsvollen Traum, den sie ihrem Abgott in/einer G-Dur-Arie vorträumt. Bei einer derartigen Schematisierung war es natürlich ohne weiteres möglich, Arien von einer Oper in die andere zu verpflanzen, Arien zu streichen oder hinzuzukomponieren, was denn auch oft genug geschah.

Im großen und ganzen war die Opera seria nicht viel mehr als eine lose Aneinanderreihung von Recitativen und Arien. Die Ouverture stand meist in gar keinem inneren Verhältnis zum eigentlichen Werk, ebensowenig wie die komischen Intermezzi oder Ballett-einlagen, die nur zum Amüsement des höfischen Publikums da waren, damit die ewige Ablösung von Recitativ und Arie nicht zu eintönig und einschläfernd wirkte. Duette waren Arien mit zwei Stimmen. Terzette oder noch größere Ensembles und Chöre gehörten zu den Seltenheiten.

Hinzu kam, daß zugleich mit der allegorischen Darstellung fürstlicher Taten das Virtuosentum der Sänger zunahm und schließlich groteske Formen zeigte. War die Oper ein Privileg der Fürsten, so wurde sie musikalisch ein Privileg der die Fürsten in allegorisierender Form darstellenden Sänger. Die Virtuosen verlangten von den Komponisten, daß unendlich lange Koloraturen, Rouladen, Triller oder ähnliche Gurgeleien die Arien auszierten, ganz gleichgültig ob sie hinpaßten oder nicht.

Die Unhumanität und Unnatürlichkeit dieser ganzen höfischen Opernkunst erreichte jedoch ihren Gipfel in der Verhimmelung des verstümmelten Menschseins, des Kastratentums. Die Gesangsleistung der Kastraten, von der man glaubte, daß sie die Reinheit der Knabenstimme mit der Lungenkraft des erwachsenen Mannes ideal vereinigte, galt als Höhepunkt aller Kunst. Die Primadonna wiederum wurde von Ehrgeiz und Eifersucht angestachelt, dem ersten Sopranisten den Rang streitig zu machen, wozu ihr jedes Mittel der Intrige und Kabale recht war. Wenn ihr das auch nicht gelang, so hatte sie doch wenigstens oftmals den Trost, als eine der ersten Maitressen des Landesherrn ein besonderes Ansehen am Hofe zu genießen.

Da die höfische Opernkunst vollständig italianisiert war, mußten die deutschen Komponisten in Italien studieren, damit sie sich später um die Stellung eines Hofkomponisten an einem deutschen Hof bewerben und mit dem gleichfalls starken An-/gebot von italienischen Komponisten konkurrieren konnten. Der Hofkapellmeister Friedrichs II. Carl Heinrich Graun (1701–1759) und der sächsische Hofkapellmeister Johann Adolph Hasse (1699–1783) waren lange in Italien gewesen, und ihre Opern lassen sich kaum von den Werken gleichaltriger Italiener unterscheiden. Ja, Hasse wurde selbst in Italien mit dem Beinamen »il caro Sassone« als einer der größten Meister italienischer Kunst vergöttert.

Während jedoch Hasse und Graun ihr Leben lang nicht über den Schematismus von Recitativ und Arie hinauskamen, suchte Georg Friedrich *Händel* (1685–1759) neue Wege. Auch Händel war in Italien gewesen und hatte als Komponist am englischen Hof einen Haufen derartiger Opern geschrieben. Das fortschrittliche England jedoch wurde schon frühzeitig der Fürsten-, Helden- und Virtuosenvergötterung überdrüssig, zumal da hier die Oper vollkommen öffentlich war und vom Hof nur subventioniert wurde. Den stärksten Schlag erlitt die italienische Oper in England durch die bewußt armselige »Beggar's Opera« (1728) und ihre unzähligen Nachahmungen. Im Gegensatz zur Arienwirtschaft der Opera seria griffen diese Singspiele auf alte englische Volkslieder zurück. Händel blieb zwar bis um 1740 noch der Seria treu, doch hatte er schon lange vorher nach anderen Wegen gesucht. Eine Reformation der Oper war für ihn nicht möglich, da die Sängerdespotie für einen einzelnen Komponisten unüberwindlich war und es vor allen Dingen an Texten mangelte, die über den metastasianischen Schematismus hinausgingen. Andrerseits aber war es für den Hofgünstling Händel unmöglich, in das Lager der Singspielkreise überzugehen.

Die Lösung dieses Zwiespaltes fand Händel im großen Oratorium. Angeregt durch das norddeutsche, ausdrucksstarke pietistische Oratorium, komponierte Händel seit den dreißiger Jahren eine große Zahl unkirchlicher und undogmatischer Oratorien, die häufig sogar in Szene und Kostüm aufgeführt wurden. Das Oratorium war für Händel der einzige Weg fort von der starren Opera seria, weil er nur hier das verwirklichen konnte, was allein den Bedürfnissen der breiten bürgerlichen Massen gemäß war: ein von aller Allegorie, Fürstenverehrung und Typisierung freies Musik*drama*. Die Helden in Händels Oratorien sind nicht mehr blasse mytho-/logische Schemen und typisierte Affektallegorien, sondern *leibhaftige Menschen* aus Fleisch und Blut.

Das grundlegend Neue an den Oratorien ist zunächst die Darstellung wahrhafter Menschheitsschicksale, nicht im Sinne von höchstpersönlicher Ichkonzentriertheit, sondern umgekehrt in der Hervorkehrung der Allgemeingültigkeit dieser Schicksale durch das Befolgen und Verwirklichen sittlich-humanitärer Ideale. Im »Samson« (1742) z. B. wird der Held in tiefes Elend gestürzt, weil er sich von seiner heldischen Mission durch Verführung ablenken ließ; geläutert durch die Schmach gelingt es ihm dennoch im letzten Augenblick, unter stärkster Willensanspannung und mit Hingabe seines Lebens die Feinde seines Volkes zu besiegen. Menschlichkeit, Wahrheit und Edelmut sind die hervorragendsten Charakterzüge der Hauptgestalten in den Oratorien. Der beliebteste Gegenstand war die Erlösung eines geknechteten Volkes und seine Hinwendung zu Frieden und Freiheit durch einen gottgesandten auserwählten Helden. Dieser Grundgedanke ist durchgeführt in den Oratorien »Deborah« (1732), »Israel in Aegypten« (1739), »Judas Maccabäus« (1746), »Josua« (1747), »Jephta« (1751) und in reinster Gestalt im »Messias« (1742).

Durch seinen Gegenstand erhielt also dieses bürgerliche Oratorium im Gegensatz zur Hofoper große Aktualität, wie sie z. B. aus folgender Londoner Zeitungsnotiz hervorgeht, die am Tage nach der ersten Aufführung des »Israel in Aegypten« erschien: »Da die Theaterzensur den Autoren fast so fürchterlich geworden ist, wie das Inquisitionsgericht den Juden und Ketzern, so waren die Patrone und Liebhaber der Musik in grosser Angst für das Schicksal des neuen Oratoriums in Haymarket; einige fürchteten nicht ohne Grund, daß der Titel »Israel in Aegypten« völlig so anstössig sein würde, als der eines Befreiers seines Landes.« Es ist begreiflich, daß Händels Oratorien, die selbst im fortschrittlichen England den Unwillen des Adels erregten, von den deutschen Höfen ignoriert wurden und erst lange nach Händels Tod in Deutschland aufgeführt werden konnten.

Aber nicht nur die Darstellung einzelner vorbildlicher Menschen war das Neue an Händels Oratorien, sondern auch besonders die große Rolle des auserwählten Volkes, mit dem stets das ganze englische Volk gemeint war, an das sich Händel/bewußt richtete. Nicht mehr für einzelne hohe Herrschaften und deren Trabanten, sondern für die gesamte Menschheit Englands schrieb jetzt Händel.

Trotzdem sind die Oratorien übernational, ja weltbürgerlich, da der Inhalt, der aus der Bibel geschöpft war, von allen Völkern auf sich bezogen werden konnte und auch zum Teil bezogen wurde. So hatte für Heinse der »Messias« einen »herzlichen deutschen Charakter«.[1]

Die Hervorkehrung des Dramatischen und Allgemeinmenschlichen im Text fand natürlich auch in der Musik ihren Niederschlag. Die handlungsmäßige Entwicklung erreichte Händel vor allem durch ungeheuer dramatische und schlagkräftige Chöre in Massenbesetzung. Händel bedient sich dabei der verschiedensten und vielfältigsten Formen. Er läßt – besonders in den späten Werken – Solopartien und Chorpartien sich gegenseitig durchdringen und vermischen und rückt damit weit von der italienischen tragischen Oper ab. Die Grenzen von Recitativ und Arie werden verwischt, je nachdem es die dramatische Entwicklung erfordert.

Händel hat in seinen Oratorien auf einzigartige Weise den Weg zum Menschen und damit zum Bürgerlichen in der musikdramatischen Kunst gefunden. Die Wirkung dieser Tat vor allen Dingen auf die eigentliche Opernreform war gewaltig.

Erst als Händel seinen zielbewußten Weg beschritten hatte, machten sich auch auf dem Kontinent die ersten Bestrebungen bemerkbar, die starre Opera seria selbst dramatisch zu durchbluten, den allegorischen Heldenpuppen wirkliches Leben einzuhauchen. Den bedeutendsten Fortschritt in dieser Richtung erzielten die Italiener Niccolo *Jommelli* (1714–1774) und Tommaso *Traëtta* (1727–1779). Durch ihr jahrelanges Wirken in Deutschland – Jommelli in Wien und Stuttgart, Traëtta in Wien und München – und ihren Einfluß auf Gluck sind beide hier kurz zu berücksichtigen.

Jommelli legte in seinen Opern besonderes Gewicht auf Ensemble- und Chorsätze und ging damit in gleicher Richtung wie Händel. Im Gegensatz zur Seria Hassescher Prägung gewinnt er auch durch seine häufigere Verwendung des »Recitativo accompagnato« eine stärker innerlich belebte Dramatik und eine Verwischung der Gegensätze von Seccorecitativ und Arie. Das Recitativo accompagnato bestand nicht im sinnlosen Herunterplappern der Worte, sondern in einem affektvoll ge-/sanglichen Deklamieren des Textes mit Begleitung des vollen Orchesters. Hie und da gab es auch schon bei Hasse Orchesterrecitative. Jedoch erst Jommelli hat infolge seines Bestrebens, das Wahrhafte und Mensch-

---

[1] J. J. Heinse, Sämmtliche Werke, a. a. O., Bd. 5

liche der Handlung musikalisch zu unterbauen, diese Kompositionsart öfter und besonders an dramatischen Höhepunkten angewandt. Bei Jommelli läuft auch in den Arien das Orchester nicht mehr so selbständig neben der Singstimme her wie früher, sondern es untermalt den Gesang und gibt durch seine erweiterte Rolle dem Ganzen bedeutend stärkere Dramatik, Wahrhaftigkeit und Menschlichkeit. Gerade in diesem Punkte zog sich Jommelli den Tadel seines Freundes Metastasio zu. Daß jedoch Jommelli an den matastasianischen Texten festhielt, ist der Hauptgrund dafür, daß seine musikalischen Neuerungen in den Anfängen steckenblieben, denn eine vollständige Reform der Opera seria war nur vom Text her möglich.

Traëtta ging in dieser Beziehung über Jommelli hinaus. Die Texte Coltellinis, besonders die »Ifigenia in Tauride« (1759) gaben ihm die Möglichkeit, Jommelis neue musikalische Anregungen weiter zu entwickeln. Aber auch er konnte keine grundlegende Wandlung erreichen, weil er ausschließlich für Höfe schrieb, die, wenn sie auch ein noch so reformfreundliches Gesicht machten, eine Darstellung allgemeingültiger menschlicher Charaktere und Sitten nicht zuließen, da sie damit ihre Superiorität nicht zur Schau stellen konnten.

Den entscheidenden Schritt zur vollständigen »révolution de la musique«, wie die Zeitgenossen selbst sagten, gelang erst Christoph Willibald *Gluck* (1714–1787). Gluck schrieb nicht mehr für rein aristokratische Kreise, sondern für die gesamte Menschheit ohne Unterschied der Rasse und Nation. Er betonte bewußt die Allgemeingültigkeit seiner Reformopern, die nicht für eine einmalige höfisch festliche Gelegenheit bestimmt waren: »Meine Musik ist von der Art, daß sie nicht sobald veralten wird.«[1]

Wie alle seine Altersgenossen begann Gluck in Italien seine Laufbahn mit einer großen Zahl metastasianischer Opern im alten starren Stil. Als er jedoch mit Händel in London in persönliche Beziehung trat, als er mit der großen französischen Oper eines Rameau in Berührung kam, der im Gegensatz zu den Italienern stets eine der französischen Sprache angepaßte/pathetische aber pointierte Wortdeklamation pflegte und auch schon Jommelli und Traëtta beeinflußt hatte, als er ferner die schlicht volkstümliche und natürliche Opéra comique kennen lernte, als er in Wien und später in Paris nicht an einen engen Hofkreis gebunden war, sondern

---

[1] Chr. W. Gluck: s. A. B. Marx, a. a. O.

sich an ein breites Publikum wenden konnte, und als er schließlich in dem Lotterieeinnehmer und Bankengründer Calsabigi den geeigneten Textdichter fand, als alle diese Umstände nach langem Suchen zusammenkamen, war Gluck erst soweit, 1762 mit seinem »Orfeo ed Euridice« die erste Oper zu schaffen, die endgültig mit allem Schematismus der Hofoper aufräumte, indem sie den wirklichen Menschen und seine sittlichen Pflichten gegenüber den Mitmenschen in den Mittelpunkt stellte. Auf den Orpheus folgte 1767 »Alceste«, 1770 »Paride ed Elena«, alle in italienischer Sprache für Wien gesetzt, dann in Paris auf französisch »Iphigénie en Aulide« 1774, »Armide« 1777 und als Gipfelpunkt »Iphigénie en Tauride« 1779.

Der Kernpunkt in allen diesen Werken ist irgend ein hohes menschliches Grundprinzip oder ein ethisches Ideal in bewußter Erhabenheit, Wahrhaftigkeit und klassizistischer Größe dargestellt. Eheliche Treue, edle Jünglingsliebe, todesbereiter Opfermut, selbstlose Freundeshingabe, das sind einige der Grundprobleme, deren Erfüllung meist die Errettung eines zum scheinbar unabwendbaren Schicksal verurteilten Sterblichen herbeiführt. Immer ist der Grundgedanke derselbe: Sieg reinster Menschlichkeit über alle destruktiven Kräfte, ja selbst den Tod. Orpheus, Alceste und Iphigenie sind keine Affektallegorien mehr, die durch intrigante Widersacher wie Puppen in Bewegung gesetzt werden, sondern sie sind reale Menschen, deren sittliche Pflicht die Triebkraft der dramatischen Entwicklung bildet. Die Liebe ist nicht mehr ein amüsantes und pikantes Gesellschaftsspiel, sondern der ursprünglichste und edelste aller menschlichen Triebe. So konzentriert sich alles auf das Menschliche in seiner allgemeinsten Form.

Gluck war sich stets bewußt, daß die Musik nur das Mittel sein konnte, um die dramatische Entwicklung folgerichtig aufzubauen, die Ausdruckskraft der handelnden Personen zu steigern, die psychologischen Vorgänge zu verdeutlichen, kurz, um das Drama als solches zu höchster Wirkung zu bringen. Die Musik ist hier also nur ein Teil des Ganzen, Mittel zum Zweck. Gluck erreichte das durch eine Anpassung aller musikalischen Formen an die jeweilige dramatische Situation, ein Prinzip, das Händel bereits in seinen Oratorien vielfach angewandt hatte.

Die große Neuerung des »Orfeo« war die vollständige Ersetzung des sinnlosen Recitativo secco durch das ausdrucksgeladene Orchesterrecitativ. Die geschlossenen Gesangsformen werden meist direkt aus dem Recitativ ohne Unterbrechung übergeleitet, so daß ein der fortlaufenden Handlung entsprechender musikalischer Fluß zustande kommt. Um die Wahrhaftigkeit und Menschlichkeit der Opernhelden zu erhöhen, benutzt Gluck stets sehr einfache Formen, er verzichtet auf jede sinnlose Kehlenvirtuosität. Koloraturen bringt er nur da an, wo es der gesteigerte dramatische Ausdruck erfordert. In Anlehnung an die antike Tragödie erhält der Chor eine große Rolle, teils als betrachtender Faktor, teils als Handlungsfaktor, indem er mit den Einzelpersonen im Wechselgesang steht.

Die menschliche Wahrhaftigkeit des Ausdrucks ergibt auch eine weit gesteigerte Einbeziehung des Orchesters in die dramatischen Vorgänge. Als Beispiel hierfür sei die berühmte Soloszene des Orest in der taurischen Iphigenie erwähnt: Während der von den Furien verfolgte Muttermörder ermattet zusammenbricht und auf eine ruhig schlichte Melodie die Worte »La calme rentre dans mon coeur« singt, verdeutlicht das Orchester durch scharfe Akzente die dieser äußeren Ruhe widersprechende Gewissensfolterung, die den Gepeinigten nie zu innerer Ruhe kommen läßt. Eine derartige musikalische Ausdeutung stummer seelischer Vorgänge war ein unerhörtes Novum in der musikdramatischen Kunst.

Gluck ging aber noch weiter. Nicht nur der Chor und das Orchester wurden in das menschlich wahre Geschehen hineingezogen, selbst die äußerliche Situation, die Szene wird zum Darstellungsmittel innerlich dramatischer Vorgänge. In der alten Metastasio-Oper war die Natur nur pomphaft aufgebauschte Folie und protzende Dekoration. Gluck dagegen benutzt Naturvorgänge zur Sichtbarmachung und Wirkungssteigerung des echten dramatischen Geschehens. Wie Goethe in der Lyrik die Natur zum Symbol seines persönlichen inneren Erlebnisses macht, wird sie für Gluck zum Sinnbild der Empfindungen der Opernhelden. In der Alceste wird die/Unheimlichkeit der inneren Spannung durch die Unheimlichkeit des dunklen Waldes unterstrichen. Am Anfang der taurischen Iphigenie symbolisiert ein furchtbarer Gewittersturm das Entsetzen und den Schrecken der Priesterin Iphigenie und ihrer Begleiterinnen. Das Vorspiel ist hier mit dem eigentlichen Werk vollkommen verschmolzen. Gluck gab damit das beste Beispiel seiner Forderung nach innerer Verbindung der Ouverture mit der Oper.

So dient für Gluck letzthin alles dem einzigen Zweck, die

menschlich wahren, allgemeingültigen dramatischen Vorgänge einheitlich mit möglichster Ausdrucksstärke darzustellen.

Glucks Tat wirkte umwälzend. Doch ist nach ihm die Reinheit der Darstellung edelster Menschlichkeit im 18. Jahrhundert nicht mehr übertroffen worden. Selbst für Mozart, dessen »Zauberflöte« (1791) von freimaurerischem Gesichtspunkte aus die Weisheit, Tugend und Liebe als höchste menschliche Güter in den Vordergrund rückt, ist diese Menschlichkeit niemals der Ausgangspunkt, denn nach seinen eigenen Worten ist stets die »Poesie die gehorsame Tochter der Musik«. Immer war also Mozart in erster Linie reiner Musiker, während für Gluck umgekehrt die Musik nur ein Mittel zum Ausdruck reinster Menschlichkeit bedeutete.

Auch das *Ballett* war für Gluck nur ein Mittel, und zwar ein sehr wichtiges, zur Verdeutlichung der dramatischen Handlung. Da das Ballett einen ähnlichen Prozeß im Sinne einer Vermenschlichung durchmachte wie die tragische Oper, ist hier die geeignete Stelle, die Stilwandlung des Balletts zu charakterisieren.

Das höfische Bühnenballett bestand in der ersten Hälfte des 18. Jahrhunderts – abgesehen von den reinen Ballettopern in Frankreich – aus selbständigen Einlagen in der Opera seria. Diese Balletteinlagen standen in gar keinem Verhältnis zum Hauptwerk und hatten hauptsächlich den Zweck amüsanter und sinnlich anregender Unterhaltung. Bezeichnend für die Sonderstellung des Balletts in der Oper ist die Tatsache, daß nicht der Opernkomponist die Ballettmusik schrieb, sondern ein extra dazu bestimmter Ballettkomponist.

Die Balletts besaßen meist keine durchgängige Handlung. Sie bestanden aus einzelnen Tänzen, die ebenfalls in keinem/inneren Verhältnis zueinander standen. Ein Zusammenhang der Einzeltänze wurde höchstens durch einen inhaltlichen Grundcharakter des ganzen Balletts gegeben. Dieser Grundcharakter konnte mythologisch wie die Oper, historisch, geographisch-ethnographisch oder poetisch sein. Unter einem historischen oder geographisch-ethnographischen Inhalt verstand man eine lose Aneinanderreihung von Charaktertänzen der verschiedensten alten und neuen exotischen oder auch europäischen Völker. Poetisch war der Inhalt, wenn ihm irgend ein moralisches, allegorisches oder buffoneskes Motiv zugrunde lag. Der poetische Inhalt hatte häufig einen schäferlichen Anstrich.

Die einzelnen Ballettänze wurden ganz nach den Wünschen der betreffenden Tänzerinnen und Tänzer eingerichtet und komponiert. Sollte Prévost auftreten, so mußte unbedingt ein Passepied in das Ballett eingefügt werden, weil dieser Tanz eine Spezialität des Prévost war. Für die Sallé mußte eine Musette, für die Camargo ein Tambourin, für Dupré eine Chaconne oder Passacaille da sein. Da jedoch die Tänze nur durch ein inhaltliches Grundmotiv miteinander verbunden waren, paßte schließlich jeder Tanz überall hin.

Das Ballett war also willkürlich nach dem Reihungsprinzip zusammengestellt, so wie die Suite jener Zeit eine musikalische Form war, in der die einzelnen Tänze, nur durch die gleiche Tonart zusammengehalten, aufeinanderfolgten, oder wie die damalige Romanform in der losen Aneinanderstückelung von heldenhaften Taten und Abenteuern bestand.

Wie die Opera seria vor 1750 inhaltlich, formal und musikalisch in einen starren Schematismus verfallen war, so war auch das Ballett völlig mechanisiert. Die Tanzfiguren und -bewegungen wurden nach festen Plänen und schriftlichen Tabellen ausgeführt. Bonnets »Histoire générale de la danse« aus dem Jahre 1728 bestätigt, daß zu seiner Zeit eine Tabelle von Mentrier allgemein benutzt wurde.[1]

Die unhumane Starrheit wurde oft vollends durch Gesichtsmasken betont, die dem Tänzer ein dem betreffenden Tanz gemäßes versteinertes Aussehen gaben. Ebenso war natürlich auch das Kostüm dem allgemeingültigen Charakter des Tanzes und nicht dem individuellen Charakter des Tanzenden angepaßt.

Zu gleicher Zeit, als Jommelli und Traëtta die Vermensch-/lichung und Dramatisierung der Opera seria anbahnten, machten sich Bestrebungen bemerkbar, die Starrheit des Balletts in der gleichen Richtung aufzulockern. Man begann das reihungsförmige Ballett pantomimisch auszugestalten, *eine* durchgehende Handlung zu entwickeln und damit die schriftlich festgelegten Tanztypen bedeutend zu modifizieren und ineinander zu vermischen.

Diese neuen Tendenzen traten an zwei verschiedenen Stellen unabhängig voneinander auf. Einmal hatte in Wien schon in den vierziger Jahren Hilverding van Wewen eine Ausgestaltung des Bühnenballetts zu pantomimischen Szenen vorgenommen. Sein

---

[1] Jacques Bonnet, Histoire de la danse sacrée et profane; ses progrès et ses révolutions depuis son origine jusqu'à présent. Paris 1723

Nachfolger Angiolini führte Wewens Anregungen weiter durch und
entwarf eine große Zahl pantomimischer Balletts, von denen auch
Gluck einige vertonte. Am bekanntesten war »Le festin de pierre«
(Don Juan) 1761. Dieses Ballett stellt bereits ein selbständiges,
pantomimisch durchgearbeitetes, mehrteiliges Theaterstück dar.
Glucks Grundsatz, daß die Musik der Ausdrucksträger des dramatischen Geschehens sein solle, ist hier schon konsequent durchgeführt. Handlung und Musik gehen vollkommen konform. Diese
Art des Balletts war eine »danse en action« im Gegensatz zur alten,
starren, vereinzelten »danse simple« (Cahusac: »Danse ancienne
et moderne« 1754).

Angiolini gestaltete auch die großen Ballettszenen in Glucks
»Orfeo« 1762. Hier wurde das neue, Menschen darstellende Ballett
ganz in die Oper eingebaut. »Le Festin de pierre« war eine selbständige Operneinlage. Im »Orfeo« jedoch ist das Ballett vollkommen
mit dem dramatischen Geschehen der Oper verwebt. Es stellt einen
notwendigen Faktor im Aufbau des ganzen Musikdramas dar.

Zu gleicher Zeit, als in Wien diese Reform des Balletts stattfand,
setzte Jean Georges *Noverre* (1727–1810) in Versailles und Ludwigsburg praktisch und theoretisch dieselben Tendenzen durch,
nur viel konsequenter und durchgreifender als Angiolini, der auch
in seinen Spätwerken deutlich von Noverre beeinflußt ist. Noverre
gilt daher auch als der eigentliche Reformator des Balletts. Er war
es, der die Entmechanisierung bis zur vollständigen Humanisierung
durchführte. Über seine Absichten und Grundsätze hat er uns aufs
genaueste in seinen Briefen über »Les arts imitateurs en/général et
sur la danse en particulier« orientiert, die seit 1760 erschienen und
auch ins deutsche übersetzt wurden.

Noverres Grundsatz war, daß Technik und Körperbeherrschung
nicht Selbstzweck, also reine virtuose Akrobatik seien, sondern nur
Voraussetzungen und Mittel, menschliche Leidenschaften wahr-
heitsgetreu in tänzerischer Form auszudrücken. Die Virtuosität und
Choreographie, schrieb er selbst, habe er »gelernt und vergessen«.
Statt mechanischer und mathematischer Regelhaftigkeit wollte er
psychologische Mannigfaltigkeit und Natürlichkeit. Er durchbrach
die reglementierte Uniformität der Kostüme. Auch die Gesichtsmasken kamen endlich in Verfall, nachdem sich die alte französische
Tradition noch mit Erfolg eine Weile dagegen gesträubt hatte.

Jetzt erst war es der wirkliche Mensch, der auf der Bühne tanzte.
Die Lebendigkeit und wechselnde Vielfalt des Gesichtsausdrucks

war an die Stelle der einen maskenhaften Schablone getreten, genau wie die neue Musik ein ständiges Fluktuieren und Vermischen der verschiedensten Affekte durchführte und nicht mehr an der konsequenten Einheit eines einzelnen Affektes während des ganzen Stückes festhielt.

Eine vollständige Entmechanisierung und Psychologisierung des Balletts konnte natürlich nur Hand in Hand gehen mit der gesteigerten Ausdrucksfähigkeit der neuen Musik, auf die wir noch zu sprechen kommen. Noverre trat stets für eine Zusammenarbeit des Ballettmeisters mit dem Komponisten ein, dem er bis in die kleinsten Details gehende Direktiven zu geben pflegte. Auf diese Weise führte Noverre das Ballett zu einem uniformen »Gesamtkunstwerk«. Der Zweck aller einzelnen Mittel dieses Kunstwerks war wie in der neuen Oper immer: hochgesteigerter Ausdruck wahrer Menschlichkeit./

V. Der Kampf des Bürgertums um eine soziale Ungleichheit, aber mit bürgerlicher Superiorität, durch die Steigerung des Menschlichen

Wir haben gesehen, wie der deutsche Bürger des 18. Jahrhunderts die soziale Gleichheit seiner Klasse mit der herrschenden feudalen Klasse dadurch zu erreichen suchte, daß er beide auf den Generalnenner »Mensch« brachte. Weiter haben wir gesehen, wie dieser Grundmaßstab des Menschseins als idealer Humanitätsgedanke Kultur und Kunst vielfältig durchdrungen hat.

Der Bürger gab sich aber damit noch nicht zufrieden und konnte sich damit nicht zufrieden geben. Er suchte das Allgemeinmenschliche nicht nur zu kultivieren, sondern auch weiter zu steigern.

Um zu erkennen, warum er das tun *mußte,* halten wir es für notwendig, einige grundsätzliche theoretische Bemerkungen über Macht, Gegenmacht und ihre dialektische Verknüpfung vorauszuschicken, sowie auf Grund dieser Bemerkungen die Entwicklung der Machtverhältnisse der feudalen und bürgerlichen Klasse im 18. Jahrhundert zusammenfassend darzustellen. Diese Zusammenfassung ist erst jetzt möglich, nachdem der Leser durch das bisher gebrachte geschichtliche Tatsachenmaterial einen genügenden Überblick über die Entwicklung des Ganzen erhalten hat.

Das Sein jeder Macht ist Wirken.

Die Wirkung besteht darin, daß sich die Macht ständig affirmiert, ständig behauptet.

Diese Selbstbehauptung ist Verneinung des Gegensatzes, Vernicht-ung von allem, was ihr widersteht, was sich als Gegenmacht setzt./

Die ständige Ver-nicht-ung der Widerstände durch die sich selbst behauptende Macht führt zu Machterweiterung.

Macht muß also, will sie Macht bleiben, unentwegt nach Machterweiterung streben.

Eine Macht, sie sich nicht mehr affirmiert, sich nicht mehr behauptet, sich nicht mehr erweitert, hat aufgehört Macht zu sein. Sie ist nur noch Macht ohne Macht, Ohnmacht, beginnende Selbstver-nicht-ung, progressive Selbstauflösung.

Diese Negation ihrer selbst ist eo ipso Affirmation der an ihre Stelle tretenden Gegenmacht. Die negative Wirkung der sich selbst aufgebenden Macht wirkt sich also positiv aus als Förderung der Macht des Gegners.

Das ist die Grundform jeder Machtdynamik.

Das Mächtespiel des 18. Jahrhunderts in Deutschland war aber viel komplizierter.

Die alte feudale Macht war nämlich keine Einheit. Sie war ein Komplex, der sich in der Hauptsache aus einer ökonomischen, einer politischen und einer sozialen Macht zusammensetzte.

Auch die ökonomische Macht war nicht einheitlich. Sie bestand aus einem adligen und einem bürgerlichen Element: dem Fürsten und dem Kaufmann.

Daraus ergab sich, daß sich der Fürst ökonomisch nicht behaupten, vulgär ausgedrückt: nicht bereichern konnte, ohne zugleich das bürgerliche Element, den Kaufmann, den Industriellen zu bejahen, zu bereichern.

Derselbe Herrscher jedoch, als Exponent der herrschenden politischen und sozialen Ordnung, verneinte wieder denselben Kaufmann als Staatsbürger und als Standesvertreter, oder besser gesagt, er bejahte dessen Existenz, bloß um ihn zugleich verneinen, politisch beherrschen und gesellschaftlich verachten zu können. Ohne den Beherrschten wäre er eben kein Herrscher gewesen, und in einer Welt von nur Adel wäre das Adligsein reizlos und gegenstandslos. Der Nicht-Adel ist für einen Adligen das einzige lustvolle Bewußtsein seines Adels.

Betrachten wir diese Verhältnisse nun von der anderen, der bürgerlichen Seite. Bis um die Mitte des 18. Jahrhunderts mußte der Bürger, als Teil der ökonomischen Gesamtmacht, in seiner Selbstbehauptung den Fürsten mitbejahen. Infolge der unsicheren Verhältnisse, besonders im Ausland, und zur Ebnung der Wege im Inlande brauchte er den absolutistischen Herrscher, um überhaupt seine Geschäfte machen zu können.

Er bejahte den Fürsten aber nicht nur ökonomisch, sondern auch politisch und gesellschaftlich, und zwar so *absolut,* daß er sich selbst als politischen und sozialen Faktor negierte. Seine politische und soziale Selbstnegation war wiederum eine Affirmation, also eine weitere Förderung der diesbezüglichen Negation von seiten des Fürsten. Der Bürger konnte nicht anders, weil die Effektivität der totalen ökonomischen Macht damals gerade auf der politischen Gewalt und der sozialen Stellung des Fürsten basierte. Der Bürger fügte sich also in seine politische Unmündigkeit und seine soziale Minderwertigkeit, weil es ihm einzig und allein um Profit zu tun war, zu dem er auch gelangte.

Die ökonomische Machterweiterung vollzog sich aber auf die Dauer für die Kaufmannschaft in einem ganz anderen Verhältnis als für den Herrscher. Die quantitative Bereicherung des letzteren übertraf zu jeder Zeit die quantitative Bereicherung jedes einzelnen Kaufmanns. Numerisch aber gab es für den Fürsten keine Zunahme. Er blieb in seinem Reich immer der einzige. Die Zahl der Kaufleute jedoch multiplizierte sich. Es mußte also einmal der Moment kommen, daß die Macht, beziehungsweise das Kapital der Gesamtkaufmannschaft das des Fürsten überflügelte. Damit hatte sich aber das ökonomische Machtverhältnis verschoben.

Diese Verschiebung, die alles andere mit verrückte, trat in Deutschland um die Mitte des 18. Jahrhunderts ein. Die größere bürgerliche ökonomische Macht brauchte die kleinere fürstliche ökonomische Macht nicht mehr, zumal gerade in dieser Zeit die äußeren Verhältnisse, sogar in den Kolonien, stabil geworden waren, und im Inlande u. a. durch Zurückdrängung des Adels, der Zünfte und der Landwirtschaft die Bahn für die Weiterentwicklung von Handel und Industrie frei wurde. Im Gegenteil, solange der Fürst, ohne noch etwas zu leisten, ohne überhaupt noch etwas leisten zu können, weiter mitprofitierte, schwächte und hinderte er den weiteren Aufschwung der Hauptträger der Ökonomie. In seiner neuen wirtschaftlichen Vormachtstellung versuchte der Bürger jetzt/den überflüssigen, teueren, kleineren Partner abzuschieben, und selbstverständlich negierte er ihn von jetzt ab auch als *einzige* politische und soziale Potenz. Seine frühere politische und soziale Bejahung des Herrschers entsprang, wie wir gesehen haben, nur dem ökonomischen Drange. Den gab es jetzt nicht mehr. Der Profit des Bürgers, denn dieser war ihm einzig und allein maßgebend, konnte nur noch steigen, wenn jetzt auch auf politischem und sozialem Gebiet der Bürger eine dominierende Stellung einnahm.

Das war die Basis des deutschen Freiheitskampfes der zweiten Hälfte des 18. Jahrhunderts.

Bei dem politischen Kampf, der in Deutschland über das vorbereitende, ideologische Stadium nicht hinauskam, wollen wir uns hier nicht aufhalten. Augenblicklich interessiert uns vor allem der soziale Kampf.

Die Verneinung der sozialen Vormachtstellung des Adels verwirklichte sich, wie wir gesehen haben, durch die Verneinung des Rechtsgrundes, den der Adel konstruiert hatte, um seine gesellschaftliche Superiorität zu setzen. Der Bürger setzte dem gegenüber ein neues Recht, das Menschenrecht, das jedem Menschen angeboren war. Er begründete damit die für seine weitere Entwicklung notwendige Egalisierung der Stände.

Aber die neue bürgerliche Macht hätte sich sofort wieder aufgegeben, wenn sie sich mit der Egalisierung begnügt hätte. Auch sie war, als Macht, gezwungen sich ständig zu erweitern. Das konnte selbstverständlich nicht dadurch erfolgen, daß sie die Gleichheit noch gleicher gestaltete, sie mußte auf dem einmal eingeschlagenen Weg weiter vorstoßen, sie mußte über die eben hergestellte Gleichheit hinausgehen und folglich wieder eine *Ungleichheit* statuieren, aber diesmal *mit bürgerlicher Superiorität*. Sie brauchte dazu nur das bürgerliche Mittel – die Humanität –, womit sie zur sozialen Gleichheit gelangt war, zu steigern. Potenzierte Menschlichkeit mußte unbedingt eine menschliche und in ihrem Effekt bürgerliche Superiorität ergeben.

Diese *Steigerung des Menschlichen* war auf zwei Wegen möglich. Der erste, mehr positive Weg, war Bereicherung der Komponenten, auf denen das Menschliche beruhte: Verstand, Wille und Gefühl. Der zweite, mehr negative Weg, war Reinigung des Menschlichen, also Herstellung der ur-/sprünglichsten, unverdorbenen, natürlichsten Menschlichkeit, die Rousseau in dem Schlagwort zusammenfaßte: Zurück zur Natur.

A. BEREICHERUNG DES MENSCHLICHEN

1. Verstand

Gewöhnlich wird das ganze intellektuelle Leben des 17. und 18. Jahrhunderts in den einen großen Topf: »Aufklärung« geworfen. Diese Zusammenfassung hat vielleicht zur Erlangung einer möglichst lückenlosen Übersicht über die wichtigsten Geschehnisse auf diesem Gebiet einige Vorteile. Da es uns aber nicht darum zu tun ist, das Tatsachenmaterial neu zu registrieren, sondern einzig um den Versuch, zur Kenntnis der Kräfte zu gelangen, die das intellektuelle Leben des 18. Jahrhunderts trieben, möchten wir im Gegensatz zu dieser Verallgemeinerung erstens Bildung und Aufklärung auseinanderhalten und zweitens Aufklärung im weiteren Sinne und Aufklärung im engeren Sinne unterscheiden.

Wir stützen uns hierbei auf Deutschlands größten Philosophen und schärfsten Denker, Immanuel Kant, der, 1724 geboren, das ganze vorrevolutionäre Aufklärungszeitalter intensiv miterlebte und zu dessen Führern gehörte.

Kant hatte die Frage: »Was ist Aufklärung?« folgendermaßen beantwortet: »Aufklärung ist der Ausgang des Menschen aus seiner selbstverschuldeten Unmündigkeit. Unmündigkeit ist das Unvermögen sich seines Verstandes ohne die Leitung eines anderen zu bedienen. Selbstverschuldet ist diese Unmündigkeit, wenn die Ursache derselben nicht am Mangel des Verstandes, sondern der Entschliessung und des Mutes liegt, sich seiner ohne die Leitung eines anderen zu bedienen. Sapere aude! Habe den Mut, dich deines eigenen Verstandes zu bedienen, ist also der Wahlspruch der Aufklärung.«[1]

Daraus folgt, daß das allgemeine Bildungsbedürfnis des Bürgers im 18. Jahrhundert, sein Streben nach intellektueller Bereicherung, das mit seiner stets wachsenden materiellen Bereicherung zunahm und in der zweiten Jahrhunderthälfte seinen Höhepunkt erreichte, überhaupt nichts mit Aufklärung zu tun hat./

Daraus folgt weiter, daß die eigentliche Aufklärung für Deutschland erst um die Mitte des 18. Jahrhunderts anfing. Denn die Zahl der Deutschen, die vor diesem Zeitpunkt »ohne die Leitung eines anderen« frei zu denken wagten, war so verschwindend klein, daß man sie ruhig außer Betrachtung lassen kann. Die deutsche Weltanschauung war bis um die Jahrhundertmitte noch durchaus metaphysisch orientiert. Der Universitätsprofessor Christian Wolff in Halle beherrschte das ganze Geistesleben seiner Zeit. Er dachte seinen Zeitgenossen theologisch vor, und alle, eine Zeitlang sogar Deutschlands königlicher Freidenker Friedrich II., dachten ihm treu und bieder nach. Erst um die Jahrhundertmitte hörte diese theologische Bevormundung auf, der deutsche Bürger wurde endlich »mündig« und »bediente sich seines eigenen Verstandes ohne die Leitung eines anderen.«

Bildung. Als wir über die »Moralischen Wochenschriften« sprachen, konnten wir bereits die interessante Feststellung machen, daß

---

[1] J. Kant, Beantwortung der Frage: Was ist Aufklärung? (1784). In: Akademie-Ausgabe, Bd. VIII, Berlin 1912

der allmähliche materielle Aufschwung der neuen Bürgerklasse ihr geistiges Erwachen zur Folge hatte. Während des ganzen 17. Jahrhunderts gab es in Deutschland nur Gelehrten- und Volksbildung. Dazwischen gab es nichts. Die Volksbildung war aber so dürftig, daß sie eher Unbildung als Bildung zu nennen ist.

Der Bann wurde durch Thomasius gebrochen, der 1687 in Leipzig die für die damalige Zeit unerhörte Kühnheit besaß, an einer deutschen Universität Vorlesungen (über Gratians Grundregeln) in deutscher Sprache anzukündigen und zum Entsetzen der gelehrten Welt auch tatsächlich zu halten. Im folgenden Jahr gründete Thomasius außerdem die erste wissenschaftliche Zeitschrift in deutscher Sprache: »Schertz- und Ernsthaffter, Vernünfftiger und Einfältiger Gedanken über allerhand Lustige und Nützliche Bücher und Fragen.«

Christian Wolff (1679–1754) folgte diesem Beispiel. Er dozierte und schrieb größtenteils in deutscher Sprache. Welchen Zweck er damit verfolgte, erklärte er selbst in den »Ausführlichen Nachrichten von seinen Schriften« 1733: »Damit auch solche, die nicht studiert und lateinisch gelernt haben« ihn lesen könnten.

Um Wolffs Schriften, die für manchen Bürger doch noch/zu gelehrt waren, diesen Kreisen zugänglich zu machen, gab Gottsched die Wolffsche Philosophie in leicht faßlicher Form als »Anfangsgründe der Weltweisheit« heraus. Und diese Popularisierung wurde noch einmal weiter popularisiert, und zwar von Formey, einem Professor am französischen Gymnasium in Berlin, in der Schrift »La belle Wolffienne.« Christian Fürchtegott Gellert (1715–1769) hat seine Bestrebungen in dieser Richtung folgendermaßen zusammengefaßt: »Mein grösster Ehrgeiz besteht darin, dass ich den Vernünftigen dienen und gefallen will und nicht den Gelehrten im engen Verstande. Ein kluges Frauenzimmer gilt mir mehr als eine gelehrte Zeitung, und der niedrigste Mann von gesundem Verstande ist mir würdig genug, seine Aufmerksamkeit zu suchen, sein Vergnügen zu befördern, und ihm in einem leicht zu behaltenden Ausdruck Wahrheiten zu sagen und edle Empfindungen in seiner Seele rege zu machen.«[1]

Die zweite Hälfte des 18. Jahrhunderts war die Zeit der *Popularphilosophie*. Zu den wichtigsten deutschen Popularphilosophen ge-

---

[1] Chr. F. Gellert, Sämmtliche Schriften. Theil 1–11, Leipzig 1769–70

hörten Nicolai und Mendelssohn.

Der Buchhändler Christoph Friedrich Nicolai (1733–1811) bemühte sich in einer Reihe von Zeitschriften eifrigst für die Verbreitung der neuen philosophischen Richtung, die von der Wolffschen stark abwich: 1757 erschien seine »Bibliothek der schönen Wissenschaften und der freien Künste«, 1759 »Briefe die neueste Literatur betreffend« und 1765 »Allgemeine deutsche Bibliothek«. Mit Ausnahme von Lessing waren alle bedeutenden Männer seine Mitarbeiter. Außer diesen Zeitschriften hatte die 1783 zum ersten Mal von Gedike und Biester herausgegebene »Berlinische Monatsschrift« besondere Bedeutung. Kant zum Beispiel, der bis zum Erscheinen seiner »Kritik der reinen Vernunft« auch zu den deutschen Popularphilosophen gezählt wurde, war ein ständiger Mitarbeiter dieser Zeitschrift.

Moses Mendelssohn (1729–1785) hat sein Bestes in den Werken »Phädon«, »Morgenstunden« und »Jerusalem« niedergelegt. Aus der großen Zahl der übrigen Popularphilosophen wollen wir nur die Namen erwähnen von Basedow, Abbt, Engel (»Philosophie für die Welt« 1777), Feder, Meiners und Garve.

Ebenso wie die Philosophie wurden auch alle übrigen *Wis-/senschaften popularisiert*. In den »Literaturbriefen« 1761 schrieb Sulzer: »So lange die Bücher bloss in den Händen der Professoren, Studenten und Journalschreiber sind, dünkt es mich kaum der Mühe wert, für das gegenwärtige Geschlecht zu schreiben.«[1] Die Gelehrten hatten aber bereits ein Jahrzehnt früher mit der Popularisierung der Wissenschaften angefangen. Nur auf ein paar Beispiele möchten wir aufmerksam machen.

Bevor Alexander Gottlieb Baumgarten (1704–1762) in Halle seine bahnbrechende neue Ästhetik veröffentlichte, ließ sein Schüler Georg Friedrich Meier (1718–1777), ebenfalls Professor in Halle, 1748–1750 das dreibändige Werk »Anfangsgründe aller schönen Wissenschaften« erscheinen, in dem er Baumgartens neue Lehre dem nicht akademischen Bürger zugänglich machte.

Auch erschienen in der zweiten Hälfte des 18. Jahrhunderts eine große Anzahl von Geschichtswerken, die dem Bildungsdrang des Bürgers Rechnung trugen. So schrieb Gatterer eine »Weltgeschichte

---

[1] J. G. Sulzer: vgl. Gedanken über die beste Art, die klassischen Schriften der Alten mit der Jugend zu lesen (1765) Nürnberg 1784

in ihrem ganzen Umfange« (1785–1787) und Schroeckh eine »Allgemeine Weltgeschichte für Kinder« (1779–1784).

Wir könnten diese Aufzählung ins Unendliche erweitern. Nur ein paar merkwürdige Werke wollen wir noch erwähnen, aus denen hervorgeht, wie weit der Bildungsdrang in jener Zeit ging.

Die zwei bedeutendsten Werke der Enzyklopädie der Rechtswissenschaft stammen von Johann Stephan Putter und Johann Jacob Moser. Putter versuchte 1757 – wie er uns berichtet – das Recht so einfach und deutlich zu beschreiben, daß jeder davon Kenntnis nehmen könnte, und Moser schrieb seine Übersicht des Rechts so allgemein faßlich, daß sie – wie er selbst sagt – für seinen elfjährigen Sohn zu lesen geeignet wäre.

War 1714 ungefähr die Hälfte *aller* in Deutschland gedruckten Bücher lateinisch, so waren es 1775 nur noch 13%. Die Höhe der Produktion wie auch die Auflageziffern hatten dabei beträchtlich zugenommen.

Um dem Bildungsideal, das sich zum Ästhetischen und Ethischen gewandelt hatte, zu genügen, erscheinen eine Unmenge von Zeitschriften, Sammelwerken und Lexika über/Natur, Kunst, »Gelehrte«, »Frauenzimmer«, Handel, Theologie und andere allgemein interessierende Gebiete.

Die zweite Hälfte des 18. Jahrhunderts war auch die Zeit des Aufkommens der Musenalmanache, Leihbibliotheken und Lesegesellschaften. Überall entstehen jetzt die sogenannten »Intelligenzblätter«, die neben Belehrungen allgemeiner Art auch Fragen des bürgerlichen und politischen Lebens behandeln. Zu den wichtigsten gehörten Mösers »Osnabrückische Intelligenzblätter«, die 1766 zum ersten Mal erschienen.

Diese wenigen Notizen dürften genügen, um ein Bild von dem wahrhaft unersättlichen Bildungsdrang des Bürgertums zu geben. Die Gründe dieses Strebens sind uns hinlänglich bekannt.

Aufklärung wird gewöhnlich nicht im Kantischen Sinne verstanden, also als der radikale Bruch mit der Theologie auf allen Gebieten: Religion, Moral, Recht, Staatstheorie, Ökonomie usw., sondern sie wird aufgefaßt als Auseinandersetzung zwischen Glauben und Wissen, zwischen Offenbarung und Vernunft, zwischen kirchlichem Supranaturalismus und weltlichem Naturalismus. Mit welchem Recht diese Aufklärung im weiteren Sinne auf das 17. und 18. Jahrhundert beschränkt wird, ist nicht ganz verständlich, denn diese bewußte Auseinandersetzung gab es bereits im Mittelalter.

Wir können also drei große Aufklärungsperioden unterscheiden: die Aufklärung im engeren Sinn, die für Deutschland die zweite Hälfte des 18. Jahrhunderts umfaßte, die Aufklärung im weiteren Sinn, die sich über das 17. und die erste Hälfte des 18. Jahrhunderts erstreckte, und eine gewisse Vor-Aufklärung, wenn wir sie so bezeichnen dürfen, die wir bis ins Mittelalter zurück wahrnehmen können. Wir können uns hier nur mit der jüngsten Phase, also mit der Aufklärung im Kantischen Sinn beschäftigen.

Die deutsche Aufklärung war eine durchaus bürgerliche Angelegenheit. Der Kampf gegen die Offenbarung wurde in der Hauptsache von den bürgerlichen Popularphilosophen geführt. Die drei Vorkämpfer waren Karl August Gebhardi, der in drei Flugschriften (1743) die Inspiration, die Wunder und die Göttlichkeit Christi leugnete, dann Hazfeldt, der in seiner/Schrift »La Découverte de la Religion« zu einem Bruch mit allen kirchlichen Lehren und Kultgebräuchen aufforderte, und schließlich Hermann Samuel Reimarus (1694–1768), der als Verfasser der berühmten Wolfenbüttler Fragmente, die Lessing 1775–1777 zum Teil herausgab, durch die These Aufsehen erregte, daß das Christentum aus weltlichen Absichten des Stifters entsprungen sei und die Jünger falsche Tatsachen vorgespiegelt hätten. Atheisten, wie in Frankreich, gab es in Deutschland so gut wie gar nicht. Die deutschen Aufklärer waren Deisten. So glaubte auch Reimarus an Gott und die Unsterblichkeit der Seele, von der Offenbarung und der darauf beruhenden Kirchenlehre aber wollte er nichts wissen. Anstelle der Offenbarung begründete er die von allem Dogma unabhängige Vernunft- und Naturreligion.

Wir dürfen uns die zweite Hälfte des 18. Jahrhunderts durchaus nicht so vorstellen, als ob das ganze bürgerliche Deutschland plötzlich der Freidenkerei verfallen wäre. Die kirchliche Orthodoxie, deren Hauptstützen die aus der Schule von Wolff hervorgegangenen Theologieprofessoren waren, die auch jetzt noch glaubten, daß die Offenbarung mit der Vernunft im Einklang sei, verteidigte mit allen ihr zur Verfügung stehenden Mitteln ihre alte Stellung. Ihr Anhang, besonders unter den Ungebildeten, war nach wie vor beträchtlich. Dieser sterilen Gelehrtenkaste, deren Vertreter natürlich die treuesten Bundesgenossen der Despoten waren, stand die neue bürgerliche Gesellschaftsklasse gegenüber, die mit dem in Widerspruch mit der Entwicklung stehenden theologischen Schutt ebenso aufräumen wollte, wie mit dem feudalistischen Plunder.

Zwischen diesen beiden Extremen stand eine ebenso fortschrittliche wie rückschrittliche Gruppe, die in einer Art Mittlerstellung alles daran setzte, die Kluft zwischen Orthodoxie und revolutionärem Bürgertum zu überbrücken. Zu dieser Gruppe gehörten die Kirchenbeamten, die sich schon von jeher zu der Profession einer versöhnenden Vermittlung zwischen den höchsten theologischen Instanzen und dem »Volk« berufen fühlten.

Zu den bedeutendsten Kompromisslern gehörte der Berliner Oberhofprediger August Friedrich Wilhelm Sack (1703–1786). Er lehrte zum Beispiel, die Sakramente sollen beileibe nicht abgeschafft werden, sie seien aber nur wohlanständige, von/Gott weislich angeordnete Feierlichkeiten; das Christentum bestehe nicht im Dogma, sondern einzig und allein in der sittlichen Läuterung. Außer Sack gefiel sich der Berliner Oberkonsistorialrat Johann Joachim Spalding (1714–1804) in dieser Vermittlerrolle. Er hielt sich an Shaftesburys »erhabenen Platonismus und dessen Grundsätze von dem moralischen Gefühl und der Selbstlosigkeit der Tugend«. Ähnliche Grundsätze vertrat der Abt und Konsistorialpräsident in Braunschweig Johann Friedrich Wilhelm Jerusalem (1709–1789).

Es gab jedoch auch liberalere Elemente in dieser Gruppe. Der Hallesche Theologieprofessor Johann Salomo Semmler (1725 bis 1791) z. B. war ein solcher. Er hielt Christus für den Wiederhersteller der Naturreligion und alles, was über die Naturreligion ginge, für menschlichen Zusatz, den man beseitigen müsse. Auch der Professor der Moralphilosophie Adam Weishaupt (1748–1830) in Ingolstadt gehörte zu den weiter Fortgeschrittenen.

Den bürgerlich revolutionären Charakter der Aufklärung, der bereits durch die Stellungnahme der verschiedenen Gruppen zum Ausdruck kommt, finden wir in der Literatur dieser Zeit offen ausgesprochen. Der soeben erwähnte Adam Weishaupt stand hierbei an der Spitze. Er war der Gründer des Illuminatenordens, der in Ingolstadt seinen Anfang nahm, sich über ganz Süddeutschland und seit 1780 auch über Norddeutschland verbreitete. Der Orden rekrutierte seine Mitglieder hauptsächlich aus den gebildeten Kreisen, weil Weishaupt glaubte, so am ehesten an sein Ziel zu kommen. Die prominentesten Deutschen gehörten zu den Mitgliedern des Ordens, so z. B. Goethe und Herder. Sechs Fürsten waren Mitglied:

Karl August von Weimar, Ferdinand von Braunschweig, Ernst und August von Gotha, Dalberg und Karl von Hessen, was, wie wir gleich sehen werden, nichts gegen den bürgerlichen Charakter des Ordens besagt. Die Devise war »faire valoir la raison«. Schon der Name des Ordens ist bezeichnend. Illuminaten hießen die Mitglieder, Erleuchtete, Aufgeklärte. Auch wurden sie vielfach »Perfectibilisten« genannt. Der Zweck der Aufklärung war also eine vervollkommnete, möglichst hoch hinaufgeführte, gesteigerte Menschlichkeit. Den Grund für diese gesteigerte Menschlichkeit hat uns Weishaupt in seiner Schrift »Ueber die geheime Welt- und Regierungskunst« 1795 angegeben: er hielt den/staatenlosen Naturzustand Rousseaus für den glücklichsten. Die Entwicklung der Menschheit aus diesem Urzustande dachte sich Weishaupt folgendermassen: Die Familien hätten angefangen sich zu vermehren, der Unterhalt mangelte infolgedessen, das Eigentum entstand, und damit war die allgemeine Gleichheit vernichtet, der Schwächere wurde dem Stärkeren unterworfen; daraus hätte sich dann das wachsende Übel der Gewaltherrschaft entwickelt. Diese Ideen treffen wir um diese Zeit überall an, und besonders Wieland hat sie in seiner »Geschichte des weisen Danischmend und der drey Kalender« treffend geschildert.

»Jetzt aber«, meinte Weishaupt, »wird eine Nation *volljährig,* und damit fällt auch der Grund der *Bevormundung.* Lasst den Schwachen stark und den Starken schwach werden, so wechseln sie den Platz. In unsern Staaten fehlt die Stärke, die uns vor Unterjochung schützt, daher sind geheime Verbindungen notwendig. *Das Mittel dazu ist Aufklärung; diese verschafft wechselseitige Sicherheit und dann sind die Fürsten und Staaten entbehrlich.* Moral ist die Kunst, wohltätig zu werden, die *Vormundschaft* los zu werden, in ein männliches Alter zu treten und die Fürsten entbehrlich zu machen. Alle Menschen können moralisch sein. Menschen sind nur böse, weil man sie böse macht, weil sich alles verschwört, die Menschen böse zu erhalten. Die Moral wird Heuchelei, Laster, Aberglauben und Despotismus zerstören.«[1]

Diese Ausführungen Weishaupts bestätigen unzweideutig den politischen Hintergrund der Aufklärung.

Der Illuminatenorden war also nicht nur kirchengefährlich, son-

---

[1] Adam Weishaupt, Pythagoras oder Betrachtungen über die geheime Welt- und Regierungskunst. Frankfurt 1790

dern auch staatsgefährlich. Er wurde aufs heftigste von den Jesuiten, den Beichtvätern und Seelsorgern der katholischen deutschen Fürsten des 18. Jahrhunderts bekämpft. Sie verstanden es, Karl Theodor von Bayern, der alles andere, nur kein treuer Sohn seiner Kirche war, mit dem Gespenst der Staatsgefährlichkeit des Illuminatenordens Angst einzujagen. Über den bayrischen Hof intrigierten die Jesuiten auch bei den übrigen deutschen Höfen, um eine Aufhebung des Ordens zu erzwingen. Dieser starb aber eines natürlichen Todes, als die allgemeinen Verhältnisse sich so geändert hatten, daß der Orden überflüssig geworden war./

Bevor wir uns von der protestantischen Aufklärung abwenden, müssen wir noch kurz einer Persönlichkeit gedenken, die für eine Förderung der Aufklärung eintrat, zugleich aber die deutschen Aufklärer bekämpfte. Wir meinen Lessing. Er nahm die Aufklärung so ernst, daß er über das vielfach seichte Gewäsch von vielen Popularphilosophen empört war und sich mit aller Kraft dagegen auflehnte. So schreibt er z. B. in einem Brief vom 2. Febr. 1774 an seinen Bruder: »Und was ist sie anders, unsere neumodische Theologie gegen die Orthodoxie, als Mistjauche gegen unreines Wasser? .... Darin sind wir einig, dass unser altes Religionssystem falsch ist .... Flickwerk von Stümpern und Halbphilosophen ist das Religionssystem, welches man jetzt an die Stelle des alten setzen will.«[1]

Wir sprachen bis jetzt ausschließlich über die evangelische Kirche. Einen noch besseren Begriff von der gewaltigen Wirkung der Aufklärung bekommen wir, wenn wir verfolgen, wie sogar die katholische Kirche in der zweiten Hälfte des 18. Jahrhunderts durch den Neologismus erschüttert wurde. Die Bindungen in der katholischen Kirche waren durch die seit Jahrhunderten in Rom zentralisierte Einheit sowohl für die Priester wie für die Gläubigen sehr viel fester als in der bereits seit dem 16. Jahrhundert in eine Unmenge von Sekten dezentralisierten protestantischen Kirche.

1763 erschien »Justini Febronii de statu ecclesiae et legitima potestate Romani pontificis liber singularis ad reuniendos dissidentes in religione christianos compositus« und im Jahre darauf die deutsche Übersetzung dieses Werkes, damit auch der Bürger davon Kenntnis nehmen konnte, unter dem Titel »Buch von dem Zustand der Kirche und der rechtmässigen Gewalt des Papstes«. Febronius

---

[1] G. E. Lessing, Sämtliche Schriften, a. a. O., Bd. 18

plädierte für die Abschaffung der päpstlichen Alleingewalt als sicherstes Mittel zur Wiedervereinigung der getrennten Kirchen, was soviel heißt als zur Eroberung der Freiheiten der gallikanischen Kirche für die Kirchen anderer Länder.

Als Verfasser wurde sehr bald kein geringerer als der Weihbischof von Trier, Johann Nicolaus von Hontheim (1701–1790), festgestellt. In diesem Auftreten Febronius' alias Hontheims ist für unsere Betrachtung vor allem wichtig, daß der Angriff gerade auf das Dogma des römischen Primats erfolgte. Wir haben hier also eine Parallele zu den Vorgängen im bürgerlichen Leben dieser Zeit: Febronius rebellierte gegen den Stellvertreter Gottes auf Erden, wie sich der Bürger gegen die Despoten von Gottes Gnaden auflehnte. Die Aktion des Febronius wäre nicht so sehr bedeutungsvoll, wenn sie in der deutschen katholischen Kirche als ein vereinzelter Fall dastünde. Aber in allen süddeutschen Ländern gärte und rumorte es.

In der Schweiz gab es zwei ähnliche Fälle. Felix Balthasar griff 1768 in seinem Buch »De Helvetiorum Juribus circa Sacra« das Papalsystem an; ebenso der Franziskanermönch Obernettner mit seinen »Institutiones juris ecclesiastici«. Balthasar und Obernettner waren aber nur die Wortführer einer ganzen Bewegung.

In Österreich hatte sich bereits die katholische Kaiserin Maria Theresia jeglichen Eingriff von Rom in die österreichischen Angelegenheiten verbeten. Und die Wiener Universitätsprofessoren Franz Stephan Rautenstrauch (1734–1785), ein Benediktiner, und Johann Valentin Eybel (1741–1805) hatten die Unabhängigkeit von Rom vom Katheder herab verkündet. Joseph II. ging noch schärfer vor. Päpstliche Bullen und Breven brauchten seine ausdrückliche kaiserliche Genehmigung. Der Vasalleneid der neuerwählten Bischöfe wurde verboten, das Gelübde kanonischen Gehorsams sollte fortan genügen. Von den 2000 bestehenden Klöstern hob Joseph II. 700 mit 30000 bis 36000 Müßiggängern auf. Das konfiszierte Geld wurde für Schulen, Krankenhäuser, Taubstummeninstitute usw. verwendet. Den Klöstern, die weiter bestehen durften, wurde strengstens untersagt, Geld außer Landes zu schicken und mit auswärtigen Obern in Verbindung zu stehen. Lange Zeit trug sich der Kaiser mit dem Gedanken, die Kirche seines Reiches wie die englische Hochkirche gänzlich von Rom loszureißen. Maria Theresia hatte die Jesuiten bereits von der Universität vertrieben. Joseph II. jagte sie über die Grenzen, verbot seinen Untertanen den

Besuch des jesuitischen Collegium germanicum in Rom und verfügte, daß beim Unterricht der jungen Geistlichkeit »das scholastische Getöse, die spitzigen Trugschlüsse, Handel und schimpfende Streitigkeiten vermieden, dagegen alles umso mehr hervorgehoben werden/solle, worin die Lehre der katholischen Kirche mit den Lehren der anderen Kirchen übereinstimme, damit man einsehen lerne, dass es nicht so viele Verschiedenheiten und Gegensätze gebe, als der Pöbel polemischer Theologen meine.«[1]

Überall krachte es in der Alleinseligmachenden Kirche. 1786 erklärten die Erzbischöfe von Mainz, Köln, Trier und Salzburg in der sogenannten Emser Punktation, sie wollten »sich in die eigene Ausübung der von Gott ihnen verliehenen Gewalt unter dem Allerhöchsten Schutz seiner Kaiserlichen Majestät wieder einsetzen«[2]. Mit anderen Worten: »Los von Rom«.

Bereits 1782 hatte der Erzbischof Hieronymus Colloredo von Salzburg den Wunsch ausgesprochen, daß die Religion von allen mittelalterlichen Auswüchsen und Zutaten gereinigt werde. Der Fürstbischof von Würzburg und Bamberg, Franz Ludwig Freiherr von Erthal protegierte an seiner Universität die Aufklärer Oberthür, Feder, Rosshirt, F. Berg und den Benediktiner Reuss, der von seinem Kloster nach Königsberg geschickt worden war, um Kants Vorlesungen zu hören. Der Kurfürst von Mainz, Erzbischof Emmerich Joseph, empfahl 1773 für die Schulbibliotheken die Schriften von Ferguson, Gellert, Rabener, Wolff und Gatterer. Sein Nachfolger Karl Joseph von Erthal, der Bischof mit den drei »Liebsten« Frau von Strauss, Frau von Ferret und Frau von Coudenhoven, räumte mit einer Reihe von Klöstern in seinem Bistum auf und verwendete das Geld für die Universität, an die er auch protestantische Aufklärer berief. Professor Blau bestritt dort die Unfehlbarkeit des Papstes, der Exjesuit Jung, früher in Heidelberg, verteidigte in seiner Kirchengeschichte die bischöflichen Rechte gegen die päpstlichen Anmaßungen. Ferner seien hier noch erwähnt die Theologen Dorsch, Oehmbs, Haubs, Weber, Conrad, Werner und Castello. Die beiden letzten machten sich durch ihren Kampf gegen die orthodoxe Theologie besonders verdient.

---

[1] s. A. J. Gross-Hoffinger, Leben und Regierung Josephs II, und Gemälde seiner Zeit. 4 Bde. (Bd. 4: Urkunden und Beweisstücke), 1835–37
[2] Emser Punktation vom 25. 8. 1786. s. dazu D. Werkmüller, Artikel ›Febronius‹ in: Handwörterbuch zur Deutschen Rechtsgeschichte. Hg. A. Erler und E. Kaufmann. Berlin 1971

Die Universitäten waren für die Aufklärer die besten Redetribünen um gegen die Kirche zu wettern. So lehrten an der Bonner Universität unter der Aegide des Kurfürsten Maximilan Franz der Exeget Professor Thaddäus vom Heiligen Adam, der Kirchenrechtler Hedderich, der sich öffentlich der päpstlichen Zensurierung rühmte, der Kantianer Professor Elias von der Schüren und der Kirchenhistoriker A./Spitz, der u. a. die Stiftung der Kirche durch Christus in das Reich der frommen Fabeln verwies. Der Hauptaufklärer in Bonn war jedoch der Franziskaner Eulogius Schneider (1756–1794), der 1786 Hofprediger Karl Eugens von Württemberg und später Professor in Straßburg und Generalvikar des Bischofs Brendel wurde.

In Wien gehörten außer Rautenstrauch und Eybel noch Giftschütz und Lauber, in Prag u. a. Pittrov, in Salzburg Danzer zu den notorischen Aufklärern.

Durch eine Reihe von katholischen Zeitschriften wurde der Kampf gegen Rom, gegen die verknöcherte mittelalterliche Scholastik und gegen die jesuitische Kasuistik in die weitesten Kreise getragen. Zu den wichtigsten Zeitschriften dieser Art gehörten die »Würzburger Gelehrten Anzeigen«, die »Mainzer Monatsschriften von geistlichen Dingen« und die »Wiener Kirchen-Zeitung«.

Die zweite Hälfte des 18. Jahrhunderts war infolgedessen eine Zeit der Hochflut päpstlicher Bannblitze, Exkommunikationen, Suspensionen, Säkularisationen und Indizierungen prasselten nur so auf die Häupter der allerdings nicht treuesten, dafür aber klügsten Söhne der alten Mutterkirche nieder.

Wie die Literatur und besonders das Theater für das Bürgertum ein ausgezeichnetes Mittel war, den Haß gegen den absolutistischen Despotismus zu schüren und die politische Freiheit und die soziale Gleichheit zu propagieren, so verrichtete sie ähnliche Aufgaben, wenn es sich darum handelte, die Macht der kirchlichen und religiösen Despotie zu untergraben. Eine *Aufklärung in der Literatur* war im direkten Sinne nicht möglich, da die abstrakten Begriffe Theologie und Kirche in Dichtungen nicht bekämpft werden können, ohne in theologische Traktätchen zu entarten. Die Dichter konnten entweder die Personen ihrer Werke auf die Kirche schimpfen und sich über theologischen Kram lustig machen lassen, oder aber sie mußten Kirche und Theologie konkretisieren. Daher zeigt sich die Aufklärung in der Literatur hauptsächlich in einer Bekämpfung und Lächerlichmachung der Pfaffen. Der Pfaffe in der Literatur dieser Zeit ist die Inkarnation der religiösen Despotie.

Überall erscheinen auf der Bühne oder in Romanen ver-/fressene und stockdumme Äbte, Bischöfe oder hinterlistige und schurkische Jesuiten. In Schillers »Räubern« verspottet Karl Moor erst den Pater, um nachher an diesem »Affen der Gottheit« seine ganze Wut auszulassen; auch Pastor Moser muß sich von Franz Moor allerhand gefallen lassen. Im »Don Carlos« stellt Schiller in der Person des Beichtvaters Domingo einen widerlichen Schleicher und hundsgemeinen Intriganten auf die Bühne; und der uralte Großinquisitor, das direkte Gegenbild zu dem prächtigen Marquis Posa, ist die fleischgewordene Unmenschlichkeit und Grausamkeit der katholischen Kirche. Lessing bekämpfte die Pfaffen in dem protzenhaft schurkischen Patriarchen in »Nathan der Weise«. In Goethes Götz sind der versoffene Abt von Fulda und der von Weibern und Narren umwimmelte Bischof von Bamberg Vertreter niedrigster Selbstsucht. Ihnen gegenüber steht der unter dem Druck der Kirche leidende Klosterbruder Martin, der zu Götz treuherzig folgendes sagt: »Mir kommt nichts beschwerlicher vor, als nicht Mensch sein dürfen... O Herr! was sind die Mühseligkeiten Eures Lebens gegen die Jämmerlichkeit eines Standes, der die besten Triebe, durch die wir werden, wachsen und gedeihen, aus missverstandener Begierde, Gott näher zu rücken, verdammt?«[1]

Das Wort »Pfaffe« in seinem teils verächtlichen teils lächerlichen Sinn wird in der Literatur schon fast als Schimpfwort allgemein benutzt, zumal es sich so schön auf Affe und Laffe reimen läßt. Goethe spielt im »Faust« der Kirche übel mit. Nicht nur, daß Faust »*leider* auch Theologie durchaus studiert« hat, sondern besonders in den Satiren des Mephisto. So zum Beispiel:

Die Kirche hat einen guten Magen.
Hatt' ganze Länder aufgefressen
Und doch noch nie sich übergessen.
Die Kirch allein meine Lieben Frauen
Kann ungerechtes Gut verdauen.[2]

---

[1] Goethe Götz von Berlichingen I, Szene im Wald
[2] Goethe, Faust, Erster Teil, Spaziergang

Eine geistreiche Satire auf die Heuchelei und Verderbnis der Kirchen und Pfaffen ohne Unterschied des Glaubens ist Goethes poetisches Fragment »Der ewige Jude«. Es heißt da:/

Reformation hätt' ihren Schmaus
Und nahm den Pfaffen Hof und Haus,
Um wieder Pfaffen 'nein zu pflanzen,
Die nur in allem Grund der Sachen
Mehr schwätzen, weniger Grimassen machen.[1]

Wirksamer als alle Angriffe Goethes gegen Religion und Kirche war der Kampf des Individuums um sein göttliches Recht im »Prometheus«. Dieses Recht wurde Goethe-Prometheus vom Kirchengott, der damals nicht viel mehr war als ein absoluter Weltdespot, ebenso verweigert, wie sein politisches Recht von den absolutistischen Fürsten. Jakobi und Lessing sahen daher mit Recht im »Prometheus« einen Angriff auf den christlichen Gottesglauben.

Als direkte Attacke gegen die Kirche ist auch Schillers Romanfragment »Der Geisterseher« zu werten. Der Dichter läßt uns über seine tendenziösen Absichten nicht im Zweifel, wenn er den Roman als »Beitrag zur Geschichte des Betrugs und der Verirrungen des menschlichen Geistes« bezeichnet. In unglaublich realistischer Offenheit schildert hier Schiller die verabscheuungswürdigen Methoden jesuitischer Propaganda; mit raffiniertester Schlauheit wird ein Prinz eines kleinen deutschen protestantischen Fürstenhauses unter spukhaften Gaukeleien von getarnten Jesuiten zum Katholizismus gezerrt. Schiller traf damit die Tyrannei des Pfaffentums und der Kirche stärker, als es ein wissenschaftlicher Traktat vermochte.

Es würde zu weit führen, wenn wir auf alle die Pfaffensatiren und antireligiösen Gedichte, Romane usw. eingehen würden. Es sei hier nur noch erwähnt, daß die damalige Verherrlichung Luthers in manchen Dichtungen, wie z. B. den Gedichten »Deutschland« und »An Luther« von J. H. Voss, nichts anders zu deuten ist, als daß man in Luther den Pfaffenhasser par excellence sah.

Auch negativ läßt sich in der Literatur der zweiten Hälfte des 18. Jahrhunderts eine Aufklärung konstatieren, als Gott und Kirche immer weniger Platz eingeräumt wurde. Die Betonung des

---

[1] J. W. v. Goethe, Der ewige Jude. Sämtliche Werke (Propyläen), a. a. O., Bd. 2

Bürgerlichen, die Herauskehrung des Humanitären, des Eigenmenschlichen und des Natürlichen in allen dichterischen Gattungen geschah sehr auf Kosten von Betrach-/tungen über Gottes Allmacht und Güte. Wenn in der neuen Literatur von Gott die Rede ist, dann höchstens von einem ganz unbiblischen Wesen, wie sogar schon bei Klopstock, und in deistischem oder gefühlshaft pantheistisch spinozistischem Sinne.

Die *Verweltlichung der Kirchenmusik* ist ein ebenso langer Prozeß wie der Kampf zwischen Wissen und Glauben. Die gleichen Gründe, die allmählich die Lösung der Philosophie von der Theologie verursachten, bewirkten auch die langsame Profanierung der Kirchenmusik, bis seit dem 18. Jahrhundert die Kirchenmusik, wenn sie nicht bewußt archaisierend ist, sich ganz und gar im Fahrwasser der weltlichen Musik bewegt.

Kirchenmusik ist eigentlich und ursprünglich wie alle kultische Musik nur Mittel zu einem außermusikalischen und außerästhetischen Zweck: Anbetung und Verherrlichung der Gottheit. Diese Musik bindet eine Mehrzahl von Menschen zu einer Gemeinschaft, indem sie diese Menschen zu dem gleichen Verhalten des Betens oder Verherrlichens anregt. Diese Musik wird also nicht um ihrer selbst willen angehört oder genossen. Ein Unterschied zwischen Musikmachenden und Musikhörenden besteht nicht, da alle in der Gemeinschaft aufgehen.

Auch die Musik in der katholischen Kirche des Mittelalters besaß diese Eigenschaften.

Mit dem Entstehen der Warenwirtschaft ergab sich auf weltlichem Gebiet eine neue Funktion der Musik: sie wurde Genußmittel als Gegengewicht und Ausgleich gegen den aufreibenden Kampf jedes Einzelnen um seine Existenz. Die neue Musik wurde ästhetisch genossen und passiv angehört. Der Musikmachende spielte für den Musikhörenden.

Seit dem 14. Jahrhundert drang diese neue Art der Musik immer mehr vor und griff auch auf die Kirchenmusik über. Die Kirchenmusik begann allmählich ästhetisiert und damit profaniert zu werden. Auch in der Kirche trat die Scheidung zwischen Musikmachenden und Musikhörenden ein. Die alte Gemeinschaft wurde durchbrochen.

Als sich das Tridentiner Konzil 1562 scharf gegen die Verwendung weltlicher Melodien und Formen in der Kirchen-/musik aussprach, war das der letzte ernsthafte Versuch, der Profanierung Einhalt zu gebieten.

Es fruchtete alles nichts. Seitdem sich der Absolutismus ausbreitete und die Kirche eine Hauptstütze der fürstlichen Macht wurde, geriet die Kirchenmusik ganz in den Bann der weltlichen Hofmusik. Die Hofmusik war Repräsentation. Ebenso wurde es die Kirchenmusik. Der Unterschied bestand darin, daß die Hofmusik die fürstliche und die Kirchenmusik die kirchliche Macht repräsentierte und daß die Hofmusik dem Lobe des Fürsten und die Kirchenmusik dem Lobe Gottes diente. Die Kirchenmusik war Hofmusik in religiöser Hülle.

Alle Errungenschaften der höfischen Musik nahm die Kirche auf. Das Oratorium geriet in vollständige Abhängigkeit von der Oper. Ob Metastasio einen mythologischen Stoff für eine Oper oder einen biblischen Stoff für ein Oratorium bearbeitete, ist gleichgültig, ein Unterschied tritt nur durch den verschiedenen Inhalt zutage. Auch musikalisch sind die Oratorien etwa eines Hasse (1699–1783) in Dresden oder Caldara (1670–1736) in Wien kaum von den Opern derselben Komponisten zu unterscheiden.

Die katholische Messe wurde ebenso dramatisiert und in Recitative, Arien, Chor- und Orchestersätze aufgeteilt wie im protestantischen Norddeutschland die Kantaten und Passionen, nur daß hier der Choral, die letzte eigene musikalische Form, die die Kirche überhaupt hervorgebracht hat, noch die Geistlichkeit der Kirchenmusik wahrte.

Als nun um die Mitte des 18. Jahrhunderts der Absolutismus seinem Ende entgegenging und die Verstandesaufklärung den Bürger von der kirchlichen Bevormundung befreite, schlug auch für die Kirchenmusik die letzte Stunde.

Der Bürger wollte durch die neue expressive Musik zur Bereicherung seiner Menschlichkeit seine Gefühle erregen. Auch wenn er noch in die Kirche ging, ließ er durch die Musik seine Gefühle in Wallung bringen; denn soweit sie überhaupt noch vorhanden war, machte die Kirchenmusik die Stilwandlung mit. Von dem ursprünglichen Sinn der Kirchenmusik als Mittel zum Beten und Preisen blieb keine Spur mehr übrig.

Viel besser als in der Kirche konnte aber der Bürger seine/ Gefühle an einem Ort erregen, der extra zu dem Zwecke des Musikgenießens geschaffen wurde: im Konzertsaal.

Die Folge war, daß die Musik in der Kirche, die seit der Mitte des 18. Jahrhunderts kaum mehr Kirchenmusik zu nennen ist, allmählich in den Konzertsaal übersiedelte.

In Hamburg war es schon seit den zwanziger Jahren üblich, Oratorien, Kantaten und Passionen nach der gottesdienstlichen Aufführung im Konzertsaal zu wiederholen. Und um die Mitte des Jahrhunderts wurden überall Oratorien nur für das öffentliche Konzert komponiert, während Kantaten und Passionen bald ganz verschwanden.

Im protestantischen Norddeutschland kam der vernichtende Schlag gegen die Kirchenmusik, deren letzter hervorragender Vertreter Johann Sebastian Bach (1685–1750) war, vom Pietismus her. Diese antidogmatische Strömung wandte sich scharf gegen den öffentlichen Gottesdienst mit seiner großartigen Kirchenmusik und setzte sich stattdessen für häusliche Feiern in kleinen Zirkeln unter dem Gesang geistlicher Lieder ein. Damit war das Schicksal der Kirchenmusik besiegelt. Die Ersetzung kirchlichen Musizierens durch unkirchlich geistliches vernichtete die letzten Schranken, die der vollkommenen Verweltlichung noch im Wege standen. Die geistlichen Lieder nahmen schon frühzeitig einen Charakter an, der den damals überall gesungenen französischen Tanzschlagern sehr ähnlich sah.

Die Folgen der Unkirchlichkeit der neuen Gesellschaft und der neuen Musik waren schließlich die völlige Aufgabe der großen Kirchenmusik in der zweiten Jahrhunderthälfte, die Entlassungen von Musikern, Kantoren und Organisten und die Beschränkung der kirchlichen Musik auf den Gemeindechoral und höchstens bei Vorhandensein eines Chores auf die Motette. Wo sich noch größere Formen eine Zeitlang halten konnten, verfielen sie allgemein in eine gänzlich unkirchliche, von dem neuen empfindsamen Musikstil her stammende weichliche Rührseligkeit. Das Ende war nicht mehr aufzuhalten.

Seit der Übertragung des Oratoriums in den Konzertsaal kehrte man sich auch stofflich allmählich vom Kirchlichen ab, da sich die Verbindung rein weltlicher Musikformen mit religiösem Textinhalt als unmöglich erwies. Denn wenn in/Jommellis »Passione« die Magdalena im Menuettschritt angetanzt kommt, da bleibt von biblischer Würde und Heiligkeit nicht mehr viel übrig. Das Konzertoratorium wandte sich jetzt daher – um wenigstens noch den Schein der Geistlichkeit zu wahren – Klopstocks unbiblischem »Messias« zu, von dem ganze Teile in Musik gesetzt wurden.

Die letzte Trennung des Oratoriums von Religion und Kirche erfolgte auf dem Wege über die Idylle. Telemanns »Tageszeiten« (1764) bereiteten unmittelbar Haydns »Jahreszeiten« (1800) vor. In diesem Oratorium ist die Verweltlichung vollständig verwirklicht.

2. Wille

Die zweite seelische Funktion des Menschen ist der Wille, der Urgrund der menschlichen Handlungen.

Eine Bereicherung des Menschlichen kann selbstverständlich niemals durch eine bloß quantitativ gesteigerte Betätigung des Willens erfolgen.

Jede Potenzierung des nur Quantitativen wäre in bezug auf den leitenden Wert: menschlich, belanglos, wenn nicht eine Steigerung des Qualitativen, eine Art von Sublimierung der Willensrichtung oder des Willenszieles damit verbunden ist.

Entscheidend für die Moralität der einzelnen Handlung ist die bei der Handlung effektuierte größere oder geringere Einheit von hoher sittlicher Einsicht und Willensentschluß. Die sittliche Einsicht formiert sich nach der jeweiligen Klassenmoral.

Ausschlaggebend für das moralische Niveau einer ganzen Klasse in einer bestimmten Periode ist die durchschnittliche Summe von Fällen, worin die obenerwähnte Einheit in den Einzelhandlungen erzielt oder verpaßt wurde.

Der direkte materiale Folgewert: die Höhe des sittlichen Gehalts, die höhere Moralität, und der indirekte materiale Folgewert: die Bereicherung des Menschlichen, werden nur im Falle einer tatsächlich realisierten Einheit effektiv sein. Wird dagegen das hohe Ziel nur projektiert und projiziert, aber nicht verwirklicht, so ist die Moralität nur eine potenzielle und die Bereicherung des Menschlichen infolgedessen nur Schein./

Wenn im 18. Jahrhundert die Moralität und die Bereicherung des Menschlichen das Endziel und nicht bloß Mittel zu einem weiteren Ziel gewesen wären, müßte man bei einem Endergebnis von nur Schein-Moralität und nur Schein-Bereicherung das Endziel als vorbeigelungen betrachten.

Die ganze Moral-Bewegung der zweiten Hälfte des 18. Jahrhunderts war aber nur Mittel zu einem weiteren Ziel, das wir als soziale Gleichheit, beziehungsweise soziales Übergewicht kennenlernten. Man wollte, wie Klopstock z. B. uns verriet, einen »sittlichen Adel« begründen, der dem ständischen Adel überlegen war. Und von diesem Gesichtspunkt aus war es gleichgültig, ob der Bürger damals nur mit Schein-Moralität oder mit effektiver Moralität operierte, wenn er nur das erreichte, was er sich vorgestellt hatte.

Noch eine Zwischenbemerkung sei uns gestattet, um eventuellen Mißverständnissen vorzubeugen.

Wo wir von guten und schlechten Handlungen sprechen, werten wir entweder nach dem Grad ihrer Übereinstimmung mit der von den Handelnden selbst, bzw. von ihrer Klasse anerkannten Moral, in diesem Falle also sittlich; oder wir messen die betreffenden Handlungen an ihrer sozialen Wirkung ab, z. B. inwiefern sie die natürliche gesellschaftliche Entwicklung fördern, hemmen oder zerstören. In diesem zweiten Fall werten wir nicht sittlich, sondern rein funktionell. Der Paarbegriff: gut-schlecht hat dann nicht sittliche, sondern nur funktionelle Bedeutung, wie z. B. die Paarbegriffe: nützlich-schädlich, zweckdienend-zweckwidrig. Aus dem Kontext wird es, hoffen wir, wohl jedesmal klar sein, wo wir objektiv, d. h. nicht nach subjektiven Auffassungen, sondern nach den subjektiven Auffassungen der Handelnden, also sittlich werten; und wo wir subjektiv, von unserem eigenen subjektiven Standpunkt werten, unbekümmert darum, welche sittliche Einsicht, welche Moral den Handelnden bei ihrem Willensentschluß und der Betätigung desselben vorschwebte.

Das 18. Jahrhundert war in ausnehmender Weise das Jahrhundert der Moral.

Niemals hat man soviel über Moral philosophiert, niemals hat man so restlos die ganze Kunst, die Literatur, das Theater, die Musik in den Dienst der Moral gestellt, niemals ist man so bemüht gewesen in Schauspielen und Romanen Personen zu gestalten, in denen die Moralideen der Zeit sich verkörperten.

Daraus allein kann man ermessen, wie fest der Bürger an die Perfektibilität des Menschengeschlechts glaubte, wie ernst es ihm mit seiner Erziehung des Menschengeschlechts war, mit welcher Intensität er ersehnte, denn das war das Ziel all dieser Bestrebungen, aus der Unterdrückung und Verachtung seiner Klasse emporzusteigen und zur Macht zu gelangen.

Wie wir bereits bemerkten, wäre es verfehlt, aus diesen Tatsachen den Schluß zu ziehen, daß das Leben der Bürger im 18. Jahrhundert ein besonders hohes moralisches Niveau gehabt hätte. Wir glauben vielmehr, daß infolge des wachsenden Reichtums und auch der ständigen Zunahme des Luxus unter den Bürgern, dann auch infolge des Beispiels der sogenannten Immoralität der Höfe, gerade das Gegenteil der Fall war und die Diskrepanz zwischen theoretischer und praktischer Moral in der zweiten Hälfte des 18. Jahrhunderts größer war denn je. Jedenfalls in den Städten.

Was J. K. Müller in seinem »Gemälde von Berlin, Potsdam und Sanssouci« z. B. über das Bordellwesen in diesen beiden Städten berichtet, und vor allem, was die »Briefe über die Galanterien von Berlin«[1] zu erzählen wissen, scheinen das zu bestätigen.

»Die Damen scheuen sich nicht im geringsten«, heißt es in den »Briefen«, »der Welt öffentlich zu zeigen, dieser oder jener sei ihr Nährsöhnchen, den sie zur Vergeltung seines schmachtenden Herzens nach allen ihren Kräften trotz dem Haushahne füttern.«

Der »Schattenriss von Berlin« (1788) klagt: »Zur Sommerzeit wird der später so angenehme Spaziergang Unter den Linden durch diese Geschöpfe (Dirnen) fast gänzlich gehemmt.«[2]

Lord Malmesbury, der 1772 Berlin besuchte, urteilt nicht milder: »Berlin ist eine Stadt, wo es weder einen ehrlichen Mann, noch eine keusche Frau gibt. Eine totale Sittenverderbnis beherrscht beide Geschlechter aller Klassen, wozu noch die Dürftigkeit kommt, die notwendigerweise teils durch die von dem jetzigen Könige ausgehenden Bedrückungen, teils durch die Liebe zum Luxus, die sie seinem Grossvater abgelernt haben, herbeigeführt worden ist. Die Männer sind fortwährend beschäftigt, mit beschränkten Mitteln ein sehr ausschweifendes Leben zu führen. Die Frauen sind Harpyen, denen Zartgefühl und wahre Liebe unbekannt sind und die sich jedem preisgeben, der sie bezahlt.«[3]

In Wien war es anscheinend nicht viel besser. Die »Briefe über die Galanterien von Berlin« melden: »Die Damen hier, die als Mädchen nichts zu thun gewöhnt waren, sind als Weiber gar verflucht delikat, lieben keine Beschäftigung, lassen Hauswesen Hauswesen sein, und setzen sich Tag und Nacht auf Küssen,

---

[1] Briefe über die Galanterien von Berlin, von einem kaiserlichen Offizier. Gotha 1785
[2] Schattenrisse von Berlin, Amsterdam 1788
[3] James Harris, Earl of Malmesbury, Diaries and Correspondence of James Harris, First Earl of Malmesbury,..., London 1844

damit ihre Hinterteile recht sanft und weich bleiben, und das Lob ihres Zizisbeen davon tragen.«[1]

Obgleich ebenso ausführliche Berichte, wie über die beiden Hauptstädte Berlin und Wien, fehlen, sah es in den übrigen Städten Deutschlands in der zweiten Hälfte des 18. Jahrhunderts nicht viel besser aus. Fest steht, daß die Prostitution in allen Provinzstädten in höchstem Flor stand.

Was alles nichts an der Tatsache ändert, daß kein Zeitalter so moralisch »tat«, so den Mund voll nahm von Moral, als die bürgerliche zweite Hälfte des 18. Jahrhunderts.

Wir haben bereits gesagt, daß das Jahrhundert in bezug auf Moral in zwei große Perioden zerfällt: während der ersten Hälfte operierten die Bürger mit christlicher Moral, während der zweiten Hälfte mit weltlicher Moral. In der ersten Periode versuchte man den Anschein zu erwecken, als ob der Bürger durch seine Moralauffassungen als *Christ,* in der zweiten Periode, als die Moral sich säkularisiert hatte, daß er als *Mensch* höher stand als die ihm feindliche Adelsklasse, mit der er um Macht rang.

Die Moralisten der zweiten Hälfte des 18. Jahrhunderts teilt Hettner[2] in drei Kategorien ein.

Zu der ersten Kategorie rechnet er diejenigen, die um die Unabhängigkeit der natürlichen Sittenlehre gegen die Ansprüche der kirchlichen Glaubenslehre kämpften.

Voran stand der Prediger in Charlottenburg, später (1778) Professor in Halle, Johann August Eberhard (1739–1809), der Freund von Nicolai und Mendelssohn. Seine 1772 herausgegebene »Neue Apologie des Sokrates oder Untersuchung der Lehre von der Seligkeit der Heiden« war direkt gegen die kirchlichen Moralauffassungen gerichtet./

Sein Kollege und Kampfgenosse war der Prediger zu Gielsdorf bei Berlin, Johann Heinrich Schulz (1739–1823). 1789 wurde er entlassen, als er auf eine amtliche Anfrage, ob er eigentlich an die Heilige Dreifaltigkeit glaube, mit einem glatten Nein antwortete und zum Entsetzen der Superintendenten und Konsistorialräte unaufgefordert hinzufügte, daß er ebensowenig an die Gottheit Christi, die Erlösung und das Abendmahl glaube. Schulz flog von

---

[1] Galanterien von Berlin, a. a. O.
[2] Hettner, Geschichte der deutschen Literatur im 18. Jahrhundert, a. a. O.

der Kanzel herunter in die Königliche Porzellanmanufaktur, wo er mit einem Pöstchen als Geschirrschreiber unschädlich gemacht wurde.

Die zweite Kategorie von Moralisten beschäftigte sich nach Hettner mit einer wissenschaftlichen Darlegung der natürlichen Sittenlehre. Sie brachten nichts Ursprüngliches. Sie wiederholten und popularisierten nur die Nützlichkeitslehren von Shaftesbury, Wollaston, Hutcheson und Ferguson. Christian Garve (1742–1798) war der Übersetzer der englischen Moralphilosophie. Neben Garve machte Gotthilf Samuel Steinbart (1738–1809) den Versuch, mit seinem »System der reinen Philosophie oder Glückseligkeitslehre des Christentums« (1778) die englische Moralphilosophie mit der Wolffschen in Einklang zu bringen. Mauvillon (1743–1794) gab 1787 »Das einzig wahre System der christlichen Religion« heraus, in dem er den Trieb nach Glückseligkeit den Grund und das Ziel aller Tugend nannte und behauptete, daß die christliche Sittenlehre dieser Glückseligkeitsforderung widerspreche, sie sei menschenfeindlich und sinnetötend, darum verderblich und gemeingefährlich.

Nur vereinzelte Moralisten in Deutschland wagten einen Schritt auf dem Weg, den der Materialismus von Diderot und Helvétius ging. Vor einer Leugnung des freien Willens schreckte man in Deutschland im allgemeinen zurück.

Die dritte Kategorie der Moralisten, und diese war wohl die an Zahl überwiegende, hatte es sich zur Aufgabe gemacht, die natürliche Sittenlehre in die allgemeine Volksbildung einzuführen. Sie ging dabei von dem Grundsatz aus, daß nur wahre Bildung die wahre Sittlichkeit hervorbringen könne, Infolgedessen gingen all ihre Bestrebungen dahin, die Masse zu bilden. Der typische Vertreter dieser dritten Gattung war Johann Jakob Engel, der 1775–1777 seinen vielgelesenen »Philosophen für die Welt« herausgab. Besonders bemühte sich auf diesem Gebiet das damalige Zeitschriftenwesen, das/die Tradition der »Moralischen Wochenschriften« der ersten Hälfte des 18. Jahrhunderts fortsetzte. Die »Berlinische Monatsschrift« (1783) von F. Gedike und J. E. Biester, zu deren Mitarbeiter u. a. Immanuel Kant gehörte, war viele Jahre führend. Die bürgerliche Nützlichkeitslehre war für die Zeitschriften natürlich ein recht glitschiges Terrain, und so sehen wir denn auch, daß eine nach der anderen zuletzt in einer kleinlichen, oft lächerlichen Krämerhaftigkeit landete.

Wir werden uns nun damit zu beschäftigen haben, wie die Moral die ganze Kultur des 18. Jahrhunderts durchdrang und in eine bestimmte Richtung wies.

Wir sagten bereits, daß die *Geschichtsschreibung* um die Mitte des 18. Jahrhunderts nicht länger die Fürsten, sondern für die Menschheit bestimmt war. Was die Geschichtsschreiber nun eigentlich für die Menschheit erreichen wollten, verdeutlicht uns u. a. Bodmer in den »Historisch-politischen Beiträgen zur Geschichte der Eidgenossenschaft«, die er in der »Helvetischen Bibliothek« (1735–1744) veröffentlichte. Bodmer wollte »den sittlichen Sinn der schweizer Jugend kräftigen.« Noch viel deutlicher spricht sich Bünau über seine Geschichtsauffassung aus. Man könne nur das wichtigste bringen, meint der Verfasser der »Reichshistorie«: »Ursprung, Wachstum eines Volkes, Sittenveränderungen, Verfassungen; endlich alles, was den Verstand durch anderer Leute darin betriebenes Glück oder Unglück schärfen und die Nachwelt zur Vermeidung der bösen und Nachfolge der guten Beispiele antreiben kann.«[1]

Daß sich die Geschichtsschreibung in den Dienst der Volksaufklärung zwecks Volksverbesserung stellte, ist noch begreiflich, seltsamer mutet es an, wenn z. B. die »Bremer Beiträge« (1745 bis 1748) in Heft I die Moral als die einzige Aufgabe der *Poesie* betrachten:

> Der Gottheit Herold sein, der Tugend Ruhm erheben,
> Dem Schweren unsrer Pflicht ein reizend Ansehn geben:
> Das unerforschte Herz und Triebe, die uns fliehn,
> Mit glücklicher Gewalt aus ihren Klüften ziehn,
> Das Volk, das irre geht, vom falschen Wahn entfernen,
> Nach sichren Zwecken gehn und edler denken lernen,/
> In weisem Lob und Schimpf ermuntern und erbau'n,
> Geschmack und Kunst versteh'n und auf die Nachwelt
>
>   schau'n;
> Dies muss ein Dichter thun, den Recht und Einsicht adeln,
> Den die Vernunft erhöht und blinde Schüler tadeln.[2]

---

[1] Heinrich (1) Graf und Herr von Bünau, Teutsche Kaiser- und Reichshistorie, aus den berühmtesten Geschichtsschreibern und Urkunden zusammengezogen und mit verschiedenen Anhängen zur Erläuterung des Teutschen Staatsrechts und Genealogie versehen. Leipzig 1728–43 (4 Bde.)

[2] Neue Beiträge zum Vergnügen des Verstandes und Witzes. Bremen und Leipzig, 1. Bd., erstes Stück, 1744 (2. Aufl. 1746, 3. Aufl. 1750), Vorrede

Klopstock dachte nicht anders. In den »Abhandlungen von der Nachahmung des griechischen Sylbenmasses im Deutschen und von der heiligen Poesie«, die Klopstock 1755 den 10 ersten Gesängen seines »Messias« hinzufügte, gibt er als den letzten Endzweck der höheren Poesie und zugleich als das wahre Kennzeichen ihres Wertes die moralische Schönheit an. » Der Vorzug der Künste vor den Wissenschaften liegt darin, dass sie geeigneter sind, die Menschen moralisch zu machen: sie erniedrigen sich und sind nicht mehr schön, wenn ihnen die moralische Schönheit fehlt.«[1]

Mendelssohn belehrt uns 1757, als er »Von den Quellen und Verbindungen der schönen Künste« spricht: »Die Dichtkunst, die Malerei, die Bildhauerkunst, wenn sie der Künstler nicht zu einem unedlen Zweck missbraucht, zeigen uns die Regeln der Sittenlehre in erdichteten und durch die Kunst verschönerten Beispielen, wodurch die Erkenntnis belebt und jede trockne Wahrheit in eine feurige und sinnliche Anschauung verwandelt wird.«[2]

Besonders in der *Porzellankunst*, der Plastik für das Bürgerhaus, wurde moralisiert. Wir erinnern u. a. an die empfindsamen moralisierenden Erzählungen von M. V. Acier, der 1764 von Paris nach Meißen kam, von Johann Peter Melchior (1742–1825) in Höchst und Anton Grassi (1755–1808) in Wien, die viele kleine Gruppen im Geschmack von Greuze modellierten.

Von den *Genremalern,* vor allem der Frankfurter Schule und die sentimentale Graphik von Daniel Chodowiecki (1726–1801) war bereits die Rede.

Interessant ist auch, was Kant 1764 »über das Gefühl des Schönen und Erhabenen«, das er »das Gefühl feinerer Art« nannte, zu sagen hat. »In Ansehung der Schwäche der menschlichen Natur und der geringen Macht, welche das allgemeine moralische Gefühl über die mehrsten Herzen ausüben würde, hat die Vorsehung dergleichen hülfeleistende Triebe als Supple-/mente der Tugend in uns gelegt....; Die wahre Tugend kann nur auf Grundsätze gepfropft werden, und wird je allgemeiner sie sind, desto erhabener und edler. Diese Grundsätze sind nicht spekulative Regeln, son-

---

[1] J. G. Klopstock, Sämmtliche Werke, a. a. O.
[2] M. Mendelssohn, Betrachtungen über die Quellen und die Verbindungen der schönen Künste und Wissenschaften. In: Gesammelte Schriften. Jubiläumsausg., Hg. Elbogen, Guttmann, Mittwoch, Bd. 1, Berlin 1929

dern das Bewusstsein eines Gefühls, das in jedem menschlichen Busen lebt: das Gefühl von der Schönheit und der Würde der menschlichen Natur.«[1]

Sogar Wieland stellte die Forderung (in einem Brief vom 29. August 1766), daß die Helden seiner *Romane* und Gedichte »moralisch und poetisch interessant bleiben.«[2] Und Lessing war über die mögliche demoralisierende Wirkung des »Werther« so beunruhigt, daß er in einem Brief vom 26. Oktober 1774 an Eschenburg schrieb: »Wenn aber ein so warmes Produkt nicht mehr Unheil als Gutes stiften soll: meinen Sie nicht, dass es noch eine kleine kalte Schlussrede haben müsste? Ein paar Winke hinterher, wie Werther zu einem so abenteuerlichen Charakter gekommen; wie ein anderer Jüngling, dem die Natur eine ähnliche Anlage gegeben, sich davor zu bewahren habe. Denn ein solcher dürfte die poetische Schönheit leicht für die moralische nehmen, und glauben, dass der gut gewesen sein müsse, der unsere Teilnehmung so stark beschäftigt. Und das war er doch wirklich nicht.... Also, lieber Goethe, noch ein Kapitelchen zum Schluss, und je cynischer desto besser.«[3]

Daß die Moraltendenz auf die besonderen Kunstgattungen, die sich um die Mitte des 18. Jahrhunderts großer Beliebtheit erfreuten, einen starken Einfluß ausgeübt haben muß, liegt auf der Hand. Die große Verbreitung der Fabel in den 40er Jahren des 18. Jahrhunderts ist nur damit zu erklären, daß diese alte deutsche Gattung einen ausgesprochenen lehrhaften Zweck hatte. Christian Wolff, der sich für Poesie nicht sonderlich erwärmen konnte, beschäftigte sich 1734 trotzdem mit der Theorie der Fabel, natürlich nur wegen der Lehrhaftigkeit. Die bekanntesten deutschen Fabeldichter um die Mitte des Jahrhunderts waren: Hagedorn, Bodmer, Meyer von Knonau, Gellert, Zachariä und Lichtwer.

Das *Epos* durfte nach Bodmer nur die Besserung des Willens zum Zweck haben. Auch das *Theater* durfte nur moralisch sein. »Unsere Bemühung«, schrieb Friedrich Neuber in den vierziger Jahren in einer Eingabe, »ist jederzeit dahingegangen, in den Vorstellungen die strengste Moral/beizubehalten, alle leere Possen und

---

[1] I. Kant, Betrachtungen über das Gefühl des Schönen und Erhabenen (1764) In: Akademie-Ausgabe, a. a. O., Bd. 2 (Berlin 1912)
[2] G. E. Lessing, Sämtliche Schriften, a. a. O., Bd. 18
[3] s. Heinrich Geßner (Hg.), Ausgewählte Briefe von C. M. Wieland, Bd. 1–4, Zürich 1815–16

unehrbare Zweideutigkeiten zu vermeiden, und, welches der eigentliche und vernünftige Endzweck des Schauplatzes sein soll, die Zuschauer nicht sowohl zum Lachen zu reizen, als solche zu verbessern.«[1]

Lessing fand Werenfels' »Verteidigung der Moralität des *Schauspieles*« so wichtig, daß er sie übersetzte und 1749 in den mit Mylius herausgegebenen »Beiträgen zur Historie und Aufnahme des Theaters« veröffentlichte.

Zwei Jahre später hielt Gellert in Leipzig seine Inauguralrede »De comoedia commovente«, also über die bürgerliche »comédie larmoyante«, die Deutschland von Frankreich (Nivelle de la Chaussée. Destouches, Marivaux usw.) übernommen hatte, in der der Scherz moralisiert wurde.[2] Mit seinen Lustspielen, versicherte Gellert, habe er »lieber tugendhafte Tränen als fröhliches Gelächter« hervorrufen wollen.

Lessing erhob sich in seiner Dramaturgie meilenweit über diesen ziemlich platten Standpunkt. Als Zweck der Komödie sah er nach wie vor nur die Besserung der Menschheit. »Die Komödie will durch Lachen bessern; nicht gerade diejenigen Unarten, über die sie zu lachen macht, noch weniger bloss und allein die, an welchen sich diese lächerlichen Unarten finden. Ihr wahrer allgemeiner Nutzen liegt in dem Lachen selbst; in der Uebung unserer Fähigkeit das Lächerliche zu bemerken, es unter allen Bemäntelungen der Leidenschaft und der Mode, es in allen Vermischungen mit noch schlimmern oder mit guten Eigenschaften, sogar in den Runzeln des feierlichen Ernstes leicht und geschwind zu bemerken.... wenn (die Komödie) keine verzweifelte Krankheiten heilen kann, (so ist es ihr genug), die Gesunden in ihrer Gesundheit zu befestigen.«[3]

Über das *Trauerspiel* schrieb Nicolai 1757 eine interessante Abhandlung in der »Bibliothek der schönen Wissenschaften«. Daraus entspann sich ein Briefwechsel zwischen Lessing, Mendelssohn und Nicolai über den Zweck der Tragödie. Der Standpunkt, den Lessing einnahm, ist für uns von größter Bedeutung, da Lessing während des dritten Viertels des 18. Jahrhunderts das deutsche Theater vollständig beherrschte. »Die Bestimmung der Tragödie«, schreibt er,

---

[1] vgl. Ed. Devrient, Geschichte der deutschen Schauspielkunst. 5 Bde., 1848–74
[2] Chr. F. Gellert: s. G. E. Lessing, Sämtliche Schriften, a. a. O., Bd. 6
[3] G. E. Lessing, Hamburgische Dramaturgie, 29. Stück

»ist diese; sie soll unsere Fähigkeit, Mitleid zu erregen, erweitern. Der mitleidigste Mensch ist der beste Mensch, zu/allen geschäftlichen Tugenden, zu allen Arten der Grossmut der aufgelegteste. Wer uns also mitleidig macht, macht uns besser und tugendhafter. Das Trauerspiel soll soviel Mitleid erwecken, als es nur immer kann; folglich müssen alle Personen, die man unglücklich werden lässt, gute Eigenschaften haben; folglich muss die beste Person auch die unglücklichste sein. Der Dichter muss keinen von allem Guten entblössten Bösewicht aufführen. Der Held muss nicht gleich einem Gott, seine Tugenden ruhig und ungekränkt verüben usw.«[1]

Sulzer dachte nicht anders: »Durch die sanften Eindrücke des Schönen, des Wohlgereimten und Schicklichen (soll) unser Geist und Herz eine edlere Wendung bekommen. Bosheit, Laster und alles, was dem sittlichen Menschen verderblich ist, muss durch Bearbeitung der Künste eine sinnliche Form bekommen, die unsere Aufmerksamkeit reizt, aber so, dass wir es recht in die Augen fassen, um einen immer währenden Abscheu davor zu bekommen.«[2]

Es ist wohl nicht nötig, eine Anzahl von Komödien und Tragödien als Belege dafür anzuführen, daß die oben erwähnten Prinzipien tatsächlich in der Praxis befolgt wurden. Wir müßten dann alles aufzählen, was bis in die siebziger Jahre auf die Bühne gebracht wurde.

Selbst von der *Musik*, insbesondere den Gattungen, die sich an die Literatur angeschlossen wie Lied und Singspiel, glaubte man, daß sie tugendhaft mache. Sehr aufschlußreich in dieser Hinsicht ist das Buch »Von der musikalischen Poesie« (1752) von Johann Gottlieb Krause, dem geistigen Haupt der sogenannten ersten Berliner Liederschule. Es heißt in dem Buch: »Die sanften Empfindungen reizender Töne machen die Sitten feiner..... Ihre Eindrücke befördern die Fertigkeit, Liebe, Güte und Mitleiden zu empfinden, und geben unsern Leidenschaften die nützlichste Mäßigung, als worinn das wahre Wesen der Tugend bestehet. Vermittelst des Vergnügens, so sie verursachen, werden die Gemüthsneigungen gebildet.... Zur Tugend werden Neigungen und

---

[1] G. E. Lessing, Briefwechsel mit Mendelssohn und Nicolai über das Trauerspiel. Hg. Robert Petsch, Leipzig 1910
[2] J. G. Sulzer, Allgemeine Theorie der schönen Künste, a. a. O.

Begierden erfordert, die zum Vortheil der Menschlichkeit abzielen. Es kömmt nicht allemal auf die tiefe Einsicht in die Wahrheiten an; die eigentliche Vernunft thut vielleicht nur wenig in der Welt. Die Verwandschaftsliebe, die Sorge für die Nachkommen, die Liebe zum Umgange, das Mitleiden, die Hülfsbegierde, alle diese/ Tugenden kommen von den natürlichen Neigungen her, welche wir um deswillen gerne befriedigen, weil wir dabey ein so sanftes Vergnügen empfinden; und dieses Vergnügen macht uns die Musik fähiger, und trägt also zur Tugend auch das Ihrige bey.«[1]

In den siebziger und achtziger Jahren des 18. Jahrhunderts fand in der Dichtung der jüngeren Generation eine interessante Wendung statt.

Wir haben gesehen, daß das Bürgertum um die Mitte des 18. Jahrhunderts eine Macht geworden war. Die ökonomische Entwicklung machte es notwendig, daß der Bürger aus dem gesellschaftlichen Verband, in den der Feudalismus alles, was Mensch war, gezwungen hatte, frei heraustrat und von jetzt ab mit aller Energie seine Individualität geltend machte. Der Individualismus des 16. Jahrhunderts lebte also in der zweiten Hälfte des 18. Jahrhunderts mit neuer Kraft wieder auf.

Wir haben weiter gesehen, daß der Bürger, als Rechtstitel für seine veränderte Haltung seinen Herrschern gegenüber, sich auf seine Menschlichkeit und die jedem Menschen angeborenen und und unveräußerlichen Menschenrechte berief.

Die große Bedeutung, die das Menschsein hatte, trieb ihn von selbst zu einer intimeren Beschäftigung mit seiner eigenen Menschlichkeit. Diese Reflexion führte naturnotwendig zu einer subjektivistischen Geisteshaltung, in der der Unterschied lag zwischen dem Individualismus des 18. und dem des 16. Jahrhunderts.

Diese Subjektivität durchdrang das ganze bürgerliche Leben. Selbstverständlich äußerte sie sich auch auf dem Gebiete der Moral.

Die ersten Ansätze hierzu waren bereits zu Anfang des 18. Jahrhunderts vorhanden, und zwar bei Leibniz (1646–1716) und Shaftesbury (1671–1731). In Deutschland war um die Jahrhundertwende, wie man zu sagen pflegt, die Zeit für eine »Entfaltung des individuellen Lebensinhaltes auch für das sittliche Leben« noch

---

[1] Chr. G. Krause, Abhandlung von der musikalischen Poesie. Berlin 1752

nicht reif, was soviel heißt als: es fehlte damals in Deutschland noch die materielle Basis, auf der ein individueller Lebensinhalt sich entwickeln konnte. Und so ließ Christian Wolff den schon in der Philosophie von Leibniz vorhandenen Ansatz verkümmern: »Er und seine Nachfolger/besassen kein Verständnis dafür«, konstatiert Windelband, »dass Leibniz' Prinzip der Vollkommenheit in dem Masse, wie seine Metaphysik die Eigenheit jedes Einzelwesens allen andern gegenüber zur Geltung brachte, auch für das sittliche Leben die Entfaltung des individuellen Lebensinhaltes und die Ausgestaltung seiner dunkel gefühlten Ursprünglichkeit zur Aufgabe machte.«[1] Erst Herder und seiner Zeit war es möglich, wieder an Leibniz anzuknüpfen.

In England, das ökonomisch, politisch und sozial Deutschland um mindestens ein halbes Jahrhundert voraus war, war die materielle Basis, die in Deutschland während der ersten Hälfte des 18. Jahrhunderts noch fehlte, wohl vorhanden. Und so konnte die Idee der Vollkommenheit, die auch bei Leibniz vorherrschte, bei Shaftesbury anschauliche Gestalt gewinnen.

Das Sittliche (wir folgen Windelband) ist für Shaftesbury das wahrhaft Menschliche, die vollkommene Entwicklung der menschlichen natürlichen Anlagen, die, wenn sie wirklich vollkommen ist, den Menschen niemals in Gegensatz zu, sondern stets in Harmonie mit der ganzen Menschheit stellen wird. Das sittliche Lebensideal kann infolgedessen, nach Shaftesbury, nur ein persönliches sein. Der Mensch hat sich nicht allgemeinen Normen unterzuordnen, sondern nur seine ganze Individualität voll auszuleben. Die souveräne Persönlichkeit hat ihr eigenes ethisches Recht. Und welches ist nun die Erkenntnisquelle für die individuelle Sittlichkeit? Die Metaphysiker und Sensualisten fanden sie in der vernünftigen Erkenntnis entweder der Natur der Dinge oder des empirisch Nützlichen. Daraus ergaben sich allgemeingültige Grundsätze. Shaftesbury gründete die Sittlichkeit auf das persönliche Gefühl. Die sittlichen Urteile beruhen auf dem »moral sense«.

Diese autonomistische Moralphilosophie wurde in Deutschland übernommen, als der Boden soweit vorbereitet war, daß sie gedeihen konnte.

Wir werden nun wohl die große Umwälzung verstehen, die sich

---

[1] W. Windelband, Die Geschichte der neueren Philosophie etc., a. a. O.

in den siebziger Jahren in der deutschen Literatur vollzog in bezug auf ihr Verhältnis zur Moral.

Die bis jetzt herrschenden allgemeingültigen Grundsätze wurden von der jüngeren Generation aufgegeben, an ihre Stelle traten individuelle Normen, die auf dem subjektiven Gefühl basierten./

Die Dichtung blieb nach wie vor moralisch, denn auch Privatmoral ist Moral. Die Dichtung (»Götz von Berlichingen«, »Clavigo«, »Stella«, »Prometheus« usw.) betrachtete es als ihre Aufgabe, nicht mehr die allgemeine Moral, sondern die Privatmoral des Dichters zu rechtfertigen, die im übrigen eine besondere Berechtigung zu haben schien, weil der einzelne hier nicht der nächstbeste, sondern der wirkliche (Goethe) oder der vermeintliche (Lenz cum suis) außerordentliche Mensch, das Genie, der Übermensch war. In den Augen der älteren Generation war sie amoralisch, wenn nicht unmoralisch, insofern sie die alte allgemeine Moral einfach über den Haufen rannte, was ihr umso leichter fiel, weil diese sich vielfach durch ihre unbeschreibliche Spießigkeit hoffnungslos kompromittiert hatte; und sie war zur selben Zeit hoch moralisch, jedenfalls in den Augen der Jüngeren, die der Ansicht waren, daß an die Stelle des Verbrauchten und Alten endlich etwas Besseres und Höheres getreten war.

Bei dem nächsten Umschlag der Moral, in der Zeit des deutschen Idealismus, werden wir uns nicht aufhalten, weil er zum größten Teil in die nächste Periode hinüberspielt, die uns augenblicklich nicht beschäftigt.

3. Gefühl

Nach Aristoteles gab es nur zwei Gruppen von Seelentätigkeiten: die theoretische Gruppe des Erkennens und die praktische Gruppe des Wollens.

Das Mittelalter lehrte, daß die Seele neben dem Verstand und dem Willen noch eine dritte selbstständige Funktion besitze, die nicht bei einer der beiden von Aristoteles aufgestellten Gruppen untergebracht werden konnte: das *Gefühl*.

Das absolutistische Zeitalter kehrte wieder zu der aristotelischen Auffassung zurück.

Das bürgerliche Zeitalter, das in Deutschland um die Mitte des 18. Jahrhunderts anfing, setzte das Gefühl wieder als selbstständige Funktion ein.

Das sind in großen Zügen die Schicksale des Gefühls als Funktion.

Mit der Feststellung, daß die offizielle Philosophie des ab-/solutistischen Zeitalters das Gefühl als selbstständiges Seelenvermögen nicht anerkannte, ist natürlich nicht gesagt, daß Gefühl, im Sinne von Gefühlsäußerung, im 17. Jahrhundert nicht vorhanden war. Selbstverständlich gab es das, man denke nur an Jakob Böhme und Angelus Silesius (Scheffler). Im allgemeinen kann man aber sagen, daß das Gefühl in dieser Zeit verdrängt war. Wenn es einmal hervortrat, dann selten unmittelbar, sondern fast immer als Begleiterscheinung z. B. von subjektiver Religiosität, also als sekundäre, nicht primäre Erscheinung.

Gefühl, das subjektivste aller Seelenvermögen, paßte nicht zum Absolutismus, gehörte nicht in ein System, das auf der unbegrenzten Macht eines einzelnen Ich aufgebaut war. Das absolute Ich, also das Ich in seiner Unbegrenztheit, mußte eo ipso alle außer ihm seienden und ihn also begrenzenden Ichs verneinen.

Der Verstand läßt sich entsubjektivieren und damit knechten. Ein Gewalthaber kann den in seiner Gewalt Stehenden etwas vordenken bezw. vordenken lassen und sie mit physischen und den noch fürchterlicheren psychischen Mitteln zwingen, das Vorgedachte sklavisch nachzudenken.

Noch leichter fällt es ihm, die Handlungen der von ihm Beherrschten zu regulieren und zu tyrannisieren.

Das Gefühl dagegen läßt sich niemals entsubjektivieren.

Denn Fühlen kann nur sein: Sich-selbst-Fühlen. Das scheinbar objektive Fühlen ist im Grunde nichts anderes als das Wahrnehmen, das Empfinden, das Bewußtwerden des durch Eindrücke affizierten eigenen Inneren. Das einzig mögliche Objekt des Gefühls ist folglich nur das objektivierte Subjekt selbst.

Der Subjektivität des Gefühls steht also auch der Mächtigste der Erde, sogar der Fühlende selbst, machtlos gegenüber.

Der Absolutismus mußte also auf die Gefahr seiner Selbstnegation hin das Gefühl als das unmittelbare Selbstbewußtsein des bereits negierten fremden Ich erst recht negieren. Er tat es, indem er es theoretisch aufhob, d. h. philosophisch aufteilte und das Aufgeteilte so gut, wie es eben ging, bei den wohl entsubjektivierbaren und also beherrschbaren Seelenvermögen, und zwar als ihre Modifikationen, unterbrachte.

Um die Mitte des 18. Jahrhunderts war das bürgerliche Ich/ aus wirtschaftlichen Gründen gezwungen, sich dem fürstlichen Ich gegenüber zu emanzipieren. Das bürgerliche Ich wurde autonom, selbstverständlich nicht bloß auf wirtschaftlichem, sondern auch auf allen anderen Gebieten. Es verlangte jetzt auf Grund seiner ihm bewußt gewordenen unveräußerlichen Menschenrechte Freiheit des Denkens und Freiheit des Handelns. Der Bürger wollte von jetzt ab voll Mensch sein. Dazu gehörte aber ebensosehr die Freiheit, sich nach der Gefühlsseite hin voll auszuleben.

Die absolutistische Philosophie hatte während des 17. und der ersten Hälfte des 18. Jahrhunderts das dritte menschliche Seelenvermögen ganz folgerichtig negiert.

Die bürgerliche Philosophie der zweiten Hälfte des 18. Jahrhunderts negierte bewußt, ebenso konsequent, diese Negierung.

Das Aufleben des nach Jahrhunderten der Verdrängung endlich um die Mitte des 18. Jahrhunderts in seinen Rechten neu hergestellten Gefühls ging mit einem solchen Elan vor sich, daß es sich schon sehr bald überschlug, was nur auf zwei Weisen möglich war.

Das bürgerliche Ich übersteigerte das Akthafte des Fühlens. Es sublimierte sich, verstieg sich zu einer tollen Virtuosität. Es wurde Gefühl ums Gefühl, aus reiner Freude am Fühlen selbst. Dieses Übergefühl bezeichnete man schon damals als *Empfindsamkeit*.

Dann aber auch übersteigerte das Ich die Gefühlsmaterie in dem Sinne, daß es versuchte, seine eigenen Grenzen zu überschreiten. Es usurpierte den Verstand. Es warf sich auf als Erkenntnisquelle. Fühlen wollte mehr sein als Fühlen, und zwar Wissen, vor allem von den Dingen, die man überhaupt nicht wissen kann: die sog. letzten Wahrheiten, das Religiöse. Das war die Quintessenz der *»Gefühls- und Glaubensphilosophie«* von Friedrich Heinrich Jacobi (1743–1819) und Johann Georg Hamann (1733–1788).

War die Empfindsamkeit eine Gefühlsintensivierung, so war die Gefühls- und Glaubensphilosophie eine Gefühlsextensivierung.

Wenn nun die Renaissance des Gefühls, die den Sieg der wiedergewonnenen Subjektivität vollkommen machte, schon infolge ihrer unerhörten Bereicherung des Menschlichen eine/typisch bürgerliche Erscheinung war, – wir wissen zur Genüge, was die Betonung und die Kultivierung des Menschlichen damals für einen sozialen Hintergrund hatte – so kann man die Empfindsamkeit und die Gefühls- und Glaubensphilosophie nur als potenzierte Bürgerlichkeit ansehen. Und zwar so potenziert, daß sie vielfach wieder ins Unbürgerliche umschlug, wie wir das analog bereits bei der Subjektivität wahrnahmen. Auch hier wurde man vor lauter Bürgerlichkeit unbürgerlich. Die Empfindsamkeit zum Beispiel führte, wie wir sehen werden, häufig zum Schwulst. Und Schwulst war die Negation der Natürlichkeit, die wir im letzten Kapitel unseres Buches als eine der Haupterscheinungen des Bürgerlichen kennenlernen werden.

Bevor wir auf die Gefühlsanormalitäten zu sprechen kommen, müssen wir uns erst mit der *Ästhetik* beschäftigen, die um die Mitte des 18. Jahrhunderts im engsten Zusammenhang mit der normalen Emanzipation des Gefühls eine grundlegende Umwälzung, bzw. Verbürgerlichung erfuhr.

Kunst war für Gottsched die Nachahmung der Natur.

Die Natur war für ihn das Wirkliche.

Kunst war also eine reine Verstandessache, sie war erlernbar.

Zum Kunstschaffen brauchte man nur Regeln.

Die Regeln entnahm Gottsched den fertigen Kunstwerken, vornehmlich der französischen Klassik.

Bodmer und Breitinger waren mit Gottsched darüber einig, daß Kunst Naturnachahmung war. Die Schweizer glaubten jedoch, daß die Natur, die nachgeahmt werden sollte, nicht ausschließlich das Wirkliche zu sein brauchte, sondern daß sie sich auch auf das dichterisch Mögliche erstreckte.

Aus der Bodmerschen Erweiterung des Naturbegriffs folgte, daß der Verstand allein zum Kunstschaffen nicht genügte.

Außer dem Verstand brauchte der Künstler erstens zur Gestaltung der Wahrheit-im-Möglichen, dann aber auch des Wunderbaren-im-Wirklichen, Einbildungskraft, Phantasie.

Mit den Gottschedschen Regeln kam der Künstler also nicht aus. Er brauchte auch noch Regeln für seine Phantasietätigkeit.

Diese Regeln ließen sich nach Ansicht der Schweizer nur aus dem Gemüt ableiten./

Entscheidend für die Anwendung dieser Regeln, also für das Kunstschaffen, war der Geschmack.

Wenn Bodmer und Breitinger unter Geschmack Empfindung verstanden hätten, wäre die Sache schon ein ziemliches Stück weitergekommen. Sie hielten den Geschmack aber für eine Verstandessache, und landeten also doch wieder bei dem Rationalismus Gottscheds. Das Geschmacksurteil wäre demonstrierbar, sogar mit mathematischer Gewißheit, glaubten sie.

Die verstandesmäßige Regelhaftigkeit, das Hauptcharakteristikum der vorbürgerlichen Kunstbetrachtung, blieb bei Bodmer und Breitinger genau so in Kraft, wie es bei Gottsched der Fall gewesen war.

Die Schweizer hatten somit nur das Stoffprinzip der Kunst erweitert. Ein neues Formprinzip brachten sie nicht.

Dann aber kam Alexander Gottlieb Baumgarten (1714-1762), und mit ihm geschah die große Umwälzung.

Wolff und Leibniz hatten zwei Erkenntnisvermögen unterschieden: den Verstand als das obere und die Sinnlichkeit als das untere Erkenntnisvermögen.

Der Verstand war dazu da, das wahre Wesen der Dinge zu erkennen, zur intensiven Klarheit der Dinge zu kommen.

Die Sinnlichkeit konnte nur die undeutliche Erscheinungsform der Dinge, ohne Bewußtsein der Gründe, erfassen. Sie gelangte zu einer extensiven Klarheit der Dinge.

Gottsched und auch Bodmer und Breitinger hatten die Kunst dem Verstand zugewiesen. Baumgarten emanzipierte die Kunst vom Verstand und verwies sie an die Sinnlichkeit.

Das war das Entscheidende, das Revolutionierende, das Bürgerliche.

Eine Logik des Verstandes, die Wissenschaft vom vollkommenen Verstandesgebrauch, gab es bereits in Deutschland, und zwar von Christian Wolff. Es fehlte aber immer noch eine Logik der Sinnlichkeit, die Wissenschaft von der Vollkommenheit der Empfindung.

Dieser letzten Aufgabe widmete sich Baumgarten, und das Resultat seiner Studien legte er in seiner »Aesthetica« nieder.[1]

Georg Friedrich Meier (1718-1777), ein Schüler Baumgartens, hatte 1748-1750, also vor dem Erscheinen der »Aesthetica«, die Baumgartensche Lehre in popularisierter Form mit/einigen Weiterbildungen als »Anfangsgründe aller schönen Wissenschaften« herausgegeben.

Das für uns Wichtige hierbei ist, daß Meier auf das Bürgerliche

---

[1] A. Baumgarten, Aesthetica. Frankfurt a. d. O. 1750 und 1758 (2 Bde.)

der Baumgartenschen »Aesthetica« besonderen Nachdruck legte. Bereits in der Form des Werkes trat das hervor. Baumgarten hatte lateinisch geschrieben und sich somit ostentativ an die Gelehrtenkaste gerichtet. Meier schrieb deutsch, also für ein Publikum, das kein Latein verstand, m. a. W. für die Bürger, die um die Mitte des 18. Jahrhunderts anfingen, sich für diese Fragen zu interessieren.

Baumgarten hatte den Verstand für die Kunst ausgeschaltet. Meier ging so weit, daß er die Verstandestätigkeit, die das Gesehene oder Gehörte in seine einzelnen Teile zerlegte, für die Empfindung der Schönheit als störend betrachtete. Bekannt ist Meiers Beispiel von den »blühenden Wangen«, die mit einem Vergrößerungsglas betrachtet, »eine ekelhafte Fläche voller Berge und Täler sind, deren Schweißlöcher mit Unreinlichkeit angefüllt sind.«[1]

Baumgarten hatte die Sinnlichkeit zwar anerkannt, aber als Gelehrter sah er doch sehr von der Höhe auf dieses inferiore Erkenntnisvermögen herunter. »Als Mensch unter Menschen« (also als Gesellschaftswesen) »kann der Philosoph sich der Sinnlichkeit, der Einbildungskraft nicht entziehen, die er als Denker freilich unter sich erblickt«, meinte Baumgarten.[2] Meier dachte anders über die Sinnlichkeit. »Den Weltweisen« wirft er vor: »Ihr verbessert den geistigen Teil eurer Seele und versäumt den unteren sinnlichen und thierischen ganz und gar. Was habt ihr für Vortheile! Ihr werdet Missgeburten, die einen so ungeheuren Kopf haben, daß der übrige Körper nur ein Anhang desselben zu sein scheint.« – »Der Mensch, in dem die Kräfte des Verstandes die sinnlichen Kräfte völlig vernichtet und ausgelöscht haben, gleicht einem Kranken, der oben verdorrt und unten schwillt.« – »Man kann nicht genug sagen, wie elend ein Gelehrter ist, der kein schöner Geist ist. Er ist ein blosses Gerippe ohne Fleisch, ein Baum ohne Blätter und ohne Blüten.... Die schönen Wissenschaften beleben den ganzen Menschen.«[3]

Dieser letzte Satz ist für unsere These, daß die Gefühlskultivierung damals Bereicherung, Steigerung des Menschlichen/war

---

[1] G. F. Meier, Anfangsgründe aller schönen Wissenschaften und Künste. 3 Tle., Halle 1748–1750
[2] A. Baumgarten, Aesthetica a. a. O.
[3] G. F. Meier, Anfangsgründe a. a. O. (ebenso das Folgende)

zwecks Hebung der gesellschaftlichen Stellung des Bürgers, ein schlagender Beweis. »Die schönen Wissenschaften«, unter denen man damals die Künste verstand, »*beleben den ganzen Menschen!*« Die freie Entfaltung und die freie Beherrschung des Sinnlichen stellt die Natur des Menschen erst in ihrer Totalität her. Erst durch die Gefühlskultivierung wird der Mensch voll und ganz Mensch.

Bei Meier schloß sich das Problem der Kunst mit dem Problem der Humanität zusammen. Denn aus der Einsicht, daß sich die wahrhaft humane Bildung nicht im Logischen, sondern im Ästhetischen vollzieht, zog Meier die praktischen Folgerungen: wir sollen nicht nur nach einer ästhetischen Veredlung der Künste, sondern auch nach Verbesserung des »sinnlichen Teils der Seele« streben, dann aber auch nach Ästhetisierung des ganzen bürgerlichen Lebens, endlich nach einer ästhetischen Erziehung der ganzen Menschheit, also dasselbe, was später Schillers Ideal sein sollte.

Von jetzt ab war es nicht mehr weit von der vollständigen Emanzipation des Gefühls.

Baumgarten hatte die Sinnlichkeit noch dem Verstande subordiniert.

Meier hatte das Verhältnis umgekehrt: die Sinnlichkeit war dem Verstande mindestens koordiniert, wenn nicht übergeordnet.

Der nächste Schritt mußte sein, daß jede Ordination aufhörte und das Gefühl endlich als ein selbstständiges Seelenvermögen anerkannt wurde.

Bereits im Jahre 1751 hatte Sulzer in seinen Berliner Vorträgen, die allerdings erst 1773 in den »Vermischten Schriften« publiziert wurden, gelehrt, daß man die Gefühle vollkommen von den Vorstellungen und Begehrungen trennen müsse, auch in seiner »Allgemeinen Theorie der schönen Künste« (1771–1774) stellte er das Fühlen in krassester Weise dem Verstehen und Wollen gegenüber.

Ebenso hatte Moses Mendelssohn (1729–1786) das Empfindungs- oder »Billigungsvermögen« bereits als einen selbständigen seelischen Zustand zwischen Erkenntnis- und Begehrungsvermögen aufgefaßt.

Bis schließlich Johann Nicolaus Tetens (1736–1805) in seinen »Philosophischen Versuchen über die Menschliche/Natur« (1777), und mit ihm dann Kant (endgültig in der »Kritik der Urteilskraft« (1790)) die Dreiteilung des menschlichen Seelenlebens in Verstehen, Wollen und Fühlen proklamierte.

Wir sprachen nur von der Ästhetik, insofern sie direkt mit der Renaissance des Gefühls zusammenhing, von ihrem Verhältnis zur Natürlichkeit wird später noch die Rede sein.

Die *Empfindsamkeit* der zweiten Hälfte des 18. Jahrhunderts war, wir brauchen es wohl kaum zu sagen, keine natürliche Veranlagung der damaligen Generation. Es wäre absurd zu glauben, daß seit der Mitte des 18. Jahrhunderts plötzlich nur noch Kinder mit einem hypersensiblen Gemüt zur Welt gekommen seien.

Die Empfindsamkeit war ein künstliches Produkt. Künstlich nach zwei Richtungen.

Erstens wurde die Reaktionsfähigkeit des seelischen Gefühls bewußt über das Normale erhöht.

Zweitens wurde das Gegenständliche, das das Fühlen in Wallung bringen sollte, bewußt gesucht, bewußt gesteigert, und, wo es fehlte, bewußt erzeugt.

Man *wollte* fühlen, um alles in der Welt fühlen, weil das reine akthafte Fühlen unendlich lustvoll war. Kein besseres Mittel gab es, um sich »eines höheren Grades seiner Realität« (seines Menschseins) bewußt zu werden, wie Lessing den vehementen Drang dieser Zeit formulierte. Auch Steinhausen hat das richtig erfaßt. »Bei alledem (Fühlen) kam man sich groß und schön vor, man schwelgte in den Gefühlen und war von der Größe des eigenen Ichs auch in der kläglichsten und bittersten Stimmung überzeugt.«[1] Das trifft den Nagel auf den Kopf.

Wie die Gefühlsmaterie bei der Gefühls- und Glaubensphilosophie erweitert wurde und der Gefühlsakt erst an zweiter Stelle kam, so wurde bei der Empfindsamkeit das Akthafte die Hauptsache und der Gefühlsinhalt nur Nebensache. Er war nur insofern von Bedeutung, als der Gefühlsakt eine Gefühlsmaterie bedingte. Gegenstandsloses Fühlen gibt es nun einmal nicht. Das Interesse an der Gefühlsmaterie stieg oder nahm ab, nicht nach ihrem inneren Wert, sondern nach ihrem äußeren Wert, also je nach dem Grad von Rührung, den sie hervorzubringen vermochte. Bei der Gefühlsmaterie kam es lediglich auf die/Effektivität an. Das Lustvollste war infolgedessen gerade das Leidvolle, weil das Leid begreiflicherweise die tiefsten Rührungen und Erschütterungen hervorzurufen imstande ist. Man wühlte denn auch damals förmlich

---

[1] G. Steinhausen, Geschichte des deutschen Briefes, a. a. O.

im Leid herum. Bewußt malte man sich das wirkliche Leid in grelleren Farben aus, als es in Wirklichkeit besaß. Und wenn sich nichts Qualvolles ereignete, dachte man sich irgend ein mögliches Leid aus, steigerte dieses Phantom maßlos, um sich dann der wohligen Wollust des Fühlens hingeben zu können.

Wir werden die Empfindsamkeit an ein paar typischen konkreten Beispielen vorführen, um zu beweisen, daß unsere eben wiedergegebene Abstraktion nicht konstruiert, sondern von der Wirklichkeit selbst abstrahiert wurde. Am besten wählen wir dazu Beispiele aus den Briefen dieser Zeit, weil die darin enthaltenen Bekenntnisse wegen ihrer Unmittelbarkeit den größten dokumentarischen Wert haben. Es kommt uns hierbei mehr darauf an, die Absichtlichkeit der Empfindsamkeit klarzumachen, als die Empfindsamkeit selbst zu demonstrieren.

Ein köstliches Dokument, das wir ziemlich ausführlich bringen möchten, fanden wir in einem Schreiben von Voss aus dem Jahre 1773 an Ernestine Boie. Es heißt dort: »Der 12. September wird mir auch noch oft Tränen kosten. Es ward der Trennungstag von den Grafen Stolberg und ihrem vortrefflichen Hofmeister Clauswitz. Der Nachmittag und Abend waren noch so ziemlich heiter, bisweilen etwas stiller als gewöhnlich; einigen sah man geheime Tränen des Herzens an. Dies sind die bittersten, Ernestinchen; bitterer als die über die Wange strömen. Des jüngsten Grafen Gesicht war fürchterlich: er wollte heiter sein, und jede Miene war Melancholie....(Abends 10 Uhr) Ich wurde genötigt, auf dem Klavier zu spielen. Vielleicht verschaffte die Musik den Anderen einige Linderung, mir selbst, der jeden schmelzenden Affect ganz annehmen mußte, um ihn wieder auszudrücken, schlug sie nur tiefere Wunden. Es war schon Mitternacht, als die Stolberge kamen. Aber die schrecklichen drei Stunden, die wir noch in der Nacht zusammen waren, wer kann sie beschreiben! Jeder wollte den Anderen aufheitern, und daraus entstand eine solche Mischung von Trauer und verstellter Freude, die dem Unsinn nahe kam. Wir hatten Punsch machen lassen, denn die Nacht war kalt. Jetzt wollten wir durch Gesang die Traurigkeit zerstreuen;/wir wählten Millers Abschiedslied. Hier war nun alle Verstellung vergebens; die Tränen strömten und die Stimmen blieben nach und nach aus.... Wir fragten zehnmal gefragte Dinge, wir schwuren uns ewige Freundschaft, umarmten uns, gaben Aufträge an Klopstock. Jetzt schlug es drei. Nun wollten wir den Schmerz nicht länger verhalten, wir suchten uns wehmütiger zu machen und sangen von neuem das Abschiedslied und sangen's mit Mühe zu Ende. Es ward ein lautes Weinen. Nach einer fürchterlichen Stille stand Clauswitz auf: nun meine Kinder, es ist Zeit! – Ich flog auf ihn zu, und weiss nicht mehr, was ich tat. Miller riss den Grafen ans Fenster, und zeigte ihm einen Stern. – Ich kann nicht mehr, liebes Ernestinchen; die Tränen kommen von Neuem. – Wie mich Clauswitz los liess, waren die Grafen fort – es war die schrecklichste Nacht, die ich erlebt habe.«[1]

Überaus wichtig ist der Satz: »Wir suchten uns wehmütiger zu machen.«

Und wenn es so gar nichts Trauriges gab, über das man weinen konnte, machte man es wie Louise Ziegler, allgemein bekannt als »die Darmstädter Lila«, die sich in ihrem Garten unter Rosenlauben eine Gruft graben ließ, in die sie sich oftmals hineinlegte, um die Gefühle eines Sterbenden oder gar schon eines Gestorbenen nach Herzenslust auszukosten und zu weinen. Oder wie Klopstock, der sich z. B. in seiner »Ode an Ebert« seine notabene springlebendigen Freunde tot in der heiligen Gruft vorstellte, bloß damit dieser entsetzliche Gedanke den Dichter »vom blinkenden Weine tief in die Melancholey« scheuche.

In keiner Zeit hat man so unbeschreiblich viel und, worauf es für uns vor allem ankommt, mit so grenzenloser Lust geweint, wie in der zweiten Hälfte des 18. Jahrhunderts.

Caroline Flachsland, die Freundin der »Darmstädter Lila«, schildert z. B. ihrem Bräutigam Herder die erste Begegnung zwischen Gleim und Merck mit folgenden Worten: »Hätten Sie doch das sanftheitere Gesicht des guten Alten gesehen! Er weinte eine Freudenträne, und ich, ich lag mit meinem Kopf auf Mercks Busen. Er war ausserordentlich gerührt, weinte mit, und ich weiss nicht alles, was wir getan. O süsse Träne reinen Lebens! Im Arm der Freunde geweint! O süsse Tränen der Freundschaft, wie göttlich seid ihr? Süssester,/holder Freund, Du wirst doch glauben, dass Du dabei warst?«[2]

Es gab damals fast keine Briefe ohne Tränen. Sogar die oft

---

[1] J. H. Voß, Briefe von J. H. Voß Bd. 1 u. 2, Hg. Abraham Voß, Halberstadt 1829 (Bd. 1)
[2] Herders Briefwechsel mit Caroline Flachsland. Hg. von Hans Schauer. 2 Bde. Weimar 1926–28 (= Schriften der Goethe-Gesellschaft)

recht lausbübischen Episteln des kerngesunden Mozart waren reichlich naß.

Man machte Musik und las Gedichte, nur um wieder mal von Herzen weinen zu können. Wieland schluchzte, als er den »Messias« von Klopstock las.

Um der Wahrheit gerecht zu werden, müssen wir aber bemerken, daß es damals auch noch Menschen gab (vielleicht waren es nur ältere?), die von der Empfindsamkeitsepidemie nicht angesteckt waren und z. B. den »Messias« gerade wegen der versifizierten Tränenseligkeit nicht restlos lobten. So schrieb z. B. Pfarrer Hess von Altstetten um 1750 »Zufällige Gedanken« über den »Messias«: »Mir gefällt nicht, dass mein Dichter so gar viel auf das Weinen hält. In der That, er weint nicht nur selbst bei allen Anlässen, in der Freude und im Leid, sondern er läßt auch Alles weinen, was ihm vorkommt: Gott, Engel, Menschen, Teufel usw. Alles muss ihm weinen, und dieses so oft, dass in seinem Werk des Weinens kein Ende ist, dass keine einzige zärtliche Empfindung ohne Weinen ausgedrückt wird.« Männer wie Hess waren aber damals Ausnahmen.

Gleim weinte dem sterbenden Patroklus bei Homer heiße Tränen nach. Über den armen »Werther« sind Ströme von Tränen vergossen worden. Zu den Überspanntesten dieser merkwürdigen Zeit gehörte wohl der Dichter Matthias Claudius, der an Gerstenberg schrieb: »Schenken Sie uns ein Trauerspiel oder sonst tragische Stücke, dabei man so recht weinen muss. Wie unaussprechlich süss ist die Thräne, die man beim Grabe, oder sonst beim Unglück des Freundes weint, und wer wird uns die Thränen besser herauslocken können, als Sie? O bester Gerstenberg, wenn Sie so recht betrübte und traurige Gemälde und Empfindungen liegen haben, gönnen Sie mir das Vergnügen, solche zu lesen, ich will Sie auch ewig lieben.«[1]

Wir stellten bereits fest, als wir von der bürgerlichen Subjektivität sprachen, daß das Mitteilungsbedürfnis des entfesselten Ich zu *Freundschaften* führte. Die Empfindsamkeit war ein zweiter, ein noch zwingenderer Grund, der zu Freundschaftsverhältnissen trieb./

Der Freund war das »alter ego«, das zweite Ich. Freundschaft war infolgedessen die Verdoppelung, also die Potenzierung des

---

[1] s. Georg Steinhausen, Geschichte des deutschen Briefes, a. a. O.

Gefühlszentrums, das dadurch zu umso heftigeren Explosionen fähig war, als die innere Spannung nicht nur durch das konjunktive Fühlen der Beteiligten, sondern noch mehr durch das disjunktive Fühlen, das sich gegenseitig ständig ins Gefühl Hineinsteigern, schwindelnde Höhen erreichte. Und darum drehte sich letzten Endes alles.

Es ging bei den Freundschaften – wir dürfen das ja nicht übersehen – nicht um das Objekt, nicht um den Freund, sondern einzig und allein um das subjektive Gefühl.

Es hat niemals eine Zeit gegeben, in der soviel Freundschaftstränen geweint, so bitterlich und verzweifelt um die Abwesenheit eines Freundes geklagt, geseufzt und geschluchzt, soviel süße, namenlose Wonne in seinem Beisein gekostet, so viele Bunde fürs Leben geschlossen und mit den schauerlichsten Eiden beschworen wurden, als in der zweiten Hälfte des 18. Jahrhunderts. Es gab aber auch keine Zeit, in der es so wenig echte Freundschaft gab. Denn die erste Voraussetzung für Freundschaft ist doch zweifellos eine gewisse Selbstlosigkeit. Wie war aber Selbstlosigkeit möglich in einem Zeitalter der krankhaftesten Selbstsucht. Was damals Freundschaft hieß, war in den meisten Fällen nur Selbstberauschung am Freund, war – objektiv betrachtet – schnödester Freundschaftsmißbrauch aus einer nicht zu ersättigenden Selbstsucht. Ein Mißbrauch, der allerdings entsündigt wurde durch den Glauben dieser Maniaques an ihr Trugbild und durch den Ausgleich, der dadurch zustande kam, daß jeder selbst ebenso schändlich mißbraucht wurde, wie er andere mißbrauchte.

Die Regie, mit der die Freundschaften in Szene gesetzt wurden, gibt uns allein schon einen tiefen Einblick in ihren unwahren, theatralischen Charakter. Ein paar Beispiele. Am 12. September 1772 schrieb Voss an Brückner: »Da hätten Sie hier sein sollen. Die beiden Miller, Hahn, Hölty, Wehrs und ich gingen noch des Abends nach einem nahegelegenen Dorf. Der Mond war voll. Wir überliessen uns ganz den Empfindungen der schönen Natur. Wir assen in einer Bauernhütte Milch und begaben uns darauf ins freie Feld. Hier fanden wir einen kleinen Eichengrund, und sogleich fiel uns Allen ein, den Bund der Freundschaft unter diesen heiligen Bäumen zu schwören./Wir umkränzten die Hüte mit Eichenlaub, fassten uns bei den Händen, tanzten so um den eingeschlossenen Raum herum, riefen den Mond und die Sterne zu Zeugen unseres Bundes und versprachen uns eine ewige Freundschaft. Dann verbündeten wir uns, die grösste Aufrichtigkeit in unseren Urteilen gegen einander zu beobachten, und zu diesem Endzweck die schon gewöhnliche Versammlung noch genauer und feierlicher zu halten. Jeder soll Gedichte auf diesen Abend machen und ihn jährlich begehen.«[1]

In seinem »Ardinghello« schildert uns Heinse wie sich zwei Freunde kennenlernen. Gleich bei der ersten Begegnung »fiel er mir um den Hals. Uns verging auf lange die Sprache, und wir waren zusammengeschmolzen durch Blick und Kuss und Umarmung. Endlich nahm er wieder das Wort und sagte: ›Hier ist nichts als wir! und alles andere in der Welt steht uns nur zum Dienst‹, ich war ganz erschüttert, durchbrannt von seinem Feuer, seiner Heftigkeit. Es wurde überhaupt nicht mehr gesprochen ausser unzusammenhängenden Reden im lyrischen Taumel, Accente der Natur. Wir glühten beyde von Wein und Leidenschaft: er riss sich los, schon spät in der Nacht mit den Worten: ›Morgen sind wir wieder beysammen‹.« – Einige Tage später schliesst Ardinghello mit seinem Freund einen grausigen Todesbund: »Hier zog er einen Dolch hervor, streifte sich den linken Arm auf, stach hinein, und liess das Blut in den Becher rinnen; überreichte mir den Dolch: und ich that, wie von einer furchtbaren Macht ergriffen, voll Gluth und Rührung dasselbe. ›Wie unser beyder Blut hier im Weine vermischt ist, rief er aus, und in unser Leben sich ergeusst: so sollen unsre Herzen und Seelen auf dieser Welt zusammenhalten; dieses schwören wir dir, Natur; und deiner Gottheit! Wer scheidet, fall in Elend und Verderben‹. Wir tranken, umschlangen uns fester und inniger, stillten darauf die Wunden«[2].

Offen hat Albertine Grün ausgesprochen, was der Zweck der damaligen Freundschaften war: Selbstbefriedigung. »O wenn ich doch eine Seele hätte, zu der ich sprechen könnte, komm her, in meinem Busen ist's so wonniglich, ich möchte an Deinem Busen weinen, habe Geduld mit mir, wenn du nicht mit mir fühlen kannst. Ich will in einer ähnlichen Stunde Dir alles doppelt bezahlen! Aber von lauter Menschen umgeben zu sein, denen ein solcher Seelenzustand eine Torheit ist,/und dennoch von der süssen Schwachheit, die wir Schwärmerei nennen, nicht befreit werden können,

---

[1] J. H. Voß, Briefe, a. a. O., Bd. 1
[2] J. J. Heinse, Sämmtliche Werke, a. a. O., Bd. IV

ist wahre Marter!«[1]

Wir lassen noch ein paar Zitate aus Briefen folgen, um zu zeigen, wie sinnlos der Bürger damals von der Freundschaftsidee berauscht war.

Wieland schrieb z. B. an Merck folgende glühende Worte: »Bruderherz, der Brief, den ich eben itzt erhalte, nein, Du bester, Du einziger, edler guter Mann! ich kann's nicht zu Worte bringen, wie heilig er mir ist, wie ich Dich liebe, was für einen Schauder er durch mein ganzes Werk ausgegossen, was für neues Leben er mir gibt, wie lieb er mir die Menschheit macht, wie ich Dich an mein Herz drücke, mich inniglich freue, dass der Himmel Dich mir zum Gefährten, Waffenbruder und Herzensfreund für die andere bessere Hälfte meines Lebens aufgespart habe! Ich muss einhalten, mein Herz ist zu voll. Aber Du solltest es in diesem Moment bis in Darmstadt fühlen, was in mir vorgeht – o Freundschaft, Freundschaft! Du heilige Brunst! Süsser Trost.«[2]

Lavater lallte in einem Briefe an Herder folgendermassen: »Heut Freund, kann ich nicht antworten – aber schreiben muss ich – und wollte lieber weinen – hinübergeistern – zerfliessen – an Deiner Brust liegen – meine Herzensfreunde, zwei Freundinnen mit mir Dir zuführen – und sogar – nicht sagen, blicken, drücken, athmen: ›Du bist und wir sind‹.«[3]

Die Freundschaftsbriefe fingen gewöhnlich an mit: »Liebster, allerliebster, wahrer, teuerster, liebenswürdigster, süssester, herrlichster Freund, Herzensfreund, Seelenbruder« oder so ähnlich.

Und gar erst die Schlüsse: »Ich werde Sie ewig lieben«, schreibt Rabener. Oder: »Ich drücke Sie fest an mein Herz«. – »Ich herze Sie brüderlich«. – »Ich verehre Sie lebhaft bis in meine Gruft«. – »Ich umarme und küsse Sie«. Küsse spielten damals eine große Rolle. Claudius schrieb: »Ich küsse Sie, mein lieber Gerstenberg, 10 mal, 100 mal – wie ist es so lieblich zu küssen.« Und ein anderes Mal: »Magister Schmidt hat die Küsse, die ich ihm Ihretwegen geben sollte, richtig empfangen und habe wieder ein halb Dutzend an Sie zu besorgen«. Heinse schrieb an seinen Freund Gleim: »Ich drücke Sie noch einmal an mein wehmütiges Herz und gebe

---

[1] Albertine Grün: s. Steinhausen, Geschichte des deutschen Briefes, a. a. O.
[2] Wieland, Ausgewählte Briefe, a. a. O.
[3] Dieses und die folgenden Zitate s. G. Steinhausen, Geschichte des deutschen Briefes, a. a. O.

Ihnen den Kuss der zärtlichsten Schmerzen.« Und Bürger beichtet/ seine Erlebnisse Gleim: »Ich eilte nach dem letzten Kusse meinem Zimmer zu und kaum, kaum bracht' ich meine Augen trocken über die Strasse. Mein Herz war mir hoch herangeschwollen, und wären Sie länger geblieben, so hätt' ich mich nicht mehr halten können, so hätt' ich überlaut weinen müssen. Gott im Himmel, rief ich aus, als ich allein war und so wollüstige Tränen weinte, als ich noch nie geweint habe, Gott im Himmel! was ist das für ein Mann! O Natur, hast Du noch mehr solche Söhne geboren?«

Wenn man keinen Freund oder keine Freundin um sich haben konnte, nahm man seine Zuflucht zu einem Tierchen, dem man sein übervolles Herz ausschütten konnte. In einem Brief an Herder beschrieb die schon mehrfach erwähnte »Darmstädter Lila« ihr Zusammenleben mit Ihrem Hündchen: »O Psyche! O Herder! O meine Lieben, meine ewig geliebten Freunde. Hier auf meiner Bank, wo ein Schüsselchen mit Erdbeeren, ein Stück Schwarzbrot, ein Trunk frisches Wasser mein Mittagessen ausmachen, o könnte ich Sie hier sehen! Ihre Lila ist allein, ganz allein, im Grünen, mein treuer Hund auf meinem Schoss, die Vögelchen singen, und das Herz, wo meine Freunde drinnen wohnen, so ruhig und heiter, als wenn es niemals gesündigt hätte; dieser Gedanke fällt mir eben ein, ich weiss nicht warum. O könnte ich Sie doch herwünschen! wie geschwinde würde ich meine hübsche liebe Bank räumen, Sie meine lieben glücklichen Freunde darauf setzen und mich hinter das Gebüsch kauern, Sie ansehen und beten.« Und als das süße vierbeinige Seelenfreundchen das Zeitliche gesegnet hatte, schaffte Lila sich ein unschuldig weißes Lämmlein an, das mit ihr aß, trank und schlief. Daß ein Mann wie Friedrich II. seine Windhunde auf der Terrasse seines Schloßes Sanssouci begraben ließ, jeden mit einem Grabstein, in den der Name des treuen Tieres eingemeißelt war, war für die Zeit äußerst bezeichnend.

Über den Zusammenhang der Empfindsamkeit mit der Totalität des Lebens der zweiten Hälfte des 18. Jahrhunderts in Deutschland haben wir uns jetzt wohl zur Genüge verbreitet. Wir müssen nur noch ein paar Worte über das Verhältnis der Empfindsamkeit zum *Pietismus* sagen, besonders weil immer wieder die unbewiesene und unbeweisbare Behauptung aufgestellt wird (u. a. von O. Walzel), daß die Empfindsamkeit/ihren Entstehungsgrund im Pietismus fände, daß die Empfindsamkeit nur das säkularisierte religiöse

Gefühl des Pietismus sei.

Der von Spener (1670 erschien seine »Collegia pietatis«, daher der Name Pietisten, und 1675 seine »Pia desideria«) begründete Pietismus war ein notwendiges Produkt des »jämmerlichen Streitjahrhunderts«, wie Herder das wegen seiner furchtbaren Religionskämpfe berüchtigte 17. Jahrhundert bezeichnete. Diese Kämpfe konnten nur deshalb mit solcher Heftigkeit und Grausamkeit durchgeführt werden, weil Religion damals Politik war. Der Absolutismus benutzte die Kirche als Werkzeug zur Behauptung und Erweiterung seiner Macht. Als Gegenleistung für die Lakaiendienste der Kirche protegierte der Staat mit allen ihm zur Verfügung stehenden Machtmitteln die Landeskirche, das heißt, er terrorisierte alle Andersdenkenden, die eine Gefahr für die staatlich patentierte Pfaffenwirtschaft waren oder auch nur sein konnten. Die Unterdrückungen, Verfolgungen, Verbannungen, Einkerkerungen und Folterungen hatten zuletzt solche Ausmaße angenommen, daß eine Reaktion der Geknechteten gegen den staatlich-kirchlichen Terror unausbleiblich war.

Eine Reaktion in dem Sinne, daß die Opposition den offenen Kampf gegen alles, was Kirche hieß, aufnahm, war im 17. Jahrhundert unmöglich.

Die materiellen Bedingungen für einen solchen Kampf, der übrigens nur auf politischem und nicht auf kirchlichem Terrain ausgefochten werden konnte, waren damals noch nicht erfüllt. Zu einer revolutionären Aktion war eine starke, geschlossene Gruppe, eine Klasse notwendig, die es damals noch nicht gab. Außerdem war man noch gläubig.

Es blieben somit nur innerkirchliche, also unpolitische, also von vornherein zum Mißerfolg verdammte Versuche übrig, um dem Elend der Glaubensverfolgungen, die hauptsächlich eine Folge der Kirchenzersplitterung waren, ein Ende zu bereiten.

Es gab im 17. Jahrhundert zwei solcher Versuche. Einmal glaubte man damals in der Unifizierung aller christlichen Kirchen eine Lösung gefunden zu haben. Während des 17. Jahrhunderts und zum Teil noch darüber hinaus haben Männer wie Bossuet, Spinola und Leibniz ihre besten Kräfte der Wieder-/vereinigung der durch die Reformation aus praktischen Erwägungen getrennten Kirchen gewidmet. Die Versuche scheiterten an der Dickköpfigkeit der Theologen, die aus ähnlichen Erwägungen, die im 16. Jahrhundert zur Zersplitterung geführt hatten, zu keinen Konzessionen bereit waren.

Ein zweiter Versuch, um aus der religiösen Unduldsamkeit mit all dem damit zusammenhängenden Elend herauszukommen, ging dahin, die bereits zersplitterten Kirchen noch weiter zu zersplittern, bis zuletzt jeder Mensch seine eigene Kirche hätte und jeder Gläubige sein eigener Priester wäre. Also eine konsequent weitergeführte Multiplizierung der Kirchen bis zur endgültigen Auflösung aller Kirchen. Man bejahte die Zersplitterung, um sie verneinen zu können.

Das war das Bestreben des Pietismus. Sein Hauptgrundsatz war persönliche Religiosität, mit anderen Worten, der Christ soll sich bewußt von dem widerlichen Kanzelgestänker der Orthodoxie abwenden und als einzelner in ein persönliches Verhältnis zu Gott und Christus treten. Also eine Bildung von »ecclesiolae in ecclesia.«

Der Pietismus war also an allererster Stelle subjektive Religiosität, und wie es durch alle Jahrhunderte bei allen mystischen Bewegungen der Fall war – wir erinnern nur an die orthodoxe Mystik des 12. Jahrhunderts von Bernhard von Clairvaux und den Viktorinern und an die heterodoxe Mystik des 14. Jahrhunderts von Eckhart, Tauler und Suso – war auch die pietistische Mystik stark gefühlsmäßig akzentuiert. Das Religiöse war aber das Primäre, das Gefühlsmäßige das Sekundäre.

Bei der Empfindsamkeit der 2. Hälfte des 18. Jahrhunderts war, wie wir gesehen haben, das Gefühl das Primäre. Die Anhänger der Theorie, daß die Empfindsamkeit nichts anderes als das säkularisierte religiöse Gefühl sei, bleiben uns also erstens die Erklärung schuldig, wie es kam, daß das Gefühl, das bislang nur Begleiterscheinung war, plötzlich um die Mitte des Jahrhunderts zu dieser Vormachtstellung gelangte.

Zweitens übersehen sie, daß der Pietismus eine rein deutsche Bewegung, in Deutschland selbst sogar noch lokal eng begrenzt, und die Empfindsamkeit eine europäische Erscheinung war. Woher kam denn die englische und französische Empfindsamkeit? Auch aus dem deutschen Pietismus? Auf/direktem Wege war das so gut wie ausgeschlossen, denn niemand interessierte sich drüben für dieses deutsche Sektchen. Die einzige Übertragungsmöglichkeit wäre somit gewesen, daß die Empfindsamkeit zuerst in Deutschland dato non concesso aus dem Pietismus entstanden wäre und sich von hier aus über ganz Westeuropa verbreitet hätte. Dem steht aber wieder entgegen, daß die Empfindsamkeit zu allererst in England und nicht in Deutschland in Erscheinung trat!

Und doch hing der Pietismus aufs engste mit der deutschen Empfindsamkeit zusammen, aber gerade umgekehrt, als die Anhänger der soeben besprochenen Hypothese glauben. Nicht der Pietismus hat die Empfindsamkeit, sondern die Empfindsamkeit hat den Pietismus bzw. den Zinzendorfschen Ausläufer des in den vierziger Jahren bereits versandenden Pietismus beeinflußt. Oder präziser ausgedrückt, der Pietismus machte infolge der geschilderten materiellen und gesellschaftlichen allgemeinen Entwicklung dieselbe Umgestaltung durch, die alle Kulturerscheinungen um diese Zeit erfuhren. In der Herrnhuter Brüdergemeinde wurde um die Mitte des 18. Jahrhunderts das Gefühl, das bislang nur als Begleiterscheinung der Frömmigkeit aufgetreten war, allmählich Hauptsache. Es verdinglichte sich. Es wurde unter dem Drang der allgemeinen Entwicklung religiöse Empfindsamkeit, das heißt Gefühl ums Gefühl, das sich an religiösen Vorstellungen zu entzünden suchte. Der Pietismus wurde dadurch umgestülpt, hörte damit auf Pietismus zu sein, wenn der Fortbestand des alten Namens auch noch den Schein des Fortbestandes seines Wesens zu wecken suchte.

Es ist nur zu natürlich, daß die ständige Überreizung des Fühlens zu Konflikten führen mußte.

Die nach und nach zur mimosenhaften Zartheit verfeinerten und verweichlichten Seelchen mußten sich immerfort schmerzlichst an den harten und scharfen Kanten und Ecken der Wirklichkeit wundreiben.

Der Konflikt wurde stabilisiert, blieb also ungelöst, wenn eine empfindsame Seele ihrer Veranlagung entsprechend danach trachtete, gerade in dem Konflikt eine neue Materie zu neuen Gefühlserregungen zu finden. Der Konflikt wurde/dann als Quelle neuer lustvoller Fühlungen bejaht und gesucht.

Wenn der Konflikt nicht bejaht wurde, nicht bejaht werden konnte und alles nach einer Lösung drang, gab es zwei Möglichkeiten: Überwältigung des Empfindsamen durch die Umwelt, oder: Bewältigung der Umwelt durch die Empfindsamen.

Der erste Fall trat ein, wenn die zarte Seele sich an der Welt so lange wund gescheuert hatte, daß sie endlich zusammenbrach;

wenn ihre Empfindsamkeit, die, vorausgesetzt daß sie nicht Spiel war, immer etwas Pathologisches an sich hatte, zur Psychose wurde, und das arme Geschöpf vor »Weltschmerz« in geistige Umnachtung verfiel und zuletzt ganz zu Grunde ging.

Oder wenn der Empfindsame sich selbst nach kürzerem oder längerem Kampf für besiegt erklärte, das Weiterkämpfen aufgab und freiwillig aus dem unleidlichen Leben schied.

Über den Empfindsamkeitsirrsinn der zweiten Hälfte des 18. Jahrhunderts, das heißt über seine Frequenz wissen wir nichts. Jedenfalls haben wir kein Material darüber gefunden. Wir dürfen aber getrost annehmen, daß die »Melancholia« infolge von Gefühlsüberreizung damals ebenso grassierte wie der Selbstmord, dem Goethe in seinem »Werther« ein Denkmal setzte, und der geradezu zu einer Epidemie auswuchs.

Die Bereicherung des Menschen schlug beide Male in sein Gegenteil, in Vernichtung des Menschen um. Diese unfreiwillige oder freiwillige Vernichtung aus übersteigertem Gefühl bedeutete für die damalige Zeit aber gerade die apotheosenhafte Verklärung und Bestätigung des Bürgerlichen.

Die zweite Konfliktslösung war, wie wir gesehen haben, die Bewältigung der Umwelt durch die Empfindsamen.

Diese wurde, wenn auch nicht erreicht, so doch erstrebt von Leuten, wie z. B. dem »Seelenbekehrer« Franz Michael Leuchsenring (1746–1827), der sich zu der erhabenen Mission berufen fühlte, die Welt zum »Seelenhirtentum« zu bekehren, die Gefühlsbarbarei mit Stumpf und Stiel auszurotten, die ganze Erdbevölkerung zu einer großen Herde weicher und empfindsamer Schäfchen umzugestalten.

Einen ähnlichen Zweck wie Leuchsenrings »Geheimer Orden der Empfindsamkeit« (1770) verfolgten der »Amicisten-Orden«, die »Kongresse der Empfindsamkeit« usw./

Wir stoßen hier auf eine Art Weltbürgertum der Empfindsamen, also auf eine Parallele des Weltbürgertums der Freimaurerei, allerdings mit der sehr wesentlichen Objektverschiebung des Moralischen ins Gefühlsmäßige.

In dieser quantitativen Steigerung der ursprünglich *individuellen* Empfindsamkeit zu einer neuen Qualität: *kollektiver* Empfindsamkeit, tritt der bürgerliche Charakter der ganzen Gefühlskultivierung noch einmal deutlich in Erscheinung. Die Empfindsamkeit war eine Wohltat für den Menschen, eine ungeheure Erhöhung seines

Menschseins, und diese Wohltat wollte man der ganzen Menschheit zugute kommen lassen, was sich wundervoll vereinigen ließ mit dem persönlichen Vorteil, den man sich von der Konfliktslösung, also der Behebung der unerträglichen Gefühlsbarbarei, versprach. Durch diesen Mutualismus (nicht Altruismus) blieb also der wesenhafte Grundzug der Empfindsamkeit, ihr Egoismus, unberührt.

Die konsequenten Vertreter der Bereicherung des Menschlichen durch die Kultivierung des Gefühls gerieten von selbst in starken Gegensatz zu den konsequenten Vertretern der Bereicherung des Menschlichen durch die Kultivierung des Verstandes, wie es z. B. die Papierkriege der Gefühlsschwärmer Jacobi, Hamann und Herder gegen die Aufklärer und vor allem gegen Kant beweisen.

Es trug sich dabei das Paradoxe zu, daß die Gefühlsschwärmer gezwungen waren, die Vernunft mit Vernunftgründen zu bekämpfen. Sie negierten also die Vernunft, aber ihre Negation war zugleich eine Affirmation der Vernunft, und ihre Affirmation des Gefühls war zugleich eine Negation des Gefühls.

Die konsequenten Vertreter der Bereicherung des Menschlichen durch die Kultivierung des Willens nahmen in diesem Streit eine vermittelnde Stellung ein.

Das Ziel aber von allen, und das ist für uns das Wichtigste, blieb trotz der inneren Gegensätze zwischen den Gruppen, absolut gemeinsam: die soziale Erhebung des Bürgertums über die Fürsten- und Adelsklasse./

Die *Künste,* noch mehr die Literatur und vor allem die Musik wurden durch die Empfindsamkeit sowohl inhaltlich als formal aufs stärkste beeinflußt.

Es konnte auch kaum anders sein. Die Künstler hatten in ihrem Schaffen eine wundervolle Gelegenheit, sich von ihrem seelischen Überdruck zu befreien, und die Kunstgemeinde verlangte ihrerseits nichts lieber als Gestaltungen von Empfindungen, die ihr wieder neue Materie brachten, um sich selbst zu emotionieren, oder die ihr willkommenen Ersatz boten, wenn ihr eigenes Empfindungsleben zu dürftig war.

Wir wollen hier nur en passant erwähnen, daß die *Porträtmaler* und die *Schattenbildner* dem Freundschaftskultus eine Unmenge von Aufträgen verdankten. Wenn auch nur verhältnismäßig wenige sich einen »Tempel der Freundschaft« mit den Porträts der Freunde leisten konnten, wie z. B. Gleim, so erfreute sich doch jeder Bürger einer kleinen Galerie von Silhouetten, die über dem Schreibtisch oder über dem Sofa an der Wand hingen und den glücklichen Besitzer täglich, ja stündlich an seine »lieben Freunde« erinnerte.

Es war in diesem Buch schon öfter von der *Landschaftsmalerei* der zweiten Hälfte des 18. Jahrhunderts die Rede.

Die Landschaftsauffassungen dieser Zeit lassen sich folgendermaßen unterscheiden.

Es gab erstens eine naturalistische Richtung, die es als ihre einzige Aufgabe betrachtete, die Natur nachzuahmen. Sie lehnte sich hierbei mit Vorliebe an die gesunde bürgerliche Kunst des holländischen 17. Jahrhunderts an.

Zweitens gab es eine idealistische Richtung, die sich mit einer einfachen Nachahmung der Natur nicht begnügte. Sie erstrebte die »schöne« Natur und handelte damit nach den Kunsttheorien von Batteux, die Johann Adolf Schlegel 1751 in einer Übersetzung mit zahlreichen Erläuterungen und Berichtigungen herausgab, und die in Deutschland weiteste Beachtung fand. Sie idealisierte somit die Wirklichkeit.

Endlich gab es noch eine dritte Kategorie von Landschaftskunst, die empfindsame, deren typischer Vertreter der Idyllendichter Salomon Gessner (1730–1788) war.

Alle drei Gattungen waren gleich bürgerlich, das heißt, wir finden die für die bürgerliche zweite Hälfte des 18. Jahrhunderts typischen Formprinzipien bei allen gleichmäßig vor.

Der Unterschied zwischen ihnen besteht lediglich in der besonderen Hervorhebung von einer der Hauptformen, in denen sich das Bürgerliche damals offenbarte.

Die letzte Gattung ist durch die Bezeichnung »empfindsam« schon genügend charakterisiert. Es handelte sich bei ihr nicht mehr an erster Stelle um die Landschaft, sondern um die Empfindung der Landschaft. Die Landschaft war nur eine Form, in der die Emotion gestaltet wurde, denn ohne Form läßt sich nun einmal nichts gestalten. Sie war ein Bildzeichen, um die Emotion des Künstlers auf andere Menschen zu übertragen und bei diesen gleiche Rührung zu wecken. Die Landschaft selbst war also hier nicht mehr Zweck, wie bei der naturalistischen und der idealistischen Richtung, sondern nur noch Mittel.

Gessner hat in seinem »Briefe über Landschaftsmalerey an Herrn Füsslin«[1] seinen Standpunkt präzisiert und seine Landschaftsauffassung von der seiner Kollegen genau abgegrenzt. »Man kann einen zerfallenen Schweinestall mahlen und ein Bäurchen, das ganz lustig an die Wand pisst, und eine Lache daneben, und dabey alles Spiel von Schatten und Licht und die Zauberey des Kolorits, und die grösseste Niedlichkeit in der Ausführung anbringen. Dergleichen Werke können auch schätzbar seyn, und wenn man in Absicht auf Gedanken nicht weiter will, so kann man freylich sehr vieles entbehren.«

Was die anderen wollten, Naturnachahmung und, eventuell durch Auswahl und Komposition der Wirklichkeit, Naturverschönerung, ließ er also gelten. Aber über die wirkliche oder idealisierte Wirklichkeit gingen ihm die »Gedanken«, das heißt der Gefühlsinhalt.

In demselben Brief schildert Gessner uns seine Entwicklung, wie er sich die zur Gestaltung seiner »Gedanken« erforderliche Technik angeeignet hatte. Den Baumschlag lehrten ihn Waterloo, Swanefeld und Berchem. Für Felsenbildungen waren Salvator Rosa und Berchem seine Lehrmeister, aber auch Felix Meyer, Ermels und Hackert. Seine »Ver-/schiesse und Gründe« malte er à la Lorrain, »die sanft hintereinander wegfliessenden Hügel« à la Wouwermann, für die »sandigte oder Felsengründe« war ihm wieder Berchem musterhaft. Das »einfältige Ländliche« neben »grosser Mannigfaltigkeit« mit »reissenden Strömen und zerfallenen Felsenstücken, dicht mit Gesträuch verwachsen, wo vergnügte Armuth in der einfältigsten Bauart hineingebaut hat«, fand er bei Everdingen. Swanefelds »edle Gedanken«, Rosas »kühne Wildheit«, ›Rubens‹ »Kühnheit in Wählung seiner Gegenstände«, Poussins und Claude Lorrains »wahre Grösse« regten ihn weiter an zur Nachahmung. Lorrain war ihm besonders liebwert: »Armuth und Zufriedenheit herrschen überall in den Gegenden, die uns Lorrain mahlte; sie erwecken in uns eben die Begeisterung, eben die ruhigen Empfindungen, die uns die Betrachtung der Na-

---

[1] Salomon Gessner, Briefe über die Landschaftsmahlerey. In: Johann Kaspar Füssli (1), Geschichte und Abbildung der besten Mahler in der Schweiz. Zürich 1755 ff. Bd. 3 (mit Gessners Aufsatz als Vorrede) Zürich 1770 (dort auch die folgenden Zitate)

tur selbst erweckt; sie sind reich ohne Wildheit und Gewimmel; mannigfaltig, und doch herrschet überall Sanftheit und Ruhe. Seine Landschaften sind Aussichten in ein glückliches Land, das seinen Bewohnern Ueberfluss liefert.«

Mit diesen von anderen abgesehenen technischen Kunstmitteln suchte Gessner nun eine »rührende Hauptwürkung« zu erzielen. Er wollte Empfindungen malen, meistens dem bürgerlichen Geist seiner Zeit entsprechend, moralische Empfindungen, wie z. B. Glück in der ländlichen Einsamkeit, Zufriedenheit mit einer fast an Armut grenzenden Einfachheit, wonnevolle Hingabe an das Wohl der Familie, Demut vor der Größe der Natur, Schwermut der Vergänglichkeit des Lebens gegenüber, usw. Wo die Landschaft selbst mit »angenehmen Gebürgen« und »fruchtbaren Hügeln«, mit »Weidenbäumen, die vor Alter beynahe verfallen und mit Moos und Laub fast völlig überwachsen sind«, mit »schauerlichen Felsen, mit Moos traurig bekleidet, doch in majestätischer Gestalt hoch in die Luft empor« nicht genug hergibt, schiebt Gessners Versatzstücke heran wie »Landhäuser mit zierlicher Einfalt an einem stillen, aber heitern Wasser«, oder »ein antikes Grabmal mit Gesträuch überwachsen«, und belebt zu guterletzt diese Szenen mit kreuzbraven Hirten und gottergebenen Bauern, um die »rührende Hauptwürkung«, die die Hauptsache war, ja nicht zu verfehlen.

Interessant ist es zu verfolgen, wie Gessner in seiner Em-/pfindungsmalerei sich öfter durch das Zeitlose, das nun einmal unabänderlich im Wesen der Malerei begründet liegt, gehemmt fühlte und wie er dann versuchte, den erstarrten Gefühlszustand zu einem lebendigen Gefühlsakt zu erweitern und mit seinem räumlichen Nebeneinander ein zeitliches Nacheinander vorzutäuschen. Sein Freund Füsslin besaß vier große Zeichnungen von Gessner, die er in dem eben erwähnten III. Band beschreibt. Von einer heißt es: »Die erstaunten Sinne werden von der Betrachtung jener stillen und sanften Gegend (des Mittelgrundes) gleichsam aufgeschreckt, und von dem Anblick rauher Felsen und wilder Wellen des bergabstürzenden Stromes (des Vordergrundes) in angenehme Schwermuth hingerissen.«

Die *Literatur* bot der Empfindsamkeit viel größere Möglichkeiten als die Malerei.

Bei der Malerei war man auf das räumliche Nebeneinander,

also auf das Zeitlose angewiesen. Der Dichter, der das zeitliche Nacheinander zu gestalten hatte, besaß die Möglichkeit, im immer wechselnden Klang der Worte und in der Rhythmik mit ihrer ungeheuren Vielheit von Spannungen und Entspannungen das seelische Erlebnis vom Anfang bis zum Ende festzuhalten.

Ob die Möglichkeit, oder besser die Notwendigkeit, der Dichtung einen Gedankeninhalt zu geben, ebenfalls als ein Vorzug anzuerkennen sei, wagen wir zu bezweifeln. Wir haben gesehen, daß es der Empfindsamkeit hauptsächlich auf das reine akthafte Fühlen ankam und die Gefühlsmaterie nur mit in Kauf genommen wurde. Diese war cum grano salis ein notwendiges Übel. Wir schliessen daraus, daß die Musik das akthafte Fühlen, von überhaupt keiner gedanklichen Gefühlsmaterie getrübt, gehemmt oder beschwert, in einem zeitlichen Nacheinander viel besser, jedenfalls viel reiner zu gestalten vermochte als die Dichtung. Die Musik war somit die eigentliche Kunst des empfindsamen Zeitalters.

Es ist nicht möglich, auch nur einen kleinen Teil der empfindsamen Literatur flüchtig zu erwähnen. Wir werden uns also mit der kurzen Besprechung eines der ersten und wich-/tigsten Vertreter dieser Richtung begnügen müssen und wählen dazu Klopstock.

Friedrich Gottlieb *Klopstock* (1724–1803) hatte, wie Herder sich ausdrückte, sich »die höchste Poesie, die Poesie des Herzens und der Empfindung« zum Ziel gesetzt. Sein Hauptwerk, den »Messias«, an dem er 25 Jahre (1748–1773) arbeitete, könnte man, allerdings mit einem gewissen Vorbehalt für das Wort Epos, als das Epos des Gefühls bezeichnen, analog seiner »Geschichte des Gefühls«, wie Goethe Klopstocks »Gelehrtenrepublik« charakterisierte.

Durch sein bis aufs äußerste gespanntes Gefühlsleben und noch mehr durch den mit einer gewaltigen Schöpferkraft verbundenen Drang, sich von der erdrückenden Überfülle seines Gefühls durch die künstliche Gestaltung desselben zu befreien, hat Klopstock sich als eine der Koryphäen der neuen bürgerlichen Zeit und damit indirekt als einer der entschiedensten Vorkämpfer für die gesellschaftliche Erhebung des Bürgertums legitimiert. Sein »Messias« war das Denkmal, das das nach jahrhundertelanger Unterdrückung endlich befreite bürgerliche Gefühl und somit das bürgerliche Ich sich selbst setzte als ein trutziges Wahrzeichen, daß nun endlich eine neue Zeit, *seine* Zeit gekommen war.

Es mag vollkommen wahr sein, daß dieses Epos überhaupt kein Epos ist, daß es aller epischen Gesetze spottet, daß man das Werk höchstens als Monumentallyrik in Anspruch nehmen darf, daß jegliche Handlung, jegliche Plastik darin fehlt, daß es – wir geben hier Lavaters Ansichten wieder – »einem Bibelkenner und Lichtsucher unerträglich ist, daß Klopstock seinen schulgerechten Messias gar nicht zeigt, ihn mehr leiden als handeln läßt, daß er Geschichtliches überhüpft, daß er schwer, unpopulär, künstlich, affektiert, verworren, widerbiblich ist«,[1] daß er andererseits – nach Lessing – »so voller Empfindung ist, dass man oft gar nichts dabei empfindet,«[2] daß die Tränenseligkeit, wie z. B. Klopstocks Freund und Verehrer, Pfarrer Hess, meint – einem zuletzt auf die Nerven geht, – das alles ändert nichts an der Tatsache, daß der »Messias« eines der wichtigsten und wuchtigsten Dokumente der großen Geschichtswende um die Mitte des 18. Jahrhunderts ist und als solches unvergänglichen Wert behalten wird.

Wir werden das näher auszuführen haben und tun das wohl/ am besten durch die Widerlegung der gegenteiligen Ansicht. Oskar Walzel z. B. versucht Klopstock mit der vorbürgerlichen Vergangenheit zu verknüpfen. Er stellt die Behauptung auf, Klopstock »entstamme dem Pietismus« und ferner: Klopstock sei ein »echter Barockformer«, und wirke »wie ein Gegenpol des Zeitgefühls. wie ein Rückschlag ins Barocke«[3].

Wie verhielt sich Klopstocks »Messias« zum Pietismus, oder stellen wir die Frage weiter, um die Unhaltbarkeit von Walzels Ansicht noch klarer zu demonstrieren, wie verhielt sich der »Messias« zur Religion überhaupt?

Eine indirekte Antwort auf diese Frage gab uns Goethe, als er sich den enormen Erfolg des »Messias« zu erklären suchte. Er meinte: »Die Gefühlsidealität der Massen lag noch in der Religion.« Goethe sagt nicht: die Massen waren damals noch tief religiös und Klopstocks »Messias« kam dieser Religiosität in wundervollster Weise entgegen, sondern: die Massen waren damals empfindsam und weil Klopstock sich verstandesmäßig

---

[1] J. C. Lavater, Ausgewählte Werke, Hg. Ernst Staehelin, Bd. 1–4, Zürich 1943
[2] G. E. Lessing, Sämtliche Schriften, a. a. O., Bd. V
[3] O. Walzel, Deutsche Dichtung von Gottsched bis zur Gegenwart Bd. 1 und 2, Potsdam 1927 (= Handbuch der Literaturwissenschaft)

überlegt hatte, daß vorläufig keine Stoffe mehr geeignet wären, auf das Gefühl der Massen zu wirken, als die biblischen Stoffe, entschloß er sich eben für einen biblischen Stoff, Klopstock selbst wollte nur etwas Enormes, etwas Gewaltiges, an dem er seine Gefühle bis ins Monumentale steigern konnte. Alles übrige nahm er willig mit in Kauf. Wie nebensächlich dem *Dichter* das Religiöse war, geht z. B. aus der Tatsache hervor, daß er lange bevor er sich für den Messias entschloß, in der heldischen Vergangenheit Deutschlands herumschnüffelte, ob sich nicht darin etwas Zündendes für sein explosives Innere finden ließe. Man könnte sich sehr gut denken, daß ihm in dieser Zeit die Idee des Todes fürs Vaterland durch den Kopf spukte und er sich in der Geschichte nach einem Heros umsah, in dem er diese Idee verkörpern konnte. In den ersten Gesängen des Messias taucht nämlich der Tod fürs Vaterland jedesmal wieder und stets ziemlich unvermittelt auf. Nur ein paar Beispiele:

(Zwei Engel begrüßen sich)
> Sie zitterten beyde vor Freuden,
> Als sie sich umarmten. Wie Brüder erzittern, die beyde
> Tugendhaft sind, und beyde den Tod fürs Vaterland suchten,
> Wenn sie, vom Heldenblute noch voll, sich nach ewigen Thaten/
> Wiedersehn, und sich vor ihrem noch göttlichern Vater umarmen.[1]

An einer anderen Stelle ist die Rede von Matthäus, »der im Schoosse begüterter Eltern wollüstig erzogen« war, und die Seinen verließ um Christus zu folgen:

> So entreisst sich ein Held der Könige weichlichen Töchtern,
> Wenn ihn der Tod fürs Vaterland ruft.

Der logische Übergang von dem fürs Vaterland sterbenden Helden zu seinem »Messias« wäre dann möglicherweise folgender gewesen. Der Tod an und für sich ließ sich nicht steigern, denn mehr als sein Leben kann man für eine Sache nicht hergeben. Aber das Motiv des Sterbens, in casu das Vaterland, war steigerungsfähig. Größer als das Vaterland ist die Welt, größer als die

---

[1] Klopstock, Saemmtliche Werke, a. a. O. (Ebenso die folgenden Zitate)

eigene Nation die augenblickliche lebende Menschheit, und noch
größer als das heutige Menschtum die Gesamtheit von allen vorhergegangenen und allen noch kommenden Generationen. Durch
die Steigerung des Todesmotivs würde der Akt des Sterbens von
selbst ebenfalls überlebensgroße Dimensionen annehmen. Und
wenn nun außerdem der Sterbende selbst der unschuldigste, der
heiligste von allen Menschen, ja ein Gott selbst wäre, würde
dieser Tod überhaupt nicht mehr mit endlichen Dimensionen
gemessen und mit irdischen Worten gefaßt werden können. Ein
für die Welt sterbender Gott würde den Tod ins Unendliche
projizieren.

So könnte man sich vorstellen, daß Klopstock aus der deutschen
Heldengeschichte in die biblische Heilsgeschichte flüchtete. Die
fortwährende Selbstberauschung Klopstocks an der Größe seines
Stoffes scheint darauf hinzuweisen. So singt er z. B.

> Hätt ich die Hoheit
> Eines Propheten, zu fassen die ewige Seele des Menschen
> Und mit gewaltigem Arm sie fortzureissen; und hätt' ich
> Eines Seraphs erhabene Stimme, mit welcher er Gott singt;
> Tönete mir von dem Munde die schreckensvolle Posaune,
> Die auf Sina erklang, dass unter ihr bebte des Bergs Fuss;
> Sprächen der Cherubim Donner aus mir, Gedanken zu sagen,
> Deren Hoheit selbst der Posaune Ton nicht erreichte!/
> Dennoch ersänk' ich, Du Gottversöhner! Dein Leiden zu singen,
> Als mit dem Tode du rangst, als unerbittlich dein Gott war.

Das Religiöse war rein akzidentell. Alles ging bei Klopstock
ums Gefühl.

Es ist dann auch gar nicht verwunderlich, daß Klopstock, lange
bevor er seinen »Messias« beendet hatte, sich vor anderen Göttern
und Helden, teutonischen, keltischen und skandinavischen Geblütes auf die Knie warf, von denen er ebenso restlos begeistert
und sinnlos berauscht war, und die er mit ebenso überschwäng-
lichen Versen abgöttisch beweihräucherte, wie er es mit seinem
orientalischen Gott getan hatte. Alles Große, alles Enorme, ganz
egal ob heidnisch, jüdisch oder christlich, war dem empfindsamen
Dichter gleich wertvoll, wenn es ihn nur in Ekstase versetzte und
er seine Ekstase nur aussingen konnte.

Behält man das nicht im Auge, so bliebe es unerklärlich, daß die gottloseste Zeit, die Deutschland je erlebte, ausgerechnet mit einem jubelnden »Lauda Sion Salvatorem« mit Pauken und Trompeten anhob, und, was noch viel erstaunlicher war, daß alle Freidenker damals heiße Tränen vergossen über einen Gott, dessen Göttlichkeit sie obstinat leugneten, und über eine Erlösung, von der sie sich selbst bereits erlöst hatten.

Nun zur zweiten Behauptung Walzels: Klopstock sei »ein Rückschlag ins Barocke«.

Die Gründe, die Walzel anführt, um seine Behauptung wahr zu machen, sind kurz folgende:

»Bewegtes Leben pulst in Klopstocks Versen, ja überbewegtes.« Dann »Klopstock setzt Farbe gegen Farbe, aber so unvermittelt wie ein Maler des Barocks. Mit hellstem Licht wechselt dunkelster Schatten.« Ein drittes Kennzeichen findet Walzel in Klopstocks Verschwommenheit: »Ein echter Barockformer, mit Absicht nicht klar, vielmehr überzeugt, dass Helldunkel mehr verrate und tiefer blicken lasse als deutliches Tageslicht, ein Feind der scharfen Umrisse, die das Leben einengen.« Endlich noch: »Barockhaft ist das, Verschiebung der Linie, wie das Barock es liebt. Hindrängen auf einen/übersteigerten Höhepunkt, wo entgegengesetzte Kunst die Akzente gleichmässig verteilt.«[1]

Da Walzel Klopstocks Zugehörigkeit zur neuen bürgerlichen Epoche, allein schon wegen seiner exzessiven Gefühlsschwärmerei, wohl kaum in Abrede stellen wird, kann mit obigen Auslassungen höchstens gemeint sein, daß der bürgerliche Klopstock zur Gestaltung seiner subjektiven bürgerlichen Empfindungen sich solcher Ausdruckmittel bedient hat, die eigentlich der vorigen höfischen Stilperiode angehörten.

Besehen wir nun die vier Merkmale etwas näher. Das erste wäre nach Walzel Klopstocks starke Bewegung.

Die Bewegung, als Ausdruck des Endlosen, Absoluten, die wir in der ganzen Kunst, Architektur, Plastik, Malerei, Literatur und Musik des 17. und der ersten Hälfte des 18. Jahrhunderts antrafen, war zweifellos eines der Hauptmerkmale der absolutistischen Kunst. Aber bewegte Kunst ist deshalb noch lange nicht »Barockkunst«, wie Walzel zu glauben scheint. Die Bewegung der absolutistischen Stilperiode war, wie wir gesehen haben, abstrakte Bewegung, inhaltslose Bewegung, Bewegung um der Bewegung willen. Wir

---

[1] O. Walzel, Deutsche Dichtung, a. a. O.

bezeichneten sie deshalb als Bewegtheit. Diese rein äußere Bewegtheit, die in einem ewig gleichmäßig stürmischen Tempo, ohne individuellen Rhythmus, ohne individuelle Akzente verlief, die alles Statische unwiderstehlich in ihren Strudel mitriß, diese universelle Bewegtheit hatte um die Mitte des 18. Jahrhunderts ausgeklungen. Und an ihre Stelle war die individuelle Bewegung getreten, die durch Modifikationen, also Eindrücke, Seelenerlebnisse des einzelnen hervorgerufen war, und von Fall zu Fall ihr eigenes Tempo, ihren eigenen Rhythmus, ihre eigene Dynamik, ihre eigene Agogik hatte und immerfort wieder wechselte, je nachdem sich der jeden Moment anders nuancierende Gefühlsablauf des einzelnen vollzog. Aber Bewegung blieb sie immer, denn sie war Gefühlsausdruck. Stationäres Fühlen gibt es nun einmal nicht. Fühlen vollzieht sich immer in der Zeit.

Nur wenn man diese individuelle, freie, ausdrucksvolle Gefühlsbewegung der bürgerlichen Periode mit der universellen, zwangsläufigen, mechanischen Bewegtheit der höfischen Kunst verwechselt, kann man zu der irrigen Ansicht verleitet werden: Klopstock sei ein »Barockkünstler«./

Als zweites Merkmal für Klopstocks angebliche »Barockkunst« führt Walzel seinen Kontrastreichtum an. Bei näherer Betrachtung ist dieses Herausarbeiten von Kontrasten eine ebenso bürgerliche Erscheinung wie Klopstocks angebliche Bewegung.

Empfindsamkeit war, wie wir gesehen haben, übersteigertes Gefühl, Klopstocks Überempfindsamkeit von selbst die Übersteigerung dieser Übersteigerung. Gefühl läßt sich quantitativ, genau wie eine Zahl, nur nach zwei Seiten potenzieren: nach oben oder nach unten. Nach oben versteigt sich das Gefühl dann ins Kolossale, Erhabene, das dann meistens eine erdrückende, oft eine erschreckende Wirkung auszuüben vermag, nach unten verfeinert es sich ins Verzärtelte, Verweichlichte, ins Übersanfte und Übersüße, das zu Tränen rührt.

Normales Gefühl trifft man bei Klopstock nicht an. Seine Seele schwebt immer an den äußersten Grenzen der Gefühlsmöglichkeiten. Und somit wird er auf seiner Sprachorgel entweder mit einem imposanten 64 Fuß seine großen Gefühle ausdonnern oder mit den feinsten Flötenstimmen seine Zärtlichkeiten ausseufzen und ausschluchzen. Mit Mittelregistern spielt er nie. Es können sich somit nur Kontraste ergeben, die, weil durch Überempfindlichkeit bedingt, typisch bürgerliche Erscheinungsformen sind. Mit den

Kontrasten in der Kunst der absolutistischen Zeit haben sie nicht das geringste zu tun. Jene waren entweder da zur gegenseitigen Steigerung, – das Kleine, Zarte sollte das repräsentative Gewaltige durch den Gegensatz noch gewaltiger hinauftreiben, – oder als der Ausdruck eines souveränen Könnens, das das Schwere, Massale ebenso spielend beherrschte wie das Flüchtige und Leichte, was, wie wir gesehen haben, eine Widerspiegelung der fürstlichen Omnipotenz war.

Das dritte Charakteristikum, das Walzel anführt, um das »Barocke« in Klopstocks Dichtungen nachzuweisen, soll seine Verschwommenheit sein.

Wenn ein Dichter das Bedürfnis hat, seine Gefühle wiederzugeben, kann er es anfangen wie z. B. Goethe. Alles, was Goethe sagt, sagt er glasklar. Und seine Gefühle drückt er aus, indem er sie eben nicht ausdrückt, das heißt, sie nicht in Wortformen preßt, sondern sie nur unsichtbar und ungreifbar zwischen den Worten und hinter den Worten wie eine formlose/Musik aufklingen läßt. Gefühle lassen sich eben nicht sagen. Wenn man glaubt sie gesagt zu haben, haben sie schon aufgehört Gefühle zu sein. Sie versteinern dann zu Begriffen. Klopstock machte trotzdem diesen verzweifelten Versuch. Er machte nicht nur Musik, anders als Goethe, sondern er zwang außerdem seine Empfindungen in Wort- und Satzgebilde. Die Folge war von selbst ein hilfloses Tasten und Stammeln, ein ewiges Ineinanderfließen von Konturen, eine ständige Verschwommenheit, die aber, lassen wir das gleich hinzufügen, grundverschieden war von der »relativen Klarheit«, die Wölfflin in seinen »Kunstgeschichtlichen Grundbegriffen« als eines der Merkmale der Kunst des 17. Jahrhunderts bezeichnete und die Walzel, den Mann der »wechselseitigen Erhellung der Künste«, auf falsche Fährte brachte.

Wir kommen jetzt zum vierten Charakteristikum. »Das Hindrängen auf einen übersteigerten Höhepunkt«, m.a.W. das beliebte Crescendieren Klopstocks, meistens vermittels einer Reihe von stets anschwellenden Relativsätzen, bis er endlich oben angelangt in einem gewaltigen Fortissimo losbricht, wurde von Walzel ebenfalls als »barockhaft« abgestempelt. In dem Abschnitt, in dem von der neuen Expressivität in der Musik die Rede sein wird, werden wir sehen, daß gerade das Crescendo, das um die Mitte des 18. Jahrhunderts plötzlich nicht nur in der Musik, also akustisch, sondern auch in Inszenierungen z. B. der Balletts, also visuel, und zwar sowohl in Formen als in Farben zum erstenmal in Erscheinung trat, eine der entschiedensten bürgerlichen Ausdrucksformen dieser neuen bürgerlichen Zeit war.

Niemand hat Klopstock schärfer erfaßt als Schiller. Er nannte ihn einen »musikalischen Dichter.« Er war das so sehr, daß man fast geneigt wäre, ihn einen verdrängten Musiker zu nennen, dem es versagt war, seinen Gefühlen die ihnen einzig angemessene Form zu geben, d. h. sie in Musik auszudrücken, und dem nun nichts anderes übrig blieb als zu versuchen, sein bewegtes Innere auf dem für diese Zwecke viel weniger tauglichen Instrument der Sprache, so gut wie es eben ging, der Welt vorzuspielen.

Im Gegensatz zu Goethe läßt Klopstock seine Gefühlsmusik nicht *hinter* den Worten, also unhörbar, aufklingen, nein, er schreibt hörbare Musik, er macht Musik *mit* den Worten./Er geht hierin sogar so weit, daß er hie und da das Begriffliche an die Wortmusik aufopfert. Er unterbricht z. B. auf den Höhepunkten seiner Ergriffenheit den Wortstrom und spielt dann etwas Klangvolles dazwischen, damit auch wir einen Augenblick pausieren, um unsere Gefühle mit den seinigen ausschwingen zu lassen. Nimmt man diese kleinen Zwischenspiele wie sie eigentlich genommen werden sollen, und seziert man ihren gedanklichen Inhalt, so schreckt man oft vor dem phantastischen Bombast zurück, der dabei zu Tage tritt. Abstrahiert man aber von dem Gedankeninhalt und hört man nur auf die Wortklänge, und, man könnte fast sagen, auf die Begriffsklänge, läßt man die Spannungen zwischen den Klängen auf sich wirken, so haben sie fraglos einen gewissen musikalischen Reiz. Ein Beispiel:

Gabriel sahe den Mittler in süssem luftigen Schlafe.

. . . .

Also sieht ein reisender Seraph der blühenden Erde
Halb unkenntliches Antlitz an Frühlingsabenden liegen,
Wenn der Abendstern schon am einsamen Himmel heraufgeht,
Und aus dämmernden Lauben den Weisen, ihn anzuschaun, her-
                                      winkt.[1]

Nimmt man diese vier Verse rein gedanklich, wie sie selbstverständlich genommen werden sollten, so sind sie barer Unsinn. Nimmt man sie als »sinn«lose Klänge: Seraph. . blühen. . Er-

---

[1] Klopstock, Messias, Saemmtliche Werke, a. a. O. (ebenso die folgenden Zitate)

de. . Antlitz. . Frühling. . Abend. . Abendstern. . einsam. . Himmel. . dämmern. . Lauben. . usw., so sind sie vielleicht nicht nach unserem Geschmack, aber jedenfalls nach dem damaligen Geschmack, eine bezaubernde kleine Nachtmusik, allerdings eine Ersatzmusik, weil sie mit vollkommen untauglichen Mitteln wirkt.

Ein anderes Beispiel:

Diese Gedanken zermarterten Abbandonaa, sein Auge
Floss von jammernden Tränen. So floss von Bethlehems Bergen
Rinnendes Blut, da die Säuglinge starben.

Ein weiteres Beispiel eines musikalischen Zwischenspiels: Die Seraphs sehen den Apostel Lebbäus, und/

Die hohe Versammlung wich ungemerkt seitwärts
Vor dem Sterblichen aus. So zertheilten sich Frühlingslüfte
Durch der Nachtigall kläglichen Ton, wenn sie mütterlich
jammert.

Das Musikalische Klopstocks zeigt sich vor allem in seiner Übersetzung von Visuellem in Akustisches. Seine Engel fliegen nicht herunter oder hinauf, sie »rauschen,« sie »säuseln,« sie »hauchen dem Sturm entgegen«. Ihr Flug ist »silbertönend«. Und die Teufel »donnern« von selbst »hervor«, »stampfen hervor«. Man könnte Seiten voll Beispiele zitieren. Alles macht Klopstock klingend. Sogar die Stühle und Throne:

Gott sprach so, und stand auf vom ewigen Throne. Der Thron
klang
Unter ihm, da er aufstand. –

Die Seraphim stehen auf:

dann klingen die goldnen Stühle,
Und der Harfen Gebet, und die niedergeworfenen Kronen.
Also ertönte der himmlische Thron, da Gott von ihm aufstand.

Fast keine Seite gibts im »Messias« ohne Schlagzeug, das jedesmal mit fürchterlichem Getöse durch Klopstocks Verse dröhnt. Er spricht von »donnernden Kriegern«, von Teufeln, die »hervordonnern«, von »tausend Donnern«, die aus Gott sprechen, von einer Antwort die einem »entgegendonnert«, von »donnernden Bergen«, »donnernden Felsen«, von Bergen, die »neue Donner versammeln«, vom »Donner«, der einen Teufel faßt, von »Donnergott«, »Donnersturm«, »donnernden Posaunen« usw. An einer Stelle im »Messias« gibt es ein Gewitter, das innerhalb von 19 Versen nicht weniger als fünfmal mit polterndem Getöse einschlägt. Ein schneller Gedanke trifft wie ein Donner Abbandonaa, er erkennt in Christus Gottes Sohn, der hoch vom Thron donnernd herunterkam, um die gefallenen Engel zu verderben. Abbandonaa sah des Donnerers schauendes Auge. Als des Donnernden Wurf rief, bebte die ganze Natur. Endlich schlummerte er hin durch Sturm und durch Donner./

Zum Schluß noch eine Fortissimo-Passage mit wirbelndem Schlagzeug:

> So stürzen zween tödtende Kriegswagen
> In die Thäler, dem ruhigen Feldherrn des Feindes entgegen.
> Itzo sandten sie, hoch von dunkeln donnernden Bergen,
> Eherne Krieger; sie rauschen mit eisernem wilden Getöse
> Ueber die Felsen, und krachen und donnern, und tödten von ferne.
> Also kam Adramelech und Satan zum Oelberg hernieder.

Neben den Pauken gehören die Posaunen zu Klopstocks Lieblingsinstrumenten. Bei allen Gelegenheiten läßt er sie losschmettern. Und wenn Musikinstrumente nicht genug hergeben, fährt er Geräuschinstrumente auf:

> Dann will ich durch die ganze Natur ein tiefes Geheule
> Hören, ein tiefes Geheule am dunkeln verfinsterten Throne,
> Und ein Geheul in der Seelen Gefild, ein Geheul in den Sternen
> Da, wo der Ewige wandelt, das will ich hören, und Gott seyn.

Endlose Zitate ließen sich anführen, um Schillers treffende Charakterisierung weiter zu bestätigen.

Klopstocks Interpunktion ist im allgemeinen keine grammatikalische, sondern eine musikalische. Seine Lesezeichen sind Vortragszeichen.

Alles, was die Musik der zweiten Hälfte des 18. Jahrhunderts aufbietet, um der neuen Gefühlsexpressivität zu genügen, der Wechsel der Dynamik (Crescendo und Diminuendo), das Fluktuieren der Klangfarben, das Verschmelzende des Klanges, das sinnliche Auskosten der Modulationen, das Kantable, das »Rührende« usw. usw., alles findet man bei ihm wieder. Nur noch ein Beispiel eines Orgelpunktes:

> Hätt ihm nicht Gott ein edles Gemüth, und ein tugendhaft Herze,
> Und in der unentheiligten Jugend viel Unschuld gegeben;
> Hätt ihn nicht selbst der Messias der Jüngerschaft würdig geachtet,
> In der er anfangs auch heilig und fromm und untadelhaft lebte.
> Aber ach nun! – – Doch ich schweige usw./

Die ganze Sprachbereicherung des »Messias«, über die Bücher geschrieben wurden, hatte nicht den Zweck der Begriffspräzision, sondern der Gefühlsvertonung sogar auf Kosten der gedanklichen Klarheit. Zeitwörter mit den Vorsilben »er« (ereilen, ergraben, erluften, erstehen, erweinen) und »ent« (entgleiten, entklingen, entküssen, entrufen, entscheuchen, entschwingen) sind musikalische Vorhalte und Vorschläge, wie die Klopstockschen Komparative (von denen er selbst erklärte, daß sie auf letzte Genauigkeit des Ausdrucks verzichten wollen!) und seine Partizipe als Attribute (das kühlende Grab, die herzerfreuende Traube, das einweihende Lächeln, erblassende Wangen usw.) keinen anderen Zweck haben, als kleine Gefühlsnuancen musikalisch wiederzugeben, ungefähr in der Weise, wie sich ein Komponist der Triller, Pralltriller und Mordente bedient, um das Schmelzende und Schmachtende auszudrücken.

Die Vermischung der Kunstgattungen lag im 18. Jahrhundert bis ungefähr in die 60er Jahre in Deutschland in der Luft. Gottsched verquickte Dichtkunst und Redekunst, Bodmer, Breitinger und Haller waren Verfechter eines malerischen Dichtens nach dem Prinzip ut pictura poesis, Gessner drehte den Grundsatz um, er machte daraus ut poesis pictura und zeichnete und radierte seine moralisch empfindsamen Gedanken. Klopstock mesalliierte, wie wir gesehen haben, die Literatur mit der Musik. Erst Lessing mit seinem »Laocoon oder über die Grenzen der Mahlerey und Poesie« (1766) und nachher Herder mit seiner »Plastik« (1778) setzten dieser unsauberen Vermischung der Kunstgattungen aus später zu erörternden Gründen endgültig ein Ziel.

Bei der Besprechung von Klopstocks »musikalischer Dichtung« taucht unwillkürlich der Gedanke an die »sinfonischen Dichtungen« des 19. Jahrhunderts auf, die ein ähnliches Aggregat von Literatur und Musik bilden.

Die »musikalische Dichtung« Klopstocks ging, wie wir gesehen haben, von der Literatur aus, die sich dann nach der Formseite hin musikalisch zu erweitern suchte.

Die »sinfonische Dichtung« dagegen ging von der Musik aus, die sich nach der Inhaltsseite hin literarisch erweiterte.

Das Gemeinsame von beiden Dichtungen war, daß das Literarische sich ausschließlich auf das Inhaltliche, das Musika-/lische auf das Formale bezog, und daß sie beide ausgesprochen bürgerliche Erscheinungsformen waren, sein mußten, weil die jedesmal auf wesensfremde Kunstgebiete übergreifende Erweiterung bei beiden ein notwendiger Ausfluß ihres Verhaltens zum bürgerlichen Dasein war.

Der Bürger der zweiten Hälfte des 18. Jahrhunderts glaubte unerschütterlich fest an die Wirklichkeit. Klopstock war ein so wirklichkeitsfroher, vor Lebensfülle und Lebenskraft strotzender Mensch, daß die Literatur ihm zu eng war und er Musik brauchte, um sein gewaltiges Fühlen zu expandieren. So komponierte und instrumentierte er seinen »Messias« mehr als daß er ihn dichtete.

Der Bürger der ersten Jahrzehnte des 19. Jahrhunderts hatte den Glauben an die Wirklichkeit verloren. Er war durch die Napoleonischen Kriege, die Kontinentalsperre, die französische Okkupation, die Kriegskontributionen, die Befreiungskriege, die Mißernten, und vor allem den Absolutismus, der nach den Kriegen die in Aussicht gestellten Verfassungen selbstverständlich glatt verweigerte und das demoralisierte Volk aufs neue anfing zu terrorisieren, dermaßen enttäuscht, verschüchtert, verzweifelt und verarmt, daß er aus seiner eigenen trostlosen Wirklichkeit hinwegflüchtete und sich eine unwirkliche Wirklichkeit in räumlichen und zeitlichen Fernen zusammenträumte, um dort auszuruhen und glücklich zu sein.

Das war der Sinn der Romantik.

In der Oper und im Lied der ersten Hälfte des 19. Jahrhunderts war der Musik durch ihre Verbindung mit einem romantischen Text diese sehnsuchtsvolle Flucht aus der Wirklichkeit in ein glücklicheres Jenseits ohne weiteres möglich. Die Instrumentalmusik konnte sich nur dann in ferne Welten hinüberträumen, wenn sie als Inhalt einen literarisch-romantischen Stoff wählte, den sie dann musikalisch zu gestalten suchte.

Wir dürfen uns bei Klopstock nicht länger aufhalten und gehen jetzt zur Musik über, der Kunst, die während der zweiten Hälfte des 18. Jahrhunderts die allergrößten Entwicklungsmöglichkeiten hatte, gerade durch die Empfindsamkeit, und die diese Möglichkeiten voll realisierte.

Die Bereicherung des Gefühls mußte sich am stärksten/in der Kunst auswirken, die am meisten dazu fähig ist, reine subjektive Gefühle des Kunstschaffenden zu objektivieren und im Kunstgenießenden wieder zu erregen.

Diese Eigenschaft der *Musik* ergibt sich aus der Natur ihres Materials: Musik ist schwingende Luft. Sind die anderen Künste entweder an konkrete Bildhaftigkeit oder an genau fixierbare Gedanken gebunden, so gibt die Musik die Möglichkeit, unabhängig von allem Visuellen und Begrifflichen direkt durch den sinnlichen Reiz auf das Gefühlsleben zu wirken.

Als eines der Hauptcharakteristika der Kunst des absolutistischen Zeitalters haben wir ihre endlose Bewegung kennengelernt. Andererseits haben wir gesehen, daß alles subjektiv Gefühlsmäßige in den Künsten dieser Zeit verdrängt war. Das gilt selbstverständlich auch für die Musik. Die abstrakte Bewegtheit hat nicht das geringste mit Gefühlsbewegungen zu tun.

Andererseits waren aber noch menschliche Gemütsbewegungen oder »Affekte«, wie man damals sagte, in der Musik objektiviert. Hierbei handelt es sich jedoch nicht um subjektive Gefühle, die der Komponist durch die Musik ausdrückte, und die beim Erklingen der Musik direkt im Zuhörer erregt wurden, sondern um schematisierte, reglementierte Affekte, die der Produzierende rein *verstandesmäßig* in Klängen niederlegte, und die der Perzipierende nur *verstandesmäßig* als solche wiedererkennen konnte.

Für diese Darstellung der menschlichen Affekte hatten sich allmählich bestimmte Tonsymbole und Tonformeln ausgebildet, sodaß jeder Affekt immer durch die gleichen Tonfolgen und die gleichen Rhythmen symbolisiert wurde. In vorbildlicher Weise hat Albert Schweitzer die Tonsprache Johann Sebastian Bachs analysiert. Den Schmerz pflegt Bach z. B. durch ein chromatisch

auf- und absteigendes Motiv darzustellen, Freude durch eine Folge
rascher Noten. Die Affekte sind in der Musik selbst manifestiert,
die Ausführenden brauchen und dürfen sie infolgedessen nicht
noch durch subjektive Gefühlserregungen unterstreichen.

Die Einheit des Affekts ermöglichte es den Komponisten jener
Zeit, einem geistlichen Gesangstück weltliche Worte unterzulegen
und umgekehrt. Bach hat häufig früher komponierte Stücke notengetreu in einem anderen Zusammenhang/verwendet und mit einem
neuen Text versehen. Da beide Male derselbe Affekt vorlag, konnte
Bach diese Übertragung vornehmen, ohne eine Diskrepanz zwischen Wort und Ton herbeizuführen. So übernahm er sechs Nummern des Dramma per musica »Herkules am Scheidewege« ins
»Weihnachtsoratorium«: aus der Arie, mit der die »Wollust«
Herkules in Schlaf singt, machte er eine Schlummerarie für das
Jesuskind (»Schlafe mein Liebster«), und aus dem Duett zwischen
Herkules und der »Tugend« auf den höchst unreligiösen Text »Ich
bin deine, du bist meine, ich küsse dich, küsse mich« entstand das
Duett »Herr Dein Mitleid, Dein Erbarmen, tröstet uns und macht
uns frei.« Ein anderes Mal verwendete Bach den prächtigen Eingangschor »Froher Tag, verlangte Stunden« der Festkantate zur
Einweihung der umgebauten Thomasschule (1732) zu dem Eingangschor »Lobet Gott in seinen Reichen« der Himmelfahrtskantate (Nr. 11).

Man glaubte mit der Darstellung der Affekte die »Nachahmung
der Natur« in der Musik durchgeführt zu haben. In Wirklichkeit
war aber diese Naturnachahmung nichts anderes als eine Schematisierung, eine herrische Bezwingung der Natur.

Die Musik der Zeit vor 1750 stellte die menschlichen Gemütsbewegungen außerdem nicht in ihrem ständigen unkontrollierbaren Wechsel dar, sondern hübsch säuberlich voneinander getrennt und unvermischt, damit sie der Verstand klar und deutlich
erkennen und unterscheiden konnte.

Jedes Tonstück – bei zyklischen Formen jeder einzelne Satz,
bei ausgedehnteren Einzelsätzen jeder Satzteil – stellte einen einzigen Affekt unverändert dar. Trat ein neuer Affekt ein, so stand
er in ausgeprägtem Gegensatz zum ersten, auch die Tonsprache
war also eine andere. Innerhalb eines Tonstückes mit einem einzigen Affekt blieb die motivische, rhythmische melodische, tonale
und besetzungsmäßige Einheit konsequent gewahrt. Größere Formen mit mehreren Affekten gliederten sich in einzelne stark von-

einander unterschiedene und streng gegenseitig abgesetzte Abschnitte, innerhalb deren jedesmal die gleiche Einheit beibehalten wurde. Das konsequente Festhalten an einer Thematik und das sich daraus ergebende Fortspinnen kleiner aneinandergereihter Motive sind wiederum die Mittel zur Erzeugung jener scheinbar unendlichen Bewegung.

War schon die Affektenlehre eine Negation des Ausdrucks/subjektiver Gefühle in der Musik, so schloß außerdem die vorwiegend polyphone Gestaltung der Musik jener Zeit von vornherein die Erregung subjektiver Gefühlswallungen aus.

Es waren immer mehrere selbständige Stimmen gleichberechtigt am Klanggeschehen beteiligt. Man ließ die Stimmen imitatorisch, d. h. mit dem gleichen Motiv in bestimmten Abständen nacheinander einsetzen. Meist pausierten alle Stimmen gemeinsam erst am Schluß des ganzen Satzes beziehungsweise Satzteiles.

Das Verfolgen mehrerer individualisierter Stimmen erfordert jedoch eine geistige, ja verstandesmäßige Konzentration, während das Auf und Ab der subjektiven Gefühle erst erregt werden kann, wenn die Musik selbst einheitlich in allen Stimmen Spannungen und Lösungen von fortwährend wechselnder Intensität enthält.

Die Individualisierung der Einzelstimmen wurde noch besonders dadurch unterstrichen, daß man diese Stimmen auch im Klangcharakter möglichst kontrastreich gegeneinander absetzte. Dadurch wurde ein gemeinsames Spannen und Lösen aller Stimmen und infolgedessen eine subjektive Gefühlserregung nur um so stärker unterbunden. Bei der Orgel war die erhöhte Individualisierung der Einzelstimmen durch eine geeignete Registrierung möglich. Die damalige Orgel hatte nicht den sossigen, verschwimmenden Charakter der modernen Riesenorgel, sondern sie enthielt bei bedeutend geringerem Klangvolumen Register von großer klanglicher Gegensätzlichkeit. In der Kammermusik wurde die Kontrastierung der Stimmen z. B. dadurch erreicht, daß man Instrumente von konträrer Klangfarbe, etwa Violine und Flöte gegeneinander musizieren ließ. Durch eine weitgehende Isolierung der Streicher, Holz- und Blechbläser wurde im Orchester die gleiche Gegensätzlichkeit erreicht, die hier oft so konsequent durchgeführt wurde, daß jede dieser Instrumentengruppen ihre eigene Thematik besaß.

So ergeben sich im wesentlichen zwei Grundeigenschaften der Musik des absolutistischen Zeitalters: einmal die endlose Bewegung, hervorgebracht durch die einheitliche Fortspinnung der Motive innerhalb mehrerer kontrastierender Einzelstimmen, sodann die Abgeschlossenheit der Einzelteile eines gan-/zen Tonstückes, in denen jedesmal ein menschlicher Affekt objektiviert war.

Die Einheit des Affekts konnte wiederum nur durch die völlige Einheitlichkeit und scheinbare Endlosigkeit der Bewegung gewährleistet werden.

Beide Eigenschaften bewirkten das Unabhängigsein dieser Musik von subjektiven Gefühlen. Die Gefühle waren zu verstandesmäßig schematisierten, objektiven Affekten erstarrt.

Dieser musikalische Stil findet sich in der ersten Hälfte des 18. Jahrhunderts sowohl in der höfischen Opern-, Konzert- und Kammermusik, hier besonders in den Formen des Concerto grosso, der Suite und Triosonate, wie auch in der Kirchenmusik, also in den Meßvertonungen der katholischen Kirche und den Kantaten und Passionen der protestantischen Kirche.

Die Musik bei Hofe spielte aber nicht allein die Rolle der Repräsentation. Sie war auch zum Amusement derer von Gottes Gnaden da. Besonders seit dem zweiten Jahrhundertviertel machte sich unter den Fürsten eine immer spielerischere, galantere Lebensweise bemerkbar, die in den kleinen Lustschlößchen ihren treffendsten Ausdruck fand, die aber auch nicht mehr mit der strengen Polyphonie und der steifen Affekteinheit des musikalischen Stils in Einklang zu bringen war, denn diese Eigenschaften der Musik verlangten eine zu große geistige Spannkraft und Konzentration, die die Fürsten nicht aufbringen wollten. So mußte sich auch die Musik nach der neuen Lebensweise der Fürsten umstellen. Auch die Musik wurde galant.

Jedoch nur zum Teil. Die höfische Repräsentation verlangte auch weiterhin »affektvolle«, endlos bewegte Musik.

Überall, wo es sich um reine Unterhaltungsmusik für den Fürsten handelte, also besonders in der Tafel- und Kammermusik, zum Teil auch in der Oper, machte sich eine galante Schreibart breit. Von Frankreich kamen die Anregungen dazu. Statt der steifen Allemanden und Sarabanden bevorzugte man jetzt in den Suiten die zierlicheren, geschmeidigeren und beschwingteren Menuette und Gavotten. Der Titel eines französischen Musikdruckes aus dem Jahre 1743 charakterisiert treffend diesen neuen Stil: »Six sonates quatuors ou conver-/sations galantes et amusantes entre une flûte traversière, un violon, une basse de viole et le basse continué«.

Der galante Stil war durchaus eine Dekadenzerscheinung. Die endlose Bewegung in der Musik ließ nach, an die Stelle der unendlichen Fortspinnungsmelodik tritt die galante Wiederholungsthematik, das heißt kleine zierliche Motivchen werden wiederholt und neue angestückelt, so daß sich das Ganze als ein Konglomerat kurzer melodischer Phrasen entpuppt. Der bisherige Fluß der Gesamtbewegung zerfällt gewissermaßen in seine einzelnen kleinen Wellchen, genauso wie in den bildenden Künsten jener Zeit die einheitliche gerade oder geschweifte Linie in Einzelglieder zerknickt und übermäßig verziert wird: die Musik schmückt sich mit allerlei kleinen Spielereien, die man Manieren nannte, die Architektur mit Schnörkelchen, Rocaillen usw.

Auch die polyphone Gebundenheit lockert sich im galanten Stil. Statt der Mehrzahl selbständig geführter Einzelstimmen tritt immer deutlicher die Oberstimme melodieführend auf, während die anderen Stimmen zu akkordbildenden Begleitstimmen herabsinken.

Damit aber – und das ist der springende Punkt dieser Wandlung – ist der Möglichkeit des Ausdrucks subjektiver Gefühle in der Musik freier Raum gegeben. Der galante Stil war für die Fürsten der Stil der Unterhaltungsmusik, also einer Musik, die nur zum ästhetischen Genießen da war. Gewiß handelte es sich bei diesem Genießen lediglich um ein galantes Tändeln, ein zartes Nervenkitzeln, eine zuckrige Spielerei, die nur die Oberfläche des menschlichen Empfindungslebens berührte. Dennoch bot sich dem Bürgertum in diesem Musikstil die geeignete Form zum Hineinfüllen und Ausdrücken seiner subjektiven Gefühle.

So waren es also die Fürsten selbst, die der späteren Gefühlsbereicherung der Bürger die Wege ebneten, indem sie den alten Repräsentativstil zum galanten Stil umwandelten.

Der galante Stil entstand also aus dem Unterhaltungsbedürfnis der Fürsten. Dadurch, daß sie damit den alten Repräsentativstil, in dem für das subjektive Gefühl kein Raum blieb, zurückdrängten, ließen sie auch unbewußt von der Fesselung des menschlichen Gefühls ab, ohne zu ahnen, daß/sie damit dem Bürgertum einen geeigneten Anknüpfungspunkt für den Ausdruck seines frei werdenden Gefühls bot.

Das Bürgertum bildete nun durch das Hineingießen seiner bald unermeßlich gesteigerten Gefühle in die Musik den höfisch-galanten Stil zum ausdrucksgeladenen *bürgerlichen Expressivstil* um.

Es ergab sich aus dem Wesen des galanten Stils als höfischer Unterhaltung, daß ein ganz allmählicher Übergang vom alten Repräsentativstil zur Galanteriemusik stattfand. Andererseits ist auch der Übergang vom galanten zum expressiven Stil sehr fließend, da die neue Ausdrucksmusik durch das allmähliche Emporwachsen, Erweitern und Steigern der in der galanten Musik keimhaft gegebenen Möglichkeiten des Ausdrucks subjektiver Gefühle entstanden ist.

Auf diese Weise zeigt sich die Stilwandlung der Musik um die Mitte des 18. Jahrhunderts als ein Ineinanderfließen dreier wesentlich voneinander unterschiedener Stile, das um so schwerer analysierbar ist, als sich die Übergänge in den verschiedenen deutschen Ländern nicht gleichzeitig und mit demselben Tempo vollzogen. Einzig und allein durch das Aufdecken der ökonomischen und gesellschaftlichen Wurzeln läßt sich auch von der musikalischen Stilwandlung ein deutliches Bild gewinnen.

Um begreifen zu können, warum der Expressivstil die Gestalt annahm, die er in der zweiten Hälfte des 18. Jahrhunderts besaß, warum er nur diese Gestalt annehmen konnte, ist es notwendig, einige grundsätzliche stilkritische Bemerkungen einzuschalten.

Entsprechend den ökonomischen und gesellschaftlichen Verhältnissen gab es seit dem Mittelalter zwei grundsätzlich voneinander verschiedene musikalische Prinzipien: die vom Feudalismus hervorgebrachte strenge Polyphonie mit den Kirchentonarten und die vom Bürgertum entwickelte funktionelle Harmonik mit dem Dur-Moll-System.

Im feudalen Mittelalter galt die Musik als Symbol der statischen Ordnung des hierarchischen Weltalls. Sie bestand in einem völlig gleichförmigen Fließen, erst einstimmig, homophonisch (gregorianischer Gesang), dann mehrstimmig, polyphonisch./

Die Polyphonie entstand durch ein Nebeneinanderstellen mehrerer eigenwertiger Stimmen, von denen jede häufig ihren eigenen Text hatte (dreistimmige Motette des 14. Jahrhunderts). Der Linearität dieser Musik entsprach die Ordnung der melodischlinear empfundenen Kirchentonarten. Diese Musik wurde nicht um ihrer selbst willen ästhetisch genossen oder passiv gehört, sondern sie war das Mittel, eine Gemeinschaft von Menschen zu gleichem außermusikalischen Verhalten anzuregen, sei es zum Beten und Bekennen oder sei es zum Tanzen und gemeinschaftlichen Spielen: immer lag der Schwerpunkt im aktiven Mitmachen.

Nur von innen her, vom steten aktiven Verfolgen einer Stimme her, um die sich die anderen herumschlingen, ist diese Musik zu begreifen, nicht von außen her, also von einem passiven Zu-hören, durch das man das Stimmengewirr in seiner Gesamtheit auf sich »wirken« läßt.

Seit dem Beginn der Warenwirtschaft und des sich ausbreitenden Kapitalismus entstand eine grundsätzlich neue Funktion der Musik: der gesteigerte Kampf ums Dasein, das Auf-sich-selbst-Gestelltsein des einzelnen Bürgers erforderte ein Gegengewicht, einen Ausgleichsfaktor: das Herausheben über den Alltag, das Vergessenmachen des Lebenskampfes durch ästhetisch-sinnliches Genießen. Musik wurde für die Bürger ästhetisches Genußmittel, außeralltägliche Sinnesbefriedigung, Luxusprodukt. Das aktive Musikmachen wandelte sich in ein passiv-hingebendes Musikhören. Musik wurde *Ware*.

Gewiß hat die weltliche Musik auch früher schon besonders bei den herrschenden Klassen die Aufgabe der sinnlichen Genußbefriedigung erfüllt, aber immer nur als alltägliche spielerische Unterhaltung und Ergötzung, nicht aber als ein Hinausführen aus dem Alltag in eine andere Welt.

Von diesem Standpunkt aus zeigt sich auch deutlich der Unterschied der Musikauffassung bei Fürsten und Bürgern um die Mitte des 18. Jahrhunderts. Für die Fürsten blieb Musik, soweit sie nicht repräsentativen Zwecken diente, ein galantes Tändeln, eine durchaus alltägliche Unterhaltung. Für die Bürger dagegen bedeutete Musizieren und Musikhören einen feierlichen Akt. Mittels der Musik flüchtete der Bürger aus dem Alltag in die weite Welt seiner Gefühle. Andererseits aber dokumentierte er durch die Vertiefung und Bereicherung seines Gefühlslebens seine gesteigerte Menschlichkeit, mit der/er letzten Endes das rein materielle Ziel der Vernichtung des Feudalismus zu erreichen suchte.

Mit dem Beginn der Warenwirtschaft bedingte die Funktion der Musik als sinnlichen Ausgleichsfaktors ihre allmähliche Neuorientierung im Tonraum.

Entsprach dem aktiven Musikmachen des Mittelalters die Polyphonie, so genügte dem ästhetischen Genießen der Neuzeit die funktionelle Harmonik: nicht mehr das nebeneinander einer Vielheit von Einzelstimmen blieb maßgebend, sondern das Verschmelzen alles gleichzeitigen Geschehens zum Akkord: nicht das Horizontale, Sukzessive, Melodische, sondern das Vertikale, Simultane,

Harmonische; nicht das flächige Nacheinander, sondern das räumliche Gleichzeitig.

Die Räumlichkeit der Akkorde bedingt ihre Schwere. Im Zuhörer löst jeder Akkord die Empfindung eines klanglichen Schwergewichts aus. Die Verbindung verschiedener Akkorde ruft Schwergewichtsverschiebungen, Spannungs- und Lösungsempfindungen hervor. Wenn wir einen dissonanten Akkord hören, so verlangen wir nach seiner Auflösung in einen konsonanten Dreiklang, erklingt die Dominante, so empfinden wir den Drang, sie in den Grundton fortschreiten zu lassen, die Spannung ihres Abstandes vom Grundton zu lösen.

Die Harmonik heißt funktionell wegen der verschiedenartigen Abstände einzelner Akkorde vom Grunddreiklang.

Die Verbindung der Akkorde geschieht durch die Oberstimmenhomophonie und das Prinzip, durch den »Leitton« eine Dominantspannung in den Grunddreiklang zu lösen.

Entsprach der mittelalterlichen Polyphonie die Ordnung der sukzessiv-flächenhaft gedachten Kirchentonarten, so bildete das auf dem simultan-räumlich empfundenen Dreiklang aufgebaute Dur-Moll-System die Tonartenordnung der Funktionalharmonik.

Die funktionelle Harmonik gibt in ihrer freien Anwendung den differenziertesten Schwergewichts- und Spannungsverhältnissen Raum, die im Zuhörer ebenso differenzierte subjektive Empfindungen auszulösen vermögen.

Um also Gefühle in der Musik frei ausdrücken zu können, brauchte man nur allen Möglichkeiten, die die Funktionalharmonik bietet, freien Spielraum zu lassen.

Mit dem Empordringen des Kapitalismus und Warenverkehrs/ besonders im 15. und 16. Jahrhundert läßt sich in der Musik ein gleichzeitig zunehmender Einfluß der Funktionalharmonik gegenüber der alten Polyphonie feststellen. Seit dem 15. Jahrhundert ist sie in aller Kunstmusik latent vorhanden. Um 1600 hatte sie vor allem in den ökonomisch und gesellschaftlich um jene Zeit fortschrittlichsten Ländern Italien und England den alten Stil schon soweit verdrängt, daß man hier teilweise ein völlig subjektives, gefühlshaft ausdrucksvolles Musizieren antrifft.

Mit dem zunehmenden Despotismus der absolutistischen Fürsten ergab sich jedoch eine Unterdrückung und Reglementierung des menschlichen Gefühls, so daß dieser fortschrittliche musikalische Stil schnell wieder erstarrte. Die Gefühle wurden laut der Affektenlehre objektiviert und schematisiert, die schon stark in den Hintergrund gedrängte Polyphonie gewann wieder die Oberhand, zumal durch die zunehmende Aufeinandertürmung mehrerer Einzelstimmen eine Steigerung der äußeren Mittel Hand in Hand gehen mußte, die wiederum den repräsentativen Zwecken der Höfe und Kirchen sehr zugute kam.

So wurden im musikalischen Repräsentativstil die der Funktionalharmonik immanenten Spannungs- und Lösungsprozesse durch die polyphone Gestaltung in ihrer freien Auswirkung gehindert. Die endlose Bewegung, das immerwährende Fließen überdeckte die Schwerpunktverhältnisse der Funktionalharmonik.

Die Musik jener Zeit bildete also eine widerspruchsvolle Einheit von mittelalterlich-feudaler Polyphonie und neuzeitlich-bürgerlicher Funktionalharmonik.

Der harmonisch-vertikale Zusammenhalt des unaufhörlich bewegten polyphonen Stimmgewebes wurde durch den sogenannten Generalbaß hergestellt: Akkordinstrumente wie Cembalo, Orgel oder Laute trommelten unentwegt völlig gleichförmig die Harmonien in den bewegten Klangstrom. Da den Generalbaßspielern nur der akkordliche Zusammenhalt oblag, schrieb man die Akkorde nicht vollständig in Noten aus, sondern gab nur den Baß an und bezeichnete den Akkord mit Ziffern, die von dem Spieler prima vista in Töne umgesetzt werden mußten. Die Baßstimme bildete das Fundament des gesamten Klanggeschehens, denn in der Räumlichkeit jeden Akkordes sinkt dessen Bestimmungston vermöge der Schwerkraft in den Baß.

In der Form der Fuge ist die Vereinigung der beiden gegensätzlichen Faktoren: mittelalterliche Polyphonie und neuzeitliche Funktionalharmonik vollkommen ausgebildet.

Je mehr die Macht der Fürsten zunahm, um so mehr steigerten sie die äußeren repräsentativen Mittel, um so mehr gewann die Polyphonie die Oberhand. Und zur gleichen Zeit, als die Fürsten den Höhepunkt ihrer Macht erreichten, gelangte auch die polyphone Kontrapunktik auf ihren nicht mehr zu überbietenden Höhepunkt mit Bachs letzten Orgelwerken, seinem »Musikalischen Opfer« (1747), in dem er ein Thema Friedrichs II. nach allen Regeln der kontrapunktischen Kunst bearbeitet hat, und besonders in seinem letzten Werk (1750), der »Kunst der Fuge«, das, was Kontrapunktik anbelangt, das »Musikalische Opfer« weit in den Schatten stellt.

Schon im galanten höfischen Stil wurde die Polyphonie in den Hintergrund gedrängt. Tändelnde Unterhaltung ließ sich nicht durch eine Musik erzielen, in der ein endloses Fortbewegen einer Mehrzahl eigenwertiger Stimmen stattfand. Obwohl also die Funktionalharmonik viel uneingeschränkter war als im Repräsentativstil, kamen auch hier die vielfältigen Gewichtsverhältnisse nicht zur freien Auswirkung, da von einer stereotypen Rhythmik, die meist Tanzcharakter besaß, überwuchert wurden. Die stete Wiederkehr gleicher spielerischer Motive mit genau gewahrter suitenartiger Akzentrhythmik rief nur immer die gleichen leichtwiegenden Gewichtshebungen und -senkungen hervor, die beim zuhörenden Fürsten nur wenig in die Tiefe gehende Gefühlsspannungen und -lösungen erzeugten. Mehr sollte ja auch eine galante Unterhaltung nicht bieten.

Um die Jahrhundertmitte brachte nun die enorme Gefühlskultivierung des Bürgertums eine völlige Umwälzung mit sich: die endgültige Abkehr von der auf die äußerste Spitze getriebenen Kontrapunktik wie auch die Abwendung von der stereotypen Tanzrhythmik verhalf der Funktionalharmonik in allen ihren vielfältigen Möglichkeiten zur Alleinherrschaft.

Die funktionelle Harmonik wurde für die Bürger das musikalische Stilprinzip, das ihnen den freiesten Raum zur Entfaltung ihrer gesteigerten Gefühle gab. Sie war das künst-/lerische Mittel, durch das alle Bürger der Welt ihre Gefühle in Wallung bringen konnten.

Die immerwährend wechselnden spontanen Gefühle konnten in der neuen Musik frei ausströmen. Man suchte förmlich danach, Spannungen und Lösungen von ständig veränderter Intensität hervorzurufen, die harmonischen Schwergewichtsverhältnisse möglichst zu verdeutlichen. Alles Neckische, Galante, Spielerische, Stereotype, Erstarrte wird mit dem belebenden Blut des gewaltigen Gefühlsstroms erfüllt, ausgeweitet, vertieft, durchglüht, so daß in kurzer Zeit ein expressiver Stil entsteht, in dem etwas nur Tändelndes oder gar Stereotypes keinen Platz mehr hat.

An die Stelle des gleichförmig Bewegten im alten Stil tritt das fortwährend fluktuierende Auf und Ab.

Die Einheit des Affekts wird aufgegeben zugunsten der schnellen Aufeinanderfolge der Empfindungen und Gefühle. Diese treten nicht mehr streng voneinander getrennt auf, sie fließen jetzt ineinander und vermischen sich gegenseitig. Der verstandesmäßig abgezirkelte, in der Musik objektivierte Affekt weicht dem spontan ausgedrückten subjektiven Gefühl.

Damit wird die neue Musik für den empfindsamen Menschen das unvergleichliche Mittel, seine unaussprechlich tiefe seelische Erregung in künstlerischer Form auszudrücken.

Die Versubjektivierung der Affekte stellte den Musikinterpreten ganz neue Aufgaben.

Spielte in der Musik vor 1750 die Interpretation nur die Rolle einer einwandfreien Wiedergabe des objektiven Klangbildes ohne subjektiv gefühlsmäßige Zutaten, so wurde jetzt die Gefühlserregung des Interpreten Voraussetzung. Um durch die Musik die Gefühle der Zuhörer erregen zu können, mußte der Musizierende natürlich zu allererst und am stärksten seine eigenen Gefühle ausdrücken, er mußte die Musik »beseelen« und durch intensivstes Sich-Versenken in die Klänge eine so suggestive Wirkung auf die Zuhörerschaft erreichen, daß diese in ein ähnliches Versinken geriet und auf diese Weise durch das musikalische »Erlebnis« in ihren eigenen Gefühlen schwelgen konnte. Philipp Emanuel Bach sagt darüber in seiner Klavierschule (1753): »Ein Musicus kann nicht anders rühren, er sey dann selbst gerührt; so muss er nothwendig sich selbst in alle Affekten setzen können, welche er bey den Zuhörern/erregen will. Bey matten und traurigen Stellen muss er matt und traurig seyn usw.« – »Aus der Seele muss man spielen und nicht wie ein abgerichteter Vogel.« – »Wenn man alles Technische ausgezeichnet beherrscht, kann man bey dem allen noch nicht ein deutlicher, ein rührender, ein gefälliger Clavieriste seyn. Treffer und geschwinde Spieler von Profession setzen zwar das Gesicht durch die Finger in Verwunderung, geben aber der empfindlichen Seele eines Zuhörers gar nichts zu tun«[1].

Der einzige Zweck der neuen Musik ist also die Erregung des subjektiven Gefühls.

Die alte Polyphonie wird endgültig gebannt. Die Spannungen und Lösungen der aufeinander folgenden Harmonien werden vermittelt durch eine unkomplizierte Oberstimmenhomophonie, während der ganze harmonische Unterbau zu Akkorden verschmilzt. Das Gefüge einer Mehrzahl eigenwertiger horizontaler Stimmen wandelt sich in die Aufeinanderfolge vertikal verschmelzender Akkorde, die durch die melodische Führung der Oberstimme verbunden werden.

---

[1] K. Ph. E. Bach, Versuch über die wahre Art das Klavier zu spielen etc. Berlin 1762

Suchte man früher die Gespaltenheit des polyphonen Klanggewebes durch möglichst große Gegensätzlichkeit des Klanges der einzelnen Stimmung oder Stimmgruppen hervorzuheben, so will man jetzt diese Gegensätzlichkeit durch eine recht ausgeprägte verschmelzende Einheitlichkeit ersetzen.

An die Stelle des gruppenweisen Musizierens innerhalb des alten Orchesters tritt die Auflösung der Einzelgruppen zu einem einheitlichen Ganzen, das sogenannte symphonische Musizieren. Einzelne Instrumente oder Instrumentengruppen laufen nicht mehr in ihrer gleichförmigen Bewegung wie getrennte Klangbänder nebeneinander her, sondern an der Führung der kantablen Oberstimme, die die Spannungs- und Lösungsprozesse der harmonischen Fortschreitungen verbindet, nehmen die verschiedensten Instrumente teil. Diese »durchbrochene Arbeit«, der fortwährende Wechsel der Besetzung, die ständig veränderten Klangfarbenmischungen entsprechen der Labilität des Gefühlsstromes.

Der gleichförmig schreitende Trommelbaß verschwindet, und der Albertibaß, so genannt, weil er von dem italienischen Klavierkomponisten Alberti (1671-1740) zum ersten Mal ausgiebig benutzt wurde, tritt auf. Der Albertibaß besteht aus/einer Dreiklangsbrechung, die eine verschmelzende Wirkung hervorruft.

Der Generalbaß verschwindet. Mit der Polyphonie geht auch seine Existenzberechtigung verloren. Das gleichförmige unaufhörliche Hämmern von Akkorden, das ja die differenzierten Gewichtsverhältnisse in ihrer Auswirkung gehindert hatte, war unmöglich geworden, als man jetzt zur Erzielung eines intensiven subjektiven Gefühlsausdrucks gerade diese Schwerpunktverhältnisse hervorheben und verdeutlichen wollte.

Waren früher infolge der endlosen abstrakten Bewegtheit und der Affekteinheit einzelne Sätze oder Satzteile von Tonstücken im Innern von Anfang bis zu Ende völlig einheitlich und die verschiedenen Sätze oder Satzteile möglichst gegensätzlich ohne Übergang nacheinander aufgereiht, so fließt jetzt alles dem Gefühlsausdruck entsprechend weich ineinander über, neue Themeneintritte werden vorbereitet, in eine neue Tonart wird behutsam übergeleitet.

Ausdrucksvolle Kantabilität wird zu einem wichtigen Stilkriterium.

Die Veränderlichkeit, Labilität der motivischen, rhythmischen, melodischen, tonalen und besetzungsmäßigen Gestaltung des neuen expressiven Stils trat an die Stelle der starren Einheitlichkeit des

Repräsentativstils.

Vermittelte früher die Technik des endlosen Fortspinnens einer unveränderlichen Substanz die Herstellung der Affekteinheit und der unendlichen Bewegung, so vermittelt jetzt die Technik der thematischen Arbeit, d. h. die Kunst des allmählichen Verwandelns eines Themas zu etwas Neuartigem, die Herstellung eines Gefühlsspannungsablaufs, einer natürlichen Entwicklung, von der an anderer Stelle zu sprechen sein wird.

Sehr beliebt wird bald das Prinzip der Molltrübung: man führt ein Durthema, das schon in einem Stück nach verschiedenen Gesichtspunkten hin verarbeitet worden ist, nach Moll über. Diese Umfärbung des Themas war ein ganz besonderer Effekt, durch den empfindsame Zuhörer zu Tränen gerührt werden konnten.

All diese grundsätzlichen Wandlungen stehen im galanten Stil auf einem Übergangsstadium, auf dessen Erscheinungsformen wir jedoch nicht einzeln eingehen wollen, da es uns/nur darauf ankommt zu zeigen, welchen großen Umwälzungen alle Lebensformen durch die Änderung der Produktionsverhältnisse unterworfen waren.

Die auffälligste Wandlung erlebte die musikalische Dynamik.

Bis gegen die Jahrhundertmitte kannte man in Deutschland nur die starre Gegenüberstellung konträrer Klangstärken. Am beliebtesten war die einfachste Art von dynamischer Stufung: Wechsel von stark und schwach, das Echo. Im Orchester wurde das durch die Teilung in Soli und Tutti, die abwechselnde Tätigkeit einiger Einzelspieler und des gesamten Orchesters hergestellt. Traten außer dem Grundgegensatz von forte und piano auch noch Zwischenstärken auf, so geschahen die Übergänge nicht gleitend sondern stufenförmig, terrassenartig, im Orchester durch das schrittweise Hinzutreten neuer Instrumentengruppen, bei der Orgel durch das Ziehen neuer Register. Ein Überfließen einer Tonstärke in die andere gab es nicht.

Diese Praxis ist wieder eine Folge der Schematisierung der Affekte. Die Einheit des Affekts erforderte die Einheit der Dynamik.

Der Ausdruck des subjektiven Gefühls in der neuen Musik des Bürgertums bedingte eine Revolution auf diesem Gebiet: das Crescendo und das Diminuendo, das allmähliche An- und Abschwellen der Tonstärke wurde eins der Hauptkennzeichen des expressiven Stils.

Die Steigerung und Erregung des subjektiven Gefühls konnte

durch kein Mittel stärker hervorgerufen werden als durch das Crescendo. Dynamisches Anschwellen ist ein Spannen, Abschwellen ein Lösen. Jedes Crescendo bedeutet ein Antreiben, Steigern, Aufpeitschen, jedes Diminuendo ein Entspannen, Absinken, Abregen der Gefühlsintensität.

Das Crescendo war für die empfindsamen Seelen der zweiten Hälfte des 18. Jahrhunderts geradezu eine Offenbarung. Die Gefühlserregung beim erstmaligen Hören eines größeren Crescendos konnte so stark sein, daß sich das Publikum vor Aufregung von den Plätzen erhob und laut schluchzte.

Das dynamische Spannen und Lösen war wiederum nichts anderes als ein klangliches Ausformen der Spannungs- und Lösungsprozesse der Funktionalharmonik. Jeder harmonische Wechsel, gleitend verbunden durch eine Melodie, übt von nun an durch die dynamische Schattierung in viel unmittel-/barer Weise eine Wirkung auf das Gefühl aus. Durch das Crescendieren und Diminuieren der Klangstärke gewinnen die Gewichtsverhältnisse der funktionellen Harmonik erst ihre freieste Auswirkungsmöglichkeit.

Schon der einfachste spannende harmonische Schritt, der Übergang von der Grundtonart zu der Dominanttonart wurde von einem Crescendo kleinen Ausmaßes verdeutlicht, zumal wenn der harmonische Schwerpunkt mit dem metrisch-taktischen Schwerpunkt zusammenfiel, was um jene Zeit fast immer geschah. Selbst schnelle Passagen wurden durch fortwährende kleine dynamische Hebungen und Senkungen gefühlshaft ausgeformt, »beseelt«. Auf diese Weise entstand das berühmte »singende Allegro« der zweiten Hälfte des 18. Jahrhunderts. Ebenso wie fortwährend Spannungen und Lösungen von wechselnder Intensität und Ausdehnung dem Fluten der Gefühle entsprechend aufeinander folgten, so wechselten kleine und große dynamische Schwellungen in bunter Folge.

Derartige Kleincrescendi schrieb man nicht im Notenbild aus, ihre Ausführung bedeutete für den musikalischen Interpreten eine Selbstverständlichkeit. Ein Ausschreiben dieser kleinbogigen Dynamik hätte das Notenbild nur unnötig kompliziert. Das Erfühlen und Ausführen dieser unausgeschriebenen Schattierungen wurde geradezu zu einem Beweismittel für die Musikalität eines Menschen, so wie heute noch Mütter und Tanten die musikalische Befähigung der höheren Töchter daran erkennen, ob sie »mit Gefühl« spielen bzw. singen, nur daß dieses »Mit-Gefühl-Musizieren« meist in dilettantischen Übertreibungen der Kleindynamik besteht, so daß die angebliche Musikalität wieder in Unmusikalität umschlägt.

Die stärksten Wirkungen werden natürlich durch weitbogige, über längere Strecken ausgedehnte Schwellungen der Klangstärke vom pianissimo zum fortissimo erzielt. Diese Großdynamik, wie sie um die Mitte des 18. Jahrhunderts besonders von der sogenannten Mannheimer Schule ausgebildet wurde, mußte natürlich im Notenbild vermerkt werden.

Faßt man alle Einzelerscheinungen des neuen Stils zusammen, so findet man, daß sie immer nur die künstlerischen/Mittel zu dem neuartigen Zweck der Musik sind: intensiver Ausdruck des mächtig gesteigerten subjektiven Gefühls.

In dem Kantablen, Flutenden, Schwelgenden, Sinnlichen, »Rührenden« des expressiven Stils fand der Bürger ein lebendes Abbild seiner eigenen Gefühle wieder. Hörte er Musik, so wühlte er in seinen wonnigen Gefühlen, vergaß dabei seine ganze Umwelt, erhob sich über den Alltag in die bessere Welt seines Innern, mit einem Wort: er wurde Mensch. So konnte Gluck die neue Musik als »Sprache der Menschheit« bezeichnen.

Und je mehr und intensiver der Bürger Musik hörte, um so mehr wurde er sich seiner Menschlichkeit bewußt, um so höher exponierte er sein Menschsein.

Es ist notwendig, an dieser Stelle auf die interessante Wandlung der *Ballettkunst*, über die wir schon bei der Betrachtung der Humanisierung der Künste berichtet haben, aufmerksam zu machen, da sie eine der Musik völlig parallele Entwicklung nahm.

Wie in der Musik des absolutistischen Zeitalters stilisierte menschliche Affekte dargestellt wurden und jedes Tonstück oder jeder Teil eines solchen nur einen einzigen Affekt enthalten durfte, so bestand auch in der Ballettkunst kein innerer Zusammenhang zwischen den einzelnen Charaktertänzen einer großen Komposition.

Das Ziel der neuen Musik war auch seit den umwälzenden Reformen von Noverre das Ziel der Ballettkunst: Ausdruck tiefster menschlicher Gefühle und Leidenschaften. In der expressiven Musik vermischen und durchdringen sich die direkt ausgedrückten Gefühle, im expressiven Ballett werden ebenfalls mittels durchgängiger Handlungen psychologische Entwicklungsvorgänge dargestellt.

Die Parallelität geht aber noch weiter. Die Spannungen und Entspannungen werden in der neuen Musik durch das An- und Abschwellen der Klangstärke verdeutlicht. Noverre verlangt auch für die Ballettkunst fluktuierendes Auf und Ab. Das Crescendo und Diminuendo überträgt er auf das Ballett. So schreibt er z. B. vor, daß von der Bühne abziehende Truppen so geordnet werden sollten, daß zuerst die größten, dann/die mittleren, schließlich die kleinen und kleinsten Figuranten in allmählicher »dégradation« folgten.

Aber nicht nur die Formen will Noverre crescendieren und diminuieren lassen, auch das An- und Abschwellen von Farbtönen ist für ihn ein Mittel, um den Gefühlsausdruck möglichst zu verdeutlichen. So spricht er in seinen »Fêtes du sérail« sein Entzücken darüber aus, daß die Bühnentechnik seiner Zeit einen unendlich großen Nuancierungsbereich z. B. von Blau und Rosa herstellen könnte.

Wir erinnern an dieser Stelle noch kurz an das Crescendo in der Dichtung, hervorgebracht durch eine Reihe von sich steigernden Relativsätzen, die einem Fortissimo entgegenschwellen, das Klopstock um die Mitte des 18. Jahrhunderts in seinem »Messias« verwendete, und das nur als eine Parallele zum musikalischen, körperlichen und farbigen Crescendo gedeutet werden kann.

Bevor wir auf die einzelnen Persönlichkeiten und Gattungen der neuen expressiven Musik zu sprechen kommen, müssen wir noch erwähnen, wie sich die *Musikinstrumente* zu der Expressivität verhielten.

Eine derartig grundlegende Umwälzung, wie sie um die Mitte des 18. Jahrhunderts in der Musik stattfand, mußte, da sie ein neuartiges Klangideal mit sich brachte, auch das Instrumentarium einer gründlichen Revision unterziehen. Alte, schwerfällige, dynamisch undifferenzierbare Instrumente vermochten den neuen Forderungen nach Kantabilität nicht mehr zu genügen. Neue ausdrucksfähige Instrumente tauchten auf.

Bei Betrachtung der Wandlung des Musikinstrumentariums muß aber außer der neuen Klangvorstellung noch ein zweiter wesentlicher Faktor berücksichtigt werden: die neue Musik war hauptsächlich für die Bürger bestimmt, und zwar nicht nur zum passiven Anhören im Konzertsaal, sondern vor allem auch zum Selbstmusizieren. Der musikliebende bürgerliche Dilettant verlangte von der neuen Musik, daß sie leicht ausführbar sei. Aus diesem Grunde verschwanden schwer zu beherrschende Instrumente.

So wurden z. B. die noch von J. S. Bach öfter verwendeten Zinken nach der Jahrhundertmitte nicht mehr benutzt. Der Zink, in der

Baßform Serpent genannt, war ein meist/S-förmig gewundenes Holzinstrument mit Trompetenmundstück. Die intonationsreine Hervorbringung der Notenreihe war nur sehr geübten Spielern möglich. Auch von der Verwendung der Trompete als Melodieinstrument sah man seit 1750 ab. Bach hatte den »Klarinbläsern« noch die schwierigsten Passagen zugedacht. Dabei kannte man damals nur die ventillose Naturtrompete, auf der die Tonreihe allein durch Veränderung der Lippenstellung und verschieden starkes Anblasen hervorgebracht werden kann. Das Klarinblasen war eine Kunst, die nur durch jahrelange Übung zu erreichen war.

Das Trompeten- und Zinkenblasen gehörte zu den wichtigsten Aufgaben der Stadtpfeifer, von denen diese Kunst auf große Höhe gebracht worden war. Mit dem Untergang des Stadtpfeifertums um die Mitte des 18. Jahrhunderts verfiel auch diese Kunst, denn das dilettierende Bürgertum hatte weder die Zeit noch das Interesse dafür.

Großen Veränderungen war auch das Geigenspiel um die Jahrhundertmitte unterworfen. Zur Zeit J. S. Bachs verwendete man einen stark gewölbten Bogen, dessen Haare durch den Druck des Daumens fest gespannt oder gelockert werden konnten. Bei straff gespannten Haaren konnte man nur forte, bei gelockerten Haaren nur piano spielen. Dieser Bogen erfüllte die Aufgaben der Stufendynamik in vollkommener Weise. Außerdem war mit ihm auf der Geige mehrstimmiges Spiel möglich, denn bei Lockerung der Haare waren mehrere Saiten zugleich bespielbar, während bei dem heutigen flachen, immer gleich straff gespannten Bogen nur zwei Saiten gleichzeitig gestrichen werden können, und drei- oder vierstimmige Akkorde, wie sie Bach häufig verlangt, nur durch eine häßliche Brechung erreichbar sind. Interessanterweise sind die Suiten für Violoncello solo von J. S. Bach fast völlig einstimmig gehalten, da damals beim Cellospiel schon der mechanisch gespannte flache Bogen verwendet wurde, wenn er auch noch nicht die heutige Form hatte. Auf der sechssaitigen (das Cello hat nur vier Saiten) Viola da gamba, einem in Einzelheiten vom Cello unterschiedenen Streichinstrument, hinwiederum war polyphones Spiel gebräuchlich. Wegen ihres dumpfen, dynamisch wenig differenzierbaren Tones mußte die Gambe in der zweiten Hälfte des 18. Jahrhunderts vor dem Violoncello das Feld räumen. Das große Tonvolumen,/die Schattierbarkeit der Klangstärke und die größere Ausdrucksfähigkeit sicherten dem Cello den Vorrang. Auch der alte, gewölbte, mit dem Daumen spannbare Bogen mußte verschwinden, da ein ausdrucksvolles, dynamisch differenziertes Spiel nur mit mechanischem Bogen möglich war. Polyphones Spiel verlangte der neue Stil nicht, also war der alte Bogen durchaus entbehrlich.

Als für das 18. Jahrhundert charakteristische Streichinstrumente sind hier noch die Viola d'amore und das Baryton zu erwähnen, bei denen sich unter den 6 oder 7 gestrichenen Saiten eine große Zahl anderer Saiten befanden, die nicht mit dem Bogen berührt wurden, sondern nur leise mittönten. Der Klang dieser Instrumente war lieblich, sanft und heller als etwa der Klang der Gambe. Viola d'amore und Baryton waren um die Jahrhundertmitte, als der galante Stil seine höchste Entfaltung fand, sehr beliebt. Haydn z. B. hat für das Baryton eine große Anzahl von Kompositionen geschrieben, da sein Brotherr, der Fürst Esterhazy, ein Virtuose auf diesem Instrument war.

Die Aufhellung des Klanges ist für diese Zeit typisch. Wie in der Malerei, in der Zimmerausstattung, in der Mode die satten, dunklen Farben von zartem Himmelblau oder süßem Rosa usw. verdrängt wurden, so wichen in der Musik – der galanten Lebensweise der Fürsten entsprechend – dunkle Klangfarben einer glitzernden Tändelei mit hellen, leichten Farbtönen.

Als an der Jahrhundertwende die fürstlich-höfische Kunst entweder völlig untergegangen oder ganz verbürgerlicht war, verschwanden auch diese Instrumente wieder. Wegen ihrer schwierigen Spielart fanden Viola d'amore und Baryton beim dilettierenden Bürgertum im empfindsamen Zeitalter nicht die Verbreitung wie die Glasharmonika oder gar das Clavichord.

Die Glasharmonika war für die gefühlvollen Seelen der zweiten Jahrhunderthälfte ein gegebenes Mittel zur Reizung ihrer unglaublich sensiblen Nerven. Das Instrument, wie es in seiner vollendeten Form 1763 von Benjamin Franklin konstruiert worden war, bestand aus einer Reihe ineinandergeschachtelter Glasschalen, die auf eine rotierende Achse montiert waren. Berührte man mit den Fingerspitzen die Ränder der sich drehenden Schalen, so hörte man einen hellen, zar-/ten, aber durchdringenden Klang. Über die musikalische Wirkung des Instruments schreibt ein empfindsamer Zeitgenosse: »Das Spiel weckt sanftes stilles Wonnegefühl, Ahnungen einer höheren Harmonie, wie sie die guten Seelen in einer schönen Sommernacht durchzittern. Unter den Fingern reift der Ton zu einer vollen schönen Zeitigung, und stirbt so lieblich hin, wie Nachtigallenton, der Mitternachts in einer schönen Gegend verhallet. Noch im letzten Moment des Verschwindens durchzittert er die zartesten Fasern des Gehörs. Seine Schwingungen scheinen nicht gemeine Luft – sie scheinen Aether zu sein – Elektrik. Der Ausdruck führt das Gepräge des innigsten Gefühls hochgestimmter Leidenschaft.«[1]

Als an der Jahrhundertwende die exaltierte Gefühlsvergötterung und Nervenüberreizung wieder normaleren Verhältnissen wich, ging auch das Interesse an der Glasharmonika zurück. Ja, man hatte geradezu Antipathien gegen dieses Instrument. Man stellte besondere Gesundheitsmaßregeln für die Spieler auf, da man fürchtete, der schrille Klang könnte zu ernstlichen Nervenerkrankungen führen. Hegel z. B. in seinen »Vorlesungen über die Aesthetik« hielt die Intensivität dieses Instrumentes »so ergreifender Art, dass viele Menschen beim Anhören bald einen Nervenkopfschmerz empfinden.«[2] Und E. T. A. Hoffmann vergleicht schließlich das Spiel auf der Glasharmonika mit dem »Kratzen eines Messers auf der Fensterscheibe«[3].

Das Lieblingsinstrument der Empfindsamkeit war das Clavichord. Dieses Tasteninstrumentchen, das man bequem herumtragen konnte, besaß einen zwar sehr kleinen und zarten, aber dynamisch differenzierbaren, modulationsfähigen Ton. Die Saiten des Clavichords wurden dadurch zum Klingen gebracht, daß ein direkt auf der Tastenverlängerung angebrachter Körper (Tangente) beim Niederdruck der Taste unmittelbar die Saite berührte. Durch die Stärke des Fingerdrucks und die Anschlagsdauer konnte der Ton in der verschiedensten Weise verändert werden. Ein besonders beliebter Effekt war die sogenannte »Bebung«, eine durch vibrierendes Nachdrückens hervorgebrachte Verlängerung eines bereits angeschlagenen Tons. Die dadurch mögliche große Ausdrucksfähigkeit sicherte diesem billigen Instrument seine große Beliebtheit in Bürgerkreisen. Die Kleinheit des Tons schloß von vornherein/eine Verwendung dieses intimsten aller Klavierinstrumente im Konzertsaal aus. Um so verbreiteter war es als Hausinstrument.

Im Konzertsaal behauptete das Cembalo noch eine Zeitlang in

---

[1] s. hierzu: Beschreibung der Harmonika des Herrn Fraenklins. In: Neue Bibliothek der schönen Wissenschaften und freien Künste 1767, 4
[2] G. W. F. Hegel, Ästhetik. (1835) Berlin und Weimar 1965, 2 Bde.
[3] E. T. A. Hoffmann, Werke in 15 Teilen, Berlin etc. (Bong) o. J., Hg. G. Ellinger

Ermangelung eines klangreichen und zugleich ausdrucksfähigen Klavierinstruments seine Position. Beim Cembalo wurden durch den Tastendruck die Saiten mit einem Rabenkiel angerissen. Der Ton war kurz, silbrig glänzend, durchdringend, aber dynamisch undifferenzierbar. Vermöge einer besonderen Konstruktion konnten durch Registerzüge wie bei der Orgel verschiedene Klangfarben erzeugt werden, eine Vermischung oder ein Ineinanderfließen der Klangfarben war aber natürlich unmöglich. Das Cembalo war das ideale Klavierinstrument für den Repräsentativstil. Als hauptsächliches Generalbaßinstrument durfte es niemals fehlen.

Der Forderung nach ausdrucksvollem Musizieren seit der Jahrhundertmitte konnte das Cembalo jedoch nicht genügen. Auch Holfelds Erfindung, dank derer ein schnelles Wechseln der Register mittels Fußhebels während des Spiels möglich war, änderte nichts daran. Der Cembaloton blieb trotz allen Glanzes starr und undifferenzierbar. Die empfindsamen Seelen zogen ihm daher das an sich viel ältere Clavichord vor, auf dem sich so schön »singen« ließ.

Die Mängel des Clavichords waren aber zu groß. Es blieb nur ein Notbehelf, ein Übergangsinstrument. Allen Forderungen, sowohl der Ausdrucksfähigkeit und Differenzierbarkeit des Tons als auch der größeren Klangfülle und zugleich möglicher Zartheit, wurde erst das Hammerklavier gerecht.

Wie schon der Name sagt, wird hier die Saite durch den Aufschlag eines Hammers erregt, der durch Tastendruck in Bewegung gesetzt wird. Das Hammerklavier wurde schon am Anfang des 18. Jahrhunderts erfunden, und zwar fast gleichzeitig, aber unabhängig voneinander in Italien (von Christofori 1709), Frankreich (von Marius 1716) und Deutschland (von Schröter 1717). Es dauerte jedoch eine ganze Weile, ehe das Instrument die Konstruktion bekam, die seine Überlegenheit dem Cembalo und Clavichord gegenüber gewährleistete. Erst um die Jahrhundertmitte wurden für den Hausgebrauch praktikable Instrumente gebaut. Und am Jahrhundertende war sein Sieg unbestritten./

Wie das Cembalo wegen seiner Starrheit und Unsanglichkeit verschwand, so erging es allen Zupfinstrumenten. Von diesen hatte die Laute als solistisches Hausinstrument und als Generalbaßinstrument im Orchester bis in die erste Hälfte des 18. Jahrhunderts außerordentlich weite Verbreitung gefunden.

Selbst das konservativste aller Musikinstrumente, die Orgel, machte die Stilwandlung mit: sie erhielt einen Schweller.

Zum Schluß müssen wir noch einige Veränderungen erwähnen, die die Zusammensetzung des Orchesters betreffen. Bevorzugte man bis zur Jahrhundertmitte Oboe, Flöte und Solovioline wegen ihres gegensätzlichen Klangcharakters, so gewannen nach 1750 Klarinetten, Hörner und Violen wegen ihrer Verschmelzungsfähigkeit größeren Einfluß. Die Klarinette wurde dank ihres ausdrucksvollen, weichen und sinnlichen Klanges in den fünfziger Jahren eingeführt. Um eine recht einheitliche akkordische Wirkung zu erzielen, ließ man seit den Mannheimern gern zwei lang ausgehaltene Hörner mit den Streichern gehen. Auch das Fagott bekam neue Aufgaben. Es wurde aus seiner unselbständigen Stellung als klangverstärkendes Baßinstrument erlöst und erhielt häufig solistische Verwendung, oder man führte es mit anderen Holzbläsern zusammen paarweise in Terzen und Sexten. Bleibt noch zu sagen, daß die noch von Bach gebrauchte Schnabelflöte wegen der Ausdruckslosigkeit und Einförmigkeit ihres Klanges ganz der Querflöte weichen mußte.

Es gibt also kaum ein Gebiet innerhalb des Instrumentariums, das nicht von der Stilwandlung zutiefst berührt worden wäre.

Wir haben nun kurz zu verfolgen, wie sich die Gefühlsbereicherung in den einzelnen musikalischen Gattungen vollzogen hat.

Wie die Empfindsamkeit oft nur als eine Folgeerscheinung des Pietismus angesehen wird, so glaubt man auch vielfach, die Gefühlsbereicherung in der Musik letzten Endes auf pietistische Einflüsse zurückführen zu können.

Daß der Pietismus eine Erscheinung war, die mit einer direkt intendierten Gefühlsbereicherung nichts zu tun hat, haben wir schon dargelegt. Auch in der Musik ist nun genau zu trennen/ zwischen dem verstärkten subjektiven Gefühlsausdruck als Nebenerscheinung des Pietismus in der ersten Jahrhunderthälfte und dem allgemeinen Einbruch des Empfindsam-Expressiven um die Jahrhundertmitte.

Es ergibt sich aus dem Wesen des Pietismus von selbst, daß eine Auswirkung auf die Musik nur ein Teilgebiet derselben, die protestantisch-geistliche berühren und in beschränkter räumlicher Ausdehnung, hauptsächlich im protestantischen Norddeutschland, stattfinden konnte. So sehen wir, wie das mehrstimmige protestantische Kirchenlied, das der pietistischen Zersplitterung zufolge zum einstimmigen geistlichen Hauslied wurde, in der ersten Jahrhunderthälfte süßlicher Gottschwärmerei Tür und Tor öffnete, wobei vom musikalischen Standpunkt aus gesehen stilistisch nur die Möglichkeit blieb, sich den allgemein verbreiteten, galanten französischen Tanzschlagern zu nähern, da ja, wie wir gesehen haben, der galante Stil – wenn auch nur in beschränktem Umfange – dem Ausdruck subjektiver Empfindungen Raum geben konnte. Das pietistische geistliche Sololied war galant und trug häufig ganz unverhohlenen Tanzcharakter.

In den größeren Formen der geistlichen Musik zeigte sich eine pietistische Gefühlsdurchdringung vor allem an den Stellen, wo aus inhaltlichen Gründen weder polyphone Gestaltung noch ein einheitlicher Affekt notwendig war: in den generalbaßbegleiteten Rezitativen. In den Oratorien, Kantaten und Passionen der protestantischen Kirche wurden die Rezitative gefühlshaft durchsättigt, im Gegensatz zum katholischen Oratorium in Italien und auch in Wien, wo nach Opernart die Rezitative flüchtig heruntergeleiert wurden. Ein Vergleich eines Oratorienrezitativs der Hamburger Telemann oder Mattheson etwa mit einem Rezitativ von Hasse lehrt den Unterschied.

Weiterhin sind in der norddeutschen geistlichen Musik die immer häufiger auftretenden Ariosi auf pietistische Einflüsse zurückzuführen. Das Arioso, ein Mittelding zwischen Rezitativ und Arie, hielt zwar an der Affekteinheit fest, aber hier handelt es sich nicht mehr um reine objektive Affekte, sondern schon eher um gefühlshaft subjektive Stimmungen. Selbst der in seinen Anschauungen wie auch in seiner Tonsprache orthodoxe Johann Sebastian Bach hat solche Stimmungsariosi ge-/schrieben, wie z. B. jenes herrliche »Am Abend, da es kühle ward«, in der Matthäuspassion (1729).

Alle diese Erscheinungen haben aber noch nicht das mindeste mit der Gefühlsbereicherung von 1750 ab zu tun. Sie waren auf dem Teilgebiet der protestantisch-geistlichen Musik höchstens eine Vorstufe zu der mit Macht einsetzenden subjektiven Expressivität.

Das norddeutsche *Oratorium,* das ja inzwischen mehr und mehr aus der Kirche in den Konzertsaal übergesiedelt war, erlebte um 1750 eine tiefgreifende Wandlung im Sinne einer enorm gesteigerten Gefühlsdurchdringung. Anstelle der epischen Vorgänge – man denke hier an Klopstocks »Messias« – treten die subjektiven Gefühle der Einzelpersonen in das Zentrum des Interesses, so daß J. A. P. Schulz in Sulzers »Theorie der schönen Künste« sagen konnte: »Das Oratorium nimmt verschiedene Personen an, die von einem erhabenen Gegenstand der Religion, dessen Feyer begangen werden soll, stark gerührt werden und ihre Empfindungen darüber bald einzeln, bald vereinigt auf sehr nachdrückliche Weise äußern. Die Absicht dieses Dramas ist, die Herzen der Zuhörer mit ähnlichen Empfindungen zu durchdringen.«[1]

Auch die Kirchenkantate, die damit in ihr Sterbestadium tritt, wurde völlig von subjektiver Empfindelei erfüllt. Vom expressiven Oratorium und von der expressiven Kantate meinte Herder: »Unsichtbar fliessen nach und nach Stimmen und Töne in unsere Seele, vom zartesten Tropfen bis zum vollsten Strom, an keinem Faden gereiht, als an dem leisen aber mächtigen, unzerreissbaren der *Empfindung*.«[2] Und J. F. Löwen sagte über die Kantatendichtung: »Ich kann in keiner Arie die Barmherzigkeit Gottes beweisen, aber ich kann wohl das Gefühl derselben abbilden.«[3]

Die bedeutendsten Oratorien dieser Art waren: »Der Tod Jesu« (1755) von dem Hofkapellmeister Friedrichs II. Karl Heinrich Graun (1703–1759) auf einen Text von Ramler, »Die Kindheit Jesu« und »Die Auferweckung des Lazarus« (beide 1773), Texte von Herder, Musik von Johann Christoph Friedrich Bach (1732–1795), dem vierten Sohn Johann Sebastians, das »Passionsoratorium« (1764) von Johann Ernst Bach (1722–1777), dem Sohn eines Vetters des Thomaskantors, »Der Tag des Gerichts« (1762) von Telemann (1681–1767)/und die vielen Oratorien des Magdeburger Kapellmeisters Johann Heinrich Rolle (1718–1785). Auffallend ist die Textwahl bei diesen Oratorien. Meist sind es Darstellungen aus dem Leben Jesu. Klopstocks empfindungssatter »Messias« war es, der den Anstoß zu einer ganzen Literatur von Messiasoratorien gab, die einander an sentimentaler Gefühlsschwelgerei gegenseitig übertreffen. Telemann und Reichardt setzten außerdem ganze Partien des Klopstockschen Epos in Musik.

Die Tonsprache in allen genannten Werken ist weich, schmiegsam, oft süßlich. Der episch-oratorische Stil eines Johann Sebastian Bach ist in dieser folgenden Generation vollständig lyrisiert, wie Klopstock seinen »Messias« lyrisierte. Die Klarheit und Herbheit

---

[1] J. G. Sulzer, Allgemeine Theorie der schönen Künste. In einzeln, nach alphabetischer Ordnung der Kunstwörter auf einander folgenden Artikeln abgehandelt 3. ver. Aufl., Teil 1–4, Leipzig 1786–87

[2] J. G. Herder, Die Ausgießung des Geistes. Eine Pfingstkantate. Vorläufige Abhandlung. (1766) In: Sämmtliche Schriften a. a. O., Bd. 1

[3] J. F. Löwen, Anmerkungen über die Odenpoesie. In: Sammlung musikalischer Schriften 1,1, Leipzig 1757

der Bachschen Melodieführung ist einem geschmeidigen Auf und
Ab gewichen, das den subjektiven Gefühlen freie Entfaltungsmöglichkeit gibt. Bei Johann Ernst Bach sind die einst festgefügten,
strengen Kirchenchoräle durch eine empfindsame Melodik verweichlicht. Von Polyphonie kann kaum mehr die Rede sein. Graun
beginnt zwar Fugen, führt sie aber nicht durch. Der Klang ist durchaus verschmelzend. Wenn man noch polyphone, besser scheinpolyphone Stellen einfügte, denn das harmonische Geschehen
dominierte durchaus, dann geschah es nur, um auch musikalisch
den geistlichen Charakter eines dramatischen Singgedichts, wie
man jetzt das Oratorium nannte, zu wahren.

Bezeichnenderweise haben alle diese Oratorienkomponisten auch
weltliche Musik im galanten, teilweise schon expressiv durchdrungenen Stil geschrieben. Auf dem neutralen Gebiet der geistlichen
Musik konnten diese meist an Höfen angestellten Musiker ihren
gesteigerten Gefühlen freien Lauf lassen, während sie zur Unterhaltung ihres Brotherrn spielerisch tändelnde Musik schreiben
mußten.

Besonders krass liegen diese Verhältnisse bei dem Berliner Hofkapellmeister Graun, der in der Oper und Konzertmusik ganz dem
galanten Stil huldigt, im Oratorium jedoch den subjektiven Empfindungsausdruck derartig übersteigert, daß man geradezu von
eruptiven Gefühlsausbrüchen reden kann. Interessant ist es zu
beobachten, wie Grauns »Tod Jesu« gerade von bürgerlichen Konzertgesellschaften vielfach aufgeführt wurde, so daß dieses Oratorium bald eine unglaub-/liche Popularität genoß. Der Grund dafür
war eben der intensive Ausdrucksgehalt dieser Musik.

Die rein bürgerliche Erscheinung der Gefühlsbereicherung drang
also durch die geistliche Musik selbst in solche Höfe ein, die auch
in künstlerischen Dingen völlig despotisch regiert wurden, wie es in
Berlin der Fall war. Mit dem Einbruch des subjektiv Gefühlsmäßigen an den Höfen begann die Verbürgerlichung der Hofmusik, mit
anderen Worten: der Verzicht der Fürsten auf eine eigene Kultur
und damit die beginnende Selbstvernichtung der feudalen Klasse.

Das geistliche Moment des Oratoriums trat vor dem subjektivausdrucksmäßigen immer mehr zurück. Wie schon Klopstocks
»Messias« gewissermaßen als heidnisch bezeichnet werden kann,
sind auch die Messiasoratorien teilweise ganz ungeistlich. Sie greifen mit ihren vielen betrachtenden Stimmungen, die sich meistens
an Naturbilder anschlossen, schon in das Gebiet der Idylle hinüber.

Im Idyllenoratorium, zu dem hauptsächlich Ramler, Zachariä und Herder ihre gefühlvollen Worte lieferten, sind diese empfindungsreichen Naturbetrachtungen in den Mittelpunkt gerückt. An den Morgen- und Abendstimmungen, den Schilderungen von Sonnenauf- und -untergängen, von Mondschein, Gewitter und Nachtigallengesang entzündete sich die empfindsame Phantasie der damaligen Leutchen. Die weiche, kantable Melodik, die tief durchfühlten harmonischen Fortschreitungen unterstrichen den Gefühlscharakter dieser Naturstimmungen, so daß das Publikum in seinen rührendsten Empfindungen schwelgen konnte.

Im Idyllenoratorium war der letzte Rest von Geistlichkeit getilgt. Das Oratorium landete endgültig im Konzertsaal. Telemanns schon sehr ausdrucksreiche Idylle »Die vier Tageszeiten« bezeichnet den Anfang dieser Richtung, die in Haydns »Schöpfung« (1798) und den »Jahreszeiten« (1801) ihre klassische Vollendung erlangte.

Auch in katholischen Gebieten machte sich im Oratorium die plötzliche Gefühlsbereicherung um die Jahrhundertmitte bemerkbar. Hier fehlten die Anregungen, die auf protestantischem Boden vom Pietismus ausgingen.

Da sich das italienische Oratorium, wie es in Deutschland vor allem von Johann Adolf Hasse (1699–1783) gepflegt/wurde, schon seit Anfang des 18. Jahrhunderts nur durch den Inhalt von der Oper unterschied, fand hier die Gefühlsdurchdringung in derselben Weise statt wie in der Oper. Besonders klar liegen die Verhältnisse in Dresden. Während bis zu Beginn des Siebenjährigen Krieges (1756) im allgemeinen die Hassesche Richtung allein tonangebend war, brachte das Oratorienschaffen von Johann Gottlieb Naumann (1741–1801) und Franz Seydelmann (1748–1806) den endgültigen Stilumschwung: alles ist weich und abgerundet, dem Ausdruck der Gefühle entsprechend befindet sich die süße, kantable Melodik in ständiger Fluktuation, alles Kantige und Gegensatzreiche wird gemieden, durch Terzen- und Sextenparallelen wird die Oberstimme in ihrer Expressivität noch gesteigert, und fortwährende Vorhalte verstärken das empfindsame Schmachten dieser Musik. Man denke hier wieder einmal an Klopstock, der ebenfalls so gerne mit Vorhalten bei seinen Zeitwörtern eine langouröse Stimmung zu wecken suchte.

Auch in Süddeutschland und Österreich wurde das Oratorium durch den subjektiven Gefühlsausdruck umgeformt und vertieft. So erreicht z. B. der Salzburger Hofkapellmeister Johann Ernst

Eberlin (1702–1762) im »Blutschwitzenden Jesus« eine Empfindungsstärke von teilweise erstaunlichem Format.

Bei Betrachtung der Gluckschen Reform der großen tragischen *Oper* haben wir gesehen, daß die Hervorkehrung des Allgemeinmenschlichen den neuen Zielpunkt bildete. Selbstverständlich war aber auch hier echte Menschlichkeit und Wahrheit nur durch die Angemessenheit des freien subjektiven Gefühlsausdrucks an die jeweilige dramatische Situation, d. h. durch die reine Natürlichkeit der menschlichen Empfindungen erreichbar. Gerade weil Gluck nur leibhaftige Menschen und keine wesenlose Schemen auf die Bühne gestellt wissen wollte, war die Expressivität ein absolut notwendiges Mittel, ein integrierender Bestandteil des neuen Musikdramas.

Aber subjektiver Gefühlsausdruck war für Gluck nicht das Zentrum des künstlerischen Gestaltens, sondern ein – wenn auch sehr wichtiges – Mittel zur Darstellung allgemeinmenschlicher Schicksale. Die ganze Musik war für ihn nur Mittel zur Erzielung dramatischer Wahrhaftigkeit.

Neben der Gluckschen Richtung entfaltete sich von Italien/ausgehend eine andere, ebenfalls gründlich reformierte Art der Oper, bei der nicht das Dramatische Zweck und die Musik nur Mittel war, sondern umgekehrt das Dramatische nur da war, um Anregung und Rahmen für eine ausdrucksvolle Musik zu geben. Die Musik stand für Vertreter dieser Richtung immer im Mittelpunkte, und die Poesie hatte stets nur »die gehorsame Tochter« der Musik zu sein, wie sich Mozart ausdrückte, der diese Opernart zum Höhepunkt führte.

Die typisch höfische Allegorienoper Metastasios und ihre Vertonungen von den Deutschen Hasse, Graun und Händel haben wir schon kennengelernt; ebenso die allmähliche Abkehr Jommellis und Traëttas von dieser schematisierten Fürstenvergötterung in Richtung einer Vermenschlichung und Dramatisierung. Hand in Hand damit ging auch die Steigerung des subjektiven Gefühlsausdrucks in der Opernmusik. So rief Heinse Jommelli zu: »Sie musizieren uns Empfindungen durch Akzente in die Seele, und die Leidenschaften, die sie ausdrücken, brennen unsere Seelen an.«[1]

Hier aber trennen sich die Wege. Gluck setzte die Jommelli-

---

[1] W. Heinse, Sämmtliche Werke, a. a. O., Bd. 5

Traëttasche Seite der Entwicklung fort und verwirklichte das musikalische Drama.

Die andere Seite der Entwicklung konzentrierte sich allein auf die Ausbildung einer expressiven Musik, der durch das handlungsmäßige Geschehen Richtung gegeben wurde.

Fast gleichzeitig wie in Deutschland wandte man sich auch in Italien gegen die starre Allegorienoper. Das italienische Bürgertum hatte ähnlich wie das deutsche die Fürstenverhimmelung auf der Bühne satt und setzte alles daran, sein Verlangen nach einer gefühlsbereichernden, sinnenfrohen Musik überall verwirklicht zu sehen.

Eine Musikgattung gab dazu das Vorbild: die Opera buffa.

Die aus der alten Volksposse und Stegreifkomödie entstandene komische Oper war in ihrer Natürlichkeit und Frische ein bewußtes Gegenstück zur affektvollen Opera seria, ein typisch bürgerliches Erzeugnis. Mit Pergolesis »La serva padrona« (1733) erreichte diese Kunst ihren ersten Höhepunkt. Bei der zunehmenden Machtstellung des Bürgertums entstand aber bald der Ehrgeiz, die reine Komik zu vertiefen, die leicht eingängliche, spritzige Musik durch einen intensiveren Ausdrucksgehalt auf eine höhere Ebene zu bringen. Textlich/erreichte das auf die Pergolesi folgende Generation mit Goldonis Lustspielen. Auch ernstere Gestalten treten auf, sentimentale Liebespaare erleben rührende Abenteuer. Dieses bürgerliche Rührstück, wie es 1760 in Piccinis ungeheuer verbreiteter »Buona figliuola« fest ausgebildet war, behielt trotz aller Sentimentalität doch stets den komischen Grundton bei.

Gleichzeitig wurde die Musik empfindsam, expressiv. Sie nahm alle die stilistischen Eigenheiten an, die wir als für den expressiven Stil charakteristisch erkannt haben.

Diese neue sinnenfrohe, ausdrucksstarke Musik der Buffa war es nun, die der inzwischen völlig verkalkenden metastasianischen Seria neue Blutzufuhr verschaffte.

Die Allegoriendarstellung der Seria trat in den sechziger Jahren immer mehr zurück vor der Intensivierung des musikalischen Ausdrucks, der nunmehr ganz im Mittelpunkt stand. Die Opera seria verbürgerlichte vollständig.

Bei Francesco di Majo (1740–1777), Johann Christian Bach (1735–1782), dem nach Italien ausgewanderten jüngsten Sohn Johann Sebastians, bei Piccini (1728–1800), Guglielmi (1727–1804) und vielen anderen, die sowohl Opere serie wie buffe komponierten, überwiegt das Musikalische bei weitem. Süße, sinnliche, weiche

Kantilenen, schwärmerische, rührende harmonische Wendungen, farbige Instrumentation, große Formenfreiheit, ausgedehnte Ensembles und Finales charakterisieren die musikalische Gestaltung, die von nun an in der Buffa wie in der Seria allein im Zentrum des Interesses steht.

Die Entwicklung der italienischen Oper mußte hier kurz dargelegt werden, weil unmittelbar an dem zuletzt genannten Stadium Mozart anknüpfte, dessen Tonsprache sich oft kaum z. B. von der Johann Christian Bachs unterscheiden läßt. Mit Mozart gelangte die Musikalisierung der Oper im Sinne einer Ausdruckssteigerung auf ihren Höhepunkt. Was aber Mozart von allen Meistern des italienischen Stils, zu denen man auch Bach rechnen muß, unterscheidet, ist die von Mozart allein immer, von Majo und Bach nur stellenweise erreichte Intensität des musikalischen Ausdrucks.

Bevor wir jedoch auf Mozart eingehen, müssen wir noch kurz auf die *bürgerliche Singspielbewegung,* das/deutsche Gegenstück zur italienischen Buffa eingehen, weil Mozart auch von hier aus wichtige Anregungen erhielt.

Die italienische Opera buffa errang im Jahre 1752 in Paris einen derartigen Erfolg, daß sie den entscheidenden Anstoß zum Entstehen der bürgerlichen Opéra comique gab, für die der Boden durch die weit verbreiteten Vaudeville-Komödien genügend präpariert war.

Die Opéra comique machte wie die Buffa eine Wandlung in Richtung einer größeren Empfindungstiefe durch: im Singspiel ist die Gefühlsbereicherung nicht das primäre Moment, wie noch zu zeigen sein wird. Bei Monsigny (1729–1817) und besonders Grétry (1742–1813) ist eine intensive Ausdruckssteigerung festzustellen, wie sich auch in den Texten besonders seit den siebziger Jahren sentimentale Züge in den Vordergrund drängten.

Eine ähnliche Entwicklung machte nun auch das deutsche Singspiel durch, das 1743 in Anlehnung an die epochemachende englische »Beggar's opera« (1728) entstanden war. Überwogen noch in den Singspielen von Standfuss und Hiller, die viele Elemente der italienischen und französischen Opern aufnahmen, das Burlesk-Komische und das Hausbacken-Spießbürgerliche, so macht sich bei Georg Benda (1722–1795) eine Vertiefung des musikalischen Ausdrucks bemerkbar, die das Niveau des deutschen Singspiels stark hob. Bendas Singspiele »Der Dorfjahrmarkt« (1775), »Julie und Romeo« (1776), »Der Holzhauer«

(1778) und vor allem die »ernsthafte Operette« »Walder« (1777), die Bücken mit Recht als das »bürgerliche Schauspiel in Musik« bezeichnet,[1] stellen in Bezug auf Empfindungsreichtum und Gefühlswärme alle früheren Singspiele weit in den Schatten. Was Benda besonders auszeichnet, ist die außerordentlich treffende musikalische Charakteristik der Einzelpersonen. Überwogen im Singspiel bis gegen 1770 die Typen »Hänsgen«, »Liesgen«, die komische Alte usw., und blieb daher auch die musikalische Zeichnung der einzelnen Personen stereotyp, so sind Bendas Singspiele durch die Individualcharakteristik dramatisch ungemein belebt, wozu natürlich Gotters Texte Wesentliches beigetragen haben. Seit Benda war es Hauptaufgabe eines jeden Singspielkomponisten, alle Gefühlsäußerungen einer Bühnenfigur durch die Musik zu intensivieren, damit sie eine stärkere Überzeugungs-/und Übertragungskraft erhielten. Jede Person mußte musikalisch völlig eindeutig charakterisiert sein. Bei großen Ensembleszenen war es die Kunst, trotz der einheitlichen musikalischen Gestaltung das Eigenleben jeder Einzelfigur getreu zu wahren. Benda erwies sich gerade dadurch als ein hervorragender musikalischer Dramatiker, weil die Gefühle aller seiner Bühnenfiguren selbst bei den verwickelsten Szenen ihre eigentümliche musikalische Verdeutlichung und Vertiefung erhalten. Benda steht damit unmittelbar neben Mozart, der sich sehr rühmend über den Berliner Komponisten aussprach.

Im Vorübergehen sei hier erwähnt, daß im Sololied, das überhaupt eine dem Singspiel durchaus parallele Entwicklung nahm, in den siebziger Jahren durch die sogenannte zweite Berliner Liederschule mit Johann Abraham Peter Schulz (1747–1800) an der Spitze eine ähnliche Vertiefung des echten Gefühlsausdrucks zu konstatieren ist wie im Singspiel. Neben Schulz sind noch zu nennen Johann Gottlieb Neefe (1748–1798), mit der Vertonung von Klopstockoden (1776), und vor allen Dingen Johann Friedrich Reichardt (1752–1814), von dem eine sehr große Zahl von Vertonungen Goethescher Gedichte stammen. Das Lied war wohl die verbreitetste musikalische Gattung in der zweiten Hälfte des 18. Jahrhunderts, da es den Bedürfnissen der Bürger in vollkommener Weise entgegenkam. Auch der musikalisch wenig gebildete

---

[1] Ernst Bücken, Handbuch der Musikwissenschaft a. a. O.

Bürger vermochte diese anspruchslosen kleinen Gebilde am Clavichord zu singen und dabei in seinen Gefühlen zu schwelgen. Denn das war die Hauptsache. Sulzer bestätigt uns das, wenn er vom Lied sagt: »Hier kommt es nicht auf die Belustigung des Ohres an« (wie im höfischen galanten Stil) »nicht auf Bewunderung der Kunst, nicht auf die Ueberraschung durch künstliche Harmonien und schwere Modulationen« (wie im höfischen Repräsentativstil), »sondern lediglich auf *Rührung*«.[1] Also auch im Lied ist die Expressivität der letzte Endzweck.

Aber zurück zur Oper.

Der ungeheure Erfolg der Singspielbewegung stachelte den Ehrgeiz der deutschen Komponisten an, auch eine große *tragische deutsche Oper* zu schaffen. Zur gleichen Zeit, als Benda in Norddeutschland die Singspiele gefühlshaft vertiefte, fanden in Süddeutschland wichtige Reformbestrebungen statt, die in der gleichen Richtung liefen. Die italienische Oper, die von den deutschen Höfen ausschließlich gepflegt wurde, hatte sich in den siebziger Jahren derartig überlebt, daß sich selbst die Fürsten, die doch darin verherrlicht wurden, von ihr abwandten. In Mannheim setzte sich nun der für bürgerliche Kunsterrungenschaften leicht zugängliche Karl Theodor für die Entstehung einer großen deutschen tragischen Oper ein. Karl Theodor gehörte wie Karl August von Weimar zu der Kategorie von Fürsten, die durch das Fördern bürgerlicher Tendenzen sich selbst den Schein einer superioren Geistigkeit geben wollten, mit der sie sich wieder dem Bürgertum überlegen glaubten.

War in der Opera seria die Allegoriendarstellung der eigentliche Kernpunkt, so wird im »Günther von Schwarzburg« (1776) von Ignaz Holzbauer (1711–1783), der ersten großen deutschen Oper, trotz der Darstellung eines fürstlichen Schicksals, dieses ganz in den Hintergrund gedrängt durch die empfindsamen Betrachtungen und Gefühlsäußerungen der handelnden Personen. Holzbauer, der von der italienischen Seria und Buffa herkam, hat hiermit die Errungenschaften des volkstümlich-bürgerlichen Singspiels auf eine tragische Oper erweitert.

Holzbauers Bestrebungen wurden noch verstärkt durch Anton Schweitzer (1737–1787), der Wielands Operntexte »Alceste« (1777

---

[1] J. G. Sulzer, Allgemeine Theorie der schönen Künste, a. a. O.

in Mannheim aufgeführt) und »Rosamunde« (1780) vertonte. Schweitzer trieb die Gefühlssteigerung in der Oper auf die Spitze, er übertrieb sie derartig, daß das eigentliche dramatische Geschehen von den Gefühlsausbrüchen überschwemmt wurde. Mozart nannte an Schweitzers Musik alles übertrieben. Mit der Übersteigerung des Gefühlsmäßigen sprengte Schweitzer den Rahmen der Oper, da die dramatische Wahrscheinlichkeit verloren ging.

Ganz im Sinne Schweitzers ist es auch, wenn Sulzer Klopstocks »Hermannschlacht« als das Vorbild einer Opernhandlung bezeichnet, weil der Dichter nicht die eigentliche Schlacht schildert, sondern den Hauptwert auf die sentimentalen Betrachtungen der Hauptfiguren vor, während und nach der Schlacht legt. Es kommt Sulzer also nicht so sehr auf die dramatische Handlung als solche, sondern vielmehr auf die Situationen an, die in den handelnden Personen eigentümliche musikalisierbare Empfindungen erwekken.

Daß *Mozart* an Schweitzer alles übertrieben nannte, ist/charakteristisch für den Gegensatz zwischen beiden Komponisten. Die Vollendung, das unerhörte Gleichmaß in Mozarts Opern ist allein daraus zu erklären, daß der Komponist für seine Figuren stets das richtige Quantum der musikalischen Gefühlsäußerung fand. Alle Charaktere in Mozarts Opern erhalten erst durch die Musik ihr eigentliches Profil, d. h. Mozart verstand es, vermöge eines außergewöhnlichen Theaterinstinkts das Empfinden und Fühlen jeder Bühnenfigur mit einer unglaublich treffenden Präzision musikalisch auszudrücken. Die weite Ausdrucksskala, die Mozart durch die vollendete Durchbildung und Beherrschung des expressiven Stils zur Verfügung stand, konnte er da am besten anwenden, wo ihm ein Text eine Fülle von lebendigen und kontrastierenden Charakteren in möglichst vielfältigen und psychologisch interessanten Situationen bot. Und so allein ist Mozarts vielfach falsch interpretiertes Wort, daß die Poesie »stets die gehorsame Tochter der Musik« sei, zu verstehen: die Musik ist dominierend, insofern sie die Empfindungen, Stimmungen, ja schließlich jedes psychologische Verhalten der Bühnengestalten wortlos ausdrückt und verdeutlicht. »Warum gefallen denn die welschen komischen Opern überall?« fragt sich Mozart, »mit all dem Elend, was das Buch anbelangt? sogar in Paris, wovon ich selbst Zeuge war? – Weil da ganz die Musik herrscht und man darüber alles vergißt. Umso mehr muß ja eine Opera gefallen, wo der Plan des Stückes gut herausgearbeitet, die Wörter aber bloss für die Musik geschrieben sind.«[1]

Diese Sätze sind für die Erkenntnis des Wesens der Opernkompositionen Mozarts grundlegend. Der Text bildet für Mozart nur den Anlaß, den äußeren Rahmen zum Ausdruck der Empfindungen der Handelnden in der Musik.

Das Geheimnis der Lebenswahrheit und Echtheit der Mozartschen Figuren liegt darin, daß der Komponist mit unheimlichem psychologischem Scharfblick die Gefühle und Stimmungen der Handelnden erfaßte und sie selbst bei den größten Verwicklungen des Geschehens mit vollkommener Äquivalenz in der Musik wiedergab. Das Erstaunlichste in dieser Hinsicht bilden die großen Ensembles und Finales, wo selbst bei einer Vielzahl von Handelnden jeder einzelne Charakter seine individuelle Eigentümlichkeit mit Sicherheit wahrt. Jeder drückt in jeder Lage seine Gefühle mit einer Lebensechtheit/aus, daß man erkennt, alle Handelnden können nur so und nicht anders empfinden.

Bewunderungswürdig in dieser Art ist das erste Finale in »La nozze di Figaro«. Das ganze Finale gliedert sich in acht Abschnitte, von denen jeder durch den Neueintritt anderer Personen neue Konflikte, neue Spannungen, neue, in jeder Person andersgeartete Gefühle mit sich bringt; jeder Abschnitt besitzt durch die jedesmal wechselnde Gruppierung der Handelnden eine bestimmte Grundstimmung, innerhalb derer sich die Einzelstimmen trotzdem in ihren eigenen Empfindungen ergehen können; imponierend ist der Gesamtaufbau der acht Abschnitte, die ein einziges großes Crescendo darstellen, wobei die Zahl der Gesangstimmen allmählich von zwei auf sieben wächst.

Bloße gesangliche Füllstimmen kommen in Mozarts Opernensembles nicht vor. Jeder singt nur sich selber.

Auch im vielfach verschlungenen Satz wahrt der Träger jeder Stimme gleichzeitig den nur ihm zugehörigen individuellen Ausdruck, der seiner Rolle im dramatischen Ablauf des Ganzen entspricht.

Trotz der entgegengesetzten Gefühle und Absichten, die die verschiedenen Figuren gleichzeitig ausdrücken, ist das kein Rückfall in die Polyphonie des absolutistischen Zeitalters, da ja die Gefühlsexpression das Wesentliche ist. Das Unbegreifliche in Mozarts

---

[1] nach: Otto Jahn, W. A. Mozart. Leipzig, 2. Aufl. 1867 (2 Bde.)

Kunst besteht gerade darin, daß innerhalb des völlig verschmelzenden, einheitlich akkordischen Zusammenklangs alle Einzelstimmen dennoch die genügende Freiheit zur Entfaltung ihrer Eigencharaktere besitzen. Das war natürlich nur durchführbar vermöge der vollendeten Beherrschung aller Mittel des expressiven Stils, der es ermöglichte, die verschiedensten und fortwährend wechselnden Gefühle musikalisch auszudrücken.

Mozarts Operndramatik ist also grundsätzlich verschieden von der Glucks. Gluck stellte allgemein gültige Menschheitsschicksale dar, alles war ihm nur Mittel zur Darstellung des Allgemeinmenschlichen. Es war für ihn daher auch erforderlich, eine ganz neue und einmalige Art des Opernstils auszubilden.

Für Mozart dagegen bildet der Ausdruck des menschlichen Gefühls den künstlerischen Kernpunkt. Die Musik bleibt für/ihn Anfang und Ende, die Handlung ist nur dazu da, der musikalischen Charakterisierungskunst recht vielfältige Auswirkungsmöglichkeiten zu geben.

Es war daher auch für Mozart nicht nötig, eine einzige Opernart zu pflegen oder neu auszubilden. Er komponierte Opere serie, Opere buffe und deutsche Singspiele in buntem Durcheinander, je nachdem welcher für seine Zwecke geeignete Text ihm begegnete und welchen Auftrag er bekam. Musikalische Darstellung der Gefühle und Empfindungen war in allen Opernformen möglich. Formal war Mozart daher kein Revolutionär wie Gluck, er hielt die Durchkomposition, die Angleichung von Rezitativ und Arie im allgemeinen nicht für notwendig, er benutzte gesprochene Dialoge, wenn er Singspiele schrieb und Seccorezitative, wenn er italienische Opern komponierte.

Auf die dramatischen Jugendwerke brauchen wir nicht näher einzugehen, da sie nur die Entwicklungsstufen von Mozarts Charakterdramatik aufzuzeigen. Die verschiedenen Arten der Bühnenwerke aus Mozarts früherer Schaffenszeit beweisen den Willen des Komponisten, sich die Vorteile und Errungenschaften aller Operngattungen anzueignen.

Mozart, der 1756 in Salzburg geboren wurde, erhielt bereits 1768 vom österreichischen Kaiser den Auftrag, eine Opera buffa »La finta semplice« zu schreiben, die Abert nur als »blossen Schulversuch« gelten lassen will; mit Recht, denn da von psychologischem Scharfblick bei einem noch so begabten Jungen von 12 Jahren keine Rede sein kann, ist auch von der musikalischen

Wiedergabe der Gefühle der Handelnden nichts zu spüren.

In dem bald darauf folgenden deutschen Singspiel »Bastien und Bastienne«, in dem Mozart auch die musikalischen Anregungen verwendete, die die Opéra comique bot, ist der psychologische Gesichtskreis schon stark ausgeweitet.

Mozarts Vater, der dem Wunderkind zu einer möglichst erfolgreichen Laufbahn verhelfen wollte, machte mit seinem Sohn von 1769–1771 eine große Reise nach Italien, auf der Wolfgang Amadeus die entscheidenden Anregungen für sein späteres Schaffen erhalten sollte. Er kam mit der neapolitanischen Opernkunst in innige Berührung und schrieb/selbst die mit großem Erfolg in Mailand aufgeführte Seria »Mitridate«.

1772 folgte die Seria »Lucio Silla«, in der sich die inzwischen eingetretene menschliche Reife durch eine große Empfindungsvertiefung gegenüber den vorangegangenen Werken bemerkbar macht.

Unter den folgenden dramatischen Werken Mozarts ragt die Buffa »La finta giardiniera« (1775) hervor, die allerdings auch – was musikalische Charaktergestaltung anbelangt – noch nicht die Einheitlichkeit und Geschlossenheit der reifen Opern Mozarts zeigt.

Die Reihe der großen dramatischen Werke eröffnet die 1781 für München geschriebene Opera seria »Idomeneo«. Der Dichter Varesco wollte mit diesem Libretto eine Einheit von alter Seria metastasianischer Art und Reformoper von Gluckschem Typus schaffen, was natürlich wegen der Gegensätzlichkeit beider Arten – Metastasio ist der Typ des höfischen Operndichters und Gluck durch und durch bürgerlicher Komponist – unmöglich war. »Idomeneo« blieb daher im wesentlichen eine Seria alten Schlages mit einer Kastratenrolle, einer ermüdenden Fülle von Rezitativen und Arien und fast ganz ohne Ensembles, nur daß einige Chöre und Ballette, die Gluckisch sein sollten, eingestreut sind.

Nach allem bisher über Mozart Gesagten wird es verständlich sein, daß der »Idomeneo« trotz vieler musikalischer Schönheiten ein Zwitterwerk bleiben mußte, und sich daher auch niemals eines Erfolgs erfreuen konnte. Der »Idomeneo« – ähnlich liegen die Verhältnisse auch bei der Seria »La clemenza di Tito«, die Mozart 1791 auf einen Text Mestastasios aus dem Jahre 1734(!) schrieb – ist eine reine höfische Allegorienoper; die Bühnenfiguren bleiben leblose Puppen. Mozart war jedoch zu der Zeit, als er den »Idomeneo« komponierte, so weit gereift, daß es ihm einzig und allein um den intensiven Ausdruck des subjektiven Gefühls ging. Seine Tonsprache war damals bereits völlig frei von allen konventionellen Phrasen, wie sie sich besonders bei den Italienern fanden. Jeder einzelne Ton ist bei ihm mit den alles durchdringenden Empfindungen erfüllt, kein Takt entbehrt des lebenden Atems. Text und Musik stehen daher im »Idomeneo« – und wie vielmehr noch im »Titus« – in völliger Diskre-/panz. Mozarts Musik verlebendigt die Puppen, macht sie zu Menschen, soweit es die Vorlage nur gestattet. Vor allem die weiblichen Hauptpersonen, die leidenschaftliche Elektra und die zarte, anmutige Ilia sind in ihren Arien mit wunderbarer Echtheit gestaltet. Das Ganze jedoch bleibt eine zusammenhanglose Eifersuchtsgeschichte, die Mozart nur an einigen Lichtpunkten Gelegenheit gab, seine überquellende, blühende Tonsprache frei und ohne Widerspruch zum Bühnengeschehen zu entfalten.

Mozart ist in seiner Musik vollkommen bürgerlich, der metastasianische Text aber durch und durch absolutistisch.

Das erste Meisterwerk Mozarts, in dem er sich von einem Textbuch rein bürgerlicher Art inspirieren lassen konnte, war das im gleichen Jahr (1781) wie der »Idomeneo« komponierte deutsche Singspiel »Belmonte und Constanze oder die Entführung aus dem Serail«. Mozart schuf damit zugleich das erste wirklich bedeutsame Werk der österreichischen Singspielbewegung, die 1778 als »Wiener Nationalsingspiel« ins Leben gerufen wurde. Bezeichnend für die vollständige Selbstaufgabe der Fürsten um diese Zeit ist es, daß Joseph II. persönlich das Protektorat dieser rein bürgerlichen Bewegung übernahm, die sich doch in jeder Hinsicht in bewußten Gegensatz zu aller Hofkultur stellte.

Das Textbuch ist charakteristisch für das Singspiel der zweiten Hälfte des 18. Jahrhunderts. Durch die orientalische Märchenwelt ist alles in eine Atmosphäre getaucht, die für den seligen Gefühlsüberschwang empfindsamer Gemüter ganz besonders geeignet ist; zwei sich innig Liebende, Belmonte und Constanze, werden vereinigt dank der Großmut eines edlen, milden und menschenfreundlichen Fürsten; neben diesen Hauptrollen treten die aus der Opera buffa und der Opéra comique bekannten komischen Gestalten Pedrillo, Blondchen und der schwerfällig-bissige Osmin auf. Elemente der Seria (in der Partie der Constanze) sind außerdem vorhanden; sie zeigen Mozarts Bestreben, zur wirklichkeitsgetreuen Charaktergestaltung alle vorhandenen Mittel heranzuziehen. Alle Personen in der »Entführung« sind echt, mit Wärme und einem jeder einzelnen Gestalt angepaßten Maß von Gefühlsausdruck ausgestattet. Vor allem die Figur des Belmonte ist in dieser Hinsicht besonders gelungen. Hören wir Mozart selbst, wie er darüber an seinen Vater schreibt: »Nun die Aria von Belmont in A-Dur: O wie ängstlich o wie feurig, wissen Sie wie es ausgedrückt ist – auch ist das klopfende liebevolle Herz schon angezeigt – mit 2 Violinen in Oktaven.... Man sieht das Zittern, Wanken, man sieht, wie sich die schwellende Brust hebt, welches durch ein Crescendo exprimiert ist, man hört das Lispeln und Seufzen, welches durch die ersten Violinen mit Sordinen und einer Flaute mit in unisono ausgedrückt ist.«[1] Wie Mozart gerade in dieser Arie die wechselnden Gefühle des sehnsüchtigen Belmonte wiederzugeben weiß, ist staunenswert. So wurde Belmonte zu einem der Abgötter der empfindsamen Seelen.

Das nächste große Opernwerk Mozarts war »La nozze di Figaro« (1784). Die Stellung Mozarts zu diesem Stoff ist kennzeichnend für seine Grundeinstellung als Opernkomponist. Daß Mozart Beaumarchais' bürgerlich-revolutionäres Lustspiel »Le mariage de Figaro«, das zum Entzücken der Bürger und zum Entsetzen der Fürsten seit der Erstaufführung im Jahre 1784 ungeheure Erfolge erlebte, zum Stoff für eine Opera buffa wählte, könnte uns verleiten, Mozart zu einem bürgerlichen Revolutionär zu stempeln.

Das wäre jedoch absolut verkehrt. Mozart interessierte sich nicht im geringsten für die aktuelle Tendenz des Stoffes. Niemals in seinem Leben hat er sich mit Politik beschäftigt, das Ereignis der französischen Revolution hat er in seinen Briefen, soweit sie erhalten sind, mit keinem einzigen Wort gewürdigt. Mozart war immer nur ausschließlich Musiker.

Was ihn also an dem Figarostoff so anzog, war weder die politische Tendenz, noch die vielgeschmähte »Frivolität«, sondern einzig und allein die Fülle blutvoller Charaktere, die durch verwirrende Intrigen in die eigenartigsten Situationen gedrängt werden. Der »Figaro« war für Mozart eine wahre Fundgrube, weil er hier alles hatte, was er brauchte: lebendige Menschen, die

---

[1] W. A. Mozart: Mozart's Briefe nach den Originalien herausgegeben von Ludwig Nohl. Leipzig 1877

kaleidoskopartig durcheinandergewürfelt werden und auf diese
Weise fortwährend in andere Lagen geraten. Mozarts Charakterkunst konnte sich hier in noch ungeahnter Größe offenbaren, weil
die musikalische Zeichnung von Charakteren notwendig war, die
trotz des Reichtums ihrer Empfindungen und Stimmungen, die
durch die Situationswandlun-/gen in ihnen erregt werden, in sich
völlig einheitlich und geschlossen bleiben mußten.

»Figaros Hochzeit« ist daher ein unübertroffenes Meisterwerk
musikalischer Charaktergestaltung. Der schlaue Figaro, die kecke
Susanna, der schwärmerische Cherubin, das gräfliche Ehepaar,
ganz abgesehen von den blutvollen Nebenfiguren, sind sprichwörtliche Bühnenfiguren geworden, weil sie immer, sei es allein
in einer Arie oder sei es in komplizierten Ensembles frei ihre Gefühle äußern, weil die Musik immer die Stimmungen genau zu
treffen weiß, die die Handelnden in dem bestimmten Augenblick
haben müssen, und weil schließlich diese Musik wegen ihrer Empfindungstiefe den Zuhörer »rührt« und »seine Seele erzittern«
läßt. Die Vielfalt von Stimmungen und Gefühlen, die der »Figaro«
dank der bewegten Handlung enthält und die Mozart mit lebensvoller Echtheit auszudrücken verstand, ist es, die den »Figaro«
zu einem Markstein in der Entwicklung der gefühlsbereichernden
Musik der zweiten Hälfte des 18. Jahrhunderts macht.

War schon im »Figaro« das Typenmäßige der Opera buffa
verdrängt, so sprengte Mozart im »Don Giovanni« (1787) die
Gattung der Opera buffa vollständig. Dieses »Dramma giocoso«
ist zwar äußerlich eine Buffa, inhaltlich und musikalisch greift es
aber derartig darüber hinaus, daß von nur Buffoneskem keine
Rede mehr sein kann. Die Steigerung des subjektiven Gefühls
treibt Mozart im »Don Giovanni« auf die Spitze. Waren noch
im »Figaro« die verschiedenen Personen vereinzelte Charaktere,
die durcheinandergeschüttelt wurden, so ist im »Don Giovanni«
der Titelheld das geistige Zentrum, um das sich alles andere
schart. Don Giovanni ist bei Mozart nicht ein galanter Verführer
oder ein wüster Wollüstling, sondern eine Personifizierung des
stärksten menschlichen Triebes, eine lebendige Naturgewalt in
Menschengestalt. Don Giovanni ist die Verkörperung des Dämonischen, Vulkanischen, Elementaren, das der urgewaltige Geschlechtstrieb im Menschen zeitigt. Die gewaltige innere Größe,
das Herrentum der Titelgestalt, das sich selbst lieber gegenüber
einer übermenschlichen stärkeren Macht vernichtet, als daß es

auch nur auf den geringsten Teil seines Selbst verzichten würde, bedeutet nichts anderes als die Steigerung des Gefühlsmäßigen bis zu dessen höchster Höhe./

Im »Don Giovanni« sind die subjektivsten menschlichen Leidenschaften in ihrer vollen Größe angespannt, sie sind der Mittelpunkt des ganzen Dramas. Gleich am Anfang des ersten Akts erscheint Don Giovanni als Übermensch, der um der Erhaltung seiner triebhaften Urgewalt willen nicht vor der Vernichtung eines Menschenlebens zurückschreckt. Don Giovanni ist Herr über Leben und Tod. Er selbst kann nur von einer übermenschlichen Gewalt, die im steinernen Komtur verkörpert ist, vernichtet werden.

Alles im »Don Giovanni« ist Ausstrahlung der im Titelhelden personifizierten Leidenschaften. Gerade deshalb wird er sich erst selbst gerecht im Verkehr mit anderen. Don Giovanni singt keine Arien oder ähnliche subjektive Gefühlsergüsse, seine Triebhaftigkeit kann sich nur an Gegenspielern auswirken, die vollkommen in seinem Bann stehen: die drei Frauengestalten und die männlichen Gegenpole: der steinerne Komtur, der passiv sich hingebende Ottavio und das komisch-alltägliche Element in Leporello gegenüber der zeitlosen, menschlichen Urkraft im Titelhelden.

Mozart erschöpfte den Stoff bis zum äußersten. Die Ausdruckssteigerung in der Musik erreicht eine »bis zum Erschrecken harte Deutlichkeit« (Abert). Vor den stärksten Mitteln schreckt Mozart nicht zurück. Schon der erste Teil der Ouvertüre, der die dämonischen Leidenschaften, die in der Oper entfesselt werden, in ihrer ganzen Gewalt zum Ausdruck bringt, erregt im Zuhörer ein geradezu fieberhaftes Angespanntsein. Mit der noch so jungen Errungenschaft des Crescendo erreicht Mozart erstaunliche Wirkungen. Z. B. läßt er eine langsam aufsteigende Tonleiter stark anschwellen um sie beim Absteigen nicht langsam abzuschwellen – womit ein symmetrisches Spannen und Entspannen verbunden gewesen wäre – sondern er läßt am Ende des Crescendo und am Beginn des Abstieges sofort ein piano eintreten, wodurch die Spannung vermöge der plötzlichen Leere des Piano noch gesteigert wird. Auch durch eine farbigere und mit größeren Mitteln arbeitende Instrumentation als im »Figaro« gewinnt Mozart eine Expressivität, die an blut- und glutvoller Realistik nichts zu wünschen übrig läßt. Ganz den Kernpunkt traf daher ein zeitgenössischer Kritiker des »Don Giovanni«, wenn er sagte: »Bei Mozart kommt jeder Ton aus Empfindung/und geht in Empfindung über. Sein

Ausdruck ist lebhaft, glühend und malerisch.«[1]

War im »Don Giovanni« die Gattung der Opera buffa durch die Intensität des Ausdrucks völlig aus den Fugen geraten, so kehrte Mozart in »Cosi fan tutte« (1790) zu den Stilmitteln der Buffa zurück, so wie er sie im »Figaro« ausgeweitet hatte. »Cosi fan tutte« ist niemals ein Publikumstück geworden, und Mozart hat sich häufig den Vorwurf gefallen lassen müssen, daß er in dieser Oper seine blühende Musik an einen läppischen Text verschwendet hätte. Heute noch hört man sehr oft die gleiche Meinung, obwohl inzwischen Aberts vorzügliche Analyse der Mozartschen Werke allmählich in die Allgemeinheit zu dringen beginnt. Mozart war seinen Textdichtern gegenüber viel zu anspruchsvoll, als daß er ein »Büchel«, wie er zu sagen pflegte, komponiert hätte, das nicht seiner musikalischen Gestaltungskraft entgegenkam. Wenn trotzdem Mozart 1791 Metastasios »Titus« vertonte, so tat er das nur, weil ihm die Komposition gerade dieses Textes aufgetragen wurde, und nur aus bitterster Not nahm er den Auftrag an.

»Cosi fan tutte« dringt nicht in die tiefsten Tiefen des Menschlichen wie »Don Giovanni«, sondern bleibt absichtlich am Alltäglichen hängen. Mozart macht es »eine wahrhaft göttliche Freude, mit der Welt der Unzulänglichkeiten sein Spiel zu treiben«.[2] Mit entzückendem Sarkasmus geißelt Mozart die menschlichen Schwächen. Nichts aber war besser dazu angetan, als dieser Stoff, der als Verwechslungskomödie die Handelnden stets sich anders geben läßt, als sie in Wirklichkeit empfinden. Für den Meister des expressiven Stils konnte es keine dankbarere Aufgabe geben, als die wirklichen Gefühle der maskierten oder heuchelnden Gestalten auch in der Musik zu entschleiern. Köstliche Wirkungen psychologischer Charaktergestaltung erreicht Mozart z. B. in einer Szene, in der sich zwei maskierte Liebhaber scheinbar vergiften, um die Gunst ihrer Angebeteten zu gewinnen und deren Standhaftigkeit auf die Probe zu stellen.

Da es sich in »Cosi fan tutte« nur um allerfeinste und sensibelste Seelenschilderung handelt, die nicht nach einmaligem Anhören erfaßt werden kann, konnte diese Oper nie die Popularität der anderen dramatischen Werke Mozarts/erringen. Hier wie überall

---

[1] nach Otto Jahn, Mozart, a. a. O.
[2] Hermann Abert, W. A. Mozart. Neubearb. und erw. Ausg. von Otto Jahns Mozart. 6. Aufl., Tl. 1 und 2, Leipzig 1923–24

bei Mozart ist der *Aus*druck subjektiver Gefühle das Ziel der Musik.
Der Ausdruck in der Musik bewirkte einen Gefühls*ein*druck im
Zuhörer, der damit seine eignen Empfindungen in gesteigerte Wallung bringt. Da nun, wie wir gesehen haben, die Steigerung des
Gefühlsmäßigen der sozialen Emporführung des Bürgertums diente,
ist Mozarts Musik trotz dem vielfachen Geschwätz von »Rokokokunst« *eminent bürgerlich*.

Mit seinem letzten Opernwerk, der »Zauberflöte« (1791), geht
Mozart durch das Einbeziehen humanitärer und idealistischer Gedanken eigentlich schon über die Periode hinaus, die wir zu betrachten haben. Dennoch ist auch die »Zauberflöte«, mit der Mozart seit der »Entführung« zum ersten Mal wieder das Gebiet des
deutschen Singspiels betritt, das er indessen durch seine durchaus
kosmopolitische musikalische Gestaltungsweise stark erweitert, ein
Werk intensivsten Gefühlsausdrucks. Dieser zeigt sich hier aber
weder in der dämonisch-eruptiven Art des »Don Giovanni«, noch
in der fein zieselierten Art der »Cosi fan tutte«; er dokumentiert
sich hier in seiner edelsten und geläutertsten Gestalt.

Mozarts Opern bilden den Höhepunkt der gefühlsbereichernden
Gesangsmusik der zweiten Hälfte des 18. Jahrhunderts.

So vorteilhaft aber der Gesang dadurch ist, daß er die subjektiven Gefühle am unmittelbarsten wiederzugeben vermag im Gegensatz zur mittelbaren Wiedergabe durch ein Instrument, so bringt
er dennoch durch die notwendige Bindung an das Wort und an
konkrete Gedanklichkeit Elemente mit sich, die dem Akthaften
des Fühlens, auf das es, wie wir sahen, in der zweiten Hälfte des
18. Jahrhunderts allein ankam, entgegengesetzt sind. Das akthafte
Musikgenießen muß beim Gesang immer mit einem Gefühlsinhalt
verbunden bleiben.

Es versteht sich daher von selbst, daß das Zeitalter der Empfindsamkeit die reine, absolute *Instrumentalmusik* hochschätzte und
ausbaute. Erst in der inhaltlosen Ausdrucksmusik fanden die empfindsamen Seelen das beste Mittel, ihre Gefühle zu erregen. Hören
wir, was Heinse in seinem Roman »Hildegard von Hohenthal«
über die Instrumentalmusik sagt: »Jeder Akkord hat seinen besonderen Ausdruck und man empfindet etwas Besonderes dabey,
auch ohne dass Worte es/bezeichnen. Musik an und für sich wäre
demnach die reine und allgemeine Kunst, und Vokalmusik nur ein
Teil davon. Die allgemeine stände weit über dieser, und liesse sich

nur zu dieser hernieder. Die Musik ist eine Kunst, die hauptsächlich das Innere, Unsinnliche, weit umher für das Ohr in die Lüfte verbreitet, und allgemein ausdrückt, was die Sprache oft nur rauh und eckicht andeuten kann. Instrumentalmusik, worin Fluss wahren Gefühls und Schwung, Flug origineller Phantasie herrscht, von Virtuosen in höchster Fertigkeit vortrefflich vorgetragen, drückt ein so eigenes geistiges Leben im Menschen aus, dass es jeder anderen Sprache unübersetzbar ist.«[1]

Die Überwindung der rein repräsentativ oder unterhaltungsmäßig-galant gebundenen Instrumentalmusik in Richtung einer Gefühlsdurchdringung geschah auf deutschem Boden fast gleichzeitig an mehreren Stellen. Die kürzeste Entwicklung machte wieder Wien durch, da die zuerst in Italien entwickelten Merkmale des neuen expressiven Stils in dem musikalisch stark italienisierten Wien den frühesten Eingang fanden.

Neben den konservativen Hofkapellmeistern Fux und Caldara war es vor allem Francesco Conti (1701–1732), der die sinnliche, weiche Kantabilität des italienischen Instrumentalstils nach Wien brachte. Seit Conti fanden alle wesentlichen Kompositionen der italienischen Klaviermeister Domenico Scarlatti (1685–1757), Alberti, Galuppi, Platti in Osterreich Eingang, daneben die Kammermusik Pergolesis (1710–1736) und die epochemachende Kammer- und Konzertmusik Giovanni Battista Sammartinis (1701–1775), den den galanten Stil stark expressiv ausweitete. Bezeichnend ist, daß fast alle diese Italiener auch Opere buffe schrieben, wo ja, wie wir sahen, der bürgerlich-ausdruckshafte Musikstil am frühesten entwickelt wurde.

Diese italienischen Einflüsse hätten aber niemals stattgefunden, wenn nicht der Boden dafür vorbereitet gewesen wäre. Es waren nämlich auch heimatliche Wurzeln vorhanden, die das Entstehen einer expressiven Instrumentalmusik begünstigten. Bei den vornehmen Wiener Bürgern, besonders auch bei der Jugend, war es üblich, sich gegenseitig Ständchen im Freien zu bringen. Aus der ersten Hälfte des 18. Jahrhunderts stammt eine große Literatur derartiger Divertimento-, Cassa-/tions-, Serenaden- oder Nachtmusiken. Formal zunächst suitenartig, dann aber immer freier und unabhängiger vom Tanzhaften, wurde diese bürgerliche Musik zu einem wichtigen Anknüpfungspunkt für die Instrumentalmusik

---

[1] J. J. Heinse, Sämmtliche Werke, a. a. O., Bd. V

Haydns und Mozarts. Ist die Serenadenmusik bis in die vierziger Jahre im großen und ganzen noch als galant zu bezeichnen, so sind doch schon vor allem in den langsameren Sätzen viele expressive Momente vorhanden, die diese Musikgattung als weit fortschrittlicher kennzeichnen, als die rein höfische Unterhaltungsmusik der gleichen Zeit.

Die bürgerliche Serenadenmusik und die neue italienische Instrumentalmusik waren um 1740 in Wien die Grundformen, aus denen eine neue deutsche Instrumentalmusik entstehen konnte.

Die maßgebenden Träger der Entwicklung waren zunächst Georg Christoph Wagenseil (1715–1777), Matthias Georg Monn (1717–1750), dann Matthäus Schlöger (1722–1766) und Joseph Starzer (1726–1787). Diese Meister schrieben Kammer- und Konzertmusik verschiedenster Besetzungen. Sie bildeten den neuen symphonisch-expressiven Stil erstaunlich schnell durch. Charakteristisch ist das intensive Ausfühlen aller harmonischen Schritte, die süße Kantabilität in den langsamen Sätzen, die volkstümlich kecke und schwungvolle Melodik in den lebhafteren Sätzen, das ständige Fluktuieren in der Thematik und Besetzung, und die Verschmelzung des Gesamtklanges, lauter Merkmale des expressiven Stils. Bis auf die Beibehaltung des Menuetts, das aber seiner galanten Tändelei entkleidet wird und manchmal recht derb volkstümlichen Scherzo-Charakter annimmt, sind alle Sätze ganz unsuitenhaft und frei erfunden. Die gefühlsgesättigte neue Instrumentalmusik konnte nicht mehr die enge Bindung an stereotype Tanzrhythmen aufrechterhalten.

Wir stehen damit am Anfang der großen bürgerlichen Konzert- und Kammermusik.

Seit Anfang der vierziger Jahre erlebte die Instrumentalmusik in Wien auch quantitativ einen ungeheuren Aufschwung. Das ist bezeichnend für die große Aktivität des Bürgertums.

Charakteristisch für Wien ist auch die Bevorzugung der neuen klangverschmelzenden Form des Streichquartetts, das sich allmählich aus der Divertimentomusik herauskristallisierte, gegenüber der früher alles beherrschenden klangspaltenden Form der Triosonate. Das Streichquartett wurde die wichtigste Kombination gemeinsamen häuslichen Musizierens der Bürger. Es erlebte in der zweiten Hälfte des 18. Jahrhunderts einen gewaltigen Aufschwung. Fast unübersehbar ist die Streichquartettliteratur der Zeit Haydns und Mozarts.

Wien blieb nicht lange allein. Kaum waren dort die ersten
Werke entstanden, als sich allerorten, in Norddeutschland, Mannheim, Sachsen und Böhmen ganz ähnliche Bestrebungen regten,
die sich zunächst unabhängig voneinander, je nach den örtlichen
Voraussetzungen verschieden entwickelten, sich aber bald gegenseitig stark beeinflußten. So werden wir sehen, wie die weitere Entwicklung der Wiener Instrumentalmusik zum Teil von norddeutschen Tendenzen bestimmt wird.

Das plötzliche Auftauchen der gleichen Erscheinungen an verschiedenen Orten ist ein Beweis dafür, daß um die Mitte des
18. Jahrhunderts überall das Bedürfnis des Bürgertums nach einer
expressiven Instrumentalmusik erwachte, daß die aus den ökonomischen und gesellschaftlichen Verhältnissen stammenden Voraussetzungen und Begehrungen nach einer neuen Ideologie tatsächlich überall die gleichen waren, natürlich abgesehen von kleineren örtlichen Differenzen. Von diesem Standpunkt aus gesehen
erscheinen die Streitereien lokalpatriotischer Musikwissenschaftler
um die Priorität »ihrer« »Schule«, die erst die Entstehung aller
anderen hervorgerufen hätte, besonders lächerlich.

Überhaupt müssen wir uns immer darüber klar sein, daß die
Beeinflußung des Künstlers A durch den Künstler B (beziehungsweise je einer Gruppe von Künstlern) niemals bedeutet, daß das
Neue spontan, also unabhängig vom materiellen Geschehen, in
dem Geist eines Menschen geboren und dann von ihm auf andere
übertragen wird. Das Neue entsteht letzthin nur aus der steten Bewegung und Veränderung der materiellen Verhältnisse. In den
großen Geistern wird es in der Regel zuerst bewußt und nach
außen sichtbar. Die weniger intensiv Lebenden werden meistens
erst durch die stärker Lebenden aus der Unbewußtheit oder Unterbewußtheit, mit der auch sie das Neue dumpf empfinden, geweckt.
Da jenen in den meisten Fällen nicht nur die Erlebniskraft sondern
auch die Gestaltungskraft fehlt, werden sie vielfach/die künstlerischen Mittel übernehmen, mit denen die Stärkeren ihr Erlebnis
bereits realisierten.

In Preußen hatte der amusische Friedrich Wilhelm I. alle Entwicklungsmöglichkeiten der Musik abgeschnitten. Um so mehr
Wert legte Friedrich II. schon als Kronprinz in Rheinsberg auf die
Instrumentalmusik. Sein Flötenlehrer Johann Joachim Quantz
(1697–1773) und die beiden Graun lieferten ihm galante Kammermusik in den beliebten Formen der Trio- und Solosonate.

Eine grundsätzliche Abkehr von der reinen Galanterie erreichte erst *Carl Philipp Emanuel Bach* (1714–1788), der gleich nach Friedrichs Regierungsantritt (1740) als Kammercembalist an den Berliner Hof berufen wurde. Seit Bachs Erscheinen machte sich in Berlin eine ähnliche Wandlung geltend wie in Wien zur gleichen Zeit, nur daß in Berlin Bach und neben ihm vielleicht noch Benda die einzigen Vertreter der neuen Expressivität blieben, Quantz und Graun im wesentlichen am galanten Stil festhielten, während in Wien die Umwandlung sofort in viel größerem Umfang durchgeführt wurde.

Ph. E. Bach wird von Bücken mit vollem Recht als der Schöpfer des deutschen expressiven Klavierstils bezeichnet. Während der bis in die zweite Jahrhunderthälfte hinein vergötterte Telemann († 1767) nur stellenweise – besonders in seinen Spätwerken – die galante Schreibweise ausdruckshaft belebte, war Ph. E. Bach, der bald in gleichem Maße, wenn nicht noch mehr als Telemann vom Bürgertum vergöttert wurde, der eigentliche Überwinder des Galanten in der Musik Norddeutschlands. Der Grund der Beliebtheit Bachs liegt darin, daß er eine große Zahl von Klavierstücken komponierte, die speziell auf die Bedürfnisse der bürgerlichen »Kenner und Liebhaber« zugeschnitten waren, und er selbst diesen Dilettanten ein Vorbild war durch sein von zeitgenössischen Berichten bezeugtes, hervorragendes klavieristisches Können, an dem vor allem das »Singende« und »Ausdrucksvolle« gerühmt wurde.

Die konsequente Abkehr von allem, was die Expressivität hindern könnte, unterscheidet Philipp Emanuel von seinem älteren Bruder Wilhelm Friedemann (1710–1748). Dieser wurde zwar auch von dem Drang seiner Zeit nach Ge-/fühlsexpression mitgerissen, und er versuchte ausgehend vom kontrapunktischen Stil seines Vaters seine tiefe seelische Bewegtheit in Tönen auszudrücken. Da er jedoch an das Können der Dilettanten keine Konzessionen machte und starr an einem mehrstimmigen, rhythmisch komplizierten Klaviersatz festhielt, sind seine Kompositionen eigenartige Zwitterwerke, hinter deren altertümlicher Verschnörkelung man viel Echtheit und Wärme des Gefühls spürt.

Wilhelm Friedemann war bald vergessen, weil er auf halbem Wege stehen blieb. Um so höher stand Philipp Emanuels Ruhm. Zu seinen berühmtesten Klavierwerken gehören die sechs »Preussischen Sonaten« (1742), die »Württembergischen Sonaten« (1744), die »Sonaten mit veränderten Reprisen« (1760) und vor allem die sechs Sammlungen von Sonaten, Fantasien und Rondos »für Kenner und Liebhaber« (1779–1787), nicht zu vergessen die 25 Klavierkonzerte, mit denen er selbst besonders seit seiner Übersiedlung nach Hamburg (1767) in öffentlichen Konzerten für die Gefühlsbereicherung seiner begeisterten Zuhörer sorgte. Außerdem legte Bach in dem »Versuch über die wahre Art, das Klavier zu spielen« (1752) seine revolutionierenden Anschauungen schriftlich nieder, die ungeheure Verbreitung fanden.

Der große Ausdrucksgehalt der Bachschen Klaviermusik bewirkt, daß alle Formprobleme weit in den Hintegrund treten. Die Intensität der Gefühlsexpression überwuchert alle festen Formen.

Der spontane Empfindungsausdruck führt zu einem fluktuierenden Hin und Her des harmonischen Geschehens, das nur in ständig wechselnden freien Formen Gestalt annehmen konnte. Als Gestaltungsmittel dieses harmonischen Spannungsablaufs dient Bach die allmähliche Verwandlung des am Anfang erscheinenden motivistischen Materials, das durch sehr frei improvisatorische Figuren in fortwährend verändertem Lichte gezeigt wird.

Die Mittel Bachs zum Ausdruck der Leidenschaften sind häufig nicht geringer als die Mozarts im »Don Giovanni«. Da jedoch speziell die dynamischen Mittel auf dem Cembalo und Clavichord noch beschränkt waren, half sich Bach durch die Verwendung einer sensitiven Chromatik, und er schreckte/zur Erzeugung recht intensiver Ausdrucksspannungen nicht vor großen harmonischen Härten zurück.

Auch die vielen »Manieren« und Verzierungen im Klaviersatz Ph. E. Bachs sind nur Mittel zum Empfindungsausdruck und keine »galanten Spielereien«, als welche man sie oft bezeichnet findet. Zur Expressivität ist Kantabilität erforderlich. Der Klavierton ist aber in jedem Fall – am wenigsten beim Clavichord – unkontinuierlich und unkantabel im Gegensatz zu einem Streicher- oder Bläserton. Um nun die Kantabilität, das ständige Halten und Steigern der Gefühlsspannungen auch auf dem Klavier zu erreichen, wandte Bach diese vielverleumdeten »Manieren« an. Zeit seines Lebens forderte er, daß auf dem Klavier »möglichst sangbar und sprechend« gespielt werde. Eines der wesentlichsten Mittel dazu waren eben diese Verzierungen, die natürlich nicht kurz zusammengerissen gespielt werden dürfen, sondern ebenso »ausgesungen« werden müssen wie alles andere.

Auch in der Kammer- und Konzertmusik, besonders in den

Quartettsinfonien (1773) und den zwölfstimmigen Sinfonien (1770), erreichte Bach durch ein »unzuübersehendes Feld von harmonischer Mannigfaltigkeit« — wie ein Zeitgenosse sagte — Ausdruckswirkungen von imponierendem Ausmaß. Gerade die Herbheit der Harmonik, die durch eine bizarre Melodik ausgeformt wird, gibt der Bachschen Instrumentalmusik ein ganz eigenes Profil, das sich von dem der Instrumentalwerke Haydns und Mozarts stark unterscheidet, weil bei diesen der Einfluß des viel ausgewogeneren und weicheren italienischen und süddeutschen Stils stärker mitsprach.

Immer bei Ph. E. Bach steht der Ausdruck möglichst verschiedenartiger leidenschaftlicher Empfindungen im Vordergrund. Die Ungebundenheit seiner Formen glaubte man ihm als Manko anrechnen zu müssen, ohne nach dem Grund zu fragen, warum er auf eine einheitliche Form verzichtete.

Im Gegensatz zu Ph. E. Bach interessierten sich die sogenannten *»Mannheimer«* nicht nur für die Frage, wie man in jedem Stück neue subjektive Gemütsbewegungen ausdrücken, sondern wie man diese seelischen Fluktuationen, die auch für sie im Brennpunkt des Interesses standen, in geschlossene Formen bannen könne. Die Mannheimer stabilisierten damit die Tendenzen der österreichischen Instru-/mentalkomponisten und die Ph. E. Bachs. Wird man bei Bach häufig nicht das Gefühl eines scheinbar wahl- und ziellosen Fluktuierens los, so bauten die Mannheimer ganz bewußt die planvolle musikalische Entwicklung aus, für die sie in der Sonatenform die geeignete Gestalt fanden. Doch darüber wird noch an anderer Stelle zu sprechen sein. Im Augenblick interessieren uns die Mannheimer, insofern sie den expressiven Musikstil weiter ausgebildet und die gefühlsbereichernde Instrumentalmusik gefördert haben.

Auch in dieser Hinsicht sind sie Bahnbrecher gewesen. Seit der Mitte der vierziger Jahre gelangten die Leistungen der Mannheimer Hofkapelle in den Mittelpunkt des Interesses aller musikalischen Kreise nicht nur Deutschlands, sondern auch Frankreichs und Englands. An der Spitze stand der geniale Johann Stamitz (1717 bis 1757), an den sich zunächst Franz Xaver Richter (1709–1789), Anton Filtz (1730–1760) und später Karl (1746–1801) und Anton Stamitz (1754–1820), die Söhne Johanns, Toëschi, Eichner, Cannabich, Wendling und viele kleinere Meister anschlossen.

Da den Mannheimer Komponisten ein vorzügliches Orchester zur Verfügung stand, das von allen Zeitgenossen einstimmig als das beste der Welt geschildert wird, ergaben sich für sie, was die musikalische Dynamik anbelangt, viel größere Möglichkeiten als für Ph. E. Bach, den wir als Komponisten kennengelernt haben, der vom Klavier herkam und hauptsächlich Klaviermusik geschrieben hat.

Die Mannheimer entwickelten nun die musikalische Dynamik – sowohl die kleinbogige wie auch die weit ausgespannte – in einem Maße, daß sie geradezu an Manie grenzte. Ihre Partituren sind übersät mit Crescendi und Diminuendi aller Art, plötzlichen Sforzati und abrupten Wechseln von forte und piano, also den gleichen Kontrasten, die wir bei Klopstock antrafen und die Walzel als »barockhaft« deutete. Kaum vergehen drei Takte hintereinander in ihren Kompositionen, ohne daß nicht die Klangstärke variiert wird.

Dazu kommt, daß durch den fortwährenden Wechsel der Besetzung, durch die schon erwähnte »durchbrochene Arbeit« ebenfalls das Klangvolumen immerfort verschieden ausfiel, so daß das gesamte Klanggeschehen ein hin und her bewegtes, niemals stillstehendes Wogen vorstellt, das nichts/anderes bedeutet, als die klangliche Vergegenständlichung, der materialisierte Ausdruck der subjektiven menschlichen Gefühle. Und je bewegter die Tonfluten auf den Zuhörer einstürmten, umso stärker wurden seine Gefühle erregt.

Ein typisches Mittel der Mannheimer zum Aufbau eines Crescendo war die Sequenz. Sequenz nicht in dem Sinne des Nebeneinanderstellens eines Motivs auf verschiedenen Tonstufen, wie im alten Repräsentativstil, sondern als das spannende chromatische oder diatonische Emportreiben eines Motivs mit gleichzeitigem Anwachsen der Klangstärke. Durch dieses Hinaufschrauben des Klangverlaufs entstand im Zuhörer eine Erregung des Gefühls, die an Exaltation grenzen konnte. Es ist bezeugt, daß das Publikum beim Hören derartiger Crescendi in eine Ekstase geriet, deren Ausmaß man sich heute nicht mehr vorstellen kann.

Das gefühlsspannende und -entspannende harmonische Geschehen wurde von den Mannheimern von vornherein mit dem Prinzip der dynamischen Spannung und Entspannung verbunden. Dynamisch empfunden und dargestellt ist der von den Mannheimern ausgebildete Gegensatz der Harmonieflächen der Sonatenform, in der – wie noch zu zeigen sein wird – zwei Tonarten in thematischer Gestalt zwecks Erzeugung einer starken Gefühlsspannung einander gegenübergestellt werden. Auch die Übergänge zwischen verschiedenen harmonischen Ebenen werden dynamisch behutsam ausgearbeitet.

Als »empfindsam« könnte man an dem Mannheimer Stil die berühmten »Seufzer«, Vorhalte, schluchzenden Sextaufschläge und Terzen- oder Sextengänge bezeichnen, da in allen diesen Fällen durch eine geeignete Melodieführung kleindynamische Hebungen und Senkungen entstehen, die im Zuhörer wohlige Gefühle erregen.

Das Austerzen und Aussexten von Melodiegängen ist kennzeichnend für den Drang nach einem verschmelzenden Klang. Das Hauptmittel zur Hervorbringung dieser Verschmelzung war das zahlenmäßige Überwiegen der Streicher gegenüber den Bläsern (etwa 30 gegenüber 12), während früher im Repräsentativstil die Selbstverständlichkeit der einzelnen Orchestergruppen auch quantitativ eine stärkere Ausgeglichenheit mit sich brachte./

Die Mannheimer Sinfonien wurden die Grundlage der neuen Orchestermusik.

Bevor wir auf die Instrumentalmusik Haydns und Mozarts zu sprechen kommen, müssen wir noch kurz auf *Johann Schobert* († 1767) eingehen, der auf dem Gebiet der expressiven Kammermusik bahnbrechend wirkte.

Das Klavier ist ein Akkordinstrument. Als solches hatte es im Repräsentativstil die wichtige Aufgabe des Zusammenhaltens der verschiedenen selbständigen Stimmen erfüllt (Generalbaß).

Aus der Natur des Klaviers ergibt sich aber auch seine starke Verschmelzungsfähigkeit. Es ist, wenn wir die Stilwandlung im Auge halten, leicht einzusehen, warum nun das Klavier eine neue Vormachtstellung einnehmen mußte, wobei hier ganz von den Unterschieden zwischen Cembalo, Clavichord und Hammerklavier abgesehen werden kann. Der Drang nach Verschmelzung läßt das Klavier geradezu als prädestiniert für den expressiven Stil erscheinen.

Daß Ph. E. Bach den expressiven Klavierstil geschaffen hatte, ist bereits gezeigt worden. Was noch fehlte, war ein expressiver Kammermusikstil, den wir bisher nur in der Streichquartettliteratur gefunden haben. Wie nun früher das Klavier als Generalbaßinstrument nie in der Kammermusik fehlen durfte, so sollte es nun – abgesehen von reiner Streichkammermusik – eine große Vormachtstellung erreichen.

Der Schöpfer der neuen Klavierkammermusik war Johann Schobert. Schobert übertrug das sinfonische Orchestermusizieren auf die Klavierkammermusik. Er befreite damit das Klavier endgültig aus seiner Begleit- und Generalbaßstellung und nutzte seine Verschmelzungsfähigkeit für die Kammermusik aus. In den neuen Formen des Klaviertrios (Klavier, Violine, Cello) und Klavierquartetts (Trio plus Bratsche) überwiegt die Rolle des Klaviers bei weitem. Aus dem Wechselspiel des Klaviers mit den Streichern ergeben sich so vielfache Klangkombinationen, daß diese Besetzungsform dem expressiven Stil besonders entgegenkam.

Schobert ist durch die Komposition vieler Klaviertrios und -quartette der Schöpfer einer musikalischen Gattung geworden, die Haydn und Mozart ebenso pflegten wie das ganze bürgerliche 19. Jahrhundert. Wie das Streichquartett war die/Klavierkammermusik zum häuslich-bürgerlichen Musizieren besonders geeignet.

Alle bisher genannten Strömungen der expressiven Instrumentalmusik fließen in *Joseph Haydn* (1732–1809) zusammen.

Als echt österreichisches Kind – Haydn war von seinem achten Lebensjahre bis zu seiner Mutation Chorknabe am Stephansdom und danach bis 1759 ohne feste Anstellung in Wien – knüpfte er da an, wo die Wiener Instrumentalkomponisten Wagenseil und Monn stehengeblieben waren. Er nahm alle Anregungen der volkstümlichen Divertimento- und Serenadenmusik in sich auf. Als Schüler Porporas machte er die Bekanntschaft mit der galanten italienischen Musik, denn Porpora gehört noch nicht zu der Generation, die das Galante expressiv ausweitete.

Haydns erste Instrumentalwerke – das erste Streichquartett erschien 1755, die erste Sinfonie 1759 – sind durchaus in der Technik des galanten Stils gehalten. Es handelt sich hier meist um die Anstückelung von einzelnen Motiven, die noch stark charakterlich miteinander verbunden sind.

Da hier noch keine Aufstellung großer harmonischer Gegensatzflächen vorgenommen wird, sondern die Gleichförmigkeit des rhythmischen und melodischen Verlaufs größere harmonische Spannungen überdeckt, kann natürlich auch keine thematische Gestaltwerdung gegensätzlicher Harmonieebenen und keine Verarbeitung derartiger Themen stattfinden.

Auch die Klaviersonaten der ersten Schaffensperiode, die man gewöhnlich bis gegen 1770 rechnet, sind als galant zu bezeichnen. Das kann nicht wundernehmen, wenn man bedenkt, daß die meisten Klavierwerke Haydns aus dieser Zeit in der Erstausgabe noch den Titel »Partita« (d.h. soviel wie Suite) oder »Divertimento per il Cembalo solo« tragen, also sogar im Titel ihre Nähe zu den bereits überlebten Musikstilen nicht verleugnen.

Wie es Haydn selbst öfter ausgesprochen hatte, war es seine Bekanntschaft mit den Instrumentalwerken Ph. E. Bachs, die ihn vom galanten zum expressiven Stil gewiesen haben. Nicht als ob sich Haydn Bachs Tonsprache zu eigen gemacht hätte –/dazu war Haydn zu sehr in dem Kolorit seiner Heimat verankert – sondern aus Bachs Werken lernte er die Komposition reiner harmonischer Spannungsabläufe und als Mittel dazu die Beherrschung der Verarbeitungstechnik, ohne die das eigentlich Kennzeichnende des neuen Stils: die ständige Fluktuation des Ausdrucks subjektiver Gefühle nicht möglich war.

In allen Instrumentalwerken Haydns seit der Mitte der sechziger Jahre ist die Tendenz zu verfolgen, die Motive miteinander zu verknüpfen, eins aus dem anderen hervorwachsen zu lassen, wodurch eine Konzentration und Einheitlichkeit des Ganzen erzielt wird, die der galanten Tändelei den Garaus macht und das fortwährende Fließen des intensiven Gefühlsausdrucks ermöglicht. Charakteristisch hierfür ist auch, daß Haydn in den Schlußsätzen seiner Sinfonien aus dieser Zeit nicht mehr seine lustigen Themen munter fortplätschern läßt, sondern aus ihnen Episoden entwickelt, die teils verhaltene, teils lösende, teils tief aufwühlende Leidenschaften ausdrücken, wobei meist das muntere Dur vorübergehend in ein ernstes Moll übergeht.

Neu für Haydn war in der Bachschen Tonwelt auch das tiefernste Pathos, mit dem eine Intensität des Gefühlsausdrucks verbunden war, wie man sie um diese Zeit in Österreich noch kaum antraf. Besonders in Haydns langsamen Sätzen ist bemerkbar, wie stark ihn die Empfindungstiefe Bachs beeindruckt und beeinflußt hat. Ebenso ist das an den Trios der Menuette zu erkennen: an die Stelle graziöser Galanterie ist eine ernste und tiefe Ausdruckshaftigkeit getreten.

Warum Haydn sich gerade von Ph. E. Bach so stark mitreißen ließ, ist nicht schwer einzusehen. Nachdem er alle heimischen Tendenzen in sich aufgenommen hatte, drängte es ihn nach Neuem, nach stärkerer Expressivität, denn die großen Fortschritte, die Wien um 1740 mit Monn und Wagenseil gemacht hatte, stagnierten bald und waren um 1760, als Haydn auf den Plan getreten war, schon veraltet. Da Haydn nicht wie Mozart die Möglichkeit einer Italienreise offenstand, nach der er sich immer gesehnt hatte, um den expressiven Musikstil an der Quelle kennenzulernen, blieb ihm nur die Gelegenheit, den expressiven Stil da zu studieren und zu assimilieren, wo er schon in Deutschland weit ausgebildet war, also bei Ph. E. Bach. Daß Haydn nicht die Mannheimer zum Vorbild nahm, mag seinen Grund darin haben, daß der »Mannheimer goût« den Österreichern zu maniriert war, die Effekte mit der Dynamik auf sie abstoßend wirkten.

Um 1770 hatte sich Haydn soweit von dem galanten Stil entfernt, daß Bücken die nun folgende Schaffenszeit als »romantische Krise« zu bezeichnen unternimmt.[1] Wenn Haydn auch nicht das allergeringste mit Romantik zu tun hat, und diese Bezeichnung überhaupt für die ganze zweite Hälfte des 18. Jahrhunderts vollkommen verfehlt ist, so ist es jedoch richtig, daß Haydns Sinfonien, Streichquartette und Klaviersonaten der siebziger Jahre eine Empfindungsglut aufweisen, die diese Werke zu den tiefsten innerhalb der gefühlsbereichernden Instrumentalmusik stempelt. Hierher gehören vor allen Dingen die leidenschaftliche g-moll-Sinfonie (1770), die Abschiedssinfonie (1772), die großen Streichquartette aus dem Jahr 1771 (Nr. 33–38) und die für damalige Begriffe gewaltige Klaviersonate Nr. 20 in c-moll (1771).

Eigenartig ist es zu verfolgen, wie Haydn zum gesteigerten Ausdruck der Gefühle eine ständige Erweiterung der musikalischen Mittel verlangt. Ihm genügt nicht mehr die simple Homophonie. Da gerade beim Streichquartett das äußere Mittel, die klare Vierstimmigkeit nicht erweitert werden konnte, wie beim Orchester oder auch beim Klavier, blieb zur Steigerung der Gefühlsintensität nur die Verdichtung des Klangbildes übrig. Und hierzu benutzte Haydn ein eigenartiges Mittel: die verpönte alte Polyphonie – jedoch in völlig verändertem Sinne.

Die Schlußsätze dreier Streichquartette aus dem Jahre 1771 sind fugiert gehalten. Und trotzdem ist der Gesamtklang durchaus verschmelzend. Bei der Haydnschen (und auch Mozartschen, etwa in der Jupitersinfonie) instrumentalen Polyphonie ist es nicht das wesentliche, daß alle Stimmen getrennt ein Thema durchführen, sondern daß die Fülle des Klangvolumens zur Intensivierung des Gefühlsausdrucks erhöht wird und das Ohr des Zuhörers bald der einen, bald der anderen Stimme folgt, je nachdem welche gerade

---

[1] Ernst Bücken, Handbuch der Musikwissenschaft a. a. O.

dominiert, wodurch eine verstärkte Fluktuation der Empfindungsexpression erzielt wird.

Der Unterschied dieser Vielstimmigkeit von der alten Polyphonie liegt darin, daß es früher auf das gleichzeitige Neben-/einander gleichberechtigter Stimmen ankam, jetzt aber stets in dem Klanggewebe eine Stimme dominiert, währenddessen die anderen Stimmen einen verschmelzenden Unter- oder Überbau bilden, je nachdem ob die dominierende Stimme oben oder unten liegt.

Die Fugen bei Haydn und Mozart sind also gar nicht polyphon im alten Sinne zu nennen, sondern die Vielzahl der Stimmen ist nur Mittel zur Steigerung der Gefühlsspannung. Das Wesen der alten Polyphonie: getrennte, gleichwertige, gleichzeitige Stimmen, Klanggespaltenheit, ist nicht vorhanden, an ihre Stelle tritt verdichtete Klangverschmelzung mit einer dominierenden Stimmführung in ständig wechselnder Lage.

Die Verwendung fugierter Sätze ist charakteristisch für das Bestreben Haydns in den siebziger Jahren, die Expressivität der Instrumentalmusik immer höher zu treiben. Einzelne Stücke aus jener Zeit, besonders die langsamen Mittelsätze in den Streichquartetten, sind mit Gefühlsintensität bis zum Zerspringen erfüllt, die wahrhaftig alles andere darstellt als »Rokokotändelei«, mit der man heute noch vielfach die Musik des alten, ach so gemütlichen »Papa Haydn« mitleids- und hochmutsvoll lächelnd zu erfassen vermeint. Die Glut des Empfindungsausdrucks in diesen Werken ist so unpapamäßig wie nur denkbar!

Das Zertändeln und Verniedlichen der expressiven Musik des 18. Jahrhunderts ist erst eine Folge der fortschreitenden Differenzierung der Harmonik und der Steigerung des subjektiven Gefühlsausdrucks in der Musik des 19. Jahrhunderts, die wiederum auf die immer größer und differenzierter werdenden Genußbedürfnisse während des fortschreitenden Kapitalismus zurückzuführen sind. Besonders seit Wagners »Tristan und Isolde« (1859) verlor man die richtige Einstellung für die Gefühlswirkungen der vom Blickpunkt des 19. Jahrhunderts aus simplen Harmonik Haydns und Mozarts, die doch zu ihrer Zeit etwas Revolutionäres bedeutet hatte. Wir müssen uns heute wieder daran gewöhnen, die Expressivität der Musik des 18. Jahrhunderts so zu erfühlen, wie sie zu ihrer Zeit empfunden wurde.

In den achtziger Jahren bildete Haydn die musikalischen Mittel des expressiven Stils weiter aus, und zwar erreicht er/jetzt eine

Äquivalenz von Gefühlsintensität und deren klanglicher Materialisierung, die schlechthin vollkommen zu nennen ist.

Den Ausgangspunkt dieses Haydnschen Altersstils bilden die sogenannten russischen Quartette (1781), die Pariser Sinfonien (1780) und besonders die berühmte Oxfordsinfonie (1788). Die Fähigkeit Haydns, den harmonischen Spannungsablauf eines präzisen Motivs allmählich zu verwandeln und von den verschiedensten Gesichtspunkten her zu beleuchten, wobei das beabsichtigte Maß an Expressivität in der klanglichen Gestalt des Motivs genau ausgeformt wird, erreicht hier ihren Höhepunkt.

Der Charakter der Haydnschen Instrumentalmusik etwa im Vergleich mit der Mozarts wird einmal bestimmt durch Haydns tiefe Verbundenheit mit den musikalischen Gegebenheiten seiner Heimat, also besonders mit jenem eigentümlichen Kolorit, wie es sich in der spezifisch österreichisch-bürgerlichen Serenaden- und Divertimentomusik ausgeprägt hat; sodann aber durch den überragenden Einfluß der Instrumentalmusik Ph. E. Bachs. Diese Synthese zwischen österreichischen und norddeutschen Elementen war einmalig.

Mozart machte eine ganz andere Entwicklung durch, sein Instrumentalstil unterscheidet sich denn auch sehr wesentlich von dem Haydns.

Durch seinen Vater Leopold lernte der junge Wolfgang Amadeus die österreichische Instrumentalmusik der Jahrhundertmitte mit ihrem Einschlag ins »Populare«, d. h. Bürgerliche kennen. Wenn auch der etwas pedantische und trockene Leopold Mozart Ph. E. Bach kannte und hochschätzte, so hat er doch keine wesentlichen Merkmale des Revolutionierenden an Bach übernommen. Dennoch konnte der junge Mozart keine bessere Einführung in die Instrumentalmusik seiner Heimat erhalten, als durch die Unterweisung des Vaters.

Im Gegensatz zu Haydn erlebte Mozart ein wechselvolles Schicksal, das ihn schon in jungen Jahren mit den verschiedensten neuen musikalischen Strebungen seiner Zeit in direkte Berührung brachte. Was für Haydn Ph. E. Bach war, sollten für Mozart Johann Christian Bach und Johann Schobert werden./

Durch die italienische Instrumentalmusik, wie sie nach der langen Entwicklung über Pergolesi und Sammartini von dem jüngsten Sohn J. S. Bachs gepflegt wurde, gewann Mozart eine Grazie,

Beschwingtheit, Weichheit und Sinnlichkeit der Tonsprache, die
Haydn in diesem Maße niemals erreicht hat. Das »singende Allegro«,
das schmiegsam-gefühlsdurchflutete Passagenwesen, die Süße und
Kantabilität der Melodieführung sind Eigenheiten, die Mozart
durch Christian Bachs Werke von den Italienern übernahm.

Neben Joh. Christian Bach war es Schobert in Paris, der Mozarts
instrumentalmusikalischen Entwicklungsgang entscheidend beeinflußte. Wir haben gesehen, wie Schobert durch die Übertragung
des (vornehmlich Mannheimer) Sinfoniestils auf die Kammermusik
mit Klavier bahnbrechend wirkte. Durch Schobert nun lernte Mozart die musikalischen Neuerungen kennen, die dieser – ohne in
übertriebene Manier zu verfallen – von den deutschen Sinfonikern
übernommen und weitergebildet hatte. Ganz richtig bemerkt Abert:
»Zwei Seiten seines eigenen Wesens, die schwere Empfindung...
und die Neigung zu plötzlichen, unvermittelten Ausbrüchen der
Leidenschaft fand Mozart in Schobert verkörpert.«[1] Nur daß der
Grund dieser Seelenverwandtschaft nicht allein in Mozarts eigener
Seele zu suchen ist, wie Abert meint, sondern in dem spezifischen
Empfinden der neuen bürgerlichen Zeit, die auf allen Gebieten eine
gewaltige Gefühlsbereicherung verlangte. Daß Mozart die Anregungen Schoberts mit wahrem Feuereifer aufnahm, ist uns ein
Zeichen dafür, daß er selbst nach gesteigertem Empfindungsausdruck in der Musik strebte und alle Mittel dazu willkommen hieß.

Durch seine Reisen lernte Mozart schon als Kind Christian
Bachs und Schoberts Musik kennen, die Bekanntschaft mit der
neuen italienischen Instrumentalmusik und mit der Mannheimer
Sinfonik machte er außerdem an Ort und Stelle. Hinzu kam später
der Einfluß, den die Kunst Haydns auf ihn ausübte.

Da wir auf Mozart als Opernkomponisten genauer eingegangen
sind, halten wir es für überflüssig, auch seinen Entwicklungsgang
als Instrumentalmusiker zu schildern.

Mozarts Gabe, menschliche Gefühle und Empfindungen mit
einem Maximum an Intensität und einem Minimum an klang-/
lichen Mitteln auszudrücken, macht alle seine Instrumentalwerke
zum Höhepunkt der gefühlsbereichernden Musik der zweiten Hälfte
des 18. Jahrhunderts. Es gibt bei Mozart keinen Ton, der nicht mit
dem lebensvollen Atem der Gefühlsexpression erfüllt wäre. Von

---

[1] H. Abert, Mozart, a. a. O. (ebenso das folgende Zitat)

der tiefsten Leidenschaft bis zum freudigsten Jauchzen gibt es kein Gebiet des menschlichen Gefühlslebens, das nicht in Mozarts Instrumentalmusik klänglich materialisiert worden wäre. Daher weisen die vielen Sinfonien, Konzerte, Streichquartette, Sonaten und sonstigen Instrumentalwerke niemals das gleiche Profil auf. Die vollendete Beherrschung des expressiven Stils erlaubte Mozart, der unendlichen Skala der menschlichen Gefühle zu folgen und jede einzelne seelische Regung klänglich auszudrücken.

Haydns und Mozarts Instrumentalmusik stellen die höchst möglichen Gipfelpunkte in der Bereicherung des menschlichen Gefühls dar. Gewiß könnte man noch viele Kleinmeister nennen und die verzweigten Entwicklungsgänge des expressiven Stils aufzeigen. Da jedoch sowohl die Gefühlsintensität wie auch die Weite des Gefühlsbereichs bei den unwichtigeren Komponisten mehr oder weniger beschränkt bleibt und der expressive Stil bei ihnen leicht zur Schablone wird, so daß eine wirkliche Expressivität nicht oder nur teilweise zustande kommt, können wir sie hier ruhig übergehen.

Es bleibt uns nur noch zu zeigen übrig, wie die durch die neuen ökonomischen und gesellschaftlichen Verhältnisse bedingte neue Funktion der Musik Musikproduzenten und Musikkonsumenten in ein völlig neues Verhältnis zueinander brachte, wie sich die Distribution der Ware Musik änderte.

Im absolutistischen Zeitalter war der Musiker Angestellter, Diener, Lakai.

Auf dreierlei Weise konnte er dienen:
erstens als Hofmusiker,
zweitens als städtischer Kirchenmusiker,
drittens als städtischer Ratsmusiker.

Als Diener eines Fürsten gehörte der produktive wie der reproduktive Musiker zum Stab der Angestellten. Er hatte Uniform zu tragen und an der Bediententafel zu speisen. Ein Hofkomponist schrieb nur das, was sein Herr verlangte.

Der städtische Kirchenmusiker unterstand dem Magisrat der/ Stadt. Als Kantor hatte er regelmäßig seine Kantaten, Passionen usw. zu liefern.

Der Ratsmusiker hatte die Musik zu repräsentativen städtischen Anlässen: Fürstenempfängen, Einführungen neuer Bürgermeister, Turmblasen, Hochzeiten, Beerdigungen usw. zu komponieren und aufzuführen. Die Ratsmusiker oder Stadtpfeifer waren in einer

Zunft vereinigt.

Für den Fachmusiker gab es nur innerhalb eines solchen Dienstverhältnisses die Möglichkeit erwerbsmäßiger musikalischer Tätigkeit. Jegliche Musik war Auftragsmusik. Musik war Handwerk. Der diensttuende Musiker galt nicht mehr und stand sich im Durchschnitt nicht besser als ein Glasbläser oder Korbmacher.

Das Bürgertum hatte nur in der Kirche oder bei städtisch-repräsentativen Ereignissen Gelegenheit, an größeren musikalischen Aufführungen teilzunehmen.

Das änderte sich um die Mitte des 18. Jahrhunderts.

Wir hatten schon gesehen, wie das sich immer fester zusammenschließende Bürgertum zunächst in privaten Collegia musica, dann in öffentlichen Konzerten selbst die Initiative zu einem spezifisch bürgerlichen Musikleben ergriffen hatte.

Als nun um die Jahrhundertwende das Bürgertum begann, zur Erringung der sozialen Gleichheit bzw. Übermacht sein Menschsein zu kultivieren und als Teil dessen auch sein Gefühlsleben außerordentlich zu bereichern, wozu ihm die Musik das willkommenste Mittel bot, da weitete sich auch das Konzertleben in ungeahntem Maße aus. Allerorten entstanden neue Konzertgesellschaften, die bestehenden Collegia musica sahen sich wegen des großen Zulaufs gezwungen, größere Säle zu mieten und gegen Entgelt zu musizieren.

Vor allen Dingen in den freien Reichsstädten und den bürgerlichen Handelsstädten dehnte sich das Konzertwesen aus. In Hamburg gaben zuerst Telemann, dann Ph. E. Bach wöchentlich öffentliche Konzerte mit Orchester. In Frankfurt a. M. bestanden seit den sechziger Jahren nicht weniger als drei verschiedene Konzertserien nebeneinander, die sich gegenseitig Konkurrenz machten. In Leipzig erfreute sich das 1743 von biederen Kaufleuten gegründete »grosse Konzert« einer derartigen Beliebtheit, daß es mehrmals in immer größere Säle umziehen mußte, bis es 1781 in dem eigens für Konzertzwecke/erbauten »Gewandhaus« landete, wo es noch heute regelmäßig stattfindet. Das »grosse Konzert« konnte jedoch den Musikhunger der Leipziger Bürger nicht allein stillen. Es bildeten sich kleine Orchester, die besonders zu den Meßzeiten in Kaffeehäusern Konzerte gegen Eintritt gaben. Am Jahrhundertende hatte Leipzig nicht weniger als 10 solcher Kapellen. Dazu kamen Konzerte von Musikliebhabern, wie z. B. die regelmäßigen »concerts spirituels« der 1775 von Hiller in Leipzig

errichteten »Musikausübenden Gesellschaft«, die die musikalische
Ausbildung talentierter Dilettanten besorgte. Außerdem fanden
häufig Konzerte reisender Virtuosen statt. 1793 gab es in Leipzig
14 Extrakonzerte auswärtiger Musiker. Den Umfang dieser Musikpflege kann man erst richtig ermessen, wenn man bedenkt, daß
Leipzig im letzten Drittel des 18. Jahrhunderts noch keine 100 000
Einwohner zählte.

Die Verhältnisse in Hamburg, Frankfurt und Leipzig, den wichtigsten Zentren bürgerlicher Kultur, wiederholen sich überall in
gleicher Weise. In Berlin fanden 1749 die ersten regelmäßigen
Konzerte statt. Der Hofkapellmeister Reichardt gründete 1771
»Concerts spirituels«, die zweimal wöchentlich stattfanden. Daneben gaben größere Liebhabervereinigungen öffentliche Konzerte. Die Entwicklung des bürgerlichen Musiklebens in Berlin
erreichte 1791 mit der Gründung der Singakademie durch Karl
Friedrich Fasch ihren Höhepunkt.

Lübeck hatte schon 1733 öffentliche Konzerte. Wien seit den
vierziger Jahren, Halle seit 1758, Magdeburg seit 1764. Um 1780
besaßen selbst kleine Städte ihr geregeltes Konzertleben.

Noch besser als an dem Aufblühen des Konzertlebens kann man
an dem Umfang des musikalischen Dilettantismus erkennen, welche
Ausmaße die Gefühlsbereicherung angenommen hatte.

Der Bürger begnügte sich nicht damit, im Konzertsaal passivzuhörend seine Gefühle erregen zu lassen. Er verlangte noch mehr.
Er wollte unbedingt selbst musizieren, weil er durch das aktive
Musikausüben sein ganzes Empfinden viel stärker in Wallung
bringen konnte, als durch bloßes Zuhören.

Damit aber der Bürger selbst musizieren konnte, mußten Kompositionen vorhanden sein, die erstens durch eine ausgeprägte
Expressivität die Bedürfnisse des Bürgers befriedigen/konnten,
zweitens durch ihre leichte Ausführbarkeit auf das mangelnde
technische Können des Musikliebhabers zugeschnitten waren.

Solche Kompositionen entstanden in der zweiten Hälfte des
18. Jahrhunderts massenweise.

Am beliebtesten war das Lied, da es ohne jegliche Umstände
von einer Einzelperson jederzeit mit oder ohne Klavierbegleitung
ausführbar war. Die Komponisten schrieben leicht zu singende
Lieder, damit »auch ungeübte Liebhaber des Gesanges, sobald es
ihnen nicht ganz und gar an Stimme fehlt, solche leicht nachsingen
und auswendig behalten können«, wie J. A. P. Schulz im Vorwort

einer Liedersammlung sagte.[1] Nachdem – wie schon gezeigt wurde – das deutsche Sololied in den dreißiger Jahren neu aufgetaucht war, wurden in der zweiten Jahrhunderthälfte Liedersammlungen in riesigen Mengen hergestellt. Auch die Klavierauszüge der erfolgreichen Singspiele wurden in großen Auflagen gedruckt und verbreitet.

Ähnlich war es mit der Instrumentalmusik. Man druckte Sammelwerke mit Instrumentalstücken aller Art von den bekanntesten Komponisten. Wieder war Telemann der erste, der die Herausgabe solcher Sammelwerke übernahm. Die regelmäßig erscheinenden Hefte des »Getreuen Music-Meisters« (1728) enthielten leicht spielbare Stücke für die verschiedensten Instrumente.

Das war jedoch erst ein Anfang. Die Blütezeit solcher Veröffentlichungen war die zweite Hälfte des 18. Jahrhunderts. Beispielsweise erschien 1760 bei Birnstiel in Berlin ein »Musicalisches Allerlei« in wöchentlichen Heften, die so ziemlich alles enthielten, was das Dilettantenherz begehrte. Der Erfolg dieser Sammlung war so groß, daß der Verleger Winter mit seinem »Musikalischen Mancherlei« (1762) mit ihr in Konkurrenz trat. Diese Sammeldrucke erwirkten überall Nachahmung, so druckte 1770 Bock in Hamburg ein »Musikalisches Vielerlei«.

Eine Sonderstellung nahm die Sinfonie ein. Auch Sammelwerke mit Sinfonien wurden veröffentlicht. Interessant ist es zu verfolgen, wie geradezu von den Sinfoniekomponisten verlangt wurde, ihre Orchesterwerke an das Können der Liebhaber anzupassen. Sulzer sagt in der »Theorie der schönen/Künste« ausdrücklich von der Sinfonie: »Es dürfen auch, weil sie nicht ein Uebungsstück ist, sondern gleich vom Blatt getroffen werden muss, keine Schwierigkeiten darin vorkommen, die nicht von vielen gleich getroffen und deutlich vorgetragen werden können.«[2]

Die ad-libitum-Besetzung vieler Instrumentalwerke jener Zeit war ebenfalls für den Hausgebrauch berechnet. Die Orchestertrios op. 1 von Johann Stamitz, die Quartette op. 1 von Karl Stamitz konnten orchestral oder solistisch besetzt werden, und die Quartette von Ph. E. Bach sind nichts anderes als Sinfonien in Kammermusikform. Daß sich Ph. E. Bach ganz besonders für die Interessen

---

[1] J. A. P. Schulze, Ueber Herrn Professor Rahbek's Dänische Liedertexte. In: Musikalische Monatsschrift 1793, 6
[2] J. G. Sulzer, Allgemeine Theorie der schönen Künste, a. a. O.

der »Kenner und Liebhaber« einsetzte, ist schon gezeigt worden.

Selbstverständlich bemühten sich die Bürger, auch eine gewisse Fertigkeit in der Beherrschung eines Instruments zu erlangen. Diesem bürgerlichen Bestreben kamen einige musikalische Lehrbücher entgegen. 1752 erschien der »Versuch einer Anweisung die Flöte traversiere zu spielen« von J. J. Quantz. Das Werk enthält neben den technischen Erläuterungen lange Abschnitte über ästhetische und stilkritische Fragen. Ein Jahr darauf folgte Ph. E. Bachs »Versuch über die wahre Art das Klavier zu spielen«. Den großen Erfolg dieses epochemachenden Buches kann man am besten an der Riesenzahl von Nachahmungen erkennen, die es nach sich zog. 1756 veröffentlichte Leopold Mozart seinen berühmten »Versuch einer gründlichen Violinschule«. Mozart schloß sich mit seinen Ansichten ganz bewußt an Bach an. Außerdem publizierte ein Jahr später J. F. Agricola eine Übersetzung der vielgerühmten italienischen Gesangschule von Francesco Tosi. Diese vier Werke bildeten den Grundstock der praktisch-musikalischen Bildung der Bürger.

Überall entstanden Musikschulen für Liebhaber. Hier auch nur die wichtigsten zu nennen, würde zu weit führen. Wir wollen nur die Bestrebungen von Johann Adam Hiller erwähnen, der sich durch persönliche Unterweisung wie durch Bücher energisch für die Hebung des gesanglichen Niveaus in Deutschland einsetzte.

Aus all diesen Tatsachen kann man erkennen, in welchem Maße das Bürgertum die Gefühlsbereicherung durch die Musik durchführte./

Indirekt zur Bereicherung des Gefühls gehört auch der Drang des Bürgertums, sich musikalisch zu bilden, ein musikalischer »Kenner« zu werden. Diesen Bestrebungen kamen eine große Reihe von musikalisch-kritischen Schriften entgegen. Den Anfang machte Johann Mattheson mit seiner »Critica musica« (1725). Die darauffolgenden wichtigsten Schriften waren: »Der kritische Musikus« (1737–1740) von J. A. Scheibe, »Der kritische Musikus an der Spree« (1750) und die »Historisch-kritischen Beiträge« (1754–1760) von F. W. Marpurg, sodann die »Wöchentlichen Nachrichten und Anmerkungen die Musik betreffend« (seit 1766) von dem oben genannten J. A. Hiller; 1769 erschien in Wien als die wichtigste Wochenschrift »Der musikalische Dilettante«, und 1783 begann K. Fr. Cramers »Magazin der Musik« zu erscheinen.

Seit der Mitte des 18. Jahrhunderts wird das Bürgertum der

hauptsächlichste Musikkonsument. In der absolutistischen Zeit hatte stets der Brotherr des dienenden Komponisten das Bestimmungsrecht über die Kompositionen. Fand er diese gut, so wurden sie gedruckt, meistens wurde das Werk nur zu einer einmaligen Gelegenheit geschaffen und aufgeführt.

Bei der Komposition für das anonyme Bürgerpublikum dagegen schuf der Komponist für unendlich häufige Wiedergabe. Damit wuchs die Verantwortung des Komponisten: er schrieb ein Werk nicht mehr für eine einmalige Aufführung oder zur Unterhaltung seines hohen Herrn, sein Werk war für die Dauer bestimmt, um stets von neuem nachschöpferische Interpreten und deren Zuhörer zur Erregung ihrer Gefühle zu bringen. Hier stehen Telemanns Vielschreiberei und Haydns Bedachtsamkeit in krassem Gegensatz. Haydn sagte einmal: »Ich war nie ein Geschwindschreiber und komponierte mit Bedächtigkeit und Fleiss. Solche Arbeiten sind aber auch für die Dauer.«[1]

Trotz des großen Musikkonsums der Bürger konnten die Komponisten nicht von der Komposition für das große bürgerliche Publikum leben. Mittler zwischen Komponist und Publikum war der Verleger. Dieser kaufte die Manuskripte für wenig Geld und veröffentlichte sie. Da aber die Werke nicht im geringsten gesetzlich geschützt waren, konnten andere Verleger dieselben Musikstücke zum eigenen Profit weiterverlegen. Außerdem suchten sich gaunerhafte Verleger Ab-/schriften neuer Werke berühmter Komponisten hinter deren Rücken zu verschaffen und ohne Entgelt zu publizieren. Der Komponist war machtlos dagegen.

Es blieb also auch den Komponisten, die nur für das Bürgertum schreiben wollten, wohl oder übel nichts anderes übrig, als auch weiterhin eine feste Dienststelle anzunehmen. So war es möglich, daß schöpferische Musiker an Höfen und Kirchen angestellt waren und sich trotzdem mit ihrem Schaffen an das Bürgertum wendeten. Für Ph. E. Bach z. B. waren die Stellen als Kammercembalist Friedrichs II. und als Musikdirektor der Stadt Hamburg nur die feste Basis, auf der er sein Komponieren für das Bürgertum aufbauen konnte. In Hamburg hatte er regelmäßig Kirchenmusik zu liefern, der man jedoch oft die flüchtige und interesselose Arbeit anmerkt. Ähnlich war für die Mannheimer das Schaffen für den

---

[1] F. J. Haydn, Autobiographische Aufzeichnungen vom Jahre 1776. Bei: C. F. Pohl, Mozart und Haydn in London. 2. Abtlg.: Haydn in London. Wien 1867

Hof nur der Anlaß zum Schaffen für das musikalische Bürgertum, bei dem sich auch ihre Sinfonien ungeheurer Beliebtheit erfreuten.

An Mozarts Schicksal erkennt man so recht deutlich den tragischen Zwiespalt der Komponisten jener Zeit, die sich an das Bürgertum richten wollten und nur aus materiellen Gründen dem Adel weiterdienen mußten. Mozart entwuchs mit seinen expressionsgeladenen Spätwerken der adeligen Gesellschaftskunst derartig, daß für die galanten Bedürfnisse dieser Gesellschaft seine Musik viel zu schwer und zu ernst war. Mozart ließ sich aber nicht zu Konzessionen herbei. Die Folge war, daß er allmählich in Schulden geriet und unter den traurigsten Umständen starb.

Erst das 19. Jahrhundert gab den Komponisten die Möglichkeit, frei nach ihren Intentionen für das große anonyme Bürgerpublikum zu schreiben.

In der zweiten Hälfte des 18. Jahrhunderts wurde das Fortkommen der Berufsmusiker dadurch noch bedeutend erschwert, daß sowohl an Höfen wie an Kirchen die Musik immer stärker in den Hintergrund trat und beim öffentlichen Konzertieren die Dilettanten und Dilettantenvereine ein schweres Hindernis waren. Die zünftlerischen Ratsmusiker konnten sich natürlich nicht gegen das freie öffentliche Musizieren behaupten. Die Stadtpfeiferzunft starb um die Mitte des 18./Jahrhunderts eines ebenso natürlichen Todes wie alle anderen Zünfte.

B. BEREINIGUNG DES MENSCHLICHEN: NATÜRLICHKEIT

Um klar zu machen, was die zweite Hälfte des 18. Jahrhunderts sich unter Natürlichkeit vorstellte und was sie mit ihren Natürlichkeitsbestrebungen bezweckte, fassen wir diesen Begriff zunächst einmal als Negation seiner Negation, also als doppelte Verneinung.

Es ergibt sich dann, daß Natürlichkeit die betonte Abwendung ist von der Nicht-Natur, von der systematischen Verkennung der Natur, von der Mißachtung des natürlichen Wesens von Menschen und Dingen, von der Verkehrung der Natur in etwas anderes, was ihrer ursprünglichen Wesenheit zuwiderläuft, also der Unnatur.

Diese Unnatur war eine der typischsten Erscheinungsformen des 17. und der ersten Hälfte des 18. Jahrhunderts.

Woher kam sie? Denaturierung der Natur in Unnatur ist die

höchste Manifestation von Macht, oder besser von Machtexzeß (vgl. Schema Seite 65).

Die plumpste Machtform ist Naturzerstörung.

Die vollste Machtform ist Naturbewältigung.

Die exzessivste Machtform ist Naturvergewaltigung.

In Unnatur zeigt sich der prometheische Machtwahnsinn eines Halbgottes, der sich über Gott erheben will und sich in seinem Paroxysmus an der Schöpfung vergreift, indem er sich einbildet und anmaßt, sie spielend korrigieren, in unserem Fall korrumpieren und pervertieren zu können.

Dieser Machtexhibitionismus beherrschte das ganze ökonomische, staatliche, rechtliche, politische und gesellschaftliche Leben des 17. und der ersten Hälfte des 18. Jahrhunderts. Er zeigte sich von selbst auch in der Kultur und der Kunst, die immer die Ideologie, also die getreue Widerspiegelung sind von dem, was unten stattfindet.

Nur einige Beispiele.

Der Mensch war im 17. und in der ersten Hälfte des 18. Jahrhunderts Ding, »Zubehör«, Staffage, Spielzeug, »Dukatenscheißer«, und wenn der letzte Dukaten herauspurgiert/war, Ware und Schlachtvieh (»du bétail, pour le faire égorger«, Friedrich II.) dieser Omnipotenzen, für die allein Gott die Welt geschaffen hatte.

Der Mensch war damals alles, nur nicht »Mensch«.

Wie man in dieser Zeit aus Menschen Puppen machte, so fabrizierte man aus Puppen wieder Menschen. Heiligen- und Krippenfiguren wurden mit echten Gewändern bekleidet – der kleine Jesus von Nazareth genau wie das »Manneken-Pis« von Brüssel – mit echten Juwelen geschmückt, mit echten Haaren frisiert, sogar mit »echten« Glasaugen verlebendigt, so daß man dieser fast irrsinnigen Wirklichkeit des Unwirklichen gegenüber an seiner eigenen Wirklichkeit zu zweifeln anfängt und diese, wenn auch nur für den Bruchteil einer Sekunde, für unwirklich hält.

Ein Baum durfte in der Zeit nicht Baum sein. Man schnitzelte mit der Gartenschere so lange daran herum, bis er Mensch, Tier, Kegel, Pyramide wurde.

Aber zur gleichen Zeit modellierte man Rosen aus Porzellan mit solchem Raffinement, bemalte sie so naturalistisch und tränkte sie sogar mit Rosenöl, daß man es versteht, wenn sich die Damen, denen sie verehrt wurden, täuschen ließen.

In der Architektur sehen wir dasselbe. Der Stein wird erweicht, er wächst wie Pflanzen.

Organisches wurde also in der Gartenkunst desorganisiert, Unorganisches wurde in der Architektur und der Porzellankunst organisiert. Das Resultat war beide Male Unnatur.

In der Architektur wurde Phänomenales geleistet. Man hatte eine satanische Freude daran, das Unmögliche möglich zu machen. Es gab damals überhaupt nichts Unmögliches. Die Architektur, sagt Hausenstein, »scheint die Tragpunkte der Konstruktion auszuscheiden und die Massen in die Luft zu stellen... Das Barock gibt in seinen Werken den nicht an technische Voraussetzungen gebundenen Ueberschwang der Schöpfung. Barock tritt mit dem Himmel in Wettbewerb. Der Schöpfer hat keine Gerüste gebaut. Er hat nicht Senkrechte mit Waagerechten gekreuzt und Schnittpunkte vernietet. Er hat die Hand erhoben, in die Materie gegriffen und zwischen Daumen und Mittelfinger eine Form gespielt. So arbeitet das Barock.«[1]

Und wenn das Baumaterial, Marmor, Stein, nichts mehr hergab, dann mußte als unnatürliches Baumaterial die Farbe herhalten, um die überphantastischen Träume der Architektur weiterzubauen.

Für die Kuppel und die Decken wurde der Himmel aus dem unendlichen Raum einfach heruntergeholt und über die Säulen und Architraven ausgespannt.

Wie man mit Wolle und Seide malte, so webte und knüpfte und wirkte man mit der gleichen Geschicklichkeit die fabelhaftesten Teppiche... aus Gips und drapierte sie oben in der Kuppel über eine Balustrade, daß der Betrachter den Wunsch spürt, sie herunterzuholen, um sie in der Nähe zu betrachten.

Die Stoffwiedergabe grenzte in der Malerei ans Unglaubliche. Brokate, Seiden, Samte, Spitzen, Geschmeide, Kristall, Gold- und Silbergeräte wurden so naturgetreu wiedergegeben, daß man sie betasten möchte. Aber die Lumpen eines Bettlers stellten dieselben Künstler ebenfalls so virtuos dar, daß man bei der Betrachtung Jucken verspürt. Von der Haut der Damenporträts weht uns ein Parfüm entgegen, das ebenso aufregend wirkt, wie uns der penetrante Verwesungsgeruch abstößt, der aus den Glassarkophagen mit den halbvermoderten Skeletten von modellierten und bemalten Heiligen ausströmt.

---

[1] W. Hausenstein, Vom Geist des Barock, a. a. O.

Keine Zeit hat in der anatomischen Wiedergabe von Körpern solche irrsinnigen Kunststücke geleistet wie die Malerei des 17. Jahrhunderts. Man dachte absichtlich die unnatürlichsten Stellungen aus, bloß um das natürliche Spiel von Knochen, Muskeln und Haut daran demonstrieren zu können.

Also doch Natürlichkeit, wenn auch unnatürliche Natürlichkeit, könnte man einwenden. Ohne Frage. Man wollte nicht direkt Unnatur, man ging der Natürlichkeit nicht bewußt aus dem Wege, man wollte nur souveränes Können zeigen, nichts anderes, ganz egal, was dabei herauskommen würde, Natur oder Unnatur. Da aber das exzessive Können meistens besser gezeigt werden konnte, wenn man die Natur vergewaltigte, kam meistens Unnatur dabei heraus. Die Versuche wurden damals vielfach als Illusionismus camoufliert. Ein Illusionismus, der anfing bei der Fliege, die auf die Hand einer Kurtisane gemalt war, so, daß man das widerliche Tier verscheuchen möchte, und der endete bei den Monumental-Architekturen, die in der Kuppel einer Kirche in Stucco und Farben ihre Fortsetzung fanden, aber auch hier wieder so täuschend, daß die Grenzen zwischen Wirklichkeit und Unwirklichkeit nicht mehr zu unterscheiden waren.

Noch zwei Beispiele.

Man zeichnete mit Kreide, aber auch mit Versen. Unzählige Gedichte sind uns aus der Zeit erhalten, die die Form einer Krone, eines Reichsapfels, eines Kelches, eines Herzens haben. Ja selbst mit Notenköpfen zeichnete man. Kam z. B. in einer Passionsmusik das Wort »Kreuzigen« vor, so ließ man eine Tonfolge erklingen, deren Notenbild die Form eines Kreuzes darstellt.

Und der Clou. Man jonglierte mit Musik. Voran Johann Sebastian Bach. Er nahm ein Thema, verkürzte alle Notenwerte um die Hälfte, verlängerte sie um das Doppelte, stellte das Thema auf den Kopf, verkürzte und verlängerte dieses gespiegelte Thema, ließ dann die verschiedenen Gestalten des verhexten Themas in mehreren Stimmen auftreten und kontrapunktierte außerdem noch die Vertonung seines Namens BACH dazu. Und trotz der verwirrenden Fülle ergibt dieses Stimmengerank einen herrlichen Zusammenklang.

Alles konnte man. Und weil man das zeigen wollte, zeigen mußte, trifft man in den beiden Jahrhunderten auch alles nebeneinander: Organisches und Unorganisches, Malerisches und Konstruktives, Symmetrisches und Asymmetrisches, Naturalistisches und Antinaturalistisches, Form und Unform, Unendliches und Endliches, Alles.

Hausenstein wußte mit der Simultanität dieser unerhörten Fülle von Widersprechendem nichts anzufangen. Er versuchte sich aus diesem Engpaß zu retten mit der Erklärung, daß die Inkonsequenz eben zum Wesen von dem, was er »Barock« nennt, gehört.

Damit ist selbstverständlich nichts erklärt. Denn man kann weiter fragen: aber woher und warum diese Inkonsequenz?

In Wirklichkeit gab es keine Zeit, die konsequenter war als das 17. und die erste Hälfte des 18. Jahrhunderts.

Nein, die Einheit, in der all diese widerspruchsvollen Erscheinungen aufgehoben werden, ist der Machtexhibitionismus dieser Periode. Über alles kann man das eine Wort schreiben, das das Ganze mit einem Schlag beleuchtet: *Absolutismus*.

Was für ein nichtssagendes Verlegenheitswort ist, hiermit verglichen, die Bezeichnung »Barock«, mit der die Kunstge-/schichte diese Periode in ihrer Ganzheit und jedes einzelne der Produkte, in denen sich das Wesen dieser Zeit manifestiert, bezettelt hat.

Jetzt wird man verstehen, was die zweite Hälfte des 18. Jahrhunderts mit ihrer Natürlichkeit anstrebte. In diesem Begriff war die bürgerliche Rebellion gegen den fürstlichen Absolutismus zum Ausdruck gebracht. Der Bürger wollte sich von der Unterdrückung befreien. Endlich waren ihm die Kräfte zu diesem Freiheitskampf gewachsen, das heißt, er hatte endlich die für einen solchen Kampf unbedingt notwendige materielle Basis erlangt. Was er an erster Stelle brauchte, war seine ökonomische Freiheit, und da diese ohne gleichzeitige politische und soziale Freiheit nicht denkbar war, begann er auch auf diesen beiden Gebieten den Kampf. Der Titel, auf den er seine gesellschaftlichen Rechte gründete, war, wie wir gesehen haben, sein Menschsein. Er wollte jetzt nicht länger ein rechtloses Ding, sondern endlich, endlich voll Mensch sein, mit allen Ansprüchen und Rechten, die er auf Grund seiner menschlichen Natur geltend machen konnte.

Das allein bedingte schon Natürlichkeit.

Aber hierbei blieb der Bürger nicht stehen, er wollte seine Menschlichkeit, das kostbarste und heiligste, was er sein eigen nannte, bis aufs allerhöchste steigern. Er tat es durch die Kultivierung jeder einzelnen seiner seelischen Funktionen, seines Verstandes, seines Willens und seines Gefühls. Er tat es weiter durch die Abstreifung von allem, was sein Menschsein verunstalten konnte, durch die Bereinigung seiner Menschlichkeit von allem, was seiner menschlichen Natur widerstrebte.

Seine Losung war also natürlichste Natürlichkeit.

So versuchte der Bürger sein Geschäftsleben von allem unnatürlichen Zwang und aller Einengung zu befreien und es, wie wir gesehen haben, zu fundieren auf die *Natur*lehren der Volkswirtschaft, die ihm alle individuelle Freiheit gewähren, die er für sein Weiterkommen brauchte. So trat der Bürger in Opposition gegen Rechtsbegriffe, die eigentlich Unrechtsbegriffe waren, und die ihm seine natürlichen Rechte kürzten. Er trat mit aller Entschiedenheit für das *Natur*recht ein, das Hugo Grotius zur Zeit der bürgerlichen Revolution in Holland proklamiert und verteidigt hatte. Sein religiöses Leben/befreite er von allen Ketten, mit denen ihn die Kirche zu dem Zwecke gefesselt hatte, damit er ein gefügiges und wehrloses Ausbeutungsobjekt für die Fürsten sein sollte. Er wollte von jetzt ab nur noch etwas von einer *Natur*religion wissen, die auf der Vernunft basiert war. Die kirchliche Moral warf der Bürger ebenfalls über Bord, nachdem sie jahrhundertelang dazu mißbraucht worden war, ihn unten zu halten. Eine freie *Natur*moral trat an ihre Stelle. Und damit dieser mühsame Freiheitskampf für die Zukunft nicht umsonst gekämpft wurde, sondern für die kommenden Generationen Früchte tragen sollte, reformierte der Bürger auch die Erziehung. Der alte Schlendrian auf diesem Gebiet wurde verlassen und die *Natur*erziehung von Rousseau und Basedow in Deutschland überall propagiert.

Das ganze Leben wurde auf der Basis der Natürlichkeit neu aufgebaut.

Wir haben die verschiedenen neuen natürlichen Lebensformen der zweiten Hälfte des 18. Jahrhunderts bereits besprochen. Auf zwei sehr wichtige müssen wir noch etwas ausführlicher eingehen, und zwar auf die *natürliche Sexualität,* und die *natürliche Briefform.*

Eine Zeit, zu deren Erfüllung es gehörte, alles Denaturierte der vorangegangenen Generation zu renaturieren, konnte an dem äußerst wichtigen menschlichen Problem der *Sexualität* unmöglich vorübergehen.

Als eine Folge der in der ersten Hälfte des 18. Jahrhunderts stattgefundenen Änderungen der gesellschaftlichen Struktur zeigte die Sexualität um die Jahrhundertmitte (neben den überwiegenden normalen Formen) zwei Abarten.

Sie litt in höheren Adelskreisen an einer maßlosen Hypertrophie, im Bürgertum an einer gewissen Bleichsucht. Unnötig zu bemerken, daß Übermäßiges auf diesem Gebiet ebenso unnatürlich ist wie Untermäßiges.

Die bürgerliche Asexualität war, wie paradox es auch klingen mag, das schlimmere von den beiden Übeln, weil sie nicht nur gegen die Natur verstieß, sondern obendrein doppelt verlogen war. Die Asexualität war nämlich nur eine papierne. Es steht fest, daß sich die Bürger, die sich durch ihre verschro-/benen Keuschheitsschwärmereien hervortaten, durchaus nicht davon abhalten ließen, nach wie vor ihren reichen Bedarf an »Irdischem Vergnügen« auch noch anderswo zu decken als nur »in Gott«. Die kirchliche Erotik der vierziger Jahre könnte vielleicht den Anschein erwecken, als ob wir es hier mit der Überkompensation einer verdrängten Enthaltsamkeit zu tun hätten. Sie war aber nichts anderes als der Reflex der anormalen geistlichen Spannungen, die im Zusammenhang mit und zum größten Teil infolge des auch in Bürgerkreisen allgemeinen intensivsten geschlechtlichen Sichauslebens in bedenklicher Weise gestiegen waren.

Die zweite Verlogenheit der literären Asexualität bestand darin, daß der Bürger es so scheinen lassen wollte, als ob er sich über die Immoralität der Fürsten aufregte, gegen die er bei allen Gelegenheiten seine verkrampften Keuschheitsbegriffe ausspielte. Die Immoralität der Fürsten ließ ihn aber in Wirklichkeit vollkommen kalt. Er war nur darüber empört, daß ihm jedesmal die unsinnig hohen Rechnungen für die Lustbarkeiten seines Landesvaters präsentiert wurden. Seine Verdammung der fleischlichen Lüste der Gesalbten war also ebenso Pose, ebenso Maske, wie seine Asexualität an und für sich nur gespielt war.

Die beiden Auswüchse nun des Geschlechtslebens, die wirkliche höfische Hypersexualität und die gemimte bürgerliche Asexualität hörten um die Mitte des 18. Jahrhunderts nicht auf, sie zogen sich durch die ganze zweite Hälfte des Jahrhunderts hin. Die Fürsten trieben ihre für sich und für andere ruinösen Exzesse lustig weiter. Die Kirchen, als Lautsprecher der kleinen Spießer, verherrlichten nach wie vor ihre ungesunden Morallehren.

Von Sonnenfels z. B. wurde scharf angefeindet, weil er sich dagegen wandte, daß unehelich geborene Bräute bei der Trauung von der Kanzel herunter als »Hurkind« tituliert wurden und »gefallene« Mädchen an den Kirchentüren (in Barthelsdorf in Sachsen, zuletzt im Jahre 1719, sogar mit »Halseisen«) für ihre verlorene »Unschuld« Buße tun müßten. Man nahm es ihm übel, daß er dafür plädierte, daß man ihnen alle Beschämung ersparen und sogar eine geheime Entbindung erleichtern soll.

Zu diesen beiden Feinden eines normalen gesunden Liebes-/lebens kamen in der zweiten Hälfte des 18. Jahrhunderts eine Reihe neuer Feinde hinzu, die sich alle aus dem modernen Bürgertum rekrutierten.

Die um die Mitte des Jahrhunderts mit immer größerer Wucht einsetzende Geisteskultur zur Bereicherung des Menschlichen, mit anderen Worten, zur Hebung des Bürgers, führte vielfach zu einer Überschätzung alles Geistigen, die sich negativ in einer Geringschätzung alles »Thierischen« äußerte.

Die neue bürgerliche Moral, die infolge des Humanitätsgedankens die Erziehung des Menschengeschlechts, zwecks seiner Vervollkommnung, anstrebte, wurde tatsächlich in bestimmten Kreisen, wie wir sehen werden, überzüchtet, und hatte dann eine ungesunde »schwärmerische Tugend«, einen übersexuellen Asketismus zur Folge, der dem Asketismus der ersten Hälfte des 18. Jahrhunderts bis aufs Haar glich, nur daß er seinen blinkenden Heiligenschein in der Garderobe gelassen hatte und sich jetzt weltlich gab.

Aber vor allem die dritte seelische Funktion des Menschen, das Gefühl, das sich in der zweiten Hälfte des 18. Jahrhunderts zur Empfindsamkeit sublimiert hatte, beeinträchtigte sehr wesentlich jede normale Geschlechtlichkeit. Denn worum drehte sich alles bei den Empfindsamen? Ausschließlich um das Empfindeln, das Akthafte. Der Inhalt, das Objekt, das Empfundene selbst spielte nur eine höchst nebensächliche Rolle. Es war eigentlich nur da, insofern es die Hauptsache, das Empfinden, erzeugte, und die lustvolle Reflexion über das Empfinden, das bewußte, tränenselige Schwelgen in dem vor Rührung aufgelösten Innern ermöglichte. Es war also bei den Empfindsamen meistens ein Drang vorhanden, nicht nach Befriedigung, nach Beruhigung, sondern im Gegenteil nach Steigerung und sogar Übersteigerung der Gefühlsspannungen. Um das zu erreichen, gibt es bekanntlich kein wirksameres Mittel als die bewußte Einschaltung von Widerständen, von Verzögerungen und immer wieder Verzögerungen der Erfüllung. Die höchste Wollust ist die himmlische continentia. Und so mußten die empfindsamen Seelen auf sexuellem Gebiet notwendigerweise zu einer Art von Platonismus kommen, zur »Seelenverschwisterung«, zu »geistlichen« Ehen, und wie die anormalen halb Liebes- halb Freundschaftsformen damals hießen. In Anbetracht dessen, daß Unnatürlichkeit direkt an Widernatürlichkeit grenzt, liegt/es auf der Hand, daß in der schwülen Treibhausluft der Empfindsamkeit allerlei pathologische Abweichungen, wie z. B. die Homosexualität, deren klassischer Vertreter damals der große Winckelmann gewesen sein soll, die denkbar günstigsten Bedingungen für ein üppiges Gedeihen fanden.

Noch eine dritte Gefahr erwuchs der natürlichen Sexualität in der zweiten Hälfte des 18. Jahrhunderts, auch diesmal wieder aus dem qualitativen Umschlag einer quantitativ zu weit getriebenen Verbürgerlichung. Die oben erwähnte Überkultivierung des Verstandes, des Willens und des Gefühls hatte zu einer Unterwertung alles Sexuellen geführt. Der outrierte Subjektivismus derselben Zeit konnte nicht anders als in eine ebenso ungesunde Überwertung des Sexuellen münden. Unter Libertinage war bereits davon die Rede. Dieser letzte Umschlag ins Unbürgerliche war wohl das größte Hindernis für eine Gesundung, weil er abgesehen von seinen eigenen funesten Wirkungen auf labilere Menschen auch noch den asexuellen Bestrebungen der zweiten Hälfte des 18. Jahrhunderts mächtigsten Vorschub leistete. Angesichts der furchtbaren allgemeinen »Verwilderung der Sitten« mußte die Tugendschwärmerei sich als Gegengewicht und Korrektiv für durchaus berechtigt halten.

Derjenige, der mitten in diesen unendlich komplizierten, einmal parallel laufenden, dann wieder einander berührenden, im nächsten Augenblick zusammenprallenden oder sich kreuzenden Strömungen der zweiten Hälfte des 18. Jahrhunderts in Deutschland den Versuch machte, die sich immer wieder ins Unbürgerliche oder gar ins Antibürgerliche verirrende Sexualität zu redressieren, war C. M. Wieland.

Er teilte in seinem Roman »Der Goldne Spiegel« die »moralischen Giftmischer« in zwei Gattungen ein: »Zur einen rechne ich die üppigen Sittenlehrer, deren Seele bloss in ihrem Blute ist; die den wesentlichen Vorzug des Menschen vor dem Thiere misskennen, und das höchste Gut gefunden zu haben glaubten, wenn sie den Maulwürfen und Meerschweinchen keinen Vorzug eingestehen müssten; zur anderen diese gravitätischen Zwitter von Schwärmerey und Heucheley, welche unter dem Vorwande, die menschliche Natur von ihren Schwachheiten zu befreyen, ihre Grundzüge auskratzen, und ihre einfältig schöne Form am einen Orte stümmeln, am anderen/recken und aufblasen, um eine Missgeburt aus ihr zu machen, für die man keinen Nahmen finden kann.«[1]

Wieland nahm den Kampf auf.

Er hat das getan, positiv durch die rücksichtsloseste Förderung der Natürlichkeit, negativ durch die ebenso rücksichtsloseste Bekämpfung alles Unnatürlichen mit allen ihm zu Diensten stehenden Mitteln, namentlich mit seinem feinen Spott.

Die Folge dieses erbitterten Kampfes war dann auch, daß Wieland der bestgehaßte Mann seiner Zeit war. Die literarischen Feigenblätter verschrieen und verfluchten ihn als einen Wüstling. Die wirklichen Wüstlinge, die Wieland ebenso aufs heftigste bekämpfte wie die keuschen Josefs, warfen ihm seine Halbheit und seine Feigheit vor, weil er, von dem sie doch an erster Stelle Verständnis und Unterstützung erwartet hatten, sich entsetzt von ihnen abwandte.

Wie sich die Kirchen zu Wieland stellten, können wir uns einigermaßen vorstellen, wenn wir uns vergegenwärtigen, daß es sogar der verständnisvolle Lavater 1772 nach Erscheinen des »Goldnen Spiegels« für nötig erachtete, gegen Wielands Immoralität aufzutreten und alle Christen aufzufordern, für den schwer gefallenen Sünder zu beten. »Was soll man zu einem Narren sagen, der ein so gutes Herz zu haben scheint!« lächelte Wieland.

Aus einer Unzahl von Briefen geht unzweideutig hervor, mit welchem Haß der »biedere teutsche« Göttinger Hainbund, der damals eine ziemliche Macht repräsentierte, Wieland verfolgte. Am 26. Oktober 1772 schrieb Voss z. B. an Brückner: »Einige Tage vor seiner Abreise nötigte Ewald den ganzen hiesigen Parnass, auch Bürger von Gelliehausen, zum Abschiedsschmaus. Das war nun eine Dichtergesellschaft, und wir zechten wie Anakreon und Flaccus; Boie unser Werdomar oben im Lehnstuhl, zu beiden Seiten der Tafel, mit Eichenlaub bekränzt, die Bardenschüler. Gesundheiten wurden auch getrunken. Erstlich Klopstocks! Boie nahm das Glas, stand auf und rief: Klopstock! Jeder folgte ihm,

---

[1] C. M. Wieland, Sämmtliche Werke, a. a. O., Bd. 7 und 8

nannte den grossen Namen, und nach einem heiligen Stillschweigen trank er. Nun Ramlers! Nicht voll so feierlich; Lessings, Gleims, Gessners, Gerstenbergs, Utzens, Weisses, usw.; nun mein Brückner mit seiner Doris. Ein heiliger Schauer muss Sie den Augenblick/ ergriffen haben, wie der ganze Chor, Hahn, die Miller mit ihrer männlichen deutschen Kehle, Boie und Bürger mit Silberstimmen und wir Andern das feurige »Lebe!« ausriefen. – Bürger nannte Wieland! Man stand mit vollen Gläsern auf und: es sterbe der Sittenverderber Wieland! es sterbe Voltaire! Nächstens sollen Sie feierlich aufgenommen werden. Der Schwur, Religion, Tugend, Empfindung und reinen unschuldigen Witz zu verbreiten, wird Ihnen nicht Mühe kosten.«[1]

Aus einem Brief vom 17. Juni 1773 von Voss an Ernestine, die Schwester von Boie, geht hervor, daß der »Sittenverderber« Wieland den teutschen Dichterjünglingen immer noch im Kopf herumspukte: »... gingen wir (Voss, Stolberg, Hahn) bis Mitternacht in meiner Stube ohne Licht herum, und sprachen von Deutschland, Klopstock, Freiheit, grossen Taten, und von Rache gegen Wieland, der das Gefühl der Unschuld nicht achtet. Es stand eben ein Gewitter am Himmel, und Blitz und Donner machte unser ohnedies schon heftiges Gespräch so wütend und zugleich so feierlich ernsthaft, dass wir in dem Augenblick ich weiss nicht welcher grossen Handlung fähig gewesen wären.«

Die Höhe bildet die Beschreibung der Feier von Klopstocks Geburtstag in einem Brief vom 2. Juli 1773 ebenfalls von Voss: »Gleich nach Mittag kamen wir auf Hahns Stube zusammen. Eine lange Tafel war gedeckt und mit Blumen geschmückt. Oben stand ein Lehnstuhl ledig, für Klopstock, mit Rosen und Levkojen bestreut, und auf ihm Klopstocks sämtliche Werke. Unter dem Stuhl lag Wielands Idris zerrissen. Jetzt las Hahn einige auf Deutschland sich beziehenden Oden von Klopstock vor. Darauf tranken wir Kaffee; die Fidibus waren aus Wielands Schriften gemacht. Boie, der nicht rauchte, musste doch auch einen anzünden, und auf den zerrissenen Idris stampfen. Hernach tranken wir in Rheinwein Klopstocks Gesundheit; dann Eberts, Goethes, Herders usw. Nun war das Gespräch warm. Wir sprachen von Freiheit, die Hüte auf dem Kopf, von Deutschland, von Tugend, und du kannst denken, wie! Dann assen wir, punschten, und zuletzt verbrannten

---

[1] Briefe von Johann Heinrich Voß, a. a. O., Bd. 1 (ebenso die folgenden Zitate)

wir Wielands Idris und Bildnis.«

Wieland ließ sich durch die »Vapeurs« des Göttinger Hainbunds selbstverständlich nicht aus der Fassung bringen, unbeirrt ging er den vorgezeichneten Weg weiter./

Herzerfrischend ist es zu lesen, wie er diejenigen abfertigte, die ein Recht auf seine Anerkennung und seine Freundschaft beanspruchten, weil sie glaubten, seine Jünger und Mitkämpfer für den Sieg der Natürlichkeit über alle Prüderie und alles Muckertum zu sein.

Der Kriegsrat Scheffner aus Königsberg, der Freund Hamanns, gab 1771 »Gedichte im Geschmack des Grecourt« heraus. »Der Elende«, schimpfte Wieland, als er das schlüpfrige Zeug gelesen hatte, in einem Brief an Jacobi, »dem der unflätigste Priapismus statt der Begeisterung dient, hat die Schamlosigkeit gehabt, seine ekelhaften Obszönitäten mit einem Salve frater! welches mich beinahe untröstlich macht, mir zuzueignen.«[1]

Auf Heinses »Laidion« war er ebenso schlecht zu sprechen. 1773 schrieb er an Gleim: »Der Mann hat den Sokrates immer im Munde, und denkt und schreibt, wie nur ein Mensch schreiben kann, in welchem die Wut der ausgelassensten Geilheit alles sittliche Gefühl erstickt hat. – Wenn Heinse, um solche Unflätereien zu rechtfertigen, sich auf meine komischen Erzählungen beruft, so muss er gar kein Discernement haben. – Von Helvetius, nicht von Sokrates hat der Unglückliche gelernt, dass das moralische Schöne nur eine Chimäre sei. Ich kann Ihnen nicht ausdrücken, wie sehr mir ekelt, diesen Satyr von Grazien reden zu hören. Er bildet sich ein, ich werde mich bestechen lassen, wenn er mich seinen alten Sokrates und Oberpriester der Grazien nennt. Ich bin es satt, Briefe in diesem Ton von einem Menschen zu bekommen, der mir durch sein Lob mehr Tort tut, als andere mir durch die schändlichsten Epigramme schaden können.«

Wieland schonte sogar Nicolai nicht. 1778 hatte dieser den englischen Roman »Buncle« übersetzt. Mit großer Heftigkeit fiel Wieland Juli 1778 über das gemeine, abgeschmackte und unsittliche Buch her.

Aus einem Brief Wielands vom Jahre 1778 an den Pfarrer Waser in Winterthur erfahren wir etwas über die Absichten, die Wieland mit seinen vielfach angegriffenen »Komischen Erzählungen« ver-

---

[1] C. M. Wieland, Ausgewählte Briefe, a. a. O. (ebenso die folgenden Zitate)

folgte. Er wollte die Unsittlichkeit der höheren und höchsten Kreise darin persiflieren, »dass die komischen Erzählungen als wahre und satirische Gemälde der herrschenden Sitten der grossen Welt wirklich moralisch seien.«/In einem späteren Brief hielt er sie »in ihrer Art ebenso moralisch als die Briefe der Leute aus der anderen Welt«.

Mit feinstem Spott ridikulisierte Wieland das der menschlichen Natur so sehr zuwiderlaufende kirchliche Zölibat, u. a. in seinem köstlichen Gedicht »Sixt und Klärchen oder der Mönch und die Nonne auf dem Mädelstein« (1775). Die Natur macht vor keiner Klosterpforte halt, will Wieland demonstrieren. In »Diana und Endymion« (1762) war er noch weiter gegangen und hatte sogar behauptet, daß der Natur nicht einmal eine Klosterzelle heilig ist. Es heißt in dem Gedicht:

> Ein Traumgesicht, von jener Art,
> Die oft, trotz Skapulier und Bart,
> Sankt Franzens fette Serafinen
> In schwüler Sommernacht bedienen;
> Ein Traum, wovor, selbst in der Fastenzeit,
> Sich keine junge Nonne scheut;
> Der (wie das fromme Ding in seiner Einfalt denket)
> Sie bis ins Paradies entzückt,
> Mit einem Strom von Lust sie tränket,
> Und schuldlos fühlen lässt, was nie ihr Aug' erblickt.[1]

Aber zurück zu Sixt und Klärchen. Er verliebt sich in die kleine Nonne und die kleine Nonne verliebt sich in das unschuldige Mönchlein. Warum auch nicht?

> Wie könnt' es Sünde seyn,
> So, wie sie liebt zu lieben? – Nein,
> Es kann nicht! Lieben nicht die Engel
> Im Himmel auch? Ihr Herz ist rein,
> Rein, wie am unberührten Stengel
> Die Lilie, zum ersten Mahl
> Halb aufgethan dem Sonnenstrahl.[2]

---
[1] C. M. Wieland, Diana und Endymion, Sämmtliche Werke, a. a. O., Bd. 10
[2] Sixt und Klärchen oder der Mönch und die Nonne an dem Mädelstein, a. a. O.

Kurz und gut, die Natur siegt über allen religiösen Hokuspokus. »Es giebt gutherzige Leute«, schreibt Wieland in der »Geschichte des weisen Danischmend«, »die es für ungereimt halten, einen Mann, der allen Evatöchtern zu Trotz ein Gelübde gethan hat, kein Mann zu seyn, mit einer menschlichen Schwachheit im Verdacht zu haben«.[1] Sixt und Klärchen setzen/sich über alle Vorurteile hinweg. Sie verlassen das Kloster, um sich auf dem Mädelstein zu treffen.

Indem, noch fern von seinen Armen,
So bitterlich sein Klärchen klagt,
Hat Sixt mit herzlichem Vergnügen
Den hohen Berg bereits erstiegen,
Das Ende seiner schweren Pein –
Er steht und zieht mit vollen Zügen
Die Luft der Freiheit wieder ein.
Nachdem er lang ein Afterwesen,
Das die Natur nicht kennt, gewesen,
Welch eine Wollust, Mensch zu seyn!
Verlangt nicht dass ich ihr Entzücken
Beschreiben soll. Natur, Natur,
Du bist mir heilig!

Schonungslos geißelte Wieland diejenigen, die sich im Dienste der Wissenschaft oder anderer Ideale zu Höherem berufen fühlten, und nun von ihrem Olymp herab geringschätzend und herabwürdigend auf alles Niedere herunterschauten. Fanias in Wielands »Musarion« war so ein Weltverächter. Schön ist es, schwadroniert er:

                                   auf lorbernvoller Bahn
Zum Rang der Göttlichen die in der Nachwelt leben,
. . . . sich zu erheben.
Süss ist's, und ehrenvoll, fürs Vaterland zu sterben.
Doch auch die Weisheit kann Unsterblichkeit erwerben!
Die Wahrheit . . . . entkleidet überraschen;
Der Schöpfung Grundriss übersehn.
Der Sfären mystischen verworrnen Tanz verstehn,

---

[1] Geschichte des weisen Danischmend, a. a. O., Bd. 9

Vermuthungen auf stolze Schlüsse häufen,
Und bis ins Reich der reinen Geister streifen;
Wie glorreich! welche Lust!

Um sich diesen Idealen restlos hingeben zu können, hatte Fanias seine kleine Musarion verabschiedet, so stellt er es wenigstens vor. In Wirklichkeit hatte Musarion ihn verlassen, und Fanias' Idealismus war letzten Endes nur Ressentiment. Er lebte jetzt mit dem großen Platoniker Kleanth und dem großen Pythagoräer Theophron in einer abgelegenen Hütte,/sie philosophierten das Blaue vom Himmel herunter, tranken Wasser und befleißigten sich der Tugend. ... bis eines Tages Musarion mit ihrer Dienerin Chloen in dem philosophischen Idyll auftauchte und mit einem Schlag dem Spuk ein Ende bereitete. Kleanth fing damit an, sich zur Erholung von all dem Überirdischen erst einmal sinnlos zu betrinken, Fanias und Musarion zogen sich bald von der übrigen Gesellschaft in eine lauschige Ecke zurück und Thephron

ward in einer einz'gen Nacht
Zum γνωδι σεαυτον in Chloens Arm gebracht;
Er fand es sey nicht klug, und lernte Bohnen essen.
Und Herr Kleanth? – Der kroch, so bald die Mittagssonne
Ihn aufgeweckt, ganz leise auf den Zehn
Aus seinem Stall – vielleicht in eine Tonne;
Kurz er verschwand, und ward nicht mehr gesehn.

Am besten war Wieland, als er sich die »Kapuzinermoral« vornahm. In der »Geschichte des weisen Danischmend und der drey Kalender, Ein Anhang zur Geschichte von Scheschian« macht er uns klar, was es mit dieser Tugend meistens für eine Bewandtnis hat: »Einige schlauer als die übrigen, haben eine hübsche Maske daraus gemacht, die sie geschwinde vors Gesicht nehmen, so oft sie Absichten auf die Dienste, oder den Beyfall, oder den Beutel, oder die Weiber und Töchter der ehrlichen blödsichtigen Kauze haben, welche Gesichter und Masken nicht zu unterscheiden wissen. Kein Wunder, dass diese Leute so viel Eifer für ihre Maske zeigen, immer so viel Aufhebens und Prahlens davon machen. Es ist auch so eine schöne gute Maske! Man kann seine unartigen Leidenschaften und schlechten Streiche so bequem unter ihr verbergen.«

Aber nun das Positive bei Wieland, denn bis jetzt haben wir bloß das Negative, seinen Kampf gegen die Unnatur geschildert.

Was gibt es für Gesetze, fragt sich Wieland, nach denen sich das Geschlechtsleben zu richten hat? Nur dies eine Gesetz: »Suche dein eigenes Bestes; oder mit anderen Worten: Befriedige deine natürlichen Begierden, und geniesse so viel Vergnügen als du kannst: Dies ist das einzige Gesetz, das die Natur dem Menschen gegeben hat; und so lang' er sich im Stand der Natur befindet, ist das Recht, das er an alles hat,/was seine Begierden verlangen, oder was ihm gut ist, durch nichts anders als das Mass seiner Stärke eingeschränkt; er darf alles, was er kann, und ist keinem andern etwas schuldig. Allein der Stand der Gesellschaft.... setzt die Einschränkung, ohne einen andern zu schaden.« Sonst läßt Wieland aber auch nichts gelten, keine Sitten, keine Konventionen, keine falschen Ehrbegriffe, keine sogenannte Anständigkeit, keine Scham, nichts. Wielands Prinzipien waren im Grunde nichts neues, sie waren nur die Anwendung der Rousseauschen Philosophie auf das Sondergebiet, das dem erotisch kerngesund veranlagten Wieland besonders am Herzen lag.

Nun hören wir aber weiter. Die höchste Natürlichkeit lag für Wieland in einer Geschlechtlichkeit, in der der Mensch voll und ganz Mensch, an der der ganze Mensch mit Körper und Seele beteiligt war, also in einer harmonisch ausgeglichenen, vergeistigten Sinnlichkeit. Zu der von selbst Mäßigung gehörte, denn »Mässigung ist Weisheit, und nur dem Weisen ist es gegönnt, den Becher der reinen Wollust, den die Natur jedem Sterblichen voll einschenkt, bis auf den letzten Tropfen auszuschlürfen« (»Der Goldne Spiegel«). Und Wieland wäre nicht ein Kind seiner bürgerlichen Zeit gewesen, wenn ihm nicht, noch darüber hinaus, als Ideal vorschwebte: eine vergeistigte Sinnlichkeit, die, wie er sich oft ausdrückte, durch die Grazien veredelt war. Sein »Musarion« hat nicht umsonst den Nebentitel: »oder die Philosophie der Grazien«. Die Veredlung der Sexualität durch die Grazien war dieselbe wie die Verschönerung der Natur, die die bürgerliche Ästhetik von Wielands Zeit (Batteux-Schlegel) als Forderung für die Kunst aufgestellt hatte: die Kunst soll die Natur nicht nur nachahmen, sondern sie zugleich verschönern.

Sein Ideal fand Wieland am vollkommensten im klassischen Altertum verwirklicht, daher seine Freude am Griechentum und seine Vorliebe, seine Helden griechisch zu kostümieren, ihnen griechische Namen beizulegen und um sie herum ein Hollywood-Griechenland aufzubauen.

In den Literaturhandbüchern wird Wieland stets als ein tändelnder »Rokoko«dichter hingestellt und in seinen Dichtungen wittern die Gelehrten Höfisches. In Wirklichkeit war Wieland einer der bürgerlichsten aller Bürger der zweiten Hälfte des 18. Jahrhunderts. Erstens als Vorkämpfer einer na-/türlichen, was soviel heißen will wie: bürgerlichen Sexualität, dann als erster Gestalter der bürgerlichen Subjektivität in der epischen Kunstform in Deutschland, drittens, wie wir noch sehen werden, als erster deutscher Übersetzer Shakespeares, was ebenfalls eine eminent bürgerliche Leistung war, endlich als der Schöpfer der neuen Romanform, ein bürgerliches Ereignis von fast ebenso großer Bedeutung wie die Schöpfung der der Romanform parallel laufenden Sonatenform.

Es gab in der zweiten Hälfte des 18. Jahrhunderts in Deutschland größere und stärkere Künstler als Wieland, aber wenige, in denen das Bürgerliche, also gerade das Gegenteil von allem, was, »Rokoko« heißt, sich so stark manifestierte.

Um die Mitte des 18. Jahrhunderts wurde unter dem allgemeinen Drang nach Natürlichkeit auch der *Briefstil* reformiert. Den Anfang machte Gellert. Bereits 1742 hatte er seine »Gedanken von einem guten, deutschen Briefe« niedergeschrieben, und 1751 veröffentlichte er eine Sammlung von Musterbriefen, denen eine »praktische Abhandlung von dem guten Geschmacke in Briefen« voranging. Er ging von dem Grundsatz aus, daß der Brief eine »freye Nachahmung des guten Gesprächs« sein soll. Mit dem »guten Gespräch« meinte er, daß die »Sprache des gemeinen Lebens« verschönert werden sollte. Was er wollte, war also Natürlichkeit, und nicht nur eine natürliche Sprache, sondern auch eine natürliche Einteilung. Er haßte alles Gezwungene: »Man überlasse sich der freywilligen Folge seiner Gedanken und setze sie nacheinander hin, wie sie in uns entstehen: so wird der Bau, die Einrichtung oder die Form eines Briefes natürlich sein.« Man soll stets »seinem eigenen Naturell« folgen.[1]

Das war die positive Seite der Briefreform. Die negative Seite war, wie Rabener sich ausdrückte, »die Verbannung des ihm (Gellert) so verhassten weitschweifigen Canzleystils«[2] und vor allem die

---

[1] Chr. F. Gellert, Praktische Abhandlung von dem guten Geschmack in Briefen. In: Sämmtliche Schriften, a. a. O., Bd. 4

[2] G. W. Rabener, Sämmtliche Werke. Hg. Ernst Ortlepp, Bd. 1–4, Stuttgart 1839

Bekämpfung der sog. Briefsteller, die sich bis um die Mitte des
Jahrhunderts behaupten konnten. Noch 1751 mußten Gellert und
Lessing gegen Neukirchs »Unterricht von deutschen Briefen« ein-
schreiten.

Wie man damals den Zusammenhang der Unnatur mit der alten
absolutistischen, und der Natürlichkeit mit der neuen/bürgerlichen
Zeit empfand, geht aus folgendem Zitat von Gellert hervor: »Wie
man auf den guten oder bösen Geschmack einer Nation aus den
öffentlichen Lustbarkeiten, aus den Schauspielen schliesst, die sie
liebt: so schliesst man vielleicht noch sicherer aus der Schreibart,
die sie zu dieser oder jener Zeit in ihren Briefen liebt, auf ihre
gezwungenen oder ungezwungenen, auf ihre guten oder ausschwei-
fenden Sitten, und auf die pedantische oder vernünftige Art ihres
Umgangs.«[1]

Wenn wir Gellerts Briefe selbst auf seine Natürlichkeitstheorien
hin ansehen, so müssen wir aber feststellen, daß seine Natürlichkeit ziemlich reflektiert und sogar affektiert war. Sie war eine künstliche, noch lange keine natürliche Natürlichkeit, wie z.B. die der
Briefe von Lessing, der seiner Schwester den Rat erteilte: »Ich kann
nicht einsehen, wie dieses beysammen stehen kann: ein vernünftiger Mensch zu sein; vernünftig reden können, und gleichwohl nicht
wissen, wie man einen Brief aufsetzen soll. Schreibe, wie du redest,
so schreibst du schön.«[2]

Die natürlichste Natürlichkeit wurde in Deutschland erst in den
siebziger Jahren erreicht, als die Forderung lautete: »Natur, ursprüngliche, originale Natur«. Die Briefe wurden in der Zeit oft
formlos vor lauter Natürlichkeit. Die Stimmung wechselte auf jeder
Seite, in jedem Satz. Man hatte sogar Angst davor, den Anstand zu
wahren. In Goethes Briefen stoßen wir wiederholt auf Ausdrücke
wie »Scheisskerl«, »Sauwohl« usw. Mozarts Briefe strotzen vor
Unflätigkeiten »Hund Bürger!« fängt ein Brief von Kramer an.[3]

Und nun zur *Kunst*.

Die Rückkehr zur Natur war *negativ* einer der vielen Beweggründe, die das Bürgertum zuletzt zu einem Bruch mit dem offiziellen höfischen Kunststil führten, der, wie wir bereits bemerkten,

---

[1] Gellert, Praktische Abhandlung, a. a. O.
[2] 30. Dezember 1743. Sämtliche Schriften, a. a. O., Bd. 17
[3] nach: G. Steinhausen, Geschichte des deutschen Briefes, a. a. O.

nur ein Teil, allerdings ein wegen seiner großen Repräsentationsmöglichkeiten sehr wesentlicher Teil des höfischen Lebensstils war.

Die Rückkehr zur Natur war *positiv* eine der Forderungen, denen der Bürger mit dem neuen klassizistischen Stil am besten glaubte gerecht werden zu können.

Die ganze Stilwandlung in den bildenden Künsten war mit/der Wendung zur Natürlichkeit allein von selbst nicht erschöpft.

Eines der ältesten Anzeichen einer bürgerlichen Opposition gegen die spätesten und wildesten Ausläufer des Hofstils fand Feulner im »Neuen Büchersaal der schönen Wissenschaften und freien Künste« vom Jahre 1742.[1] Ein Anonymus soll sich darin ereifert haben gegen die »Augsburger Mode«. Augsburg spielte in der ersten Hälfte des 18. Jahrhunderts in Deutschland in Geschmacksfragen eine große Rolle. Die Franciscische Akademie, das Gewerbe der Gold- und Silberschmiede, die vielen dort ansässigen Künstler, hauptsächlich Stecher, und die 30 Kupferstichhandlungen und Kupferstichdruckereien hatten Deutschland so sehr mit den sogenannten Rocaille-Erzeugnissen überschwemmt, daß man in den vierziger Jahren angefangen hatte, diesen Stil als »Augsburger Mode« zu ridikulisieren. Den betreffenden Aufsatz haben wir leider nicht gefunden. Soweit wir feststellen konnten, wurde die Zeitschrift erst 1745 gegründet.

Das Herumblättern in den ältesten Jahrgängen dieser Zeitschrift ist aber sehr interessant, weil sie uns eine Einsicht gewährt in die damalige Denkweise der Fortgeschritteneren, und erklärt, weshalb man den alten Hofstil in der Architektur ablehnte, und was man mit dem neuen klassizistischen Stil bezweckte.

So fanden wir in einem Aufsatz von Remond de St. Mard im »Büchersaal« vom Jahre 1746 die überraschende Mitteilung: »In diesen Zeiten der Verderbniss ruft man nur vergebens nach der *natürlichen* Schönheit: sie wird niemals ganz rein zu finden seyn. Und die Nachwelt wird es sehen und uns bedauern, dass wir das Unglück haben bezahlen müssen, in einem Jahrhundert gebohren zu seyn, wo es nicht Sitte war, *natürlich* zu denken.«

Am aufschlußreichsten war der Aufsatz »Anmerkungen über den wahren Geschmack der Alten in der Baukunst und über derselben Verfall in neueren Zeiten« (1747). Wir müssen auf die symptomatischen Ansichten dieses anonymen Vorläufers Wink-

---

[1] Adolf Feulner, Skulptur und Malerei des 18. Jahrhunderts in Deutschland, a. a. O.

kelmanns, der für die Architektur dasselbe wollte, was Winckelmann für die Malerei und die Plastik empfahl, etwas ausführlicher eingehen.

Der Verfasser bezieht sich auf Vitruv und Palladius: »Diese/so wohl, als die meisten übrigen Schriftsteller dieser Kunst, sind darinnen einig, dass die Alten der *Natur,* als der allgemeinen Lehrmeisterin der Künste, im Bauen überhaupt und in Bestimmung der Ordnungen nachgefolget sind«. – »Wäre es nicht billiger, das Fürtreffliche, das Wahre und Trächtige der Alten, als eine unveränderliche Richtschnur sowohl in Ansehung der Hauptheile, als der Glieder und Zierrathen beyzubehalten; als durch unnöthige Neuerungen mehr die Armuth als den Reichthum des Geistes anzudeuten.« – »Die meisten Zierrathen bey den Alten waren die Glieder ihrer Ordnungen selbst: deren Verhältniss nicht sowohl aus einer willkührlichen Einbildung, als vielmehr aus einer gewissen Nothwendigkeit herzufliessen schienen.« Der »grosse Bauverständige« wollte damit sagen, daß zu seiner Zeit die Verzierungen in der Baukunst völlig wahllos angebracht wurden. In der höfischen Baukunst fand er nur »widerwärtige Zusammenfügungen, Vermischung der Verhältnisse einer Ordnung mit der anderen«. »Man stelle sich einen Menschen vor« fährt er fort, »dessen Glieder aus Verhältnissen verschiedener Geschlechter bestunden: würde nicht ein jeder denselben für eine Missgeburt ansehen.« Was ihn also am meisten ärgerte, war das Unnatürliche. Er ereifert sich dann gegen das »Ungereimte des einreissenden Grillen und Muschelwerks«, die »widersinnigen Ausschweifungen«. »*Unnatürlich* und unförmlich fallen dergleichen Ausschweifungen an den äussern Theilen grosser Gebäude in die Augen vernünftiger Kenner.« – »Ausgeschweifte, mit Schilden und Muscheln verzierte Fenster befördern anstatt des Ansehens der Ernsthaftigkeit und Gründlichkeit vielmehr das Gegenteil.« – »Die heutige wilde und *unnatürliche* Bauart nennet man den französischen Geschmack«. Er schimpft auf die »halbrund geschwungenen oder auch wunderlich aus- und eingebogenen Gesimse über Thüren, Fenstern und Vorsten der Giebel (Frontons), zumal wenn sie noch zum Ueberflusse mit dergleichen muschelförmigen Schilden gezieret worden. Unsere Gesichtslinien, die sich nicht mit einem jeden Schwunge der Zierrathen hin- und herbiegen, sondern beständig in gerader Linie fortlaufen, ärgern sich nothwendigerweise daran, wenn sie in einer so oft unterbrochenen Gestalt, da ein ausgezogener Theil den andern entweder verdeckt oder verunstaltet, und anstatt des Ganzen, sich nur in vorspringenden Theilen sehen läßt, einen Uebelstand wahrnehmen.« – »Uebrigens aber ist die Sorgfalt derjenigen gar übel angebracht, welche die Unförmlichkeit der grossen Dächer dadurch verdecken wollen, dass sie auf das Hauptgesimse der Vorsprünge, Fussgestelle mit Geländersäulchen, oder andere verzierte Brustlehnen setzen: da man doch aus dem Dache auf diese Vorsprünge keinen freien Ausgang hat, und diese Zierrathen nichts als eine Verblendung und *Unwahrheit* andeuten. Mit der Schwachheit derjenigen aber, die an den Würfeln der Fussgestelle halbe Säulchen gleichsam ankleben, oder an den Kappfenstern und Schornsteinen besonders zierliche Erfindungen anbringen wollen, muss man mehr Mitleiden haben, als darüber unwillig werden.« Am Schluss lobt der Verfasser das Berliner Opernhaus, da es »nach den Regeln der Griechen völlig zu Stande gebracht« ist.

Auch Friedrich August Krubsacius (1718–1790) aus Dresden erhob seine Stimme gegen die Hofkunst. Bereits 1745 übte er seinen Spott an dem »Grillen- und Muschelwerk«. Das Remedium gegen die Extravaganzen und Unnatur, die nicht mehr in die neue bürgerliche Zeit paßten, wäre die Antike. Alles das 10 Jahre vor Winckelmann! Krubsacius, der Lehrer an der Dresdener Akademie war und u. a. 1774 das berühmte »Landhaus« in Dresden baute, beschäftigte sich in seiner Schrift vom Jahre 1745 ausschließlich mit der Baukunst.[1]

Ein weiterer Bekämpfer des alten und Vorkämpfer des neuen Stils war ein gewisser Penther, Bauinspektor in Göttingen, der 1749 sein »Collegium architectonicum oder Anleitung zur Civil-Baukunst« (also zur bürgerlichen Baukunst) herausgab und für letztere die »*natürliche* und beständige« Bauart der Antike als das einzig Richtige empfahl. Er verbindet also direkt die Begriffe bürgerlich und natürlich. Von den unnatürlichen Verzierungen will er nichts wissen: »Die Verzierungen müssen sich nach den Umständen und Endzweck richten und nicht *wider die Natur* seyn.«[2]

In den vierziger Jahren fing auch Frankreich an sich zu regen.

In demselben Jahre, als Piranesis' Abzeichnungen antiker Archi-

---

[1] F. A. Krubsacius, Gedanken von dem Ursprunge, Wachsthum und Verfall der Verzierungen an den schönen Künsten etc., Leipzig 1759

[2] J. F. Penther, Collegium architectonicum oder Anleitung zur Civil-Baukunst. Leipzig 1749

tektur und Ornamentik herauskamen, wurde Pompeji ausgegraben. Unmittelbar darauf setzte in Paris eine Bewegung ein, die sich nicht nur für die Ausgrabungen interessierte,/sondern die Möglichkeit erwog, die Funde von Herculanum (1737) und Pompeji (1748) eventuell dazu zu verwenden, den überlebten Hofstil zu verdrängen und den neuen klassizistischen Stil allgemein einzuführen, der seit der Renaissance in Frankreich, wenn auch vereinzelt, immer wieder neben den prunkhaften Hofstilen aufgetaucht war.

Die Bewegung in Paris war eine bürgerliche. Sie wurde geleitet von einer Jungfer Fisch (Jeanne Antoinette Poisson), einem kleinen Bankert, die sich bis zur Marquise de Pompadour hinaufgeliebt hatte, ohne jedoch ihren sehr bürgerlichen Geburtsfehler ungeschehen machen zu können. Ihr Bruder Abel François Poisson verdankte den ungewöhnlichen Reizen und der noch viel größeren Intelligenz seiner Schwester seine Nobilitierung. Er avancierte zum Marquis de Vandières, und als die respektlosen Pariser daraus einen »Marquis d'avanthier« gemacht hatten, zum Marquis de Marigny. Er war »Conseiller du Roy en ses Conseils, Commandeur de ses Ordres, Directeur et Ordonnateur Général des Bastiments, Jardins Arts, Académies et Manufactures Royales«. Der Marquis war Frankreichs Kunstmanager. 1749 schickte die Pompadour ihren Bruder mit dem klassizistischen Architekten Jacques Soufflot (dem späteren Baumeister des klassizistischen Panthéon 1755), dem Stecher Charles-Nicolas Cochin fils und dem Abbé Leblanc nach Unteritalien, um an Ort und Stelle »la vraie beauté« zu studieren und »de dégager de l'art antique une formule nouvelle.«

Nachdem die Pompadour durch die viel jüngere Comtesse du Barry verdrängt war, widmete sie all ihre Zeit, insofern diese nicht von der Kirche in Anspruch genommen wurde (es hieß damals von ihr: »elle donne à Dieu ce que le diable ne veut plus«), der Kunst. Sie propagierte den neuen Stil mit einer solchen Energie, daß man die ersten Erzeugnisse in Paris »à la Pompadour« (erst später »à la grecque«) nannte.

Die von der Pompadour arrangierten Kunstreisen nach dem Süden wurden in den nächsten Jahren von dem Grafen von Caylus, von Le Roy, Stuart, Revett usw. fortgesetzt.

Anne-Claude-Philippe de Tubières, de Grimoard, de Pestels, de Lévi, Comte de Caylus (1692–1765), Grande von Spanien, fiel aus dem bürgerlichen Rahmen derjenigen, die sich in/Frankreich um den neuen Stil verdient machten, nicht heraus. Caylus bezog zwar

damals eine jährliche Rente von 60000 Livres, aber er verwendete
das Geld in der Hauptsache für die Ausbildung von jungen Künstlern. Auch seine Lebensführung war alles nur nicht höfisch. Kein
Spießer in Paris trug einen gröberen Frack, kein Affichenkleber
klobigere Kupferknöpfe, kein Kesselflicker ordinärere wollene
Strümpfe und Schuhe als der plebejische Graf, der seine gesellschaftliche Einstellung auch noch dadurch unterstrich, daß er z. B.
mit größter Wonne Bouchardons »Cris de Paris« radierte, Typen,
vor denen der feine Baron Grimm die Nase rümpfte. »Les personnages du quartier de la halle et de la place Maubert«, meinte Grimm,
»n'ayant point d'existence dans la société, leurs aventures ne
sauraient nous intéresser.« Aber Caylus interessierten diese Straßentypen ungemein.

Es entstand in Frankreich und Italien bald eine ausgedehnte
Literatur über die antike Kunst. Zu den wichtigsten Werken gehören wohl die 1756 erschienenen Kupferwerke über Herculanum
und Pompeji, dann die Reisebeschreibungen von Caylus von Griechenland und Kleinasien »Recueil d'Antiquités« (1752–1767), das
Werk von Cochin und Soufflot über die Ausgrabungen in Paestum
»Voyage d'Italie« (1749), die Arbeiten von Dumont und Delagardette über Soufflots Untersuchungen an den Tempeln von Paestum,
»Plans des trois temples de Paestum« (1764), J. D. Leroys: »Ruines
des plus beaux monuments de la Grèce« (1758), usw.

Wie in Deutschland bereits 1742 und 1745, fing man zu Anfang
der fünfziger Jahre auch in Frankreich an, die offizielle höfische
Kunst zu bekämpfen und zu bespötteln.

1750 mokierte sich Cochin über Meissonnier und trat für den
rechten Winkel ein. 1753 erschien der »Essai sur l'architecture«
von dem Jesuiten Laugier, der die Hofkunst auf Grund ihrer Unnatürlichkeit verdammte. Die gerollten Giebel, die gewundenen
Säulen, die sinnlosen Verkropfungen, die Fensterverdachungen,
die viereckigen Pilaster und Nischen, die Attiken und Mansarden,
die Arkaden über Säulen und die Kuppeln über den Arkaden
prangerte er als ein »dekoratives Lügengewebe« an. Er verlangte
erst und vor allem Natürlichkeit: »In der Natur wie in der Kunst
ist überall nur ein Weg/für eine Wirkung«, der sich aus dem Wesen
der Dinge von selbst ergibt.[1]

---

[1] Marc-Antoine Laugier, Essai sur l'Architecture. Paris 1753. (dt.: Des Abbts Laugier neue Anmerkungen über die Baukunst etc., übers. v. Krubsacius, Leipzig 1768)

Im »Mercure de France« erschien dann 1754 von der Hand des Cochin fils eine »Supplication aux orfèvres, sculpteurs sur bois, ciseleurs«. Er warf ihnen vor: »de substituer des gentilesses mesquines aux modillons, denticules et autres ornements inventés par des gens qui en savaient plus qu'eux«. Eine fingierte Polemik folgte dieser Bittschrift, um das Kartuschen- und Muschelwerk, das man mehr als satt hatte, weiter herunterzumachen. Besonders zog Cochin gegen Meissonnier los, der architektonische Monumentalaufgaben »wie Bonbonnières« behandelte. Vor allem wurde Meissonniers widernatürliche Materialbehandlung von Cochin gegeißelt: »den sprödesten Marmor zwingt er, sich gefällig in die bizarrsten Schlingungen zu fügen. Balkone, Balustraden dürfen bei ihm nicht geradenwegs gehen. Sie müssen sich schlängeln, wie es den Herren gefällt. Unter seinen alles beschwingenden Fingerchen wird das härteste Material kokett wie Seide.«

Wir sind bei der Parallelbewegung in Frankreich absichtlich etwas länger stehen geblieben, weil sie die von ihr unabhängigen Vorgänge in Deutschland näher erläutert und von selbst bekräftigt. Zugleich möchten wir die Unhaltbarkeit der Behauptung betonen, die man in fast allen Kunsthandbüchern findet, daß Deutschland den »Louis XVI«-Stil fix und fertig aus Frankreich übernahm. Es wäre auch in Deutschland zu einem klassizistischen Stil gekommen, wenn Frankreich andere Wege eingeschlagen hätte.

Nun kehren wir wieder nach Deutschland zurück, um zu verfolgen, wie sich dort die *Plastik* und die *Malerei* entwickelten.

Der entscheidende Vorstoß auf diesen beiden Gebieten wurde von J. J. Winckelmann (1717–1768) geführt, und zwar mit seiner Schrift: »Gedanken über die Nachahmung der Griechischen Werke in der Malerei und Bildhauerkunst«, die 1755 erschien.

Winckelmann war, wie wir heute sagen würden, ein Sozialrevolutionär. Er war der Sohn eines armen Schuhflickers in Stendal (Altmark), erlebte die traurigste Jugend, mußte schon als Kind sein Schulgeld durch Kurrendesingen verdienen,/hungerte sich durch seine Gymnasialzeit und seine Universitätsjahre hindurch, verdiente als Hauslehrer, Erzieher, Konrektor, Sekretär gerade soviel, daß er sich weiter bilden konnte, bis er endlich in Rom an die Stelle gelangte, wo er sich seiner unerhörten Begabung entsprechend voll entfalten konnte. Um zu arrivieren muß mancher arme Tropf seine Seele an den Teufel verkaufen, Winckelmann verkaufte die seine an den Papst: er ließ sich taufen, was ihn nicht daran hinderte, als ein vollendeter Heide weiter zu leben.

Winckelmanns Biograph Carl Justi hat aus den noch erhaltenen Bergen von Notizen und Exzerpten, die Winckelmann bei seinen Studien machte, festgestellt, daß er sich schon während seiner Entwicklungszeit vorzüglich interessierte »für die Erzählungen der großen politischen Krisen, die den Absolutismus fast gleichzeitig mit seiner Entstehung an seine Schranken erinnerten. So Hugo Grotius, so Leclercs mit arminianischem Eifer geschriebene Geschichte der Vereinigten Staaten; die Zeitgeschichte des Bischofs Gilbert Brunet, der an Bord der Flotte des Oraniers die Pamphlete der englischen Revolution geschrieben hatte. Am meisten scheint Winckelmann Clarendon angezogen zu haben. Schon 1743 bittet er den Herrn von Hanses um die »Geschichte der Rebellion« und sammelt Charakteristiken des Seehelden Blake, des Patrioten ohne Furcht und Tadel Hambden und des Protektors. An sie schließt sich das Bild des jungen Lord Falkland, des Spiegels des englischen Adels, dem der Bürgerkrieg das Herz brach.« »Winckelmann liebte den heftigsten Deklamator gegen Tyrannei und Priestertum Thomas Gordon, den Schildknappen Walpoles. Er gab mit Trenchard eine viermal aufgelegte Zeitschrift heraus: »Cato oder Versuche über bürgerliche und religiöse Freiheit«. Er schrieb u. a. »Jeder Fürst ohne Gesetz ist ein Rebell .... Wo der Mensch seine Zunge nicht sein nennen kann, da kann er kaum etwas anderes sein nennen; und der Umsturz der Freiheit muss mit dem Attentat auf die Freiheit der Rede anfangen .... Die Verödung einst blühender Länder und Städte wie Florenz, Pisa, Siena eröffnet die trostlose Aussicht, dass geistliche und weltliche Tyrannei, wenn sie es so fortmachen, das Menschengeschlecht mit gänzlichem Untergang bedrohen.«[1]

Es braucht wohl kaum besonders erwähnt zu werden, daß/die französischen revolutionären Schriften eines Abbé de St. Pierre, der die Monarchie angriff, des Marquis d'Argenson, der das Feudalsystem beseitigen wollte, des Montesquieu mit seinen Verfassungsreformen usw. zu den von Winckelmann eifrigst gelesenen Büchern gehörten.

Diese Lektüre trug für seine eigene politische Einstellung die

---

[1] Carl Justi, Winckelmann und seine Zeitgenossen. Bd. 1–3, Leipzig, 3. Aufl., 1923, Bd. 1

reichsten Früchte.

Winckelmann »will in Rom, wo er mit Freiheit sprechen kann, in vierundzwanzig Stunden einem Fürsten, sonderlich aus Deutschland, wo alle, die nicht Ausländer sind, zittern, mehr Wahrheiten sagen, als dieselben, ich will nicht sagen, gelesen, aber gehört«.[1] Er haßte Friedrich II. innigst. Über einen Freund, von dem er befürchtete, daß er inzwischen gestorben sei, schrieb er: »Es wäre sein Bestes für ihn und für alle diejenigen, welche in diesem unglücklichen Land (Preussen) eine schwere und erstickende Luft schöpfen.« Er meinte, »ein freier Schweizer müsse dies Land ärger als Sibirien verwünschen.« – »Es schaudert mich (Brief an Usteri in Zürich 1763) die Haut vom Haupt bis zu den Zehen, wenn ich an den preussischen Despotismus und an den Schinder der Völker gedenke, welcher das von der Natur selbst vermaledeite und mit lybischem Sande bedeckte Land zum Abscheu der Menschen machen und mit ewigem Fluche belegen wird. Meglio farsi Turco circonciso che Prussiano« (lieber ein kastrierter Türke werden als ein Preuße) – »Das Fürstengeschmeiss«, schreibt er in einem Brief vom 20. Januar 1764 an C. Füssli, »ist nicht würdig des Vorzugs, einen Kenner zu besitzen, wie er ihn in dem jungen Füssli erziehen will«. – »Ich bin ein wildes Kraut, meinem eigenen Triebe überlassen und aufgewachsen, und ich glaube imstande gewesen zu sein, einen anderen und mich selbst aufzuopfern, wenn Mördern der Tyrannen Ehrensäulen gesetzt würden.«

Die Ausführungen über Winckelmanns sozialrevolutionäre Einstellung sind deshalb wichtig, weil Winckelmann sich des Zusammenhangs zwischen bestimmten Staatsformen und dem Kunstleben, dem Kunstbetrieb voll bewußt war. In seiner weltberühmten, in alle modernen Sprachen übersetzten »Geschichte der Kunst des Altertums«, die 1761 erschien, kommt das besonders zum Ausdruck. Er faßt seine Ansichten in dem einen Satz zusammen: »Aus dieser ganzen Geschichte/erhellt, dass es die *Freiheit* gewesen, durch welche die Kunst emporgebracht wurde.« Die Blüte und den Verfall der klassischen Kunst erklärte er mit dem Aufblühen und dem Zerfall der Freiheit der jeweiligen republikanischen Verfassungen. Der klägliche Verfall der Künste im 17. und der ersten Hälfte des 18. Jahrhunderts, den er konstatiert, fällt für ihn mit der Entstehung des Absolutismus und also dem gänzlichen Zerfall der

---

[1] J. J. Winckelmann: Dieses und die folgenden Zitate bei Carl Justi, a. a. O.

Freiheit zusammen und war nur durch die Fürsten verursacht. »Es ist beinahe ein Jahrhundert verflossen«, schrieb er, »da ein großer Teil einer Nation mit Blindheit geschlagen, nichts als was neu war, schätzte, und diese Periode heisst bei ihnen die güldene Zeit der Kunst .... Es war diejenige Zeit, wo die eitle Pracht der Höfe überhand nahm und die Verzärtelung, Faulheit und Knechtschaft der Völker beförderte. Die Schriften der Weisen aus Griechenland wurden sowenig als die Statuen ihrer Künstler angesehen.«

Den Zusammenhang zwischen Staatsformen und den materiellen Entwicklungsbedingungen der Künste hat Winckelmann also erkannt. Von dem inneren notwendigen Zusammenhang zwischen den Staatsformen, um bei diesen zu bleiben, in denen sich für Winckelmann die materiellen und sozialen Verhältnisse seiner Zeit vorzüglich verkörperten, und den jeweiligen Kunstformen, dem jeweiligen Kunststil, hatte Winckelmann nur recht vage Vorstellungen.

In den »Gedanken über die Nachahmung« geißelte er die Unnatur der damaligen Hofkunst, das Brutale, Wilde, Willkürliche, Raffinierte, Dekadente, Kapriziöse, Komplizierte, Schwülstige, Spielerische, Oberflächliche, Äußerliche, Unlogische und Verlogene. »Unsere Schnirckel und das Allerliebste Muschelwerck, ohne welches itzo keine Zierath förmlich werden kann, hat manchmal nicht mehr *Natur,* als Vitruvs Leuchter, welche kleine Schlösser und Paläste trügen«. Bemerken wir vor allem das Wort »Natur« in diesem Zusammenhang. Im »Sendschreiben« verteidigt er ironisch die Erfindung neuer und *willkürlicher* Zieraten. In einem Brief vom 6. Oktober 1759 an Walther wettert er gegen Rocaillen: »In der Geschichte der Kunst will ich mich nicht mit deutschen barbarischen oder französischen Fratzen-Figuren beschandflecken.« Von dem Porzellan im Geschmack seiner Zeit will er nichts wissen: »Das mehrste Porzellan ist in lächerliche/Puppen geformt, wodurch der daraus erwachsene kindische Geschmack sich allenthalben ausgebreitet hat.«

Nicht weniger heftig ist er, wenn er gegen »den gemeinsten Geschmack der heutigen sonderlich angehenden Künstler« vom Leder zieht. »Ihren Beyfall verdienet nichts, als worinn ungewöhnliche Stellungen und Handlungen, die ein freches Feuer begleitet, herrschen, welches sie mit Geist, mit Franchezza, wie sie reden, ausgeführt wissen. Der Liebling ihrer Begriffe ist der Contrapost, der bey ihnen der Inbegriff aller selbst gebildeten Eigenschaften eines vollkommenen Wercks der Kunst ist. Sie verlangen eine Seele in ihren Figuren, die wie ein Comet aus ihrem Creyse weichet; sie wünschen in jeder Figur einen Ajax und einen Capaneus zu sehen.« – »Die übertriebene Aktion und der gemeine Realismus« brachten Winckelmann außer sich.

Wenn man obige Zitate im Zusammenhang mit allem betrachtet, was wir von Winckelmanns politischer Einstellung wissen, so ist wohl kaum daran zu zweifeln, daß Winckelmann das Verhältnis der alten höfischen Kunstformen zu den alten höfischen Lebensformen dunkel erkannte. Unklar war er sich über den Zusammenhang zwischen den neuen Kunstformen, die er propagierte, und den neuen ökonomischen und sozialen Verhältnissen, weil er sich über diese gar keine Gedanken machte. Er war in dieser Beziehung negativ, wie alle Sozialrevolutionäre. Der Absolutismus paßte ihm nicht. Er mußte verschwinden. Was an seine Stelle kommen sollte, das interessierte ihn nicht weiter. Ja, Freiheit wollte er. Aber in welcher konkreter Form, das überließ er dem Laufe der Dinge. Auf dem Kunstgebiet wußte er jedoch, was er wollte. Dank seines unbeirrbaren Instinkts und seiner starken Verbundenheit mit dem um die Mitte des 18. Jahrhunderts in Umgestaltung begriffenen Leben traf er hier das Richtige.

Die Unnatur in der Kunst mußte mit dem Absolutismus beseitigt werden und die Losung für die nächste Zeit konnte nichts anderes sein als Rückkehr zur Natur, Natürlichkeit. Nirgends fand Winckelmann diese Forderung so erfüllt wie in der Antike, und deshalb glaubte er, daß eine Remedur der heutigen Unnatur am schnellsten erfolgen würde, wenn er die Künstler zur »Nachahmung der griechischen Werke« bringen könnte./

Man höre, wie er von der Natürlichkeit der Griechen schwärmt: »Der Einfluss eines sanften und reinen Himmels würckte bey der ersten Bildung der Griechen, die frühzeitigen Leibes-Uebungen aber gaben dieser Bildung die edle Form. Man nehme einen jungen Spartaner, den ein Held mit einer Heldin gezeuget, der in der Kindheit niemals in Windeln eingeschrenkt gewesen, der von dem siebenden Jahre an auf der Erde geschlafen, und im Ringen und im Schwimmen von Kindes-Beinen an war geübet worden. Man stelle ihn neben einen jungen Sybariten unserer Zeit, und alsdann urtheile man, welchen von beyden der Künstler zu einem Urbilde eines jungen Theseus, eines Achilles, ja selbst eines Bacchus nehmen würde.«

– »Die Cörper erhielten durch diese Uebungen den grossen und männlichen Contour, welchen die griechischen Meister ihren Bildsäulen gegeben, ohne Dunst und überflüssigen Ansatz. Die jungen Spartaner mussten sich alle zehen Tage vor den Ephoren nackend zeigen, die denenjenigen, welche anfiengen fett zu werden, eine strengere Diät auflegten.« – »Nechstdem war der gantze Anzug der Griechen so beschaffen, dass er der bildenden Natur nicht den geringsten Zwang anthat. Der Wachsthum der schönen Form litte nichts durch die verschiedenen Arten und Theile unserer heutigen pressenden und klemmenden Kleidung, sonderlich am Hals, an Hüften und Schenkeln. Das schöne Geschlecht unter den Griechen wusste von keinem ängstlichen Zwang in ihrem Putz: Die jungen Spartanerinnen waren so leicht und kurtz bekleidet, dass man sie daher die Hüftzeigerinnen nannte.« – »Das schönste Nackende der Körper zeigte sich hier (in den Gymnasien) in so mannigfaltigen, wahrhaften und edlen Ständen und Stellungen, in die ein gedungenes Modell, welches in unseren Academien aufgestellt wird, nicht zu setzen ist.« Und so kommt er zu der Schlußfolgerung: »Das allgemeine vorzügliche Kennzeichen der Griechischen Meisterstücke ist endlich eine edle Einfalt, und eine stille Grösse, so wohl in der Stellung als im Ausdruck«, also schöne Natürlichkeit, die die neue Kunst wieder anstreben soll.

Winckelmanns Verehrung der Antike war von selbst mit größter Bewunderung für das Zeitalter der Kunstgeschichte verknüpft, in dem die Klassik ihre Wiedergeburt gefeiert hatte,/die Renaissance. Und von allen Renaissance-Künstlern verehrte er Rafael am meisten. Er stand hier nicht allein.

Mengs hatte in seinen »Gedanken über die Schönheit und den guten Geschmack« (1765) Rafael den populärsten Maler genannt. Alexander Trippel (1744–1793), der von 1766 ab in Rom der Lehrmeister der jüngeren deutschen Bildhauergeneration war (Zauner, Füger, Schadow, Dannecker usw.) betrachtete ebenfalls neben den Griechen »mit ihrem Ebenmass« und »schöner Form« Rafael als den Höhepunkt der Renaissancekunst. Das war auch Mengs Standpunkt. Er plädierte für den mittleren Geschmack. Diesem Geschmack sei immer eine demokratische Tendenz assoziiert. Deshalb wäre Rafael der populärste Maler der bürgerlichen Welt.

Hinter dieser besonderen Kunstliebe steckte unbewußt das Verwandtschaftsgefühl der neuen bürgerlichen Zeit mit den Perioden der Weltgeschichte, in denen der Bürger ebenfalls nach vorne trat und eine Rolle spielte.

Im 5. Jahrhundert vor Christus war doch die klassische Kunst und die klassische Literatur der äquivalente Ausdruck des mächtigen Wachstums des Handels, des Handelskapitals und der handelskapitalistischen Beziehungen in Athen, also des ersten Aufkommens des Bürgertums; und das ausgehende Mittelalter war die Zeit einer vordringenden bürgerlichen Warenwirtschaft, des großen Aufschwungs der italienischen städtischen Handelsrepubliken.

Wie Winckelmann das Verbindende fühlte von der bürgerlichen zweiten Hälfte des 18. Jahrhunderts mit den bürgerlichen Perioden der Klassik und der Renaissance, so fühlte er aber auch das Trennende. Der Athener des perikleischen Zeitalters, also aus der Zeit, in der Griechenland die Welt und die Welt Griechenland war, und der venetianische Kauf*herr* des 15. Jahrhunderts, der mit seiner Handelsflotte, die zugleich die fürchterlichste Kriegsflotte war, da Mittelmeer beherrschte, standen meilenweit über dem deutsche Kauf*mann* der zweiten Hälfte des 18. Jahrhunderts, der so gar keine Weltallüren und kein Renaissanceformat hatte und bis vor kurzem noch wie ein Pudel vor seinem Herrn schwanzwedelte und kuschte. Diesen mächtigen Unterschied in Bürgerlichkeit hat Winckelmann – natürlich unbewußt – mit einer unglaublichen Treffsicherheit typiert, als er seine famose/Maxime von der »edlen Einfalt« und der »stillen Grösse« aufstellte. Der deutsche Bürger würde sich als richtiger Parvenü vor einer Einfalt schämen, die nicht ver»edelt«, und Angst haben vor einer Größe, die nicht recht »still« wäre.

So ist es auch verständlich, daß Winckelmann in tiefster Bewunderung erstarb vor der Kunst des Rafael-Epigonen Anton Rafael Mengs (1728–1779): »Der Inbegriff aller beschriebenen Schönheiten in den Figuren der Alten findet sich in den unsterblichen Werken Herrn Anton Rafael Mengs, ersten Hofmalers der Könige von Spanien und von Polen, des größten Künstlers seiner vielleicht auch der folgenden Zeit. Er ist als ein Phänomen gleichsam aus der Asche des ersten Rafaels erweckt worden, um der Welt in der Kunst die Schönheit zu lehren und den höchsten Flug menschlicher Kräfte in derselben zu erreichen. Nachdem die deutsche Nation stolz sein konnte über einen Mann, der zu unserer Väter Zeiten die Weisen erleuchtet und Samen von allgemeiner Wissenschaft unter allen Völkern ausgestreut, so fehlte noch an dem Ruhme der Deutschen einen Wiederhersteller der Kunst aus ihrer Mitte aufzuzeigen, und den deutschen Rafael in Rom selbst, dem Sitze der Künste dafür erkannt und bewundert zu sehen.«

Mengs war wohl einer der typischsten Vertreter der bürgerlichen Malerei des 18. Jahrhunderts.

Ihm fehlte – wie übrigens allen bildenden Künstlern seiner Zeit – die große Schöpferkraft. Er mußte sich also darauf beschränken, Negation der Vergangenheit zu sein. Seine Malerei war eigentlich nur Verschrumpfung der höfischen. Er eliminierte aus der Kunst alles Absolutistische, die grenzenlose Bewegung, die unendliche Tiefe und Weite, die Bewältigung alles Seienden, die vor dem Natürlichen nicht Halt machte, die sich bis zur Vergewaltigung, zur Unnatur verstieg, die straffe Subordination aller Elemente unter das alles beherrschende Eine.

Der Parnass (1761) in der Villa Albani war Mengs' Hauptwerk. Das Bild war ein formeller Bruch mit der alten höfischen Deckenmalerei. Statt Unteransicht gab Mengs Vertikal-Perspektive, statt Deckenöffnung Deckenabschluß durch die renaissanceartige Flächenschichtung der Figuren. Auf Hintergrund und Raum hatte er also verzichtet. Die einzelnen Fi-/guren waren durch Konturierung und Farbengebung aus der Bildtotalität herausgehoben. Sie waren begrenzte, plastische, tastbare, unbewegte, in und für sich seiende Vielheiten. Von irgend einem Kontrapunkt, von sich überschneidenden Linien war keine Rede mehr. Das Bild macht den Eindruck einer still modulierenden Melodie. Alles ist klar, übersichtlich, berechnet, trocken, sachlich, distanzlos, ethisch, brav und empfindsam, wie der Bürger in der Zeit selbst war, oder wenigstens sein wollte. Es strotzt vor »zärtlicher Schönheit«, wie Winckelmann sie liebte, und vor edler Einfalt. Nur haperte es ein wenig mit der stillen Größe. Für Größe reichte Mengs' Talent nicht aus. Dafür schenkte er uns ein überreichlich geschüttetes Maß an Stillem und Sanftem.

Winckelmanns »Gedanken über die Nachahmung der Griechischen Werke in der Malerei und Bildhauerkunst« waren der Ausdruck von dem, was alle damals empfanden. Man kann das am besten an dem mächtigen Nachhall ermessen, den diese Schrift überall hervorrief. Klotz und Nicolai waren begeistert von dem »Neuen« in Winckelmanns Ideen, Lessing fand darin eine starke Anregung zum Weiterdenken und, wie wir später sehen werden, zur Anwendung dieser Ideen in der Literatur, Hamann und Herder lobten die Schrift, und Goethe sprach von dem »Wunderlichen in Stoff und Form«, von »den köstlichen Grundstellen«, von »dem rechten Weg zu dem letzten Ziel der Kunst, dem richtig aufgesteckten.«

Wir irren aber, wenn wir Winckelmann für den Vater des deutschen Klassizismus halten. Auch ohne Winckelmann wäre es dazu gekommen. In seinem Werke ist nur laut geworden, was alle beseelte, alle erfüllte.

In Frankreich entwickelte sich der Stil à la grecque in den fünfziger Jahren, unabhängig von Winckelmann, mit überraschender Schnelligkeit. Viel hatte die Erscheinung der »Pitture d'Ercolano« dazu beigetragen. Das wird uns bestätigt in einem Brief des Neapolitanischen Gesandtschaftssekretärs Galiani vom 2. Mai 1763, der in der Zeit von allen Seiten belästigt wurde »nur um die Gnade die Pitture (die nicht im Handel waren) für jeden beliebigen Preis erwerben zu dürfen.« Galliani berichtet uns weiter: »Nachdem man die Cartouchen, dás Blattwerk und die geschwungenen Linien, einst die Schoss-/kinder französischer Architekten, mit dem Banne belegt, ergab man sich plötzlich dem Geschmack der Antike, und zwar so heftig, dass dieser Geschmack, der vor nicht vier Jahren begann, bereits die äussersten Grenzen überschritten hat. Diese neue Manier heist à la grecque (und das dasselbe wie all' Erculanum). Aber nicht bloss Bronzen, Schnitzereien, Gemälde werden nach Herkulaneum kopiert: Tabaksdosen, Fächer, Ohrringe, Budenschilder, Möbel aller Art gibt es bereits à la grecque. Alle Goldschmiede, Juweliere, die Maler der Wagen und Türstücke, Tapezierer, Ornamentmacher können ohne das Buch nicht mehr auskommen. Auf den Kaminen erscheinen statt chinesischer Fratzen und sächsischer Porzellanpuppen Dreifüsse, wohl oder übel unseren vergoldeten Bronzen nachgebildet. Das Gemälde der Frau, die Amoretten verkauft, habe ich in mehr als zwanzig Häusern gesehen. Der venezianische Gesandte bestellt eine goldene Schatulle mit mehreren Reliefs nach unseren Gemälden. Ein Finanzier steckt hunderttausend Scudi in die Ausschmückung seines Hauses à la grecque; über einer Tür schwebt die Centaurin. Denn da vor drei Jahren alles Silber in die Münze wanderte, so möchte man es jetzt im neuen Geschmack giessen lassen. Endlich hat er sich sogar die Stickerei erobert; die Mäander und die Arpaginetuli des Vitruv dienen als Stickmuster, und die Stickmamsellen holen sich Rat bei den Architekten. Ein Spassvogel veröffentlicht Kupfer mit Vorschlägen, die abbés und petits-maîtres anzuziehen.« Auch Grimm teilt uns im Jahre 1761 mit, daß sich der neue Geschmack überall durchgesetzt hat: »Depuis quelques années on a recherché les ornements et les formes antiques: le goût y a gagné considérablement et la mode en est devenue si générale que tout se fait aujourd'hui à la grecque. La décoration intérieure et extérieure des bâtiments, les meubles, les étoffes, les bijoux de toute espèce, tout est à Paris, à la grecque.«[1]

Im ganzen westlichen Europa, also da, wo das Bürgertum emporgekommen war, blühte der neue Stil auf, wofür u. a. die überall neu gegründeten Akademien ein beredtes Zeugnis ablegen. Madrid eröffnete 1752 die Reihe. Es folgte 1755 Venedig, 1764 Dresden, 1767 Düsseldorf, 1768 London, 1776 Kassel usw.

Aus allem bisher Gesagten geht klar hervor, was für eine/unglückliche Stilbezeichnung »Louis XV« und wie noch viel unmöglicher die Bezeichnung »Louis XVI« ist, die die offizielle Kunstgeschichte immer noch mit sich herumschleppt. Um 1750, also mitten unter der Regierung Ludwigs XV. fing der »Louis XVI«-Stil, wie wir gesehen haben, als à la Pompadour oder à la grecque an. Ist die Bezeichnung »Louis XVI« also als Zeitbegrenzung schon vollkommen daneben, noch viel verfehlter ist sie als Bezeichnung des Stilcharakters. Es gab nichts Unköniglicheres als das bewußte »Louis XVI«. Wenn es nach all dem Vorhergesagten überhaupt noch nottäte, weitere Beweise für den ausgesprochen bürgerlichen Charakter des Stils der zweiten Hälfte des 18. Jahrhunderts anzuführen, könnten wir noch auf die sehr bezeichnende Tatsache hinweisen, daß der »Louis XVI«-Stil sich noch jahrelang nach Ausbruch der französischen Revolution hielt und sich während der Regierung des bürgerlichen Kaisers Napoleon, der die bürgerliche Revolution vollstreckte, zum Empire-Stil weiter antikisierte, das heißt weiter verbürgerlichte. Was ausgeschlossen gewesen wäre, wenn der klassizistische Stil nicht einen bürgerlichen Charakter gehabt hätte.

Die Nachahmung der Antike war der erste Weg zur Natürlichkeit.

»Als (zweiter) Weg zur Natürlichkeit galt die Nachahmung der Holländer«, meint Feulner.[2] Diese Behauptung ist wahr und nicht wahr. Sie trifft zu für die zweite Periode der *»holländernden Mode«*, die um 1750 einsetzte, sie gilt nicht für die erste Periode, die in den

---

[1] Ferdinando Galiani: zitiert nach Carl Justi, Winckelmann und seine Zeitgenossen, a. a. O., Bd. II

[2] A. Feulner, Skulptur und Malerei des 18. Jahrhunderts in Deutschland, a. a. O.

zwanziger Jahren des 18. Jahrhunderts ihren Anfang nahm.

Der Holländer nahm im 17. Jahrhundert infolge seiner wirtschaftlichen Lage eine Sonderstellung in der Welt und damit von selbst in der Kunst ein.

Er war erst und vor allem Bürger und zwar ein Bürger von der allerbürgerlichsten (kalvinistischen) Sorte. Er hatte alle bürgerlichen Eigenschaften: er war einfach, sachlich, nüchtern, berechnend, sparsam.

Aber zugleich war er ein so selbstbewußter Aristokrat, ein so vornehmer Seigneur im vollsten Sinn des Wortes, ein solcher Weltmann, daß z. B. die meisten deutschen Fürstchen des 17. Jahrhunderts mit ihm verglichen nur Provinzler waren./Der achtzigjährige Freiheitskampf des winzig kleinen Ländchens gegen das unermeßlich große und reiche Weltreich Spanien, die Eroberung der reichsten Kolonien der Welt in Asien, Afrika und Amerika, die souveräne Beherrschung aller Ozeane, der die ganze Erde umspannende Handel, das alles hatte im 17. Jahrhundert in Holland eine Kultur erzeugt, die alles Gleichzeitige weit überragte. Der Rechtslehrer von ganz Europa war der Holländer Hugo Grotius. Der größte Philosoph des Jahrhunderts war der Holländer Spinoza. Der Komponist, der dem ganzen vorbachischen Musikleben in Deutschland die Richtung wies und der indirekt von entscheidendem Einfluß auf Johann Sebastian Bach selbst gewesen ist, war der Holländer Jan Pieterszoon Sweelinck, der Lehrer der deutschen Musikergeneration: Samuel Scheidt, Melchior Schildt, Heinrich Scheidemann, Jakobus Prätorius, Paul Seifert u. a. Die holländischen Dichter Joost van den Vondel und Pieter Corneliszoon Hooft würden zur Weltliteratur gerechnet werden, wie Rembrandt und Frans Hals zu den größten Malern aller Zeiten, wenn die holländische Sprache eine Weltsprache wäre.

Das Hauptmerkmal des ganzen holländischen Lebensstils und damit der Kultur und Kunst des 17. Jahrhunderts war das Aristokratisch-Bürgerliche.

Für die »holländernde Mode« der ersten Hälfte des 18. Jahrhunderts gab das Aristokratische den Ausschlag, für die der zweiten Hälfte des 18. Jahrhunderts das Bürgerliche.

Für die Einstellung zur holländischen Kunst um 1720 ist besonders die Tatsache bezeichnend, daß diejenigen, die sich an erster Stelle für die Holländer interessierten, die deutschen Fürsten waren. Sie fingen zu dieser Zeit an Sammlungen anzulegen und kauften mit Vorliebe Holländer. Zu den bedeutendsten Sammlungen, die damals entstanden, gehören u. a. die heutzutage noch berühmten Kassler und Mannheimer Galerien.

Das unendlich Große und Weite und Tiefe dieser Bilder muß sie unbewußt angezogen und ihnen mächtig imponiert haben. Das Große, das nicht nur in den Landschaften z. B. von van Goyen und Ruysdael (man denke nur an seinen »Blick auf Haarlem«) von überwältigender Wirkung ist, sondern, was viel erstaunlicher ist, sogar in kleinen Interieurs/angetroffen wird. Die nur wenige Handspannen großen Bildchen zeigen eine Distanz von den Dingen, mit der nur Seefahrer das Nahe betrachten. Die Interieurs mit alltäglichen Figuren und Einrichtungsgegenständen zeigen die Selbstverständlichkeit und seigneurale Sicherheit der damaligen Aristokraten dieses kleinen Ländchens. Es wird in den Bildern mit Licht gespielt, wie es vorher nur der Gottvater am zweiten Schöpfungstage gekonnt hatte. Und die Porträts? Wenn man nichts weiter wüßte, würde man nie darauf kommen, daß dort bloß ein Amsterdamer Getreidehändler dargestellt ist, der Kerl schaut so stolz und selbstbewußt darein, daß man ihn eher für einen Feldherrn halten würde. Das alles haben die deutschen Fürsten der ersten Hälfte des 18. Jahrhunderts unbewußt aus den holländischen Bildern herausgefühlt. Das war eine Kunst, die zu ihrer Größe und ihrem Splendeur paßte!

Diese Anerkennung von allerhöchster Seite, die keine Mode, keine Kaprize war, war für manchen deutschen Maler in der Zeit von 1720 bis 1750 ein Ansporn, im holländischen Stil zu arbeiten, das heißt also, sich dem Geschmack des kaufkräftigen Publikums anzupassen, die Konjunktur auszunutzen, Geschäfte zu machen. So wissen wir z. B., daß Bergmüller und Holzer sich in »niederländischen Lichteffekten« versuchten und Holzer »in Rembrandts Manier« radierte. Johannes Zick ging sogar so weit, daß er seinen eigentlichen Lehrer Piazzetta verleugnete und seinem Biographen Oefele erklärte, daß er alles Rembrandt zu verdanken habe.

Die fürstliche Vorliebe für die Holländer hatte weiter zur Folge, daß sich das Fälscherhandwerk prompt auf die Nachahmung von Kunst des 17. Jahrhunderts stürzte und bald eine Reihe von unechten Hobbema, Ostade, van der Neer usw., hauptsächlich aus englischen Werkstätten, auf den Markt gebracht wurden, um der regen Nachfrage nach holländischer Kunst zu genügen.

Die zweite Hälfte des 18. Jahrhunderts, also die bürgerliche

Periode, fühlte sich von selbst nur durch das stark ausgesprochene bürgerliche Element, das die holländische Kunst des 17. Jahrhunderts zeigte, angezogen. Abgesehen von dem im allgemeinen kleinen Format der Bilder mußte das Ehrliche, Sachliche, Intime, der Realismus, der so garnichts vom He-/roischen, vom Pathos, vom Prahlerischen und Schwulst hatte, auf den jungen deutschen Bürger eine besondere Anziehungskraft ausüben. Für das Große auch im kleinen Format, das in der Form zum Ausdruck kam, hatte der Bürger im allgemeinen weniger Verständnis.

Die »holländernde Mode« fand aus der Art der Sache die meiste Verbreitung unter den Malern von Sittenstücken und hatte aus allerlei gesellschaftlichen Gründen ihre Hauptzentrale in Frankfurt a. M. Aus der ausgezeichneten Übersicht, die Feulner in seinem Band »Skulptur und Malerei des 18. Jahrhunderts in Deutschland« gibt, wollen wir nur ein paar Namen erwähnen: Johann Georg Trautmann (1713–1769) »rembrandtisierte«, wie Goethe uns bestätigt, vor allem in seinen zahlreichen Auferstehungsbildern. Aus Stichen Rembrandts übernahm er gerne Patriarchenköpfe, charakteristische Typen, Orientalen und Rabbiner. Justus Juncker (1703–1767) malte mit Vorliebe Interieurs à la Thomas Wijck, Johann Konrad Seekatz (1719–1768) bildete sich vor allem an Rembrandt. Johann Ludwig Ernst Morgenstern (1738–1819) hielt sich an Neefs und Steenwijck. Caspar Schneider (1753–1839) hatten es die holländischen Kleinmaler angetan. Aber auch anderweitig wurde geholländert. In München malte Johann Jakob Dörner d. Ae. (1741–1813) Genrebilder à la Mieris, Netscher und Dou. Christian Wilhelm E: Dietrich (1712–1774), der Allerweltmeister, kopierte in gefährlichster Weise Berchem, Wouwermann, Rembrandt usw. Der Hofmaler Anton de Peters (1723–1795), der seinen Adel Ludwig XV., verdankte, mußte sich von selbst dem französischen Geschmack seiner fürstlichen Auftraggeber anpassen, aber trotzdem haben seine Genrebilder sehr viel der holländischen Schule zu verdanken, wie auch die vielen Stiche und Bilder von Daniel Chodowiecki (1726–1801), dessen erste bürgerliche Szenen aus dem Jahre 1757 datieren.

In Deutschland fehlten in der ganzen zweiten Hälfte des 18. Jahrhunderts unter den Architekten, Plastikern und Malern große, starke Persönlichkeiten, die die bildenden Künste über die Nachahmung der Antike und der holländischen Kunst, also über die

Manier hinaus zur spannungsvollen Gestaltung von Eigenstem geführt hätten. Das Bürgerliche blieb in der/Hauptsache im Negativen, in der Ablehnung des Höfischen stecken. Zum Positiven, zur Realisierung der unerhörten Möglichkeiten, die im Bürgerlichen lagen, reichte ihre Schöpferkraft nicht aus. Deshalb haben die bildenden Künste in Deutschland während der zweiten Hälfte des 18. Jahrhunderts keine große Bedeutung, jedenfalls nicht im Vergleich mit dem, was auf dem Gebiete der Musik, bzw. der Dichtkunst geleistet wurde. Gluck, Haydn und Mozart, Lessing, Goethe und Schiller waren Künstler von Weltformat.

Die Natürlichkeit hat sich in keiner von den Künsten so klar und deutlich manifestiert wie in der *Gartenarchitektur*.

Die für uns wichtigsten historischen Tatsachen sind kurz folgende. Bis ungefähr 1750 wurden die Parks und Gärten in Deutschland ausschließlich im französischen Geschmack angelegt, von 1750 ab herrschte der englische Geschmack vor.

In unseren bisherigen Ausführungen haben wir schon so oft das demokratische England dem aristokratischen Frankreich gegenübergestellt, daß die bloße Erwähnung des Ursprunglandes und die Zeitabgrenzung der Stilperioden genügen werden, um uns über den Charakter der beiden Gartenstile des 18. Jahrhunderts aufzuklären.

Der französische Gartenstil war ein feudaler, der englische ein bürgerlicher. Eine nähere Betrachtung der beiden Stilarten in ihren wesentlichsten Erscheinungsformen wird dies vollkommen bestätigen.

Der Hauptunterschied zwischen den beiden bestand darin, daß der französische Garten gebaut, also denaturiert, der englische Garten gewachsen, also natürlich war. Die Stilwandlung um 1750 war also im vollsten Sinne des Wortes »Rückkehr zur Natur«.

Was haben wir unter einem gebauten Garten zu verstehen? Bei der Anlage eines französischen Parks wurden zuerst die Grundflächen planimetrisch aufgeteilt, genau wie die Grundrisse der Schlösser. Dann wurden überall glatte Gehölzwände, hie und da mit »eingebauten« Nischen aufgezogen, die das Ganze in größere und kleinere Appartements auflösten, genau wie bei den Schlössern. Die so entstandenen Räume wurden mit Bänken möbliert und mit Vasen auf Postamenten und Plastiken verziert, wie die Schloßinterieurs. Sogar der (fehlende)/Deckenabschluß war bei beiden der gleiche. Über den Lauben wie über den Sälen dehnte sich der endlose Himmel, draußen der wirkliche Himmel, innen ein gemalter Himmel, der zur Belustigung von Serenissimus mit dem delikatesten Frauenfleisch überwölkt war. Und dann gab es noch ein äußerst wichtiges Charakteristikum: die Gazons waren mit Bäumen, Taxus, Buchs, Lorbeer usw. bepflanzt, die zum Amusement des Fürsten nicht Baum sein durften, wie auch die Kastraten der Oper, ebenfalls zur Ergötzung der Machthaber, nicht Mann sein durften. Die Bäume waren nämlich beschnitten zu Obelisken, Kegeln, Tierfiguren, wie Pferde, Pfauen, Hähne, ja sogar zu menschlichen Gestalten.

In einem von Pope zitierten Katalog eines Gärtners kamen zum Beispiel vor: »Adam und Eva in Taxus, St. Georg in Buchs, ein grüner Drache, einstweilen mit einem Schwanz aus kriechendem Efeu, verschiedene hervorragende Dichter in Lorbeer«.[1] Der Katalog stammte selbstverständlich nicht von einem deutschen Gärtner. In der ersten Hälfte des 18. Jahrhunderts wäre es keinem deutschen Fürsten eingefallen, einen Dichter, also einen Reimlakaien, in seinem Schloßpark in Lorbeer modelliert aufzustellen.

Der gebaute französische Garten war also, wohin man auch schaute, denaturierte Natur, Unnatur. Wir können uns aber lebhaft vorstellen, daß sich Serenissimus in dieser Umgebung herrlich wohlgefühlt hat, denn all das Verkrüppelte und Verstümmelte, das Brutalisierte und Vergewaltigte erinnerte ihn an seine Omnipotenz, die, wenn es ihm Spaß machte, aus einem Mann ein Weib und aus einem Baum einen Mann machen konnte.

Schon Shaftesbury hat den französischen Gartenstil als einen ausgesprochenen Hofstil empfunden. Er lobte die Natur, »wo weder Kunst noch Witz noch Laune des Menschen die echte Ordnung verdorben und jenen ursprünglichen Zustand durchbrochen hat. Selbst die rauhen Felsen, die moosigen Höhlen, die unregelmäßigen natürlichen Grotten und gebrochenen Wasserfälle mit all der rauhen Anmut der Wildnis, die die Natur darstellen, werden mir reizender und prächtiger erscheinen, als die formelle Possenreisserei (formal mockery) fürstlicher Gärten.«

Aus diesem Zitat geht zugleich hervor, wie der englische Garten war: ursprünglich, zwanglos, regellos, frei, natürlich. Also unverdorbene Natur, aber idealisiert, wie man in dieser Zeit auch die

---

[1] s. zu diesem und den folgenden Zitaten: Marie Luise Gothein, Geschichte der Gartenkunst, 2 Bde., Jena 1914 (Bd. 2)

Plastik und Malerei idealisierte. Der englische Garten wurde besonders von den Dichtern, wie Pope, Addison und Mason propagiert. In Frankreich fand er einen begeisterten Anhänger in J. J. Rousseau, der uns in »La novelle Héloise« einen Idealgarten schilderte, der nicht mehr nach Lineal und Reißbrett roch, sondern frei gewachsen war. Die Wege schlängelten sich eigenwillig, das Wasser lief, wie es ihm gerade paßte, die Bäume hatten ihre natürliche Form. Nirgends spürte man die Hand eines Architekten, der dafür bezahlt wurde, um »die Natur zu verschandeln«.

In den fünfziger Jahren war das bürgerliche Bewußtsein in Deutschland so weit erwacht, daß auch hier gegen die unnatürlichen fürstlichen Gärten Stimmen laut wurden. Gessner z. B. äußerte unverhohlen seinen Widerwillen gegen »den künstlich zugeschnittenen Garten mit seinen Labyrinthen von grünen Wänden und den Taxusobelisken, die in abgemessener Weise emporstehen, wo die Gänge reiner Sand, dass kein Gesträuchchen den wandelnden Fusstritt verwirre.« – »Du kühner Mensch, was überwindest du dich die Natur durch weiter nachahmende Künste zu schmücken. Mir gefällt die ländliche Wiese und der verwilderte Hain.« Den bürgerlichen, das heißt natürlichen Garten schilderte Gessners Hirte Lykas: »Im grünen Schatten wölbender Nussbäume stände dann mein einsames Haus, vor dessen Fenstern kühle Winde und Schatten und sanfte Ruhe unter dem grünen Gewölbe der Bäume wohnen; vor dem friedlichen Eingang einen kleinen Platz eingezäunt, in dem eine kleine Brunnenquelle unter dem Traubengeländer rauscht, an deren abfliessendem Wasser die Ente mit ihren Jungen spielte .... Hinten am Hause sei mein geraumer Garten, wo einfältige Kunst den angenehmen Phantasien der Natur mit gehorsamer Hilfe beisteht, nicht aufrührerisch sie zum dienstbaren Stoff sich macht, in groteske Bilder sie zu schaffen. Wände von Nussstrauch umzäunen ihn, und in jeder Ecke steht eine grüne Hütte von wilden Rosinen .... Aussen am Garten müsst' ein klarer Bach meine grasreiche Wiese durchschlängeln; er schlängelte sich dann durch den schattichten Hain fruchtbarer Bäume, von jungen zarten Stämmen durchmischt, die mein sorgsamer Fleiss selbst bewachte. Ich würd ihn/in der Mitte zu einem kleinen Teich sich sammeln lassen, und in des Teiches Mitte baut' ich eine Laube auf eine kleine aufgeworfene Insel.«

Auch Kleist war dem alten französischen Garten feindlich gesinnt und äußerte seine Ansicht dahin, daß die Natur die vollkommene Gärtnerin sei.

Walpole meinte, daß der englische Garten wohl keine starke Verbreitung finden würde. »Höchstens die kleinen deutschen Fürsten, die so verschwenderisch ihre Paläste und Landhäuser ausstatteten, könnten unsere Nachahmer sein.«

Das traf tatsächlich zu.

Baron Otto von Münchhausen ließ 1750 in Schwöbber bei Hameln an der Weser den ersten englischen Garten in Deutschland anlegen. Bald folgte der englische Garten Hinübers in Marienwerder bei Hannover. 1765 kam der Park des Grafen von Veltheim zu Harbke bei Helmstedt zustande. 1768–1770 wurde für den Herzog Franz von Dessau der Park von Wörlitz von den Gärtnern Schoch und Neumark entworfen und ausgeführt. Der bedeutendste Landschaftsgärtner jener Zeit war F. L. Sckell, der den englischen Garten in München und den Park von Nymphenburg projektierte.

Wir stehen hier also wieder vor derselben Erscheinung, auf die wir schon so oft stießen: der Adel übernimmt unbedenklich die neuen bürgerlichen Formen. Er dokumentierte damit, erstens daß ihm jegliche Vitalität fehlte, noch etwas Eigenes zu schaffen, zweitens daß er um die Mitte des Jahrhunderts bereits zu dekadent war um noch instinktmäßig herauszufühlen, daß er mit der Übernahme der bürgerlichen Kunstformen sich selbst aufgab, vor dem Bürgertum kapitulierte, allmählich selbst verbürgerlichte.

Zum Schluß wollen wir noch erwähnen, daß der englische Garten auch in Deutschland seinen Theoretiker fand in der Person des Philosophieprofessors Christian C. Hirschfeld, der 1775–1782 seine fünf Bände »Theorie der Gartenkunst«, 1773 »Anmerkungen über die Landhäuser und die Gartenkunst« herausgab.

Hirschfelds Grundsätze sprechen aus Worten wie: Der Gartenkünstler soll »der Natur folgen, nicht sie aber verderben, in der Absicht zu verschönern, seltsame Verunstaltungen erzwingen.« Er meinte: »Nirgends ist die Kunst ekelhafter, als/da, wo sie natürliche Gegenstände zu verkünsteln sich bestrebt, Bäume und Hecken verschneidet«. Der Gartenkünstler sei »ein Sohn der Natur.«[1]

Zugleich mit den französischen Gärten war es auch mit den *Wasserwerken* und *Springbrunnen* zu Ende, in denen im allgemeinen dieselbe ästhetisch frisierte, aber im Grunde herrische Freude, nicht an der Natur, sondern an der Knebelung der Natur zum Aus-

---

[1] Christian Caius Hirschfeld, Theorie der Gartenkunst a. a. O.

druck kam, die sich an Bäumen und Sträuchern versündigte. Auch das Wasser durfte nicht seiner Natur nach frei sein, es sollte sich recken und tanzen und hupfen nach den Launen der Gewaltigen dieser Erde.

Rousseau hat in »La nouvelle Héloise« den Umschwung in der zweiten Hälfte des 18. Jahrhunderts fein geschildert: »Es ist die nämliche Leitung«, erklärte Julie, »die in dem Blumengarten mit großen Kosten einen Springbrunnen speist, aus welchem sich niemand etwas macht. Herr von Wolmar wird ihn aus Achtung für meinen Vater, der ihn angelegt hat, nicht eingehen lassen; aber mit welcher Freude sehen wir hier im Obstgarten alle Tage dieses Wasser dahinfliessen, das uns nie zu seiner Bewunderung in den Blumengarten zu locken vermochte. Der Springbrunnen spielt für die Fremden, der Bach hier fliesst für uns.«[1]

Die *Mode* der zweiten Hälfte des 18. Jahrhunderts zeigte während der allmählichen Verbürgerlichung der Kultur eine merkwürdige Eigenwilligkeit.

Wir konnten bei der bis jetzt herrschenden Gesellschaftsklasse um die Mitte des Jahrhunderts ein langsames Versagen der Vitalität und damit gepaart ein Versagen des Selbstgestaltungsdranges feststellen. Alles, was sich von jetzt ab in Lebens-, Denk- und Schöpfungsformen nach außen projizierte, trug den Stempel der aufsteigenden Bürgerklasse.

In der Mode jedoch behauptete sich nicht nur die alte Herrenklasse – die Grundform der Herrenkleidung: Justaucorps, Weste, Culotte collante, weißgepuderte Perücke, Tricorne, blieben bis auf kleine, mehr die Farbe und das Material als die Form betreffende Änderungen fast bis zur französischen Revolution die gleichen – sondern auch die von/der Hofgesellschaft vorgeschriebene Damenkleidung. Diese trieb sogar noch nach 1750 die phantastischsten Blüten.

Die wichtigste Neuerung in der Damenmode waren die Paniers. Um 1718 sah man sie in Paris zum ersten Mal. Um 1750 bis 1760 waren sie so gut wie verschwunden. Die »Encyclopédie« berichtet uns wenigstens: »Cette mode tombe; on va aujourd'hui en ville et

---

[1] J. J. Rousseau, La nouvelle Héloise. OEuvres complètes. Hg. Bernard Gagnebin und Marcel Raymond, Bd. 1 und 2, Paris 1961–62 (= Bibliothèque de la Pléiade), Bd. 2

au spectacle sans panier, on n'en porte plus sur la scène«.[1] In den sechziger Jahren jedoch tauchten die Paniers wieder auf, und in wenigen Jahren wuchsen die extravaganten Hüftenmarkierungen geradezu ins Groteske. Wenn man die Modebilder mit den paniers à coude betrachtet, wird man unwillkürlich an die maßlos brutalen, dafür aber viel ehrlicheren Fettsteiße erinnert, mit denen die Primitiven ihre Frauenfiguren »verschönerten«. Und man fragt sich, ob die Paniers nicht auch einen versteckten erotischen Ursprung haben könnten. Natürlich einen ganz anderen als die Steatopygie der Steinzeit, in der sich eine animalische Fleischeslust ausgrunzte. Was könnte sonst zu dieser Überbetonung des weiblichen Beckens geführt haben?

Um die Mitte des 18. Jahrhunderts war in Frankreich und sogar in der Hofgesellschaft die »fécondité« Mode geworden, nachdem man mit der »stérilité« so lange und so viel Unfug getrieben hatte, daß dieses Gesellschaftsspielchen in dieser Form langweilig geworden war. Die Marquisen gefielen sich in ihrer neuen Rolle des Mamachens. Sie kokettierten mit ihren Bébés. Sie kamen zum Beispiel absichtlich zu spät in die Gesellschaften, bloß um sich bei der Gastgeberin entschuldigen zu können, aber so leise flüsternd, daß alle Anwesenden es hörten: sie hätten zuvor noch ihr Kind stillen müssen. »Il faut ça, vous savez!«

In Anbetracht nun dieser neuen Kaprize konnten die Paniers, natürlich nur in der Zeit als sie noch nicht zu Monstrositäten ausgewachsen waren, möglicherweise das Symbol der wiederentdeckten Berufung des Weibes sein. Geschmacklos? Allerdings. Wenn wir aber lesen, daß Marie Antoinette in ihrer idyllischen Bauernwirtschaft ihren Gästen Milch servierte in Täßchen, die in einem Krampf von Natürlichkeit ihren niedlichen Brüstchen nachgebildet waren, wäre es gar nicht so absurd, dieser Gesellschaft die Geschmacklosigkeit der symbolischen Paniers zuzutrauen./

Das Sonderbare wäre dann, daß in diesem Falle die Paniers, die allerdings ins Aristokratische und damit ins Unseriöse übersetzten, sehr bürgerlichen Auffassungen und Lehren von dem alten Breitinger, von Diderot und Rousseau wären.

Mit dieser Interpretation ist es aber schwer, die zweite große Neuerung, die die Damenkleidung derselben Zeit zu verzeichnen

---

[1] Encyclopédie dictionnaire raisonné etc. Denis Diderot et Jean Le Rond d'Alembert, Paris 1751–65

hatte, in Einklang zu bringen.

Galt bis rund 1750 ein möglichst kleiner Kopf für eine Frau als besonders schön, so bemühte man sich nach 1750 den Kopf möglichst zu vergrößern, was nur durch eine dreidimensionale Steigerung der Frisur zu erreichen war. Die turmartigen Gebilde, die zwischen 1770 und 1780 oft eine Höhe von drei Kopflängen überschritten, wurden mit Locken, Bändern, Schleifen, Spitzen, Blumengirlanden, Gemüsen, ja sogar mit Schiffchen, Landschaften und ähnlichen Scherzen aufgetakelt. Der Haarkünstler Léonard in Paris erfand eine Frisur, die mit Scharnieren versehen und umklappbar war, damit die Damen noch in ihren Sänften Platz nehmen konnten.

Man kann diese enormen Frisuren zur Not noch mit der eben versuchten Deutung der Paniers in Übereinstimmung bringen, wenn man sich auf den Standpunkt stellt, daß die kolossale Verbreiterung der unteren Partien direkt schauderhaft gewirkt hätte, wenn nicht zugleich ein Ausgleich nach der Höhe zu geschaffen worden wäre. Die Frisuren wären dann die notwendige Korrelation der Paniers gewesen.

Es kommt uns aber wahrscheinlicher vor, daß sowohl die Paniers wie die Frisuren einen anderen Sinn hatten und vielmehr einer unbewußten Opposition ihren Ursprung verdanken. Die Tage der bis jetzt herrschenden Gesellschaftsklasse waren gezählt. Das ganze Leben verbürgerlichte. Die alte Aristokratie empfand unbewußt das Bedürfnis, aus einem begreiflichen Selbsterhaltungstrieb heraus dem anstürmenden Neuen etwas Symbolhaftes entgegenzusetzen, und von diesem Gefühl aus wurde die Frau zu einer überlebensgroßen Monumentalität, zu etwas Götzenhaftem gesteigert und ausgebaut. Das vehement Widernatürliche dieser Frauenmode, zu einer Zeit, in der alles nach Natürlichkeit drängte, bliebe unseres Erachtens unverständlich, wenn man darin nicht den trotzigen Protest einer mit dem Untergang bedrohten Gesellschaftsklasse sieht./

Es nutzte aber nichts.

Der erste Einbruch in das der adligen Gesellschaft ureigenste Gebiet der Mode geschah bereits um 1756, natürlich vom demokratischen England aus. Die Kinder hatte man bis jetzt genau wie die Großen gekleidet. Das hörte auf einmal auf. Die englische Kindermode mit leichten, souplen Kleidchen, in denen sich die Kleinen zum ersten Mal frei bewegen konnten, wurde auf dem Kontinent eingeführt. Unnötig darauf hinzuweisen, daß diese Kinderkleidung nur von dem bürgerlichen Gedanken der Natürlichkeit inspiriert war.

Die französische Damenmode dachte aber zunächst nicht daran, vor der englischen zu kapitulieren. Noch ein Vierteljahrhundert hielt sie sich, endlich um 1780 war es auch mit ihr vorbei. Die widernatürlichen Paniers verschwanden, die unnatürlichen Frisuren nahmen wieder natürliche Formen an. Man trug jetzt auch in Frankreich und Deutschland das lose, leichte Überkleid mit einem Brusttuch von Spitzen oder Batist, und den breitkrempigen Hut der Engländerinnen.

Um 1786 »bürgerten« sich für die Herren neben den Justaucorps oder dem »habit à la française« die überaus praktische englische Redingote mit zwei Knopfreihen, einem Stehkragen und breiten Revers, sowie der Frack ein. Die französische Revolution brachte endlich die lange Hose.

Damit hatte die Aristokratie, die für die ganze Welt so lange tonangebend gewesen war, die Modediktatur dem Bürger überlassen, der sie bis in unsere Zeit handhabte.

In der *Literatur* der zweiten Hälfte des 18. Jahrhunderts ging ungefähr dasselbe vor, was wir bis jetzt in der Architektur, dem Kunstgewerbe, der Plastik und der Malerei beobachteten: Opposition gegen die Unnatur der höfischen Kunst, die sich in der Literatur hauptsächlich in der alle Freiheit, alles Leben tötenden Regelhaftigkeit gezeigt hatte: Verdrängung dieser Unnatur durch immer größere Natürlichkeit, Nachahmung der Antike, weil man der Ansicht war, daß die Natürlichkeit der Antike das allerhöchst Erreichbare wäre.

Um 1770 herum hörte die Parallelität zwischen den bildenden Künsten und der Literatur, jedenfalls in Bezug auf die Natürlichkeitsbestrebungen auf, oder besser gesagt, die Ar-/chitektur und das Kunstgewerbe, und zum größten Teil auch die Plastik und die Malerei verharrten bei der Nachahmung der griechischen Formen, die Literatur dagegen wendete sich von den fremden Formen allmählich ab, die für sie nur Mittel gewesen waren um zum Eigensten zu kommen. Sie wurde rein deutsch.

Der Kampf um die Natürlichkeit setzte in der Literatur einige Jahrzehnte früher ein als der in den bildenden Künsten. Was durchaus begreiflich ist. Die Dichter standen schon während der ersten

Hälfte des 18. Jahrhunderts nicht mehr in dem alle Freiheit erstickenden Abhängigkeitsverhältnis von den Höfen, das bei den Architekten, Bildhauern und Malern, deren einzige Auftraggeber bis tief in die zweite Hälfte des 18. Jahrhunderts hinein die Fürsten und die Kirchen waren, jede Initiative, jede Neuerung von vornherein unterdrückte. Ihre materielle Lage zwang sie bekanntlich, sich dem Geschmack der hohen Herren restlos zu fügen.

Wir wollen die verschiedenen Phasen der Natürlichkeitsbewegung in der Literatur der Übersicht halber kurz skizzieren, bevor wir in Details treten.

Die Bewegung fing damit an, daß man der Alleinherrschaft des Reims gegenüber recht skeptisch wurde. Es kam bald sogar so weit, daß man den Reim als eine Art von Korsett betrachtete, das die natürlichen Formen der Dichtung einschnürte und verunstaltete, und daß man ihn zuletzt gänzlich ablehnte.

Zu gleicher Zeit machte sich ein gewisser Widerwillen gegen den steifen Alexandriner bemerkbar, der sich begreiflicherweise in einem Zeitalter, in dem alles auf Repräsentation abgestimmt war, besonderer Beliebtheit erfreut hatte.

Auf der Suche nach einem der neuen bürgerlichen Zeit mehr entsprechenden Versmaß verfiel man auf den viel freieren und also natürlicheren Hexameter, der in Deutschland im 17. und in der ersten Hälfte des 18. Jahrhunderts so gut wie außer Gebrauch geraten war, von jetzt ab aber das Terrain behauptete.

Die Bekanntschaft mit dem Versmaß von Homer und Virgil führte von selbst zu einer intimeren Beschäftigung mit den übrigen antiken Versmaßen, und die Entdeckung (Klopstocks),/daß sich z. B. die horazischen in ihrer reichen Verschiedenheit vorzüglich dazu eigneten, sich jedesmal dem besonderen, momentanen Affekt des Dichters anzupassen, war der Anlaß, daß die antiken Versmaße in Deutschland plötzlich die vielseitigste Verwendung fanden.

Der nächste Schritt auf dem Wege der Natürlichkeit war, daß man sich endlich von allen Versmaßen frei machte und für jeden Vers je nach den darin zum Ausdruck gebrachten, sehr differenzierten Gefühlen ein eigenes Maß verlangte. Die freien Rhythmen hielten sich während der ganzen zweiten Hälfte des 18. Jahrhunderts.

Wie in der Dichtkunst zum Ausdruck der wechselnden Gefühle an die Stelle der einheitlichen Form mit festem Silbenmaß die Freiheit der Form mit freien Rhythmen trat, so wendete man sich auch in der Musik von den Formen ab, die auf der Einheit des Affekts aufgebaut waren, und fand in der freien Sonatenform das Mittel, wechselnde Empfindungen musikalisch zu gestalten. Auch die Ungebundenheit der freien Rhythmen wurde in der Musik beliebt. Ph. E. Bach sagte in seiner Klavierschule: »Das Fantasieren ohne Takt scheint überhaupt zur Ausdrückung von Affekten besonders geeignet zu sein, weil jede Taktart von Zwang mit sich führt«.[1] Also auch hier Natürlichkeit.

Es entsprach den Natürlichkeitsbestrebungen in der Literatur dieser Zeit, daß der Strophenbau zunächst durch Enjambements, dann durch noch größere Freiheiten durchbrochen und zuletzt ganz aufgehoben wurde; und daß im allgemeinen die ungebundene Rede in der Dichtung bevorzugt wurde, sogar in jenen Gattungen (z. B. der Tragödie), für die die gebundene Rede bislang obligatorisch war.

Endlich müssen wir in dieser Übersicht noch darauf hinweisen, daß nicht nur die Versmaße der Antike, sondern auch die alten griechischen und römischen Dichtgattungen immer mehr nachgeahmt wurden. Die Zeit um die Mitte des 18. Jahrhunderts war die Blütezeit des Epos, der Ode, der Fabel, des Epigramms und des Dramas. Das Drama nicht in der – laut Lessing – französischen Verballhornung, sondern in der natürlichen Form, die Aristoteles theoretisch und Sophokles praktisch gegeben hatte.

Diese in groben Zügen geschilderte logische Entwicklung,/die sich bis ungefähr 1770 vollzog, hat sich selbstverständlich nicht in der angegebenen chronologischen Ordnung abgespielt. Es gab in der ganzen Zeit immerfort Fortschritte neben zeitweiligen Rückschritten. Die verschiedenen Strömungen liefen einmal parallel, dann wieder kreuzten sie sich. Nichts entwickelte sich glatt und planmäßig, wie es nach der obigen Schilderung den Anschein haben könnte, sondern alles ging mit Sprüngen und Stößen, mit unaufhörlichen Abweichungen nach links und rechts. Dafür war es eben »Leben«. Aber der Querschnitt und der logische Zusammenhang der zahlreichen Erscheinungen sahen im großen und ganzen so aus, wie wir sie skizzierten.

Nun kommen wir zu den Details, durch die sich der Leser jetzt besser durchfinden wird.

Noch bevor man in Deutschland gegen das unnatürlich verschnörkelte Wesen der höfischen Architektur auftrat, fing die Op-

---

[1] K. Ph. E. Bach, Versuch über die wahre Art Klavier zu spielen, a. a. O.

position gegen die »Schnirckel und das Allerliebste Muschelwerck« des Reims an.

In seinem »Versuch einer critischen Dichtkunst vor die Deutschen« (1730), in der Gottsched zeigte, daß »das innere Wesen der Poesie in einer Nachahmung der Natur bestehe«,[1] verteidigte er die Berechtigung der ungereimten Verse. Nebenbei trat er damals schon für die Nachbildung der alten Versmaße ein. Als Probe reimloser Verse fügte er seinen Ausführungen eine Übersetzung des Anfangs der »Ilias« hinzu. Gottsched wäre aber nicht Gottsched gewesen, wenn er ohne jeglichen Rückhalt die Reimlosigkeit proklamiert hätte. Er machte sofort einen Rückzug, indem er verkündete, daß die ungereimten Verse nur als große Ausnahme gelten dürften.

Bodmer und Breitinger gingen weiter. Was Gottsched bloß als Ausnahme erlaubte, sollte nach Ansicht der freieren Schweizer allgemeine Gültigkeit haben. Schon in den »Discursen der Mahler« 1721–1723 hatte Bodmer seine ernsten Bedenken gegen den Reim geäußert. »Man soll natürlich schreiben. Der Reim sei ein Erbe der poetischen Barbarei unserer Alten und mache einen schlechten Einfall nicht gut, und entkräfte die besten Ausdrücke«. Aus den alten Lehrbüchern »lernt man nur aus dem Gedächtnis mechanische Schlüsse zusammenzufügen und ein mannigfaltiges Gewebe zusammenzuknüpfen, die Gedanken von dem Reim zu entlehnen.«[2]/

In einer Satire »Ueber die Tyrannei der deutschen Dichtkunst« urteilt der Baseler Archivar Drollinger nicht anders:

Und wenn dies Alles überstanden,
So kommt der Reim zu unsrer Qual
Und macht oft mehr als zwanzig Mal
Vernunft und Einfall erst zu Schanden.
Der Reim ist, was bei Kriegeszeiten
Der Werbungstrommel wilder Ton:
Ihm folgt ein Schwarm von schlechten Leuten,
Die besten bleiben stets davon.
O möchte doch ein deutsches Ohr

---

[1] J. Chr. Gottsched, Versuch einer Critischen Dichtkunst. 1730 (unveränderter photomechan. Nachdruck der 4. ver. Aufl. Leipzig 1751: 1962)
[2] J. J. Bodmer, Die Discoursen der Mahlern Teil 1–4, Zürich 1721–23

Sich von dem Schellenklang entwöhnen!
Die Zürcher Mahler gehn uns vor
Und wagen sich mit freien Tönen
Vor unsrer Musen edlen Chor . . . .
Selbst Gottsched hat es jüngst gewagt,
Ein Mann, den Phöbus kennt und liebt;
Doch was mich inniglich betrübt,
Der Beyfall bleibt ihm noch versagt.[1]

Eine gereimte Verdammung des Reims!
Es dauerte aber nicht lang, daß der Theorie die Praxis folgte.
Gottsched hatte von Johann Elias Schlegel (1719–1749) verlangt, daß er die »Elektra« von Sophokles in reimlose Jamben übersetzen sollte. Schlegel bevorzugte aber Alexandriner. Daß er trotzdem Verständnis für die Bedürfnisse der neuen bürgerlichen Zeit hatte, beweist sein Trauerspiel »Lucretia«, das – für diese Zeit etwas Unerhörtes! – in Prosa erschien. Es könnte den Anschein haben, als ob Johann Elias Schlegel und auch sein Bruder Johann Adolf Schlegel (1721–1793) mit sich selbst in Widerspruch wären, als sie ihre Lustspiele gegen die ausdrücklichen Anordnungen Gottscheds – Frau Adelgunde Gottsched schrieb z. B. ihre Lustspiele durchweg in Prosa – noch in gebundener Rede abfaßten. Die Gründe, die sie aber hierfür geltend machten, hatten mit Natürlichkeit oder Unnatürlichkeit nichts zu tun. Sie waren der Ansicht, daß Theater Theater bleiben müßte, daß es nicht statthaft gewesen wäre, Unwirklichkeit als Wirklichkeit erscheinen zu lassen. Und ein anderes Mittel, um im Lustspiel dieser Gefahr zu entgehen, als eben die gebundene Rede, gäbe es nach ihrer Ansicht nicht.

In den vierziger Jahren nahm der jetzt auf die ganze Linie übergreifende Kampf gegen den Zwang des Reims und den Zwang der alten in der höfischen Dichtung bis jetzt verwendeten Versmaße immer heftigere Formen an. Besonders den pompösen Alexandriner mußte es bitter entgelten.

Johann Peter Uz hatte noch den Versuch gemacht, den alten Alexandriner zu verjüngen, und zwar durch die Verdoppelung der Senkung im zweiten und fünften Fuß und die Abschaffung des Reims. Er wollte dem steifen Alexandriner durch das daktylische Getrippel die mehr tänzelnde Beweglichkeit des Hexameters ver-

---

[1] K. F. Drollinger, Über die Tyrannei der deutschen Dichtkunst. Leipzig 1737

leihen. An der Zäsur änderte er nichts. Christian Ewald von Kleist (1715–1759) war in seinem Gedicht »Der Frühling« (1749) wieder einen Schritt weiter gegangen. Er tilgte die Zäsur vollends und um dem Alexandriner noch mehr seinen repräsentativen Charakter zu nehmen, empfahl er selbst, sein Gedicht »wie Proza zu lesen«.

1743 erschien Uzens »Lobgesang des Frühlings« in Hexametern. Und diese waren von selbst reimlos, was von einem Anakreontiker nicht anders zu erwarten war. Alle Anakreontiker (der Anfang dieser Bewegung fiel in das Jahr 1738): Uz, Götz, Rudnik, Hagedorn, Weisse, der junge Lessing, Zachariä, Kleist, Cronegk, Gerstenberg hatten dem Reim abgeschworen. 1744 erschien Gleims »Versuch in scherzhaften Liedern«, 1746 die von Götz und Uz herausgegebene Übersetzung des anakreontischen Urbildes. Alles in reimlosen Versen.

Nicht nur Göttingen, auch die Hallesche Dichterschule hatte den Reim verbannt. »Der Tempel der Dichtkunst« (1737) von Jacob Immanuel Pyra (1715–1744) war in reimlosen Alexandrinern abgefaßt. In Pyra und Samuel Gotthold Lange (1711–1781) nahm die Nachahmung der Antike immer festere Formen an. Pyra dichtete z. B. das erste religiöse Epos »Sündflut« in reimlosen Jamben und 1745 erschienen seine »Freundschaftlichen Lieder«, die sich durch verrenkte Sätze und unnatürliche Sprache in ein antikisierendes Versmaß zwängten, durch das sie eine formale Natürlichkeit vorzuspiegeln suchten. Pyra und Lange waren die Begründer der Odendichtung nach horazischem Muster. 1747 gab Lange seine »Horazischen Oden nebst Georg Friedrichs Meier's Vorrede vom Werth der Reime« heraus. Eigentlich sollte es heißen: vom Unwerth der Reime, denn er hielt den Reim für »einen wilden Auswuchs, eine ohne Verschonen abzuschneidende Zierart«. Klingt das nicht wie: »Schnirckel und das Allerliebste Muschelwerck«? Die Ablehnung des unnatürlichen Reims spricht weiter aus Langes 1752 veröffentlichter Horazübersetzung.

Karl Wilhelm Ramler (1725–1798) versuchte den horazischen Stil anfangs noch mit Beibehaltung des Reims zu erreichen, und zwar durch fortwährende Enjambements und Spickung seiner Verse mit mythologischen, also antik klingenden Wörtern.

Dann kam Klopstock, der leidenschaftliche Verächter des Reims und der ebenso leidenschaftliche Bewunderer des antiken Versmaßes. Den Reim nannte er, auch noch im späten Alter, einen »bösen Geist mit plumpem Wortgepolter«, einen »schmetternden

Trommelschlag«, ein »nichtssagendes Gleichgetön«. 1746 begann Klopstock seinen »Messias« im Versmaß Homers und Virgils, und natürlich ohne Reime. Die Homerübersetzung von Voss und Goethes »Hermann und Dorothea« greifen auf den von Klopstock in Deutschland für immer eingebürgerten Hexameter zurück.

Im selben Jahre 1755, als Winckelmann seine berühmten »Gedanken über die Nachahmung der Griechischen Werke« herausgab, veröffentlichte Klopstock seine für die literarische Entwicklung höchst bedeutungsvolle Schrift: »Von der Nachahmung des griechischen Silbenmaßes im Deutschen«, in der er die wechselnde und so besonders ausdrucksvolle Rhythmik in den Strophen des Horaz analysiert. Aber bald zeigte sich schon mit aller Deutlichkeit, daß die Nachahmung der Antike nicht der Endzweck, sondern nur der Weg war, um sich von der alten Unnatur zu befreien und endlich zur letzten Natürlichkeit, dem Eigensten zu kommen. Denn Klopstock übernahm zwar anfangs die alten Versmaße, er machte sich aber im Laufe der Zeit immer freier davon, bis er endlich 1758 mit seiner Ode »Dem Allgegenwärtigen« auch den Zwang der Antike, die ihn von dem Zwang der Poesie der ersten Hälfte des 18. Jahrhunderts erlöst hatte, von sich abwarf. Er fand das »klopstockische Silbenmass«, das heißt, die freien Rhythmen, wie diese sich von selbst aus dem jeweiligen Gehalt der Gedichte ergeben.

> Da du mit dem Tode gerungen, mit dem Tode,
> Heftiger du gebetet hattest,
> Da dein Schweiss und dein Blut
> Auf die Erde geronnen war;
> In dieser ersten Stunde
> Tatest du jene grosse Wahrheit kund,
> Die Wahrheit sein wird,
> So lange die Hülle der ewigen Seele Staub ist.[1]

Das war die erste deutsch-bürgerliche Versgestalt, zu der die Antike die deutsche Poesie geführt hatte.

Wir wollen, nachdem sich die in der ersten Hälfte des 18. Jahrhunderts einsetzende Natürlichkeitstendenz so weit durchgesetzt hatte, die Aufzählung der Unzahl von Gedichten, die in den fünfziger und sechziger Jahren ohne Reime, in antikischem oder freiem

---

[1] Klopstock, Messias, Saemmtliche Werke, a. a. O.

Versmaße erschienen, nicht weiter fortsetzen und nur noch in aller
Kürze verfolgen, wie die Nachahmung der Antike auch eine Reihe
von klassischen Dichtgattungen förderte.

Das Hauptgewicht dieser Bestrebungen lag bei Lessing. In seinem
Kampf gegen die französische Hofkunst, die ihre Höhe in den Tragödien von Corneille und Racine erreicht hatte, war Lessings
schlagkräftigste Waffe die Lehre von Aristoteles, aber nicht in der
französischen Interpretation. Corneille hatte z. B. als ein typischer
Vertreter seines Zeitalters, für das Prahl und Prunk und Repräsentation alles war, aus den Aristotelischen Lehren herausdestilliert,
daß die »Bewunderung« als eine der vornehmsten tragischen Leidenschaften angesehen werden müsse. Der bürgerliche Lessing
wies nach, daß Aristoteles nicht Bewunderung, sondern die mensch-
lichste aller Leidenschaften: »Mitleid« gewollt hat. Das Zeitge-
mäße, also das Bürgerliche dieser Hervorkehrung des Mitleids geht
besonders klar aus Lessings Polemik gegen Mendelssohn hervor.
Lessing verteidigte die Stellung, daß der Affekt in der Tragödie dazu
diene, »eines grösseren Grades unserer Realität bewusst«, also
mehr Mensch zu werden, unser Menschsein stärker zu erleben.[1]

1759 gab Lessing seine »Fabeln« heraus, denen er recht/auf-
schlußreiche Abhandlungen über diese Gattung folgen ließ. Auch
hier wieder schroffste Ablehnung der höfischen Kunstform, besonders der Fabel von Lafontaine und dessen französischen und deutschen Nachfolgern. Selbstverständlich berief sich Lessing auch
hier auf die Antike. Mustergültig erschien ihm Aesop. Er suchte
nachzuweisen, daß die Fabel nicht dazu bestimmt sei, künstlerisch
und spielerisch zu reizen und zu unterhalten, was der Hofdichter
Lafontaine als ihre Aufgabe betrachtet hatte, sondern recht anschauliche Sittenlehre zu geben. Lessing trieb die Verbürgerlichung
der Fabel sogar so weit, daß er sie aus dem Reich der Poesie verbannte, und sie auf das spießige Niveau von Gottsched und Wolff
herunterdrückte.

Was Aesop für die Fabel war, war nach Lessings Dafürhalten
Martial für das Epigramm. In den »Anmerkungen über das Epigramm« gab Lessing für die Nachahmung des antiken Musters
seine Gründe an.

---

[1] G. E. Lessing, Briefwechsel über das Trauerspiel mit Mendelssohn und Nicolai,
a. a. O.

Zum Schluß wollen wir noch kurz bemerken, daß Lessing für das weitaus Natürlichste: die ungebundene Rede im bürgerlichen Drama eintrat, im Gegensatz zu der französischen Klassik, die für das Drama Verse vorschrieb. Wie sehr Lessing mit dieser Ansicht und ihrer Durchführung in seinen eigenen Dichtungen der allgemeinen Einstellung seiner Zeit entgegenkam, geht aus der Tatsache hervor, daß seit »Miss Sara Sampson« das deutsche bürgerliche Drama fast ausschließlich in Prosa geschrieben wurde.

Wo man also hinschaut, überall stoßen wir auf Nachahmung der Antike. Bis 1770 galt die Antike so sehr, daß es für die deutschen Dichter als die höchste Ehre galt, mit irgend einem Griechen oder Römer verglichen zu werden. Klopstock war der deutsche Homer, Willamoid der Pindar, Uz der Anakreon, Gleim der Tyrtäus, Gessner der Theokrit, Lange der Horaz, Wieland der Lucian, die Karschin die deutsche Sappho.

Um 1770 herum hatte die Antike ihre Aufgabe in der Literatur, die eigentlich nur eine negative gewesen war, erfüllt.

Die Bürger hatten sich an sie geklammert, erstens weil sie sich als Bürger mit dem in ihr zweifellos vorherrschenden bürgerlichen Geist verwandt fühlten, dann aber auch weil sie eine über allen Verdacht erhabene, eine von der ganzen/Welt anerkannte, kurz und gut die höchste Autorität brauchten, um die überall in Westeuropa fest fundierte höfische Kunst endgültig niederzureißen und so für die neue bürgerliche Kunst Platz zu schaffen.

Das war, was die Literatur anbelangt, das Hauptbestreben von Klopstock und Lessing.

Hamann und Herder taten den nächsten Schritt auf dem Weg der Natürlichkeit. Sie vertraten die über Lessing hinausgehende Ansicht, daß die letzte Forderung der Natürlichkeit niemals erfüllt werden könnte, so lange sich der Bürger darauf beschränkte, in Opposition gegen die Unnatürlichkeit der höfischen Kunst die natürliche griechische Kunst nachzuahmen. Denn jede Nachahmung ist letzten Endes ein Verzicht auf die eigene und eine Anpassung an die fremde Natur. Jede Nachahmung, auch die der natürlichsten aller Künste, der griechischen, mußte also doch zu Unnatur führen. Diese Idee, konsequent durchgedacht und durchgeführt, hatte eine unübersehbare Fülle von Folgen.

Die wichtigsten müssen wir kurz schildern.

Die Forderung der letzten Natürlichkeit brachte zunächst das über alles geltende Recht und die unabweisbare Pflicht der Persönlichkeit mit sich.

Dies bedeutete erst und vor allem eine Revolution der Sprache. Der Buchsprache, sogar der technisch vollendeten, war hiermit auf Grund ihrer Unpersönlichkeit das Todesurteil ausgesprochen. Die Sprache mußte vor allem mit der individuellen »Volksseele« verknüpft sein. Eine Folge davon war, daß die bislang wegen ihrer Formlosigkeit verachteten Idiotismen der Heimatscholle plötzlich zu höchstem Ansehen kamen.

Um die Natürlichkeit weiter konsequent durchzuführen, durfte man sogar bei den Idiotismen nicht stehen bleiben, sie sollten nach der persönlichen individuellen Veranlagung des Dichters, der die Idiotismen benutzte, weiter individualisiert werden.

Man ging noch weiter. Die doppelte Individualisierung der Sprache, erstens nach dem Volke, zweitens nach dem Dichter, genügte nicht. Vollkommen natürlich war die Sprache erst dann, wenn sie außerdem noch der individuellen Färbung des Augenblicks, in dem sie gesprochen wurde, also der momentanen Gemütserregung des Dichters angepaßt war.

Die natürliche Sprache war also, nach Hamann, die dreifach individualisierte.

Daraus folgt weiter, daß eine unartikulierte, eine chaotische Sprache unter Umständen große Kunst sein kann, wenn sie nämlich das Äquivalent einer innerlich zerrissenen, erregten, chaotischen Gemütsverfassung des Dichters ist. So verstehen wir, wie Klinger in seinem »Otto« nach den Grundsätzen Hamanns folgendes Lallen niederschreiben konnte: »Das treibt mich um, wie die Verzweiflung. Brüll, brüll, brüll, Otto! – hah dass sie sterben fürm Geschrei – alles, alles wahr! Der Milchjunge meiner spotten! lachen – und betrogen ha, ha, ha, was die Menschen für Teufel sind, im Habit eines Heiligen! Pfui, pfui, fürm Menschen! – das macht mich toll, vor meinen Augen –.«[1]

Über das Zerhackte, Gestammelte hinaus gingen nur noch Urlaute, die auch tatsächlich in der Dichtung dieser Zeit Verwendung fanden, wie z. B. in Bürgers »Lenore«: »hurre, hurre, hopp, hopp, hopp« oder in Goethes »Zigeunerlied«, in dem die Zeile: »wille wau wau wau wito hu« vorkam. Von den vielen »Ach!«, »Hah!« und »O!« ganz zu schweigen.

---

[1] F. M. Klinger, Otto. Ein Trauerspiel. Leipzig 1775, Neudruck Heilbronn 1881. In: Werke a. a. O.

Man sollte meinen, daß hiermit die äußerste Grenze der Natürlichkeit erreicht war. Nein, über diese Urlaute ging noch das Lautlose, das immer wieder zu Hilfe gerufen wurde, um das auszudrücken, wozu nicht einmal Naturlaute ausreichten. Das ist die Erklärung der ungeheuren Verschwendung von Gedankenstrichen, Punkten, Ausrufszeichen usw., mit denen nicht nur die Briefe dieser Zeit, sondern auch die Dichtungen gespickt wurden.

Mit derselben Konsequenz, mit der Hamann und Herder den Grundbegriff Natürlichkeit analysierten, haben sie aus dieser Analyse eine Reihe von weiteren Folgerungen gezogen.

Große, starke Kunst kann nur naive Kunst sein, lehrten sie, eine Kunst also, die ohne Reflexion zustande kommt. Kunst wird nie Kunst, wenn sie von vornherein die Absicht hat, Kunst zu sein. Jede verstandesmäßige Überlegung tötet oder verringert das Naive, Unmittelbare, Spontane, Natürliche.

Wenn Dichtung nicht mehr mit der »Logik der Vernunft«, sondern nur noch mit der »Logik der Leidenschaft« entsteht, so soll der Mensch auch nicht mehr mit seinem Verstande, sondern nur noch mit seinem Gefühl an die Kunst herantreten, nicht mehr kritisch, sondern einfühlend. Kunst war nicht mehr, wie Korff es in seinem vortrefflichen »Geist der Goethezeit« formuliert (mit der darin geschilderten geistesgeschichtlichen Entwicklung sind wir selbstverständlich nicht einverstanden), zum Kunstgenuß, sondern zur Kunstfrömmigkeit bestimmt.

Da die Sprache im Laufe der Jahrhunderte durch den fortwährenden Logisierungsprozeß verarmt ist und immer mehr ihre Unmittelbarkeit verloren hat, müssen wir uns so weit wie nur möglich in die Vergangenheit vertiefen und die ältesten »Stimmen der Völker« belauschen. Nur dort gibt es noch Ursprüngliches, Urnatürliches.

Auf dieser Einsicht beruhte die plötzliche Begeisterung in den sechziger Jahren für die alten Volksdichtungen, die besonders Herder unermüdlich sammelte, und auch durch andere, z. B. Goethe in Straßburg sammeln ließ, um sie dann mit Erläuterungen herauszugeben. Er hoffte durch diese Veröffentlichungen die abgeleierte, verkünstelte und verkalkte Sprache seiner eigenen Zeit erfrischen, erneuern und verjüngen zu können. Es ist deutlich, daß diese Beschäftigung mit den Volksdichtungen nichts mit der Romantik der ersten Hälfte des 19. Jahrhunderts zu tun hat, die von ganz anderen Voraussetzungen ausging. Die Romantik fing *nicht* im 18. Jahrhundert an. Neben den Volksdichtungen kam auch Hans Sachs wieder en vogue. In »Hans Sachsens poetischer Sendung« sagt Goethe uns, was er in den Knittelversen bewunderte:

Nichts verlindert und nichts verwitzelt,
Nichts verzierlicht und nichts verkritzelt.

Also das Urwüchsige, das Unmittelbare, das Natürliche, darauf kam es an. Und so kam Goethe dazu, nicht nur in seinen Farcen: »Jahrmarktsfest zu Plundersweilern«, »Pater Brey« und »Götter, Helden und Wieland«, sondern sogar in seinem »Urfaust« Knittelverse zu verwenden.

Da für das Kunstwerk nur das Natürliche, Ursprüngliche, Echte, subjektiv Wahre wichtig war, verfiel damit die bis jetzt allgemein anerkannte Gültigkeit der objektiven Normen.

Dieser von Hamann und Herder neu begründeten Ästhetik verdankt z. B. der verfemte Reim seine Auferstehung. Was selbstverständlich nicht heißen soll, daß der Reim für die/Poesie wieder obligatorisch wurde. Es gab überhaupt nichts Obligatorisches, als nur das eine: Natürlichkeit. Gebundene oder ungebundene Rede, Reime oder Reimlosigkeit hingen nur davon ab, ob sie für dies oder jenes Werk das Natürlichste, in dem anderen Gedicht etwas Widernatürliches sein.

Jedes Kunstwerk hat also seinen eigenen Wert, nach dem allein es beurteilt werden soll.

Da jede Eigenheit, die fremde sowohl wie die eigene, ihre vollste Berechtigung hatte, ist der Kunstgenießende zu einem internationalen oder übernationalen Verhältnis der Kunst gegenüber verpflichtet.

Da andererseits für den Künstler selbst nur die eigene Eigenheit, das Stammhafte in Frage kommen kann, wird der Künstler als Schaffender einen nur nationalen Standpunkt einnehmen können.

Das Internationale des Kunstgenießenden ist also so wenig im Widerspruch mit dem Nationalen des Kunstschaffenden, daß beide Einstellungen in einem und demselben Menschen, wenn er Künstler ist, vereinigt sein können, sein müssen.

Daß Kunstnationalismus und Kunstinternationalismus verschieden sind von dem allgemein verbreiteten politischen, auf Menschlichkeit beruhenden Internationalismus dieses Zeitalters, braucht wohl nicht besonders betont zu werden. Eventuelle Versuche, Herders und vor allem Goethes Kunstnationalismus in politischen Nationalismus umzubiegen, sind bewußte Geschichtsfälschungen pour besoin de la cause.

Wir sagten bereits, daß das Kunstwerk nicht nur einen individuellen, sondern auch einen überindividuellen Inhalt hat. Denn im Kunstwerk gestaltet sich nicht nur die Persönlichkeit des Künstlers, sondern außerdem sein Volkstum, seine Kultur, seine Zeit. Für die Beurteilung eines Kunstwerks genügt es also nicht, die Individualität des Künstlers zu kennen, man muß ebenso sehr das Einmalige aller räumlichen und zeitlichen Bedingungen, die im Kunstwerk mit realisiert werden, in Betracht ziehen.

Aus Hamanns Kunstprinzipien folgt weiter, daß auch die einzelnen Kunstgattungen ihre Individualität haben, wie jedes Volk, jeder Künstler, jedes Zeitalter, jeder Augenblick sein Einmaliges hat. Stellt man die Forderung der Eigenheit, so liegt darin eingeschlossen, daß auch die Eigenheit der Kunstgattungen gewahrt bleiben muß. Also keine verbildete, verwässerte, auf andere Kunstgattungen übergreifende, sondern echte, ihrer eigenen Natur entsprechende Architektur, echte Plastik, echte Malerei (die Herder unter Raumkunst rangiert), echte Musik (die Herder Zeitkunst nennt), echtes Drama, echte Epik, echte Lyrik (die er als Kraftkunst deutet). Diese Gedanken legte Herder in einer Reihe von Schriften dar, deren wichtigste wohl seine »Abhandlung über die Ode« (1764) und »Plastik« (1778) waren.

In Hamann wurde bewußt, was alle infolge der fortschreitenden Gestaltung der gesellschaftlichen Verhältnisse dumpf und unbewußt empfanden, und in diesem Sinne kann man sagen, daß Hamann beigetragen hat zu der Auflebung oder jedenfalls zu der Erneuerung verschiedener Kunstgattungen, die entweder vergessen oder denaturiert waren, wie z. B. die Ballade.

Die Ballade stammt aus der Zeit der Volksdichtungen. Sie erlebte ihre Blütezeit im ausgehenden Mittelalter und war von selbst im absolutistischen 17. Jahrhundert in Vergessenheit geraten. In den fünfziger Jahren des 18. Jahrhunderts lebte diese par excellence volkstümliche Kunstgattung wieder auf. Aber die Balladen Gleims aus den fünfziger Jahren und die Balladen von Bürger aus den sechziger und siebziger Jahren waren grundverschieden, weil »Volkstümliches« damals etwas anderes bedeutete.

In den dreißiger Jahren des 18. Jahrhunderts hatte der Bürger sich vom Volkstümlichen abgewandt, weil er darin nur Pöbelhaftes sah, für das er sich jetzt zu gut, zu vornehm hielt.

In den fünfziger Jahren wandte sich der Bürger dem Volkstümlichen wieder zu (Gleim), weil man inzwischen zu der Einsicht gekommen war, daß auch der »Pöbel« zur Menschheit gehörte und es also eine menschliche Pflicht wäre, ihn in seine allgemeine Menschenliebe einzuschließen. Das Überderbe von Gleim findet seine Erklärung in der Tatsache, daß er bewußt für den »Pöbel« dichtete. Das Volkstümliche von Gleim und von Claudius war daher höchstens künstliche Natürlichkeit, also im Grunde Unnatürlichkeit. Claudius ge-/hörte nicht zum Volk, er ließ sich nur in einer Art von Sentimentalität bewußt zum Volk herab.

In den siebziger Jahren dichtete man volkstümlich, weil die Dichter nicht mehr über dem Volk standen, sondern sich zum Volk rechneten, sie dichteten vom Volk aus und glaubten in den Balladen einen höheren Grad von Natürlichkeit erreichen zu können als in den Kunstdichtungen.

Genau dasselbe läßt sich in der Entwicklung des Liedes feststellen. Die 1753 gegründete erste Berliner Liederschule erstrebte ganz bewußt ein einfaches »volkstümliches« Lied. Was bei diesen Reflexionen herauskam, war jedoch mehr volkstümelnd als volkstümlich. Die beabsichtigte Natürlichkeit wurde auch hier zur Unnatürlichkeit. Seit den siebziger Jahren aber wurden auch die Lieder wirklich »volkstümlich«, da sowohl Liedproduzenten wie -konsumenten zur breiten Masse des Bürgertums gehörten, sie alle also auf demselben gesellschaftlichen Niveau standen.

Gottfried August Bürger war der Begründer der neuen Ballade in Hamannschem Sinn. 1773 erschien seine berühmte Ballade »Lenore«, der bald andere folgten. Im »Herzensausguss über Volkspoesie« im Band I des Göttinger »Deutschen Museums«, und in einer 1778 verfaßten Abhandlung ebenfalls im »Deutschen Museum« mit dem Titel: »Aus Daniel Wunderlichs Buch« setzte Bürger seine Auffassungen, die sich ganz auf Hamann und Herder stützten, auseinander. Als eigentliches Kennzeichen wahrer Kunst bezeichnet er das »Populäre«, also das Volkstümliche, das Stammhafte, das niemals etwas anderes als konkretisierte Natürlichkeit sein kann. »Man lerne das Volk im Ganzen kennen, man erkunde seine Phantasie und Fühlbarkeit, um jene mit gehörigen Bildern zu füllen! .... Möchte doch ein deutscher Percy aufstehen, die Ueberbleibsel unserer alten Volkslieder sammeln, und dabei die

Geheimnisse dieser magischen Kunst aufdecken.«[1]

Trotz Hamann blieb aber die alte Verwechslung von Volkstümlichem mit Pöbelhaftem noch lange bestehen, wie aus der Satire von Nicolai (1776) hervorgeht. Schon der Titel sagt alles: »Ein feyner kleyner Almanach. Vol schönerr echterr liblicher Volckslieder, lustigerr Reyen unndt kleglicher Mordgeschichten, gesungen von Gabr. Wunderlich, weyl. Benkelsengerrn zu Dessaw, herausgegeben von Dan. Seuberlich, Schusterrn zu/Ritzmück an der Elbe.« 1777 erschien ein zweiter Band. Lessing traf den Kern der Sache, als er am 10. Sept. 1777 erklärte, daß Nicolais Satire auf der Verwechslung der Begriffe Volk und Pöbel beruhe.

In Bürgers Spuren trat bald Goethe. Es sei hier nur an seine unsterblichen Balladen: »Der Erlkönig« und »Der Fischer« erinnert.

Auch das Drama erfuhr durch die Hamannschen Theorien eine grundlegende Änderung. Die jüngeren Dichter gestalteten nicht mehr rationalisiertes Leben, sondern nur noch irrationales, natürliches Leben; nicht mehr den klaren, bis ins kleinste berechenbaren Kausalzusammenhang, wie ihn der kalt kalkulierende und konstruierende Verstand erschafft, sondern den unklaren, oft verwirrend unklaren und unberechenbaren Zusammenhang der sich blindlings auslebenden Natur; nicht mehr »feste Charaktere«, bei denen der Ablauf der Handlung von vornherein unwiderruflich fixiert ist, sondern eher »schwache Charaktere« und die noch viel unberechenbareren »Kerle« und »Uebermenschen«, die von ihren Leidenschaften besinnungslos hin und hergeschleudert werden einem ihnen selbst und auch uns unbekannten Ziele entgegen. Die Dramen hatten nicht mehr einen Schluß, sondern nur noch einen Abschluß, nicht mehr Einheit von Handlung, noch viel weniger Einheit von Ort und Zeit, sondern Einheit der Person, Einheit des Lebens.

Das waren im großen und ganzen Hamanns Theorien, die Herder sich zu eigen machte und dann weiter bildete.

Hamanns Lehre von der Natürlichkeit war also im Grunde nichts anderes als die Fortsetzung von Lessings Natürlichkeitslehre, aber eine Fortsetzung mit einer solchen Konsequenz, daß man aus dem Staunen über die unerschütterliche Einheitlichkeit und Geschlossenheit der Gedanken des Phänomens Hamann nicht herauskommt. Es ist uns völlig unverständlich, wie Walzel über ihn schreiben

---

[1] G. A. Bürger, Über Volkspoesie. Aus Daniel Wunderlich's Buche. In: Sämmtliche Werke, Hg. Karl Reinhard, Bd. 1–9, Wien 1844 (Bd. 4)

konnte: »Hamann, der grundsätzliche Widersprecher, gibt sich bewusst in Widersprüchen aus, weil ihm Widersprüche zum Wesen der Welt gehören,« und: »Hamann will durch das überspannt Ungewöhnliche seines Gebarens die Menschen reizen.«[1]

War Hamann der Fortsetzer Lessings, so war Herder der Fortsetzer Hamanns./

Um das klar zu machen, möchten wir das über Lessing und Hamann Gesagte kurz rekapitulieren.

Die Unnatürlichkeit (infolge der verstandesmäßigen Regelhaftigkeit) der höfischen Dichtung bestritt Lessing nach zwei Richtungen. Der Unnatürlichkeit des Inhalts gegenüber stellte er die Forderung der Nachahmung der Natur.

Der Unnatürlichkeit der Form gegenüber die Forderung der Nachahmung der Antike. Die Antike hatte nach Lessings Ansicht den höchst denkbaren Grad von Form-Natürlichkeit erreicht. Die Nachahmung der Antike war also auch Nachahmung der Natur, allerdings eine indirekte.

Der Denkfehler, den Lessing bei seinen Forderungen machte, war, daß er Natur für absolut, für zeitlos, geschichtslos, ewig hielt.

Für Hamann war Natur nicht eine allgemeine, sondern immer eine bestimmte Natur. Eine allgemeine, absolute Natur gab es für ihn überhaupt nicht.

In Bezug auf die Bekämpfung der Unnatürlichkeit der Form wich Hamann also von Lessing ab. Er wies nach, daß Lessings Natur eine individuelle, die griechische, also eine fremde Natur war, daß der Künstler infolgedessen durch das Folgen dieser fremden Natur auf die eigene Natur, die für ihn allein maßgebend sein sollte, verzichtete, und daß das Resultat eines solchen Schaffens nur Unnatürlichkeit sein konnte.

Hamann brachte also die typisch bürgerliche Natürlichkeitsbewegung der zweiten Hälfte des 18. Jahrhunderts durch die Klärung und weitere Präzision der Begriffe ein beträchtliches Stück weiter, aber er hat sie nicht abgeschlossen.

Herder war der Vollender und Goethe in seiner Dichtung der Vollstrecker dieses eminent bürgerlichen Gedankens.

Hamann hatte der Kunst das Tor für unbändigste Willkür und wildeste Zügellosigkeit geöffnet. Das Neue von Herder war, daß er auf die *Gesetzlichkeit* der Natur hinwies, eine Gesetzlichkeit, die so streng war, daß er sie nur mit der inneren Gesetzlichkeit eines

---
[1] Oskar Walzel, a.a.O.

Organismus vergleichen konnte.

Diese Gesetzlichkeit bezog sich von selbst nicht auf Inhalt und Form – wäre dies der Fall gewesen, so wäre die deutsche/Kunst zu dem Stadium vor 1750 mit ihrer dürren Regelhaftigkeit zurückgekehrt – sondern auf das *Werden* des Kunstwerkes, auf das Kunstschaffen.

Herder stand somit nicht im Gegensatz zu Hamann, er ergänzte ihn. Herder behütete die Kunst vor weiterer Verwilderung, die bereits unter den Goethianern Lenz, Klinger, Wagner, Müller usw. in bedenklicher Weise, eingerissen war. Er bereitete damit das klassische Zeitalter Goethes und Schillers vor.

Korff hat das Neue von Herder treffend formuliert: »Kunst war (seit Herder) nicht mehr Nachahmung der Natur (im Lessingschen Sinne, also) nicht mehr Nachahmung der äusseren Naturformen, sondern der schöpferischen Naturkraft. Die Natur ist es selbst, die im Künstler schafft. Sie ist nicht mehr allein sein Objekt, das er reproduziert, sondern sein Subjekt, das aus ihm produziert.«[1]

Durch die Erkenntnis dieser Gesetzlichkeit kam Herder zu der Erkenntnis der naturhaften Gesetzlichkeit des Kunstwerkes, zu einer neuen Ästhetik, die sich auf die organische Entwicklung des Kunstwerkes gründete, zu dem Wissen von der Gesetzlichkeit in der Entwicklung des Geistes und in der Geschichte der Menschheit, analog der Geschichte des Menschen.

Es fragt sich, ob die bei Goethe gefestigte Überzeugung, daß die Natur von ihrer inneren Gesetzlichkeit überhaupt nicht abweichen kann, nicht der Anreiz für ihn war, sich dem Studium der Naturwissenschaften zu widmen. Unzweifelhaft ist, daß diese Gesetzlichkeit der Ausgangspunkte seiner naturwissenschaftlichen Untersuchungen war. Aprioristisch trat er an die Tatsachen heran. Es stand von vornherein für ihn fest, daß die Tatsachen nicht anders sein konnten, als er auf Grund der puren Naturgesetzlichkeit, ohne nähere Bekanntschaft mit den Tatsachen selbst, es sich ausgedacht hatte. So schrieb er seine »Farbenlehre« und seine »Metamorphose der Pflanzen«, und so entdeckte er, oder besser fand er den bis dahin unbekannten Zwischenkieferknochen, weil es von vornherein für ihn feststand, daß er da sein mußte.

Die große Bedeutung Goethes lag aber nicht auf naturwissenschaftlichem Gebiete – er konnte auf die Dauer nichts erreichen,

---

[1] H. A. Korff, Geist der Goethezeit, a. a. O., Bd. 1

denn seine Methode war eine unwissenschaftliche – sondern darin, daß er, abgesehen von der bereits bespro-/chenen Absolutisierung des bürgerlichen Ichs, die rein bürgerliche Kunsttheorie Herders in vollendetster Weise in seinen Dichtungen realisierte.

Shakespeare spielte in der zweiten Hälfte des 18. Jahrhunderts in dem verbürgerlichten Deutschland eine so große Rolle, daß wir ihn unbedingt gesondert betrachten müssen.

Die erste Hälfte des 18. Jahrhunderts konnte unmöglich ein Verhältnis zu Shakespeare haben.

Zwei Gründe gab es dafür. Shakespeare zeigte die Großen der Erde nicht in ihrer Macht, nicht repräsentativ, wie man es damals wünschte, sondern nur als Menschen, wofür die damalige Zeit nicht das geringste Interesse aufbringen konnte.

Der zweite Grund bezog sich mehr auf die Form seiner Dramen. Noch während der ersten Hälfte des 18. Jahrhunderts legte man in Deutschland den größten Wert auf Regelhaftigkeit, auf eine strenge und kunstvoll, eventuell künstlich rationalisierte Form, so u. a. auf eine Bändigung des Dramas in die (allerdings mißverstandene, wie Lessing nachwies) aristotelische Einheit von Handlung, Ort und Zeit. Shakespeare wurde diesen Ansprüchen nicht gerecht. Er mußte einem solche Forderungen stellenden Publikum als ein abschreckendes Beispiel von Regellosigkeit und Formlosigkeit erscheinen.

Man hielt sich also in Deutschland an die französischen Klassiker Corneille, Racine, Molière. Shakespeare wurde nicht mehr gespielt, nicht mehr gelesen.

Das blieb so bis in die vierziger Jahre. 1741 hatte der Geheimrat Kaspar Wilhelm von Borck, preußischer Gesandter in London, den »Julius Cäsar« übersetzt. Gottsched kritisierte das Stück und verdammte es als eine ganz elende Haupt- und Staatsaktion. Aber Johann Elias Schlegel schlug bereits andere Töne an. Er hatte die Übersetzung von Borck ebenfalls unter die Lupe genommen und in seiner Besprechung dieses Werkes verglich er Shakespeare mit .... Andreas Gryphius. Schlegels Urteil fiel zwar ziemlich zu Gunsten des deutschen Dichters aus, aber er mußte doch zugeben, daß der Engländer dem Deutschen in Bezug auf Seelenkenntnis und trefflliche Charakteristik weit überlegen war. In dem bis jetzt fehlenden Verständnis für das Menschliche und Natürliche in/Shakespeare offenbart sich die neue Zeit, die sich bald restlos für den großen englischen Dramatiker entscheiden sollte. Noch eine weitere vernünftige Bemerkung machte Schlegel in seiner Besprechung des »Julius Cäsar«. Er lobte Shakespeare, weil er so fein abzutönen wußte und nicht wie Gryphius in so unnatürlicher Weise die Spannung in seinen Dramen aufrecht hielt, um sie, wenn möglich, fortwährend mehr anzuspannen und zu überspannen. Dadurch erreichte Gryphius, nach Schlegels Ansicht, gerade das Gegenteil von dem, was er sich vorgestellt hatte: der Zuhörer ermüdete verhältnismäßig bald und die beabsichtigte Wirkung verpuffte ins Leere. Shakespeare machte es anders. Er spielte sozusagen mit der Spannung, er brachte jedesmal wieder Entspannungen, um im nächsten Augenblick die Spannung um so gewaltiger hinauftreiben zu können. Mit anderen Worten: Shakespeare hatte nicht nur Verständnis für die Natur seiner Helden, sondern ebenso großes Verständnis für die Natur seiner Zuhörer:

Schon in den fünfziger Jahren fing Shakespeares Siegeszug durch das bürgerliche Deutschland an. Er wurde bald allgemein anerkannt, zum erstenmal ganz übersetzt, seit den siebziger Jahren auf allen Bühnen gespielt, und übte den weitreichendsten Einfluß auf das deutsche Drama aus.

Die wichtigsten Etappen dieser Shakespeare-Renaissance werden wir kurz skizzieren.

Schon 1755 ist Nicolai von Shakespeares Natürlichkeit begeistert. In den »Briefen« bemerkt er, daß er ein Mann ohne Kenntnis der Regeln, ohne Gelehrsamkeit, ohne Ordnung sei (wir würden sagen, ein Naturkind) und daß er der Mannigfaltigkeit und Stärke seiner Charaktere den größten Teil seines Ruhmes zu verdanken habe. Zimmermann hebt 1755 in Hallers Leben besonders hervor, daß »ein himmlisches Feuer« aus Shakespeares Werken hervorleuchte.[1]

Wieland schrieb 1758 an Zimmermann: »Ich liebe diesen ausserordentlichen Menschen mit all seinen Fehlern«.[2] – Hier wird also noch ein Nachhall laut aus der vorigen Zeit, die Formregelhaftigkeit als höchstes Kunstgesetz und Formregellosigkeit als Fehler betrachtete. – »Er ist fast einzig darin, die Menschen, die Sitten, die Leidenschaften *nach der Natur* zu malen, er hat das köstliche Talent, die Natur zu ver-/schönern, ohne dass sie ihre Verhältnisse

---

[1] J. G. Zimmermann, Leben des Herrn von Haller, a. a. O.
[2] C. M. Wieland, Ausgewählte Briefe, a. a. O. (dort auch das folgende Zitat)

verlöre«, das heißt: ohne daß sie ihre Natürlichkeit einbüßte und zur Unnatur würde. »Zum Geier mit dem, der einem Genie von solchem Range Regelmässigkeit wünscht.« In seinem »Agathon« kommt Wieland auf dies Umstrittene in Shakespeare zurück: »Man tadelt an Shakespeare, demjenigen unter allen Dichtern seit Homer, der die Menschen vom Könige bis zum Bettler, von Julius Cäsar bis zu Jack Falstaff, am besten gekannt, und mit einer seltenen Anschauungskraft durch und durch gesehen hat, dass seine Stücke meistens keinen oder doch nur einen sehr fehlerhaften, unregelmäßigen und schlecht ausgesonnenen Plan haben; daß Komisches und Tragisches .... durcheinandergeworfen ist, und oft dieselbe Person, die uns durch die rührende Sprache der Natur Thränen in die Augen gelockt hat, in wenigen Augenblicken darauf, durch irgend einen seltsamen Einfall oder barokischen Ausdruck ihrer Empfindungen, wo nicht zu lachen macht, doch dergestalt abkühlt, dass es schwer wird uns wieder in die gehörige Fassung zu setzen. – Man tadelt dies, – und denkt nicht daran, dass seine Stücke eben darum desto *natürlichere* Abbildungen des menschlichen Lebens sind.« Shakespeare wollte »die Natur ebenso getreu nachahmen, als die Griechen .... sie verschönern«.[1]

Von 1762 bis 1766 vollbrachte Wieland dann die für die bürgerliche Kultur so höchst wichtige Tat, den ganzen Shakespeare zu übersetzen. Die erste Übersetzung ins Deutsche! Wieland bezweckte damit, den Weg von der Schwärmerei, von der Unnatur, von dem Schwulst zur Weltweisheit, oder wie er sich ausdrückte zur Natur, den er selbst durchgemacht hatte (man denke hier an Wielands Roman: »Don Sylvio von Rosalva, *Der Sieg der Natur* über die Schwärmerey«, den er 1762–1763, also während der Shakespeare-Übersetzung, schrieb), in einem lebendigen Gemälde zur Anschauung zu bringen.

Lessing sah die große Bedeutung von Shakespeare für die neue Zeit ebenso wie ein Wieland. Er stellte in Abrede, daß das deutsche Theater seinen Aufstieg Gottsched zu verdanken habe. 1759 schrieb er z. B.: »Wenn man die Meisterstücke des Shakespeare mit einigen bescheidenen Veränderungen unseren Deutschen übersetzt hätte, es wäre von besseren Folgen ge-/wesen, als dass man sie mit Corneille und Racine bekannt gemacht hat.« Er nennt ihn ein Genie, »das alles blos der Natur zu danken zu haben scheint«. Lessing hält

---

[1] C. M. Wieland, Sämmtliche Werke, a. a. O., Bd. 4–6

Shakespeare für viel größer als Corneille. »Nach dem Oedipus von Sophokles muss in der Welt kein Stück mehr Gewalt über unsere Leidenschaften haben, als Othello, König Lear, Hamlet usw.« Den Vorzug Shakespeares faßt Lessing in einem Zitat aus Hurnds Abhandlung: »Ueber die verschiedenen Gebiete des Drama« zusammen: »Die besondere Vortrefflichkeit seiner Komödien entstand daher, dass er die Natur getreulich kopierte.«[1] Die Hauptaufgabe, die sich Lessing in seiner »Dramaturgie« gestellt hatte, war, das Unnatürliche der französischen Theaterkonvenienz aufzudecken und ihr die Praxis Shakespeares und die Theorie des Aristoteles vorzuhalten. Shakespeare, sagt er, geht von der allgemeinen menschlichen Wahrheit und Natürlichkeit aus. Die Franzosen kennen keine Natur, keinen natürlichen Menschen, nur den Hof und dessen gekünstelten Ton. Sie zucken die Achseln, wenn bei den Engländern eine Königin in der wilden Leidenschaft gerade so spricht, wie ein Weib aus dem Volke. »Desto schlimmer für die Königinnen, wenn sie wirklich nicht so sprechen, nicht so sprechen dürfen. Ich habe es lange schon geglaubt, dass der Hof der Ort eben nicht ist, wo ein Dichter die *Natur* studieren kann. Aber wenn Pomp und Etikette aus Menschen Maschinen machen, so ist es das Werk des Dichters aus diesen Maschinen wieder Menschen zu machen. Die wahren Königinnen müssen natürlich sprechen. Nichts ist züchtiger und anständiger als die simple Natur.«[2]

Shakespeares Menschlichkeit und Natürlichkeit war also für die bürgerliche zweite Hälfte des 18. Jahrhunderts, die Menschlichkeit und Natürlichkeit als ihre stärkste Waffe in ihrem Kampf gegen den Feudalismus betrachtete, mustergültig. Doch war es begreiflich, daß bei der älteren Generation noch Mißverständnisse herrschten. In einem Brief vom Jahre 1771 an F. H. Jacobi klärt uns Wieland darüber auf: »Was will sich unser Jahrhundert unterstehen von Natur zu urteilen? Wo sollte sie herkommen, die wir von Jugend auf Alles geschnürt und geziert an uns fühlen und an anderen sehen?«[3] Die jüngere Generation urteilte schon anders. Sie sprach nicht mehr von Shakespeares »Fehlern«./

Wenn wir Lessings Begeisterung für Shakespeare aufmerksam

---

[1] Lessing, Sämtliche Schriften, a. a. O., Bd. 8: Briefe die neueste Literatur betreffend 1759–65, 17. Brief

[2] G. E. Lessing, Hamburgische Dramaturgie, 59. Stück

[3] C. M. Wieland, Ausgewählte Briefe, a. a. O.

analysieren und das Resultat dieser Analyse in wenigen Worten zusammenfassen wollen, kommen wir zu folgendem Ergebnis.

Lessing und sein Kreis anerkannte Shakespeares Natürlichkeit in Bezug auf den Inhalt seiner Dramen und die Gestaltung seiner Charaktere. Eine vollkommenere Nachahmung der Natur wäre kaum möglich. Die Natürlichkeit der Dramenform jedoch hat Lessing nicht erfaßt. Er war noch so sehr unter dem Bann der absoluten Gültigkeit der objektiven Normen, die die Antike gesetzt hatte, daß er den verzweifelten Versuch machte, nachzuweisen, daß Shakespeare, was die Gestalt seiner Dramen anbetrifft, den Grundsätzen von Aristoteles und dem Musterbeispiel von Sophokles' »Oedipus« viel näher stand, als die Tragödien von Corneille, die bis vor kurzem noch als klassisch galten.

Gerstenberg war einer der ersten, der gegen die Lessingschen Anschauungen opponierte. In seinen »Briefen über Merkwürdigkeiten der Literatur« wies er u. a. nach, daß von der berühmten Einheit der Handlung, an der Lessing festhielt, bei Shakespeare keine Rede sein konnte. Man fände sie höchstens in seinen »Lustigen Weibern von Windsor« und seiner »Komödie der Irrungen«. Eine Einheit gäbe es schon, meinte Gerstenberg. Anfang, Mitte, Ende, Verhältnis, Absichten, kontrastierende Charaktere und kontrastierende Gruppen bildeten ein Ganzes. Den Namen für diese Einheit nannte er jedoch nicht. Aber er deutete sie so an, daß wir darin unschwer die von Hamann aufgestellte Einheit des Lebens wiedererkennen.[1]

Im 101. und 104. Stück der »Dramaturgie« geht Lessing gegen die drohende Regellosigkeit vor. Wir dürfen uns alle Erfahrungen der vergangenen Zeit nicht mutwillig verscherzen und von den Dichtern verlangen, daß jeder die Kunst aufs neue für sich erfinden solle. Es nutzte aber alles nichts. Die bürgerliche Natürlichkeit eroberte, nach dem Sieg über den Inhalt, zuletzt auch die Form. Hamann siegte über Lessing. Hamann war der erste, der in Shakespeare den Naturdichter sah, der in einer so vollkommenen Unbewußtheit schaffte, daß man ihn nur noch neben Homer stellen könnte.

Herder und Goethe haben die Grundgedanken Hamanns/über Shakespeare weiter ausgeführt. In den »Fliegenden Blättern von

---

[1] H. W. von Gerstenberg, Briefe über Merkwürdigkeiten der Literatur. In: Sturm und Drang. Kritische Schriften. Hg. E. Loewenthal und L. Schneider. Heidelberg 1963

deutscher Art und Kunst« (1773) schrieb Herder über Shakespeare: Man·tue Unrecht, die Regeln des griechischen Theaters auf das moderne anzuwenden. Was die Regeln für uns Künstliches zu haben scheinen, sei keine Kunst, es sei Natur. Wie alles in der Welt, so müßte auch die Natur sich ändern, die das griechische Drama geschaffen hätte. Weltverfassung, Sitten, Stand der Republiken, Tradition der Heldenzeit, Glaube, selbst Musik, Ausdruck, Maß der Illusion wandelte sich: und natürlich schwände auch Stoff zu Fabeln, Gelegenheit zur Bearbeitung, Anlaß zum Zweck. Man könne zwar das Alte herbeiholen und nach der gegebenen Manier bekleiden: das alles täte aber nicht die Wirkung, es würde Puppe, Nachbild, Affe, Natur ohne Leben. Ein gesundes Volk würde sich das Drama nach seiner Geschichte, nach Zeitgeist, Sitten, Meinungen, Sprache, Nationalvorurteilen, Traditionen und Liebhabereien erfinden. Das hätte Shakespeare getan.

Shakespeares Dichtungen waren für Herder nicht »Kunst«, das heißt bewußte Kunst, erklügelte Kunst, wie die französischen Tragödien und sogar noch Voltaires Dramen, sondern das Leben selbst. »Mir ist«, sagt Herder, »wenn ich ihn lese, als ob Theater, Akteur, Kulisse verschwinden! Lauter einzelne im Sturme der Zeiten wehende Blätter aus dem Buch der Begebenheiten, der Vorsehung, der Welt.«[1]

Zum Schluß wollen wir uns noch an Goethes Rede: »Zum Schaekespears Tag« (1771) erinnern, in dem er dem »größten Lebenswanderer« seine Huldigung darbringt und begeistert ausruft: »Natur! Natur! Nichts so Natur wie Shakespeares Menschen.«[2]

Es blieb natürlich nicht bei der theoretischen Begeisterung. In den siebziger und achtziger Jahren eroberte Shakespeare durch die Wielandsche Übersetzung die deutsche Bühne.

In Wien fing es an. 1773 ging dort »Macbeth« in der Bearbeitung von Stephanie dem Jüngeren über die Bühne, und 1774 »Hamlet« in der Heufeldschen Bearbeitung. Das größte Verdienst um Shakespeare gebührt dem Leiter der Ackermannschen Truppe in Hamburg, Friedrich Ludwig Schröder. 1776 wurde »Hamlet« in Hamburg aufgeführt, 1777 der »Kaufmann von Venedig«, die

---

[1] J. G. Herder, Von Deutscher Art und Kunst. Einige fliegende Blätter. 1773: Shakespear. In: Sämmtliche Werke, a. a. O., Bd. 5
[2] J. W. v. Goethe, Zum Schäkespears Tag. In: Sämtliche Werke (Propyläen), a. a. O., Bd. 1

»Komödie der Irrungen« und »Mass für Mass«, 1778 »König Lear«, »Richard II.«/und »Heinrich IV.«, 1779 »Macbeth« und »Viel Lärm um nichts«, 1782 in Wien »Cymbeline«. Das übrige Deutschland blieb hinter Hamburg und Wien nicht zurück. Überall wurde Shakespeare ins Repertoire aufgenommen.

In den siebziger Jahren begann auch die deutsche Bühnendichtung zu shakespearisieren. Die Absage an die äußere Form (der französischen und griechischen Klassik mit ihrer dreifachen Einheit) und ihr Ersatz durch die innere Form, die Herder »Stimmungseinheit, poetische Einheit, Natureinheit« nannte, wurde jetzt überall durchgeführt. Das bedeutendste deutsche shakespearisierende Werk, das aber trotzdem nicht einmal im entferntesten an Shakespeares schwächstes Werk heranreicht, war Goethes »Götz von Berlichingen«. Es lohnt sich nicht, noch länger bei dieser Shakespeare-Imitation und noch viel weniger bei den Imitationen dieser Goetheschen Imitation durch die Goethianer stehen zu bleiben. Sie flohen vor lauter Natürlichkeit die für sie unnatürliche Natürlichkeit der klassischen Form und landeten bei der Shakespearischen Form, die zwar für Shakespeare, als seine ureigenste Form, die höchste Natürlichkeit, für die Nachahmer aber wieder Unnatürlichkeit war, denn für diese blieb sie, wie man es auch dreht, eine, wenn auch umgemodelte, fremde Form. Eigenstes dagegen war z. B. die ungriechische, unshakespearische, nur goethische Form des »Faust«. Und da Natürlichkeit, wie wir gesehen haben, im 18. Jahrhundert eine der hervorragendsten Manifestationen des Bürgerlichen war, war der »Faust« eines der vollendetst bürgerlichen Dramen dieser Zeit.

Die Phasen der Shakespeare-Renaissance im 18. Jahrhundert waren also kurz zusammengefaßt folgende:

Gottsched lehnte sowohl den Inhalt als die Form von Shakespeares Dramen wegen ihrer Regellosigkeit ab.

Schlegel ließ den Inhalt gelten wegen der sehr natürlichen »Seelendarstellung«, die Form lehnte auch er ab. Gryphius stand ihm höher.

Wieland ist so begeistert von der Natürlichkeit des Inhalts, daß er die Formfehler gerne mit in Kauf nimmt.

Lessing lobt den Inhalt über alles und versucht eine Rettung der Form. Die Form sei zwar nicht vollendet, aber sie komme dem klassischen Muster doch viel näher als z. B. Corneille./

Hamann ist der erste, der Shakespeare voll würdigt. Shakespeares scheinbare Formregellosigkeit sei eben Formvollendung, denn Shakespeares Form sei allerhöchste Natürlichkeit.

Im Anschluß hieran muß noch etwas über die *Schauspielkunst* der zweiten Hälfte des 18. Jahrhunderts gesagt werden.

Wir müssen uns damit begnügen, nur die Hauptlinien anzugeben, die sich aus allem, was wir über das Drama selbst sagten, eigentlich von selbst ergeben.

Bis ungefähr 1750 kamen an den Höfen nur recht bombastische und schwülstige Repräsentationsstücke zur Aufführung. Der Theaterstil war dementsprechend feierlich, geschwollen und rhetorisch.

Für das Volk, das heißt für den »Pöbel« wurden platte, zotige Stegreifspiele aufgeführt, und die ernsten Haupt- und Staatsaktionen schmackhaft gemacht, indem man sie mit ordinären Späßen würzte. Der Aufführungsstil dieser Stücke bzw. Szenen konnte wiederum nur ein recht pöbelhafter sein.

Der Bürger, der gegen die Jahrhundertmitte dem »Pöbel« ebenso fremd geworden war, wie er es dem Adel gewesen, fand an dem Bombast der Hoftheater und an den Pickelheringsspäßen der Buden keinen Geschmack mehr. Er schaffte sich um die Jahrhundertmitte seine eigene Bühne, die bald einen solchen Aufschwung erlebte, daß sowohl die Hoftheater als die Volksbuden ihre Pforten schliessen mußten.

Im 3. Buch von »Dichtung und Wahrheit« hat Goethe die große Wandlung, die in der Schauspielkunst durch die bürgerlichen Lust- und Trauerspiele hervorgerufen wurde, wohl am prägnantesten geschildert. Er spricht von »einer Zeit, wo nach Diderots Grundsätzen und Beispielen die *natürlichste Natürlichkeit* auf der Bühne gefordert und eine vollkommene Täuschung als das eigentliche Ziel der theatralischen Kunst angesehen wurde.«[1]

Von jetzt ab war also natürlichste Natürlichkeit für die Schauspieler Vorschrift. Dieser Grundsatz verursachte auch eine Reform des Bühnenbildes. Im 11. Buch von »Dichtung und Wahrheit« berichtet uns Goethe darüber: »Die höchste Aufgabe einer jeden Kunst ist, durch den Schein die Täuschung einer höhern Wirklichkeit zu geben. Ein falsches Bestreben/aber ist, den Schein solange zu verwirklichen, bis endlich nur ein gemeines Wirkliche übrig

---

[1] J. W. v. Goethe, Dichtung und Wahrheit, Sämtliche Werke, a. a. O., Bd. 24

bleibt. Als ein ideelles Lokal hatte die Bühne durch Anwendung der perspektivischen Gesetze auf hinter einander gestellten Coulissen den höchsten Vorteil erlangt, und nun wollte man diesen Gewinn mutwillig aufgeben, die Seiten des Theaters zuschließen und wirkliche Stubenwände formieren. Mit einem solchen Bühnenlokal sollte denn auch das Stück selbst, die Art zu spielen der Acteurs, kurz alles zusammentreffen, und ein ganz neues Theater dadurch entspringen. Die französischen Schauspieler hatten im Lustspiel den Gipfel des Kunstwahren erreicht. Der Aufenthalt in Paris, die Beobachtung des Aeussern der Hofleute, die Verbindung der Acteurs und Actricen durch Liebeshändel mit den höheren Ständen, alles trug dazu bei, die höchste Gewandtheit und Schicklichkeit des geselligen Lebens gleichfalls auf die Bühne zu verpflanzen, und hieran hatten die Naturfreunde wenig auszusetzen; doch glaubten sie einen großen Vorschritt zu thun, wenn sie ernsthafte und tragische Gegenstände, deren das bürgerliche Leben auch nicht ermangelt, zu ihren Stücken erwählten, sich der Prosa gleichfalls zu höherm Ausdruck bedienten und so die unnatürlichen Verse zugleich mit der unnatürlichen Deklamation und Gestikulation allmählich verbannten. Höchst merkwürdig ist es und nicht so allgemein beachtet, dass zu dieser Zeit selbst der alten strengen rhythmischen, kunstreichen Tragödie mit einer Revolution gedroht ward, die nur durch große Talente und die Macht des Herkommens abgelenkt werden konnte. Es stellte sich nämlich dem Schauspieler Lecain, der seine Helden mit besonderm theatralischen Anstand, mit Erholung, Erhebung und Kraft spielte und sich von Natürlichen und Gewöhnlichen entfernt hielt, ein Mann gegenüber mit Namen Aufesne, der aller Unnatur den Krieg erklärte und in seinem tragischen Spiel die höchste Wahrheit auszudrücken suchte. Dieses Verfahren mochte zu dem des übrigen Theaterpersonals nicht passen. Er stand allein, jene hielten sich aneinander geschlossen, und er, hartnäckig genug auf seinem Sinne bestehend, verliess lieber Paris«.[1]

Wir haben das Zitat absichtlich etwas ausführlicher gegeben, weil man daraus ersehen kann, daß der neue natürliche Stil sich nicht kampflos durchzusetzen vermochte. Was an den Pariser Bühnen vor sich ging, spielte sich auch an den deutschen Theatern ab.

In seiner »Dramaturgie« 1767 gibt uns Lessing eine Fülle von

---

[1] J. W. v. Goethe, Dichtung und Wahrheit, Sämtliche Werke, a. a. O., Bd. 25

Besonderheiten, die Goethes Charakterisierung des neuen Bühnenstils: »natürlichste Natürlichkeit« treffend illustrieren. Interessant vor allem ist, was Lessing über die »individualisierenden Gestus« sagt: »Wir scheinen von dieser ganzen Sprache (der Hände) nichts als ein unartikulirtes Geschrey behalten zu haben; nichts als das Vermögen, Bewegungen zu machen ohne zu wissen, wie diesen Bewegungen eine fixirte Bedeutung zu geben, und wie sie unter einander zu verbinden, daß sie nicht blos eines einzelnen Sinnes, sondern eines zusammenhängenden Verstandes fähig werden«.[1] Die Hände des Schauspielers »sollten den Nachdruck der Sprache vermehren und durch ihre Bewegungen, als natürliche Zeichen der Dinge, der verabredeten Zeichen der Stimme Wahrheit und Leben verschaffen helfen. Bey dem Pantomimen waren die Bewegungen der Hände nicht blos natürliche Zeichen; viele derselben hatten eine conventionelle Bedeutung, und dieser musste sich der Schauspieler gäntzlich enthalten.«

Über einen bestimmten Schauspieler sagte er: »Er gebrauchte sich also seiner Hände sparsamer, als der Pantomime, aber eben so wenig vergebens, als dieser. Er rührte keine Hand, wenn er nichts damit bedeuten oder verstärken konnte. Er wußte nichts von den gleichgültigen Bewegungen, durch deren beständigen einförmigen Gebrauch ein so grosser Theil von Schauspielern, besonders das Frauenzimmer, sich das vollkommene Ansehen von Drahtpuppen giebt. Bald mit der rechten, bald mit der linken Hand, die Hälfte einer krieplichten Achten, abwärts vom Körper, beschreiben, oder mit beiden Händen zugleich die Luft von sich wegrudern, heisst ihnen Aktion haben; und wer es mit einer gewissen Tanzmeistergrazie zu thun geübt ist, o! der glaubt uns bezaubern zu können. Weg also mit diesem unbedeutenden Portebras. Reitz am unrechten Orte, ist Affektation und Grimasse; und eben derselbe Reitz, zu oft hinter einander wiederholt, wird kalt und endlich eckel.«

Besonders entzückt war Lessing von der Natürlichkeit, mit der Madame Hensel auf der Bühne zu sterben wußte: »Madame Henseln starb ungemein anständig; in der mahle-/rischsten Stellung; und besonders hat mich ein Zug ausserordentlich überrascht. Es ist eine Bemerkung an Sterbenden, dass sie mit den Fingern an ihren Kleidern oder Betten zu rupfen anfangen. Diese Bemerkung machte sie auf die glücklichste Art zu Nutze.«

---

[1] G. E. Lessing, Hamburgische Dramaturgie, 4. Stück (ebenso die folgenden Zitate)

Ebenso wie der reife Goethe, wollte auch Lessing die Natürlichkeit nicht »bis zur äussersten Illusion« getrieben haben. »Heftigkeit der Stimme und der Bewegungen« war ihm auch in stürmischen Szenen zuwider. Der Schauspieler müsse sich immer mäßigen, weil es nur wenig Stimmen gäbe, die in ihrer äußersten Anstrengung nicht widerwärtig würden, und allzu schnelle, allzu stürmische Bewegungen selten edel seien. Unsere Augen und unsere Ohren dürfen nicht beleidigt werden. Schönheit sei höchstes Gesetz. Diese Schönheit solle aber nicht so weit gehen, – denn Schauspielkunst ist transitorische Malerei, – daß die Stellungen die Ruhe der alten Kunstwerke zeigen. Das Wilde eines Tempesta und das Freche eines Bernini sei vorübergehend erlaubt. Man dürfe nur nicht zu lange dabei verweilen. Außerdem müsse das Wilde und Freche durch die vorhergehenden Bewegungen allmählich vorbereitet und durch die darauf folgenden in den allgemeinen Ton des Wohlanständigen aufgelöst werden. Die volle Stärke, zu der der Dichter seine Szenen oft auftreibe, sei dem Schauspieler ebensowenig erlaubt. »Jeder Sinn will geschmeichelt seyn«.[1]

Daß der Theaterstil in den siebziger Jahren, wo nach Hamann nicht schöne, sondern echteste evt. auch häßlichste Natürlichkeit oberstes Kunstgesetz war, ziemlich verwilderte, ergibt sich von selbst. Herder und Goethe stellen durch die von ersterem entdeckte organische Gesetzlichkeit des Natürlichen das Gleichgewicht her, und damit fing sowohl für die Bühnendichtung als den Darstellungsstil die deutsche Klassik an.

Die vom Bürgertum proklamierte Natürlichkeit bewirkte auch eine vollkommene Umgestaltung der *Romanform*.

Der erste deutsche bürgerliche Roman war Gellerts »Leben der schwedischen Gräfin***«. Bürgerlich, aber mit der Einschränkung, daß nur der Inhalt bürgerlich war. Der Roman spielte zum guten Teil in Bürgerkreisen, schwärmte für bürgerliche Sittlichkeit, für die damals modernen bürgerlich deis-/tischen Anschauungen, für bürgerliche Toleranz Andersgläubigen gegenüber usw. Was jedoch die Form des Romans anbelangt, war das »Leben der schwedischen Gräfin« nicht bürgerlich. Sie hielt sich an die Tradition des 17. und der ersten Hälfte des 18. Jahrhunderts.

Um die neue Romanform, die in der zweiten Hälfte des 18. Jahr-

---

[1] G. E. Lessing, Hamburgische Dramaturgie, 13. Stück

hunderts entstand, zu charakterisieren, ist es notwendig, uns zunächst kurz mit der alten Romanform zu beschäftigen.

Es würde zu weit führen, wenn wir eine Übersicht über die Romane des absolutistischen Zeitalters geben wollten. Diese Übersicht findet man übrigens in allen Literaturhandbüchern. Uns interessiert nur, was diese Romane gemeinsam haben, also die allgemeine Form der individuellen Formen, der Stil. Man kann fast all diese Werke auf folgendes Schema zurückführen. Sie sind Abenteuer-Romane. Die Abenteuer waren die Hauptsache, alles Übrige nur Einkleidung, Vorwand, um die Abenteuer servieren zu können. Ein Beispiel. Kapitel I. Ein junger Mann, am liebsten ein Prinz, verliebt sich in ein bildschönes und tugendhaftes Mädchen. Vor der Vermählung wird das Mädchen entführt. Der Prinz macht sich auf den Weg, um seine Braut wiederzufinden und zu befreien. Kapitel XXIV. Der Prinz findet seine Braut, befreit sie und führt sie heim. Alles was nun zwischen Kapitel I und Kapitel XXIV steht, sind die Abenteuer des Prinzen auf der Suche nach seiner Geliebten. Der Dichter hätte diese 22 Kapitel ebenso gut zu 32 Kapiteln ausdehnen, wie sie in 12 Kapiteln zusammenfassen können. Er hätte auch die 22 Kapitel bunt durcheinanderwürfeln, z.B. die Abenteuer in Spanien denen in Italien folgen lassen können, statt umgekehrt. Die Handlung hätte nicht im geringsten darunter gelitten.

Nach diesem Prinzip waren alle Romane aufgebaut, auch die berühmten »Simplizius Simplizissimus« von Grimmelshausen, die »Insel Felsenburg« von Schnabel, »Das Leben der schwedischen Gräfin« von Gellert.

Das Prinzip läßt sich am besten als *Reihungsprinzip* charakterisieren.

Der erste Roman nun, der das Reihungsprinzip durchbrach, war Wielands »Agathon«, der 1766–1767 erschien.

Der »Agathon« war genau das Gegenteil der »Schwedischen Gräfin«. Dieses Werk hatte einen deutsch-bürgerlichen Inhalt und eine nicht bürgerliche Form, der »Agathon« einen nicht deutschbürgerlichen Inhalt und eine bürgerliche, weil natürliche Form.

Goethes »Werther« und sein »Wilhelm Meister«, die ohne den »Agathon« nicht denkbar waren, brachten die Synthese: Inhalt und Form waren bürgerlich.

Worin bestand nun die neue Romanform?

Wieland schilderte nicht mehr eine zusammenhanglose Folge von

Abenteuern, Zuständen, die man nach Belieben umstellen, vermehren oder verringern konnte, sondern eine geschlossene Handlung, »nur Begebenheiten, die ineinander gegründet sind, nur Ketten von Ursachen und Wirkungen. Diese auf jene zurückzuführen, jene gegen sich selbst abzuwägen, überall das Ungefähr auszuschliessen, Alles, was geschieht, so geschehen zu lassen, dass es nicht anders geschehen könne.«[1]

Das neue Prinzip möchten wir im Gegensatz zum alten Reihungsprinzip das *Entwicklungsprinzip* nennen.

In Wielands »Unterredungen mit dem Pfarrer von ***«, (1775) finden wir eine interessante Stelle, die uns über den neuen Roman wichtige Aufschlüsse gibt. Es heißt dort: »Aber damit solche moralische Individual-Gemälde wirklich nützlich werden, muss man sich nicht begnügen, uns zu erzählen, was diese merkwürdigen Menschen gethan haben, oder was sie gewesen sind; man muss uns begreiflich machen, wie sie das, was sie waren, geworden sind; unter welchen Umständen, in welcher innern und äussern Verfassung, durch welche verborgenen Triebfedern, bey welchen Hindernissen und Hülfsmitteln, sie gerade so und nicht anders wurden, so und nicht anders handelten. – Gleichgültig kann es uns dann seyn, ob eine solche Person einen historischen oder gefabelten Namen führt . . . . : Wenn er nur wahres Leben athmet, nur durchaus wirklicher Mensch ist, uns nur immer aufrichtig entdeckt, wie und wodurch er ein solcher Mann war, und wie es zuging, dass er durch eine Reihe natürlicher Verwandlungen und Entwicklungen endlich der wurde und werden musste, der er am Ende ist. Dieses ist alles, was wir verlangen können, damit die Abschilderung eines Individual-Charakters für das Menschen-Studium wichtig sey.«[2]

Daraus erhellt, daß Wieland eigentlich durch das Verlangen nach einer starken moralischen Wirkung zu seinen »Individual-Gemälden« kam, daß er aber zugleich überzeugt war, daß diese moralische Wirkung sich nur dann erreichen ließ, wenn er die größte Natürlichkeit anstrebte.

Der Roman machte also eine ähnliche Wandlung durch wie das Drama. Was Lessing in seiner »Hamburgischen Dramaturgie« von der neuen Tragödie sagt, konnte mutatis mutandis ebenso für den neuen Roman gelten. »Ein Poet findet in der Geschichte eine

---

[1] C. M. Wieland, Sämmtliche Werke, a. a. O., Bd. 4–6
[2] C. M. Wieland, Sämmtliche Werke, a. a. O.

Frau, die Mann und Söhne mordet, und er nimmt sich vor, sie in einer Tragödie zu behandeln. Wenn er diesen Namen wirklich verdient, so wird er vor Allem bedacht sein, eine Reihe von Ursachen und Wirkungen zu erfinden, nach welcher jene unwahrscheinlichen Verbrechen nicht wohl anders als geschehen müssen. Unzufrieden ihre Möglichkeit blos auf die historische Glaubwürdigkeit zu gründen, wird er suchen, die Vorfälle, welche diese Charaktere in Handlung setzen, so notwendig einen aus dem anderen entspringen zu lassen; wird er suchen, die Leidenschaften eines jeden Charakters so genau abzumessen; wird er suchen, diese Leidenschaften durch so allmähliche Stufen durchzuführen: dass wir überall *nichts als den natürlichsten,* ordentlichen Verlauf wahrnehmen; dass wir bei jedem Schritt, den er seine Personen tun lässt, bekennen müssen, wir würden ihn, in dem nämlichen Grad der Leidenschaft, bei der nämlichen Lage der Sache, selbst getan haben; dass uns nichts dabei befremdet, als die unmerkliche Annäherung eines Ziels, vor dem unsere Vorstellungen zurückbeben, und an dem wir uns endlich befinden, voll von innigsten Mitleids gegen die, welche ein so fataler Strom dahinreisst, und voll Schrecken über das Bewußtsein, Dinge zu begehen, die wir bei kaltem Blut noch so weit von uns entfernt glauben.«[1]

Lessing gibt also den Grund an, weshalb man sich in der Zeit von der alten Form ab und einer neuen Form zuwendete: wir wollen »nichts als den natürlichsten Verlauf wahrnehmen«. Das war es. Der Bürger in Opposition gegen den Absolutismus konnte sich mit der ihm anhaftenden Unnatürlichkeit und Unfreiheit, die sich von selbst auch in der Kunst wiederspiegelte, nicht mehr vereinigen. Er verlangte auf der Natur begründete, freie Lebensverhältnisse und eine Kunst, die auch formal/der Reflex dieser Natürlichkeit war. Deshalb war die neue Romanform eine bürgerliche.

Und so ist es durchaus begreiflich, daß Lessing den »Agathon« im 69. Stück der »Dramaturgie« den ersten und einzigen Roman für den denkenden Kopf von klassischem Geschmack nannte. Nur sei er, meinte Lessing, für das deutsche Publikum viel zu früh geschrieben worden. In Frankreich und England würde er das äußerste Aufsehen erregt haben, der Name des Verfassers auf allen Zungen sein. Nicht nur Lessing, auch Christian Friedrich von Blankenburg sprach die große Bedeutung von Wielands »Agathon«

---

[1] G. E. Lessing, Hamburgische Dramaturgie, 32. Stück

aus. In seiner Schrift »Versuch über den Roman« (1774) wollte er das Wesen des Romans bestimmen. Er ging so weit zu behaupten, daß der Roman der Weltdichtung erst durch Wieland zu einer eigenen Form gelangt sei: vollste Übereinstimmung von Leben und Dichtung, also vollste Wahrheit, vollste Natürlichkeit.[1]

Die Wandlung der Romanform hat in der Wandlung des *Balletts* eine interessante Parallele.

Wurden im Roman des absolutistischen Zeitalters Ereignisse und Abenteuer wahllos aneinandergereiht, wobei es weder auf die Reihenfolge noch auf die Anzahl derselben ankam, so bestand das Ballett der gleichen Zeit aus einer losen Folge von einzelnen Charaktertänzen. Einen Zusammenhang zwischen den Tänzen gab es nicht, es konnten beliebig viel Tänze gewechselt, eingeschaltet oder ausgelassen werden.

Für das neue Ballett war wie für den neuen Roman das Entwicklungsprinzip maßgebend. Seit Noverres grundlegenden Reformen um die Mitte des 18. Jahrhunderts gab das Ballett statt der Charaktertänze eine bis in alle Einzelheiten psychologisch begründete entwicklungsmäßige Handlung. Die Einzeltänze bestanden nicht mehr für sich allein, sie waren organisch in die Handlung des Ganzen eingebaut.

Die Abkehr vom Reihungsprinzip und die Hinwendung zum Entwicklungsprinzip läßt sich besonders klar in der *Musik* demonstrieren.

Von den musikalischen Formen des absolutistischen Zeitalters, die eine Reihung darstellen, ist an erster Stelle die *Suite* zu nennen.

Analog der losen Folge von Abenteuern im alten Roman/und von Charaktertänzen im alten Ballett bestand die Suite aus einer Aneinanderreihung verschiedener Instrumentaltänze. Die Ordnung der Tänze war durchaus willkürlich. Weder für ihre Aufeinanderfolge noch für ihre Anzahl bestand eine Norm. Wenn sich auch im Laufe der Zeit die Reihenfolge Allemande-Courante-Sarabande-Gigue als das beliebteste Grundgerüst erwies, zwischen das beliebig viel andere Tänze eingeschaltet werden konnten, so blieb es doch stets nur eine von unzählig vielen anderen Reihungsmöglichkeiten,

---

[1] Christian Friedrich von Blankenburg, Versuch über den Roman. 1774. Faks.-Dr. der Orig.-Ausg. mit einem Nachwort von Eberhard Lämmert. Stuttgart 1965 (= Sammlung Metzler 39)

die man anwendete. Jeder Einzelsatz war in sich vollkommen geschlossen und allen anderen gegenüber gleichwertig. Eine Bindung der Suitentänze untereinander wurde höchstens durch die gleiche Tonart hervorgebracht. Diese Bindung war aber nicht stärker als im alten Roman die Verknüpfung der Einzelereignisse durch das Auftreten der gleichen Hauptpersonen. Im Roman und in der Suite war die Zahl der Einzelteile und ihre Stellung innerhalb des Ganzen völlig belanglos. Es kam lediglich darauf an, eine beliebig lange Reihe von Einzeltänzen zu bilden.

Neben der Suite waren nach dem Reihungsprinzip gestaltet: die Opera seria und ebenso das Oratorium mit der endlosen Folge von Rezitativen und Arien, dann Variationenwerke, d.h. ein Thema wurde in einer Reihe von Variationen mit Figurenwerk umgeben oder in andere Rhythmen gebracht, ohne daß eine Entwicklung oder allmähliche Verwandlung des Themas stattfand, schließlich die Formen der Chaconne und Passacaglia, bei denen ein Thema unverändert viele Male wiederholt wurde, wobei jedoch jedesmal andere Gegenstimmen auftraten.

Wir haben gesehen, daß der im 17. und in der ersten Hälfte des 18. Jahrhunderts das ganze damalige Leben beherrschende Absolutismus in den verschiedenen Künsten auf zwei Weisen zum unmittelbaren formalen Ausdruck gelangte.

Entweder in einer ruhelosen Bewegtheit, wenn der Nachdruck auf das *Absolute,* das Grenzenlose fiel, das nur als ein Hinstreben in das Grenzenlose vorstellbar und folglich darstellbar war.

Oder in einem souveränen, alles bis zur Vergewaltigung bewältigenden Können, wenn der Nachdruck auf den Begriff *Macht* gelegt wurde (Vergl. das Schema Seite 65)./

Die Reihung entsprach der endlosen Bewegung, also der dynamischen Vorstellung des Absolutismus. Die Reihe hatte keinen Abschluß, sie war fortsetzbar, das Letzte war niemals unbedingt das Letzte. So symbolisierte das fehlende Ende das Endlose.

Ein zweites Konstruktionsprinzip, auf das wir hier der Vollständigkeit halber kurz zu sprechen kommen, die bilaterale Symmetrie, in die die Kunstformen oft hineingezwängt wurden, hing mit dem Machtgedanken, also mit dem statischen Moment des Absolutismus zusammen.

Daß wir die bilaterale Symmetrie in den statischen Künsten dieser Zeit z. B. in der Architektur – man denke an die Fassaden, das weite Räume vortäuschende Bühnenbild usw. – besonders stark ausgeprägt finden, ist an und für sich noch nicht so sehr bezeichnend.

Seine große Bedeutung bekommt dieses Konstruktionsprinzip erst, wenn wir es in Künsten durchgeführt sehen, die auf einem zeitlichen Ablauf beruhen, und die also dieser Gestaltungsweise direkt zuwider zu laufen scheinen. So z. B. in der Musik.

Überall nun, wo das Reihungsprinzip nicht zur Anwendung kam, wurde in der Musik der absolutistischen Zeit der zeitliche Ablauf von der Mitte aus – bilateral symmetrisch – räumlich projiziert.

Zu den einfacheren Formen gehören die französische Ouvertüre: langsam-schnell-langsam und die italienische Ouvertüre: schnell-langsam-schnell. Sodann die Arie in ihrer stereotypen Da Capo-Form A-B-A.

Von den komplizierten Formen ist zunächst das Concerto grosso zu nennen, das folgenden schematischen Aufbau hatte:

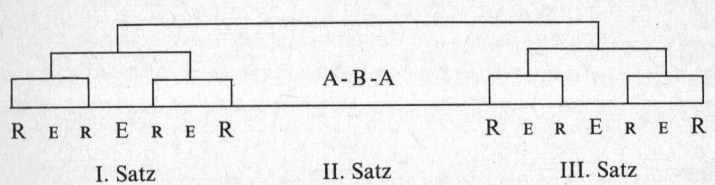

Die Symmetrie wurde, wie aus dem Schema ersichtlich, so konsequent durchgeführt, daß nicht nur das ganze Concerto grosso, sondern auch die Ecksätze jeder für sich bilateral symmetrisch aufgebaut waren. Von der mittleren Episode der Solisten aus entwickelte sich jeder Satz nach beiden Seiten hin vollkommen gleichförmig. Auch der Mittelsatz konnte dreiteilig symmetrisch gestaltet sein.

Daneben wurden ganze Kantaten bilateral symmetrisch aufgebaut. Als Beispiel diene die Pfingstkantate (Nr. 34): »O ewiges Feuer« von J. S. Bach:

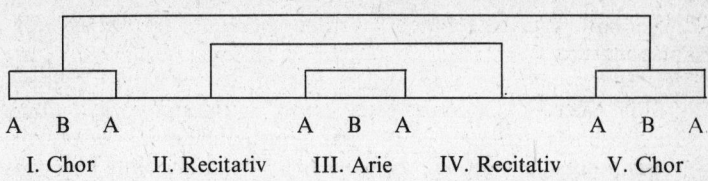

A B A   A B A   A B A

I. Chor   II. Recitativ   III. Arie   IV. Recitativ   V. Chor

Hier entspricht auch die Tonartenfolge einer vollständigen Symmetrie. Bach hat selbst große Teile seiner »Matthäuspassion« in dieser Art konstruktiv gestaltet.

Wie verhielt sich nun die bürgerliche Zeit zu diesen beiden Formprinzipien?

Sie mußte sie unbedingt ablehnen, erstens, weil die ihnen zugrunde liegende Unendlichkeits- bzw. Machtidee dem neuen bürgerlichen Lebensgefühl fremd war, dann aber auch, weil diese Formen für die Vertonung eines natürlichen Gefühlsablaufs, worin gerade das Wesen der neuen Musik bestand, nicht nur ungeeignet waren, sondern sich sogar dagegen widersetzten.

Man kann unmöglich aggregierend und noch viel weniger symmetrisch fühlen.

Zwei Möglichkeiten blieben also.

Entweder man machte sich von jeglicher Form frei, man überließ sich einfach seinem Gefühl, man dachte an nichts, man kümmerte sich um nichts anderes, als sich in Musik auszuleben. Wir finden dieses von allen Bindungen befreite Gefühl besonders ausgeprägt in einigen Werken von Ph. E. Bach. Und wir können uns vorstellen, daß Friedemann Bachs Improvisationen einen ähnlichen gewissermaßen formlosen Charakter gehabt haben./

Oder aber man mußte sich eine neue Form schaffen, die innerhalb ihrer Bindungen dem Gefühl genügend freien Spielraum gewährte, mit anderen Worten, ihm gestattete, wirkliches, sich auslebendes, natürliches Gefühl zu sein.

Die Frage nach der Beschaffenheit einer solchen Form läßt sich auf die entscheidende Frage reduzieren: worin besteht überhaupt ein Gefühlsablauf?

Die einfachste Formel, auf die alle in sich abgeschlossenen Gefühlsabläufe zurückgebracht werden können, ist: Spannung-Entspannung.

Entspannung allein scheint dem Begriff Ablauf bereits adäquat zu sein. Aber Entspannung setzt immer Spannung voraus. Ohne vorangehende Spannung ist Entspannung nicht einmal vorstellbar.

Spannung allein genügt ebensowenig. Spannung ohne Entspannung wäre eine Bewegung ohne Abschluß, also nur ein Teil eines Ablaufs.

Daß dieses Grundschema mit tausend Nuancen umspielt werden kann, ist ohne weiteres klar. Die große Spannungslinie wie auch die Entspannungslinie kann unterbrochen, verzögert, beschleunigt, vorübergehend rückgängig gemacht werden, usw., das Schema ändert sich aber dadurch im Wesen nicht.

Die neue Musikform, die der natürliche Gefühlsspannungsablauf der neuen bürgerlichen Zeit brauchte, und die diesem in vollkommenster Weise entsprach, war die um die Mitte des 18. Jahrhunderts entstandene sogenannte *Sonatenform*.

Sehen wir uns die Sonatenform etwas näher an.

Die Musikhistoriker sind in der Beantwortung der Frage, worin eigentlich das Wesen der neuen Sonate besteht, rührend einig. Schlägt man das nächstbeste Handbuch oder irgend ein Spezialwerk darüber auf, so findet man die Sonate ungefähr folgendermaßen schematisiert:

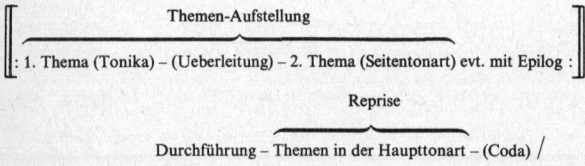

Die dem Schema hinzugefügten Erläuterungen belehren uns dann weiter darüber, daß die Sonatenform in ihrem Wesen *Themenverarbeitung* ist.

Das stimmt aber nicht.

Ohne Frage gibt es in jeder Sonate eine thematische Arbeit. Aber daraus folgt noch lange nicht, daß in der thematischen Arbeit das Wesen der Sonate liegt.

Das Wesentliche scheint uns vielmehr zu sein: der in der Harmonik realisierte Spannungsablauf. Alles andere ist akzidentell.

Die Sonate beginnt in irgendeiner Tonart, die man als Haupt- oder Grundtonart oder auch als Tonika zu bezeichnen pflegt. Durch ein Thema wird diese Grundtonart festgelegt.

Was ist aber dieses Thema im Grunde? Ein harmonischer Spannungsablauf. Man sehe sich ein beliebiges Thema aus der zweiten Hälfte des 18. Jahrhunderts an: es fängt in der Tonika an, eine Spannung wird durch den Übertritt in nah verwandte Tonarten hervorgerufen, und die Entspannung erfolgt durch die Rückkehr in die Tonika. Dieser Gefühlsspannungsablauf, wie er in jeder einfachen Achttaktperiode auftritt, läßt sich graphisch folgendermaßen darstellen: < >

Was geschieht nun weiter?

Kaum ist das erste Thema verklungen und damit die Grundtonart eindeutig bestimmt, da erfolgt ein Wechsel in der Harmonik: mittels einer Überleitung wird die Seitentonart erreicht, d. h. die Dominante, wenn die Grundtonart Dur und die parallele Durtonart, wenn die Grundtonart Moll ist. Genauso wie die Haupttonart wird nun die Seitentonart durch ein in sich geschlossenes Thema dargestellt.

Die neue Harmonie erzeugt durch ihren Abstand zur Grundtonart natürlich eine Spannung. Bei aller Gegensätzlichkeit der beiden Tonarten ist die Seitentonart jedoch immer die nächstverwandte Tonart der Tonika, sie ist deshalb am stärksten dazu fähig, die Stellung der Grundtonart zu erschüttern, sie zu sich herüberzuziehen, also die Ungleichheit zwischen beiden auszugleichen, die durch den harmonischen Kontrast entstandene Gefühlsspannung wieder zu entspannen.

Um die beiden Tonarten gerade wegen ihrer Verwandtschaft möglichst scharf gegeneinander abzusetzen und die Gefühlsspannung dadurch noch mehr zu erhöhen, werden die beiden/Themen durch gegensätzliche Rhythmik, Melodik, Dynamik und Instrumentierung so deutlich wie nur möglich profiliert.

Nachdem sich nun die beiden Tonarten in Themenform gegenübergestellt haben, drängen die aus ihrer Antithetik entspringenden Spannungen und Kräfte zur Entladung. Ein fortwährender Wechsel der Empfindungen und der harmonischen Fortschreitungen entspinnt sich. Die beiden Mächte stoßen zusammen, sie wechseln ihre Stellungen, sie jagen einander von einer Modulation in die andere, sie flüchten in die entlegensten Tonarten, sie kehren für Augenblicke wieder in ihre ursprünglichen Stellungen zurück, um sich gleich darauf aufs neue gegenseitig zu durchdringen. Die Spannung und Gefühlserregung steigt fortwährend. Und wenn sie endlich ihren Höhepunkt erreicht, dann erfolgt die Entspannung dadurch, daß die Haupttonart allein auf dem Feld des Geschehens übrig bleibt. Sie erscheint wieder in ihrer anfänglichen thematischen Gestalt und das Gegenthema, der ursprüngliche Träger der Seitentonart, erklingt jetzt ebenfalls in der Haupttonart. Die Spannung der beiden harmonischen Mächte ist gelöst, die Seitentonart ist restlos getilgt, sie hat sich selbst aufgegeben. Die beiden Themen wirken jetzt auf der gemeinschaftlichen harmonischen Basis nicht mehr wie zwei kontrastierende Parteien, sondern eher wie ein kontinuierliches, einheitliches Fließen, nicht mehr wie eine Gegen-Stellung, sondern wie eine Und-Verbindung.

Ist zwar der eigentliche Grund der Spannung, der harmonische Kontrast, bei dem Wiedererscheinen der beiden Themen verschwunden, so erzeugt doch der Gegensatz der Rhythmik, Melodik, Dynamik und Instrumentierung, durch die die harmonische Gegensätzlichkeit unterstützt wurde, innerhalb der Reprise eine neue, wenn auch nur geringe Gefühlsspannung, die in der meist sehr frei gestalteten Coda wieder gelöst wird.

Wollten wir den großen harmonischen Spannungsablauf der Sonatenform graphisch aufzeichnen, so würde sich dasselbe Bild ergeben, das wir im kleinen beim einzelnen Thema feststellen konnten: die Themenaufstellung und Durchführung entspräche dann dem spannenden Crescendozeichen, die Reprise und Coda dem entspannenden Descendozeichen.

Die Sonatenform ist also in ihrem Wesen harmonischer Spannungsablauf. Sie basiert infolgedessen auf dem großen/Gestaltungsprinzip, das – wie wir gesehen haben – die bürgerliche Neuzeit beherrscht und das seit 1750 in seiner reinsten Gestalt auftritt: auf der funktionellen Harmonik. Die Sonate ist die Formwerdung der funktionellen Harmonik. Das Wesen dieser Harmonik ist daher auch der eigentliche Kern und Sinn der Sonatenform: Auslösung differenziertester Gefühlsspannungen und -entspannungen. Jetzt erst wird Sulzers Wort erklärlich: »Instrumentalmusik hat in keiner Form bequemere Gelegenheit, ihr Vermögen, ohne Worte Empfindungen zu schildern, an den Tag zu legen, als in der Sonate.«[1]

Selbstverständlich wäre der harmonische Spannungsablauf der

---

[1] J. G. Sulzer, Allgemeine Theorie der schönen Künste, a. a. O.

Sonate ohne Thema und Gegenthema nicht zu versinnlichen gewesen, wie es keinen architektonischen Raum gibt ohne Raumgrenzen. Daraus aber zu schließen, daß die Grenzen den Raum und die Themenverarbeitung das Wesen der Sonate ausmachen, ist vollkommen verfehlt.

Bevor wir unseren Standpunkt durch eine kleine Auswahl von zeitgenössischen Zitaten erhärten, wollen wir uns erst die ganze Sonate in ihrem dreisätzigen Aufbau ansehen.

Die Dreisätzigkeit der Sonate übernahm die bürgerliche zweite Hälfte des 18. Jahrhunderts aus dem vorangegangenen Zeitalter. Lehnte man nach 1750 die Suitenform als den neuen bürgerlichen Bedürfnissen nicht mehr entsprechend ab, so behielt man den dreisätzigen Sonatenaufbau bei, weil er sich dem Gefühlsspannungsprozeß anpassen ließ; ebenso wurde die dreiteilige Form der Opernsinfonie (-ouverture) für die Konzertsinfonie übernommen. Die neue Zeit akzeptierte aber nur das Äußere, das Innere bildete sie so um, daß etwas völlig Neues daraus entstand. Anstelle der symmetrischen Konstruktion trat sowohl in der Sonate wie in der Sinfonie der harmonische Spannungsablauf in den Vordergrund. Der häufig hinzugefügte vierte Satz beweist schon allein, daß der Drang nach bilateral symmetrischer Gestaltung verlorengegangen war.

Abgesehen davon, daß sich in der Sonate wie in der Sinfonie der erste Satz zur oben skizzierten Sonatenform kristallisierte, bestand das Neuartige nun darin, daß die Sonate mit ihren drei oder vier Sätzen den harmonischen Prozeß des ersten Satzes in monumentaler Weise wiederholte.

Wenn der erste Satz verklungen ist, stehen wir in der Ent-/wicklung des Ganzen ungefähr da, wo im ersten Satz die Haupttonart zum ersten Mal abgeschlossen ist. Der zweite Satz vertritt jetzt die Seitentonart. Um auch hier die Gefühlsspannung möglichst zu erhöhen, läßt man den zweiten Satz zum ersten in jeder Beziehung kontrastieren, nicht nur durch andere Rhythmik, Melodik, Dynamik und Instrumentierung, sondern vor allem durch ein gegensätzliches Tempo und meistens durch eine andere Taktart.

Die aus dieser Satzantithese entspringenden Spannungen werden in einem dritten und oft noch einem vierten Satz aufgefangen und gelöst, ohne daß dabei auf die Thematik der ersten beiden Sätze zurückgegriffen wird; von »Durchführung« und »Reprise«, wie innerhalb der Sonatenform des ersten Satzes, kann hier also ebensowenig die Rede sein, wie von irgendeiner Themenverarbeitung. Die Rückkehr in die Grundtonart entspannt die Gefühlserregungen vollkommen.

Das Ganze ist also ein großer harmonischer Spannungsablauf, der sich ebenso wie ein einzelnes Thema oder wie der ganze erste Satz graphisch durch ein großes Crescendozeichen, das die beiden ersten Sätze, und ein großes Decrescendozeichen, das den dritten und eventuell vierten Satz umfaßt, darstellen läßt.

Die Sonate in ihrer Ganzheit ist also ein System von sich gegenseitig überlagernden Spannungen und Entspannungen, wobei wir jedoch betonen müssen, daß die angedeuteten Spannungs-Entspannungslinien niemals ganz gleichmäßig und schematisch verlaufen. Jede von ihnen ist wieder verteilt in eine Unzahl kleiner und kleinster Spannungen: die großen Linien werden ständig nuanciert, einmal straffer gezogen, dann wieder gelockert, es entsteht ein stetes Fluktuieren, ein ununterbrochenes Auf und Ab, ein fortwährendes Hin- und Herwogen, kurz und gut, die großen Spannungs- und Entspannungseinheiten werden in eine Vielheit von Teilspannungen und -entspannungen aufgelöst.

Das Geheimnis der Ausgeglichenheit, des Gleichmaßes, des ruhigen Flusses und der Abrundung besonders der Tonsprache Mozarts liegt darin, daß er sowohl die großen wie die kleinen Spannungen und Lösungen in das vollkommenste harmonische Gleichgewicht zu bringen verstand. Diese Ausgewogenheit wurde aber dadurch noch besonders unterstrichen,/daß Mozart die harmonischen Schwerpunkte, d.h. die harmonischen Spannungsmaxima meistens auf die taktisch-metrischen Schwerpunkte, d.h. auf die sogenannten guten Taktteile verlegte, die er außerdem mit den Höhepunkten der melodischen Linienführung zusammenfallen ließ. In der einfachsten Periodisierung tritt dieses Spannen und Lösen als Achttaktigkeit auf.

Dieses akustisch-harmonische Spannen und Entspannen, Crescendieren und Diminuieren, das seine Parallelen findet in den bereits erwähnten akustisch-dynamischen und visuellen rauminhaltlichen und farbigen Crescendi und Diminuendi, vervollständigt erst das Bild der bürgerlichen zweiten Hälfte des 18. Jahrhunderts, die alles Kontinuierliche, Fließende, organisch Wachsende als das Natürliche ansprach und alles Schematisierte, Konstruktive, künstlich Abgestufte als unnatürlich verwarf.

Wenn wir versuchten, die Sonate als einen auf der Harmonik

beruhenden Gefühlsspannungsablauf zu deuten, so sprechen wir nur aus, was das 18. Jahrhundert selbst empfand. In Forkels »Musikalischem Almanach auf das Jahr 1783« findet sich nämlich ein Aufsatz, in dem an Hand einer Sonate Ph. E. Bachs die Sonate als »Ordnung und gehörige Folge oder stufenweise Fortschreitung unserer Empfindungen« definiert wird. Nach Forkels Ansicht ist es der Sinn der Sonate, »Ordnung und Plan in den Fortgang der Empfindungen zu bringen.« Er bestätigt damit die Richtigkeit unserer Auffassungen.

Hören wir weiter, was Forkel sagt: »Bey einer guten Sonate haben wir hauptsächlich zweyerley zu bemerken, erstlich: Begeisterung, oder höchst lebhaften Ausdruck gewisser Gefühle; zweytens: Anordnung oder zweckmässige und *natürliche Fortschreitung* dieser Gefühle in ähnliche und verwandte, oder auch in entferntere.« Die Sonate ist also nichts anderes als eine natürliche Form der Entwicklung von Gefühlen, denn »wenn man bemerkt, dass in der Natur alles einem unaufhörlichen Wechsel unterworfen ist, so kann der Aesthetiker leicht den Schluss machen, dass Empfindungen eben sowohl wie körperliche Dinge diesem nothwendigen Lauf der Natur unterworfen seyn werden.«[1]

Die Gefühlsentwicklung in der Sonate kann nach Forkel verschieden vor sich gehen. Einmal: »Wenn also die musika-/lischen Ausdrücke gewisser Gefühle in einer Sonate .... auf einander folgen sollen, so wird das Verfahren am besten seyn, welches die Schilderungen so ordnet, dass im ersten Satze die angenehme Hauptempfindung erregt, durch ähnliche Nebengefühle unterstützt und befestigt – im zweyten gleichsam durch Einwürfe gewissermaßen wankend und zweifelhaft gemacht – endlich aber im dritten aufs neue dennoch hervorbreche und bestätigt und bekräftigt werde.« Oder aber »müßte der erste Satz die unangenehme Hauptempfindung auf verschiedenen Seiten schildern, – der zweyte Betrachtung und Ueberlegung – und endlich der dritte, die aus der vorher gegangenen Betrachtung entstandene Besänftigung des unangenehmen Gefühls und Beruhigung enthalten.«

Wenn wir nun fragen, welche musikalischen Mittel es sind, die diesen Wechsel der Gefühle hervorrufen, so belehrt uns folgender

---

[1] Johann Nikolaus Forkel, Musikalischer Almanach auf das Jahr 1783. Leipzig 1784 (ebenso die folgenden Zitate. Vgl. auch Ernst Bücken, a. a. O.)

Passus Forkels: Der erste Satz der besprochenen Sonate ist »der Ausdruck eines gewissen Unwillens«. – »Sie haben vielleicht diejenige Stelle im zweyten Theil des ersten Allegro nicht schön gefunden, wo die Modulation ins As moll, Fes dur, und von da auf eine etwas harte Art wieder zurück ins F moll geht. Ich muss gestehen, dass ich sie, ausser ihrer Verbindung mit dem Ganzen betrachtet, eben so wenig schön gefunden habe. Aber wer findet wohl auch die harten, rauhen und heftigen Aeusserungen eines zornigen und unwilligen Menschen schön? Ich bin sehr geneigt, zu glauben, dass Bach, dessen Gefühl sonst überall so ausserordentlich richtig ist, auch hier von keinem unrichtigen Gefühl geleitet sey, und dass unter solchen Umständen die erwähnte harte Modulation nichts anderes ist, als ein getreuer Ausdruck dessen, was hier ausgedrückt werden sollte und musste.«

Hieraus folgt klipp und klar, daß man damals schon die Harmonik für den Empfindungsausdruck in der Sonate für grundlegend hielt.

Daß sie an erster Stelle steht, und daß Melodik, Rhythmik, Dynamik usw. nur Mittel zur Verdeutlichung und Bekräftigung des durch die Harmonik hervorgebrachten Gefühlsausdrucks sein können, bestätigen uns andere zeitgenössische Musikästhetiker.

So bezeichnet Sulzer als erstes und vornehmstes Mittel zum Gefühlsausdruck in der Musik »die blosse Fortschreitung der/ Harmonie, welche in sanften und angenehmen Affekten leicht und ungezwungen, ohne grosse Verwicklungen und schwere Aufhaltungen; in widrigen, zumal heftigen Affekten aber, unterbrochen, mit öftern Ausweichungen in entferntere Tonarten, mit grössern Verwicklungen viel und ungewöhnlicher Dissonanzen und Aufhaltungen, mit schnellen Auflösungen fortschreiten muss.« Über die Verwandtschaft der Tonarten meint Sulzer: »In längeren Tonstücken wird durch Ausweichungen in verschiedene andere Töne (d. h. Tonarten) herübergeleitet. Dieses kann nun so geschehen, daß allemal der nächste Ton, in den man ausweicht, in seinem Charakter mehr oder weniger Uebereinkunft, das ist, mehr oder weniger Verwandtschaft mit dem vorhergehenden hat. Wenn itzt die Empfindung durch merkliche Schattierung sich von der vorhergehenden unterscheiden (d. h. eine Gefühlsspannung hervorrufen) soll, so muss man in einen etwas entfernten, das ist, weniger verwandten Ton ausweichen; soll aber die Schattierung weniger merklich oder abstechend (d. h. die Gefühlsspannung geringer) seyn, so weichet man in einen näher verwandten Ton aus.«[1]

Der gelehrte Kirnberger stellt in seiner mehrbändigen »Kunst des reinen Satzes« (1774–1779) genaue Tabellen über die Verwandtschaftsgrade der Tonarten auf. Über das Verhältnis von Verwandtschaftsgrad und Gefühlswirkungsgrad sagt er: »Man kann die Harmonie durch mancherley Töne (d. h. wieder Tonarten) so durchführen, dass allezeit der folgende von dem vorhergehenden wenig absticht; hingegen kann es auch so geschehen, dass die auf einander folgenden Töne weniger an einander passen. Im ersten Fall empfindet das Ohr eine angenehme Abwechslung, in welcher nichts hartes, nichts abgebrochenes, nichts ohne den genauesten Zusammenhang ist. Dergleichen Modulation schicket sich zu angenehmen und sanften Empfindungen. Im anderen Fall aber wird man aus einer Art der Empfindung schnell in eine andere fortgerissen; dieses schicket sich zu einem Inhalt von heftigen und oft abwechselnden Affekten.«[2]

Rameau nennt die Harmonie »le principal moteur« des Gefühls, und Heinse sagt, nachdem er ausführlich die Gefühlswirkungen verschiedener Akkorde beschrieben hat: »Der vortrefflichste musikalische Ausdruck irgend einer Empfindung, einer Leidenschaft, beruhet fürs erste auf der *Harmonie;*/nach deren Verhältnissen kommt dann der Vortrag in der gefälligsten Melodie, und mit dieser der ergreifendste Rhythmus.«[3]

Wir haben mit Absicht diese Zitate über die Gefühlswirkungen der Harmonien so ausführlich gebracht, um unsere Deutung der Sonate als eines natürlichen Gefühlsspannungsablaufs, dessen Basis das harmonische Geschehen bildet, zu stützen.

Daß Gefühlsspannungen und -entspannungen in erster Linie durch Modulationen und harmonische Fortschreitungen hervorgerufen werden, lehrt ein Blick in Mozarts Opern. Es sind nicht gegenständliche Themen oder Motive, mit denen Mozart im Gegensatz zu Wagner die fortwährend wechselnden Spannungen und Lösungen im dramatischen Geschehen versinnlicht, sondern es ist hier vor allen Dingen die sinnvolle Verwendung der harmonischen Mittel. Man verfolge z. B. im Finale des zweiten Aktes von »Figaros Hochzeit«, wie die verwickelten Situationen und die sich

---

[1] J. G. Sulzer, Allgemeine Theorie der schönen Künste, a. a. O.
[2] Johann Ph. Kirnberger, Die Kunst des reinen Satzes. 2 Bde. 1774–79
[3] J. J. Heinse, Hildegard von Hohenthal Sämmtliche Werke, a. a. O., Bd. V

ständig ändernden Spannungen und Entspannungen zwischen der Gräfin, Susanne, Figaro einerseits, und dem Grafen, dem Gärtner, Marzelline, Bartolo und Basilio andererseits hauptsächlich durch die überaus geistreichen Modulationen, das interessante Spiel mit den Tonarten musikalisch zum Ausdruck gebracht wird, wie der Funktionsgrad der verschiedenen Tonarten den wechselnden Spannungen im Spiel auf der Bühne vollkommen entspricht.

Kehren wir zur Sonate zurück. Nach allem, was wir ausführten, wird es jetzt wohl einleuchtend sein, daß der auf der Harmonik ruhende Spannungs-Entspannungsprozeß der Sonate die denkbar reinste Form war, in der sich ein natürlicher Gefühlsspannungsablauf realisieren ließ. Es ist eine Verkennung der Musik der zweiten Hälfte des 18. Jahrhunderts, die so vollkommen unliterarisch, so rein Musik, so nichts als Musik war, wie Musik überhaupt nur sein kann, wenn in die Sonate dieser Zeit irgendeine Dramatik mit personifizierten Themen hineingeheimnist wird. Schon die Tatsache, daß keiner der Musikästhetiker der damaligen Zeit etwas dergleichen verlauten läßt, sollte beachtet werden.

Man vergesse außerdem nicht, daß das letzte Drittel des 18. Jahrhunderts eine Zeit war, in der die Forderung nach Natürlichkeit nicht nur an alle Lebens-, Denk- und Schöpfungs-/formen (Hamann) in rigorosester Weise gestellt, sondern auch die tatsächliche Natürlichkeit so weit getrieben wurde, daß man jegliche Vermischung der Künste (Lessing, Herder) als unnatürlich empfand und ablehnte. Dichtkunst mußte reine Dichtkunst, Malerei reine Malerei und Musik von selbst reine Musik sein.

Die berühmte »Themenverarbeitung«, in der man bis heute das Wesen der Sonate erblickte, ohne zu bedenken, daß man damit nur die sogenannte Sonatenform des *ersten* Satzes, nicht aber die Sonate als *mehrsätziges* Gebilde erfaßte, ist unseres Erachtens eine Betrachtung der Musik des 18. Jahrhunderts durch eine Brille des 19. Es ist ein Verwagnern und Verbrucknern der Sonate des 18. Jahrhunderts, von dem kein weiter Weg mehr ist zu den sinnlosen »hermeneutischen« Deutungen, wie sie in den Programmheften der Sinfoniekonzerte allgemein üblich sind, und wie sie noch heute in angeblich »wissenschaftlicher« Form von Musikgelehrten doziert werden.

Die Sonate und die Sonatenform, wie sie nach vielen Vorformen von den Mannheimern und dann konsequent von Mozart angewandt wurde, war die natürliche Entwicklungsform in der Instrumentalmusik.

Aber auch die anderen musikalischen Formen wandelten sich. Die beiden Formprinzipien des absolutistischen Zeitalters: Reihung und Symmetrie gingen seit ungefähr 1750 im einheitlichen Entwicklungsprinzip auf.

Die Wandlung von der Reihung zur Entwicklung läßt sich sehr gut an der neuen Gestalt erkennen, die Variationenwerke erhalten. Früher waren Variationen nur Umspielungen und Verkleidungen des Themas. Jetzt bilden die Variationen eine einheitliche Entwicklungslinie, längs derer das ursprüngliche Thema allmählich so variiert, verfärbt und verwandelt wird, daß zuletzt etwas ganz Neuartiges daraus entsteht.

Wie man in den großen zyklischen Formen der Oper und des Oratoriums besonders seit Glucks umwälzenden Neuerungen die dramatische Entwicklung – genau wie beim Roman oder Schauspiel – in den Vordergrund stellte, so paßte man auch die musikalischen Formen dieser Entwicklung an. Man verwendete kurze Lieder, Arietten, Arien verschiedenster/Art, Ensembles und Chöre in so vielfältigen Formen, daß von bestimmten Formtypen wie im absolutistischen Zeitalter keine Rede mehr sein kann. Alles hatte sich nach der natürlichen Entwicklung des Ganzen zu richten.

Wir sprachen bisher nur über die musikalischen Formen. Auf dem zuletzt genannten Gebiet: der *Oper* jedoch, deren Entwicklung mit der des *Liedes* in enger Beziehung steht, bewirkten die Natürlichkeitsbestrebungen der zweiten Hälfte des 18. Jahrhunderts viel umfassendere als nur formale Wandlungen.

Eine stärkere Unnatur, als sie die Opera seria Metastasios verkörperte, war kaum denkbar. Die Handelnden waren keine natürlichen Menschen, sondern blasse Schemen, Allegorien. Die natürlichen menschlichen »Affekte« waren stilisiert, reglementiert. Die Musik bestand in einer planlosen Reihenfolge von Rezitativen und Arien, welche wiederum typisiert waren. Ein engeres Verhältnis zwischen Musik und Text bestand nicht. Je länger und komplizierter die sinnlosen Koloraturen waren, um so besser schien die Oper zu sein. Das Kastratentum bildete den Höhepunkt dieser Unnatürlichkeit: bloß der Verherrlichung der Fürsten zuliebe mußten die Sänger auf ihre Mannbarkeit verzichten. Gibt es eine schlimmere Unnatur, als das Vergöttern der Herrscher durch um ihretwillen verstümmelte Menschen?

Das bürgerliche Kampfmittel gegen die unnatürliche Seria war die Opera buffa. Hier standen wirkliche Menschen auf der Bühne, die ihren Gefühlen freien Lauf lassen durften. Die Musik war schlicht, volkstümlich, leicht eingänglich, die Gesangsformen einfach und wechselnd. Die Musik war dem Text genau angepaßt, indem sie die Gefühle der Handelnden ausdrückte. Koloraturen und Kastraten gab es nicht. Höchstens wenn man die Opera seria karikieren wollte, ließ man Koloraturen singen.

In Frankreich trieb man die Natürlichkeit der komischen Oper noch weiter. Die 1752 in Anlehnung an die Buffa entstandene Opéra comique verpönte auch die Rezitative, die die Buffa von der Seria übernommen hatte. Das halb singende Sprechen in der oft unverständlichen Plappermanier ersetzte man durch den natürlich gesprochenen Dialog./

Das deutsche Singspiel übernahm diese Neuerung. Opéras comiques und Singspiele bestanden also in stetem Wechsel von gesprochenen Partien, in denen die Handlung fortgeführt wurde, und in Gesangseinlagen, teils Liedern verschiedenster Art, teils Ensembles, teils Chören.

Das deutsche Singspiel, wie es nach seinen Anfängen von Johann Adam Hiller (1728–1804), Georg Benda (1722–1795), Johann André (1741–1799), Christian Gottlieb Neefe (1748–1798) und dann von Mozart und Reichardt gepflegt wurde, stand sowohl textlich wie musikalisch ganz auf dem Nenner Natürlichkeit. Die Handlung war ein Stück echten Lebens, die Menschen auf der Bühne sprachen und sangen, wie es ihrem natürlichen Wesen entsprach, die gesungenen Lieder waren so volkstümlich, daß sie auf allen Straßen und in allen Bürgerhäusern gesungen wurden, wie uns Sulzer bestätigt.

Im Gegensatz zum volkstümelnden Lied der ersten Berliner Liederschule, die meist anakreontische Texte vertonte, verzichtete das Singspiellied von vornherein auf jeden Bildungsanspruch. Hier gab es keine Daphne, keine Dorinde, keinen Damon, wie im absichtlich natürlichen und damit unnatürlichen Lied der Berliner, sondern nur Lottchen, Hänsgen, Sophie usw.

Die Singspiellieder waren ganz schlicht syllabisch und strophisch, fast durchgängig in Achttaktperioden aufgebaut, in einfachsten Harmonien und leicht fließenden Melodien gehalten. Technische Schwierigkeiten vermied man bewußt.

Durch den Einfluß des wirklich natürlichen Singspielliedes gewann auch bald die eigentliche Liedkomposition eine echte Volkstümlichkeit. Johann Abraham Peter Schulz (1747–1800), der Führer der sogenannten zweiten Berliner Liederschule, baute zwar ganz auf den früheren Grundsätzen weiter, er wollte also ebenfalls die enge Anpassung der Musik an den Text, seine Bestrebungen hatten aber nicht mehr den Schein des Gewollten und Volkstümelnden, sondern sie waren aus echter Volksverbundenheit, das heißt aus reiner Bürgerlichkeit erwachsen. Seine »Lieder im Volkston« (1782–1790) erlangten eine unglaubliche Popularität.

Neben Schulz waren es André, Neefe, in Süddeutschland Zumsteeg und Schubart, die ein wirklich natürliches Lied pflegten. Den Höhepunkt der Liedkomposition im 18. Jahr-/hundert bildet aber der durch seine Sympathien für die französische Revolution am Berliner Hof berüchtigte Kapellmeister Johann Friedrich Reichardt (1752–1814). Auch er sah es als Grundsatz des volkstümlich-natürlichen Liedes an, daß sich die Musik »wie ein Kleid dem Körper der Deklamation und dem Metro der Worte« anpassen soll, wie Schulz sich ausdrückte.[1] Mit den sparsamsten Mitteln erreichte Reichardt besonders in seinen Vertonungen Goethescher Gedichte eine Innigkeit und Wärme des natürlichen Gefühlsausdrucks, die bis zu Schubert hin kaum ihresgleichen fand. Die Natürlichkeit und Echtheit des Reichardtschen Liedes besteht allein darin, daß sowohl die Wortdeklamation wie auch die harmonischen und molodischen Spannungen und Lösungen und die metrischen Hebungen und Senkungen zu einer Einheit zusammenfallen. Diese Einheit von Wort und Ton ist es, die – ohne daß sie jemals gezwungen oder gewollt zu sein scheint – das Reichardtsche Lied zu der natürlichsten musikalischen Form der zweiten Hälfte des 18. Jahrhunderts stempelt.

Wir haben gesehen, wie die Opéra comique und das deutsche Singspiel das unnatürliche Rezitativ ablehnten und an seine Stelle den gesprochenen Dialog setzten.

Die Natürlichkeitsbestrebungen gingen aber in dieser Richtung noch weiter. In Frankreich machten sich um den Natürlichkeits-

---

[1] J. A. P. Schulz, Ueber Herrn Professor Rahbek's Dänische Liedertexte, a. a. O.

apostel Rousseau zur gleichen Zeit wie in Deutschland Stimmen geltend, die das Singen auf der Bühne für unsinnig erklärten. Niemand im wirklichen Leben singt, wie man es auf der Bühne tut, sagte man sich. Wozu also auf der Bühne singen?

Diese Überlegungen führten zu einer neuen musikalisch-dramatischen Gattung: dem *Melodrama*.

Das Charakteristische des Melodramas besteht darin, daß nur gesprochen wird, während die Instrumentalmusik begleitet. Diese neue Gattung erwies sich für starke Affektwirkungen besonders geeignet, da die Vermischung der deklamatorischen und der musikalischen Sphäre einen eigenartigen Sinnenreiz ausübt.

Rousseau setzte sich selbst mit seinem »Pygmalion« (1770) für diese neue Gattung ein. Unabhängig davon erregte in Deutschland Georg Benda 1775 Aufsehen mit seiner »Ari-/adne«, der er »Medea«, »Philon und Theone« und andere Melodramen folgen ließ.

Die eigenartige Duplizität der Ereignisse in Frankreich und Deutschland zeigt wieder einmal, wie die aus den zeitlichen Umständen gegebenen Bestrebungen – in diesem Fall die Natürlichkeit – konsequent überall die gleichen Folgen zeitigen muß.

Im Anschluß an die Betrachtung der Natürlichkeitsbestrebungen auf musikalisch-dramatischem Gebiet bleibt noch zu zeigen, wie auch hier genauso wie in den bildenden Künsten und in der Literatur das Ideal der antiken Kunst als der natürlichsten Kunst in den Vordergrund trat.

Auch Metastasios Opernlibretti wollten Nachbildungen der Antike sein, sie waren im wesentlichen jedoch nur Nachbildungen der französischen Klassik. Gerade das charakteristischste Merkmal der antiken Tragödie fehlte bei Metastasio vollkommen: der Chor.

Die Reform der Opera seria durch Jommelli, Traëtta und vor allem durch Gluck und seinen Textdichter Calsabigi rückte in Ablehnung der unnatürlichen metastasianischen Oper gerade den Chor stark in den Vordergrund. Ebenso dachte man bei der Darstellung allgemeinmenschlicher Schicksale – worüber wir bereits sprachen – an die antike Tragödie. Das echte Ethos, die Wahrhaftigkeit, die Erhabenheit, die »edle Einfalt und stille Grösse« des Gluckschen Musikdramas sind alles Eigenschaften, die erst aus dem Studium des antiken Theaters entstehen konnten. Auch musikalisch war stets für Gluck »das Einfache und Klare, das für ihn mit dem Natürlichen zusammenfiel«[1] die Hauptrichtlinie. Er lehnte alle unnötige Koloratur, alles hohle, falsche, also unnatürliche Pathos ab und erstrebte in der musikalischen Deklamation eine Genauigkeit, die manchem späteren Musiker pedantisch erschien, die in Wirklichkeit aber zur Erzielung einer vollständigen Natürlichkeit notwendig war.

Glucks Anlehnung an die antike Tragödie ist ebenso wie Winkkelmanns oder Lessings Bestrebungen nichts anderes als das Drängen und Suchen nach einer natürlichen Kunst.

Die Natürlichkeitsbestrebungen in der Musik der zweiten/Hälfte des 18. Jahrhunderts richteten sich nicht nur gegen die alten konstruktiven und gekünstelten musikalischen Formen sowie gegen jegliche Unnatur in der Opern- und Liedkunst, sondern auch der musikalische Stil selbst gewann seine endgültige Form unter dem bestimmenden Einfluß des Natürlichkeitsgedankens.

Die polyphone Kontrapunktik, ein charakteristisches Kennzeichen des Repräsentativstils des absolutistischen Zeitalters, wurde abgelehnt und machte der schlicht-natürlichen Homophonie, die das beste Ausdrucksmittel für subjektive Gefühle war, Platz. Damit war der bürgerliche Expressivstil geboren.

Schon zu Lebzeiten Johann Sebastian Bachs, also vor 1750, kämpfte man scharf gegen die »Ausschweifungen« der Kontrapunktik. Das Urteil J. A. Scheibes im »Critischen Musicus« (1737) über den Thomaskantor ist charakteristisch für die neuen Tendenzen: »Dieser grosse Mann würde die Bewunderung ganzer Nationen seyn, wenn er mehr Annehmlichkeit hätte, und wenn er nicht seinen Stücken *durch ein schwülstiges und verworrenes Wesen das Natürliche entzöge,* und ihre Schönheit durch allzu grosse Kunst (im Sinne von Künstlichkeit) verdunkelte.«[2]

Und 1752 mußte Quantz in seiner Flötenschule konstatieren, daß »das Wort Contrapunkt bey denen, die nur dem bloßen Naturell zu folgen gedenken, mehrenteils einen widrigen Eindruck zu machen, und für überflüssige Schulfüchserey gehalten zu werden pfleget.«[3]

---

[1] Abert, Niccolo Jommelli als Opernkomponist. Halle a.d. Saale 1908 (s. auch: Anna Amalie Abert, Christoph Willibald Gluck. München 1959)
[2] Johann Adolph Scheibe, Critischer Musikus. Leipzig 1737–39 (als Wochenblatt in 78 Stücken). Zusammengebunden und vermehrt: Leipzig 1745
[3] J. J. Quantz, Versuch einer Anweisung, die Flöte traversiere zu spielen; etc. Berlin 1752

Man wetterte gegen die »gearbeitete Musik«.

Man verdammte alle Unnatürlichkeiten der musikalischen Aufführungspraxis des sterbenden Zeitalters. So besonders die sogenannte Scordatura, das oft vorgeschriebenen Spielen auf umgestimmten, »scordierten« Saiten, wobei ein Streichinstrument seinen natürlichen Klang nicht behalten durfte, sondern verzeichnet, verzerrt wurde.

Ein Sondergebiet der Musikästhetik: die Tonmalerei, erfuhr unter dem Einfluß des Natürlichkeitsgedankens eine gründliche Umwälzung.

Vor 1750 hatte man es für höchste Kunst gehalten, wenn die Musik das Gackern der Hühner, das Zerreissen des Vorhangs, das Fallen der Blätter, das Rollen des Donners, das Rauschen/des Wassers, das Lachen, das Weinen usw. in Tönen schilderte. Kuhnau erzählte ganze Geschichten in Musik, und Bach ließ sich kein Bild, das ein Text bot, zur Ausmalung entgehen. Die auch in der Musik maßgebende französische Ästhetik der zweiten Hälfte des 17. und der ersten Hälfte des 18. Jahrhunderts anerkannte absolute Musik nur, wenn sie malend, naturnachahmend war. Instrumentalmusik, die nur auf Formen beruht, bezeichnete sie geradezu als Prostitution.

Die neue Zeit empfand die sklavische Nachahmung der Natur, die ja nichts anderes als der künstlerische Niederschlag einer omnipotenten Beherrschung und Überbeherrschung, d. h. Vergewaltigung der Natur darstellt, als unnatürlich. Natürlich war nach den neuen Anschauungen der Ausdruck der Empfindungen beim Anblick eines Naturbildes, nicht aber das Abklatschen dieses Naturbildes in der Musik.

Genau dieselbe Wandlung läßt sich in der Literatur konstatieren. Die Lyriker des absolutistischen Zeitalters bemühten sich, »den Ton eines Falles, Schlages, Schusses, Sprunges, Stosses, oder anders was einen Laut von sich gibet, auf das vernehmlichste auszudrücken.«

Um die Mitte des 18. Jahrhunderts wandelten sich diese Anschauungen sehr wesentlich. Die Natur wird nicht mehr um der Nachahmung willen nachgeahmt, sondern sie wird nur noch als Symbol subjektiver Empfindungen benutzt. Man vergleiche die beiden folgenden Gedichtstücke, bei denen die Dichter ein ganz ähnliches Naturbild vor Augen hatten.

Im absolutistischen Zeitalter heißt es:

Es klatschert und platschert mit süsslichem Schall,
Die Hummeln beginnen zu summen und brummen,
Der Balsam-Wind gehet und wehet durch Blumen,
Der Zephyrus säuselt und bräuselt gelind.
Da zitschert und zwitschert das Lüftegesind,
Da binken die Finken, die Nachtigall kehlet,
Die Freuden in Heiden mit Wunder erzehlet,
Da plärret und blöket das Lämmlein und Kalb.
Da girret und kirret umirrend die Schwalb.
Da tireti tiretiliret die Lerche,
Da klappern und plappern und pappern die Störche,
Man singet, man ringet und springet im Tal./

Im bürgerlichen Zeitalter (E. v. Kleist) dagegen:

Die ganze Gegend wird Schall. Der Fink, der röthliche Hänfling
Pfeift hell aus Wipfeln der Erlen. Ein Heer von bunten Stieglitzen
Hüpft hin und wieder auf Strauch, beschaut die blühende Distel[1] usw.

Wir haben früher besonders bei der Betrachtung des »musikalischen Dichters« Klopstock, aber auch bei Bürger und Goethe Lautmalereien in der bürgerlichen Dichtkunst angetroffen. Ähnliches läßt sich in der Musik z. B. bei Haydn und Gluck feststellen. Hier handelt es sich aber im Vergleich mit der alten Nachahmungslehre nicht um Tonmalereien, sondern in erster Linie um die Expression von Gefühlen, die man etwa beim Anblick eines Naturbildes oder -vorgangs empfindet. Das Primäre bleibt der Gefühlsausdruck. Wenn die neue bürgerliche Zeit in der Dichtkunst oder Musik stellenweise Lautmalereien anbringt, so sind diese nicht mehr Selbstzweck wie in der früheren Zeit, sondern sie sind nur Mittel zum Zweck des Ausdrucks von Gefühlen und Stimmungen.

Waren früher die Tonmalereien ein künstlerischer Niederschlag des Dranges nach übermäßiger Naturbeherrschung und empfand man sie in der bürgerlichen Zeit infolgedessen als widernatürlich, so

---

[1] s. Fritz Strich, Der lyrische Stil des 17. Jahrhunderts, a. a. O.

wurden sie doch da angewandt und anerkannt, wo sie z. B. bei Klopstock dem rein bürgerlichen Zweck der Gefühlsbereicherung dienten.

Zum Schluß unserer Betrachtungen bleibt uns noch ein wichtiges Gebiet zu betreten, das unter dem Einfluß der bürgerlichen Natürlichkeitsbestrebungen um die Mitte des 18. Jahrhunderts ebenfalls eine tiefgreifende Wandlung erfuhr: der *Tanz*.

Gesellschaftstänze entstehen und vergehen zusammen mit den Gesellschaften, deren Ausdruck sie sind.

Der Gesellschaftstanz der absolutistischen Periode war das höfische Menuett, das unter Ludwig XIV. eingeführt wurde. Von Versailles aus verbreitete es sich über ganz Europa. Selbstverständlich wurde im 17. und 18. Jahrhundert auch an den deutschen Höfen Menuett getanzt, und in der ersten/Hälfte des 18. Jahrhunderts begegnen wir dem Menuett sogar in den vornehmen Bürgerkreisen Deutschlands, die mangels eines eigenen Stils das höfische Gesellschaftsleben kopierten. Das Menuett mit seinen galanten Posen, seinen zierlichen Verbeugungen und den kleinen abgemessenen Schritten war der Tanz für die Damen und Herren, die von einem steifen Hofzeremoniell eingezwängt sich nur langsam und äußerst würdig bewegen durften, und die sich in ihren starren Hoftrachten und den weißgepuderten, ewig staubenden Perücken auch nur langsam bewegen konnten. Der Tanz selbst war nichts anderes als die stilisierten Höflichkeitsformen.

Solange die Höfe ihre Tradition fortsetzten, also ungefähr bis zur französischen Revolution, hielt sich das Menuett als Tanz, von dieser Zeit ab lebte es nur noch als Sonatensatz weiter. Als aber der absolutistischen Macht eine neue Macht entgegenwuchs, und diese so stark geworden war, daß sie sich in neuen Formen gestalten mußte, entstand auch ein neuer Gesellschaftstanz.

Wir müssen jedoch zunächst über eine Zwischenform sprechen, eine Neuerung, die wieder einmal aus dem fortschrittlichen England kam und zu Anfang des 18. Jahrhunderts auf dem Kontinent eingeführt wurde. Wir meinen den Countrydance, einen englischen Volkstanz, dem in Österreich der Ländler entsprach. Der Countrydance verlor in Paris seinen demokratischen Charakter, wurde zur Contredance umgebildet – aus den beiden Formen Rounds und Longways wurden die Anglaise und Française – und so einigermaßen hoffähig gemacht. Seit den vierziger Jahren war der Contre der beliebteste höfische Gesellschaftstanz. In seiner französischen Aufmachung war er alles andere als ein bürgerlicher Tanz. Er war höfisch, nur mit einem ländlichen, schäferlichen Einschlag. Formal war er etwas weniger gebunden als das Menuett, wie sich auch das Hofleben jener Zeit etwas aufgelockert hatte. Der Contre kam bald nach Deutschland und wurde besonders im Süden so beliebt, daß es Karl Christoph Lange 1762 für geboten hielt, eine »Grammatik der festen und freien Contrefiguren« herauszugeben.

Kurz nach der Jahrhundertmitte tauchte der bürgerliche Gesellschaftstanz par excellence, der Walzer auf. Die Urform des Walzers ist auf den süddeutschen Dreher zurückzuführen./In den sechziger Jahren verbreitete sich der Walzer allgemein unter Bürgerkreisen. Goethe z. B. berichtet aus seiner Straßburger Studentenzeit (1770): »An Sonn- und Werkeltagen schlenderte man keinen Lustort vorbei, ohne daselbst einen fröhlichen Haufen zum Tanze versammelt und zwar meistens im Kreise drehend zu finden.« Das »Im-Kreise Drehen« war der Walzer. Denn von einem Besuch in Zabern erzählt er: »Es war Sonntags früh, um neun hörten wir Musik; man walzte schon im Wirtshause«, und von Sesenheim: »Die Hoffnung der Gesellschaft auf Musik wurde endlich befriedigt, sie ließ sich hören und alles eilte zum Tanz. Die Allemanden, das Walzen und Drehen war Anfang, Mittel und Ende.« Goethe selbst war so begeistert von dem neuen Tanz, daß er ihn auch lernen wollte. »Da riet mir ein Freund«, erzählt er weiter, »der sehr gut walzte, mich erst in minder guten Gesellschaften zu üben, damit ich hernach in der besten etwas gelten könnte.« Goethe nahm dann auch einen Tanzlehrer: »Ich hatte das Glück, dass auch sie (die Töchter des Tanzlehrers) mich lobten, immer willig waren, nach der kleinen Geige des Vaters eine Menuett zu tanzen, ja sogar, was ihnen freilich beschwerlicher ward, mir nach und nach das Walzen und Drehen einzulernen.«[1]

Der Walzer, und hierin unterschied er sich von allen höfischen Tänzen, war ein freier und also natürlicher Tanz. Er war frei in bezug auf die unbeschränkte Anzahl von Paaren, die sich daran beteiligen konnten, frei insofern alle Paare gleichgestellt waren. Frei war auch jedes Paar für sich: es brauchte sich nicht um die anderen zu kümmern, es konnte anfangen und den Tanz unter-

---

[1] J. W. v. Goethe, Dichtung und Wahrheit, 11., 10. und 9. Buch, Sämtliche Werke, a. a. O., Bd. 25

brechen, wann es ihm beliebte, es gab keinen Rang, keine Bindung an Gruppen und Taktzahl.

Braucht man einen weiteren Beweis für den bürgerlichen Charakter des Walzers, so möchten wir noch auf die Tatsache hinweisen, daß er sich während des ganzen bürgerlichen 19. Jahrhunderts gehalten hat.

Bereits im 18. Jahrhundert hat man übrigens den Walzer als einen bürgerlichen Tanz aufgefaßt, wie aus der großen Ballszene im Finale des ersten Aktes von Mozarts Oper »Don Giovanni« hervorgeht. Auf der Bühne spielen drei Orchester auf. Das erste Paar, der feudale Don Octavio und die hocharistokratische Donna Anna fangen an zu tanzen, während/das erste Orchester ein Menuett spielt. Nun kommt das zweite Paar, Don Giovanni und das Mädchen vom Lande Zerline, mit der er sich encanailliert hat. Mozart läßt von dem zweiten Orchester in das erste einen Contre hineinklingen, also den halb aristokratischen, halb demokratischen Mischtanz mit stark ländlichem Einschlag. Endlich kommt das dritte Paar an die Reihe: die beiden Burschen Leporello und Masetto. Und nun spielt das dritte Orchester einen schnellen Walzer in das Menuett und den Contre der beiden anderen Orchester hinein. Diese drei Tänze hat Mozart hiermit unzweideutig soziologisch interpretiert./

Literaturverzeichnis

1. Zur politischen Ökonomie, Sozial- und allgemeinen Kulturgeschichte des 18. Jahrhunderts
2. Werkausgaben und Anthologien
3. Quellen zur Kunst-, Literatur- und Musikgeschichte
4. Sonstige Quellen
5. Sekundärliteratur

Eine Bibliographie der einschlägigen Bibliographien sowie weitere Einzeltitel sowohl zur allgemeinen Kulturgeschichte wie der Geschichte der einzelnen Künste enthält das unter 1. nachgewiesene Werk von Emil Ermatinger.

1. Zur politischen Ökonomie, Sozial- und allgemeinen Kulturgeschichte des 18. Jahrhunderts

Ökonomie und Politik:

Abel, W.: Agrarkrisen und Agrarkonjunktur in Mitteleuropa vom 13. bis zum 19. Jahrhundert. Berlin 1935
Ashton, Thomas Southcliffe: Economic Fluctuations in England 1700–1800. Oxford 1959
ders.: An Economic History of England in the 18th Century. London. 1955
Beloff, M.: The Age of Absolutism 1600–1815. London 1954
Fischer, F. C. J.: Geschichte des teutschen Handels. Hannover 1785–1792 (4 Bde.)
Forberger, Rudolf: Die Manufaktur in Sachsen vom Ende des 16. bis zum Anfang des 19. Jahrhunderts. Berlin 1958
Gülich von, G.: Geschichtliche Darstellung des Handels, der Gewerbe und des Ackerbaus der bedeutendsten handeltreibenden Staaten unserer Zeit. Bd. 2, Jena 1830
Goltz von der, Theodor: Geschichte der deutschen Landwirtschaft. Stuttgart 1902–03
Hartung, Fritz: Der aufgeklärte Absolutismus. In: Historische Zeitschrift 180 (1955)
Haußherr, N.: Wirtschaftsgeschichte der Neuzeit vom Ende des 14. bis zum Ende des 18. Jahrhunderts. Weimar ^{3}1958
Hermstadt, Rudolf: Die Entdeckung der Klassen. Berlin 1965

Hill, Ch.: The Century of Revolution, 1603–1714. London 1969
Jahn, G.: Zur Gewerbepolitik deutscher Landesfürsten vom 16. bis zum 18. Jahrhundert. Diss. Leipzig 1909
Just, Leo: Der aufgeklärte Absolutismus. In: Handbuch der deutschen Geschichte Bd.2, 4, Konstanz 1952
Klaveren van, J.: Das Zeitalter des Merkantilismus. In: Vjsch. f. Sozial- und Wirtschaftsgeschichte 50 (1963)
Knapp, Theodor: Gesammelte Beiträge zur Rechts- und Wirtschaftsgeschichte, vornehmlich des deutschen Bauernstandes. Tübingen 1902
Kolesnizki, N.: Zur Frage der Periodisierung der Geschichte des feudalen Staates. In: Zur Periodisierung des Feudalismus und Kapitalismus in der geschichtlichen Entwicklung der UdSSR. 20. Beiheft zur Sowjetwissenschaft. Berlin 1952
Krüger, H.: Zur Geschichte der Manufakturen und Manufakturarbeiter in Preußen. Schriftenreihe des Instituts für Allgemeine Geschichte der Humboldt-Universität Bd. 3, Berlin 1958
Krzymovski, R.: Geschichte der deutschen Landwirtschaft. ³1961
Kulischer, Josef: Allgemeine Wirtschaftsgeschichte des Mittelalters und der Neuzeit Bd. II: Die Neuzeit. Berlin ³1971
Mehring, Franz: Zur deutschen Geschichte bis zur Zeit der Französischen Revolution 1789. Ges. Schriften 5, Berlin 1964
Mottek, Hans: Wirtschaftsgeschichte Deutschlands. Ein Grundriß. Bd. 1: Von den Anfängen bis zur Zeit der Französischen Revolution. Berlin ⁵1971
Pankratowa, A. M.: Die Rolle der Warenproduktion beim Übergang vom Feudalismus zum Kapitalismus. Sowjetwissenschaft. Gesellschaftswiss. Abtlg. 1954, 3
Roscher, W. G.: Geschichte der National-Ökonomie. München 1874
Schaefer, Klaus: Geschichte der Neuzeit. Bd. 1: 1640–1789, Berlin 1954
Schiff, O.: Die deutschen Bauernaufstände von 1525–1789. In: Historische Zeitschrift 130, München 1924
Schilfert, Gerhard: Deutschland von 1648–1789 (Vom Westfälischen Frieden bis zum Ausbruch der Französischen Revolution). 2. erw. Aufl. Berlin 1962 (= Lehrbuch der deutschen Geschichte 4)
Schlechte, Horst: (Hg.) Die Staatsreform in Kursachsen 1762/63. Berlin 1958

Schmidt, M. G.: Geschichte des Welthandels. Leipzig und Berlin ⁴1922

Schmoller, Gustav: Umrisse und Untersuchungen zur Verfassungs-, Verwaltungs- und Wirtschaftsgeschichte besonders des Preußischen Staates im 17. und 18. Jahrhundert. Leipzig 1898

Valjavec, Fritz: Die Entstehung der politischen Strömungen in Deutschland 1770 bis 1815. München 1951

Sozialgeschichte:

Autorenkollektiv: Erläuterungen zur deutschen Literatur. Aufklärung. Berlin 1971 (Darin insbesondere: Die gesellschaftliche Basis der deutschen Aufklärung und ihre Auswirkungen, S. 43–49)

Autorenkollektiv: Erläuterungen zur deutschen Literatur. Klassik. Berlin 1971 (Darin insbesondere: Sozialökonomische Tendenzen der Zeit von 1770 bis 1790 und ihre Widerspiegelung in der bürgerlichen Ideologie – Grundposition des Sturm und Drang, S. 14–23)

Bruford, Walter Horace: Die gesellschaftlichen Grundlagen der Goethezeit. Weimar 1936 (= Literatur und Leben 9)

Brunner, H.: Grundzüge der Rechtsgeschichte. Leipzig 1901

Elias, Norbert: Die höfische Gesellschaft. Untersuchungen zur Soziologie des Königtums und der höfischen Aristokratie mit einer Einleitung: Soziologie und Geschichtswissenschaft. Neuwied und Berlin 1969 (= Soziologische Texte 54)

Gerdes, H.: Geschichte des deutschen Bauernstandes. Leipzig und Berlin ³1928

Gerth, Hans: Die sozialgeschichtliche Lage der bürgerlichen Intelligenz um die Wende des 18. Jahrhunderts. Diss. Frankfurt a. M. 1931 (Nachdruck 1972)

Gross-Hoffinger, A. J.: Leben und Regierung Josephs II. und Gemälde seiner Zeit. 4 Bde. (Bd. 4: Urkunden und Beweisstücke) 1835–37

Habermas, Jürgen: Strukturwandel der Öffentlichkeit. Untersuchungen zu einer Kategorie der bürgerlichen Gesellschaft. Berlin und Neuwied 1962

Haferkorn, Hans Jürgen: Der freie Schriftsteller. Eine literatursoziologische Studie über seine Entstehung und Lage in Deutsch-

land zwischen 1750 und 1800. In: Archiv für die Geschichte des Buchwesens 5 (1964)
Handwörterbuch zur deutschen Rechtsgeschichte. Hg. A. Erler und E. Kaufmann. Berlin 1971
Hauser, Arnold: Sozialgeschichte der Kunst und Literatur. München 1953
Kampfmeyer, Paul: Geschichte der modernen Gesellschaftsklassen in Deutschland. Berlin ³1921
Kofler, Leo: Zur Geschichte der bürgerlichen Gesellschaft. Versuch einer verstehenden Deutung der Neuzeit. Neuwied und Berlin ³1966
Koselleck, Reinhart: Kritik und Krise. Ein Beitrag zur Pathogenese der bürgerlichen Welt. Freiburg und München 1959
Paulsen, Friedrich: Das deutsche Bildungswesen in seiner geschichtlichen Entwicklung. Leipzig und Berlin 1920
Steinhausen, Georg: Der Kaufmann in der deutschen Vergangenheit. Jena 1912 (= Monographien zur deutschen Kulturgeschichte 2)
Stolpe, Heinz: Die Auffassung des jungen Herder vom Mittelalter. Weimar 1955, S. 221 ff.
Vierhaus, Rudolf: Deutschland im 18. Jahrhundert: soziales Gefüge, politische Verfassung, geistige Bewegung. In: Lessing und die Zeit der Aufklärung. Göttingen 1968
Whitely, John Harold: Wesley's England. A Survey of 18th Century Social and Cultural Conditions. London 1945
Wittfogel, Karl August: Geschichte der bürgerlichen Gesellschaft. Berlin o. J.

Kulturgeschichte:

Biedermann, Karl: Deutschland im 18. Jahrhundert. Leipzig 1854–1880 (4 Bde.)
Boehn von, Max: Deutschland im 18. Jahrhundert. Berlin 1922
ders.: England im 18. Jahrhundert. Berlin 1920
Devrient, Ed.: Geschichte der deutschen Schauspielkunst. 5 Teile, 1848–74
Engelsing, Rudolf: Der Bürger als Leser. In: Archiv für Geschichte des Buchwesens 3 (1960/61)
Ermatinger, Emil: Deutsche Kultur im Zeitalter der Aufklärung. Bearbeitet von Eugen Thurnher und Paul Stapf mit einer Ein-

leitung von Adam Wandruszka. Frankfurt 1969 (= Handbuch der Kulturgeschichte I, 7)

Fuchs, Eugen: Illustrierte Sittengeschichte vom Mittelalter bis zur Gegenwart. München 1909–12

Gleichen-Russwurm von, Adalbert: Das galante Europa. Geselligkeit der großen Welt 1600–1789. Stuttgart 1911

Gothein, Marie Luise: Geschichte der Gartenkunst. 2 Bde. Jena 1914 (Bd. 2)

Groth, O.: Die unerkannte Kulturmacht. Grundlegung einer Zeitungswissenschaft. 7 Bde., Berlin 1960 ff.

Hallberg, L. E.: Les revues allemandes au 18me siècle, Paris 1885

Hayn, H. und *Gotendorf,* A. N.: Bibliotheca Germanorum erotica et curiosa. München ^{3}1912 ff. (Bd. 9, München 1929, Hg. P. Englisch)

Justi, Carl: Winckelmann und seine Zeitgenossen. 3 Bde. Leipzig ^{4}1943

Kapp, Friedrich und *Goldfriedrich,* Johann: Geschichte des deutschen Buchhandels. Leipzig 1886. Bd. II (1648–1740)

Kriegk, Georg Ludwig: Deutsche Kulturbilder aus dem 18. Jahrhundert. Nebst einem Anhang: Goethe als Rechtsanwalt. Leipzig 1874

Martens, Wolfgang: Die Botschaft der Tugend. Die Aufklärung im Spiegel der deutschen Moralischen Wochenschriften. Stuttgart 1968

Paulsen, Friedrich: Geschichte des gelehrten Unterrichts. Leipzig ^{2}1896/97

Sombart, Werner: Liebe, Luxus und Kapitalismus. München 1969

Stadelmann, R. und *Fischer,* W.: Die Bildungswelt des deutschen Handwerkers um 1800. Berlin 1955

Steinhausen, Georg: Geschichte der deutschen Kultur. Leipzig ^{3}1929

ders.: Geschichte des deutschen Briefes. Zur Kulturgeschichte des deutschen Volkes. Teil 1 und 2, Berlin 1889–91

ders.: Kulturgeschichte der Deutschen in der Neuzeit. Leipzig ^{2}1918

Weber, Max: Die protestantische Ethik und der ›Geist‹ des Kapitalismus. In: Archiv für Sozialwissenschaft und Sozialpolitik 20, Tübingen 1905 und 21 (ebd.)

Weissel, Bernhard: Von wem die Macht in den Staaten herrührt. Beiträge zu den Auswirkungen der Staats- und Gesellschafts-

auffassung Rousseaus auf Deutschland im letzten Drittel des 18. Jahrhunderts. Berlin 1963
Wittmann, Walter: Beruf und Buch im 18. Jahrhundert. Ein Beitrag zur Erfassung und Gliederung der Leserschaft im 18. Jahrhundert. Diss. Frankfurt 1934
Wolf, A.: A History of Science, Technology and Philosophy in the 18th Century. London 1938

2. Werkausgaben und Anthologien

Abraham a St. Clara: Sämmtliche Werke Bd. 1–11, Passau 1834–37
Bürger, Gottfried August: Sämmtliche Werke. Hg. Karl Reinhard, Bd. 1–9, Wien 1844
Casanova, Giacomo: Geschichte meines Lebens. Hg. Erich Loos, Bd. 1–12, Berlin 1964–67
Chamfort, Sébastien et *Roch,* Nicolas: Œuvres, vol. 1–4, Paris 1795
Claudius, Matthias: Werke, Hg. Peter Suhrkamp, Bd. 1–3, Berlin 1941
Decker de, Jeremias: Oorspronkelijke dichtwerken van Jeremias de Decker, met eene Levensschets des dichters. Teil 1–2, 1827
Fichte, Johann Gottlieb: Sämmtliche Werke, Hg. J. H. Fichte, Berlin 1845–46
Friedrich II. von Preußen: Sämtliche Werke. Hg. Preußische Akademie der Wissenschaften, Bd. 1–31, Berlin 1846–57
Gellert, Christian Fürchtegott: Sämmtliche Schriften, Theil 1–11, Leipzig 1769–70
Gleim, Johann Wilhelm Ludwig: Sämmtliche Werke, Hg. Wilhelm Körte, Bd. 1–8, Halberstadt 1811–13 (Hildesheim und New York 1971)
Goethe, Johann Wolfgang: Sämtliche Werke. Propyläen-Ausgabe. München o. J.
ders.: Goethes Briefe an Frau von Stein nebst dem Tagebuch aus Italien und Briefen der Frau von Stein. Mit Einleitung von K. Heinemann. 4 Bde., Stuttgart und Berlin o. J.
ders.: Eckermann, Johann Peter: Gespräche mit Goethe aus den letzten Jahren seines Lebens. Teil 1–3. Leipzig und Magdeburg 1836–48
Günther, Johann Christian: Sämtliche Werke. Historisch-kritische Gesamtausgabe, Hg. Wilhelm Krämer, Bd. 1–6, Leipzig 1930–37 (= Bibliothek des Literarischen Vereins in Stuttgart)

Hamann, Johann Georg: Schriften und Briefe, Hg. M. Petri, Teil 1–4, 1872–74

Heinse, Johann Jacob Wilhelm: Sämmtliche Werke, Hg. Carl Schüddekopf (Bd. 8 von Albert Leitzmann), Teil 1–10 in 13 Bdn., Leipzig 1902–25

Herder, Johann Gottfried: Sämmtliche Werke, Hg. Bernhard Suphan, Berlin 1877–1913

ders.: Briefwechsel mit Caroline Flachsland, Hg. Hans Schauer, Bd. 1–2, Weimar 1926–28 (= Schriften der Goethe-Gesellschaft)

Hölty, Ludwig Christoph Heinrich: Werke. Kritische Ausgabe von W. Michael, Bd. 1–2, Weimar 1914–18

Hoffmann, E. T. A.: Werke in 15 Teilen, Hg. Georg Ellinger, Berlin etc. (Bong), o. J.

Kästner, Abraham Gotthelf: Gesammelte poetische und prosaische Schönwissenschaftliche Werke, Teil 1–4, Berlin 1841

Kant, Immanuel: Werke, Hg. Königlich Preußische Akademie der Wissenschaften, Bd. I–XXVIII, Berlin 1910 ff.

Kleist, Ewald von: Werke, Hg. August Sauer, Teil 1–3, Berlin 1882

Klinger, Friedrich Maximilian: Betrachtungen und Gedanken über verschiedene Gegenstände der Welt und Literatur (1803–05). In: Werke. Neue wohlfeile Ausgabe, Bd. 1–12, Leipzig 1832

Klopstock, Friedrich Gottlieb: Saemmtliche Werke, Bd. 1–12, Leipzig 1823

ders.: Briefe von und an Klopstock, Hg. J. M. Lappenberg, Braunschweig 1867

Laube, Heinrich: Gesammelte Werke in 50 Bdn., Hg. Heinrich Hubert Houden. Leipzig 1908–09

Lavater, Johann Caspar: Ausgewählte Werke, Hg. Ernst Staehelin, Bd. 1–4, Zürich 1943

Lessing, Gotthold Ephraim: Sämmtliche Schriften, Hg. Karl Lachmann und Franz Muncker. Stuttgart 1886–1924.

ders.: Werke, Hg. Boxberger, Bd. 1–14, Berlin (Hempel) 1868–81

Locke, John: Sämtliche Werke, Bd. 1–9, 1853

Mendelssohn, Moses: Gesammelte Schriften. Jubiläumsausgabe. Hg. Elbogen/Guttmann/Mittwoch, Berlin 1929 ff.

ders.: Gesammelte Schriften, Hg. G. B. Mendelssohn, Bd. 1–7, Leipzig 1843–45

Möser, Justus: Historisch-kritische Ausgabe in 14 Bänden. Hg. Akademie der Wissenschaften zu Göttingen. Oldenburg und Berlin 1944–1958

Rabener, Gottlieb Wilhelm: Sämmtliche Werke, Hg. Ernst Ortlepp, Bd. 1–4, Stuttgart 1839
Rousseau, Jean Jacques: Œuvres complètes, Hg. Bernhard Gagnebin und Marcel Raymond, Bd. 1–2, Paris 1961–62 (= Bibliothèque de la Pléiade)
Seume, Johann Gottfried: Sämmtliche Werke. Hg. Adolph Wagner. Leipzig 1835
Schiller, Friedrich: Sämtliche Werke. Säkular-Ausgabe in 16 Bdn. Stuttgart und Berlin o. J.
Schubart, Christian Friedrich Daniel: Vermischte Schriften, Bd. 1–9, Stuttgart 1839–40
ders.: Hg. David Friedrich Strauß, Chr. Fr. D. Sch's Leben in seinen Briefen. Gesammelt, bearbeitet und hgg. von D. Fr. St., Bd. 1–2, Berlin 1849
Sturm und Drang, Dramatische Schriften Bd. 1–2. Hg. Erich Loewenthal und Lambert Schneider. Heidelberg o. J. – Kritische Schriften. ebd. 1963
Uz, Johann Peter: Werke, Hg. A. Sauer, 1891 (= DLD)
Voß, Johann Heinrich: Werke, Bd. 1–5, Leipzig ²1850
ders.: Briefe von Johann Heinrich Voß, Hg. Abraham Voß, Bd. 1–2, Halberstadt 1829
Wieland, Christoph Martin: Sämmtliche Werke, Leipzig 1853–58
ders.: Ausgewählte Briefe von Chr. M. W., Hg. Heinrich Geßner, Bd. 1–4, Zürich 1815–16

3. Quellen zur Kunst-, Literatur- und Musikgeschichte

Anonymus: Beschreibung der Harmonika des Herrn Franklin. In: Neue Bibliothek der schönen Wissenschaften und freien Künste 1767, 4
Bach, Karl Philipp Emanuel: Versuch über die wahre Art das Klavier zu spielen, mit Exempeln und 18 Probestücken in 6 Sonaten. 1. Theil Berlin 1759. 2. Theil, in welchem die Lehre vom Accompagnement und der freyen Fantasie abgehandelt wird, Berlin 1762
Baumgarten, Alexander: Aesthetica. Frankfurt a. d. O., Bd. 1–2, 1750 und 1758
Beyträge, Neue, zum Vergnügen des Verstandes und Witzes. Bremen und Leipzig. 1 Bd. 1744
Blankenburg von, Christian Friedrich: Versuch über den Roman (1774). Faks.-Dr.d.Orig.-Ausg. mit einem Nachwort von Eber-

hard Lämmert. Stuttgart 1965 (= Sammlung Metzler 39)
Bode, Wilhelm: Goethe in vertraulichen Briefen seiner Zeitgenossen 1749–1832. Bd. 1–3, Berlin 1921–23
Bodmer, Johann Jakob: Die Discourse der Mahlern, Theil 1–4, Zürich 1721–23
ders.: Der Mahler der Sitten. Von neuem übersehen und stark vermehret Zürich 1746 (= Neuauflage der Discourse der Mahlern)
Brockes, Barthold Heinrich: Irdisches Vergnügen in Gott, bestehend in physikalisch – und moralischen Gedichten. Teil 1–9, Hamburg 1721–48
Drollinger, Karl Friedrich: Über die Tyrannei der deutschen Dichtkunst. Leipzig 1737
Forkel, Johann Nikolaus: Musikalischer Almanach auf das Jahr 1783. Leipzig 1784
Gessner, Salomon: Brief über die Landschaftsmahlerei. In: Füssli, Johann Kaspar 1: Geschichte und Abbildung der besten Mahler in der Schweiz. Zürich 1755 ff., Bd. 3 (mit Gessners Aufsatz als Vorrede) Zürich 1770
Gottsched, Johann Christoph: Versuch einer Critischen Dichtkunst, Leipzig 1730. Unveränderter photomech. Nachdr. d. 4. verm. Aufl. Leipzig 1751: Darmstadt 1962
Haydn, Franz Joseph: (autobiographische Aufzeichnungen vom Jahre 1776) C.F. Pohl: Mozart und Haydn in London. 2.Abtlg.: Haydn in London, Wien 1867
Hegel, G. W. F.: Ästhetik (1835). Berlin und Weimar, Bd. 1–2, 1965
Heydenreich, Karl Heinrich: ästhetisches Wörterbuch über die bildenden Künste. Leipzig 1793–95
Kirnberger, Johann Ph.: Die Kunst des reinen Satzes. 2 Bde. 1774–79
Knebel von, Karl Ludwig: Literarischer Nachlaß und Briefwechsel, Hg. K.A. Varnhagen von Ense und Th. Mundt, Bd. 1–3, Leipzig 1835–36
König von, Johann Ulrich: Theatralische, geistliche, vermischte und galante Gedichte. Dresden 1713
Krause, Christian Gottlieb: Abhandlung von der musikalischen Poesie. Berlin 1972
Krubsacius, Friedrich August: Gedanken von dem Ursprunge, Wachsthum und Verfall der Verzierungen in den schönen Künsten, d.i. der Bau-, Schnitz-, Maler- und Kupferstecherkunst, entworfen und mit einem Anhang von Herculan. Ver-

zierungen begleitet. Leipzig 1759
Laugier, Marc-Antoine: Essai sur l'Architecture. Paris 1753 (dt.: Des Abbts Laugier neue Anmerkungen über die Baukunst; nebst einem zwiefachen Anhange als: des Herrn le Roi Geschichte der Einrichtung und Gestalt der christlichen Kirchen von Kaiser Konstantin dem Großen bis auf unsere Zeit, und ein Vorschlag zu einem Komödienhause, von Cochin. Mit Kupfern. Aus dem Französischen übers. von Krubsacius, Friedrich August. Leipzig 1768)
Lenz, Jakob Michael Reinhold: Über die Soldatenehen. Hg. Karl Freye. Leipzig 1914
Lessing, Gotthold Ephraim: Lessings Briefwechsel mit Mendelssohn und Nicolai über das Trauerspiel. Hg. Robert Petsch, Leipzig 1910
Loen von, Michael: Der Graf von Ribera oder Der redliche Mann am Hofe. (1742) (Fak.-Neudr. 1966)
Löwen, Johann Friedrich: Anmerkungen über die Odenpoesie. In: Sammlung musikalischer Schriften 1,1. Leipzig 1757
ders.: Geistliche Lieder, nebst einigen veränderten Kirchengesängen. Greifswald 1770
Meier, Georg Friedrich: Anfangsgründe der schönen Wissenschaften und Künste, Teil 1–3, Halle 1748–50
Miller, Johann Martin: Gedichte. Ulm 1783
Mizler von Kolof, Lorenz Christoph: Anfangsgründe des Generalbasses, nach mathematischer Lehrart abgehandelt und vermittelst einer hierzu erfundenen Maschine auf das deutlichste vorgetragen. Leipzig 1739
Moritz, Karl Philipp: Anton Reiser. Ein psychologischer Roman. 1785–90, Bd. 1–4. (München 1961)
Mozart, Wolfgang Amadeus: Mozart's Briefe nach den Originalien hgg.v. Ludwig Nohl. Leipzig 1877
Müller, Friedrich (Maler): Idyllen, Hg. O. Heuer, Bd. 1–2, 1914
Neumeister, Erdmann: Fünffache, Gott und seinem Dienste gewidmete Kirchen-Andachten, bestehend in theils bisher besonders, theils niemals gedruckten Cantaten, Oratorien und geistlichen Liedern, auf die Sonn- und Festtage des ganzen Jahres; vom Autore aufs neue übersehen und an vielen Orten vermehret und verbessert, von G. Friedr. Tilgner'n aber in Ordnung gebracht, mit einer Vorrede versehen, und ans Licht gestellet Leipzig 1716 und 1725

Penther von, Johann Friedrich: Collegium architectonicum oder Anleitung zur Civil-Baukunst. Leipzig 1749
Piles de, Roger: Idée du peintre parfait. Paris 1699
Quantz, Johann Joachim: Versuch einer Anweisung, die Flöte traversiere zu spielen; mit verschiedenen zur Beförderung des guten Geschmacks in der praktischen Musik dienlichen Anmerkungen begleitet, und mit Exempeln begleitet. Nebst 24 Kupfertafeln. Berlin 1752
Scheibe, Johann Adolph: Critischer Musikus. Leipzig 1737–39 (als Wochenblatt in 78 Stücken). Zusammengebunden und vermehrt: Leipzig 1745
Schelling, Caroline, geb. Schlegel: Briefe aus der Frühromantik. Hg. G. Waitz, Bd. 1–2, verm. hgg. v. Erich Schmidt, 1913
Schubart, Christian Friedrich Daniel: Deutsche Chronik auf das Jahr 1774. Augsburg 1775
ders.: Deutsche Chronik auf das Jahr 1775. Augsburg 1776
ders.: Vaterländische Chronik 1787. Stuttgart
ders.: Gedichte. Histor.-krit. Augs. von Gustav Hauff. Leipzig 1884
ders.: Sämmtliche Gedichte. Von ihm selbst herausgegeben. Erster Band, Stuttgart, in der Buchdruckerei der Herzoglichen Hohen Carls-Schule 1782. 2. Band 1786
Schulze, Johann Abraham Peter: Ueber Herrn Professor Rahbek's Dänische Liedertexte. In: Musikalische Monatsschrift 1793, St. 6
Stolberg Graf zu, Friedrich Leopold: Freiheitsgesang aus dem zwanzigsten Jahrhundert (1775). In: Gedichte der Brüder Christian und Friedrich Leopold Grafen zu Stolberg. Hg. Heinrich Christian Boie. Carlsruhe 1783
Streicher, Andreas: Schillers Flucht von Stuttgart und Aufenthalt in Mannheim von 1782–85. Stuttgart und Augsburg 1836 (Stuttgart 1968)
Sulzer, Johann Georg: Allgemeine Theorie der schönen Künste. In einzeln, nach alphabetischer Ordnung der Kunstwörter auf einander folgenden Artikeln abgehandelt von J.G.S.- 3.verm. Aufl., Teil 1–4, Leipzig 1786–87
ders.: Gedanken über die beste Art, die klassischen Schriften der Alten mit der Jugend zu lesen (1765). Nürnberg 1784
Zachariae, Friedrich Wilhelm: Werke in Auswahl. In: Bremer Beiträge 2, Hg. Franz Muncker (= Deutsche National-Literatur 44)
Zimmermann, Johann Georg: Leben des Herrn von Haller. Zürich 1755

Zinzendorf Graf von, Nikolaus Ludwig: Gesangbuch der Gemeinde zu Herrnhut, nebst VIII Anhängen. Löbau 1735

4. Sonstige Quellen

Anonymus: Briefe über die Galanterien von Berlin, von einem kaiserlichen Offizier. Gotha 1785

Anonymus: Schattenrisse von Berlin. Amsterdam 1788

Benekendorf von, Karl Friedrich: Oeconomia forensis, oder kurzer Inbegriff derjenigen landwirtschaftlichen Wahrheiten, welche allen Gerichtspersonen zu wissen nötig sind. Teil 1–8, Berlin 1775–84

ders.: Zufällige Gedanken über die Frage: Warum der heutige Landmann, obgleich die Landgüter gegen die Zeiten unsrer Vorfahren eine weit stärkere Einnahme gewähren, dennoch bey deren Bewirthschaftung mehr arm als reich wird? Halle 1786

Bonnet, Jacques: Histoire de la danse sacrée et profane; ses progrès et ses révolutions depuis son origine jusqu'à présent. Paris 1723

Bossuet, Jacques Bénigne: Discours sur l'histoire universelle (1681). In: Œuvre de J. B. B., Paris 1862 ff.

Boxbarth, Johann: Der Maler und Baumeister Perspektiv. 1719. (Übersetzung von Andrea Pozzo, Prospettiva de pittori e architetti. Rom 1963)

Brandes, Ernst: Betrachtungen über den Zeitgeist in Deutschland in den letzten Decennien des vorigen Jahrhunderts. Hannover 1808

ders.: Über den Einfluß und die Wirkungen des Zeitgeistes etc., als Fortsetzung des vorigen, 2. Abtlg., Hannover 1810

Bünau Graf und Herr von, Heinrich 1: Teutsche Kaiser- und Reichshistorie, aus den berühmtesten Geschichtsschreibern und Urkunden zusammengezogen und mit verschiedenen Anhängen zur Erläuterung des Teutschen Staatsrechts und Genealogie versehen. Bd. 1–4, Leipzig 1728–43

Büsch, Johann Georg: Bemerkungen auf einer Reise durch einen Theil der vereinigten Niederlande und Englands. Hamburg 1786

Diderot, Denis et Jean Le Rond *d'Alembert:* Encyclopédie dictionnaire raisonné des sciences, des arts et des métiers, par une soc. de gens de lettres. Paris 1751–65

Dohm, Christian Konrad Wilhelm: Über die bürgerliche Verbesserung der Juden. Lemgo 1781; 2. Teil 1783 ebd.

Eberhard, Ludwig von Württemberg: Testament mit weiteren Zubehörden. In: Patriotisches Archiv 3 (1785), S. 52–141

Garve, Christian: Ueber einige Schönheiten der Gebirgsgegenden. In: Vermischte Aufsätze 2. Theil, Breslau 1800

Gatterer, Johann Christoph: Weltgeschichte in ihrem ganzen Umfange. 1ster Theil, von Adam bis auf Cyrus; ein Zeitraum von 3652 Jahren. Göttingen 1785. 2ter Theil, von Cyrus bis zu und mit der Völkerwanderung; ein Zeitraum von mehr als 1000 Jahren. Göttingen 1787

Harris Earl of Malmesbury, James: Diaries and Correspondence of James Harris, First Earl of Malmesbury; containing an account of his missions to the Courts of Madrid, Frederick the Great, Catherine the Second, and the Hague; and his special missions to Berlin, Brunswick and the French Republic. Edited by his grandson, the third Earl. London 1844

Hirschfeld, Christian Caius: Anmerkungen über die Landhäuser und die Gartenkunst. Leipzig 1773

ders.: Theorie der Gartenkunst. Leipzig, Bd. 1–5, 1779–85

Huergelmer: Der politische Thierkreis oder die Zeichen unserer Zeit von Huergelmer. Straßburg (1800)

Justi von, Johann Heinrich Gottlob: Staatswirtschaft, oder systematische Abhandlung aller öconomischen und kameral-Wissenschaften, die zur Regierung eines Landes erfordert werden; in zween Theilen ausgefertiget. Leipzig 1755

Karoline Henriette Christiane, Landgräfin von Hessen Darmstadt: Briefwechsel der ›Großen Landgräfin‹ Caroline von Hessen. Bd. 1–2, Hg. Ph.A.F. Walther, Wien 1877

Kruse, Jürgen Elert: Allgemeiner und besonders Hamburgischer Contorist, welcher von den vornehmsten in und außer Europa gelegenen Städten und Ländern, ihren Währungen, Münzen, Gewichten, Massen, Wechselarten und Usanzen nicht nur eine umständliche Nachricht erteilet, sondern auch solche beschriebene Münzsorten, Gewichte und Masse, zuvörderst gegen die, so zu Hamburg, hiernächst aber in angegebenen Tabellen, auch gegen die, so an anderen Orten gebräuchlich sind, genau vergleicht. Hamburg 1753

Lavater, Johann Caspar: Physiognomische Fragmente zur Beförderung der Menschenkenntnis und Menschenliebe. Bd. 1–4, Leipzig und Winterhur 1775–78

Marperger, Paul Jakob: Das neueröffnete Manufakturen Hauss.

Als 3. Teil (1702) von: Der Geöfnete Ritter, worinnen die vornehmste ritterliche Wissenschaften... an das Licht gestellet werden. Teil 1–3, Hamburg 1700–05

(*Maubert* de Gouvest, Jean Henri:) La pure verité. Lettres et mémoires sur le Duc et le Duché de Virtemberg. Par Mdme la Baronne Donarière de W. A., Augsbourg 1765 (dt.: Die reine Wahrheit oder Denkwürdigkeiten des Hauses Wirtemberg. In zehn Brifen. Cölln 1765)

Mirabeau, Honoré Gabriel de Riqueti: De la monarchie prussienne sous Frédéric le Grand. vol. 1–4, London 1788 (dt.: 2 Bde. 1790–91)

Montesquieu, Charles Louis de Secondat: De l'esprit des lois (1748) Teil 1–2, Paris 1961 (= Classiques Garnier)

Moser Freiherr von, Friedrich Karl: Der Herr und der Diener, geschildert in patriotischer Freyheit. Frankfurt 1759

Pius II. (Andreas Silvius Piccolomini): Geschichte Friedrichs III. 1458

Sammlung landesherrlicher Verordnungen, welche in dem Fürstentum Anhalt-Dresden ergangen 1691–1818. Bd. 1–2. Dessau 1784 und 1819

Scheidemantel, Heinrich Gottfried: Staatsrecht nach der Vernunft und den Sitten der vornehmsten Völker betrachtet. Teil 1–3, Jena 1771–73

Schlözer, August Ludwig: Briefwechsel meist historischen und politischen Inhalts. 60 Hefte. Göttingen 1776–82

ders.: Staatsanzeigen 1782–93 (72 Hefte) Göttingen

Schroeckh, Johann Matthias: Allgemeine Weltgeschichte für Kinder. Leipzig 1779–84. (4 Bde.)

Schulz, Johann Heinrich: Über Religion, Deismus, Aufklärung und Gewissensfreiheit. Berlin 1788. (s. auch AdB)

Sonnenfels von, Josef: Grundsätze der Polizey-, Handlungs- und Finanzwissenschaft. Wien 1765–76

Urkunden und Aktenstücke zur Geschichte des Kurfürsten Friedrich Wilhelm von Brandenburg Bd. 1–23, Berlin 1864–1930

Vitruvius, Pollio Marcus: De architettura libri decem nuper maxima diligentia excusi, additi, Julii Frontini de aqueductibus libris propter materiae affinitatem. Florentia 1522 (Darmstadt 1964, dt.)

Weisshaupt, Adam: Pythagoras oder Betrachtungen über die geheime Welt- und Regierungskunst. Frankfurt 1790

Wimpfen von Borneburg Baron von, Franz Ludwig: Mémoires sur sa vie, écrits par lui-même. Paris 1788

5. Sekundärliteratur

Abert, Hermann: Niccolo Jommelli als Opernkomponist. Halle a.d. Saale 1908
ders.: W.A. Mozart. Neu bearbeitet und erw. Ausg. von Otto Jahns Mozart – Buch. 6. Aufl., Teil 1 und 2, Leipzig 1923–24
Bodmer, Hans: Die Anfänge des zürcherischen Miltons. In: Studien zur Literaturgeschichte. Hamburg und Leipzig 1893
Bücken, Ernst: Handbuch der Musikwissenschaft. Musik des Rokoko und der Klassik. Potsdam 1927
Cysarz, Herbert: Deutsches Barock in der Lyrik, 1936
Düntzer, Heinrich: Lessings Emilia Galotti. Erläutert von H.D., 4., neu durchges. u. verm. Aufl. Leipzig 1895 (= Erläuterungen zu den deutschen Klassikern VI, 4)
Feulner, Adolf: Skulptur und Malerei des 18. Jahrhunderts in Deutschland. Potsdam 1929 (= Handbuch der Kunstwissenschaft)
Flemming, Willi: Der Wandel des deutschen Naturgefühls vom 15. zum 18. Jahrhundert. Halle a.d. Saale 1931 (= DVjsch für Literaturwissenschaft und Geistesgedichte. Buchreihe 18)
Graul, Richard: Ostasiatische Kunst und ihr Einfluß auf Europa. Leipzig 1906 (= Aus der Natur und Geisteswelt 87)
Hausenstein, Wilhelm: Vom Geiste des Barock. München 1924
ders.: Rokoko. Französische und deutsche Illustratoren des 18. Jahrhunderts. München 1929
Hettner, Hermann: Geschichte der deutschen Literatur im 18. Jahrhundert. Teil 1–3 in 6 Bdn., 1856–70 (Berlin 1961)
Jahn, Otto: W.A. Mozart. Leipzig ²1867 (2 Bde.)
Knapp, Friedrich: Der Soldatenhandel deutscher Fürsten nach Amerika. Berlin 1874
Korff, August: Geist der Goethezeit. Versuch einer ideellen Entwicklung der klassisch-romantischen Literaturgeschichte (Bd. 1–4). Bd. 1: Sturm und Drang, 1923 (mit einer neuen Einleitung Leipzig 1954).
Lukács, Georg: Goethe und die Dialektik. In: Der Marxist, Bd. 2, 5 (1932)
Marx, A.B.: Gluck und die Oper. Berlin 1863

Strich, Fritz: Der lyrische Stil des 17. Jahrhunderts. In: Abhandlungen zur deutschen Literaturgeschichte. Franz Muncker zum 60. Geburtstag dargebracht von Eduard Berend u. a. – München 1916

Walzel, Oskar: Deutsche Dichtung von Gottsched bis zur Gegenwart, Bd. 1–2, Potsdam 1927 (= Handbuch der Literaturwissenschaft)

Waniek, Gustav: Gottsched und die deutsche Literatur seiner Zeit. Leipzig 1897

Windelband, Wilhelm: Die Geschichte der neueren Philosophie in ihrem Zusammenhange mit der allgemeinen Kultur und den besonderen Wissenschaften. Leipzig ³1904 (2 Bde.)

Wölfflin, Heinrich: Kunstgeschichtliche Grundbegriffe. Das Problem der Stilentwicklung in der neueren Kunst. (1915) Basel und Stuttgart 1963

Personenverzeichnis

(*Kursive* Ziffern bezeichnen besonders wichtige Verweise.)

Abbt, Thomas 246, 273
Aberli, Johann Ludwig 81
Abert, Hermann 366, 371f., 387
Abraham a Santa Clara 164
Acier, Michel Victor 293
Ackermann, Konrad Ernst 459
Dr. Ackermann 13
Addison, Joseph 432
Aesop 444
Agricola, Johann Friedrich 392
Alberti, Domenico 345, 374
Alexander, Zar 144
Anakreon 445
André, Johann 241, 482
Angiolini 264f.
Aristoteles 299, 439, *444*, 454, 457f.
Armin 187
Asam, Cosmas Damain 52, 67
Asam, Egid Quirin 251
August von Gotha 277
August III. von Sachsen 84
August der Starke 44, 46f.
Augustinus 137
Auvera, Jacob van 251

Babo, Joseph Marius 145
Bach, Friedemann 202, 377, 471
Bach, Johann Christian 202, 360f., 386f.
Bach, Johann Christoph Friedrich 356
Bach, Johann Ernst 356f.
Bach, Johann Sebastian 201f., 286, *334f.*, *342*, 349f., 354–57, *397*, 427, *471*, *478*, 485f.

Bach, Philipp Emanuel 188, 201, *344*, *377–80*, 381, 383f., 386, 389, 391–93, 439, 471, 477
Baggensen, Jens 183
Bahrdt, Karl Friedrich 187f., 241
Balthasar, Felix 279
Barclay *104f.*
Basedow, Johann Bernhard 118, 240, 273, 399
Batteux, Charles 319, 409
Baumgarten, Alexander Gottlieb *303–05*
Bayle, Pierre 137
Beaumarchais, Pierre Augustin 369
Beccaria, Cesare Bonesano de 244
Becker, Rudolf Zacharias 243
Benda, Georg *361–63*, 377, 482, 484
Benekendorf, Karl Friedrich von 160
Berchem, Nicolaes 320, 429
Berg, F. 280
Bergmüller 428
Bernhard von Clairvaux 315
Bernhard von Galen, Bischof von Münster 55
Biedermann, Karl 46
Biester, Johann Erich 273, 291
Birnstiel 391
Blankenburg, Christian Friedrich von *467f.*
Blau 280
Bock 391

Boden, Heinrich 22
Bodin, Jean 104
Bodmer, Johann Jacob 24, *34–36*, 187, 193, 241, 291, 294, 302, 332, *440*
Böhme, Jakob 300
Böhmer, Caroline 182
Böttiger, Karl August 157
Bohne 185
Boie, Ernestine 307, 404
Boie, Heinrich Christian 403f.
Bolingbroke, Henry Saint John, Viscount 85, 246
Bonnet, Charles 248
Bonnet, Jacques 264
Borck, Kaspar Wilhelm von 454
Bossuet, Jacques Bénigne *105*, 314
Bouchardon 416
Boucher 96
Bouterwek, Friedrich 187
Boxbarth, Johann 67
Brandes, Ernst 41, 188
Brawe, Johann Wilhelm von 128
Breitinger, Johann Jacob 34f., 187, 193, 302f., 332, 435, 440
Brendel, Bischof 281
Brion, Friederike 223
Brockes, Barthold Heinrich *35*, *192*
Bruckner, Ferdinand 480
Brückner 310, 403f.
Buchanan, George 96
Bücken, Ernst 362, 377, 384
Bünau, Heinrich Graf von *243*, *292*
Bürger, Gottfried August 77, 141, 183, 192, 226, 234, *313*, 404, 411, 446, *449–51*
Büsch, Johann Georg 18

Buff, Charlotte 218
Busching, Anton Friedrich 241

Cahusac 265
Caldara, Antonio 374
Calsabigi, Ranieri 261, 484
Calvin, Jean 32
Campe, Johann Heinrich *241*
Cannabich, Christian 379
Cartwright, Edmund 24
Casanova, Giacomo 49, 164
Castello 280
Catillon 86
Caylus, Comte de *415f.*
Chamfort (Nicolas, S.R.) 164
Chaussée, Nivelle de la 295
Chodowiecki, Daniel 82, 293, 429
Christian, König von Dänemark 55
Christian Ludwig von Hessen 234
Christofori 353
Clarendon, Edward Hyde, Earl of 418
Claudius, Matthias 76, 187, 309, 312, 450
Clauswitz, Karl Christian von 307f.
Cocceji, Samuel Freiherr von 41
Cochin, Charles-Nicolas fils *415–17*
Coltellini 260
Conrad 280
Conti, Francesco 374
Corneille, Pierre 34, 36, 444, 454, 456–58, 460
Cort, Henry 24
Cramer, Karl Friedrich 143, 392
Cromwell, Oliver 36

Cronegk, Johann Friedrich, Freiherr von 31, 442
Cuno, Johann Christian 184

Dalberg 277
D'Alembert, Jean le Rond 137
Dannecker, Johann Heinrich von 253, 422
Danzer 281
D'Argens 137
D'Argenson, Marquis 418
Decker, Jeremias de 17
De Grimoard 415
Delagardette 416
De Lévy 415
Denis, Michael (Sined) 132, 188
De Pestels 415
Destouches, Philippe Néricault 173, 295
De Tublières, Anne-Claude-Philippe 415
Diderot, Denis 137, 291, 435, *461*
Dietrich, Christian Wilhelm E. 429
Dittersdorf, Karl Ditters von 188
Dörner, Johann Jakob d. Ä. 429
Dohm, Christian Wilhelm 164, *239*
Donner, Georg Raphael 252
Dorsch 280
Drollinger, Karl Friedrich 35, *440f.*
Dusch 187

Eberhard, Johann August 290
Eberhard III. von Württemberg 46
Eberhard Ludwig von Württemberg 46, 163
Eberlin, Johann Ernst 358f.
Ebert, Johann Arnold 184, 308, 404
Eckermann, Johann Peter 76
Eckhart, Meister 315
Edlinger, Georg 166, *171f.*
Eichner 379
Emmerich Joseph, Erzbischof von Mainz 280
Engel, Johann Jakob 273, 291
Ermels 320
Ernst von Gotha 277
Erzbischof von Salzburg 202
Eschenburg, Johann Joachim 294
Esterbauer, Balthasar 251
Esterhazy, Nikolaus Joseph, Fürst von 351
Everdingen, Allart van 320
Ewald, Johann Joachim 403
Eybel, Johann Valentin 279

Fasch, Karl Friedrich 390
Febronius, Justinus s. Hontheim
Feder, Johann Georg Heinrich 188, 241, 273
Ferdinand von Braunschweig 277
Ferguson, Adam 280, 291
Feuchtmayer, Joseph Anton 52, 249
Feulner, Adolf 52, 67, 81, 172, 249, 253, 412, 426, 429
Fichte, Johann Gottlieb 97, 100, 106, 211
Filtz, Anton 379
Flachsland, Caroline 308
Flemming, Willi 75f.

Fontenelle, Bernard Le Boiser 137
Forkel, Johann Nikolaus *477f.*
Franklin, Benjamin 351
Franz Ludwig, Freiherr von Erthal 280
Friedel 187
Friederike, Prinzessin von Preußen 126
Friedrich von Baden 133
Friedrich I. von Hessen 55
Friedrich II., König von Preußen *12–14*, 16, 20, 24, 26, *40f.*, 44, *55f.*, 59, 64, *100f.*, *104*, 110, 118, 133, 138, 211f., 234, *238f.*, *244f.*, 257, 271, 313, 342, 356, *376*, 393, 395, 419
Friedrich Alexander von Bayreuth 46
Friedrich August II. (der Starke) 46, 56
Friedrich August III. von Sachsen 46f., 234
Friedrich Christian von Bayreuth 46
Friedrich Wilhelm, Kurfürst von Brandenburg 16f.
Friedrich Wilhelm I., König von Preußen 11, 15, 19, 40, 43, 47, 56, 376
Fritsch, von 166
Füger, Heinrich Friedrich 172, 253, 422
Füssli, C. 419
Füssli(n), Johann Kaspar 320f.
Fux, Johann Joseph 64, 374

Galiani, Ferdinando *425f.*
Galuppi, Baldassare 374

Garve, Christian *77f.*, 240, 273, 291
Gatterer, Johann Christoph 247, 273f.
Gebhardi, Karl August 275
Gedike, Friedrich 273, 291
Gellert, Christian Fürchtegott 83, 137, 166, 173, 182f., 216, 240, *272*, 294f., *410f.*, *464*, 465
Gemmingen, Eberhard Freiherr von 184
Georg I. von England 55
Georg II. von England 55
Georg III. von Sachsen 56
Gerhardt, Paul 190
Gerstenberg, Heinrich Wilhelm von 31, 132, 192, 309, 312, 404, 442, 458
Gessner, Salomon 78, 80f., 215, *319–21*, 332, 404, *432*, 445
Giftschütz 281
Gleim, Wilhelm 30f., *79*, 132, 145, 177, 182–84, 187, *242f.*, 308f., 312f., 319, 404f., 442, 445, 449f.
Gluck, Christoph Willibald 178, 202, *259–63*, 265, 348, *359*, *366f.*, 430, 481, 484f., 487
Goeckingh, Leopold von 164
Goethe, Frau Rat 183
Goethe, Johann Wolfgang von 76, 82, 130, 136, 139f., *146f.*, 156, 164, 183–88, 193, *195–97*, 201, *203–21*, 222–28, 234, 236, 253, 262, 276, *282f.*, 294, 299, 317, 322, 328f., 362, 404, 411, *424f.*, 429f., 443, 446–49, 451–53, *458–61*, 463–65, 487, *489*
Götz, Johann Nikolaus 442

Goldoni, Carlo 360
Gotter, Friedrich Wilhelm 362
Gottsched, Adelgunde *442*
Gottsched, Johann Christoph *29f.*, 33f., 36f., 85, 111, 128, 193, *302f.*, 332, *440f.*, 444, 454, 456, 460
Goyen, Jan van 428
Graff, Anton 166, *171f.*
Gran, Daniel 67
Grassi, Anton 293
Graul, Richard 66
Graun, Carl Heinrich 257, *356f.*, 359, *376f.*
Grétry, André Ernest Modeste 361
Greuze, Jean Baptiste 243, 293
Grimm, Friedrich Melchior, Baron von *416*, *425f.*
Grimmelshausen, Johann Jakob 465
Grossmann, Gustav Friedrich Wilhelm 141
Grotius, Hugo 92, 94, 108, 399, 418, 427
Grün, Albertine von 243, *311f.*
Gryphius, Andreas 71f., 454f., 460
Günther, Christian 27
Günther, Franz Ignaz 52, 249
Günther, Johann Christian 191f.
Guglielmi, Pietro 360

Hackert, Philipp 80, 320
Händel, Georg Friedrich *257–59*, 260, 359
Hagedorn, Friedrich von 31, 35, 77, 166, *192f.*, 294, 442
Hahn, Johann Friedrich 143, 310, 404
Haller, Albrecht von 35, *76*, *130f.*, 187, 192f., 215, 332, 455
Hals, Franz 427
Hamann, Johann Georg 42, 187, *221*f., 301, 318, 405, 424, *445–49*, *451–53*, 458, 460, 464, 480
49, *451–53*, 458, 460, 464, 480
Harris, James, Earl of Malmesbury 289
Hasse, Johann Adolph 188, *257*, 259, 285, 355, *358*f.
Hausenstein, Wilhelm 50, 396, 398
Haydn, Joseph 179, 202, 241, 287, 351, 358, 375, 379, 381f., *383–86*, *393*, 430, 487
Hazfeldt 275
Hedderich 281
Hegel, Georg Wilhelm Friedrich 97, 211, *352*
Heinrich, Prinz von Preußen 126
Heine, Heinrich 183, 199
Heinicke, Samuel 245
Heinse, Wilhelm 145, 184, 221, *228–32*, 259, *311–13*, *359*, *373*, *405*
Helvetius, Claude Adrien 137, 291
Henzi, Samuel *134f.*
Herder, Johann Gottfried 97, *136–39*, 164, 180, 183, 187, 192, 215, 221f., 233f., 276, 298, 308, 312–14, 318, 322, 356, 358, 404, 424, *445–49*, *451–53*, 458–60, 464, 480
Hermes, Johann Timotheus 185
Heseler 187
Hess von Altstetten Pf. 309, 323

Hettner, Hermann 95, 212, 290 f.
Heufeld, Franz 459
Heydenreich, Karl Heinrich *78*
Hiernle, Franz Matthias 251
Hieronymus 137
Hieronymus Colloredo von
  Salzburg 280
Hiller, Johann Adam 166, 241,
  389, 392, 482
Hippel, Theodor Gottlieb 164,
  182
Hirschfeld, Christian Caius 76,
  433
Hirzel, Johann Kaspar 243
Hobbema, Meindert 428
Hobbes, Thomas 90, *92–94*, 99
Hochheimer 187
Hölty, Ludwig Christian
  Heinrich 192, 310
Hoffmann, E.T.A. 352
Holfeld 353
Holzbauer, Ignaz *363*
Holzer 428
Homer 309, 438, 443, 445, 456,
  458
Hontheim, Johann Nikolaus
  (Febronius) *278 f.*
Hooft, Pieter Corneliszoon 427
Horaz 438, 442 f., 445
Horn, I.A. 206
Horstig 241
Hotomanus, Franz (Francois
  Hotman) 96
Huber, Ludwig 126
Hume, David *85*, 246
Hunold, Christian Friedrich 185
Hurnd 457
Hutcheson, Francis 291

Iselin, Isaak 88, 118, 240, 243

Jakobi, Friedrich Heinrich
  182 f., 186 f., 221, 283, 301,
  318, 405, 457
Jerusalem, Johann Friedrich
  Wilhelm 276
Jommelli, Niccolo 45, 64,
  259 f., 264, 286, 359
Joseph II. 133, 211, 239, *279 f.*,
  368
Juncker, Justus 166, 429
Jung 173
Jung (Theologe) 280
Jung-Stilling, Johann
  Heinrich 183, 188
Justi, Carl 418
Justi, J.H.G. von 43

Kalb, Charlotte von, geb.
  Marschalk von Ostheim 182
Kant, Immanuel *96–99*, *102*,
  159 f., *179 f.*, 211, 240 f., *271*,
  273 f., 291, *293 f.*, 305, 318
Karl VI., Kaiser 64
Karl I. von Braunschweig 58
Karl I. von Hessen 55, 277
Karl Albert von Bayern 46
Karl Alexander von Ansbach
  46, 59
Karl August von Sachsen
  Weimar 130, 138 f., 223, 234,
  236, 277, *363*
Karl Eugen von Württemberg
  40, 45–47, 54, 58 f., 64, 125–28,
  147 f., 152, 198, 232, 255
Karl Friedrich, Markgraf von
  Baden 88
Karl Friedrich Wilhelm von
  Ansbach 46, 163
Karl Joseph von Erthal,
  Erzbischof von Mainz 280

Karl Philipp von der Pfalz 46
Karl Theodor von der Pfalz 46, 363
Karoline Henriette Christiane, Landgräfin von Hessen D. 166
Karschin, die (Durbach, Anna Luise) 445
Katharina, Kaiserin von Rußland 145
Kaufmann, Angelika 132, 166
Kerner, Justinus 40
Kestner, Johann 218
Kircher, Athanasius 111
Kirnberger, Johann Philipp *479*
Kleist, Christian Ewald von 31, 76, 187, 192f., 215, 234, *432f.*, 442, 487
Klinger, Friedrich Maximilian *144–46*, 164, 221f., *225*, *227f.*, 446, 453
Klopstock, Friedrich Gottlieb 97, *131–34*, 137, 144, 182–84, 192f., 208, 211, 215, 234, 284, 286, 288, *293*, 308f., *322–34*, 355–58, 362, 364, 380, 403f., 438, *442f.*, 445, 487
Klotz, Christian Adolf 424
Knapp, Friedrich 62
Knebel, Karl Ludwig von 157
Kobell, Ferdinand 78, 80
Koch, Joseph Anton 78, 80
König, Johann Ulrich von 44
Korff, August 109, 197, 219, 447, 453
Kotzebue, August von 163
Kramer 411
Krause, Johann Gottlieb *296f.*
Kretschmann, Karl Friedrich 132
Kriegk, Georg Ludwig 39

Krubsacius, Friedrich August *414*
Kruse 86
Kuhnau, Johann 486
Kurz, Joseph Felix, Freiherr von 164

La Bruyère, Jean de 173f.
Lafayette, Marie Joseph de Motier, Marquies de 168
Lafontaine, August 444
Lange, Karl Christoph 489
Lange, Samuel Gotthold 187, *442*, 445
Languet, Hubert 96
Laroche, Sophie 185, 187
Larochefoucault-Liancourt, François Alexandre F. 134
Laube, Heinrich 13
Lauber 281
Laugier, Marc-Antoine 416f.
Lavater, Hans Kaspar 243
Lavater, Johann Caspar 183, 187, 210, 228, 240, *247f.*, *312*, 323, *403*
Leblanc, Abbé 415
Leclerc, Jean 418
Lehrung, Max 22
Leibniz, Gottfried Wilhelm, Freiherr von 68, 93, 297f., 303, 314
Leisewitz, Johann Anton 142, 221, *226f.*
Lenz, Jakob Michael Reinhold 186, *221–24*, 299, 453
Le Roy 415
Leroys, J. D. 416
Lerse, Franz Christian 241
Lessing, Gotthold Ephraim 29, 31f., 82f., 101, 109, 117,

134–37, 141, 166, 174, 177, 187, 216, 221, *233–38*, 240, *242f*., 273, *278*, 282f., *294–96*, 306, *323f*., 332, 404, 411, 424, 430, 439, 442, *444f*., *451–54*, *456–58*, 460, *462–64*, *466f*., 480, 485
Leuchsenring, Franz Michael *317*
Lichtenberg, Georg Christoph 187
Lichtwer, Magnus Gottfried 294
Locke, John 94, 96, 99
Loen, Johann Michael von 53, 84, 128–30
Löwen, Johann Friedrich *356*
Lorrain, Claude 320
Lucian 246, 445
Ludwig XIV. 19, 44, 169, 488
Ludwig XV. 84
Lukács, Georg *209*, (211), (213)
Luther, Martin 19, 144, 283

Mably, Abbé de 101
Macpherson, James 132, (223)
Majo, Francesco di 360
Manteuffel, E. Chr., Graf von 85
Marées, Georg de 172
Maria Theresia 56, 64, 279
Mariana, Juan de 96
Marius 353
Marivaux, Pierre de 295
Marperger, Paul Jakob 23
Marpurg, Friedrich Wilhelm 392
Martial 444
Mason 432
Mattheson, Johann 355, 392
Matthisson, Friedrich von 164
Maulbertsch, Franz Anton 81

Mauvillon, Jakob 291
Maximilian Franz, Kurfürst 281
Meier, Georg Friedrich 273, *303–05*, 442
Meiners 273
Meissonnier, Juste Aurèle 416f.
Melanchton 104
Melchior, Johann Peter 293
Mendelssohn, Moses 117f., 166, 186, 240, 273, 290, *293*, 295, 305, 444
Mengs, Anton Rafael *422–24*
Merck, Johann Heinrich 209, 218, 243, 308, 312
Messerschmidt, Franz Xaver *253*
Metastasio, Pietro Antonio *254*, 260, 262, 285, 359, 367f., 372, *481*, *484*
Metzger 206
Meusel, Johann Georg 172
Meyer, Felix 320
Meyer von Knonau 294
Michaelis, Johann David 184
Mieris, Frans van 429
Miller, Johann Martin 142, 186, 192, 307f., 310, 404
Milton, John 36
Mirabeau, Honoré Gabriel de Riqueti 42, 62
Mizler, Lorenz 111
Molière, Jean Baptiste Poquelin 454
Möser, Justus 24, 112, 160, *246f*., 274
Monn, Matthias Georg 375, 382f.
Monsigny, Pierre Alexandre 361
Montesquieu, Charles Louis

95f., 99, 244, 246, 418
Moors, W.C. 206
Morgenstern, Johann Ludwig Ernst 429
Moritz, Karl Philipp 180, 188
Moser, Friedrich Carl, Freiherr von 54f., 101, 130
Moser, Johann Jacob 101, 126, 239, 274
Mozart, Leopold 386, *392*
Mozart, Wolfgang Amadeus 179, *202*, 234, 263, 309, 359, 361f., 364–73, 375, 378f., 381–05, *386–88*, *394*, 411, 430, 476, 479f., 482, *490*
Müller, Friedrich (Maler) 132, 221, *226*, 453
Müller, Johannes von 164
Müller, Johann Gottwerth 187
Müller, J.K. 289
Münchhausen, Otto, Baron von 433
Musäus, Johann Karl August 185

Napoleon, Kaiser 213, 426
Naumann, Johann Gottlieb 358
Neefe, Christian Gottlieb 482f.
Neefe, Johann Gottlieb 362
Neefs, Pieter 429
Neer van der Aert 428
Nemours Dupont de 87
Netscher, Caspar 429
Neuber, Friedrich 29, 294
Neuber, Therese (die Neuberin) 29
Neukirch, Benjamin 411
Neumark 433
Neumeister, Erdmann 50
Newton, Erdmann 50

Newton, Isaak 68, 179
Nicolai, Friedrich 82, 117, 137, 164, 184, 188, 234, 239, 273, 290, 295, 405, 424, 451, 455
Nicolas, S.R. s. Chamfort
Nissl, Franz Xaver 252
Noverre, Jean Georges 45, *265f.*, *348f.*, 468

Oberlin, Johann Friedrich 245
Obernettner 279
Oberthür 280
Oefele 428
Oehmbs 280
Oelenhainz, Friedrich 172
Olivier, Louis Heinrich Ferdinand 241
Opitz von Boberfeld, Martin 72, 111
Ostade, Adriaen van 428

Palladius, Andrea 413
Paul, Großfürst 144
Penther, Johann Friedrich von 414
Percy, Thomas 450
Pergolesi, Giovanni Battista 360, 374, 386
Permoser, Balthasar 251
Pestalozzi, Johann Heinrich 82, 130, 243
Peters, Anton de 429
Pfeil, Christian Graf von 188
Pfeffel, Gottlieb Konrad 206, 241
Piazzetta, Giovanni Battista 428
Piccini, Nicola 360
Piccolomini, Aeneas Sylvius, Pius II. *9*

Piles, Roger de 169
Pindar 445
Piranesi, Giambattista 414
Pittrov 281
Platti 374
Poisson, Abel Francois, Marquis de Vandières 415
Poisson, Jeanne Antoinette (Marquise de Pompadour) 415
Pompadour, Madame s. Poisson
Pope, Alexander 179, *431f.*
Porpora, Niccolò 382
Poussin, Nicolas 320
Pozzo, Andrea 67
Prätorius, Jakobus 427
Pufendorf, Samuel 92f., 108, 245
Putter, Johann Stephan 274
Pyra, Jacob Immanuel *442*

Quantz, Johann Joachim *376f., 392*, 485
Quesnay, François 87

Rabener, Gottlieb Wilhelm 141, *173f.*, 187, 312, 410
Racine, Jean-Baptiste 34, 444, 454, 456
Rafael 422f.
Rameau, Jean Philippe 260, 479
Ramler, Karl Wilhelm 132, 136, 166, 356, 358, 404, *442*
Rathgeber, Valentin 37
Rauscher 78
Rautenstrauch, Franz Stephan 279
Regnard, Jean François 173
Reich, Philipp Erasmus 166

Reichardt, Johann Friedrich 42, 66, 78, 356, 362, *390*, 482f.
Reimarus, Hermann Samuel 275
Reinhardt, Johann Christian 81
Rembrandt 427
Remour de Saint Mard 412
Reuss 280
Revett 415
Richardson, Samuel 82, 138, 185
Richter, Franz Xaver 379
Richter, Johann Paul (Jean Paul) 186f.
Rochow, Friedrich E. von 243, 245
Rolle, Johann Heinrich 356
Rosa, Salvator (Salvatoriello) 320
Rossaeus 96
Rosshirt 280
Rost, Johann Christoph 185
Rousseau, Jean Jacques 82, 92, 96, 99, 138, 179f., 185, 215, 221, 223f., 240f., 244, 270, 277, 399, 409, 432, *434f.*, 484
Rubens, Peter Paul 320
Rudnik 442
Rudolf 241
Ruysdael, Salomon van 428

Sachs, Hans 110, 448
Sack, August Friedrich Wilhelm 241, *276*
Saint Pierre, Abbé de 418
Salis, Ulysses von 241
Sallust 246
Salomonius 96
Salzmann, Christian Gotthilf 241

Sammartini, Giovanni Battista 374, 386
Sangerhausen 184
Sappho 445
Scarlatti, Domenico 374
Schadow, Johann Gottfried 253, 422
Scheffner, Johann George 182, 405
Scheibe, J.A. 392, 485
Scheidemann, Heinrich 427
Scheidemantel, Heinrich Gottfried 158
Scheidt, Samuel 427
Schelling, Caroline 61
Schildt, Melchior 427
Schiller, Charlotte 182f.
Schiller, Friedrich von 60, 82, 109f., 127f., 134, 139, *146* bis *57*, 164, 173, 187, *197f.*, *207f.*, 211, 226, *282f.*, 305, 329, 331, 430, 453
Schlegel, Johann Adolph 319, *441*
Schlegel, Johann Elias 174, 183, *441*, 454f., 460
Schlettwein, Johann August 88
Schlözer, August Ludwig 118, 124
Schlözer, Matthäus 375
Schlüter, Andreas 251
Schmoller, Gustav 18
Schnabel, Johann Gottfried 35, 112f., 215, 465
Schneider, Caspar 429
Schneider, Eulogius 281
Schobert, Johann *281f.*, 386f.
Schoch 433
Schönborn, Gottlob Friedrich Ernst 143, 183, 228

Schönlaub, Christoph 52
Schroeckh, Johann Matthias 247, 273
Schröder, Friedrich Ludwig 136, 459
Schubart, Christian Friedrich Daniel 43f., 61, 117, *124–28*, 148, 158, *161*, 211, 483
Schüren, Elias von der 281
Schütz, Christian Georg 78, 80
Schütze, Gottfried 131
Schulz, Johann Heinrich 116
Schulz, Johann Abraham Peter 198, *290f.*, *355*, 362, 390f., *483*
Schweitzer, Albert 334
Schweitzer, Anton 363f.
Sckell, Friedrich Ludwig von 433
Seekatz, Johann Konrad 429
Semler, Johann Salomo 188, *276*
Shaftesbury, Anthony Earl of 276, 291, 297f., *431*
Shaftesbury, Anthony, Earl of
Shakespeare, William 128, 138, 223, 410, *454–60*
Silesius, Angelus (Johann Scheffler) 73, 190, 300
Smith, Adam 85, 88f.
Smollet, Tobias 82
Sonnenfels, Josef von 43, 118, 160, 164, 400
Sophokles 439, 441, 457f.
Soufflot, Jacques 415f.
Spalding, Johann Joachim 166, 188, 241, 276
Spazier 241
Spener, Philipp Jakob 190, 314
Sperontes (eigentlich: Scholze,

Johann Sigismund) 37
Spinola, Christoph Rojas de 314
Spinoza, Baruch 92, 94, 195, 233, 427
Spitz, A. 281
Stamitz, Anton 379, 391
Stamitz, Johann 202, 379, 391
Standfuß, J.C. 361
Starzer, Joseph 375
Steenwijck, Hendrik van 429
Stein, Charlotte von 210, 223
Steinbart, Gotthilf Samuel 291
Steinhausen, Georg 182, 184, 306
Sterne, Lawrence 82, 199
Stolberg, Auguste Gräfin zu 183
Stolberg, Christian Günther Graf zu 192, 234, 307
Stolberg, Friedrich Leopold Graf zu *142–44*, 183, 192, 234, 304, 404
Straub, Johann Baptist 249
Strauss, David Friedrich 126
Strich, Fritz 73
Stuart, Gilbert 415
Sulzer, Johann Georg 166, 171, 187, 240, 273, *296*, *305*, 355, *363f.*, *391*, 474, 478, 482
Suso (Seuse), Heinrich 315
Swanefeld, Herman van 320
Sweelinck, Jan Pieterszoon 427

Tacitus, Cornelius 246
Tauler, Johannes 315
Telemann, Georg 33, 188, 287, 355f., 358, 377, 389, 393
Tetens, Johann Nikolaus 305

Thaddäus vom Heiligen Adam 281
Theodor von Bayern 278
Theokrit 445
Theophrast(us) 173
Thilo, Friedrich Theophil 187
Thomasius, Christian 244, 272
Thümmel, Moritz August von 41, 130, 141
Tieck, Ludwig 187
Timme 187
Tischbein, Johann Heinrich 81, 166, 172
Toëschi 379
Tosi, Francesco 392
Traëtta, Tommasco 259f., 264, 359f., 484
Trapp, Max 241
Trautmann, Johann Georg 429
Trippel, Alexander 253, 422
Troger, Paul 67
Turgot, Anne Robert 88
Tyrtäus 445

Uz, Johann Peter 31, 77, 184, 404, *441f.*, 445

Varesco 367
Vattel, Eméric de 101
Veltheim zu Harbke, Graf von 433
Vergil, Publius Maro 439, 443
Vestris 45
Vitruvius, Pollio Marcus 80, 413, 420, 425
Voltaire, François Marie Arouet 137, 140, 244, 246, 404, 459
Vondel, Joost van den 427

Voss, Johann Heinrich *141–44*, 184, 188, 193, 234, 243, 283, *307f.*, *310f.*, 403f., 443

Wagenseil, Georg Christoph 375, 382f.
Wagner, Friedrich 188
Wagner, Heinrich Leopold 188, 221f., *225f.*, 453
Wagner, Richard 386, 479f.
Walpole, Horace 433
Walzel, Oskar 313, 323, 326 bis 28, 380, 451
Waser, Pf. 405
Waterloo, Anthonie 320
Weber 280
Weckherlin, Georg Rudolf 124
Wehrs 310
Weise, Christian 27, 191, 442
Weishaupt, Adam 276f.
Weisse, Christian Felix 31, 132, 166, 187, 241, 404
Wendling 379
Werenfels, Samuel 295
Werner, Martin 280
Wewen, Hilverding van 264
Wieland, Christoph Martin 66, 97, *118–24*, *137f.*, 160f., *174–78*, 182, 184, 199, 211, 215, *228f.*, 234, 238, 277, 294, 309, 312, 263f., *402–10*, 445, *455–57*, 459f., *465–67*
Wijck, Thomas 429
Wilhelm II., Herzog von Birkenfeld 172
Wilhelm VIII. von Hessen 56
Willamoid 445
Wimpfen von Borneburg, F.L. 46
Winckelmann, Johann Joachim 208, 246, 402, 412–14, *417–25*, 443, 485
Windelband, Wilhelm 179, 298
Winter 391
Wölfflin, Heinrich 69, *328*
Wolff, Christian 93, 138, *271f.*, 275, 291, 294, 298, 303, 444
Wollaston, William Hyde 291
Wouwermann, Philips 320, 429

Young, Edward 137

Zachariae, Friedrich Wilhelm 29, 31, 141, 358, 442
Zauner, Franz Anton 253, 422
Zick, Johannes 428
Ziegler, Luise (»Darmstädter Lila«) 308, 313
Ziezenis, Georg 172
Zimmermann, Johann Georg 175, 206, 455
Zinken 12
Zinzendorf, Nikolaus Ludwig, Graf von 53, 190, 316
Zumsteg, J.R. 201, 483
Zungg 80
Zwingli, Huldreich 32, 104

Sachwortverzeichnis

Absolutismus 9f., 38f., 63, 65, 105, 107, 109, 111f., 158
- aufgeklärter 84, 123, 157 bis 162, 212f., 333
- in der Kunst 63–74, 111, 203, 210, 326–28, 334, 336, 342, 357, 368, 398, 419–21, 424, 444, 469f., 488f.

Ästhetik 302–06, 392, 448, 453
Affektenlehre 335, 342
Alexandriner 438, 441f.
Anakreontik 30f., 33, 193, 195, 442, 482
Antiklerikalismus 105–07, 281–84, 314
Arbeitsteilung 5f., 8
Architektur 73, 79, 250–52, 338, 395f., 412–17, 437f., 469
Arie 255f., 259
Aufklärung 274–81
Autobiographie 187

Ballade 449f.
Ballett 256, 263–66, 328, 348f., 468
Bauern 104, 115, 142, 160, 214, 217, 219, 241–44, 321
- s. auch: Klassenverhältnis
Bauernlegen, Landflucht 20f.
Beamtenapparat 26
Berufskünstlertum 33, 201f., 340, 388f., 393f.
- s. auch: Warencharakter (d. Musik)
Besteuerung 21, 87f.
Bewunderung (i. Trauerspiel) 444

Bildung 271–74
Briefkultur 181–87, 307–13, 399, 410f.
Briefroman 184–87, 203
Briefsteller 111, 185, 411
Buchillustration 82
Bühnenbild 461f., 470

China-Mode 65f.
Collegium musicum 32f., 389
Concerto grosso 470
Crescendo 347–49, 371, 380, 476

Deckenmalerei 66–68, 81f., 424
Deismus 107, 137, 275, 284, 464
Demokratie 160f.
Dilettantismus (i. d. Musik) 349–51, 377, 389–91
Dreißigjähriger Krieg 10, 15, 19
Dynamik (i. d. Musik) 346
- s. auch: Crescendo

Egalisierung der Stände 270
Empfindsamkeit 218, 222, 301f., 306–19, 321–94, 401
Epos 294
Erotische Kunst 47–53, 190, 400, s. auch: Sexualität
Expressivstil (i. d. Musik) 338f., 343, 345f., 348, 357, 359f., 363–68, 371f., 374, 377f., 381–84, 388, 390, 485

Fabel 294, 444
Familienroman 83, 216
Feudalismus s. Produktionsweise, feudale
Französische Revolution 97f.,

122f., 133, 139f., 156, 161, 168,
211–13, 369, 426, 434, 437,
483, 488
Französischer Einfluß 27, 37,
169, 200, 337, 413, 444, 454
Freimaurerei 178, 234f., 263,
317
Freskenmalerei 67f., 81f.
Freundschaftskult 181, 309–13,
318f.
Frühkapitalismus 5–10, 423
Fuge (i. d. Musik) 70f., 342, 357,
384f.
Funktionalharmonik 339–43,
474

Galanter Stil 337–39, 343, 346,
351, 355, 357, 374–77, 382f.,
394
Gartenkunst 75f., 396, 430–34
Gefühlsphilosophie 301–06
Genres (ihre Mischung) 328–34
– s. auch: Gesamtkunstwerk
Gesamtkunstwerk 266
Geschichtsphilisophie 233
Geschichtsschreibung 245–47,
273f., 292
Geschmack 302f., 422
Gesellenunruhen 23
Gewerbefreiheit 89, 138
Glasharmonika 351f.
Göttinger Hain 143f., 193f.,
403–05
Großbürgertum 26–37, 166,
190–92, 200
– s. auch: Klassenverhältnis

Handel 6–11, 16–18, 86
Handelsmoral 114, 269
Handelszeitungen 86

Harmonik s. Funktional-
harmonik
Hanse 9f.
Heer, stehendes 8, 21, 26, 138
Historienmalerei 82
Holländermode 426–29
Humanitätsideal 167–80, 232
bis 67, 270, 277

Idealismus dt. 123, 233, 299
Idylle 357f.
Illuminatenorden 276–78
Innovation 376
Instrumentalmusik 373, 375f.,
379–90, 481
Internationalismus, Weltbür-
gertum 174–78, 198, 324f.,
373, 448
Interpretationskunst (i. d. Mu-
sik) 344
Judenfrage 235–40

Kameralwissenschaften 43
Kammermusik 336f.
Kantabilität 345, 349, 378
Kantate 470f.
Kinderliteratur 241
Kindsmörderin 226, 245
Kirche (als Feudalmacht) 103f.,
168, 285
– /Staat 103–05, 278–80, 314
Kirchenkunst 49–53, 67f., 251
– musik 284–87, 337, 354–59,
393
Klassenkompromiß 268
– s. auch: Nobilitierung
Klassenmoral 107–10, 112–14,
287f.
– s. auch: Moralphilosophie
Klassenverhältnis 24–27, 94f.,

157f., 160, 163–65, 167, 242, 267–70
– s. auch: Bauern
– Großbürgertum
– Kleinbürgertum
– Machtverhältnisse
Klassik, dt. 146, 453, 464
Klassizismus 413–26
– i. d. Literatur 437–45
Kleinbürgertum, Kunst für das 165–67, 198, 200
– s. auch: Klassenverhältnis
Kleinkunst 82f., 165f., 293, 318f., 412, 425
Konstitutionalismus s. Absolutismus, aufgeklärter
Konzertsaalmusik 285f., 358, 389
Korruption 39–43

Landwirtschaft 15, 18–21, 26, 86f.
Landschaftsmalerei 74, 78, 80, 319–21, 428
Lied 75, 83, 190, 198, 200, 286, 333, 362, 390f., 450, 481–83
– s. auch: Sololied
– Arie
Lustspiel 83, 173, 216, 295
Luxusgüterproduktion 14f.
– konsum s. Verschwendung
Lyrik 71–73, 128, 188–98, 262, 292, 323, 353
– s. auch: Volkslyrik

Machtexhibitionismus 395–98
Machtverhältnisse 65, 267–70, 395, 469
– s. auch: Klassenverhältnis
Maitressenwesen, Prostitution 46f., 53, 256, 289f.
Malerei 422–30, 437f.
– s. auch: Erotische Kunst
– Deckenmalerei
– Freskenmalerei
– Historienmalerei
– Kirchenkunst
– Landschaftsmalerei
– Porträtmalerei
– Schattenriß
Mannheimer Schule 348, 354, 379f., 384, 387, 393, 480
Manufakturentwicklung 7, 11 bis 15, 20–25
Materialismus 291
Mechanisierung 23
Melancholie 317
Melodrama 484
Merkantilismus 10f., 16f., 21f., 26, 43, 85–89
Mitleid (i. Trauerspiel) 444
Mode 412, 434–37
Moralische Wochenschriften 33–35, 39, 118, 271, 291
– s. auch: Zeitschriften, Zeitungen
Moralphilosophie 277, 287, 290 bis 92, 297f.
– s. auch: Handelsmoral
Musikinstrumente 349–54
Musikkritik 392
Musikrezeption 336, 340f., 343f., 347, 356, 373, 380f., 478f.
– s. auch: Konzertsaalmusik
– Warencharakter (d. Musik)

Nationalsprache 272, 274
Nationalstolz 175–77
– s. auch: Internationalismus

Natürlichkeit/Unnatürlichkeit
 215, 222, 256, 359, 394–490
Naturgefühl 75–77, 215, 222
Naturnachahmung 445–53, 455 bis 61, 486f.
Naturrecht 399
Nobilitierung 163f.

Oper 28, 32, 63f., 254–66, 285, 333, 358–61, 363–73, 431, 479, 481–85
Oratorium 257–59, 285–87, 355 bis 59, 469, 481
Ornamentik 413f., 416f., 420, 425

Pädagogik 240–45
Pantheismus 195, 284
Partikularismus 7, 158
Philantropismus 240f., 245
Philosophie 179f.
– s. auch: Ästhetik
– Gefühlsphilosophie
– Geschichtsphilosophie
– Moralphilosophie
– Popularphilosophie
– Staatstheorie
Physiokratismus 86–89
Pietismus 32, 53, 106, 137, 190, 200, 257, 286, 313–16, 323, 354f., 358
Plastik 74, 248–53, 293, 417–22
Polyphonie 336, 339–44, 350f., 357, 365, 384f.
Politische Literatur 128–57, 207 207
Popularphilosophie 272f.
Porträtmalerei 74, 165f., 168 bis 73, 253, 318, 428
Preisbestimmung, freie 85

Pressefreiheit 116–18, 124f., 159
Produktionsweise, feudale 5
Prostitution s. Maitressenwesen
Psychologie, Erfahrungsseelenkunde 179f., 266

Realismus 81, 252, 371, 396f., 421, 429
Reim 31, 440–43, 445, 448
Repräsentationskunst (-stil) 44f., 63–74, 169f., 188, 254, 285, 326, 337–41, 346, 353, 359f., 363, 374, 380f., 388, 412–14, 420, 438, 461, 485
Roman 264, 410, 464–68, 469
– s. auch: Briefroman
– Familienroman
Romantik 333, 384, 447
Rührstück 360

Schattenriß 83, 166, 318f.
Schauspielkunst 461–64
Schloßarchitektur 44f., 63f., 84
Schmuckbedürfnis 165
Serenadenmusik 374f., 382
Sexualität 31, 227–32, 289, 370, 399–410
– s. auch: Erotische Kunst
Singspiel 361–63, 366, 368, 373, 391, 482f.
Sklavenhandel 17
Soldatenhandel 55–50, 148, 153, 159, 177
Sololied 27, 37, 200, 355, 362, 391
– s. auch: Lied, Arie
Sonatenform 380, 410, 439, 472 bis 80, 488
Staatsmoral 109

Staatsschulden 25
Staatstheorie 90, 92–97, 104
Stilwandel 74–84, 170f., 178, 199, 248–50, 263, 285, 326f., 337–39, 341, 345, 353f., 357f., 381, 411f., 426, 467
Strafrechtsreform 244f.
Sturm und Drang 221–37, 446, 453
Subjektivismus 146, 180f., 185f., 190–92, 252f., 297, 402, 410
Suite 468f., 475

Tagebuch 188
Tanz 488–90
– s. auch: Ballett
– Suite
Theater 281, 294f., 441, 454–64, 466f.
– s. auch: Bühnenbild
– Lustspiel
– Rührstück
– Schauspielkunst
– Trauerspiel
Theaterreform (Gottscheds) 29f.
Toleranz 238–40, 464
Tonsymbolik, Tonmalerei 334 bis 37, 486f.
Traditionswahl 422f.
– s. auch: China-Mode
– Französischer Einfluß
– Holländer-Mode
– Klassizismus
Tränenseligkeit 308–10, 313, 327, 346f., 401

Trauerspiel 36, 295f., 444

Unabhängigkeitserklärung (d. USA) 168, 221
Unierungsversuche (d. Kirchen) 314f.
Universitäten 281
Urheberrecht 393
Utilitarismus 114

Verlagswesen 7, 12, 22
Verschwendung, Luxuskonsum 39, 44–46, 53, 289, 400
Völkerrecht 99–101
Volksdichtung 447f.
Volkslyrik 27, 190f.
Volkssouveränität 96–99
Volkstümlichkeit (-verbundenheit) 27–30, 81, 199f., 242f., 258, 260, 273f., 363, 375, 382, 421f., 446, 449–51, 482f.

Warencharakter (d. Musik) 340, 388, 393
Warenwirtschaft 5f., 284, 340f., 423
Widerspiegelung 83, 106, 395
Widerstandsrecht 105, 109, 128, 145

Zeitschriften, Zeitungen 116 bis 25, 157, 187, 272–74, 281, 291
– s. auch: Handelszeitungen
– Moralische Wochenschriften
Zunftentwicklung 6, 15, 22f., 25, 89, 160, 269, 394

Inhalt

Gert Mattenklott: Widerspiegelung im Stilwandel V
Editorische Notiz XXX

Leo Balet/E. Gerhard: Die Verbürgerlichung der deutschen
Kunst, Literatur und Musik im 18. Jahrhundert

Vorwort 3
 I. Der Aufstieg des Bürgertums 5
    Ökonomische Verhältnisse und Klassenprofil (5); *Groß-
    bürgerliche Umschichtung* (26)
 II. Der Kampf des Bürgertums um die ökonomische Selb-
    ständigkeit 38
    Soziale Verhältnisse: Korruption (39); *Verschwendungs-
    sucht* (44); *Sittenlosigkeit* (46); *Soldatenhandel* (55);
    Absolutismus in der Kunst (63); *Verbürgerlichung nach
    1750* (74); *Befreiung von Handel und Gewerbe* (84)
III. Der Kampf des Bürgertums um die politische Freiheit 90
    A. Anti-Absolutismus 90
       Staatstheorie (90); *Klassenmoral* (107); *Bürgerliche
       Freiheiten* (116); *Politisierung der Literatur* (128)
    B. Die konstitutionelle Monarchie als politisches Ideal . 157
 IV. Der Kampf des Bürgertums um die soziale Gleichheit .. 163
    A. Egalisierung durch Standeserhöhung des Bürgers ... 163
       Nobilitierung und Statussymbolisierung (163)
    B. Egalisierung durch Standesentwertung des Adels auf-
       grund von Menschlichkeit 167
       Das bürgerliche Humanitätsideal: Porträtkunst (168);
       Internationalismus (174)
       1. Kultivierung des Eigenmenschlichen 180
          a) Subjektivität 180
             Briefkultur (181); *Lyrik* (188); *Musik* (199)
          b) Selbstabsolutisierung des bürgerlichen Ich 203
             Goethe (203); *Sturm und Drang* (221)
       2. Kultivierung des Allgemeinmenschlichen 232
          Lessing (233); *Toleranzgedanken* (238); *Pädagogik*
          (240); *Strafrecht* (244); *Geschichtsschreibung* (245);
          Plastik (248); *Oper und Ballett* (254)

V. Der Kampf des Bürgertums um eine soziale Ungleichheit, aber mit bürgerlicher Superiorität, durch die Steigerung des Menschlichen 267
  Machtverhältnisse (267)
  A. Bereicherung des Menschlichen 270
    1. Verstand 270
      Bildungsidee (274); *Aufklärung im Protestantismus* (274); *Katholische Aufklärung* (278); *Aufklärungs-Literatur* (281); *Verweltlichung der Kirchenmusik* (284)
    2. Wille... 287
      Moralphilosophie (287); *Moralismus in Kunst, Literatur und Musik* (292)
    3. Gefühl 299
      Gefühls- und Glaubensphilosophie (Ästhetik) (298); *Empfindsamkeitskult* (306) *in der Kunst* (318); *Literatur* (321) *und Musik* (334)
  B. Bereinigung des Menschlichen: Natürlichkeit 394
    Natürlichkeit gegen höfische Unnatur (394); *Sexualität* (399); *Natürlicher Briefstil* (410); *Klassizismus* (411); *Holländer-Mode* (426); *Gartenkunst* (430); *Mode* (434); *»Natürlichkeit« der Literatur* (437); *Shakespeare-Rezeption* (454); *Schauspielkunst.* (461); *Romanform* (464); *Sonatenform* (468); *Oper, Lied, Tanz* (481)
Literaturverzeichnis 491
  1. Zur politischen Ökonomie, Sozial- und allgemeinen Kulturgeschichte des 18. Jahrhunderts 491
  Ökonomie und Politik 491
  Sozialgeschichte 493
  Kulturgeschichte................................... 494
  2. Werkausgaben und Anthologien 496
  3. Quellen zur Kunst-, Literatur- und Musikgeschichte .. 498
  4. Sonstige Quellen 502
  5. Sekundärliteratur 505
Personenverzeichnis 507
Sachwortverzeichnis.................................... 520

**Bitte beachten Sie
die folgenden Seiten**

Ullstein Materialien

Wissenschaft im Taschenbuch

Folgende Bände sind bisher erschienen:

Michail Bakunin
Staatlichkeit und Anarchie
Ullstein Buch 2846

Johann Gottlieb Fichte
Schriften zur Revolution
Ullstein Buch 3001

Georg Wilhelm
Friedrich Hegel
Phänomenologie des Geistes
Ullstein Buch 2762
Grundlinien der
Philosophie des Rechts
Ullstein Buch 2929

Heinrich Heine
Beiträge zur
deutschen Ideologie
Ullstein Buch 2822

A. S. Makarenko
Ein pädagogisches Poem
Ullstein Buch 2871

ein Ullstein Buch

Ullstein Materialien

Wissenschaft im Taschenbuch

Folgende Bände sind bisher erschienen:

Karl Marx
Das Kapital
Band 1 · Ullstein Buch 2806
Band 2 · Ullstein Buch 2805
Band 3 · Ullstein Buch 2807

Franz Mehring
Die Lessing-Legende
Ullstein Buch 2854

Friedrich Nietzsche
Werke Band 1 bis Band 5
Ullstein Buch 2907 bis 2911

Ludwig August von Rochau
Grundsätze der Realpolitik
Ullstein Buch 2915

Daniel Paul Schreber
Denkwürdigkeiten eines
Nervenkranken
Ullstein Buch 2957

ein Ullstein Buch

Manfred Hinz
(Herausgeber)

Räte-China

Dokumente der
chinesischen Revolution
1927–1934

Ullstein Buch 3003

Hier werden völlig unbekannte und in der Diskussion über die chinesische Revolution daher bisher unberücksichtigte Dokumente zum Problem der Revolution in China und dem Aufbau eines Räte-Systems der Jahre 1927–1934 vorgelegt.
Das Buch erschien 1934 in Rußland in einer kleinen Auflage und gehört heute zu den gesuchtesten Texten.

ein Ullstein Buch